城 市 纹 章

欧洲城市制度的徽记

◆ 许瑞生　著 ◆

URBAN HERALDRY

THE EMBLEM OF EUROPEAN
URBAN SYSTEM

SPM
南方传媒　广东人民出版社

·广州·

图书在版编目（CIP）数据

城市纹章：欧洲城市制度的徽记 / 许瑞生著 . —广州：广东人民出版社，
2023.1
ISBN 978-7-218-15936-2

Ⅰ . ①城…　Ⅱ . ①许…　Ⅲ . ①城市文化—文化史—研究—欧洲
Ⅳ . ① K500.3

中国版本图书馆 CIP 数据核字（2022）第 159570 号

CHENGSHI WENZHANG: OUZHOU CHENGSHI ZHIDU DE HUIJI
城 市 纹 章 ： 欧 洲 城 市 制 度 的 徽 记

许瑞生　著

出 版 人：肖风华

责任编辑：王俊辉
特约编辑：陈　昊
装帧设计：奔流文化
责任技编：吴彦斌

出版发行：广东人民出版社
地　　址：广州市越秀区大沙头四马路 10 号（邮政编码：510199）
电　　话：（020）85716809（总编室）
传　　真：（020）83289585
网　　址：http://www.gdpph.com
印　　刷：广州市人杰彩印厂
开　　本：787 毫米 ×1092 毫米　1/16
印　　张：39.5　　**字　　数**：683 千
版　　次：2023 年 1 月第 1 版
印　　次：2023 年 1 月第 1 次印刷
定　　价：198.00 元

如发现印装质量问题，影响阅读，请与出版社（020-87712513）联系调换。

I

前言

制度的徽记

VI

东方的欧洲

前　言

纹章与欧洲城市体系形成的历史和城市契约、世俗城市管理历史之间的渊源深厚，欧洲城市纹章发展与世俗城市管理的历史几乎同步。从封建领主、主教到城市的市政厅，纹章在欧洲成为现代国家概念下行政管辖权变化的印记。

欧洲若干国家行政体系存在不同的表达方式，历史地区地图中纹章的象征作用显著。纹章色彩一致性在中世纪之后具有欧洲城市联盟的象征意义，而在现代国家的形成过程中，纹章包含了行政体系的符号系统，彰显了纹章在欧洲国家、城市制度演变过程中的特殊功能。

"条条大路通罗马"（all roads to Rome），罗马帝国军事防御体系是中世纪的城市系统的根基，"欧洲自行车之旅"（Bicycle Route & Tours）覆盖欧洲，这条官方认可的 26.4 万公里的路径结合运动、文化体验和贴近自然的自行车旅行网络。途中提供 GDP 导航、自行车者住宿、导游和自行车修理等丰富的服务内容。这条 700 公里长的古罗马克

德国巴伐利亚班贝格主教亲王的纹章。

劳狄—奥古斯特之路利用古罗马官路，已成为"欧洲自行车之旅"中最具文化

安特卫普斯滕堡城门上保留着古老的城市纹章，建筑现在是海事历史博物馆，为安特卫普最古老建筑。

意义的路线，被称为"欧洲文化轴线"。从沿线的城市中可以找到传统城市纹章留存的希腊、古罗马艺术图形痕迹。

评选"欧洲文化之都"（European Capital of Culture）的目的在于：提升欧洲文化多样性的水平；对欧洲文化的共享；增加欧洲市民对同一文化地区的认同感；通过文化交流促进城市发展。1993 年安特卫普被选为当年的"欧洲文化之都"，安特卫普斯滕堡（Het Steen）城门上保留着城市纹章，建筑现在是海事历史博物馆，为安特卫普最古老建筑。从 1985 年至今，欧洲超过 50 座城市成为"欧洲文化之都"，2015 年的欧洲文化之都是捷克的比尔森（Plzen）和比利时的蒙斯（Mons），在这些城市中，作为历史文化遗产不可分割的各种纹章，能帮助人们更好地理

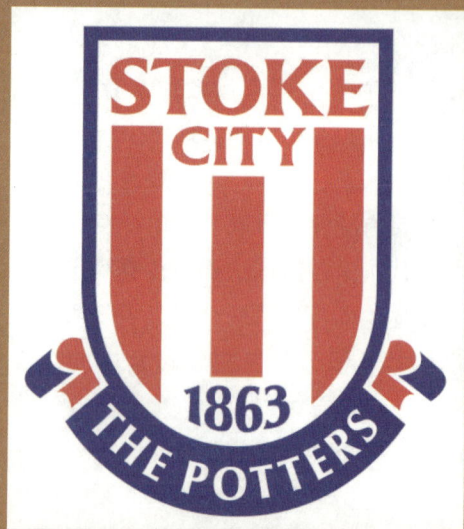

成立于 1863 年的英超足球俱乐部斯托克队队徽，在绶带上写着"陶工"，是工业革命遗产陶瓷业的发源地，承载着英国"陶都"斯托克的历史记忆。

解城市的艺术、文化历史。

"欧洲工业遗产之旅"（简称 ERIH）

城市纹章：欧洲城市制度的徽记

是为了展示西欧、北欧在世界工业革命历史中的先导作用，而一系列工业革命时代曾经辉煌的工厂、矿山等工业遗迹随着去工业化而成为沉重的包袱。鉴于此，欧洲若干国家建立保护工业遗产的网络，推动工业遗产保护和利用，保护工业遗产的场地并建立了旅游设施，力求形成具有影响力的品牌旅游线路。这一计划首先需要对各视觉系统进行设计，延续了欧洲传统纹章图形保持一致性的传播品牌传统。

欧洲纹章文化传入亚洲是海上丝绸之路的成果之一，今天最能够唤起中西文明互鉴历史记忆的纹章瓷，是欧洲通过十三行商人在广州订制的家族专用"纹章瓷器"，欧洲许多皇宫的博物馆，基本上都有"纹章瓷"的收藏。广东的手工业者对外来的事物接受得快，广彩丰富的表现力使纹章的表达更为准确，因为纹章的色彩运用是具有特定意

波尔多是航海时代与亚洲贸易的重要城市，葡萄牙航海时代的奠基人恩里克王子出生于此，现在恩里克王子纪念广场是重要的城市公共空间。

义的。广州对外的瓷器贸易主要集中在西关的十三行附近，后来转移到了靖远街，根据1700—1800年的对外贸易记录，在此曾经开设超过180家不同字号的瓷器行。

大航海时代，一系列社会因素促进了欧美国家对中国纹章瓷需求的增长：

●纹章瓷是个人和家族的象征；

●在18世纪上半叶，纹章瓷成为欧洲贵族追求的时尚以显示地位；

●以艺术品的室内摆设体现东方情调；

●收藏的爱好，家族的成员婚庆、生日等贺礼的需要。

1784年2月22日，"中国皇后号"运载着西洋参、皮毛、棉花等货物从纽约港起航，经历了188天，航程1.8万海里，于8月28日到达澳门，又雇用中国船员领航停泊于黄埔村的港口，1785年5月，运载着茶叶、瓷器和丝绸等物品回到美国。这也宣告美国只能通过欧洲与中国贸易的时代结束。美国船员努力向中国人介绍美国，在广州的中国人第一次知道了美国这一新国家的存在，美国人渴望通过直接与东方贸易获得新的财源。1786年2月1日"中国皇后号"向着广州再次出航，1787年5月4日返航。后来船只被出售并改名为"埃德加号"（Edgar），1790年重新注册为"克莱拉号"（Clara）进行近海的航行，1791年在都柏林的一个港口沉没。

I

制度的徽记

"**异**端"（heresy）在希腊语是"选择"（choice）的意思，从纹章学图形的角度，图形具有差异性和独一性才能具有可识别性而易于辨认，选择与"它"不同的图像才能显示纹章的独特性而成为辨认的标记。但在宗教及政治制度层面上，欧洲在中世纪将"异端"视为罪恶，武力传教带来大规模的不同宗教信徒之间的屠杀，骑士的酬劳是"名利双收"——爵位和城堡，还可获得所谓"伸张正义、消灭异端"的美名。欧洲的城市在消灭"异端"行动中，建立一系列公国、王国、城市，其孕育成长过程中印证了王国逐步强大的历程。城市的生存与发展需要一定制度的保障，这些制度离不开包括市议会、行会组织、领地贵族的管辖权、贸易、税赋权利和主教世俗的管理权限。城市纹章，成为记录欧洲城市市政制度历史变迁的徽记。

中世纪时期，如果简单地划分社会身份，常分为"祈祷者、战斗者和劳动者"，劳动者是为前两者提供物质需要，后来商人阶层出现、小手工业者强大，城市以及市政制度才逐步形成。纹章已经不是家族或者骑士个人的标志而演变为公共符号，从纹章学规则要求上独一无二，但作为符号存在的城市纹章有其内涵和外延的关系，社会和艺术属性兼有，属于社会属性的外延信息就是纹章代表的制度。溯源探本，在城徽中可寻找其图形背后的制度意义。

马基雅维里在《君主论》中写道："君主国要么就是新生的。世袭君主国的君主，长期以来始终出自统治家族；而新生的君主国，或者是全新的，如弗朗西斯科—斯福尔扎的米兰；或者是被世袭君主国征服的附庸，如西班牙国王统治的那不勒斯王国。"[①]纹章的历史演变就是对马氏制度学说的图形注释。

19世纪后期，欧洲中世纪城市起源问题为欧洲历史学家所关注，城市核心的管治权主要体现在城市权利、行政管理体系，城市

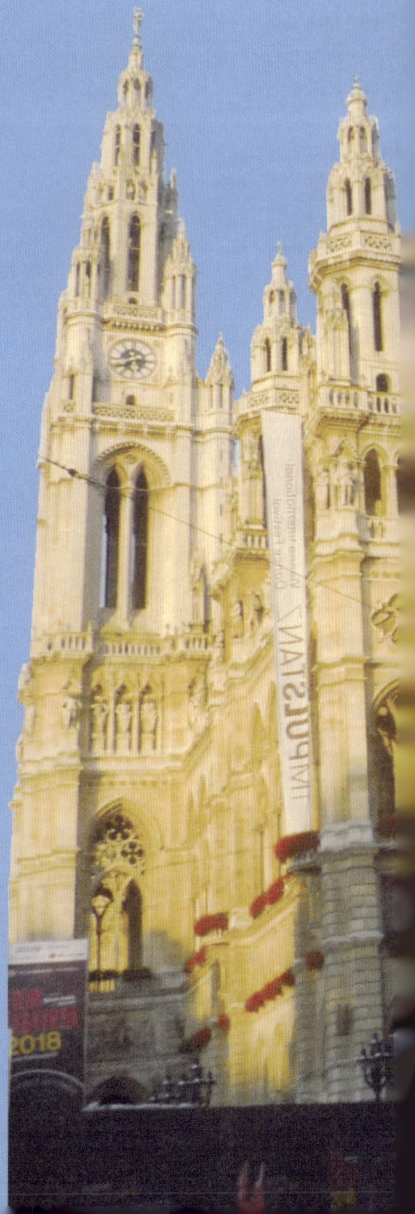

起源的研究纳入制度史的范畴。出现了"罗马起源说""基尔特行会说""豁免说""市场法起源说""军事要塞说"，基尔特是德国行会的称谓，豁免是指教会主教从皇帝那里获得行政权、司法权的豁免而获得世俗统治权。从城市纹章的象征图形中可以找到这些城市起源学说制度的影子。

————

① [意] 马基雅维里著，阎克文译：《君主论》，译林出版社 2012 年版，第 3 页。

一、从公国标志到城市纹章

罗马人的影响接近尾声时，基督教影响力已波及欧洲各王国和地区，成为欧洲历史上多个王国、公国的国教。十字架图形是基督教最典型的象征符号，在今天众多的城市纹章中，多以十字架等基督教象征图形为寓意物。欧洲历史上小公国、王国林立，吞并又新生，疆域拓展又丢失，但公国的纹章却得到完好传承，在现代行政区划的省、市和区多个层级的纹章中大多可以找到传统公国纹章的影子。

1. 伊比利亚半岛的"战"与"和"

西罗马帝国终结后，居住在法国南部和西班牙的西哥特人（Visigoth）在这一地区建立了西哥特王国，公元6世纪开始信奉基督教。十字架早在3世纪正式成为基督教的图形符号，在欧洲8世纪前后经历了充满血腥的宗教冲突，在消灭异端过程中形成彰显信仰的象征符号。中世纪前期的制度实际上是各宗教势力互相抗衡的结果，意识形态决定了制度本质，基督教在欧洲成为主导的时候，封建制度下的公国形式自然成为主要模式，但在文明成果上还是融合的，伊斯兰文明结晶为欧洲的哲学和科学提供新思路，也影响了中世纪出现的游吟诗人和哥特式建筑，伊斯兰文明之花仍然开放在今天的欧洲文化丛林中。

中世纪初期是欧洲相对稳定的时期，西欧历史地区大致分为：盎格鲁-撒克逊、西法兰克、东法兰克、伊比利亚半岛和亚平宁半岛。但再细分，就出现了众多的公国（Duchy）。公国为君主制封国，国王或者皇帝赐封封地为公爵管理，采用世袭制，为家族长子继承。比利牛斯山另一边是伊斯兰征服的西班牙领地，在西班牙南部的安达路西亚，伊斯兰统治一直延续至15世纪。伊比利亚半岛是东西文化碰撞和它们所代表的军事武力抗争之地，一直延伸至欧洲各地。

伊比利亚半岛上的传统建筑表现了伊斯兰教和基督教"和"的内涵，创造了独特的建筑风格，甚至纹章内容和表现形式也区别于欧洲其他地区。被列入《世界遗产名录》、建于1151年的波夫莱特修道院（Poblet Monastory），是西班牙西多会最大的修道院，矗立中央的是12世纪建立的教堂，在修道院中建造着阿拉贡国王、加泰罗尼亚国王们的万神殿。这里的建筑展示着精雕细刻的各历史时期君王的纹章，文化遗迹还包括多位阿拉贡国王和王后的墓地，包括1196年去世的阿方索二世（Alfonso II，1152–1196），1276年去世的詹姆斯一世（James I）等。在1349年后，阿拉贡国王彼得四世（Peter IV，Arago，1319–1387）将修道院部分用于王室居住，并在教堂里修建了王朝的墓地。

最强大的西班牙双王葬于格拉纳达的皇家礼拜堂（Royal Chapel of Granada），入口上方外墙面装饰着双王的纹章。君王在历史上多葬于波夫莱特修道院，而他们却选择格拉纳达王室礼拜堂（Capilla Real），足以显示格拉纳达的收复对西班牙帝国重新振兴的象征意义。礼拜堂是伊莎贝尔女王下令修建的，直到1521年才建成，从细致的雕刻艺术中可以看到伊斯兰建筑文化在这里留下的影响。制作于1200—1300年期间，雕刻有精美格列芬神兽的拜占庭

风格红砂岩墓砖，意味着东正教和天主教曾存在共同认可的神兽象征。

在地中海沿岸，尽管存在东西宗教差异冲突，但文化融合的痕迹还是明显的，如神兽格列芬，拜占庭文化和基督教文化均认同它为象征力量的图腾。西班牙阿拉贡自治区萨拉戈萨省纹章表现出这一融合，纹章在第三分区上是四个伊斯兰摩尔人的头像，这一图形也是意大利撒丁尼亚旗帜的造型。1281年在阿拉贡的纹章集中出现了"四个摩尔人的头像"的手绘纹章，摩尔人头像出现在纹章中有正反两方面的解释，它体现了历史上的"战"与"和"。

西班牙阿拉贡自治区萨拉戈萨省纹章。

雕刻格列芬神兽的拜占庭红砂岩墓砖，制作于13世纪。

城市多元的文化在伊比利亚半岛城市纹章、建筑风格等视觉艺术中得到体现，是罗马文化和穆斯林文化沉淀融合的结果。公元前38年，罗马皇帝奥古斯都宣布西班牙成为罗马帝国的行省，罗马人建立了道路、桥梁和剧院，引入社会管理制度和生活方式。阿拉伯帝国征服西班牙最早的记载是在711年，宽阔的罗马道路成为阿拉伯人有效

进攻的快捷通道，南部重镇科尔多瓦经历三个月激战落入阿拉伯军队手中，另一支阿拉伯部队征服了马拉加和埃尔维利亚，直至征服了西班牙全境。

与战争比较，令人鼓舞的是文化和宗教在这一历史阶段呈现"合"的趋势。"穆斯林、基督徒和犹太人在伊比利亚半岛为邻的时代，常被认为是跨宗教信仰的和谐共存理想时期。"[①] 城市中的科尔多瓦主教堂，这座建筑在711年分成两部分，供穆斯林和基督教徒使用至786年，后来成为清真寺。该建筑在不同年代进行扩建，8世纪阿拉伯人征服了这座城市，1238年天主教徒重新获得统治权。费尔南德三世时期又将清真寺改为天主教堂，16世纪将其部分修建为文艺复兴风格，防御

性的卡拉奥拉塔楼（Torre Fortaleza de la Calahorre）和具有伊斯兰建筑风格的入口是其鲜明的建筑特征。阿拉贡自治区首府萨拉戈萨的最重要建筑是圣母大教堂，其外墙使用了阿拉伯风格的装饰图案。这里在公元2世纪时已经是一座基督教堂，历史上不断重修。尽管现在的教堂是1681年开工、1686年完工的巴洛克风格建筑，但还是保存了伊斯兰文化与基督教文化的交融痕迹，在外墙面的装饰图案中就体现这一特征。教堂穹顶上的基督教题材壁画是西班牙著名画家戈雅的作品，戈雅就出生在离这里40多公里的一个小村落。

托莱多（Toledo）是西班牙卡斯蒂利亚省自治区首府，辉煌的艺术和文化遗产在此得到保护，城市于1987年成

萨拉戈萨圣母大教堂阿拉伯风格的外墙图案装饰。

西班牙托莱多市的城市纹章。

为"世界遗产城市"。托莱多市随处可见阿拉伯和罗马风格的穆德哈尔式与哥特式的教堂、清真寺及犹太教堂，基督教、伊斯兰教和犹太教三种文化和制度共存于一城，烙下各自的印记。古罗马帝国在公元2世纪征服此地，6世纪初，西哥特国王在此建立宫殿，成为西班牙政治和宗教首都。公元712年穆斯林攻占了城市，统治了373年，犹太文化在这一时期开始出现在社会生活中。当1085年阿方索六世重新占领此地时，许多穆斯林和犹太教徒均留下来。托莱多翻译学院翻译了许多阿拉伯典籍，留

下了三教共存的文化遗产。双头鹰的象征符号表达方式在城市纹章中并不多见，托莱多因其重要的历史地位而得此殊荣。托莱多是"三大宗教的结晶，神圣罗马帝国统治下的自治市、西哥特王国的首都、科尔多瓦酋长国的要塞，这里还曾是基督教王国和摩尔人战斗的前线地区"，"查理五世赐予它'帝国王冠城市'的美称"。15—16世纪城市发展至历史的巅峰，卡洛斯·查理国王授予城市纹章，盾徽将皇冠突出在冠饰之上，而双头鹰是最为引人注目的标志，左右皇君手持宝剑和宝球，表现王权的权威。托莱多纹章形成于16世纪之后，成为西班牙国家纹章的基础，1519年西班牙国王卡洛斯在此登基，托莱多成为帝国首都。

塔霍河（Río Tajo）从古城脚下穿过，是古城的天然屏障。现在托莱多古城的毕萨格拉城门（Puerta de Bisgra）保留着巨幅的城市纹章上的双头鹰浮雕装饰，而两侧圆形的哨堡是典型的伊斯兰穆德哈尔式风格建筑。1561年查理五世登基，保持西班牙的老首都地位，

托莱多毕萨格拉城门（左）和马丁桥城门的纹章（右）。

西班牙托莱多城市远眺，山坡上最高处是托莱多大教堂，另一边最高点是宫殿。

也是神圣罗马帝国重要的中心城市，城门的纹章雕塑造型就是在此时出现的。

托莱多大教堂成为古城的制高点，原址是清真寺，阿方索六世于1088年将其改建为教堂。1226年重新建造哥特式托莱多大教堂，15世纪末完工，原来的设计方案是建设一对对称的高塔，后来统治者改变主意，建了一座祈祷室，为哥特—文艺复兴式的圆顶教堂，底层是教士会议室。1504年将原教士会议室专门设立为阿拉伯区西班牙人专用祈祷室。门口拱形栅栏上有三个特别的纹章：胡安·佛朗塞斯于1534年制作的卡塞卡和西斯内罗斯的徽记[②]。现在托莱多大教堂是西班牙天主教大主教教堂，同时设立博物馆，收

城市纹章：欧洲城市制度的徽记

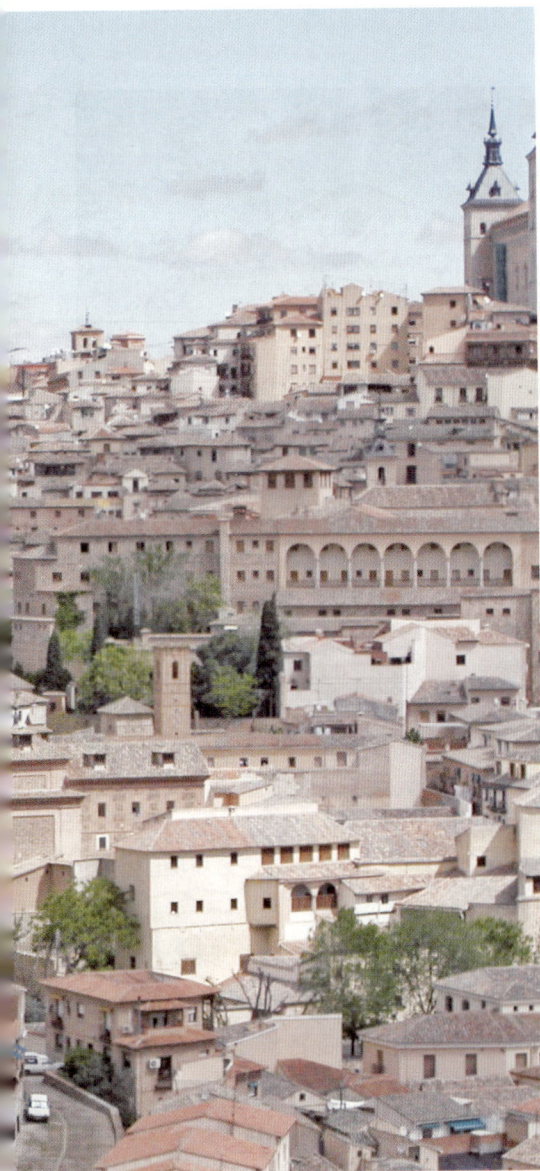

期建立的体系为基础，城门较小而利于防守，圣马丁桥两端的桥头城门均为穆德哈尔式建筑。此桥为主教建于14世纪后半叶，从西向进入古城。16世纪建立防御城门，城门上均有卡斯蒂利亚王国双头鹰纹章，意味着城市统治者的存在。

这里的历史建筑都可以通过纹章找到历史的轨迹，不同宗教产生的建筑文化共存一城。

山顶上最高处另一制高点，是最大的历史建筑宫殿——托莱多阿尔卡萨城堡（The Alcazar of Toledo），这一历史城堡是3世纪古罗马时期的长官官邸兼军事要塞，在阿方索四世和阿方索五世收复统治托莱多时进行修复。查理五世曾在这里理政，之后王朝正式迁都马德里，城堡成为王室成员偶尔到访的住宿地。1810年拿破仑军队被打败出

西班牙托莱多城市远眺，山坡上最高处是托莱多宫殿。

藏有格列柯（EI Greco）最具有代表性的名画《殡葬》（*EI Expolio*），也称为《奥尔加斯领主的葬礼》，该画1586年约订，历时9个月完成。在大教堂侧面的小巷道中，保留着圣乌尔苏拉（Santa Ursula）修道院，约建于1256年。从护城河塔霍河对岸可以看到整座古城的防御体系，是以11世纪伊斯兰统治时

西班牙托莱多古城的圣马丁桥入口（左）和另一入口（右）。

托莱多大教堂另一侧低层部分的祈祷室（左）和圣乌尔苏拉（Santa Ursula）修道院（右）。

城时，放火烧了城堡。1936 年在西班牙内战时，建筑严重受损，战后按照原来历史建筑原貌复建，改变其功能为图书馆和博物馆③。

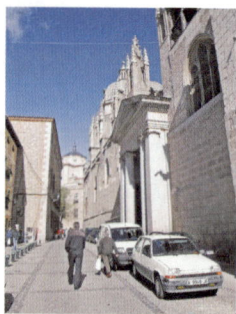

711 年阿拉伯人从北非杀入西班牙，此后征服了伊比利亚半岛，西哥特王国灭亡。让西哥特王国得以延续的是阿斯图利亚斯王国（Kingdom of Asturias），存在于 718 年至 924 年，是伊比利亚半岛当时仅有的独立基督教王国，在公元 718 年由西哥特人贵族佩拉约（Pelagius，685–737）建立，佩拉约的儿子法维拉接班统治王国，他的妹夫阿方索一世（Alonsol，693–757）在其逝世后成为国王。761 年阿方索二世定都为奥维耶多（Oviedo），现在是西班牙阿斯图利亚斯自治区首府。城市人口为 20 万左右。

"胜利十字架"（Victory Cross）象

托莱多城的阿拉伯风格穆德哈尔式建
筑元素。

征着反征服和收复，是基督教战胜伊
斯兰的标志。阿斯图利亚斯王国的纹
章是一个代表基督教的十字架象征符
号，左右分别挂着首个希腊字母阿尔
法（Alpha）和最后一个希腊字母欧米
茄（Omega），称为"胜利十字架"，是
赶走摩尔人重新征服西班牙的象征。在
906 年制作的金色胜利十字架为阿方索
三世所捐赠，木胎，外包金页，嵌入宝
石和珐琅，现藏于奥维耶多圣卡玛拉天
主教堂中（Cámara Santa）。阿斯图利亚
斯王国后来由莱昂王国延续下去，一直
到卡斯蒂利亚王国。现在西班牙阿斯图
利亚斯自治区的纹章，是在 1984 年通
过的，纹章仍保持这个特殊的十字架
图形。

　　"天使十字架"（Cross of Angle）图
形符号是模仿一件重要的十字架珍宝，

这是于 808 年制作的金十字架，为希腊
十字架的造型，在十字架下左右两侧是
两位相对跪坐的天使，这是与"胜利十
字架"同样含意的十字架工艺品，为阿
方索二世赠给教堂的珍宝。公元 9 世纪
奥维耶多市是阿斯图利亚斯王国的都
城，现在是自治区的首府。城市纹章
的寓意物从 15 世纪就开始选择了"天
使十字架"图像。该十字架现在也存
放在奥维耶多圣卡玛拉天主教堂中，这
座教堂建筑和几座 9 世纪罗马代表性风
格的基督教宗教建筑被列入《世界遗产
名录》。

阿斯图利亚斯王国纹章（左）、现在西班
牙奥维耶多市的城市纹章（中）和卢戈市
的城市纹章（右）。

　　阿斯图利亚斯王国前后选择的

首府城市包括坎加斯德·德奥尼斯（Cangas de Onís）、圣·马丁·德尔雷奥雷利奥（San Martin del Rey Aurelio）等城镇，最后南迁选择了奥维耶多为首都，城市成为商业、文化中心，城市的一系列前罗马式建筑风格的建筑列入《世界遗产名录》，有关评语写道："公元9世纪基督教的火焰照耀伊比利亚半岛的小国阿斯图利亚斯，在这里一种新形式的前罗马式建筑风格产生了，这对于半岛地区宗教建筑的发展起到意义深远的作用。"建立王国也推动了城市网络的形成，在8世纪至10世纪前后，伊比利亚半岛城市发展处于高峰期，6世纪阿拉伯人的统治是建立在城镇中心为根据地的基础上，穆尔西亚（Murcia）和马德里是一系列新城建立的范例，科尔多瓦人口达到40万。阿斯图利亚斯首都奥雷利奥维持城市的活力一千多年，城市现在人口为21万。"9—10世纪西班牙的奥维耶多-莱昂地区（Oviedo-Leon）在基督教势力的推动下，许多老城再度人丁兴旺，并以驿站为中心建立新城，前往圣地亚哥德孔波斯特拉途中的蓬特拉雷纳（Puente la Reina）就是很好的例子。"④910年从阿斯图利亚斯王国分离出莱昂王国，后来又分出卡斯蒂利亚王国，1085年阿方索六世在托莱多开始天主教时代。莱昂王国存在于910年至1301年，后来并入卡斯蒂利亚王国。现在，卡斯蒂利亚与莱昂成为西班牙的一个自治区，享有与阿斯图利亚斯自治区一样的地位。

西班牙阿斯图利亚斯自治区的城市希洪（Gijón）在古罗马时期建城，是阿斯图利亚斯王国时期的重要港口城市，是16世纪西班牙无敌舰队的停泊港口，现在仍是阿斯图利亚斯自治省最大的城市。城市纹章的寓意物是持兵器的阿斯图利亚斯国王的形象，表达了对民族国家奠基者的敬意。

西班牙港口城市希洪的城市纹章。

与此"胜利十字架"符号在时空上相关的是追随王国的骑士——勃艮第的亨利（Henry，Count of Portugal，1066–1112），葡萄牙伯爵亨利的徽章选用的即是白底蓝色十字架符号。亨利来自法国卡佩王朝，成为阿方索六世的女婿并取得大西洋沿岸诸省的领地。

西班牙加利西亚地区（Galicia）是在公元前19年并入罗马帝国的一个省，410年是伊比利亚半岛上一个古老的天主教王国，称为苏维汇王国（Suebi Kingdom），首府选择在布拉加（Braga），6世纪并入西哥特，740年成为阿斯图利亚斯王国的一部分。11世纪后由相对独立的王权统治，首府设立于

城市纹章：欧洲城市制度的徽记

圣地亚哥-德孔波斯特拉（Santiago de Compostela）。加利西亚自治区的纹章虽然是1984年才通过使用，但图案的来源历史悠久，13世纪加利西亚国王的盾徽就使用三个圣杯的图案为寓意物，出现在1282年英格兰绘制的欧洲天主教王国纹章集（Segar' Roll，Armorial）中，是一个双关语式纹章，加利西亚是古诺曼语"盛杯"（chalice）的谐音。1300年改为单个的圣杯，在1560年加利西亚王国（kingdom of Galicia，409–1833）继续使用这一纹章，盾徽上加上皇冠冠饰并在盾面上加上6个十字架，

作为王国的纹章。16世纪后期增加为7个十字架，从构图上看显得更加饱满。现在自治区的纹章是1984年立法开始使用，蓝色盾面上，古希腊盛器造型的金色圣杯上方是圣餐饼（host）圆形图案，在蓝色的盾面上加上7个十字架，代表着7个加利西亚历史省份，采用金色和红色相配的皇冠冠饰，王国的纹章演变至今成为现代行政区划中的机构纹章⑤。

吉马良斯（Guimarães）处于葡萄牙北部，1139年葡萄牙从卡斯蒂利亚王国分离并宣布独立后，亨利的儿子阿

西班牙的加利西亚自治区现在使用的纹章（上）、13世纪加利西亚国王盾徽（下）。

方索（Afonso I of Portugal，1109-1185）为第一位葡萄牙国王。吉马良斯在葡萄牙国家历史上有奠基性的作用，被称为"葡萄牙的诞生地"，在现在中世纪的城墙上刻有这样的文字。吉马良斯现在是一座 5 万人的小镇，建立于 9 世纪，为国王阿方索建立葡萄牙伯国时的首府，因其丰富的历史文化沉淀被列入《世界遗产名录》，现在城市中保留着 15 世纪至 19 世纪典型葡萄牙建筑风格的建筑。2012 年吉马良斯与斯洛文尼亚北部的城市马里博尔（Maribor）一起成为"欧洲文化之都"举办城市。

在 1143 年，葡萄牙的蓝色十字架纹章图像变成了五个由小圆点构成的小盾徽所组合的纹章图形。盾徽数量在各历史时期均有不同的增减，在阿方索三世继位后，纹章加上红边，并有七个金色城堡，代表征服的七个敌方的城堡。这一传统盾徽维持了千年，其殖民地也以此图案作为占有的象征。

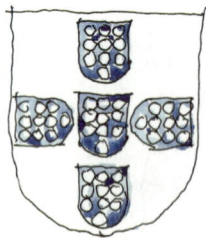

1143 年葡萄牙的蓝色十字架纹章图像（左）、葡萄牙布拉加市的城市纹章（右）。

葡萄牙吉马良斯所在的行政区为布拉加（Braga）区，现在首府是布拉加，在吉马良斯北面。苏维汇王国 716 年被阿拉伯人征服，此后被莱昂和卡斯蒂利亚王国打败，1040 年国王费迪南一世控制了这一地区，他的继任者阿方索六世（1040—1109）将葡萄牙的北部赐给女婿亨利，城市成为葡萄牙伯爵亨利的住地并设立大主教省，他的儿子后来成为葡萄牙首任国王阿方索一世（1109—1185），布拉加成为葡萄牙王国的一部分。布拉加是葡萄牙国王阿方索设置的第一个教区，是历史上米尼省的省府，现是葡萄牙七个大区之一的北部大区布拉加行政区首府。16 世纪布拉加市形成了城墙，建造了许多教堂，出现了城市纹章和主教纹章。在地理大发现的年代，布拉加由于区位条件的关系，反而被波尔图这一商业港口城市超越。后来经济长期不振，在 18 世纪通过一系列的市政设施建设，改变城市的面貌，其中的洛可可风格系列建筑在北葡萄牙洛可可风格建筑浪潮中具有引领作用。近年城市关注信息技术的开发和应用，城市的人口数量上升，这在欧洲城市中是难得的景象。

北大区的首府是波尔图（Porto），在古罗马时期是大都会，公元前 136 年罗马帝国征服此地，公元 1—2 世纪成为古罗马帝国在伊比利亚省的中心城市。波尔图城市名字就有市场之意，是一个港口城市，现在是葡萄牙第二大城市，每年 6 月举办的春之声音乐节是欧洲知名的音乐节。城市在 4 世纪已经有基督教的主教，在地区的基督化方面发挥重要作用。在 1070 年开始建立天主教堂并对主教赋予高度的权威。城市

城市纹章：欧洲城市制度的徽记

纹章包含了三个传统的葡萄牙典型的十字架图形符号，三小盾徽处于盾面的上方。波尔图的城市纹章与布拉加的城市纹章类似，但首部改为两个小盾徽。托马尔（Tomar）最重要的历史建筑为托马尔圣堂武士修道院，建于1118年，在1344年转到十字军救护团骑士修道院手中，是骑士团为了基督教传播和征服而建造。这个修道院在曼奴埃尔王朝统治时代却被赋予了相反的象征意义，即葡萄牙开始对其他文明开放的象征。这里的其他文明，就是包括伊斯兰文明在内的文明。托马尔圣堂武士修道院1510—1513年建造牧师会礼堂（Chapter House），建筑窗口的纹章装饰是曼奴埃尔风格（Manueline）的葡萄牙建筑风格，这种建筑风格就包含了伊斯兰建筑的装饰特点，甚至受到印度建筑艺术的影响。

2. 变化的领地制度与不变的城市纹章

17世纪的欧洲流行利用历史区域地图来表现各公国的范围，区域地图绘制了历史传统公国的纹章。历史地图和城市纹章是最后形成统一的联邦州过程的见证，从中展示了消逝的历史地理图景，两者皆提供了德国、低地国家从神圣罗马帝国的各公国（Duchy）转化为州、行政区和城市层级的基础历史信息。红色天鹅、白色天鹅和"三片红色萍莲叶"（seeblatt）等为盾徽的寓意物，数百年前就作为公国的象征出现在地图

上，数百年后保存在现代城市纹章的图形记忆里。

勃艮第公国存在于1032—1477年间，布洛涅大部分地区属于原勃艮第公国属地，9世纪至15世纪为法兰西王国中的布洛涅伯国（County of Boulogne），首府就是布洛涅。中世纪开始有了布洛涅伯爵（Count of Boulogne）的头衔，佛兰德家族（House of Flanders）成为布洛涅伯爵头衔的拥有者。布洛涅伯爵纹章始于鲍德温二世，纹章是黄色盾面，有三个红色圆点。

现在法国中央–卢瓦尔山谷大区（centre-val de Loire）卢瓦雷省（Loiret）的库尔特奈市（Courtenay）用布洛涅伯爵纹章作为城市纹章，北部–加来海峡大区（Nord–Pas-de-Calais）加来海峡省（Pas-de-Calais）滨海城市布洛涅（Bo-ulogne-sur-mer）原本是11世纪布洛涅公国的首府，城市纹章上体现了这一传统图形。

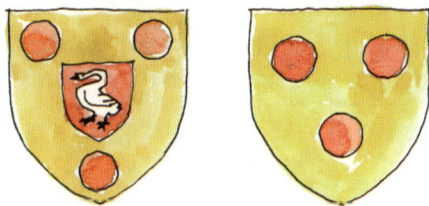

法国北部–加来海峡大区加来海峡省滨海布洛涅的城市纹章（左）和法国中央–卢瓦尔山谷大区卢瓦雷省的库尔特奈市的城市纹章（右）。

德国因行政区划调整产生新的纹章，但传统符号文化图形没有丢弃而保留在新纹章中。施泰因富特县和本特海姆施县的新纹章也是如此，施泰因富特县纹章分三部分，中心为施泰因富特公

爵纹章的寓意物"红色天鹅"。施泰因富特县的纹章是施泰因富特（Steinfurt）纹章寓意物"红色天鹅"，红色的横条象征着明斯特（Munster），明斯特的城市纹章是传承14世纪历史家族的纹章，盾面为黄色、红色和银色横带的纹章，是1306—1310年的明斯克主教（Konrad I.von Berg）的纹章原型。"三片红色萍莲叶"来自历史上特克伦堡（Techklenburg）伯国的纹章寓意物。本特海姆施县完全将本特海姆施伯爵纹章保持下来继续使用。

现在本特海姆施县的纹章也是原领主本特海姆施公爵的历史纹章，首府诺德霍恩（Nordhorn）城市纹章是以本特海姆施公爵盾面的寓意物为背景，加上城市名字的双关语号角（horn）。在此行政区域的重要城市特克伦堡，是从1262年的特克伦堡伯国并入本特海姆施伯国的。中间统治者发生许多变化，1808年被划入法国，1810年回到普鲁士。现在的特克伦堡市城市纹章保持当年特克伦堡伯爵的纹章寓意物"三片红色萍莲叶"，中间被蓝色条纹分开，上面是金色的锚。

德国特克伦堡伯国的纹章。

德国本特海姆-施泰因富特伯爵的历史纹章、明斯特的城市纹章、现在德国本特海姆施县纹章、施泰因富特县纹章。（从左至右）

现在本特海姆施县的首府诺德霍恩城市纹章（左）、施泰因富特县的施泰因富特市纹章（中）和特克伦堡市城市纹章（右）。

3. 欧洲豪族纹章对城市纹章的影响

城市纹章的产生及象征符号，与贵族、领主的族徽联系紧密，有的象征符号不仅仅是关系到城徽，甚至体现在历史和当今的国徽上。"对于多数欧洲贵族而言，政治始于地方，始于他们拥有土地、度过一生大部分时间的共同体。这是他们为权力和权力所带来的物质利益而竞争的地方。"⑥官僚贵族、贵族城市化这一系列发生在中世纪至1800年左右的欧洲城市场景，要求我们正确理解城徽历史，需要从欧洲豪族的发展过程开始。

韦尔夫家族（House of Welf）是欧洲尤其是德国传统上最重要的家族之一，家族的建立者阿尔特多夫伯爵在9世纪已经拥有士瓦本和勃艮第的领地。通过政治意义的联姻，家族得到延续并扩大了统治势力范围，从11世纪至20世纪，德国英国的历史与这一家族关系密切。该家庭最为骄傲的历史是家族成员布伦瑞克-奥托在1209年加冕成为神圣罗马帝国的皇帝，1714年英国的

城市纹章：欧洲城市制度的徽记

汉诺威王朝（Hanover）的统治者乔治一世也来自这一家族。

1235年德国韦尔夫家族成员从阿伯特一世（Albert I，1236–1279）开始，统治不伦瑞克–沃尔芬比特尔地区、Einbeck–Grubenhagen 地区和 Gottingen–Oberwald 地区，形成了不伦瑞克–里纳堡公国（Duchy of Brunswick-Lun-eburg，1235–1806）。16世纪，韦尔夫家族成员不伦瑞克–里纳堡公爵、里纳堡亲王威廉（William the Younger，1536–1592）与丹麦公主联姻，由此产生了丹麦王室寓意物"红心"图形，黄色盾面上的蓝狮子与韦尔夫家族红色盾面上的两只金色狮结合在一起。在韦尔夫比特尔历史地图的上方有这一纹章图形。

韦尔夫家族1637年后不伦瑞克–里纳堡公国纹章。

阿伯特和后来的继任统治者都是来自韦尔夫家族的成员，1753年之后因没有男性继承者而出现了新的统治者不伦瑞克–贝沃恩（Brunswick–Bevern）。1814年后一切都归不伦瑞克公国。

法国、德国、意大利、西班牙和东欧贵族在领主权和土地与领主的管辖关系方面有明显的差异，法国北部与法国南部也有差异，北部贵族领主权强大而南部不少土地在领主管辖范围之外。西班牙大部分地区和东欧贵族通过许诺减少税赋吸引农民，进而增加人口、繁荣经济活动。但城市的变迁与贵族统治密不可分，城徽的产生也是一样，欧洲的姓氏和家族纹章占欧洲纹章的20%～25%，这一系列的纹章为理解城市纹章的来历和各王国的纹章含义提供了最为基础的图形依据。

① ［美］克斯汀·唐尼著，陆大鹏译：《伊莎贝拉：武士女王》，社会科学文献出版社2016年版，第24页。

② ［西班牙］鲁菲诺·米兰达著，杨恩瑞译：《托莱多：它的艺术和历史》，托莱多市政厅1998年版，第54页。

③ http://www.toledo-travelguide.com/index.php?option=com...m&page=46&page=view&catid=2&pageNo=&key=1&hit=1

④ ［英］彼得·克拉克著，宋一然等译：《欧洲城镇史400—2000年》，商务印书馆2015年版，第30页。

⑤ 图片来源：http://www.galicianflag.com/holy_grail_kingdom_galicia.htm

⑥ ［美］乔纳泰·德瓦尔德著，姜德福译：《欧洲贵族1400—1800》，商务印书馆2008年版，第124页。

二、教区制度的印记

在古罗马皇帝将基督教作为国教后，基督教的领导者权力就产生了，而且逐步形成特殊的等级制度，也直接影响到城乡的行政区划和世俗管理。时至今日，欧洲城市地区的教区影响力大于行政区划和政治上的选区。但意大利是相反的少数例子，现在的教区划分是参照古罗马时期行省的行政区划。教区有详细的登记材料，管理规范，是现代行政区划的基础之一。

1. 以修道院为中心形成的主教采邑城市

在古罗马帝国动荡飘摇的时代，即4世纪至6世纪，意大利修道院的书籍收藏在文化和知识留存上发挥了重要作用。爱尔兰人虽然离基督教中心距离遥远但不局限于本土的修道院建设，而是心揣宗教的热忱进入欧洲大陆建立修道院，发挥了宗教类似农业公社的作用，欧洲各地的修道院为城镇的建立奠定了基础。勃艮第的里克塞、意大利的博比奥（Bobbio）、瑞士圣高尔（Saint Gall）等就是以这种模式作为城市的开端。爱尔兰传教士的代表人物科伦班努（Columbanus，453-615）在585年至590年于法国北部小镇克瑟伊莱班（Luxeuil-les-Bains）建立了里克塞修道院（Luxeuil Abbey），他的继任者又于657—660年在科尔比（Corbie）建立了科尔比修道院（Corbie Abbey）。科伦班努的学生高尔（Saint Gall，550-646）从613年开始搭建简陋的草棚，至719年开始在原地修道处建立圣高尔修道院（Abbey of Saint Gall）。在神圣罗马帝国时期，圣加仑在1207—1798年为采邑院长领国的统治模式，并成为瑞士旧联邦成员，1798年主教的世俗统治权才被取消，但主教采邑领国的纹章为现在圣加仑城市纹章的基本图形。苏黎世（Zurich）在公元90年已经是罗马运输货物通道的收税点，835年修建了修道院，苏黎世是在修道院的基础上聚集各类人群而发展起来。东法兰克国国王路易二世在853年为女儿希尔德加德修建了修道院。1046年本笃会修道院获得城市权利，1234年采邑修道院女院长（Princess-Abbess）成为女公爵，可以指定市长。1218年苏黎世是帝国直辖市，有市场、造币、征税之权力，这些特权是赋予修道院而非市民团体。

步爱尔兰传教士后尘，盎格鲁-撒克逊传教士在欧洲大陆成为又一批虔诚的传教士，开始修建修道院并延续至9世纪。"这些修道院中著名的有富尔达（Fulda monastery）修道院，由博尼费斯的学生斯多米（Sturmi）创建于744年，还有与之紧密联系的黑斯费尔德修道院，770年由博尼费斯的助手、盎格鲁-撒克逊人卢勒斯建立。"①博尼费斯（Boniface，675-754）是英格兰人，为8世纪盎格鲁-撒克逊传教士在法兰克王国传教的领军人物，被称为"日耳曼使徒"，德国基督教奠基人，法兰克王国美茵茨主教。传教士建立修道院，通过手抄本的形式翻译拉丁文、希腊文古文献，抄写《圣经》。盎格鲁-撒克逊传教士开创了对欧洲大陆的影响和对拉丁文、希腊文的保护事业，另一方面推动了"手抄本"这一书籍类型的发展并增强了其思想传播功能。更具有空间意义的是，修道院的建立推动了人口集聚而形成城镇。黑森州的弗里茨拉尔（Fritzlar），724年博尼费斯在此建立了修道院，现在德国最古老且仍然在使用的市政厅是建造于1109年的弗里茨拉尔市政厅，144年在市政厅墙上增加了圣马丁浮雕像，为圣马丁割袍图，圣马丁为城市的主保圣人。

围绕着修道院建立而形成的德国黑森州的城市富尔达（Fulda），城市建城的初始时间是以建立富尔达修道院的744年而确定的，"日耳曼使徒"奠基者博尼费斯就葬于城市天主教堂中。博尼费斯于18世纪的1757年成为采邑主教，城市人口迅速增加，现在城市人口为6.5万，为天主教富尔达教区主教驻地。在神圣罗马时期，从1222年至1802年采邑修道院院长（Abbey-Principality）为世俗统治者。现在富尔达城市纹章、富尔达县纹章与富尔达传统主教纹章——银色盾面的黑色十字架相关联，体现了历史上城市与宗教文化的内在联系以及城市发展历史。富尔达城市纹章上有壁冠，盾面上另一寓意物为三枝百合花。富尔达县纹章一半银色盾面上的黑色十字架为富尔达修道院的纹章图形，一半为黑森公国纹章的象征图形——带红色横带的白色狮子，该纹章产生于1936年。

德国富尔达的城市纹章（左）和富尔达教区的纹章（右）。

一种以修道院为核心的城市模式并以修道院院长为世俗统治者的印章制度在公元6—9世纪形成基础，在中世纪定型，至19世纪结束，维持超过1000年。主教掌握世俗统治权，不仅形成了围绕宗教建筑为中心的城市空间，主教采邑的主教还牢牢掌握着世俗城市统治权，采邑制度主导下的城市纹章中，留下了以宗教图形符号为核心的纹章文化特点。

西西里岛上的几座城市经历了从罗马帝国到基督教化城市的变化，深受基督教的影响，许多神殿改变为天主教堂，古罗马衰落后，基督教成为欧洲各国、王国和领地的主要宗教，基督化的城市选择了基督教为道德和精神的目标。"在四世纪时，岛上所有的主要城市都建有风格质朴的教堂，从六世纪末起，一些大型的古希腊神殿被改建成天主教堂，其中就有阿格里坚多的协和神殿以及锡拉库萨的雅典神殿。"② 按照美国学者科斯托夫的理论，在天主教成为欧洲的核心宗教后，城市的变化可划分为三个阶段：解放几何规则对活动的约束；街块的重组；新的公共中心（城堡、大教堂、主教府邸）对于城市结构的影响。未经设计的城市通常围绕一个或多个核心，如一座城堡、教堂、僧院、市场或这些建筑的聚集地而发展，结果形成了以地处中心的公共建筑或场地为核心，呈辐射状街道分布的椭圆形城市。但无论如何变化，基督教化的城市空间的建造中，防御功能仍然是城市建设首先需要解决的问题，城市的城堡塔楼和城墙是防务功能的空间体现，无论是在高度上还是平面上均显示其视觉景观形象的重要性。

2. 代替行政界线的教区管辖划分

古罗马防御城镇在帝国管理瘫痪后，自中世纪自治市的出现到过渡阶段，社会阶层中神父与骑士成为特殊的群体，教会常扮演管理者。他们成为领主，维持社会的秩序，"在4世纪教会基督教成为帝国的国教之后，教会和帝国共同保持了古文明的残余。帝国崩溃之后，教会接管了公民权利，充当代理政府的角色。"③

教堂是教区的中心，也是古罗马衰落后，在废墟上建起的为数不多的公共建筑。教堂周围和教区进行贸易活动，在层级关系上服从上一级的教区，这样形成了以教区为单位的联系管理网络。教区在欧洲的社会管理中形成与行政区划不同的管辖范围，主教长期扮演教区宗教和世俗管理的双重角色。基督教行政和层级管理制度实际上在模仿罗马城市的行政管理，每座城市的基督教社团有位主教控制着统治权，与行省的总督相似。

在东部重要地区的主教称为"大主教"（Metropolitan，行省的大都市），西部称为"总主教"（Archbishop），而教区的地位起落不定。1344年布拉格升格为总教区，而捷克的伯尔诺在1777年才升为教区。天主教富尔达教区属于帕德伯恩总教区。古罗马衰落后，城市的空间功能产生了不少变化。时至今日，教区的设置还影响着城市的体系布局和管理。巴伐利亚的教区是慕尼黑—弗赖森总教区（Archdiocese），主教座堂在慕尼黑，同时负责监管包括雷根斯堡教区（Diocese）在内的3个教区，雷根斯堡教区又分为8个地区和33个铎区（deanery），再细分为769个堂区（Parishes）。教区来自希腊语"管理"，最基层组织是堂区，由一个教堂的服务范围确定。若干堂区形成教区，在此之上是大主教管辖区，这样形成一个层级森严的体系。根据2013年的统计，全球天主教有2846个常规教区。宗教建筑的分类是礼拜堂、座堂和宗座圣殿。

基督教获得特权，罗马教皇获得崇高的地位。各层次的神职人员成为资源控制者，教区可以拥有物产以至世俗管辖权。基督教由于修道生活的需要，建立了许多修道院，这些修道院常成为城市的起源。苏黎世、根特、格但斯克等城市的起源都与修道院、隐修院等基督教机构建立有关，某种意义讲，基督教成为欧洲不少城市产生的原动力。

3. 教区纹章和城市纹章

荷兰的城市乌得勒支（Utrecht）处于国家的中心，是由722年主教圣威利巴（Willibrord，658–739）的教区逐渐转化为城市的。乌得勒支从军事要塞演变成为城市，是罗马时期作为边境要塞而建立起来的，在8世纪成为荷兰的宗教中心。1122年城市在亨利五世统治下获得城市权利。城市依靠贸易得到发展，随着基督教兴起，宗教统治地位逐步提升，1024—1528年在神圣罗马帝国的庇护下，主教拥有对乌得勒支世俗社会的管理权，这基本上是欧洲城市化的轨迹，这一轨迹可以从中世纪发展起来的纹章图案中找到部分答案。16世纪乌得勒支也繁荣起来，乌得勒支省的纹章源于1291年的主教的纹章，在1528年查理五世统治时期增加了狮子的图案。

荷兰乌得勒支省纹章。

乌得勒支主教的纹章。

乌得勒支主教手持教堂模型的雕塑。

乌得勒支圣马丁主教堂塔楼是荷兰最高的教堂塔楼，1321年开始动工，1382年建成。塔楼后来不断加高，现

乌得勒支教堂塔楼。

在是 112.5 米，显示教区在历史上的影响力，成为乌得勒支城市的地标。

教区往往超越了城市的行政管辖范围，以瑞士的巴塞尔教区为例，教区建立于 740 年，面积为 12585 平方公里，人口 309 万，在中世纪后期主教迁移至隔邻的索格拉图恩州（Solothum）的首府，但还是称为巴塞尔教区。而巴塞尔行政意义上的管辖区为 37 平方公里，人口 19.5 万。弗拉芒著名制图师布劳绘制的一幅历史地图——《希尔德斯海姆（Bishopric of Hildesheim）主教领地历史地图》，除了在左上角绘制了主教纹章外，在领地的周边地区也用纹章表示权属，共使用了近 20 个不同领主的纹章。主教领地约 1200 平方公里。希尔德斯海姆从 9 世纪开始就是天主教统治的地区，尽管后来不伦瑞克—里纳堡坚持路德教的推广，在新教包围中的希尔德斯海姆主教仍坚守天主教为正统的信念，使得主教权利和势力逐步强大。希尔德斯海姆从 1803 年开始为普鲁士拥有，在 1815 年被纳入汉诺威王国的范围。现在希尔德斯海姆县的纹章用玫瑰代表建立于 11 世纪的圣玛丽亚天主教堂墙壁旁生长的"千年玫瑰"。首府希尔德斯海姆市建立于 815 年，在 1249 年获得城市地位，是德国最古老

希尔德斯海姆县纹章。

1645 年布劳绘制的《希尔德斯海姆主教领地地图》。

城市纹章：欧洲城市制度的徽记

的城市之一。希尔德斯海姆市的城市纹章使用了黄色玫瑰为寓意物，色彩配搭与主教纹章一致。

省与城市的行政区划制度是在近代产生的，在划定省或者市的行政界线时参考传统的教区界线。列日天主教教区建立于4世纪，中间经历了复杂的变化过程，现属于梅赫伦–布鲁塞尔总教区（Mechelen–Brussels）。现代省界线是依据1795年的教区范围划定的。

比利时列日市城市纹章（左）和980—1789年间列日主教区的纹章（右）。

教区的名称常常是后来城市的名称，教区的纹章色彩和寓意物也就成为城市纹章的主要元素。圣经以及相关故事和圣物成为基督教城市的象征符号最常借用的原始材料，视觉上的象征元素离不开基督教这一特定宗教范畴。在中世纪产生的城徽，所使用的寓意物多与基督教有关，与主教的纹章图形紧密相关。主教的高度统治力使市民获取城市特权的难度增加，不少城镇是类似修道院之类的宗教建筑，其建立后逐步形成规模，如苏黎世、格拉鲁斯（Glarus）

是以修道院为城市的起源。管辖这些领地的是宗教机构，格拉鲁斯从1388年至现在，使用的纹章上的寓意物就是在6世纪建造塞京修道院（Säckingen Abbey）的爱尔兰僧人。瑞士中世纪城市发展的社会背景，使城市的繁荣来得晚一些。

格拉鲁斯历史上的旧徽（左）和格拉鲁斯现在使用的城徽（右）。

瑞士巴塞尔也是这种类型城市的范例，瑞士在13世纪就出现若干联邦，是共同对抗哈布斯堡和主教的力量，在保持数世纪未变的城市与州的纹章中，传统的封建领主纹章非常少，更多的是具有公共意义的纹章和宗教题材的纹章。巴塞尔是瑞士的第三大城市，主教在巴塞尔的历史发展过程中力量强大，他在740年建立了教区后将其发展成为主教区并一直是城市的统治者。16世纪主教区才迁至索格图恩（Solothum）。巴塞尔宗教阶层对世俗社会的管制渴望，现在印记在城市的城徽上，核心图形为主教权杖的首部（Crosier），权杖向左弯，端部是三个三角形，它也是传统主教的纹章。

1226年主教同意给予巴塞尔市

现实中权杖的造型装饰图。

瑞士巴塞尔乡村州利斯塔尔市城市纹章。

民、商人建立行会的权利。13世纪，城市建立了13个行会，但在1503年新主教拒绝继续赋予这种权利。随着新教的兴起，主教座堂迁移，1528年主教迁至汝拉州（Jura）的首府波郎特

（Porrentruy）。但在1834年之前，主教还管辖着面积相当大的领地，包括德国、法国与瑞士接壤的地区，如德国巴登州的埃末林根–基兴（Efringen-Kirchen）、施林根（Schiengen）。13世纪主教的纹章是权杖，正因如此，现在与传统巴塞尔主教有关的教区内的城市纹章，不少还带有这一历史宗教领地象征图形的印记。瑞士巴塞尔乡村州的利斯塔尔市（Liestal）城市纹章保持权杖造型的传统纹章图形。

保持宗教象征性的元素融合到现代城市纹章中，是体现历史演变的常用表达方式。捷克的俄斯特拉发（Ostrava）是捷克摩拉维亚–西里西亚州的首府，城市长期处于贸易线路的节点上，19世纪因矿业而繁荣，基督教在城市历史中地位显赫。现在城市纹章是蓝色盾面上的一匹白马站在绿色草坪上，象征贸易历史，右上角是金色的玫瑰，由1426年的印章演变而成。配金色马鞍的白马有许多解释，一是地区贸易的象征，另一种传说是市民解救了被敌人围困的城市，城市统治者——地区主教为白色的战马披上马鞍以表达谢意，带有绿色叶子的金色玫瑰是原来地

绘制于16世纪巴塞尔主教的纹章、现在使用的巴塞尔的城徽、主教的纹章和州徽。（从左至右）

城市纹章：欧洲城市制度的徽记

区主教的纹章。

捷克的俄斯特拉发城市纹章。

4. 神圣罗马帝国的主教选帝侯城市

教皇派代表参加议会，是天主教教廷对支持者神圣罗马帝国皇帝的回报，神圣罗马帝国从加冕之日起就离不开利用宗教力量来树立自己的权威。教廷与皇帝的关系是微妙的，神圣罗马帝国的建立是从 10 世纪奥托一世（Otto I，936–973 年在位）正式开始，在罗马由罗马教皇加冕称帝。1806 年拿破仑（Napoleon Bonaparte）宣布神圣罗马帝国解散，它是存在于西欧和中欧的封建君主制帝国，18 世纪形成了 300 多个王国、公国。奥托大帝充分利用了教会的力量，"在罗马按照加洛林王朝的传统，以庄严的加冕和抹油仪式成为国王。"[④] 奥托统治时期，教会获得财富和利益并成为他的君主政治的支持者，教会主教的管辖权得到保证并跨越了不同的领地和城市。但在后来的若干世纪中，教皇和皇帝之间的矛盾和冲突逐渐加剧，在以罗马天主教为主的神圣罗马帝国范围内，还生活着东正教、新教等其他宗教的臣民。

13 世纪神圣罗马帝国实行选帝侯（Prince-elector）制度，1356 年纽伦堡帝国会议结束后颁布了金玺诏书，"这强化了帝国议会的权力，巩固了选帝侯的声望与权力（希望借此减少选举者与皇帝之间的争论），并建立了选举皇帝的清晰化流程（包括世袭制）。"[⑤] 神圣罗马帝国的领地关系相当复杂，其中宗教统治力量占用的领地不少，主教在宗

《纹章集》中科隆主教的纹章（上右）、美因茨主教的纹章（上左）和特里尔主教的纹章（下）。

教和世俗社会中均具有统治作用。

七位选帝侯中有三位是教会诸侯，是采邑主教领国，它们分别是科隆选侯国、特里尔选侯国和美因茨选侯国，美因茨主教还担负主持选举的任务。主教在世俗管理和城市化的控制中作用重大，主教可以赋予城市市民特权，但这次金玺诏书突出选帝侯的权威而削弱了城市自治的权利。如美因兹主教1244年给予市民特权而推动了市议会的产生，但在1462年另一主教取消了市民特权，由主教自己管治，这也是纽伦堡会议的后果。

选侯国的领地是可以不连接而分散的，如特里尔教区曾经包括沃尔姆斯（Worms），而科隆教区包含了波恩，在波恩城徽上可以看到盾面上科隆主教的黑色十字架。科隆城市地区的城镇克尼格斯温特尔（Königswinter）的城徽也保留了黑色十字架的寓意物，蓝色王冠的红色狮子是领主伯格公爵（Berg）的寓意物。

德国波恩市的城市纹章（左）和克尼格斯温特尔的城市纹章（右）。

特里尔主教是七个选帝侯之一，城市印章的图形是城堡中的圣彼得，在神圣罗马皇帝统治时期基督教于城市的重要性从中可见一斑。

特里尔的城市纹章。

现在德国莱茵兰—法耳茨州的纹章、特里尔行政区和特里尔大学校徽均有特里尔主教的寓意物，银色盾面上有红色的十字架或者圣彼得手持钥匙的全身像。莱茵兰–法耳茨州的纹章由三个最重要的地区纹章组成，特里尔大主教区的红色十字架、美因兹大主教区的红底银轮和黑色底子上的红爪金狮的法耳茨伯爵象征物。特里尔–萨尔堡（Trier–Saarburg）行政区或县的纹章由代表萨尔堡城堡的小盾徽和代表特里尔的红色十字架构成，蓝色横条代表这里的部分地区历史上属于卢森堡（Luxermburg）。特里尔大学的印章是历史传承的图形，在印章中分别有特里尔的两个红色纹章、十字架和圣彼得像。现代城市行政区划产生的城市等级系统下使用的纹章反映了地区的宗教、封建制度的历史。现代莱茵兰–法耳茨州的州徽图形由三部分组成，代表着三个历史地区的象征图形。无论是城市的印章还是现在使用

德国莱茵兰—法耳茨州的纹章（左）、特里尔—萨尔堡行政区纹章（中）和特里尔大学校徽（右）。

的城徽，充满着浓厚的三个选侯主教采邑的特殊宗教色彩，同时表达了地区的行政组合特点。冠饰采用葡萄叶组成的叶冠，表示为"人民之冠"，也突显了地区的农业尤其葡萄种植的特点。

神圣罗马帝国的特里尔市是德国最古老的城市，于公元前16年由奥古斯都皇帝所建，在古罗马后期成为最重要的欧洲城市之一，是德法文化融合的地方。特里尔市在神圣罗马帝国中也是最重要城市之一，在898—1801年之间是独立的特里尔选侯国（Electorate of Trier），主教掌控着这一地区。特里尔市于1212年获得城市权利，1473年建立了特里尔大学，18世纪被取消办学。法国曾经统治该地区，后来特里尔在1814年成为普鲁士王国的一部分。

1818年卡尔·马克思出生在这里，在这里的中学学习期间，马克思发表了自己的第一批作品，包括《青年选择职业的考虑》在内的三篇论文，1835年父亲送他到波恩学习法律而离开此地。马克思的父亲赫歇尔·马克思·莱斯出生于犹太教教士家庭，后来脱离犹太教，选择了新教路德教，成为少数能够从事法律事务的犹太人律师，他在信仰

特里尔主教1703年纹章大徽。

犹太教的母亲去世后的第二年改名为亨利希·马克思。马克思的成长，与父亲开明和开放的品质有密不可分的关系，1837年马克思在学习法律一年之后选择从法律转为哲学研究时，父亲给予了最为有力的支持。61岁的父亲在1838年因结核病过世，马克思将父亲的照片放在自己的背心内侧口袋，直到自己去世的那一天。特里尔这时在全城11400名居民中，路德教仅有大概300名信众，甚至比犹太教徒少[⑥]。

这座城市充满宗教色彩，到处是教堂、修道院，天主教占据统治地位，但这里也是最早的路德教发展地区。留存的古罗马城门和天主教教堂已被列入《世界遗产名录》。

沿莱茵河发展起来的城镇，不少城镇的纹章现在仍体现出科隆主教和特里尔主教的影响，红色十字架代表特里尔主教，黑色十字架代表科隆主教。莱茵兰—法耳茨州新维德行政区（Neuwied）的纹章由三部分寓意物组成，黑色十字架代表行政区内的一部分是原科隆教区，红色十字架代表行政区内部分地区原属特里尔，孔雀是领主维

德国新维德行政区纹章（左）、安德纳赫的城市纹章（中）、维德公爵的纹章（右）。

德公爵（Wied）传统寓意物。安德纳赫（Anderach）的城市纹章将两个教区的寓意物混合，以黑色十字架代表科隆教区，又用红色交叉的圣彼得钥匙代表特里尔教区。

美因茨（Mainz）在罗马帝国时期是一个兵站，是莱茵河流域的战略要地。此后它从一个普通教区上升到七个选侯帝国之一的城市，是欧洲城市发展历史中难以复制的案例。罗马帝国末期在此建立了一个基督教社团，343 年在此产生了第一位被证实的主教，后来美因茨成为法兰克王国的一个城市。754年主教圣波尼法爵（Saint Boniface）被杀，780 年之后，美因茨教区成为阿尔卑斯山脉北面最大的教区，是大主教的驻地，9 至 10 世纪成为采邑，此后又提升为选帝侯。美因茨为总主教区，拥有世俗的管理权力，总主教拥有世俗的统治权。这种选侯国是在十世纪至十九世纪形成的，美因茨以采邑主教领国的身份，排在七个选侯帝之首。

美因茨轮（Wheel of Mainz）是圣马丁（Saint Martin）的象征。圣马丁生于公元 316 年，是法国 3 世纪成立的图尔（Tours）教区的主教，宗教改革家马丁·路德以他的名字自命名，圣马丁是美因茨的保护神。13 世纪、16 世纪美因茨大主教约翰·史威克·冯·克朗伯格（Johann Schweikhard von Kronberg）的纹章就有这个特殊轮子的图形，舵轮是美因茨选侯国的象征图形。

1244 年，主教齐格费里德三世（Siegfried III）是第一个向市民授予特权的主教，城市获得了城市宪章，成立由 24 人组成的市议会以管理城市。城市因主教有了城市纹章，以美因茨的轮子为寓意物并延续至今。美因茨市的城徽以这一图像为基础演绎成为双轮的造型，以便于与大主教的纹章区分开来，两个轮子斜向由一个十字架串联在

一起，轮子由六条幅条组成。美因茨市城徽现在的构图是建立在 1915 年的图形基础上，拿破仑时期美因茨的城市纹章增加了代表拿破仑王朝的三只蜜蜂，1804 年又增加了代表法国的鹰。

德国图林根州（Thuringia）埃尔福特市（Erfurt）的城徽也存在宗教的内在关联性，埃尔福特的城市纹章是以美因茨轮为寓意物，它与美因茨主教的纹章相关联，主教是原领地的领主。

德国美因茨的城市纹章（左）和埃尔福特的城市纹章（右）。

① ［英］L. D. 雷诺兹，N. G. 威尔逊著，苏杰译：《抄工与学者：希腊、拉丁文献传播史》，北京大学出版社 2015 年版，第 90 页。
② 意大利西西里自治区，中国国家图书馆：《西西里五千年的灿烂文明》，2006 年，第 25 页。
③ ［英］杰弗里·帕克著，石衡潭译：《城邦：从古希腊到当代》，山东画报出版社 2007 年版，第 73 页。
④ ［美］布莱恩·蒂尔尼西德罗·佩因特著，袁传伟译：《西欧中世纪史》第六版，北京大学出版社 2003 年版，第 208 页。
⑤ ［德］罗伯特·科尔著，欧阳林等译：《周末读完德国史》，上海交通大学出版社 2012 年版，第 59 页。
⑥ ［法］雅克·阿塔利著，刘成富译：《卡尔·马克思》，上海人民出版社 2010 年版，第 11 页。

三、骑士酬劳、骑士团到贵族民主制

中世纪欧洲的社会管理组织主要是由大小不一的领主构成，领主权起源于中世纪，法国北部和德国西部领主的统治权非常强大，西班牙和东欧领主权相对弱势一些。骑士的酬劳就是领主权的获得，18世纪的欧洲因政治和经济的双重压力，领主权的地位开始衰退。"史学家将贵族的权利和土地的集合体叫做领地，把庄园主叫做领主而不是财产所有人；他们将这一所有权制度本身叫做封建制度，这是与近代社会制度迥然不同的财产制度。"① 领主拥有经济权力的同时，在特定领地具有高度管辖权。

1. 剑不离手

骑士起源于8世纪查理大帝组织的禁卫军，查理将他们变为自己的封臣和领主的封臣（vassi dominici），为查理而战的战士可以获得养活自己的土地，称为采邑（benefice），后来也称为封地，这一做法可以在罗马晚期的《土地法》中找到源头。骑士团在这类军事力量的基础上发展而来。在中世纪欧洲的领地争夺中，基督教宗教势力借助宗教的军事力量来巩固世俗的统治权。教皇亲自下令展开宗教军事集团的军事行动，血淋淋的厮杀过程中，骑士们口里说的都是"我们是奉上帝之名"。而骑士也通过宗教的所谓文明教化，热衷战斗的精神影响力，使屠杀行为得到美化并获得利用，最终得到"骑士的报酬"。骑士精神讲求忠诚、勇敢和献身，在现代引用为注重个人荣誉和身份的"绅士精神"。骑士献身谁？有限的基督教和教宗。什么是教化？骑士铁蹄践踏的是在原来土壤生长出来的文明之花，让十字架插到用武力征服的城镇和城堡。战斗为了什么？落到实处就是土地的物质报酬和可以炫耀的爵位，热爱的家园是自己曾经掠夺而来的领地，贵族之间常发生的战争多数是领地之争。

在11—15世纪，骑士制度形成欧洲大地的一股重要的军事力量，是十字军东征的主力。中世纪欧洲的混战产生了各种君主，领主从君主手中获得领地。领主又赐予骑士小块土地作为战争的酬劳。封建制度英语为"feudalism"，来自拉丁文，为"骑士的酬劳"之意，拉丁语"feudum"为封地之意，在法兰克人中也叫采邑。骑兵在8世纪早期大规模地在法兰克人中使用，法语为"chevalier"，英语为"knight"。

从物质上、荣誉上以及精神上形成的特殊骑士制度，同时也成为教会控制社会的重要工具。骑士阶层通过战争夺取领地后，有的获得爵位，这是推动纹章发展的重要动力之一。格但斯克就是被骑士团征服的城市，13世纪城市的印章就是以骑士为核心图形。

城徽中武力征服的象征比比皆是，历史上对骑士美好的传说也影响到一系列艺术创作。19世纪末英国浪漫主义、前拉菲尔学派的代表性画家莱顿（Edmund Blair Leighton，1852–1922）的作品《准备旗帜》（*Stitching the Standard*），描绘了一名女士坐在古老城堡的城墙上，为将要出征的骑士缝制有黑鹰纹章的战袍，这一场景美好而宁静。该作品也称为《等待归来》，现在为私人收藏。莱顿的作品以中世纪城堡和骑士为表现题材，画面优美浪漫，骑士自然地与城堡联系在一起，莱顿的骑士题材的作品《祈愿平安》（*God Speed*），对城堡环境进行了细致的刻画，楼梯的格列芬神兽雕像，城门的门闸等城堡典型建筑部件都得以充分表现。浓厚的中世纪环境气氛中，城堡的门闸细节、装饰部件在画面中起到历史时间节点的隐喻作用。

众多纹章表现了武力的象征，也是对十字军暴力军事行动的血腥图解。长弓是英国研发的，长矛是瑞士的发

英国浪漫主义画家莱顿创作的《祈愿平安》，表现了骑士告别情人的不舍之情。

油画《准备旗帜》，英国浪漫主义画家莱顿创作。

明，无论长矛或者大刀，都出现在纹章盾面上骑士的手上，也包括更多的兵器和装备，如战马和盾牌。兵器是与骑士文化有历史关联的城市纹章的常见图形。从骑士的盾徽到族徽象征符号的传承，欧洲许多贵族家族的纹章均来自骑士祖辈的盾徽中的符号，而这些家族多为领地的统治者。最后自治城市产生，又使用了原领主的符号。

卡塞勒（Cassel）是1071年发生卡塞勒战争（Battle of Cassel）的地方，法兰德斯伯爵罗伯特一世（Robert I, count of Flanders，1035–1093）与同为法兰德斯伯爵（Arnulf III，1055–1071）的侄子为争夺统治权而战，最终罗伯特一世取得胜利。

法国卡塞勒城市纹章（左）和英国法夫郡的纹章（右）。

英国法夫（Fife）郡的纹章是盛装的骑士，红狮是法夫王国的纹章寓意物，出现在盾牌和马的披袍上。

1335年卡斯蒂利亚国王阿方索十一世建立"缎带骑士团"；德意志皇帝在14世纪50年代创建"带扣骑士团"；萨伏依伯爵阿梅迪奥六世创立"黑天鹅骑士团"；14世纪60年代西西里国王设立"花结骑士团"；法兰西国王约翰二世设立"星辰骑士团"。

欧洲许多城市是围绕宗教军事团体的城堡而形成的，这类城堡是由教廷的武力团体、骑士团与城市统治者组成的三位一体的统治中心，骑士有的效忠于领主，有的效忠于教会，但最大规模的骑士团是教廷承认的几大宗教军事团体。中世纪欧洲有三大骑士团最为知名：圣殿骑士团（the Knights of the Temple）、医院骑士团（the Knight of the Hospital of St.John）和条顿骑士团。圣殿骑士团的徽章为两名骑手骑一匹马，意味着贫穷，后来发展出的含义是友情和生死与共。这个印章是双面的，另一面是教堂的象征，最早使用此印章的是第六位团长伯特兰德（Bertrand de Blanchefort，1109–1169）。耶路撒冷圣殿骑士团由雨果·德·帕英建立于1118年，圣殿骑士团后来成为一个国际修道会，拥有超过9000个辖区，870座城堡。教皇依靠这一系列的军事力量强化其统治地位，而骑士们获得的回报是领地以及金融贸易等权力。1128年教皇通过一次宗教会议将圣殿骑士团组建为一个军事宗教团体，八角十字架是其象征。

圣殿骑士团后来发展金融业，成为国际银行实体，运作资本控制着法国大量的香槟产地和农副产品的贸易，支持着十字军东征军事行动，法国国王腓力四世在他们那欠下许多债务。1312年圣殿骑士团在法国国王的操纵下被教皇宣布解散，要求各天主教国家以腐败和亵渎罪处决圣殿骑士团成员。最后一任骑士团大团长雅克·德·莫莱

（Jacques de Molay，1240–1314）1314
年被法王处以火刑，结束了这场数年的
血洗运动。现在仍然有许多欧洲历史学
家在研究这段历史，传说 1307 年通过
密报闻知法王要逮捕圣殿骑士团成员
后，骑士团埋藏了大量财宝，具体位置
至今仍然是一个谜。基佐是距离巴黎约
40 公里的小镇，一直为探宝人认为是
藏宝之地，数百年来至今，挖掘行动不
断，但仍没有重要发现。后来医院骑士
团开始成为主力军，圣殿骑士团部分财
产由医院骑士团拥有。

三次十字军东征，在骑士制度影
响下产生各种领地和城堡，是古希腊、
古罗马后，在中世纪形成欧洲城市体系
的另一重要影响因素。

爱琴海的马其顿罗德岛保存着中
世纪一系列城堡建筑，许多是医院骑士
团留下的，这些建筑的军事防御特点突
出，坚固的防守能力体现在建筑物的细
部结构和形态上。1308 年医院骑士团
开始围攻罗德岛，1309 年占领了罗德
岛等岛屿后，在原来 7 世纪所建的军事
工事上，加建了骑士团团长的城堡，也
称大团长宫（Palace of the Grand Master
of the Knight of Rhodes），将其作为管理
中心。被列入《世界文化遗产名录》的
"罗德岛中世纪古城"（Medieval City of

马耳他岛的历史地图，
地图装饰物是马耳他的
纹章和骑士。

制度的徽记

35

马耳他共和国戈佐岛公
元前3600—前2500年
詹蒂亚神庙遗址。

城市纹章：欧洲城市制度的徽记

Rhodes）大部分建筑以骑士团的城堡为核心。罗德岛上骑士团城堡的第 40 任大教长（或者称团长）皮尔（Pierre d'Aubusson，1423–1503）是加固修建岛上城堡的重要人物。1444 年他来到罗德岛，其后接任者第 41 任大团长伊米里（Emery d'Amboise，1434–1512），在城墙和火炮上等不同部位留下了骑士团大教长的纹章，包括第 36 任大团长（Jean de Lastic）、第 40 任大团长和第 41 任大团长的纹章浮雕装饰。

神圣罗马帝国和教皇签订和约以对抗奥斯曼帝国，医院骑士团是主要的军事对抗力量，查理五世将马耳他岛、戈佐岛、科林诺岛赠予医院骑士团，以使他们能够安心地执行宗教义务，保护基督教社区的利益②。医院骑士团一开始没有看好马耳他岛，认为这是一片不毛之地，但优良港口条件和海岸高耸的天然陡壁使这里成为军事要塞，有利于出战和防守。岛上的比尔古（Birgu）马上成为骑士团新首都，比尔古是一座深水港，具有战略意义，一系列的海防设施包括圣安杰洛城堡得到加固，圣安杰城堡原是西西里王国为保护商船而建立的，一直有雇佣军住守。

马耳他共和国是制度演变最复杂的国家，戈佐岛（Gozo）是马耳他岛外最大的岛，有 67 平方公里，居住 3 万多人口。从戈佐岛的考古中发现，人居历史出现过青铜时代，岛上有两座詹蒂亚神庙（Ġgantija）的遗址，追溯至公元前 3600—前 2500 年，以神庙的神作为社会崇拜的对象，王权和神权一体。

制度的徽记

这一遗址是世界尚存的最古老的宗教遗址，它与马耳他岛上的哈贾尔基姆、姆纳耶德拉、塔克西恩等七个巨石庙共同以"马耳他巨石庙"的名称被列入《世界遗产名录》。在医院骑士团到达马耳他时，开始形成一定规模的聚居地。现在岛上的首府是维多利亚。16世纪前岛上居住着许多伊斯兰的居民，在骑士团到来时撤离。

在马耳他岛的北部，是姆迪娜（Mdina）城堡城市，建于公元前700年，是古罗马帝国的一部分，古罗马的城墙遗址仍然可见，中世纪时这里一直是首府，伊斯兰统治时人口聚集。随着比尔古成为骑士团的首府，这里人口的聚集就开始减少。1565年医院骑士团被奥斯曼帝国军队围困了四个月，最后在西西里王国的支援下才解围。之后为加强防御，骑士团在西伯赖半岛建造新的城堡。安东尼奥·马诺埃尔·德·维列纳任大团长时，邀请了法国建筑师进行大规模建设，建成于1724年的城堡

主入口姆迪娜门（Mdina Gate），还保存着1722年医院骑士团的大团长、葡萄牙贵族安东尼奥·马诺埃尔·德·维列纳（AntónioManoel de Vihena，1663-1736）的纹章，盾徽为四等划分的盾面，其中两区是红色盾面白色十字架，象征医院骑士团，另外两分区分别是带翅膀的手握着剑和红色狮子，这是安东尼奥·马诺埃尔·德·维列纳家族的族徽。小镇弗洛里亚纳，在1993年

马耳他的姆迪纳门保存的1722年医院骑士团的大团长、葡萄牙贵族安东尼奥·马诺埃尔·德·维列纳的纹章。

马耳他的戈佐岛岸线。

至 2006 年保持使用安东尼奥·马诺埃尔·德·维列纳家族族徽为城市纹章，2006 年后改为以红色狮子为寓意物的简化纹章。在 1023 年建立医院骑士团后，骑士团于 1130 年获得教宗授予的白色十字架红色盾面纹章。骑士团长期在此居住，共 268 年近三世纪，他们在马耳他岛上的历史建筑和广场上留下骑士团的纹章印记。安东尼奥·马诺埃尔·德·维列纳卸任后，在 1741 年至 1773 年任大团长的曼努埃尔·平托（Manuel Pinto da Fonseca）任期内，马

耳他城堡防御体系又迎来一次建设高峰，巴洛克时代建筑风格在这些建筑物、构筑物上得到充分表现。

城堡中的主座天主教堂是 12 世纪开始建造的，在 17 世纪末西西里岛大地震时倒塌，后于 1696—1702 年重建，是一座具有浓郁巴洛克风格的教堂。在教堂入口处有姆迪纳城市纹章，下方是 2002—2005 年担任马耳他主教的查里斯（Charles Scicluna）的纹章。盾面为绿色，下部为一匹站立的白马，部首有着新月和金色玫瑰两个寓意物。

马耳他的戈佐岛神庙遗址。

姆迪纳主座教堂入口
的纹章装饰。

马耳他姆迪纳城堡的内
部景观。

城市纹章：欧洲城市制度的徽记

马耳他的姆迪纳起义声明纪念牌，上有姆迪娜城市纹章。

教堂建筑在 1693 年西西里岛大地震遭受巨大的损害，18 世纪初经历一次建设的高潮，在 1725—1726 年建造的哨塔现在改为旅游信息中心，当时大团长的宫殿在英军入占时期改为医务室。

医院骑士团的大团长在马耳他时期是法国人，随着西班牙骑士胡安·德·霍迈德斯（Juan de Homedes Y Coscon）在 1536 至 1556 年间担任大团长，西班牙骑士的地位和影响力提高。在骑士团统治期间，文化和教育有了繁荣发展的气象，骑士团在岛上建立了现代医院，著名的艺术家卡拉瓦乔还曾经来到岛上成为骑士团一员，留下许多杰出画作。

法国大革命爆发后随之进行宗教改革，直接影响到骑士团的命运，在法国的骑士团财产被没收。1798 年拿破仑军队以补水为由，进入马耳他岛，在强大的军事力量威胁下，最后的一任大团长斐迪南·冯·洪佩斯被迫签订合约，在 6 月带领部分骑士团成员离岛。

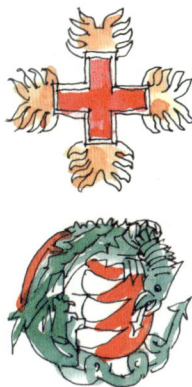

匈牙利"龙骑士团"十字架纹章（右上）和伊丽莎白·巴托里的纹章（右下）和"龙骑士团"徽章（左），藏于立陶宛大公历史博物馆。

拿破仑在岛上留下3000名士兵，1798年9月部分岛上居民起义，以65名居民被杀告终，岛上现在有纪念牌纪念起义居民。英国军舰后来围攻马耳他岛，1800年英军成为新的统治者，现在戈佐岛首府称为"维多利亚"就是英国曾经占据此地的历史印记。

2. 沃尔沃达和"龙骑士团"

在匈牙利、罗马尼亚等中东欧地区出现了前封建制度，贵族中一些地主组织起来成立小联盟，称为克奈扎特（cenzte），领导者从中选举，称为沃尔沃达（voivode），一般是由公爵或者贵族担任，16世纪末才由"Prince"代替。

爱尔兰作家布莱姆·斯托克在1897年（Bram Stoker, 1847–1912）创作的小说《德拉库拉》（Dracula）所描述的是欧洲中世纪骑士吸血鬼德拉库拉公爵的故事，该小说是最经典的吸血鬼故事，被多次改编为电影，从1922年第一部电影《诺斯费拉图》（Nosferatu）至2015年最新的电影《特兰西瓦尼亚旅馆2》（Hotel Transylvania 2），约有40部电影由原小说改编。主角历史原型就是生活在15世纪特兰西瓦尼亚历史地区的特兰西瓦尼亚王子弗拉德三世采佩尔（Vlad III the Impaler, 1431–1476）。采佩尔出生于锡比乌，传承其父亲爵位成为瓦拉几亚大公，采佩尔英勇善战但统治残酷，最后与奥斯曼军队作战时在布加勒斯特战死沙场。弗拉德三世的父亲弗拉德·德古尔在纽伦堡加入

了"龙骑士团"（Order of Dragon），争取到神圣罗马帝国西吉斯蒙德一世的支持并获得王位。在罗马尼亚语言中，龙称为德古拉Dracul，他使用这一名字与龙骑士团的纹章图腾有关。他在1436年成为瓦拉几亚的统治者时，使用"龙的骑士弗拉德"即弗拉德·德古尔这一称号[③]。"龙骑士团"的纹章象征是首尾相接的龙造型，是15世纪匈牙利活跃的"龙骑士团"的象征，出现于1325年。首尾相接"龙骑士团"的造型，也是匈牙利著名的贵族巴托尔家族成员伊丽莎白·巴托里（Elizabeth Bathory, 1560–1616）的纹章造型。伊丽莎白·巴托里也称为巴托里伯爵夫人，她的人生经历丰富，传说中她残杀了数百名少女，这部分素材也融入了《德拉库拉》小说中。

立陶宛大公斯特凡·巴托里（Stephen Bathory, 1533–1586）是巴托里家族成员。现在与其家族有关的城市，继续使用相关的传统图形。匈牙利的小瓦尔道（Kisvárda），匈牙利语名字的原意是"小城堡"之意。这是处于斯洛伐克和乌克兰交界处的匈牙利万

匈牙利小瓦尔道的城市纹章（左）和尼尔巴托的城市纹章（右）。

人小镇，匈牙利人在9世纪在此建立堡垒。小瓦尔道一直是匈牙利索博尔奇郡的首府，14世纪为巴托里家族所统治，二战之前城市人口中有30%是犹太人。城市纹章盾面的一半是匈牙利国王阿帕尔德王朝红白相间的图案，另一边是绿色盾面上骑士的剑和太阳，象征着骑士的英勇，盾面的底部是一把天平，象征城市承载贸易交易的功能，包裹盾徽的是绿色的龙。同一个郡的城市尼尔巴托（Nyírbátor）的城市纹章传承了巴托里家族族徽的纹章造型，尼尔巴托是13世纪巴托里家族发源地之一，该家族一直延续至17世纪，伊丽莎白·巴托里就出生于这座城市。

斯特凡·巴托里为特兰西瓦尼亚克奈的军事统治者"沃尔沃达"，在1576年与雅盖隆家族的安娜雅盖隆（Anna Jagiellou，1523–1596）结婚，成为波兰国王和立陶宛大公。16世纪末，特兰西瓦尼亚克奈沃尔沃达头衔由"Prince"代替，立陶宛大公巴托里还获得特兰西瓦尼亚亲王的头衔。

3. 刀光剑影下的利奥尼亚

历史上条顿骑士团、利奥尼亚骑士团（Livonian Order）不断厮杀征服，以至领地的边界变化无常。宗教战争的结果形成的宗教象征图像，为领地和宗教而战的骑士（有时是名义上的）形象，历史王朝萨莫吉希亚公国纹章为特尔希县、希奥利艾县（Šiauliai）所继承。

在不断的战斗中，骑士和骑士群体、神父和教会在中世纪阶级分化构成过程扮演了重要角色。城堡空间、教堂是中世纪城市的初型，这成为纹章产生的基础。

普鲁士（Prussia）这个名字与条顿骑士团高度关联，古普鲁士是对一小支波罗的海定居异教徒的称呼，条顿骑士团使用暴力将此地基督化。颇有讽刺意义的是，当此地独立建国时再次使用被奴役地区的原称呼"普鲁士"[④]。17世纪至18世纪初古普鲁士语消失。

在1200年得到教皇支持后，基督教各骑士团的军事力量采取了武力传教的方式。中世纪在这一地区活跃的宗教军事组织是宝剑骑士团（Livonian Brothers of the Sword），是于1202年在里加主教支持下建立的，1204年得到教宗批准。1227年爱沙尼亚成为较早被宝剑骑士团征服的地区。骑士团征服了利奥尼亚（Livonia）大部分地区，后来并入条顿骑士团，在1237改称利奥

宝剑骑士团的纹章（左）和德国阿尔斯特的城市纹章（右）。

尼亚骑士团。

1190年在围攻阿卡的战争中，条顿骑士团建立。主要成员是德国骑士、

教士，宣誓终身不婚、甘于贫苦，1230年向异教徒普鲁士人开战。1309年条顿骑士团总部移至普鲁士的马尔堡（Malbork），建立条顿骑士团国家（State of the Teutonic Order），这是一种特殊类型的宗教共和国，设置大团长和咨议会、参事会和总执事对全国进行管理。白袍黑色十字架是条顿骑士团的形象特征，后来的普鲁士国旗设计就来自这一图像模式。利奥尼亚的城市化过程是与宗教军事团体的战争相伴同行的。

"十三世纪的教皇们似乎越来越热衷于控制基督教社会，而不是为它服务。"⑤利奥尼亚宗教武装团体发动的一场又一场战争足以证明这一论断。普鲁士公国存在于1525—1701年间，1525年条顿骑士团总团长、来自霍亨索伦家族的阿尔布雷希特（Albecht Hoenzollern，1490-1568）脱离罗马教廷控制，改信路德宗，成为普鲁士公爵，普鲁士公国成立，这是历史上第一个新教国家。1772年普鲁士公国成为普鲁士王国。

条顿骑士团的十字架和纹章。

条顿骑士团的总部马尔堡城堡是大团长的居所，在1997年被列入《世界遗产名录》，它是中世纪后期最大的哥特式红砖风格的军事城堡，占地约21公顷。1934年建造的大厅高9米，是当时大团长会见各王国政要、贵族的重要的军事、经济、宗教议事场所。城堡在1457年为波兰王国占有，成为波兰当时的重要军事基地。现在大厅经过

城市纹章：欧洲城市制度的徽记

马尔堡城堡大厅⑥。

修缮保留着当时的纹章装饰，记录当年的辉煌，1960年成立了博物馆，持续收集有关文物，建筑得以维护并正常对外开放。

利奥尼亚是以里加为中心的欧洲北部历史地区。从中世纪开始，因为各种势力的入侵，导致领地产生无数次的变化，也由此产生了各种联盟和公国。立陶宛大公国存在于12世纪至1569年，萨莫吉希亚公国（Samogitia）是由原居住在这里的部落聚集而形成的，萨莫吉希亚公国在13世纪成为立陶宛大公国的附属领土，萨莫吉希亚公爵维金塔斯（Vykintas）战胜利奥尼亚骑士团，

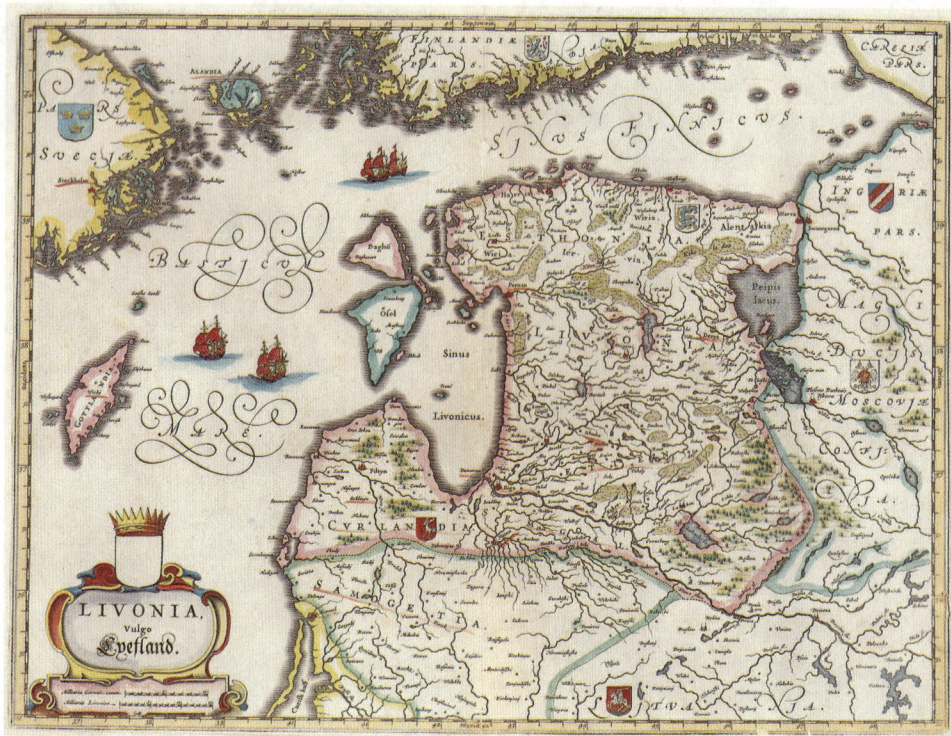

欧洲北部的利奥尼亚历史地区地图，1662年布劳绘制：萨莫吉希亚公国在下半部分、库尔兰公国在中间⑦。

而库尔兰–瑟米加利亚公国（Duchy of Courland and Semigallia）是十字军东征最后的产物。

萨莫吉希亚公国是阻止条顿骑士团扩张的重要力量，1413年萨莫吉希亚才接受基督教，17世纪在瑞典人入侵后人口从原来的40万下降到25万左右。这一地区是三大骑士团，包括条顿骑士团、利奥尼亚骑士团和宝剑骑士团入侵并推行武力传教的地区。1410

年条顿骑士团征服了普鲁士地区大部分土地，成立了条顿骑士团国家，但在1466年战败后成为波兰的附庸国。1525年最后一位骑士团团长，来自霍亨索伦家族分支的勃兰登堡–安德巴赫，称为阿尔锡雷希特·高德·冯·勃兰登堡·安德巴赫（Albert, Duke of Prussia, 1490–1568），在他担任团长时条顿骑士团转变为普鲁士公国，并且与霍亨索伦家族统治的大勃兰登堡联系紧

从历史地图中截取的各王国的纹章，包括瑞典王国、库尔兰、英格里亚（Ingria）莫斯科公国和丹麦王国等。

城市纹章：欧洲城市制度的徽记

历史上瑞典统治的英格里亚（左）和瑟米加利亚公国纹章（右）。

密。他利用宗教改革机会自立为世俗化的"普鲁士公国"，被称为"普鲁士公爵"。普鲁士公国在 1560 年被莫斯科大公国彻底击败，但在 1568 年，勃兰登堡的霍亨索伦家族成为普鲁士共同受封者。安德巴赫现在是德国一座 4 万多人的小城镇，城市纹章产生于 1532 年，在绿色盾面的银色斜带上有三条游动的蓝色鱼。

1662 年布劳绘制欧洲北部的利奥尼亚历史地区地图，反映了萨莫吉希亚公国周边随着条顿骑士团分解后，该地域统治者的历史变化。

利奥尼亚及波罗的海周边地区的地图，绘制的范围包括现在的拉脱维亚、爱沙尼亚和立陶宛地区。利奥尼亚大部分地区就是后来爱沙尼亚、拉脱维亚和立陶宛的领土。伊凡 1557 年侵入利沃尼亚，随后波兰、瑞典和丹麦参战。1661 年瑞典和俄罗斯签订了《卡尔迪斯（Kandie）条约》，波兰不满条约内容又爆发了俄罗斯与波兰之间的战争，1667 年又签订了《安德鲁索沃（Andrusovo）条约》。历史地图中用盾徽表现了历史上各王国的纹章，而有些

王国已经成为历史。1629—1721 年这一历史地区被瑞典帝国统治，1795 年又被俄罗斯帝国占领，1918 年后成为拉脱维亚的一部分。图上最右边的是瑞典控制的英格里亚（Ingria）公国的纹章，首府是纳尔瓦（Narva），公国后来并入俄罗斯，现在属于爱沙尼亚。

库尔兰–瑟米加利亚公国存在于1562—1795 年间，宝剑骑士团最后的一任团长成为库尔兰–瑟米加利亚公国的公爵，公国的纹章将库尔兰纹章寓意物红色狮子和瑟米加利亚的纹章寓意物银色的鹿组合在一起。瑟米加利亚公国纹章为蓝色盾面，上有银色公鹿，1578 年至 1795 年首府城市为叶尔加瓦（Jelgava），现在是拉脱维亚的一座 6 万人的城镇，城市纹章寓意物仍

制作于 1600 年的库尔兰和瑟米加利亚公国历史地图上有着以鹿为寓意物的瑟米加利亚公国纹章。

利耶帕亚城市纹章（左）和叶尔加瓦城市纹章。

然是公鹿的头部。现在的城市利耶帕亚（Liepāja）是 8 万人的城镇，为立陶宛第二大城市，排在陶格夫匹尔斯（Daugavpils）之后，实际上陶格夫匹尔斯仅有 9 万城市人口，两城市均是 13 世纪中期由条顿骑士团所建立。利耶帕亚的城市纹章是在 1652 年获得城市权利后产生的，纹章寓意物是库尔兰王国的"红色的狮子"扶着椴树（Linden）[8]。

4. 大公国到贵族民主制

2015 年 1 月 1 日立陶宛正式加入欧元区，在硬币上出现了富有立陶宛特色的骑士形象。立陶宛的纹章在县一级层面上统一了形式，采用蓝色的外盾框并有 10 个斯拉夫十字架，代表 10 个县的立陶宛行政体系。

从中世纪历朝的立陶宛公国纹章到立陶宛-波兰联盟的纹章，再到 1830 年俄罗斯帝国中被称为维尔纽斯省（Vilna Governorate）的纹章和 1845 年的纹章，都离不开韦特斯骑士的造型，再如立陶宛阿利尔图（alytus）州的纹章也是站立的韦特斯骑士形象。在东欧剧变后，立陶宛现在的纹章文化充满着骑士与基督教色彩。立陶宛的国家纹章

骑士形象最早被采用是在 1366 年，为立陶宛大公的印章上的造型，该形象不仅出现在立陶宛的国家纹章，也出现在全国 3 个县的纹章上。现在立陶宛共分 10 个县，所以州的纹章用 10 个洛林金色十字架装饰盾徽的外框。

除在 1992 年使用 1366 年产生的立陶宛公国纹章为国家纹章外，立陶宛的行政区划和纹章使用也发生了变化，复古的做法大行其道。在州和城市的各层面都可以见到武士、骑士和洛林十字架的影子，骑士有时候是使用剑，有时候是"骑枪"（lance），手持的盾牌上绘制着洛林十字架。洛林十字架也称双十字架，除了被中世纪洛林公爵的纹章使用外，它也是"圣殿骑士团"使用的十字架。在当今的立陶宛纹章图像中，可谓是"刀光剑影"。

历史上十字军东征和本地立陶宛公爵的抵抗使现在的纹章混合为十字架和骑士造型。在霍亨斯陶芬王朝统治时期，德意志的众公国利用传教的名义向东拓展至波美拉尼亚。"很不幸，教皇乌尔班向那些在农村宣传东征的人们传递他的狂热，而不是他的良好见识。"异教徒主要包括巴勒斯坦的撒拉逊人以及东欧的异教徒，"这些部队没有携带补给，他们只能靠获取馈赠和抢劫养活自己。"[9] 这是一次特殊的欧洲城市化高潮，随着武力开道，日耳曼的商人、手工艺者向东移民并定居。

苏联解体后，东欧的国家在上世纪九十年代重新设计城徽及州的纹章，不少国家对中世纪传统的公国、王国的

立陶宛阿利尔图州的纹章（左）和维尔纽斯州的纹章（右）。

城市纹章：欧洲城市制度的徽记

纹章有割不断的"牵挂"，历史的记忆又重新出现在城徽和纹章上。立陶宛维尔纽斯州的纹章除了使用统一盾徽外框装饰外，寓意物均使用了"韦特斯"（Vytis）骑士的形象，所持的盾牌上是洛林十字架图案。城市守护神是城徽中最常用的核心图形，因为欧洲有的王国和城市有主保圣人。立陶宛的国徽主体是"韦特斯"骑士，右手持长枪高举于头上，左手挂持蓝色盾牌，盾面是金色的双十字架。这一形象来自1356年的立陶宛大公的印章，在此后立陶宛大公的印章和盾徽都使用这一寓意物。

历史上立陶宛大公的领地和头衔由数个欧洲豪族反复争夺，首个获得领地统治权的是明道加斯家族（House of Mindaugas），统治时间是1203年至1263年；盖德明纳斯家族（House of Gediminas）统治时间是1285年至1440年。哈布斯堡家族、雅盖隆家族均在不同时期成为立陶宛大公。立陶宛政体多变，经历了立陶宛大公国（1236—1569）；波兰–立陶宛联盟；后被他国吞并，1918年创立立陶宛王国，后又改为立陶宛国家；1920年至1940年建

立立陶宛共和国；1940年至1990年是苏联立陶宛社会主义共和国；1990年独立为立陶宛共和国至今。无论历史如何变迁，立陶宛在各历史时期均使用与自己族徽有关的纹章，在波兰–立陶宛联盟时期，仍然保持立陶宛大公国纹章的独立性。

立陶宛的统治家族盖德明纳斯（Gediminias）是另一种形式的纹章，柱状的"盖德明纳斯柱"（Columns of Gediminas）图形是其象征。立陶宛大公的纹章在特拉凯地区的纹章寓意物中得到展示，立陶宛大公雅盖隆（Jogila）继承了父亲阿尔吉达斯（Algirdas，1296–1377）立陶宛大公的统治权，其父亲的哥哥凯斯图蒂斯（Kęstutis，1297–1382）以立陶宛公国的一部分统治特拉凯公国。现在的特拉凯地区的纹章就是特拉凯公国的纹章，存在于1337—1413年期间。雅盖隆王朝与条顿骑士团战争不断，其中的重要战役是"格伦瓦德之战"，当时在战场上飘扬的是有格列芬图像的雅盖隆红色战旗和条顿骑士团的战旗。

立陶宛大公雅盖隆也称为瓦迪拉夫二世（Wladyslaw II，1352–1434），他于1386年成为波兰国王，与雅盖维加二主共治，此为波兰–立陶宛联盟的开始。瓦迪斯瓦夫二世通过征战，继续延续祖辈政治上通过联姻扩大版图的模式，这是波兰–立陶宛的黄金时期，史上将之称为雅盖隆王朝（Jagiellonia dynasty），现乌克兰、白俄罗斯部分地区均是当时波兰–立陶宛联盟的疆土，

盖德明纳斯王朝立陶宛大公的纹章（左）和立陶宛历史王朝萨莫吉希亚公国纹章（右）。

波兰-立陶宛皇室的纹章。

波兰国王瓦迪拉夫二世的雅盖维加王朝印章。

其印章周边是统治领地的盾徽。戴王冠的白鹰在瓦迪拉夫一世（1320—1333在位）统治时成为波兰王国的纹章寓意物，红底白鹰成为波兰王国的纹章旗。立陶宛的统治者立陶宛大公雅盖沃（Jogalia，1348-1434）在1385年接受基督教而成为天主教立陶宛国王，与波兰王室的雅德维加（Jadwiga，1373-1399）公主联姻，立陶宛王室同波兰王室因此成为联盟，雅盖沃和雅德维加共治波兰。雅德维加26岁就过世，雅盖沃1402年又与另一位波兰公主（Anna of Cilli，1381-1416）结婚。

雅盖维加是波兰国王洛约什一世（Louis I，1326-1383）与波希米亚的伊丽莎白（Elizabeth of Bosnia，1339-1387）的女儿，其父于1342年成为匈牙利国王，又在1370年成为波兰国王。

城市纹章：欧洲城市制度的徽记

雅德维加是波兰从皮雅斯特王朝向雅盖隆王朝转换的关键纽带，波兰浪漫主义画家安东尼（Antoni Piotrowski, 1853–1924）创作于1900年的肖像，将她的身世象征图形在画中的衣服上全部表现出来：出生于安茹家族，百合花的图形；匈牙利公主，红色的横带；波希米亚的女儿，色彩丰富的植物图像。

从雅盖沃1386年加冕为波兰国王到最后的皇位继承者雅盖隆王朝末代国王安娜–雅盖隆卡（Anna Jagiellonka, 1523–1596），王族联姻维持统治近200年。16世纪至17世纪，波兰王国和立陶宛大公国延续这一传统的王室联盟，称为波兰–立陶宛联邦（Polish–Lithuanian Commonwealth），采用贵族联邦制。在1569由于王室无男性继承人，开始共主联盟统治，史上称为卢布林联合（Union of Lublin），代替贵族个人的联盟。立陶宛贵族同样享有波兰贵族的权利，两国形成同一议会。联邦的旗帜和纹章由代表波兰的"白鹰"和代表立陶宛的"白骑士"组合而成，中间的小盾徽为获选国王的王室纹章，从中可以看到不同历史时期由于不同王室的统治所产生不同的波兰–立陶宛联邦的纹章。

卢布林是波兰边境的一座城市，处于波兰和立陶宛之间，因其具有重要的商业区位优势而发展起来。具有历史意义的是，联盟1572年至1573年产生了选举君主制或称为贵族民主制，齐格蒙特二世奥古斯特（Zygmunt II August, 1520–1572）在统领中发挥重要作用，至1572年奥古斯特去世，虽然雅盖隆

波兰谢德尔采城市纹章。

王朝宣告结束，但促成了选举君王对国家进行治理的制度。

立陶宛–波兰联盟的历史印记留至今天，波兰的城市谢德尔采（Siedlce）是人口7万多的城镇，是在齐格蒙特一世统治时获得城市权利，城市纹章是立陶宛的"白骑士"，在马蹄下有三座城堡哨塔。这一纹章也为波兰贵族家族恰尔托雷斯基（Czartoryski）家族使用过，17世纪这一家族成为城市的统治者，将家族的纹章作为城市纹章。

处于立陶宛首都维尔纽斯历史街区一角的立陶宛大公宫殿，经16年的重建于2018年终于对外开放，重新恢复历史原貌。维尔纽斯在13世纪至14世纪开始存在宫殿建筑，立陶宛大公和后来的波兰国王亚历山大一世雅盖隆（Alexander Jagiellon, 1461–1506）在15世纪对其进行大规模扩建，他娶了莫斯科大公伊万三世的女儿并终老于此。老西格蒙德一世（Sigismund Augustus I the old, 1467–1548）继承皇位，第一位夫人是匈牙利贵族扎波尧尹家族（Zápolya family）的巴巴拉（Barbara

制度的徽记

立陶宛大公宫殿和天主
教堂速写。

2018.7.●

左右阁花木艺术学院

立陶宛官殿中展示的有拉齐维屋家族、米兰大公斯福尔扎家族族徽的釉面砖，成为立陶宛大公政治联姻的印证。

Zápolya，1495–1515），该家族成员中有匈牙利皇帝。巴巴拉去世后，老西格蒙德一世又娶了米兰大公斯福尔扎的女儿博纳·斯福尔扎（Bona Sforza，1494–1557）。老西格蒙德一世的儿子西格蒙德二世（1520—1572）在此宫殿中加冕，他共有三任妻子，分别是奥地利皇帝、神圣罗马皇帝斐迪南一世（Ferdinand I，1503–1564）的大女儿伊丽莎白（Elisabeth of Austria，1436–1505）、白俄罗斯贵族拉齐维乌家族成员巴巴拉（Babara Radizwi II，1520–1551）和神圣罗马皇帝的第 7 个孩子凯瑟琳（Catherine of Austria，1533–1572）。此时的立陶宛大公宫殿收藏的珍宝达到巅峰，甚至超过了梵蒂冈。西格蒙德二世去世后，在 1572—1575 年，立陶宛大公成为各豪族大动干戈争夺的头衔，西格蒙德二世的妹妹安娜（Anna Jaigellon，1551–1589）和斯特凡·巴托里成为立陶宛大公，巴托里家族

（House of Bathory）是中世纪后期匈牙利的重要贵族，是强大的波兰–立陶宛统治者。沙皇入侵利沃尼亚，斯特凡大公指挥作战，1518 年联盟取得胜利并签订和平条约。历史上斯特凡·巴托里在沙皇、土耳其和神圣罗马帝国之间游离，保持宗教的兼容性，现在维尔纽斯大学将他作为保护神。巴托里家族的纹章很特别，欧洲各国与巴托里家族有关

俄罗斯涅韦尔城市纹章。

的城市还保持这一特殊的传统纹章。匈牙利的尼尔巴托，是巴托里家族的发源

城市纹章：欧洲城市制度的徽记

地之一，城市纹章、族徽与之有关联。

瑞典瓦萨王朝征服立陶宛时也将立陶宛大公宫殿作为宫殿，瑞典后来的国王约翰三世（John III of Sweden, 1537–1592）就在此宫出生。建筑主人爱好各异，主人们的审美取向随时代建筑风格而变，文艺复兴、巴洛克等建筑特征在宫堡建筑得到体现。俄罗斯在 1655 年占领了宫殿，1801 年宫殿被烧毁。

波兰-立陶宛联邦经历了王室联姻到贵族民主制的数百年历史变迁。为平息战火，王国之间的联姻是最有效的巩固地位和和平传承的途径，波兰-立陶宛是在中世纪之后维持得较为长久的联盟。该联盟是 16 世纪至 17 世纪欧洲土地面积最大、人口最多的王国，在 17 世纪末逐步走向败落，于 1768 年成为俄国的附庸国。联邦的目的在于加强军事力量，保持国内稳定或者通过征战扩大疆土。波兰-立陶宛联盟最为强大的时期是瓦萨家族（House of Vasa）的西吉斯蒙德三世进行统治的阶段，他就是借助这一贵族民主制的制度在 1587 年至 1632 年统治了这一联盟。西吉斯蒙德在 1592 年成为瑞典国王，他是瑞典国王古斯塔夫·瓦萨的孙子，波兰国王齐格蒙特二世的外甥。瓦萨家族是波兰和立陶宛联盟的重要统治者，瑞典贵族古斯塔夫·瓦萨（Gudtav Vasa, 1496–1560）在 1523 年至 1560 年为瑞典的统治者，他是瓦萨家族的奠基者，也是瓦萨王朝统治瑞典的创建者，在其统治下，瑞典的贸易得到快速发展，瓦萨家

卢森堡大公国的纹章。

族通过与丹麦结盟成为欧洲富有的君主之一。俄罗斯的城市涅韦尔（Nevel）现在是 1 万多人的小城，城市纹章的主题也是立陶宛的"白骑士"，但色彩有些改变。波兰国王和瓦萨王朝的瓦迪斯瓦夫四世在 1623 年授予涅韦尔城市权利，这是瓦萨王朝征服的城市成为波兰-立陶宛联盟领地的标志，虽然现在是俄罗斯的领土，但纹章仍然记录了波兰-立陶宛联盟最强盛时期的荣光。

中世纪形成的各种公国，产生了许多公国的纹章，现今的欧洲范围内，卢森堡全称仍为卢森堡大公国（Grande Duchy of Luxembourg），是唯一保持大公国称谓不变的城市国家，城市纹章与国家纹章一致，是林堡公国在 1235 年获得的。林堡公爵（Waleran III, 1165–1226）在父母亲过世后，同时获得父亲林堡公爵的头衔和领地，以及母亲卢森堡伯爵的头衔和领地。保持至今的传统纹章上为红色狮子，盾面是蓝色和白色相间的十道横带。作为大公国的徽记使用了大中小三种规格，加上传统的皇冠，而城市纹章没有皇冠。卢森堡大公

卢森堡大公国的皇宫
入口。

城市纹章：欧洲城市制度的徽记

皇宫在铸铁门栅嵌入纹章，这座建筑是在 1572 年至 1795 年作为卢森堡市政厅建造的，现在是大公住所和官方仪式举办地。

卢森堡处于欧洲中心，国家版图仅为 2589 平方公里，全国人口为 58 万，是欧洲最小的国家，但地理位置重要，现在是欧洲法院所在地。

袁传伟译：《西欧中世纪史》第六版，北京大学出版社 2003 年版，第 254 页。

① ［美］乔纳泰·德瓦尔德著，姜福德译：《欧洲贵族 1400—1800》，商务印书馆 2008 年版，第 76 页。
② 马千著：《医院骑士团全史》，台海出版社 2016 年版，第 251 页。
③ ［英］尼古拉·克莱伯著，李腾译：《罗马尼亚史》，中国出版集团，东方出版中心 2010 年版，第 54 页。
④ ［德］塞巴斯提安·哈夫纳著，周全译：《不含传说的普鲁士》，北京大学出版社 2016 年版。
⑤ ［美］布莱恩·蒂尔尼西德罗·佩因特著，袁传伟译：《西欧中世纪史》第六版，北京大学出版社 2003 年版，第 459 页。
⑥ 图片引自：https://pomorskie.travel/en _GB/-/zamek-krzyzacki-w-malborku-muzeum-zamkowe
⑦ 图片引自：htttps://erfgoedleiden, nl/schatkamer/bladeren-door-···45e5d111?mode=detail&view=horizontall&rows=1&page=3
⑧ www.liepaja.lv
⑨ ［美］布莱恩·蒂尔尼西德罗·佩因特著，

四、贵族和爵位徽章

源于日耳曼蛮族在 4 世纪入侵罗马帝国，从那时起直至中世纪，欧洲各王国不断地互相征战，领土边疆变化无常，欧洲形成大小不一的封建领地。土地分封给战士，各贵族家族势力逐步形成，封建领地分离着欧洲的整个版图。盾徽回应了贵族和骑士虚荣的身份符号象征心理需要，纹章与爵位的关联性使爵位的称号可以通过图形符号在社会环境中显示炫耀。

1. 爵位与利益

爵位、封地和领主军事义务是高度关联的，公爵（Duke）来自拉丁文"dux"，表示军队的指挥官；侯爵（Count）来自"comes"，指特定训练的王室侍从①。王国的国王将土地分封给封臣和领主，公爵、侯爵在获得土地的同时，需要承担兵役和财政上的义务并宣誓效忠。不同国家的爵位和封地制度差异很大，宗主与封臣的关系各有约定。查理大帝在原来的公爵、伯爵封地制度的基础上，创造了边疆伯爵，用封爵的形式赠予领地，加强对边疆的防御，受封的边疆伯爵与皇帝达成巩固边

疆的约定。

英格兰在 9 世纪至 10 世纪成为一个统一的王国。1066 年，诺曼人入侵英格兰，被称为征服者的威廉（Wiliam the Conqueror）在 1066 年成为第一位诺曼人的英格兰国王。

国王即位后自己保留了五分之一的土地，其他则分给手下的将领和骑士镇守，获得封地的领主在领地内再分封给骑士，他们均对皇帝负有军事支持的义务，封建骑士服役制度是为国王的统治服务。威廉还进行了一次社会统计，称为《末日审判书》（Domesday Book），这是具有历史意义的一次划时代的管理方法革新，它对统治者了解资源，摸清实际的财产，加强其君主政体统治力作用显著。根据统计调查的方法，领地的男爵姓名、转租与否、耕地面积和劳动力状况得到全面了解。当时的调查结果表明英格兰全境约 150 万人，90% 为农民。

土地的拥有者成为军事首领，他们往往是部落或血缘意义上的公爵。一直到 18 世纪，多数欧洲贵族将土地作为主要经济来源，贵族与土地结合起来称为贵族领地，领地的领主就拥有管理

城市纹章：欧洲城市制度的徽记

权甚至司法权力，形成了真正意义上的"封建制度"。受封土地的贵族世袭相传，领主地位在家族中通过传递继承下来。对于后来的领主而言，皇帝、君王和伯爵也需要笼络贵族而形成军事力量，"这些公爵的权力依赖于他们自己土地上的财富和他们对其人民所产生的个人影响。首先，他们对公爵们没有权威，也无权过问公爵领地内的主教辖区和修道院的事情。不管怎样，每个公爵自然都是野心勃勃的，靠篡夺皇室的领地获取他们公国中的全部权力，使伯爵依赖自己。他们还获得保护教会的权力"②，中世纪后期，这类领地和村庄组成了欧洲城乡的基本地方单位。

后来在欧洲的不少君主国家中，勋章变成金钱的交易对象。1615—1628年，英国王室的贪念导致贵族的数量增加了56%，英国斯图亚特王朝第一代国王詹姆斯（James I，1566–1625）在开始统治的头两年，使英国的骑士数量达到原来的3倍。18世纪在法国大革命时期，革命者强调公平性，呼吁实现人人平等的理念，这使得1790年时，贵族的特权、勋章和爵位等贵族象征物被废除，但在19世纪初又恢复了荣誉军团勋章。1879年法国共和国总统儒勒·格雷维的女婿丹尼尔·威尔逊就因为销售勋章获得利益获刑两年③。在法国取消爵位、勋章和勋位成为当时新贵附庸风雅的追求目标。目前，全世界还保持勋章荣誉制度，但表彰的评判标准和对象发生改变。部分国家限制或废止历史封建制度下产生、留传下来的勋章。

荷兰画家罗杰·范·德·韦登（Rogier van der Weyden，1399–1464）于1460年创作的《弗朗西斯科·德埃斯特肖像》（Portrait of Francesco d'Este），画的背后是意大利贵族伊斯

荷兰画家罗杰·范·德·韦登1460年创作的《弗朗西斯科·德埃斯特肖像》正面（左）和背面（右），藏于美国纽约大都会艺术博物馆。

特（Este）家族的纹章。这是意大利贵族费拉拉（Ferrara）侯爵里奥奈洛·德埃斯特的私生子，画中的人物手中拿着的小铁锤和指环是权力的象征物。背面的纹章绘制细致，将铭文"洞察一切"（to see all）写在纹章之上，下面是画中主角的名字弗朗西斯科。肖像画背面的纹章成为"纹章肖像"，是用纹章语言绘制的肖像。美国艺术史教授克莱格·哈贝森评论道：事实上这是一个如同纹章般被压扁了的形象，这使得弗朗西斯科·德埃斯特成为了与徽章——它为饰板背面平添了魅力——对等的人类形象。此处猞猁（暗指其父亲名字里奥奈洛的双关语）扶持着弗朗西斯科·德埃斯特的徽章，上方有他的座右铭（洞察一切），下方为他的名字"Francisque"，均以勃艮第的宫廷语言，即法语书写。在被蒙住双眼的猞猁（是对其座右铭的嘲讽？）两侧顶端树立的字母 m 和 e，代表着埃斯塔侯爵（marchio estensis）④。这里对肖像的平面化绘制手法和纹章的平面化特征之间的内在逻辑关联进行了颇有见地的分析。

这一作品引起西方艺术史家、评论家的持久研究，纹章的绘制提供了可靠的研究基础，有关研究观点在近代趋于一致。雷奥内罗·德埃斯特是德埃斯特男爵（Leonello d'Este，Marquis of Ferrara，1407–1450）的儿子，画中的德埃斯特时年 30 岁左右。他的父亲是伊斯特家族成员，在意大利政治和文化上有一定影响，他在 1441—1450 年

间是意大利费拉拉、雷吉欧艾米利亚（Reggio Emilla）、摩德纳（Modena）的领主。伊斯特家族与德国的沃夫家族同宗，是两支分支之一，另一分支的家族成员后来成为汉诺威王国和俄罗斯帝国君王，而这一支在意大利发展，从 1208 年至 1597 年是意大利费拉拉等领地的统治者。

意大利伊斯特家族的族徽。

君主的纹章寓意物常出现在勋章中，瑞典历史上最强大的瓦萨王朝的寓意物"麦堆"就成为瓦萨骑士勋章的核心图形，这是产生于 1772 年的勋章，用来表彰在农业、商业方面为瑞典王国

瑞典瓦萨勋章（左）和吊章（右）。

作出贡献的杰出人士。瑞典是在 18 世纪才建立其勋章荣誉制度的。

　　"麦堆"成为瓦萨王朝的象征是瑞典历史演变的见证，14 世纪卡尔马联盟成立，1397 年在卡尔马附近的阿克斯胡堡，瑞典与挪威、丹麦开会通过了《卡尔马条约》，形成卡尔马联盟（Kalmar union），意在通过联盟抗衡德国的贸易主导地位。"当时联盟的成立，是从斯堪的纳维亚国家整体上考虑的。联盟的成立，主要是因为斯堪的纳维亚国家担心看到德意志诸国在北部建立势力。他们之所以担心，或是因为梅克伦堡家族野心勃勃，或是因为汉萨及荷尔因斯泰因日益增长的野心。"⑤ 联盟从 14 世纪延续到 16 世纪，共同拥有一个君主，联盟的成立与玛格丽特一世（Queen Margraeta）的背后摄政有关。波美拉尼亚－埃里克是第一位卡尔马联盟君主，其纹章的盾面上有五个象征物。象征物成为联盟的国徽。联盟内部斗争不断，克里斯蒂安二世发动在历史上称为"斯德哥尔摩大屠杀"的行动，处死瑞典的 80 位贵族和商人等杰出人士，于是联盟在此时瓦解。"1434 年，一名瑞典贵族在斯德哥尔摩造反以夺取政权，但最终被杀，可是，他的国家主义精神存活下来并开始传播；反抗丹麦人的边界冲突更加频繁了，而且得到汉萨同盟的暗中支持。"⑥ 瑞典贵族古斯塔夫·瓦萨幸免于难，领导了一场起义并获得成功，瑞典于 1523 年独立，此时的古斯塔夫·瓦萨十分强大，因而被称

为"瑞典之父"并加冕成为瑞典国王。他支持路德教会而拒绝罗马天主教。

卡尔马 12 世纪印章（左）和卡尔马联盟纹章（右）。

　　瓦萨家族的纹章寓意物为"麦堆"或者"禾束"（sheaf），盾面用白色斜杠分开了红色和蓝色盾面。波兰－立陶宛联盟另一瓦萨家族成员西吉斯蒙德三世·瓦萨（Zygmunt III Waza，1596–1632 年在位），在 1587 年被选为联盟的国王，开始统治波兰－立陶宛联盟，在位 45 年间使联盟成为东欧地区仅列于奥斯曼帝国之下的第二强国。他同时为瑞典的国王，但后来因新旧教的争议被其叔叔卡尔九世打败而失去瑞典王

瓦萨家族的纹章。

在 1532 年开始使用的瓦萨皇室的盾徽。

位。瓦萨家族的成员作为联盟国王延续至1672年，扬·卡齐米日·瓦萨（Jan Kazimierz Waza，1609-1672）成为瓦萨王朝的最后一位波兰统治者。

贝尔纳多特王朝（Bernadotte）在1818年至1905年统治着瑞典和丹麦，在其纹章中仍然保留瓦萨王朝的象征图形，建立北尔特王朝的让·巴蒂斯特·贝尔纳多特（Jean-Baptiste Bernadotte，1763-1844）是拿破仑的姻亲和将领，被称为卡尔十四世·约翰，在纹章的另一半是拿破仑时代的纹章图形。

产生于1818年的贝尔纳多特王朝的纹章。

瓦萨王朝的瑞典国王被自动确认为芬兰大公，芬兰西芬兰省博藤区（Pohjanmaa）的首府瓦萨市的城徽保持传统瓦萨王朝的纹章，名字得名于瓦萨王朝。城市是瑞典国王卡尔九世（Karl X，1550-1611）建立的，1606年从国王手中获得城市宪章，现在约6.7万人，是瑞典和芬兰文化交流关系密切的象征。瓦萨市城徽和市旗均引自瓦萨王朝的纹章图形中的寓意物，上有象征图形

"麦堆"，城徽还保持了皇冠、勋章等传统纹章要素。19世纪这里成为立陶宛民族复兴中心，在古斯塔夫统治瑞典王国时期，瓦萨王朝的首领也拥有立陶宛大公的头衔，在波兰-立陶宛联盟时期，波兰国王也会被立陶宛贵族选为立陶宛大公。在瓦萨所处的芬兰省博藤行政（Ostrobothnia）区，大区的纹章上也有着瓦萨家族的传统象征物麦堆。行政区是在1809年从瑞典分离出来的博藤省，通过合并周边南博藤省等几个省，形成现代意义上的芬兰大区，纹章的上半部分就是传统的博藤省和南博藤省纹章寓意物——四只短尾"白鼬"（ermine，stoat）。

芬兰博藤行政区的纹章。

芬兰瓦萨市的城市纹章。

2. 爵位和勋章的等级制度

爵位和勋章作为欧洲封建社会制度中的荣誉制度，在纹章中得到充分体现，欧洲各国的爵位和勋章设置各不相同，形成了自己独特的君主国家的荣誉制度。在英国，爵位分五种：公爵、侯爵、伯爵、子爵和男爵。公爵授封对象一般是王室成员或战争中的领袖，侯

城市纹章：欧洲城市制度的徽记

爵、边疆伯爵或藩爵一般是边境的守卫者，在神圣罗马帝国中，其职责是守卫东部的边境或管理某郡。侯爵在英文中是"Marquess"，在法文中是"Marquis"，其他欧洲国家称为"Margrave"。这些获得头衔的贵族或骑士都是直接对神圣罗马帝国皇帝负责的。

欧洲的东部边疆是抗衡斯拉夫人和穆斯林的前沿地带，西班牙在收复格拉纳达前，年轻的骑士通过与穆斯林的战斗来获得更高的地位，15世纪的卡斯提，贵族至少占人口的10%。"甚至在征服进程减缓的情况下，武士在这些地区的民族认同中仍发挥着特别重要的作用，君王们也依旧乐于用封号酬谢忠诚者。"[⑦] 由中世纪开始，君王利用封地手段来稳定边疆，抗击外来者的入侵。在欧洲的匈牙利、波兰和西班牙，贵族的数量占人口的比例高于欧洲中心国家，如在1835年德国的西部黑森－卡塞尔，贵族占人口的0.3%，而18世纪末匈牙利贵族占人口的5%，这就是藩侯和边疆爵的作用所在。

伯爵是历史最为悠久的爵位，子爵一般协助公爵工作。男爵是较为普通的爵位，一般是领主或者是某城邑的主人。纹章中王冠冠饰的造型成为区分不同爵位的标志。无论是爵位的象征，还是领地的识别，均需要视觉符号来证明，相关的纹章很好地证明了其地位。

勋章成为骑士阶层的荣誉象征，这是一种用纹章表现头衔的形式。欧洲从中世纪开始设置骑士团勋章，授予获得表彰的骑士们，勋章表彰的人物包括在军事和民事上作出功绩的人，骑士们通过授勋封爵成为有爵位的贵族，名利双收，君主则借此来加强统治。14世纪中叶，若干骑士团产生，"带扣骑士团"为德意志皇帝建立，"星辰骑士团"为法兰西国王约翰二世设立，建立骑士团的目的就是建立一个能够巩固王权和强化宗教的军事团体。"嘉德骑士团"是英国国王爱德华三世在1348年创建的，在贵族的个人纹章中，绶带和勋章常出现在盾徽的下面。在英国，嘉德勋章是最高的荣誉之一，嘉德（Garter）是音译，文字意思是"袜带"，兰开斯特伯爵曾用"袜带"作为佩饰，它先为骑士所用，后成为女士的服饰。国王也是第一位嘉德勋章获得者，是嘉德骑士团的建立者，当时共有26名贵族骑士

爱德华三世，身披嘉德骑士团的亚袍。嘉德骑士团以骑士精神将英格兰贵族团结起来，共同御战，减轻了法兰西战事军队所予国王造成的压力。
(C The British Library Board, Stowe 594, LIV)

"嘉德骑士团"创建者爱德华三世[⑨]。

成为"嘉德骑士团"创始成员。"嘉德勋位设立时，兰开斯特伯爵三十九岁，爱德华三世三十七岁。或许袜带这个标志物有两层用意：既指涉他们青年时代

英国嘉德勋章。

作为骑士的强悍勇武，也是一个内部笑话，象征他们放荡不羁的青春。"⑧

英国级别较高的勋章有三种，嘉德勋章、圣帕特里克勋章和蓟花勋章。蓟花勋章是授予苏格兰骑士的一种高级勋章，于1687年确定基本形式，只有英国国王才有权授予，除了象征苏格兰的蓟草之星的图像外，还有十二门徒圣安德烈图像的吊章。嘉德勋章于1346年设立，是最古老的勋章。圣帕特里克勋章是1787年设立的，只适用于爱尔

嘉德勋章的领链和吊章。

兰地区。不同勋位的勋章、吊章和绶带也产生了风格各异的多种徽章造型。嘉德勋章的吊章是圣佐治屠龙的图形，护盾兽是欧洲形式的龙。

KCH 是皇家查尔夫勋章（Royal Guelphic order），这是汉诺威国王的骑士勋章，当时英国与汉诺威王国共主，查尔夫是德国豪族韦尔夫家族的别名，纹章和勋章以"白马"为寓意物。CK 是巴斯勋章（Order of the Bath）第三级（Companion）的简称，汉弗莱（Humphrey Fleming Senhouse）在病死后的半个月内就被授予巴斯勋章。

巴斯勋章是英国国王乔治一世于1725 年设立的，其标志性象征物为三个皇冠，其铭文"三合为一"（Three Jointed in One）为文官勋章的铭文，而军官的勋章铭文为"我侍奉"。其授予的对象主要是为大不列颠帝国参加战争的英国高级军官，至今共有 1455 名获得者⑩。

1646 年内战结束后，封建税费全部废止，在册的英格兰贵族占有全国四分之一的农村土地。

3. 东方墓地中的爵士们

分析英国的授勋及嘉奖制度，可以发现不少骑士勋章是在英国成为海上霸主时设置的，如 1687 年蓟花勋章、1783 年圣帕特里克勋章、1725 年巴斯勋章、1861 年印度之星勋章、1818 年圣米迦及圣乔治勋章、1877 年印度帝国勋章、1896 年皇家维多利亚勋章、

1917 年大英帝国勋章。从中世纪开始，王国征服土地依靠的是骑士，骑士需履行海外兵役的义务，从爱德华三世开始建立特权荣誉象征的勋章制度，骑士勋章头衔成为欧洲统治者鼓励征服他国领土的手法，英国现代殖民地的奖励制度与其一脉相承⑪。

在第一次鸦片战争中担任英军总司令指挥作战的远征军海军总司令伯麦（James Bremer，1786–1850），在 1836 年因参与英缅战争而获得皇家查尔夫勋章。1841 年 2 月 1 日，伯麦同义律齐发告示，野蛮地宣布香港归入英国，他在 1841 年 7 月因鸦片战争获得巴斯二级勋章，受勋之快令人难以想象。另一位指挥广州之战的英军指挥官陆军司令郭富（Hugh Gough，1779–1869），在 8 月 "厦门之战" 取得胜利后，在当年的 10 月 14 日获得巴斯勋章；鸦片战争时麦尔威厘号旗舰（Melville）的船长顿达斯（Richard Saunders Dundas，1802–1861）在当年 6 月获得巴斯勋章。

在葡萄牙统治时期形成的澳门新教墓地中，有几处埋葬着英国皇家海军的船长或高级军官，这些军官有的是在去世后被追封爵位，这些墓碑和墓上刻画着反映墓主身份的纹章，从另一角度反映了鸦片战争的历史。在这些荣誉勋章背后是血淋淋的侵略历史，香港首任港督戴维斯从英国东印度公司的大班华丽转身，成为港英政府的首长并获得巴斯勋章。

马尔博罗公爵（Marlborough）是英国显赫的爵位之一，在家族占有部分领地后又在盾面上增加了象征新领地的纹章图形。盾面上新的图案是在历史盾徽的寓意物上发展出来的。家族成员在 17 世纪的 1626 年及 1689 年受封获得嘉德勋章。第一位马尔博罗公爵是约翰·丘吉尔（John Churchill，1650–1722），其勋章增添在原族徽的下面。

马尔博罗族徽的演变，在家族占有部分领地后又在盾面上增加了新领地的纹章图形（左），第一位马尔博罗公爵约翰·丘吉尔的纹章（右）。

澳门新教墓园中亨利·约翰·史宾塞·丘吉尔的墓碑上刻有两个纹章冠饰。

澳门新教墓园亨利·约翰·史宾塞·丘吉尔的墓碑上刻有两个冠饰（crest），分别是马尔博罗公爵的纹章冠饰和史宾塞家族的冠饰。他的父亲为马尔博罗公爵佐治五世。丘吉尔家族的第一位马尔博罗公爵为约翰·丘吉尔，丘吉尔家族出现第一任马尔博罗公爵是在 1702 年，约翰·丘吉尔受封马尔博罗公爵使其权力达到高峰，他是一位军事家和外交家，推动英国成为海陆强权的国家。作为第一任马尔博罗公爵，纹章冠饰是坐姿的狮子，爪子握着战旗，战旗上的寓意物为右手掌，下面是花环（Torse）。另一冠饰图案来自生活在丹佛（Devon）的古老德瑞克（Drake）家族的族徽寓意物"飞龙"。约翰·丘吉尔的母亲伊丽莎白（Elizabeth Drake）是德瑞克家族成员，威斯顿·丘吉尔（Winston Churchill，1620-1688）在1643年与伊丽莎白结婚，约翰·丘吉尔就出生于此家族生活的阿什·马斯伯里堂区（Ash，Musbury）。该家族的象征物为"有翅膀的飞龙"（A Wyvern wings），是一个有着双关语的纹章，因为家族名字的拉丁文为"Dragon"，是龙的意思，约翰·丘吉尔成为公爵后的护盾兽就采用飞龙的图像。1622年德瑞克家族的弗朗西斯·德瑞克（Francis Drake，1588-1637）获得第一个男爵爵位，他的女儿嫁给第一任马尔博罗公爵约翰·丘吉尔。

弗朗西斯的叔叔也称为弗朗西斯·德瑞克（Francis Drake，1540-1596），就是英国历史上著名的海上英雄，但从西班牙人角度而言是臭名昭著的英国私掠船长，是一名海盗。他在1579年抢掠了西班牙的商船（Nuestra Senora de la Concepcion），北美的早期英国殖民者因为粮食不足劫掠商船返回英国。"沃尔特·雷利（1552—1618）在1584年得到了殖民许可，并且在第二年向现在北卡罗来纳沿岸的罗阿诺克岛送去了约75名殖民者，他以伊丽莎白一世的名义被命名为弗吉尼亚，雷利企图将罗阿诺克岛作为袭击西班牙货船的根据地，

从北方加强对'第二世界'的战略要地加勒比海域的影响。"1588年他加入英国海军成为海军中将。其遗产因无后只能传给侄子弗朗西斯男爵。1581年4月英女王伊丽莎白一世亲自登船为弗朗西斯·德瑞克颁发皇家爵士头衔。

1577—1580年，进行环球探险的帆船由英国大法官海顿（Christopher Hatton，1540-1591）爵士赞助，金鹿是赞助人的纹章寓意物，故该船名为"金鹿号"（Golden Hinde），配有22门火炮。

亨利的祖父乔治·史宾塞（George Spencer，1739-1817）是第四任马尔博罗公爵，担任掌印大臣（Lord Keeper of the Privy Seal），相当于现代政府中的上议院领袖。而他的父亲乔治五世继承爵位。

澳门墓园亨利墓碑上的文字。

第二个史宾塞家族的冠饰，采用的是鹰的头部和翅膀的形象，即神兽格列芬，下面是男爵的冠饰，为该家族

城市纹章：欧洲城市制度的徽记

16 世纪族徽的冠饰。

亨利的外公是约翰·罗素，为第四任贝德福德公爵，其外婆是第三任桑德兰伯爵查尔斯·史宾塞（Charles Spencer, 1675–1722）的女儿戴安娜·史宾塞（Diana Spencer, 1710–1735），现代英皇室的戴安娜就是出自这一家族。每个海上冒险家背后都有不同的故事，海军与海盗或因一字之差而理解不同。澳门墓地里的纹章，记录了这些家族的梦想，但对善良、手无寸铁的人们而言可能是噩梦。这些纹章令人想起澳门在鸦片战争中成为欧洲侵略者的桥头堡和大本营，甚至成为可耻的鸦片战争中英国船长们最后的归属。

末代港督彭定康（The Lord Patten of Barnes）获得名誉勋位（Order of the Companious of Honour），时间就是在香港回归中华人民共和国后的 1997 年 11 月。不包括女王在内，名誉勋位限额为 65 位，"封建制度"对现代殖民者的鼓励意图不言而喻。该勋位设立于 1917 年，在名称之后冠上 "CH" 字母，勋章的核心图形是一棵橡树上挂着英国皇家盾徽，上方绘有英帝国王冠，铭文是"行为忠诚，名声清白"。彭定康终于是享受封建制度荣誉的"终身贵族"了。

① ［英］菲奥娜·斯沃比著，王晨译：《骑士之爱与游吟诗人》，上海社会科学出版社 2013 年版，第 7 页。

② ［美］布莱恩·蒂尔尼西德罗·佩因特著，袁传伟译：《西欧中世纪史》第六版，北京大学出版社 2003 年版，第 201 页。

③ ［美］乔纳泰·德瓦尔德著，姜福德译：《欧洲贵族 1400—1800》，商务印书馆 2008 年版，第 30 页。

④ ［法］弗雷德里克·鲁维洛瓦著，李圣云译：《伪雅史》，上海文艺出版社 2011 年版，第 122 页。

⑤ ［法］皮埃尔·拉迈松主编，方友忠译：《西方文明史欧洲谱系》，中国人民大学出版社 2012 年版，第 170 页。

⑥ ［瑞典］克里斯蒂娜·J. 罗宾诺维兹、［美］丽萨·W. 卡尔著，肖琼译：《当代维京文化》，中国社会科学出版社 2015 年版，第 14 页。

⑦ ［美］乔纳泰·德瓦尔德著，姜福德译：《欧洲贵族 1400—1800》，商务印书馆 2008 年版，第 28 页。

⑧ ［英］丹·琼斯著，陆大鹏译：《金雀花王朝：缔造英格兰的武士国王与王后们》，社会科学文献出版社，2015 年版，第 508 页。

⑨ 图片引自［英］丹·琼斯，陆大鹏译：《金雀花王朝——缔造英格兰的武士国王与王后们》，社会科学文献出版社，2015 年版。

⑩ www.thebritishmonarchy.co.vk.

⑪ ［英］马克·格林格拉斯著，李书瑞译：《基督教欧洲的巨变》，中信出版社 2018 年版，第 177 页。

五、城市自治制度演变的历史印记

君主是中世纪初期欧洲各领地的统治者，大封建主是各公爵贵族的盟主，伯爵是盟主的官员，协助执政。10世纪的法兰西是一个松散的封建诸侯的联盟，加洛林时代，法兰西分裂为西法兰克和东法兰克。西法兰克采用罗马时期的宗教辖区的划分办法，以主教辖区为管理单元，再分成若干郡，伯爵在这些郡中拥有强大的统治力。休·卡佩（Hugh Capet，987–996年在位）是西法兰克的加洛林王朝断代后选出的王位继承者。东法兰克没有郡的制度，它仅是贵族和非贵族的自由农民的土地。中世纪初期，欧洲的行政秩序是依靠教区的教士来维持的。

1.《大宪章》(*The Great Chart*) 对王权的限制

英格兰在9世纪至10世纪成为统一的王国，君王的权力慢慢变得强大，以至于引起贵族诸侯的反抗。在英国国王约翰（King John）统治时，与法国的战争需要巨额资金，因而加大了税赋，目的是收复失地——法国的诺曼底。

1215年，在英国的兰尼美德（Runnymede），（这是温莎附近靠近泰晤士河大草原的一个地方），英国国王约翰被迫签署了《大宪章》(*The Great Chart*，拉丁文为 *Magna Carta*）。在这段时间，坎特伯雷大主教的位置空缺了6年，英国国王约翰希望控制主教的选择权，但1207年罗马教皇英诺森三世推出自己的主教人选——红衣主教斯蒂芬·兰顿并授予其大主教的圣职，此后国王与大主教发生争执不可避免。英国在与法国的布汶之战中失败，在国内，英格兰贵族对国王滥用豁免权和不合理的税收亦心怀不满，1214、1215年两次会商破裂，促使一批贵族提出"男爵法案"，要求限制国王权力。在1154年英国国王亨利二世认可《自由宪章》，其中重要的条文是关于教会财产的保护以及限制王室征收过高的费用。

《大宪章》的起草借助了《自由宪章》的条文，然后形成了一份《诸侯法案》，通过讨价还价形成了最终法案，提出君王的部分权利应受到一定的限制，以此保护国民一系列权益。"王权有限"的原则指出，君王不能凌驾法律之上（King was not above the law，but had to rule within it.）①，给予教会和贵族一定权利；保障人的自由权利。其中第三十九条规定"除非经过由普通法官进行的法律审判，或是根据法律行事；否则任何自由的人，不应被拘留或囚禁或被夺去财产，被放逐或被杀害。"城市自治制度初步得到肯定，第十三条规定了伦敦的城市自由和某种程度的自治。宪章的重大意义体现在它强调了社会管治必须遵守法律的前提，对城市自治制度的建立产生促进作用。

后来《大宪章》多次重复颁布，"1225 年，《大宪章》被重新颁布，其抄本被钉在教堂大门上，在英国全境各城镇公开展出，获得了传奇地位：它的精神代表了英格兰国王的义务，即在其自己制定的法律界限之内统治。"②从纹章学角度可以看到盾徽的社会使用功能，这些来自北方的诸侯和伦敦周围众郡的男爵、伯爵理所当然地拥有了自己的纹章，《大宪章》的签订使这些贵族们维护了自己头衔和背后的利益。1733

约翰于 1733 年复制的《大宪章》，把在 1215 年参与大宪章起草者的纹章作为装饰元素。

年，著名的英国设计师、版画家、插图家约翰（John Pine, 1690–1756）在复制大宪章时，将部分参与者的纹章作为装饰元素，包括赫特福德伯爵理查·德·克莱尔（Richard de Clare）、赫里福德伯爵亨利·德·博汉（Henry de Bohun）等。

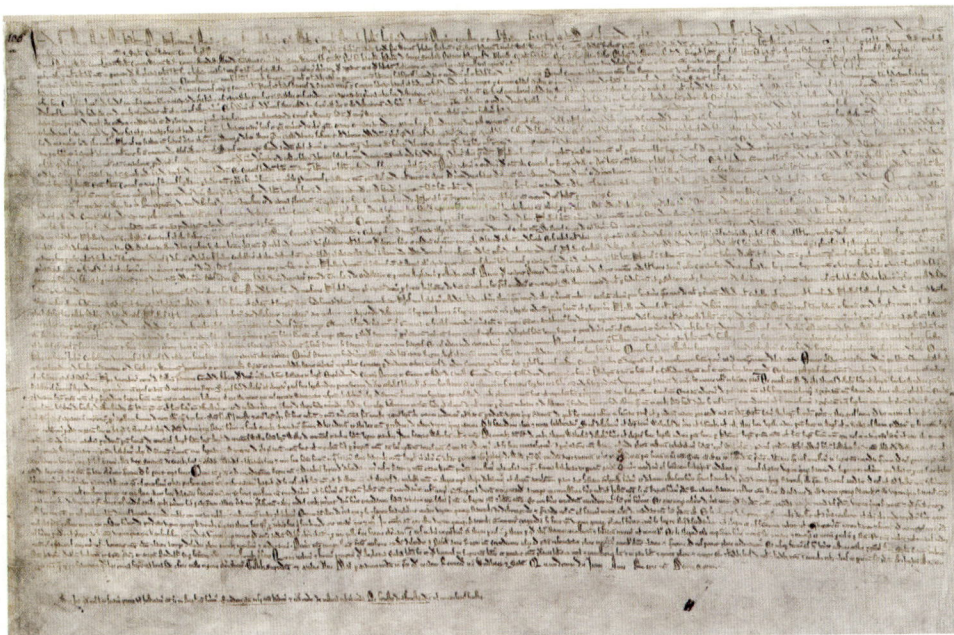

制作于 1215 年的《大宪章》原稿。

1215 年，在英国的兰尼美德，英国国王约翰被迫签署了《大宪章》，1841 年詹姆斯·威廉·埃德蒙·杜尔尼（James William Edmund Doyle）创作的插图表现了这一场面③。

创作于 1841 年的插图生动体现了签订文件的场面，中间站立的见证者是坎伯雷大主教，旁边站立的是带有纹章盾牌的贵族或骑士。《大宪章》原件现在藏于伦敦不列颠图书馆、林肯大教堂和萨士巴利大教堂，被列入《世界记忆名录》，它是影响王权与民主制度的重要标志。

王权历来被认为是神授的，所以教皇对《大宪章》持否定态度，因为这是对教廷权威的间接对抗。但大宪章只是削弱了宗教的影响力而强调了国王的法律义务，这也意味着承认王权的存在。在伦敦市政厅保存着一份复制件，伦敦是在文中唯一提到的城市，"伦敦拥有古代所有土地和水的自由权利"（the city of London shall have all its ancient liberties by land as well as water）④。

18 世纪，美国在脱离英国殖民地统治的抗议活动中时使用了《大宪章》，随后的《美国宪法》和《权利法案》均引述了《大宪章》⑤的内容。2015 年欧洲迎来《大宪章》签订 800 年的特殊年份，英国国会和大不列颠图书馆将留存在各地的《大宪章》四大原稿一起展出，英国将此纪念活动列入英国 2015 年十大文化活动之一。英国还在中国进行了巡展，借此宣传大不列颠的文明进程。

2. "马格德堡法律"和城市宪章的产生

马格德堡在神圣罗马帝国时期是

城市纹章：欧洲城市制度的徽记

奥托一世皇帝的皇宫及墓地的所在地，是欧洲中世纪重要的城市，现在是萨克森—安哈尔特州的首府。奥托一世在日耳曼建立了强大的王权，为了抗衡其他王国或公爵，奥托鼓励教会力量参与世俗事务管理。"奥托淋漓尽致地扮演了神权政治的角色。他按照自己的意愿挑选了王国中的主教和修道院长，并大大地增加他们的财富和权力。"[6]962年，奥托一世入侵罗马，后加冕成为神圣罗马皇帝。

马格德堡的城徽是与双关语有关的城徽，是根据名字"Magdeburg"而产生的图像符号，首先出现在印章上。寓意物的女神是"Magde"，她站在城门上表达的是对城堡（Burg）的隐喻。城市纹章产生于中世纪之后，自然反映了中世纪及后期时代的城市社会、文化和环境特征。相对于古希腊和古罗马时期开放的社会结构，在中世纪及其后期的城市变得封闭并高度强调防御功能，城堡、城墙就是因城市防御功能的需要而建造。城墙和城门成为城市市民认可的具有归属感的空间形象，纹章图像中将城堡、城门作为城市自治的象征，该

象征被欧洲社会所广泛认可。

马格德堡是奥托一世居住时间最长的城市，是奥托设立大主教教区的重要城市。在城市自治制度演变历史进程中，以该地方命名的"马格德堡城市权利"（Magdeburg rights）是具有里程碑意义的改革措施，其赋予本地商人、手工艺者贸易的权利，是欧洲有关城市法最为重要的法律文件之一，它是奥托一世对中世纪欧洲城市化推进的一大贡献。因为获得贸易的权利，当时许多人来到这里进行贸易活动，大大促进了城市的繁荣。中东欧许多城市开始相继模仿制订有关法律以发展城市，促进了中世纪欧洲城市的建立和发展。

德国马格德堡现代标记。

历史传统上的马格德堡印章。

城市纹章的产生与独立的城市法人团体（Municipal corporation）成立相联系，中世纪产生的法人团体与封建制度、君王和教会管治冲突不断，而城市自治制度的产生，与相对松散的社会制

德国马格德堡市 1910 年（左）和 1938 年使用至今的城徽（右）。

度变革密不可分。11世纪城市出现了执政官，多数时候是数名执政官共同管理，他们被赋予财政、行政、审判等职责和权力，从此市议会开始与主教争夺城市及其周边乡村的控制权。

城徽的产生，代表了城市自治制度和集体象征与中世纪行会的出现，也与君王的权力受到一定约束的社会背景有关。中世纪封建制度的形成与中世纪社会阶层分化是城市自治制度产生的社会基础。11世纪末开始出现了领主给予领地居民特许证或者权利的情况，逐步形成城市宪章。这种做法既为敛财，也为吸引更多的人进入自己领地居住。有关特权概括起来为三个基本部分：一是每个居民都是自由的；二是采用土地租用的方式，重新定义土地和房子的所有权及使用权；三是确保居民财产不被任意剥夺。城市宪章中列明了市政管理或部分自治的内容、范围，对税收的征缴、贸易的权利提出新要求，对城市内部自治程度作出规定。

在马格德堡法律的基础上，进一步发展了德国城镇法（German town law）。1250年颁布的《吕贝克法》是充分发挥行会作用的城市法，它促使城市的治理摆脱王室的完全控制。该法案强调市议会的作用，规定议会由20名议员组成，各行会代表（后来也有少数是律师）是议会主要成员，在议员中选出四位代表以行使行政职能，称为"Burgomaster"，类似英国的市长，19世纪取消了这一称谓。一般情况下，四位议员中年长的负责日常的事务，同时

规定父亲和儿子不能同时担任议员。这一城市法和"马格德堡城市权利"被中欧和东欧的许多城市领主和君主认可，在13世纪，这一制度的实行得到推广，城市行会的力量加强了。这类法律及赋予城市权利的做法也影响到中欧许多王国，波兰、匈牙利、波希米亚等王国的君王普遍接受了这种法律的规定，欧洲这个时期有超过100个城市通过城市宪章或公约获得城市权利。

中世纪欧洲自治城市形式的制度改革是继古希腊公民社会后的一次新的城市制度改革浪潮。"城市居民或居民中的一部分组织一个法团，同时得到几种特别的权力，这就叫做城市注册（Incorporation），注册的证书就是这公约"⑦，这种特别的公约或城市宪章是由君王、封建贵族发给城市，但各城市获得的权利与获得时间各不相同。

1081年，亨利四世给予了鲁卡（Lucca）自由城市的权利。克拉科夫（Kraków）在1257年获得城市的权利，布鲁诺（Bron）于1243年获得城市的权利，累根斯堡于1245年获帝国自由城市的权利。获得城市权利后，控制城市的既不是主教，也不是公爵或领主，而是市民通过选举产生的市议会议员和市长，公爵的权力被限制在王宫内，主教的权力被限制在天主教的事务范围中。

不少城市通过君王或统治者的许可，获得自治的权利。商人、城市手工业居民需要司法与财政上的自由，才能保证其赚取的财富得到保障并刺激再生

产，他们通过产业实力促使领主给予他们一定的城市特许权力，通过签订城市宪章或公约的形式予以实现，但这种权利的获取并非是永久的，在政权更替时会自然消失。

1789年，法国的革命政府取消了特殊城市公约，强调普通城市公约。19世纪，欧洲各国城市的自治类型趋于类同，地方制度随着政体的改变而调整。法国在1831年和1833年分别通过法律确定了市镇议会和省议会选举制度，省长和市镇长仍采用任命制，但市镇长须在市议员中任命[8]。德国1831年修改的《施泰因地方政府法典》，规定市镇成立议会，由民选的长官作为地方行政首长。

芬兰首都赫尔辛基路标（上）和城市纹章，赫尔辛基的路牌采用其城徽为标记（下）。

芬兰赫尔辛基（Helsinki）城徽图形于17世纪出现在印章上，以船的图案为寓意物，源于1599年左右，为纪念瑞典人移民到达芬兰。现在的城市纹章于1951年修改确定后使用至今，加上了金色的皇冠，象征着城市的重要性及首都的等级地位。

3. 城市自治体权力的削弱

市政长官起源于中世纪后期，身为地方官，他们促使王权与各大城市保持联系。城市自治体通过城市宪章的形式获得自治权利，保障了市民的基本权益，但这一城市政府自治模式并非一帆风顺，在演变过程中充满各方利益的角力。在15世纪后期西班牙王室在卡斯蒂利亚和阿拉贡进行行政官改革，安达卢西亚的城镇控制权掌握在王室的议员市长（Procurador mayor）手中。15—16世纪之前，大部分市政职位由王权任命。1543年至1584年间，卡斯蒂利亚2928个市议员的职位，是由王室以标价的形式出售并以此获得财政收入。一直至近代早期，卡斯蒂利亚的大部分司法权，包括税收和司法控制权都牢牢掌握在贵族和教会手中。在阿拉贡王国，王权对42%的城镇享有司法权，在巴伦西亚是25%的城镇为王权所掌握。1711年引入新的职位——行省监督官，明确其权力地位在市政长官之上[9]。

16—17世纪，法国王室曾经采取清除城镇议会的方式以加强王室的话语权，同时通过加重税赋控制城镇的财政支撑能力；斯德哥尔摩王室通过任命总督压制地方自治权利，保证王室的意图在城市这一层面得到体现；意大利联邦城市贵族的强势控制、教廷和皇室的强力干预，使得自治体的权力在不同时期强弱不一。

1531 年的锡耶纳居民写了一封信，向精英和贵族对城市的把控提出批判："在每一个共和国，甚至是伟大的一个，在每一个国家，甚至是人口众多的一个，通常都不会有超过 50 个公民走上发号施令的岗位。无论是古希腊还是罗马，无论是在威尼斯还是在卢卡，都没有公民被召集去管理国家，尽管这些国家都在共和国的名义下实施管理。"⑩城市行会的出发点是维护会员的权益，保证产品的质量，但随着时间的推移，城市经济特权阶层在把控行会的家族中产生，城市的市议会被富有的家族统治着，加剧了城市等级观念。贵族精英实际上无法代表民众尤其是社会劳工阶层的利益，当市政官员和君主领主进行谈判时，他们声称是代表整座城市的共同体，尽管他们常常没有得到明确的授权。城墙、市政厅、政府、印章和官服都是共同体历史的象征⑪。尽管有作为城市共同体的符号象征，但代言人实际上是缺位的，劳苦民众在城市中的抗议行动经常爆发。

① UNESCO. *Memory of the World*. London: Haper Collins, 2012.

② ［英］丹·琼斯著，陆大鹏译：《金雀花王朝：缔造英格兰的武士国王与王后们》，社会科学文献出版社 2015 年版，第 228 页。

③ 图片引自联合国教育、科学及文化组织编著，金琦、万洁译：《世界的记忆》，时代出版传媒股份有限公司、安徽科学技术出版社 2015 年版。

④ www.citylondon.gov.uk

⑤ 联合国教育、科学及文化组织编著，金琦、万洁译：《世界的记忆》，时代出版传媒股份有限公司、安徽科学技术出版社 2015 年版，第 75 页。

⑥ ［美］布莱恩·蒂尔尼西德罗·佩因特著，袁传伟译：《西欧中世纪史》第六版，北京大学出版社 2003 年版，第 202 页。

⑦ 张慰慈著：《市政制度》，上海亚东图书馆 1928 年版，第 144 页；解光云著：《多维视城下古典雅典城乡关系》，安徽人民出版社 2007 年版，第 117 页；［英］杰弗里·帕克著，石衡潭译：《城邦：从古希腊到当代》，山东画报出版社 2007 年版，第 165 页。

⑧ 任进著：《中欧地方制度比较研究》，国家行政学院出版社 2007 年版。

⑨ ［英］亨利·卡门著，吕浩俊译：《黄金时代的西班牙》，北京大学出版社 2016 年版，第 23 页。

⑩ ［英］约翰·里德著，郝笑丛译：《城市》，清华大学出版社 2010 年版，第 136 页。

⑪ ［英］马克·格林格拉斯著，李书瑞译：《基督教欧洲的巨变》，中信出版社 2018 年版，第 114 页。

城市纹章：欧洲城市制度的徽记

六、传统到现代产业象征

"自治市公约的目的，就是要给予城市一种有限制的自治权利。"[①]自治权利体现在城市哪些方面呢？手工艺者的生产和贸易权就是最基本的自治权利和生存的权利；从业者自发组成的行会就是自治力量的表现，一方面行会代表进入市议会，另一方面行会掌握着市议会议员选举的命脉。

1. 议会组织形式中城市行会的力量

行会的发展基础是 8 世纪的自由农民建立的保护性协会"基尔特"（Guild），在困难时他们会相互帮助。"这也是商人与手工业者行业协会的前身，后者也是中世纪城市的标志。"[②]10 世纪时在意大利的部分城市出现了自治市的初步形式，如米兰、热那亚和比萨等城市，主教被迫交出权力，在米兰 1035 年宣布成立"公民自由公社"后，这一机构保持了社会各阶层的利益平衡。君王也通过市民或商人的自治削弱了宗教的控制力量。

伦敦至今仍然保持着行会的历史传统，具有社会影响力的行会组织从中世纪开始延续至今，在城市制度中仍扮演着重要的角色，是城市制度和城市生活品质中不可分割的组成部分。1067 年伦敦的行会得到威廉一世的授权而获得合法地位。行会的作用在于维护会员和从业者的权利，也是对行业品质和声誉的保护，1422 年，伦敦已经有 111 个政府承认的商人协会和团体。在 1393 年，香料商人出现造假的现象，伦敦杂货商同业工会起草了规则草稿，与政府合作颁布了惩罚违法者的法条。英国的行会从中世纪至今一直是对产品标准质量和城市事务具有很强影响力的组织，尤其在伦敦。行会也称为"同业公会"（Livery company），英文"Livery"是统一制服之意。英国伦敦理发师行会（Barbers Livery Company）的纹章隐藏着行会的历史，盾徽的盾面有四个分区，其中两个分区的寓意物是放血刀（Fleam），代表着理发业；另两个分区是有皇冠的红色玫瑰徽章，代表着外科手术行业，冠饰为鹰鹫。1540 年外科手术行会与理发师行会合并，产生此纹章；1745 年外科手术需要职业化，从此与行会分离，在 1800 年独立成立了皇家外科手术学会（Royal college of

Surgeons），而理发同业公会保持运作至今。

伦敦在 1515 年有 48 个同业公会得到皇家的承认，其中有 12 个为最高等级，同业公会的工作包括维护行会成员的利益、制定标准、资格认定、培训、劳工工作条件、移民对行会从业人员的影响等方面。会员服装统一能够提高可识别性和集体荣誉感，公会决定的事项都是行业集体的行为，其为社会管理发声并保持行业地位，同业公会更重要的职能是直接参与对市政厅议员的选举，包括市长和有关官员的选举。

行会都拥有表现集体认可符号的纹章，以体现国王的认可。行会的纹章有两方面的特征，一是体现所在国的传统纹章风格；二是经常使用行业

工具为寓意物以一目了然。行业使用的工具具有时代特征，从行会纹章的图案中，大多可以找回历史上手工业者的从业工具。从英国"相片显影行会"（Photochemigraphists）的纹章和"书籍印刷包装行会"（Bookbinders）的纹章中就可以看到传统的滚筒、印刷机的原貌。

各国家各种行会的纹章都不一样，德国和瑞士制靴业（Cordwainer）行会使用的就是皮靴和制作工具的造型，瑞士温特图尔市（Winterthur）制靴行会拥有自己城市行会的纹章，使用的寓意物与德国行会的一样，但色彩和构图不同。有些国家的行会组织是根据城市自己的特点而建立的，行会组织的纹章因城市行会组织而设计，奥地利纹章

制度的徽记

FIG. 1067.—Arms of the Guild of Photochemigraphists.

设计师胡高（Hugo Gerard Ströhl，1851–1919）绘制了许多行会纹章，包括瑞士温特图尔市制靴行会、比利时的列日（Liege）面包师行会、法国邦弗尔（Benfeld）渔民行会、印刷行会、根特的芝士行会等纹章。

德国制靴业行会纹章。

行会纹章采用具象的表现方式，如制靴业行会使用皮靴的造型；渔民行会以鱼为寓意物；屠户行会（Butcher）的核心图形使用牛头和屠刀；建筑油漆和图画行会（House painter and decorator）的盾徽是使用三个空白盾徽来象征调色板；纺织行会（Weber）以梭为寓意物；磨坊加工业行会（Miller）的象征物是机械工具和圆规、角尺等测量仪器；建筑工匠行会（Mason）的纹章寓意物为一组建筑手工工具和测量工具。

此外，城市间贸易在增加，商人也逐步形成联盟，以便在经济贸易上获得更为丰厚的回报。城市中出现了行会的建筑，与吕贝克一样的汉堡、不来梅这一类型的城市，城市商人和行会

奥地利纹章设计师胡高绘制的各种行会的纹章：1. 瑞士温特图尔市制靴行会，2. 比利时的列日面包师行会，4. 法国邦弗尔渔民行会，5. 印刷行会，8. 根特的芝士行会等。

1891 年胡高绘制的建筑油漆和图画行会的盾徽（左）及现在使用的盾徽，使用三个空白小盾徽象征调色板（中），建筑工匠行会的纹章寓意物为一组建筑测量工具（右）。

得到领地的领主的支持，占据主要的管理地位，骑士团和教会的力量被削弱，城市形成了政务会和参议会的管理机制。

14 世纪，行会开始建设自己的大楼作为会议办公等行会日常工作场所，在伦敦，行会总部大楼称为同业公会大楼（Livery Hall），目前仍有 100 多个属于传统行业公会（Livery company）的行会组织在运作，有 38 栋历史行会大楼保留至今并仍然是行会的工作总部，最长的行会历史超过 700 年[③]。欧洲城市大行会建筑也处于城市重要地段并以华丽装饰显示其财力雄厚。布鲁塞尔市政厅所处的大广场，是欧洲城市中行会建筑规模最大的而且装饰富丽堂皇。在

比利时布鲁塞尔市政厅广场周边形成的行会总部，体量大且富丽堂皇，建于 1699 年，原来是布拉班特公爵的官殿。

城市纹章：欧洲城市制度的徽记

比利时布鲁塞尔市政厅广场的行会建筑，9号行会建筑也称为"天鹅楼"，1698年由一位金融家所建，后来在1720年由"肉贩行会"购得而成为行会的总部。

这些建筑中，各行会纹章用于本行会的建筑装饰上，行会镀金的纹章装饰成为象征行会强大的标志性手法。

1720年成立的"肉贩行会"，后来称为"天鹅楼"（Le Cygne），在19世纪末其总部大楼成为比利时劳动党党部，建筑在1896—1904年进行了修缮，现在仍然保持着历史上业主的文织字母和纹章。1845—1848年，马克思和恩格斯居住在布鲁塞尔，天鹅楼是马克思当年多次到访的地方，马克思是咖啡厅常客，他在此写作了《共产党宣言》（Communist Manifesto）并于1848年出版。

行会的装饰需求促进与刺激了世俗绘画艺术的发展，在艺术作品中，行会的人物常成为主角，在欧洲中世纪至文艺复兴后期，医师、画家行会多以圣徒路加（Saint.Luke）命名，称为"Guild of Saint Luke"。路加的职业是医生，他也为圣母画像，《路加福音》和《使者行者》均为他的作品。艺术、医生行会都将路加作为行会的主保圣人，路加于公元384年去世。行会的发展使商人的社会地位得到提高，以至获得更多财富

比利时布鲁塞尔市政厅广场周边建筑上的行会装饰。

城市纹章：欧洲城市制度的徽记

天鹅楼外面嵌有记载马克思史迹的牌匾，写着马克思曾于1845年至1848年居住于布鲁塞尔，并在此度过1848年的新年。

并开始收集画作。画家不仅服务王室，教会和行会也是其重要主顾，行会委托画家创作与该行会有关的画作并广为宣传。

伦勃朗作品《尼料布商同业公会理事》是受该同业公会委托并创作于1662年的油画。该同业公会的理事为市长任命，同业公会对本市的尼料产品生产进行标准上的监督以及证书发放。这幅作品原挂于同业公会会议厅的高处，使看到此画的人能够感受到几位理事仿佛在注视着自己，最左边的是最年长的理事，手置于账本上的是公会主席。多样性和包容性的行会是阿姆斯特丹在文艺复兴时期重要的艺术推动者。画面中的理事分别属于不同的宗教团

伦勃朗油画作品《尼料布商同业公会理事》，创作于1662年。

体，他们也是城市经济和城市建设重要的决策者。伦勃朗的绘画题材体现了低地国家世俗化的城市发展社会图景。

16世纪的阿姆斯特丹充满商业的活力，艺术文化追求创新，出现了像伦勃朗这样划时代的一批伟大艺术大师。伦勃朗的作品表现了阿姆斯特丹城市世俗社会的时代特征，行会组织、市民卫队成为其作品表现对象。

2. 行会与市议会

在11世纪至14世纪，出现了城邦和城市自治发展的黄金时期，欧洲的许多城市经济繁荣，商人贸易增加了城市活力，他们有自我管理城市、参与城市政治权力分配的渴望。封建制度由于中产阶层的强大而变得脆弱，通过商人贸易获得的财富远高于土地的产出。城市宪章或公约常注明商人可以成立行会，开始的时候手工业者与商人构成同一个行会，12世纪之后，由于利益的冲突，它们分别成立各自的行会。行会在城市管理上起到重要的作用，这些行会逐步成为城市自治的主要力量。

累根斯堡于13世纪中期利用一位商人建筑的房子成立市政厅，议会由一些富裕的商人组成，16位成员构成核心权力圈，45位成员为外围议会"outer

城市纹章：欧洲城市制度的徽记

council"④。德国城市乌尔姆（Ulm）在1181年由神圣罗马帝国皇帝提升为城市，1184年成为帝国的直辖市，1393年通过城市宪章规定了市长的权力和市议会的构成，行会代表占30席，贵族代表占10席，行会占绝对优势。"借由互助组织、法庭、法律以及部分的自主权和自治权，欧洲城市很早就成为具有一定领地的社区。这些特点将欧洲城市与缺乏自主权和社区法定组织的亚洲城市明显地划分开来。"⑤亚洲与欧洲城市制度的差异很大程度体现在城市管理方式上，行会制度参与社会管理是城市自治的基础之一。

在此同时，城市的手工业者壮大，各种行业的行会在城市社会生活中的政治影响力不断增强。"他们行会是自由民创建的，为他们共同利用服务的组织。……行会经常代表其会员和领主打交道。实际上，行会的官员通常是城市行政官员，他们往往是一人而身兼两职。"⑥行会也为了保护自己的利益，免受封建制度的经济压制。

约10世纪至14世纪这一欧洲历史时期，社会性质和阶层发生许多复杂性转变。教会、行会、君主、贵族各种社会力量的互相较量趋于白热化。纹章出现于这一欧洲社会性质转变时期，当时的社会关系变得愈发复杂，越来越多的世袭社会阶层寻求延续管理其领地，行会组织的出现并逐步壮大对城市自治制度的形成而言是很重要的社会推动力量。城市精英与富有的商人治理城市，为城市经济发展带来积极影响，也促进了城市公共设施的建设。

行会组织的成立动机，源于行会对自身在城市中的利益保障，但随着他们掌握了市议会，在运作过程中，显示出了这一群体的局限性。他们的注意力过分集中在市场上，影响了城市的价值取向；不同行会的利益诉求也在市议会的内部产生斗争，有钱有势的行会更具有发言权。"荣耀、社会知名度和财产是15世纪和16世纪意大利城市和政治发展的主旋律，以佛罗伦萨发生的事情为例，'肥人'占据了有利地位，精英行会日益排外，越发成为贸易保护者和保守派，并且比起赚钱的脏生意，他们更加关心的是其社会地位和政治身份。"⑦迎合商业和社会规则的产物产生了商人的城市，而政府则利用行会增加收入并加强管理。17世纪末行会增长数量惊人，巴黎在17世纪末的20年间，同业行会从27个增加到129个。

3. 多瑙河瓦豪河谷葡萄园中造就的城市带

多瑙河是欧洲第二长河流，它所流经的下奥地利地区，称为瓦豪地区（Wachau）。瓦豪地区占地范围1.8万公顷，公元前15年，古罗马人来到此地，从古罗马帝国带来了系统的葡萄园种植技术和酿酒工艺，古罗马帝国下令让军队开垦葡萄园台地，在5世纪，瓦豪河谷就有葡萄酒年产量的记录。在8世纪下半叶至9世纪初，查理曼大帝统治

2013.7.15. 多瑙河畔 XU

古罗马时期保存下来的瓦豪河谷台地葡萄园景观，作者绘制。

时期，葡萄酒产业复兴，政府鼓励、指导葡萄园的开垦并形成登记制度。奥地利公国建立于 1156 年，在 976 年奥托二世授予巴奔堡家族边区爵位，除了家族庄园，还有许多土地掌握在帕绍教区和萨尔茨堡教区手中。家庭通过多种手段扩大领地范围，现在的下奥地利州多瑙河地带就成为后来奥地利公国的核心区。1273 年哈布斯堡家族获得该地区统治权，形势发生变化。奥地利仅是哈布斯堡王朝庇护下的小部分领地，而神圣罗马帝国将眼光投到更远的地方。

奥地利瓦豪山谷沿岸城镇的富庶景象得益于葡萄、杏子等种植和贸易，在巴奔堡家族统治时，领地范围内的大

部分肥沃土地被开垦出来，铁制轮犁农业技术得到运用，方便种植葡萄等高经济附加值作物，吸引了许多拓居者的到来。奥地利公爵同时也与匈牙利、拜占庭建立联系，巴奔堡家族有两位统治者与拜占庭联姻而消除了下游的威胁，由于许多巴伐利亚人东迁代替了斯拉夫人，边区劳动力多了起来。在 1221 年维也纳商人获得贸易特许权，德国与匈牙利贸易的桥梁处于维也纳，使这里的经济迅速繁荣起来。

哥特维修道院（Göttweig Abbey）是一座靠近克里姆斯（Krems）且最具景观标志性特征的修道院，从 11 世纪开始建立，并于 12 世纪有了图书馆和教

城市纹章：欧洲城市制度的徽记

会学校。目前，图书馆珍藏了 15 万份历史图书和手抄本，还藏有丰富的硬币和大量艺术珍品。修道院的历史遗址保护和历史信息讲述了修道院与城市的形成历史。由于巴奔堡家族奥地利公爵的支持，许多宗教团体获得封地，沿岸诞生了本笃会的梅克尔修道院、新堡修道院、茨维特茨修道院和哥特维修道院等，这成为 12 世纪城镇发展的新动力。这些修道院开辟了自己的葡萄园，种植至今，成为修道院特殊的经济来源。此外，西多会的僧人在这一历史时期为奥地利带来了勃艮第（Burgundian）的酒文化。

瓦豪河谷沿岸分布了数座具有深厚历史文化积淀的历史名城，丰富了目前地区游览的内容，克里姆斯（Krems an der Darau）、梅尔克（Melk）、迪恩斯坦（Dürnstein）这些城镇中心的历史街区，是瓦豪地区成为世界遗产文化景观的关键。1192 年第二位奥地利公爵列奥波德（Leopold V）囚禁了英格兰国王理查一世（Richard I），这一历史事件与迪恩斯坦内的著名景点有关。迪恩斯坦著名的景点是 12 世纪囚禁英国国王"狮心查理"的废弃古堡，英国人为查理支付了巨额赎金，奥地利公爵则利用这些资金修建了维也纳

奥地利哥特维修道院。

2018.7.15 XU

从多瑙河对岸远眺哥特维修道院，作者绘制。

通往施蒂里亚（Styria）的大道，还为许多城市修建了城墙并铸造了新铸币。

1002 年，泰根（Tegernsee）修道院申请在此建立两层的木结构建筑并得到批准，1255 年移民自巴伐利亚萨克森的贵族库恩格（Kuenring）家族建造了迪恩斯坦城堡。迪恩斯坦市民在 1476 年向皇帝斐迪南三世申请使用城市纹章并获得批准，纹章盾面表现的是鸟瞰迪恩斯坦城市的美丽景色。

1547 年，迪恩斯坦建设了带有内院的市政厅，1563 年从原来的哥特式风格改为文艺复兴风格，在入口门楣上刻有 1563 字的市政厅简介。1622 年建造了面对多瑙河的城堡，历史上多个家族使用过这一城堡，他们平时大多没有居住于此。最后接手城堡的是蒂埃里（Thiery）家族，1969 年城堡改为酒店。

奥地利克里姆斯是这一地区最为重要的旅游城镇，15 世纪后期建造的城门等建筑遗产现在仍保存良好。现

迪恩斯坦城市景观和山腰上于12世纪囚禁英国国王"狮心查理"的废弃古堡。

奥地利迪恩斯坦城市纹
章（左）和市政厅入口
（右）。

城市纹章：欧洲城市制度的徽记

奥地利迪恩斯坦市政厅（左）和《大事记》（右），在《大事记》左下方为迪恩斯坦城市纹章。

使用"狮心查理"画像作为游览路线的指引（左）和历史建筑上的家族纹章（右），纹章上部为双头鹰，盾面下半部分是象征地方产业特征的葡萄。

在的城镇肌理是16—18世纪所形成的，该地区拥有5000多处历史文化遗产，其中多处属于私人物业。

克里姆斯在1463年获得城市纹章，是神圣罗马皇帝腓特烈三世（Friedrich III，1415–1493）授予的，造型是典型的神圣罗马帝国双头鹰造型，足见城市地位的重要。克里姆斯于1500年建造的歌格尔（Goegl house）建筑是中世纪后期的重要城市历史建筑。建筑入口是凸窗，在荒废的院落四壁绘制的神圣罗马帝国城市纹章依稀可见。

歌格尔建筑上大量的16世纪纹章壁绘。

奥地利克里姆斯城市纹章证书（左）和历史绘画中的多瑙河木桥风景画（右）。

多瑙河两岸风光优美，历史遗产丰富，瓦豪河谷是最具魅力的河段，覆盖 13 个社区，有三处修道院也参与葡萄酒产业、环境保护和旅游推动的计划。瓦豪河谷每年举办无数的节日，一般是在春天，葡萄酒是最重要的主题，称为"瓦豪葡萄酒的春天"。除了葡萄园种植，杏子也是瓦豪传统的农产品，现在每年七月份举行"杏子节"，遍地鲜艳的橙色不仅为乡村带来活力，还成为吸引游客前来的主要原因。

沿岸城市的博物馆大小各异，从修道院、教堂到专门的博物馆建筑、室外广场临展，河流沿岸形成了丰富的历史文化观览走廊。

音乐是奥地利的骄傲，无论是结合节日的音乐会，还是音乐厅的专场音乐会，都表现出极高的艺术水准。Glatt Verkehrt 是七月最重要的音乐节，也是奥地利最好的音乐节之一，来自世界各地的音乐爱好者云集于此，古典、爵士或者当代音乐，原创和传统音乐共聚一堂且不分高低，举办地点就是在哥特维

克里姆斯不同时代的纹章旗帜。

修道院。

现在 40 公里长的瓦豪河谷，葡萄园仍然是重要的农业景观，红葡萄酒生产依然是重要的产业经济来源。1983 年成立了瓦豪地区葡萄酒联盟（Vinea Wachau, Vinea Wachau Nobilis Districtus），以此共同控制葡萄酒的质量并形成自己的质量分类和评级标准，在 200 多个成员机构中，有 80％ 在瓦豪河谷拥有自己的葡萄园。协会为了保持葡萄酒质量，在产量、葡萄园规模等方面进行控制，同时使用了地区品牌的统一印章，瓦豪地区葡萄酒联盟的概念就是由贵族科林（Leutold I von Kuenring, 1234–1313）提出的。

克里姆斯七月"杏子节"的摊位。

"杏子节"音乐会，旗帜上面写着"金色大厅"（musikverein）的字样。

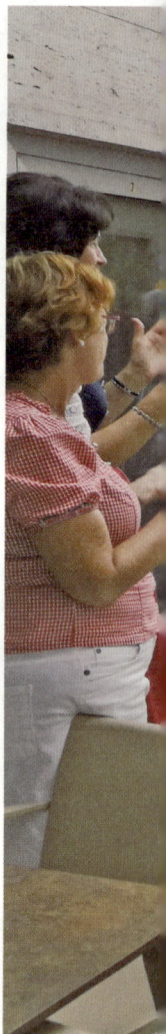

4. 工业革命的图记和自治法人团体法案

从 13 世纪开始，英国君王为城市授予特许权，16 世纪，欧洲贵族对商业活动态度开始转变，这些都是欧洲城市得到有效发展的动力，贵族参与股票投资就是观念转变的结果。在前工业革命时期，城市自治权利在王权、城市行会组织和贵族之间摇摆着，无论如何，商业利益是最大的动力。"这是欧洲文化的一个根本性的转变：土地和军事贵族接纳了商业是一项高贵活动的观念转变。"⑧英国的城市化在中世纪后期经历了一次发展高潮，亚洲与美洲的贸易和专业制造业的进步，为工业革命和城市化高潮奠定了基础，基本形成城镇网络框架的格局。

城市纹章：欧洲城市制度的徽记

"在 1227 年至 1350 年间，英格兰的国王们给一千两百个城市社区发放特许证。"⑨特许权的回报是领主可以从所得税和关税中获利，海外殖民地经济活动和工业革命为英国城市化带来新的动力，英国在 1835 年颁布了《自治体法案》（Municipal Corporations Act 1835），英国议会通过的《城市法人法》，在城镇设立"自治法人团体"，以选举的方式选出议员组成市议会以管理地方事务。中世纪后期许多自治体法人团体，在皇室的控制下获得皇家宪章（Royal Charter）。建立起来的城市法人团体，一般是领地的领主或者行会组织来指定法人团体的组织人员和市长，1835 年对重新规定了自治体法人团体的城镇政府形式、通过选举的城镇议会、市长议员的义务职责等统一标准，

克里姆斯"杏子节"上，着民族服装、跳着民族舞蹈的当地居民。

以法律的形式确定了城镇政府法人团体自治的模式。1882年进行修改进一步统一了英国地方政府的体制，以《1882自治体法案》（Municipal Corporations Act 1882）为基础，1933年英国颁布了《地方政府法》。

"两大事件标志着1848年是不平静的一年：《共产党宣言》的出版和英国第一部《卫生条例》的颁布，虽然只有其中之一被广为传诵，但两者均有划时代的意义。"⑩虽然这一比喻有些夸张，但也说明卫生的问题在工业化时代已经是城市需要高度重视的方面，它引发了城市规划布局与建设方式的深刻变化。《1848年公共卫生法》强调了政府在工业革命后因社会经济发展引发的公共卫生问题中应该承担的义务和责任，在供水、垃圾处理、排污和住房供应方面应该有所作为。在公共卫生领域弱化地方自治的权力，加强政府和中央的干预。在工业革命中获得城市自治资格的情况下，行政区划更加具体，这需要确定管辖范围，于是在19世纪有了相对精确的行政区划和机构。19世纪伯明翰的行政区划图显示的城市范围、城镇或教区的范围，可以发现城市形态是开放式的。从历史全景图上，可以体会到在工业革命时代发展起来的城市，没有中世纪的封闭城墙、防御城堡林立的画面，而是城市与郊外融合在一起。新的行政机构的建立需要新的纹章，包括郡的纹章和城市纹章，工业革命后城市纹章的形式和内容都产生新的变化。

谢菲尔德（Sheffield）由盎格鲁撒克逊人创建于公元500年，诺曼征服了英格兰后，开始建设军事城堡以控制居民点。1296年开辟了市场并形成了中心城镇。谢菲尔德在14世纪以生产刀具而闻名，在16世纪成为英格兰餐具的生产中心，19世纪不锈钢的生产更使城市经济蓬勃发展，也带来大量人口的涌入，出现了贫民窟，1950年至1960年开始改造贫民窟，这足以说明工人、人口等问题在工业革命后期是多么重要的社会问题。谢菲尔德是在工业革命时期以发展钢铁、采煤等工业而闻名于世，城市纹章均表现了工业革命的社会特征。谢菲尔德城市纹章中的护盾者手中拿着铁锤和钳子，在底座有码头用的系绳铁墩（anvil）。城市纹章上城市的铭文是：谢菲尔德得益于上帝帮助获得成功的劳动（Sheffield with God's help our labor successful）。

19世纪绘制的谢菲尔德市城市纹章（左）和现代绘制的城市纹章（右）。

在这一背景下，不少城徽适应艺术潮流和社会思潮的变化，在此历史阶段产生的盾徽的内容选择生产或艺术、文化的题材，艺术表现形式趋于符合现代的审美要求。同时，英国中央集权的王室发展较早，领主的权利和政治意义被削弱，15世纪时庄园的大部分权力消失。"18世纪，英国贵族对中央国家权力拥有无可匹敌的控制权，但却极少拥有有效的地方权力。"[11] 这些历史和社会经济因素，影响到英国城徽的内容和形式，它没有像德国的城市纹章图形那样，与贵族、领主的传统纹章高度关联，而是在传统图形基础上增加一些现代城市产业元素。

在英国城市纹章文化演变历史中，工业革命在纹章中留下变革的印记，许多城市纹章或者郡的纹章采用劳动者形象作为护盾者，比如矿工、工人等人物。威尔士的支柱产业从农业产业向工业产业转变，产生了许多以矿业为主的新城市，城市纹章表现了这一历史阶段的特征。

现代的中格拉摩根郡纹章中最具有时代意义的作法在于护盾者使用了两名工人。格拉摩根郡是威尔士最早开始大规模工业化的地区，铜业、钢铁业在17至19世纪得到快速发展。这里成为威尔士城镇人口密度最高地区，19世纪分中、南、西格拉摩根郡，工业革命在格拉摩根地区催生出威尔士的两座城市：卡地夫和斯旺西（Swansea），现在为威尔士人口前两位的城市。威尔士郎达—卡嫩塔夫（Rhondda Cynon Taf）郡靠近格拉摩根地区的北部，郡内最大的城市阿伯代尔（Aberdare）在18世纪末已经建立了炼钢厂。该郡的纹章护盾者是科学家和钢铁工人，冠饰上威尔士传统的象征物红龙手里握着一道闪电，

纹章形象体现了工业革命。

威尔士1974年至1996年中格拉摩根郡议会纹章（左）和威尔士郎达—卡嫩塔夫郡纹章（右）。

1974年至1996年，威尔士中格拉摩根（Glamorgan）郡的议会纹章寓意物使用了1861年的格拉摩根郡纹章的部分图形。传统上格拉摩根郡纹章的盾面上有三道V形的红带，代表着格拉摩根领主的纹章，三朵玫瑰代表都铎王朝在16世纪的统治。

苏格兰南部中洛西安郡议会（Midlothian County Council）是传统洛西安（Lothian）历史地区的一部分，中世纪洛西安王国的传统纹章以放光芒的太阳为主题，后来分成中、东、西和爱丁堡四部分。现在南部中洛西安郡议会纹章盾面是黄色、绿色的狮子，中间蓝带上有三个金色太阳，为适应工业革命时代变化，护盾者变为手持矿灯的矿工和手持镰刀的农民，体现了工业革命的产业特征。现在城市中利用牛顿格兰奇（Newtongrange）在维多利亚时代的工业建筑旧址建立了"苏格兰矿业博物馆"。中洛西安郡的牛顿格兰奇村在1890年

左右成为苏格兰最大的煤矿所在地，到20世纪80年代煤矿才关闭，现在是欧洲的文化旅游线路"欧洲工业遗产之旅"的重要一站。

英国伯明翰1839年的印章（左）、1889年的纹章（中）和现在的城市纹章及盾徽（右）。

苏格兰南部中洛西安郡议会纹章。

变化，城市的铭文是：Forward。

城市公共印章的原型来自1413至1536年间伯明翰（De Birmingham family）家族的族徽，该家族拥有这一领地超过400年。

曼彻斯特（Manchester）不仅是英国而且是全球工业革命时代的代表性城市，1842年使用的城市纹章表现了这一时代特点。纹章护盾兽是典型的英格兰白色独角兽和狮子，并加上兰斯卡特王朝（House of Lancaster）的象征符号红玫瑰。在盾面上的三道斜带代表流经城市的河流，上部的帆船象征着航海贸易，纹章冠饰上是若干于地球表面劳作的蜜蜂（Worker Bee），象征着工业。城市纹章的铭文是："依靠智慧和努力"（By wisdom and effort）。

工业革命初步发展时期，英国城市化加速发展，农村人口涌向城镇工业化地区。但在1540年后，地方政府获得英国君王授权证明而成为地方自治实体。成为地方自治实体的前提条件是该地区需建有主教座堂（Diocesan Cathedrals），尽管伯明翰和谢菲尔德由于工业革命的驱动，成为人口高度聚集的居住地，但因为没有主教座堂，所以没法获得自治城市的资格。1888年英国法律对这一条文进行了修改，使得伯明翰在1888年获得城市自治的资格，随后谢菲尔德、利兹等城市相继获得城市资格。英国伯明翰是获得城市资格后正式被批准使用城市纹章的。在1889年设计的城市纹章上保存1839年城市印章的图案，在原盾徽图案的基础上，增加两名护盾者，男性代表工业，女性代表艺术，同时加上盔冠及壁冠，在其上举着铁锤的手代表工业。盾徽的核心要素没有大变化，但护盾者随时代变化而在服饰和形象上有所

英国曼彻斯特的城市纹章（左）和特伦特河畔斯托克城市纹章（右）。

城市纹章：欧洲城市制度的徽记

英国陶瓷业最为集中和具有代表性的城市是斯塔福德郡斯托克（Stoke-on-Trent）和沃尔斯坦顿，它们曾被马克思作为工业范例加以细致研究。特伦特河畔的斯托克城，其纹章表现的是陶器、陶器工具和陶工，对英国工业革命后陶业工人生活和生产状况有直接的描绘，大工业高强度工作制度的背后是工人的血汗和悲惨生活。马克思在《资本论》阐释绝对剩余价值的有关篇章中，将制度的影响结果列入第八章"工作日"，分析斯托克人寿命特别短的原因，尽管36%的20岁以上的工人从事陶业，但死于胸腔病的陶工占一半⑫。在这一节，马克思用了嘲讽式的小标题"在剥削上不受法律限制的英国工业部门"。

捷克西里西亚历史工业地区摩拉维亚-西里西亚州的波希敏（Bohumín）、俄斯特拉发（Ostrava）、比尔森（Plzeň）等城市，是在西里西亚工业革命中产生的一批小城镇，波希敏城是其中有代表性的新工业城镇之一。19世纪工业革命带来的经济繁荣，依靠的是铁路建设，1855年波希敏连接小波兰地区的奥斯威辛（Oświecila）的铁路开通，

1872年铁路沿伸至斯洛文尼亚的西斯策，工业和交通得到发展，并促进若干村庄组合形成了新的城镇，使得人口在百年间从数百人发展到数千人，现在有两万多城市人口。城市纹章是以齿轮为寓意物，部首为蓝色盾面上长着翅膀的金色齿轮，运用的是传统的西里西亚纹章色彩。

5. 特殊的低地国家水务管理制度

无论是在古代还是现代，水在城市管理与城市发展中至关重要，对水资源的控制在低地国家是跨区域的事务，超越了城市管理制度，跨地区的水务管理制度应运而生，纹章也表现了这种区域联盟的制度特点。在荷兰低地国家出现了类似市政厅的公共管理机构"水务管理委员会"（Water Board），这类机构有悠久的历史，从13世纪就

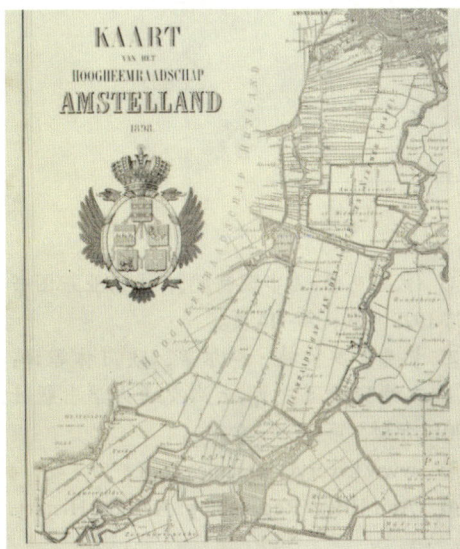

制作于1898年流域历史地图和荷兰北部阿姆斯特尔水务管理委员会纹章。

捷克波希敏城市纹章（左）和波兰雷斯波斯卡城市纹章（右）。

荷兰外阿姆斯特尔（上）、迪门（中）和奥特霍轮的城市纹章（下）。

出现在低地国家。在低地地区城市获得的城市权利中，水务管理权是最重要的城市权利之一。水务管理委员会在 15 世纪由几个委员组成，规模不大，经常是在委员的家里开会研究水务的管理事项。从 16 世纪开始，水务的管理工作量增加，开始建造了"水务管理委员会"办公楼，与市政厅的模式类似，建筑内部有议事大厅，门口有纹章装饰。"水务管理委员会"拥有的纹章与所处城市的纹章有关，荷兰北部阿姆斯特尔水务管理委员会（Amstelland Hoogheemraadschap）是拿破仑统治时期划定的行政管理区，纹章产生于 1878 年，该区为阿姆斯特尔芬（Amstelveen）、外阿姆斯特尔（Ouder-Amstel）、迪门（Diemen）和奥特霍轮（Uithoorn）等城市所在的流域，管理委员会的纹章将这些城市的城市纹章组合在一起。1850 年荷兰共有 3500 个水务管理委员会，随着现代水资源调节技术能力的提高，目前在荷兰设立了 24 个水务委员会。

① 张慰慈著：《市政制度》，上海亚东图书馆 1928 年版，第 114 页。

② ［德］罗伯特·科尔著，欧阳林等译：《周末读完德国史》，上海交通大学出版社 2012 年版，第 24 页。

③ www.LiveryCompanies.com

④ Ann Hiley. Regensburg: A Short History. Regensburg Verlag Friedrich Pustet, 2013 p.48.

⑤ ［美］保罗·M. 霍恩伯格，林恩·霍伦·利斯著，阮岳湘译：《都市欧洲的形成：1000—1994》，商务印书馆 2009 年版，第 26 页。

⑥ ［美］布莱恩·蒂尔尼西德罗·佩因特著，袁传伟译：《西欧中世纪史》第六版，北京大学出版社 2003 年版，第 273 页。

⑦ 约翰·里德著，郝笑丛译：《城市》，清华大学出版社 2010 年版，第 134 页。

⑧ ［美］乔纳泰·德瓦尔德著，姜福德译：《欧洲贵族 1400—1800》，商务印书馆 2008 年版，第 110 页。

⑨ 约翰·里德著，郝笑丛译：《城市》，清华大学出版社 2010 年版。

⑩ ［美］保罗·M. 霍恩伯格，林恩·霍伦·利斯著，阮岳湘译：《都市欧洲的形成：1000—1994》，商务印书馆 2009 年版，第 179 页。

⑪ ［美］乔纳泰·德瓦尔德著，姜福德译：《欧洲贵族 1400—1800》，商务印书馆 2008 年版，第 2 页。

⑫ 中共中央马克思、恩格斯、列宁、斯大林著作编译局：《马克思恩格斯文选》第 5 卷，人民出版社 2009 年版，第 285 页。

城市纹章：欧洲城市制度的徽记

II

帝国梦想下的城市变迁
与城市纹章的演变

古典哲学家亚里士多德将政体分为三种类型，分别是政体君主制、贵族制和民主制，并将他们归纳为三种倾向：君主制转向暴政、贵族制变成寡头政治、民主制沦为暴民统治。欧洲从古罗马建立帝国后，各式各样的公国和王国对成为帝国的渴望从没有停歇过，当今欧洲联盟的分分离离印证了这位政治学先驱的真知灼见。欧洲各王国在各历史阶段都存在披着宗教外衣对外扩张的历史，在此情况下形成了形形色色的城市联盟以抗衡帝国的威胁。

在欧洲城市化历史进程中，无论是民族国家还是公国，成为帝国的野心长盛不衰。帝国可以大致分为军事帝国和经济帝国，但最后大都归结到经济利益上。为了应对强大的帝国力量，欧洲民族国家通过包括联姻、军事联盟、贸易联盟等手段形成了形形色色的国家联盟、城市联盟、国家联邦。在帝国的创造过程中，相伴的是欧洲城市化的进程，在此阶段不断建立服务于军事和商业的新城镇，有的城市在新的帝国贸易体系中被边缘化而衰落，有的因为港口繁荣和政治中心的作用而充满生机，这说明每个帝国的建立均带来城市体系的新变化。

古希腊的殖民化和古罗马帝国的防御系统奠定了欧洲城镇体系的建设基础并确定了居住集聚点的分布；在宗教力量的驱使下，十字军多次东征形成了以骑士封建文化为动力的新式城镇布局，出现城堡林立的现象；传统的贸易路线随着殖民地拓展和海外贸易产生变化，出现了以港口为贸易动力的新兴城镇，而远离贸易线路的城市迅速衰败；19世纪铁路的发展引发了城市区位条件的新变化，城市体系再一次大洗牌。

欧洲的自然地理门槛在历次城市地位调整中决定了城市的类型、规模和战略意义，多瑙河、莱茵河、泰晤士河是防御的分野，是聚落的生命来源；阿尔卑斯山、比利牛斯山是阻挡外族文化入侵的天然山脉，地中海、波罗的海的地理隔断变成贸易的通道；数千年来欧洲城市潮起潮落，而大海和高山依然在那里。

在20至21世纪，欧洲民族的独立情绪高涨，出现了严重的分裂现象，独立公投的运动风起云涌。城市纹章可以从细节上解读，以此反映出欧洲帝国权威在历史大格局中的剧变轨迹。

城市纹章：欧洲城市制度的徽记

德国班贝格建筑上绘制的多位巴伐利亚公爵的肖像和纹章。

一、地中海沿岸城市带的形成

公元前 10 世纪，腓尼基人沿地中海建立了若干城市和殖民地，广阔土地上都有腓尼基人影响力的存在，腓尼基人高超的航海技术为他们带来贸易优势。希腊文化的来源之一就是腓尼基文化，他们在贸易点建立聚居地，使腓尼基文明得到传播。随着时间推移，欧洲古希腊、古罗马文明崛起，希腊海上控制权的增强推动了对港口城市的争夺，希腊化孕育出欧洲城市最早的胚胎，古希腊文明也深刻地影响地中海地区。雅典君主制最终在公元前 683 年被废止，"根据雅典的传统，早期国王的权力于公元前 683—前 682 年被执政官（árchontes）所取代。执政官是国家的主要官员，无疑是雅典富有的贵族。"[①]将君主制取而代之的是贵族政府，贵族政府的主要成员由重要家族的代表组成。设立执政官，建立公民大会，政府日常事务由 500 人的议事会（boule）负责。希腊从此以执政官纪年统一希腊纪年。执政官的制度一直影响着欧洲城市管理制度，意义深远。"19 世纪初，萨凡尼（著有《中世纪罗马法史》一书）和法国史学家累努阿等人认为，中世纪的城市是对罗马城市的继承，这种连续性在中世纪表现为城市官吏和行政机构常被称为执政官（consules）、库里亚（curia）和元老院（senatus）等。"[②]无论是现代意义的市长，还是市议员，在雅典创建的城邦制度或者罗马的管理方式中均可以寻找到依据。欧洲近代历史研究中关于欧洲中世纪城市的起源，众多学说之一是"罗马制度延续"学说。

1. 地理学的产生

欧洲文明之发轫，古希腊、古罗马奠定了欧洲文化组成的基本元素，形成了欧洲文化的共同认知。欧洲的城市化进程、城市体系网络的形成，同样也需要追溯到古希腊的城邦和地中海希腊化历史阶段的成果，这两大要素是今天欧洲城市体系建立的基石。城邦是古希腊文明的重要产物，两千多年来，城市的管制制度与空间发展不断变化，但基本上是建立在古希腊雅典的城邦组织管理机构和城市公共空间模式基础之上，以此逐步完善和发展的。城邦是完全掌控自己内部和外部事物的主权实体。在最初的城邦统一过程完成后，城区和城邦作为一个统一的整体发挥作用。这样形成的实体被认为是最适当的政府形式。

希腊能够扩张其疆土，与希腊时期地理学科的高度发达分不开，而水手熟悉航海技术，沿着地中海的海岸线进行贸易。古希腊时期地理学的发展鼓励了开疆拓土的冒险精神，地理学的发达有助于希腊殖民化地区的拓展。"在纪元前六世纪之初，希腊人的世界已从希腊半岛扩展到爱琴海中的各岛及其东部和北部；在此区域以外，西至意大利、西西里、罗纳河（Rhone）河口、非洲海岸，东至郁金海（Euxine Sea）一带地方，都有希腊人的殖民地。这些地方之中，尤其是外地的殖民地，有些是纯粹是商站（trading station）；有的完全发展为最典型的市府（city states）。"③ 希腊的殖民地不同于16世纪后的欧洲之外的殖民地，希腊化主要是文化的传播和城市建造模式移植，包括采用希腊的建筑形式和对其他艺术的模仿，另一

方面是希腊人突破希腊疆土的局限，移民到希腊化的地区生活和耕作，在殖民化的最高峰时期，有40%的希腊人生活在本土以外的殖民地。

马赛是古希腊在法国的第一个永久的居民点，也是地中海沿岸城市希腊化的结果之一。在古希腊时期，马赛被称为马西利亚（Massalia），在公元前4世纪已经成为地中海的重要港口。马赛在古罗马帝国时期的影响力受到削弱，但6世纪至中世纪，其港口贸易和经济持续繁荣。在14世纪，马赛与其他欧洲城市一样，经历了"黑死病"的残酷摧残，但在15世纪及时修复了经济。马赛至今仍然保持着城市的活力，是法国仅次于巴黎、里昂之后的第三大都市区。马赛的城市纹章在1275年通过市政厅获准使用并延续至今，盾徽为银色盾面、蓝色十字架，护盾兽为公牛和狮子，在盾牌的背后有两种来自古希腊的图像：象征贸易的蛇杖和象征海神的三叉戟。于1575年绘制的马赛全景图是

法国马赛市的城市纹章
（左）；制作于1575年
的马赛全景图（右）④。

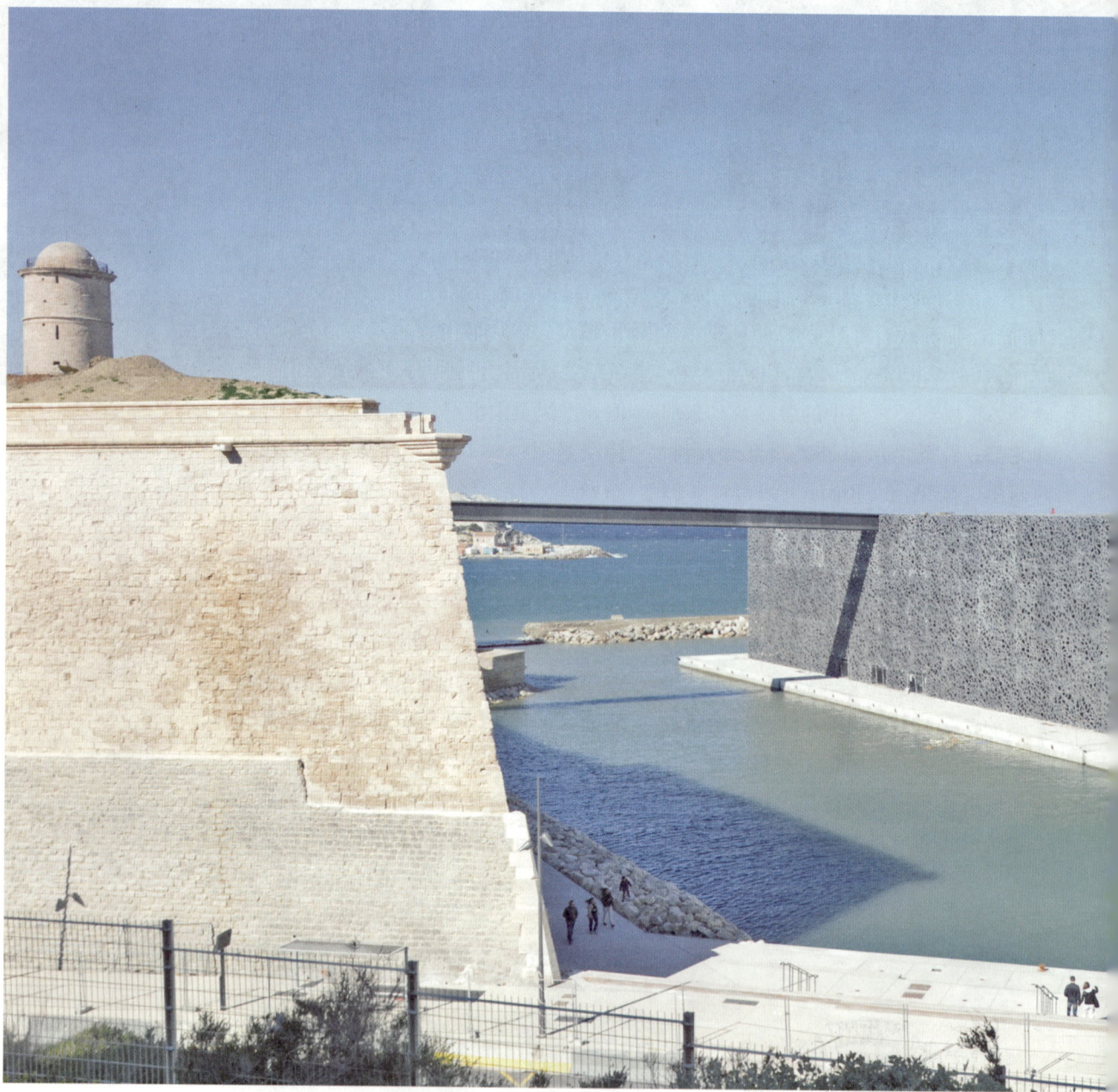

马赛港的海事博物馆。

弗兰斯（Frans Hogenberg，1535-1590）的杰作，该图反映的是 15 世纪城市防御体系形成后的马赛城市形态，全景图展现了城市和海岸线的繁荣。

希腊时期的公元前 3 世纪，伟大的地理学家皮西亚斯（Pytheas）出生于马赛，他的航海旅行经验和天文知识，极大丰富了古希腊地理学的内容，

城市纹章：欧洲城市制度的徽记

学家斯特拉波（Strabo）的著作《地理学》（*Geographica*）中可以读到皮西亚斯部分著作摘要，1620 再版的《地理学》记录了这一科学论断。公元前 4 世纪的古希腊历史学家、思想家和海军指挥官修昔底德（Thucydides）提出了"制海权"（Power of the Sea 或 Thalassocracy），他指出：大海将赋予人权力，条件是人要知道如何征服与利用它。地理学的发展就是让人们了解、征服和使用大海的基础知识。希腊因为地理学知识丰富并充分利用海洋资源而获得"制海权"，成为最早的"海上帝国"，古希腊人已经将天文学的知识用于制作世界地图，航海日记成为重要的航海安全指引。依靠获得的航线知识，古希腊不断拓展地中海沿岸的定居范围并开展海上贸易。

对古希腊"制海权"的巩固起到重要作用的是"提洛同盟"，这是古希腊时期各城邦对抗波斯军队的军事防御联盟。"同盟的主要参加国雅典和莱斯博斯、希俄斯、萨摩斯、纳克索斯诸岛的城邦有义务提供战船和战士，其他城邦只需负担军费。同盟国提供的经费保管在提洛岛上的阿波罗神殿内。而同盟的议长权、同盟舰队的最高指挥权和资金的支配权由雅典一手独揽。"⑤海上军事力量的强大让古希腊人获得了制海权，而丰富的地理知识使他们建立起成熟的海上航线，可以走得更远了。拥有远洋航海能力的希腊人开拓了地中海沿岸殖民地，并建立了城市。当时欧洲城市化地区基本仅限于地中海城市带，这是从雅典中心能通过地中海航行、以水

加强了这一学科的严谨性。他是第一位记录了月亮对于地球海洋潮汐影响的人，虽然后人无法看到他的著作，但在公元前 1 世纪古希腊的历史学家和地理

路直接达到的地区，莱茵河和多瑙河人口聚居区仅是罗马人在欧洲中部殖民统治的有效范围，而英格兰和法国北部城镇也是人口稀疏，规模很小[⑥]。

2. 大希腊和希腊殖民化初期产生的城镇

公元前 1700 年，在地中海出现了迈锡尼和特洛伊这样的城市，希腊人开始对城邦聚落倾注高度的热情和精力。在迈锡尼考古遗址发现的物品，证明当时国际交往频繁，人口流动范围很广，这些物品来自包括意大利、埃及、塞浦路斯、安纳托利亚、美索不达米亚等遥远的地方。迈锡尼的繁荣在公元前 1200 年就结束了[⑦]。希腊开辟新的殖民地开始于公元前八世纪中叶，因希腊耕地少而人口增长迅速，许多希腊人离开本土寻找出路。公元前 8 世纪为希腊殖民化的高峰时期，地中海沿岸是殖民化拓展的目标疆域。在西西里岛东海岸，开始形成后来称为"大希腊"的地区，包括那不勒斯、塔兰托、墨西拿等，这些城市建立的贸易和文化中心发展迅速，然后继续在地中海沿岸拓展建立了希腊化的城镇，形成欧洲城市体系的基础。"希腊化时代的国王和贵族花费巨额钱财把城市变为艺术和设计的橱窗，建筑和装饰的这些显著特色很快就从东方传播到意大利、迦太基和罗马。以网格状来设计街道成为地中海世界的标准，赋予城市空间的秩序感。"[⑧]希腊殖民化城市成为政治和经济中心，公

意大利的锡拉库萨省纹章。

共空间如剧场、市政广场、浴室、带有顶棚的柱廊均是这一历史阶段城市空间构成的要素，城市人口构成也呈现多元化，城市公共空间为城市社会生活的出现提供场所。

殖民化将城镇的模式传递到地中海沿岸，如马赛、亚历山大、艾菲索斯等城市产生，在西西里岛、科嘉西岛、伊比利亚半岛、爱奥尼亚海岸（Ionian Coast）、土耳其伊兹密尔省和克里米亚等地中海和黑海沿岸均发现了希腊模式的城镇和聚居地遗迹，这些历史地区数千年后成为现代意大利、土耳其、突尼斯、法国、埃及和乌克兰等国家的城市。

意大利西西里岛的城市锡拉库萨（Syracuse）拥有 2000 多年历史，在希腊化城市历史中起到举足轻重的中心城市作用，该城市和潘塔立克石墓群被列入《世界遗产名录》。锡拉库萨古城中心保留着奥提伽城（Ortigia）遗址，是一群在公元前 8 世纪由科林斯城（Corinth）移民到此的希腊人修建的，城市中的遗址包括阿波罗神庙、雅典娜神庙、希腊剧场。这座希腊剧场直径 138 米，67 排，8 条通道，可容纳 15000 名观众。古罗马哲学家、政治家西塞罗（Marcus Tullius Cicero，公元前 106—前 43）形容这里是"希腊最伟大、最美丽的城市"；法国艺术家、考古学家和卢浮宫馆长（Vivant Denon，1747–1825）在 1788 年参观西西里后，面对遗址感叹并形容道："尽管帝国不复存在，这里仍是世界最壮丽如画的景观"。潘

城市纹章：欧洲城市制度的徽记

塔立克石墓群（the Rocky Necropolis of Pantalica）是靠近采石场的 5000 多个石刻墓地，大部分修建于公元前 13 世纪至公元前 7 世纪。

出土于意大利锡拉库萨的公元前 4 世纪银币，其中一面是阿瑞图萨女神头像（左），另一面是四马战车图像（右）。

　　锡拉库萨遗址展示了地中海文明在近 3000 年历史长河中各阶段的辉煌，历史印记也表现在锡拉库萨省

纹章上，纹章为绿色盾面，用公元前 415 年—前 405 年的古希腊流通银币（Tetradrachm）作为寓意物，银币上是希腊女神阿瑞图萨（Arethusa）和四马双轮战车（Quadriga）的形象。锡拉库萨省的弗兰科丰泰市（Francofonte），人口 1.3 万，其城市纹章上是罗马式的带有拱券的栈桥和灯塔上演绎圣佐治屠龙的故事，它将古罗马文明与基督

DER AETNA VON CATANIA GESEHEN · UM 1840

C. Reiss del.　　　　I. G. Martini sculps.

意大利西西里岛陶尔米
纳城门。

城市纹章：欧洲城市制度的徽记

教故事结合在一起。大希腊地区和希腊殖民化产生的城镇，其城市纹章图形都充满古希腊和古罗马的气息。

意大利包括西西里的许多沿海城市均诞生于希腊化历史阶段，形成了大希腊区。古罗托纳（Crotono）建立于公元前710年；处于墨西拿海峡的墨西拿（Messina）建立于公元前8世纪；意大利普利亚大区（Puglia）的塔兰托（Taranto）市建立于公元前700年，最初为希腊殖民化的居住地，在公元前550年人口超过罗马城。

塔兰托市、卡塔尼亚市、锡拉库萨市、墨西拿市、陶尔米纳（Taormina）和土耳其西部爱琴海沿岸的伊兹密尔（Izmir）、帕加马（Pergmom）、艾菲索斯（Ephesus）现在还留存着古希腊时期的部分残缺的建筑，是典型的古希腊建筑风格。面对爱奥尼亚海的陶尔米纳保存着较为完好的古希腊、古罗马时期的遗迹，在19世纪一位德国艺术家访问后开始对其进行的大力宣传推介，使陶尔米纳成为旅游城市。1840年绘制的卡塔尼亚风景画表现了海滨风光和火山下的卡塔尼亚城市景观，近景人物是一群艺术家在弹唱。陶尔米纳是卡塔尼亚市旁的一座小镇。

陶尔米纳的古希腊半圆形露天剧场——"希腊剧场"现在还在使用中，是西西里岛上第二大剧场，在现场可以看到保存较好的石头装饰雕花。

目前希腊分为13个大区，325个自治市。区划调整因民族意识、政治家的频繁轮替变更或以改革名义进行。希

意大利西西里岛陶尔米纳的古希腊半圆形露天剧场——"希腊剧场"。

腊本土现在还保留了在古希腊时期发展起来的城市，与欧洲其他城市不同，希腊的多数城市没有采用欧洲传统的盾徽，而是用古希腊时期的象征图像作为城市标记或者是印章形式，城市旗帜和印章的寓意物也多用古希腊留传下来的艺术图像，以此表达对古希腊历史的敬意和缅怀。

现在的希腊城市基本没有使用传统的城市纹章形式，而更多地直接使用古希腊历史艺术图像，如银币上的图形直接引用为城市象征。希腊塞萨利大区（Thessaly）的首府城市拉里萨（Larissa），直接将古希腊露天剧场的景观和公元3世纪有马匹形象的银币结合在一起作为城市标记。希腊罗德市（Rhodes）的城市纹章为公元2世纪的罗德岛银币，币面上为希腊神话赫利俄斯（Helios）的头像。罗德岛的名字在希腊语中为"玫瑰"之意，在银币的另一面使用了玫瑰的平面图形，是地方名字的象征。

ΔΗΜΟΣ ΛΑΡΙΣΑΙΩΝ

公元3世纪有马匹形象的银币用于希腊拉里萨的城市标记。

希腊罗得市的城市纹章。

3. 从尼罗河三角洲到俄罗斯的克里米亚

古希腊殖民化过程不像近代欧洲对世界的殖民化那样充满血腥，但在城市空间模式上却强调希腊城市模式的一致性，许多古希腊城市模式延绵至现在俄罗斯的克里米亚以及尼罗河三角洲。公元前450年左右，爱奥尼亚的普里埃内（Priene Asia Minor）城市布局呈现格状的城市街道形态，它为在山地（Mount Michael）坡地格状道路上如何适应地形进行建造提供了范例，现该遗址处于土耳其的伊兹密尔省。

突尼斯的迦太基市（Carthage）建立于希腊殖民化时期，土耳其帕加马（Pergamon）和以弗所（Ephesus）在罗马时期先后是罗马亚细亚省的省会。离目前土耳其塞尔丘克市（Selcuk）2公里的以弗所，建于公元前10世纪，处于凯斯特古河口，是古希腊时期爱奥尼亚海岸建立的12座城市联盟之一。现留存的古罗马时期的重要建筑遗址是古罗马城市繁荣发展的城市遗迹，包括塞尔苏斯（Celsus）图书馆，动工于117年，完成于135年，塞尔苏斯于115年担任亚细亚省的省长。这是在古罗马时期建设的图书馆，是难得的留存遗迹，它有助于理解古罗马帝国当时的图书馆模式，图书馆的建设在当时还扩展到罗马帝国内的其他城市。建筑采用罗马流行的列柱式结构，入口有象征性雕塑。通过考古挖掘，还整理出建于1世纪、延续使用到7世纪的台地居住区，占地约3000平方米[⑩]。阿斯米斯神庙遗址现在仍吸引大批朝圣者的到来，估计在城市繁荣时期，城市拥有人口3万至5万，是在安那托利亚（Asia Minor，

城市纹章：欧洲城市制度的徽记

土耳其以弗所希腊古代
剧场。

城市纹章：欧洲城市制度的徽记

Anatolia）的第三大城市，列于萨第斯（Sardis）、亚历山大托罗斯（Alexandria Troas）之后。在被列入《世界遗产名录》的评语中写道："以弗所位于曾经的凯斯特古河口，随着海岸线不断延伸，在新地址上建起一系列古希腊、罗马定居点。这里挖掘出罗马帝国时期宏伟的建筑，如赛尔苏斯图书馆和大剧院，以及吸引整个地中海地区朝圣者的著名阿提米斯神庙，整座神庙被称为'世界七大奇迹'之一。公元五世纪以来，距以弗所七公里的圣母玛丽亚终老之地，一座穹顶十字架教堂成为基督教朝圣者的重要膜拜地。内港和海道使以弗所古城成为古罗马海港城市的突出代表。"⑪

2014 年，克里米亚成为国际焦点，但翻开历史长卷，这里是古希腊时期进行希腊化的地区之一。克里米亚共和国国家纹章，红色盾面上核心图形是白色，侧面是站立的格列芬形象，1896 年为地区象征符号。格列芬前爪（forepaw）托着珍珠，盾面上方是太阳的象征，盾徽两旁的柱式是古希腊文化的象征，纹章于 1992 年通过。在克里米亚徽章的绶带上写着"团结促进繁荣"。公元前 5 世纪，在克里米亚半岛建立了克森尼索（Chersonesus）、潘蒂卡普拉姆（Panticapaeum）等希腊化的聚居地，克里米亚半岛上的克森尼索是在这一岛上的最古老居住点，在古希腊发展的高峰时期，地中海沿岸出现众多希腊化的居民点，克里米亚在希腊化时期已经形成居民的聚集地。

克里米亚共和国的纹章和旧首府塞瓦斯托波尔的城徽。

克森尼索逐步形成现代城市塞瓦斯托波尔（Sevastopol），人口40万，为半岛最大的城市，是新的地区首府；潘蒂卡普拉姆的城市范围即现代城市刻赤（Kerch）的范围，人口15万。乌克兰统治年代的首府是辛菲罗波尔（Simferopol）。塞瓦斯托波尔城市纹章上半部分是蓝色盾面上的一只金色蜜蜂，下半部分是红色盾面上的古希腊双耳陶器，也称为基里克斯杯（Kylix），是古希腊的一种浅口大酒杯，采用壁冠冠饰，这些造型均是源自古希腊的传统文化图形。

出土于克里米亚半岛上的斯基泰人（Scythians）所制作的箭盒金饰，精美而富有想象力，主题是希腊人与野蛮人的战斗场面，不规则处是一只鹿被狮子和格列芬咬死。这件精美的工艺品，

佐证了岛上文化与希腊文化的交融。另一件文物是金胸针，制作于公元前4世纪，中央部分刻有两个手捧一件羊毛外套的斯基泰人，这与阿耳戈取金羊毛的故事有关，金羊毛是权威和君主的象征[12]。斯基泰来到这片土地是在公元前，斯基泰王国处于南俄地区，可以与亚历山大大帝抗衡，后来凯尔马特人将斯基泰人取而代之。据相关文件记载，克里米亚还有凯尔马特人（Sarmatians），后来是基斯泰人，再后来鞑靼人统治并居住于此，说明这里是历史上的兵家必争之地，几个世纪下来，没有一个民族彻底消失，从而呈现出民族和文化的多元局面。地缘政治成为地区历史与现实上极为不稳定的因素，在中世纪，蒙古人占领了该地区而成为城市人口主体，1738年沙皇统治这个地区后，大量俄

古希腊箭盒金饰，制作于公元前340—前320年，出土于克里米亚的黑海岸边，藏于纽约大都会博物馆。

城市纹章：欧洲城市制度的徽记

罗斯人迁入。在斯大林时期将大批的鞑靼人驱赶出这个地区，1954年赫鲁晓夫将克里米亚、塞瓦斯托波尔划给乌克兰。

普京在克里姆林宫向上下两院发表讲话时谈到："克里米亚渗透着我们共同的历史与骄傲。这里坐落着古老的古希腊城市克森尼索，正是在这里弗拉基米尔大公接受了洗礼，使得俄罗斯成为一个东正教国家。它的这一精神遗产奠定了俄罗斯、乌克兰和白俄罗斯的共同文化、价值观与文明基础，注定使得我们三国的人民结合在一起。"⑬普京谈到东正教和三国的象征图像在短命的（1918—1919年）克里米亚地区政府的旗帜上可以见到：黑色的双头鹰和蓝色盾徽上的东正教十字架。这个地区使用三种官方语言：俄语、乌克兰语和克里米亚鞑靼语。

弗拉基米尔一世在980年登基，于989年进攻克里米亚，要求拜占庭皇帝巴西尔二世按照承诺将妹妹嫁给他，这是拜占庭皇帝前几年请求军事支持时的条件。大军围困克森尼索斯，终于令拜占庭皇帝屈服，但他要求弗拉基米尔保证改宗基督教⑭。

③ ［英］迪金斯，霍华士著，楚图南译：《地理学发达史》，安徽人民出版社2013年版，第6页。

④ 引自 http://historic-cities.huji.ac.il/france/maseille/maps/braun_hogenberg_11_12_b.jpg

⑤ ［日］盐野七生著，计丽屏译：《罗马人的故事：罗马不是一天建成的》，中信出版社2011年版，第107页。

⑥ ［美］简·德·弗里斯著，朱明译：《欧洲的城市化：1500—1800年》，商务印书馆2015年版，第14页。

⑦ ［美］埃里克.H.克莱因著，林华译：《考古的故事》，中信出版社2018年版，第166页。

⑧ ［美］布赖特·莱瓦克爱华德·缪尔等著，陈恒等译：《西方世界碰撞与转型》，上海人民出版社2013年版，第77页。

⑨ 图片来源：Romantische Ansichten von Stadten und Schlossern der guten alten Zeit. *Malerisches Altes Europa*. Hamburg : Verlages Rolf Muller，1970.

⑩ Peter Scherrer. *Ephesus*：*The New Guide*. Turkey：Eve Yayinlari，2000，p.102.

⑪ http://whc.unesco.org/en/list/1018

⑫ ［美］浦洛基著，曾毅译：《欧洲之门：乌克兰2000年史》，中信出版社2019年版，第9页。

⑬ 北京大学中国与世界研究中心主办：《观察与交流》，第133期，2014年。

⑭ ［美］浦洛基著，曾毅译：《欧洲之门：乌克兰2000年史》，中信出版社2019年版，第48页。

克里米亚蒙古鞑靼人统治时期印章。

① ［美］C.沃伦·霍利斯特，盖伊·迈克林·罗杰斯著，杨扬译：《西方文明之根》，上海锦绣文章出版社2013年版，第84页。

② 何平著：《西方历史编纂学史》，商务印书馆2010年版，第212页。

二、作为中世纪城市根基的罗马帝国军事防御体系

罗马帝国不断地建设新的军事要塞，并将罗马具有城市公共功能的建筑与布局模式推广到欧洲各地。这为欧洲的大部分城市地区奠定了区域的空间布局，建立了最原始的聚居地体系基础。罗马的疆土拓展到罗马军队所能到达之处，通过扩张回报获利的耕地，从西向东延伸3000英里，居民人数约5000万人[①]。城市纹章因城镇而存在，欧洲城市体系的建构离不开古罗马帝国形成的防御体系，而代表着城市符号并融合了古罗马艺术图形的城市纹章也比比皆是。

1. 古罗马的城市管理制度

公元前750年，希腊人开始统治意大利南部，公元前509年，罗马成为共和国，此后古罗马帝国开始建立从罗马通往欧洲乃至中东、非洲的罗马古道，还建立了城市、城堡，在行政上设立由罗马控制的行省，欧洲的城市体系初步形成。在古希腊文明之后，罗马帝国兴起。公元前6世纪，罗马只是台伯河旁的几座小村庄；公元264年，罗马已经控制了整个意大利，挑战地中海各邻国[②]。制定法律治理国家、工程技术得以迅猛发展，这是罗马帝国时期的重要特征。罗马时期的史学家波利比阿（Polybius，公元前204—前122）在其著作《通史》中试图回答这样的命题："通过什么方式和在什么政治制度之下，罗马人在不到五十年之内，将几乎全部人类世界置于其统一管辖之下？"[③]罗马皇帝查士丁尼大帝（Emperor Justinian）在六世纪统治罗马帝国，组织制订的《查士丁尼法典》（Justinian Code）被世人公认为最完整的罗马法典，对欧洲社会的影响深远。

公元前753年，罗穆路斯（Romulus）成为罗马的国王，这一年被认为是罗马建国之始。"罗马建国后，作为第一代国王，罗穆路斯并没有独揽大权，他把国政分成三个机构，分别是国王、元老院和市民大会，并由这三方共同治理罗马。"[④]罗马首位执政官出现在公元前509年，每年都由两人同时担任，并在次年由其他人接任，公元前494年

设立护民官，公元前451年统一了法律体系⑤。尤其是在奥古斯都-屋大维统治时期，建立了共和的地方长官制，其制度有较高的适应性，能够保持地方统治的持久。城市成为地方的行政核心单位，能够保持相对稳定的地方政治制度。罗马法逐渐宽松并且适应不同地区和种类的需求，具有普世人类行为规范的法学体系已经成熟。古罗马的帝国范围辽阔，在意大利之外的地区主要通过皇帝和元老会对行省的省长任命以控制统治的疆域，担任行省的总督需要具备担任执行官和法务官的经历，而执务官和法政官必须为议员，所以总督原则上是元老院的议员。

庞贝于公元前4世纪就开始建城，已经具备城墙防御功能，发展成规模时，居民约有上万人。庞贝的名字在意大利语中为"五"之意，从地名推测，这座城市是由若干小村落联合聚集而成，处于萨尔诺河口，可以将那不勒斯的海上运输转换为内河运输，庞贝因而成为战略要地。公元前80年，罗马人征服庞贝，遵循罗马制度和规范，在议事广场的东南角，建成巴西利卡式的大议事堂，是罗马以外地区最古老的巴西利卡式建筑。在罗马帝国统治前、由萨莫奈人管治时，"梅迪克斯"（Meddikes）是城市进行行政和军事管理的最高官员。在公元前80年后，外交、军事、法律和经济由罗马元老院和罗马行政官掌管，庞贝由市民代表和前任官员组成议会，议会成员由城市各部门的市政官和地方法团选举产生⑥。公元79年，维苏威火山爆发后，人们再也无法回到此地生活。1594年—1600年由于地下水渠的修筑，发现了许多铭文，庞贝古城在1738年才开始挖掘，遗址反映了不同凡响的历史文化意义，它在瞬间毁灭，但保持了原始罗马帝国时期的真实社会生活和城市风貌。

2. 军事要塞和行省的建立

世界考古工作者对古罗马帝国遗址的考古，范围不局限于意大利本土，而是遍及英国、法国、德国、西班牙和欧洲其他地方，还有利比亚、埃及、以色列、黎巴嫩、约旦、叙利亚和中东其他地区，这是由古罗马帝国版图之大、防线之长决定的。防御体系形成了欧洲城市区域体系发展的动力引擎，罗马帝国在奥古斯都（Augustus）推行君主制，但希腊文化的两个优秀品质仍得到传承：公民政治责任和市政自治。"罗马皇帝维护市政自治的延续，不断建立新城市，这点很像希腊化的先驱。城市仍然是文化、经济活动中心。他们把文明传播到广大的区域，促进繁荣，并通过改变当地的语言把其改变成了希腊人和罗马人，同时也把他们变成习惯于市政自治的公民。"⑦在高卢地区，退伍军人聚集成为新城市，里昂建立于公元前43年，是恺撒大帝征服高卢地区后建立的城市，公元前27年高卢地区划分为三个行省。在里昂高卢罗马博物馆馆藏中，克劳狄青铜板特别珍贵，这是克劳狄于公元48年在元老院的演说克劳狄青铜板，制作于1世纪中期，藏于里昂高卢罗马博物馆。

意大利萨莱诺城市的新旧城市纹章。

词铜板，于16世纪发现，记载着作为殖民地的里昂争取与罗马公民同样权利的诉求。

古罗马帝国在意大利建立城池400多座，在政治层面上，将城市分为自治城市（municipia）、殖民城市（colonia）和自由城市（civitate）[8]。意大利萨莱诺城（Salerno）建立于公元前197年，地处意大利第勒尼安海（Tyrrhenian Sea）的萨莱诺湾，是古罗马道路上从军事功能转变贸易功能的节点城市。3世纪后期，该城成为罗马帝国"Lucania and Brutti"行省的省会，9世纪成为萨莱诺公国，萨莱诺主座教堂建立于1086年并保存至今。10世纪，城市出现了世界医学历史上的第一座医学院，但城市地位在12世纪开始下降，15—16世纪被奥斯曼帝国征服。现在使用的城市纹章是16世纪产生的，盾徽上半部分是耶稣的信徒。

古罗马用武力征战欧洲各地，在帝国的边境建立了众多军事要塞，军事防御布局体系影响到今天的欧洲城市城镇体系。这一系列的希腊化殖民城市和军事防御要塞，是当时疆土的边界。王室招募上层社会阶层的人士为官员，安置退伍士兵，建立剧院、图书馆和公共浴室，各类聚居点奠定了欧洲城市的分布基础体系；从当今欧洲城市网络体系中的城市经济和人口分布来看，在中世纪及其后来的发展中，希腊化影响和以罗马军事工事为基础建立的聚居点如果处于贸易体系和线路中的节点或地处沿海岸带，就能继续保持生命力并充满生机，延续古希腊海上贸易的开拓局面，成就城市的繁荣；而缺乏商业贸易和产业支撑且偏离贸易和交通路线的聚居点则迅速衰落。

在军事利益的驱动下，罗马帝国不断征战，扩大统治范围，在图拉真在位时期的117年，疆土扩大至590万平方公里。

罗马大角斗场旁的标示牌显示的是公元98—117年罗马帝国的版图，大角斗场建于公元72年，当时被称为"竞技场"，8世纪后多被称为"大角斗场"。

在古罗马帝国的版图中，将海军基地、城墙的防御体系作了重点标注。在公元125年古罗马帝国的版图中，

城市纹章：欧洲城市制度的徽记

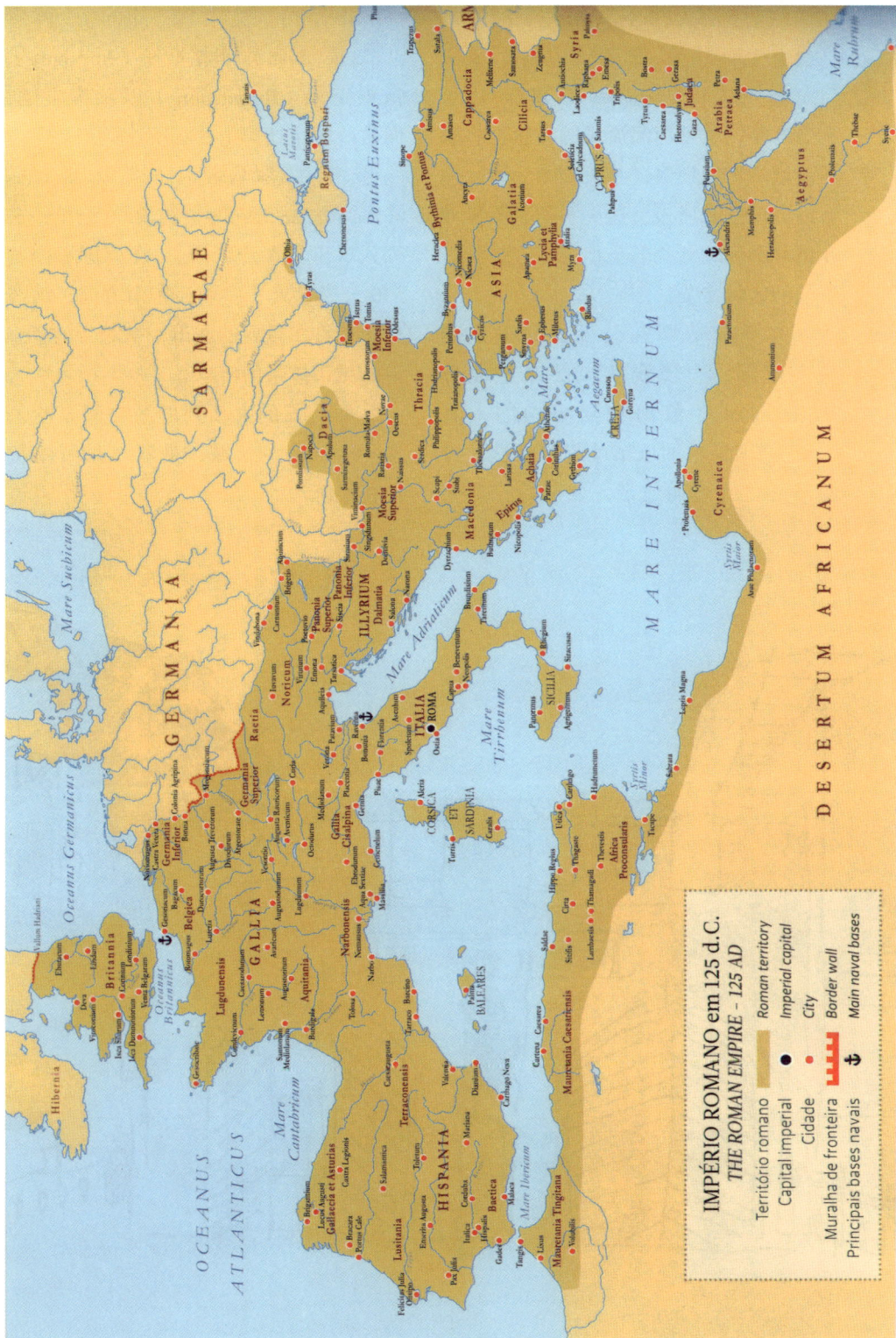

IMPÉRIO ROMANO em 125 d.C.
THE ROMAN EMPIRE - 125 AD

Território romano	Roman territory
Capital imperial	Imperial capital
Cidade	City
Muralha de fronteira	Border wall
Principais bases navais	Main naval bases

古罗马帝国公元 125 年的版图，红色是城墙防御边界，海军基地用锚示意，红点为帝国的城市。

帝国梦想下城市变迁与城市纹章的演变

德国上日耳曼－雷蒂安边墙始建于公元 90 年，后来重建的 Saalburg 罗马哨所入口，位于黑森州巴特洪堡市附近。

北面的防御战线很长，是为了应对日耳曼，上日耳曼－雷蒂安边墙（Upper German-Rhaetian Limes）修建于 83 年到 260 年，从莱茵河流域的波恩至多瑙河流域的雷根斯堡，总长 568 公里，建有许多堡垒和塔楼。这一系列边墙延伸在奥地利和匈牙利的土地上，守护着古罗马的区域文明。

古罗马帝国在公元 2 世纪达到最大范围，边境线从大西洋至北不列颠，北非、红海和黑海均纳入其中。"德国最早的城市就起源于这片古罗马文化的边陲地带，如斯特拉斯堡（Strasbourg）、美因茨（Mainz）、科隆（Cologne, Koln）、奥格斯堡（Augsburg）、雷根斯堡（Regensburg）以及维也纳，而这些城市还都由罗马所建道路连接在一起。"[9] "罗马帝国防线"（Frontiers of the Roman Empire）约 5000 公里，被列入《世界遗产名录》，在德国境内约 550 公里，处于多瑙河东南方向，沿线分布着许多重要的城市，是对帝国梦想下的城市体系的传承。

西北面的大不列颠岛中间是哈德良（Hadrian）长城，是罗马皇帝哈德良在他统治的 122—125 年下令建设的。

哈德良长城总长118公里，厚2.3米至2.9米，高约4.6米，每隔约一英里建有塔楼，称为"里堡"（Mile castle），全线建有十几座大型堡垒供巡逻士兵休息住宿。在不列颠岛上修筑防御工事，是为了防止外敌入侵罗马帝国。"经过多次大战后，他（罗马帝国皇帝塞维鲁，公元2世纪）认为应当将他从尚未征服的国家收回的部分岛屿分隔开来，而所用的不是有些人想象的城墙，而是堡垒。城墙由石块建造，而壁垒是用泥土建起类似城墙的土堆，前面挖空的土壤形成壕沟，上方有粗壮的木桩，这样的壁垒用于加固军营抵御敌军侵扰。"[⑩]安东尼长城（Antonine Wall）是公元142年由罗马皇帝安东尼下令修建的，长60公里。

东尼城墙共同构成罗马帝国的边界（Frontiers of the Rome Empire），并被列入《世界遗产名录》。现在城墙一侧开辟了一条135公里长的步行游览路线，连接着埃布里亚郡（Cumbria）西北部的小镇和泰恩-威尔郡（Tyne and Wear）的沃尔森德（Wallsend），为英国国家游径。1965年建立的奔宁步径（Pennine Way）共268英里，是第一条徒步游径。英国徒步游径系统的标志使用古罗马建筑装饰常用的图形"橡子"（Acorn），这也是罗马建筑经常使用的符号，在凯尔特和斯堪的纳维亚的艺术图形中经常出现，证明了古罗马的历史与大不列颠文化遗产的紧密关系。

哈德良长城和安东尼长城的位置图。

NATIONAL TRAILS

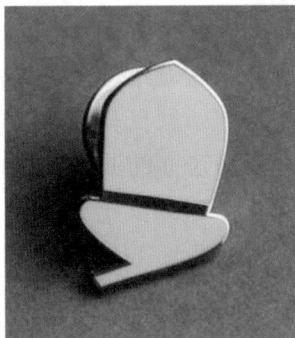

英国国家徒步游径的标志使用橡子的造型。

英国于19世纪开始对哈德良长城进行考古，这段城墙和苏格兰的安

英国的游览路径还包括14000英里的自行车游径，部分国家徒步游径是重复的，连接着城市和乡村，不仅提供休闲的旅游旅程，也是城乡间学生上学的安全路径，还是上班一族的绿色交通出行通勤的通道。优美的风光吸引了大量的游客前来，英国这一自行车网络

每年在节假日产生旅游收入数亿英镑，创造了上万个就业岗位。

索罗维尔的布维尼斯（Bowness-on-Solway）处于哈德良长城的最西端，是在古罗马帝国的堡垒基础上建立的小村落；索罗维尔海峡（Solway Firth）分隔开苏格兰和英格兰，沃尔森德是最东端的堡垒形成的城镇，在罗马建立的堡垒遗址上，现在建立了博物馆和瞭望台。埃布里亚郡（Cumbria）和北泰恩赛德（North Tyneside）区的纹章中都包含着哈德良长城的城墙图形，前者在纹章盾徽底座以城墙的形式出现，后者是将城墙作为盾面寓意物的一部分，突出表现了哈德良长城文化遗产的地理位置。沿着哈德良长城内外，在后来的数世纪发展起来一系列城镇，这一地区发展起来的最大的城市是纽卡斯尔（Newcastle）和卡尔斯（Carlisle），哈德良长城就在城市的郊外通过，城市的起源均与哈德良长城建立的堡垒有关。在罗马建立的城墙和城堡基础上，12世纪威廉二世建立了卡尔斯城堡（Carlisle catle），1133年城市从主教手中获得城市地位，工业革命因纺织

英国埃布里亚郡（左）和北泰恩赛德区（右）的纹章。

业得到充分的发展，现在城市是埃布里亚郡的中心城市。

公元前237年和公元前247年，古罗马帝国在撒丁岛和西西里岛分别建立了行省，从某种意义上这是开创了一种行省自治的模式。古罗马的拉埃提亚省（Raetia，现在的德国、瑞典和奥地利部分地区）和诺里库姆省（Noricum，现在的奥地利和斯洛文尼亚部分地区）、卢西坦尼亚（Lusitania，现在西班牙的埃斯特雷马杜拉自治区）行省、阿拉伯佩特拉（Arabia Petraea，现在约旦地区）行省都是古罗马帝国控制下的重要行省。"罗马帝国在其鼎盛时期，控制了地中海和其余已知地区，从哈德良长城到幼发拉底河。超过六十万人的军队驻扎在帝国的119个省内，3万公职人员在国外管理事务。"[12] 亚历山大大帝及他的继承者共建立了70个城市，这些城市不仅具有军事要塞功能，还逐步成为文化中心。古罗马从军事征服至社会管理，对中心城市的作用高度重视，新的城市生活形态成为社会变革的重要结果，城市建造模式也引用了古罗马城市网格规划和公共设施的配套类型。

"罗马国家分为四大区域：一是从阿尔卑斯山脉到墨西拿海峡（Stretto di Messina）的意大利本土。二是元老院任命总督的行省，史称'元老院行省'。三是奥古斯都直接统治的行省，史称'皇帝行省'。四是由于特殊国情，属于征服者奥古斯都私人的埃及。"[13] 皇帝行省为奥古斯都直接管辖，包括伊比利亚半岛西部、高卢地区、伊利里亚

（现在的斯洛伐克和克罗地亚）、叙利亚（包括现在的叙利亚和黎巴嫩）和西里西亚（Cilicia，现在土耳其的塔尔苏斯就是当时的中心）⑭。

部分古罗马行省的设立是为了帝国的防御能力而设置的，在奥古斯都统治时期不是以扩张为目的，更多考虑的是帝国的安全防御。多瑙河防线的伊利里亚省的建立，赋予总督军事指挥权。从军事要塞演变成为城市，这基本上是古罗马城市的发展演变路径。德国巴伐利亚州的奥格斯堡市是在公元前15年和公元79年在罗马帝国建立的兵营基础上发展起来的，在公元前15年，罗马帝国在此建立了兵营，大概在公元170年，日耳曼部落开始攻击罗马人，逐渐占领了大部分地区；西班牙的托莱多在古罗马时期是伊比利亚半岛罗马行省的商业和行政中心；布达佩斯是在公元89年罗马帝国建立的城堡阿奎库基础上兴旺发展起来的；巴黎是罗马人在公元前52年征服的一个凯尔特高卢部落，于公元356年开始建设军事要塞而形成的城市；西班牙萨拉戈萨是公元前25年建立的奥古斯都城；其他多国城市如奥斯塔、乌迪内、莱斯特、德比、诺丁汉等在历史上都是古罗马帝国的军事要塞。莱斯特在公元前1世纪由一支罗马帝国军队沿着古罗马道路福西古道（The Fosse Way）和苏尔河（River Soar）的交汇点建立战略堡垒后开始发展，后来科利尔塔人（Coritani）选择此地为聚居地，这里逐渐形成了市场以至后来成为主教的统治领地。

3. 地中海岸线的征服

埃及的亚历山大市是公元前334年建立的，是古罗马帝国重要的海军基地，它试图利用更加靠近地中海和尼罗河三角洲出海口的港口条件成为新的政治中心。埃及亚历山大港是托密勒王朝的首都，在埃及和地中海的政治统治上的管理地位显赫，孟菲斯因亚历山大城的崛起而地位下降。至今我们仍能感受到城市昔日的繁华，亚历山大大帝通过建立城市将商业的主导权控制在手，修建了亚历山大港将地中海变成希腊人的"里海"，亚历山大城市人口曾经达到百万。公元2世纪，托密勒将前人的海图和地理知识汇集起来，在亚历山大港图书馆阅遍诸多资料，《天文学大成》《地理学》等著作均是产生于这座伟大的城市，他以鸟瞰的视角、利用经纬线进行定位的《托密勒世界地图》影响着世界上千年。亚历山大城同时采用了希腊城邦的城市组织机构，建立了公民议会、立法会议及地方行政长官制度。地中海沿岸的许多城镇是同一历史时期建立的，土耳其第三大城市伊兹密尔是希腊殖民化的产物。

在城市里还可以找到罗马时期残留的柱式。而在当时建立的图书馆旧址上，亚历山大市新图书馆重新建立起来，希腊化或希腊殖民化与近代欧洲国家对殖民地的掠夺与扩张不同，它有不同的含义和方式，古希腊时期更多地侧重文化的传播，包括以建造城市的方式，促成城市制度的建立。古希腊和

埃及亚历山大城市纹章。

亚历山大港。

古罗马文化的影响在地中海沿岸延续至今。

古罗马时期的亚历山大港灯塔（Lighthouse of Alexandria）现在不存在了，但灯塔仍是现在亚历山大的众多公共机构喜爱采用的历史图案主题，在亚历山大大学校徽上、亚历山大的城市纹章和城市旗帜均使用这一象征符号，以缅怀古罗马建造技术的辉煌。亚历山大灯塔成为城市的标志建筑，因法罗斯灯塔是建在法罗斯岛上（Pharos）而得名，该灯塔始建于公元前300年，在数世纪中保持世界上最高人工构筑物的纪录。历代统治者不断加建，但在956年的地震后彻底倒塌。后来世界各地建立的不少灯塔都参考此塔名进行命名。这座灯塔的外形雄伟、第一层和第二层为八角形状，第三层为圆柱形设计，这是建筑史上的一次重大革新。灯塔修建有屋顶，因而在一定程度上可以防止雨水和风暴的侵袭。可惜灯塔已毁，现在部分构件沉入地中海，联合国教科文组织

城市纹章：欧洲城市制度的徽记

曾经组织过水下考古，以探寻、打捞灯塔构件。

  亚历山大港在古罗马时期得到较全面的发展，城市标记是 1901 年建造的灯塔。在亚历山大城内保留着许多古罗马繁盛时期的历史遗址。"庞贝柱"（Pompey's Pillar）是公元 297 年所建的庆祝战争胜利的纪念柱，高 30 米，材质为红色大理石，原为神殿的一部分，称为庞贝柱，实际上与庞贝城没有任何联系。

亚历山大城市旗帜和埃及亚历山大大学的校徽。

  公元前 3 世纪所建的亚历山大皇家图书馆是当时世界上最大的图书馆，这里曾是阿基米德研究数学的地方，

帝国梦想下城市变迁与城市纹章的演变

世界地图在这里绘制，许多手稿从世界各地运送至此收藏，《地理学》的作者埃拉托斯特尼是当时亚历山大图书馆的管理员，其著作的形成充分利用了馆藏文献。公元641年，阿拉伯人攻陷亚历山大城，这一世界级文化设施被夷为平地。在废墟旁边，2002年新亚历山大图书馆开放，成为地中海的一处新文化中心。

罗马帝国在奥古斯都时期拓展至叙利亚并建立行省，叙利亚行省范围涵盖现在的叙利亚、黎巴嫩和土耳其东南部，阿拉伯文化和罗马文化在此交融，叙利亚行省首府建立于安提阿（Antioch），罗马帝国版图的扩大有利于贸易往来，商路沿途的城镇得到发

埃及亚历山大古罗马时期的遗迹"庞贝柱"。

城市纹章：欧洲城市制度的徽记

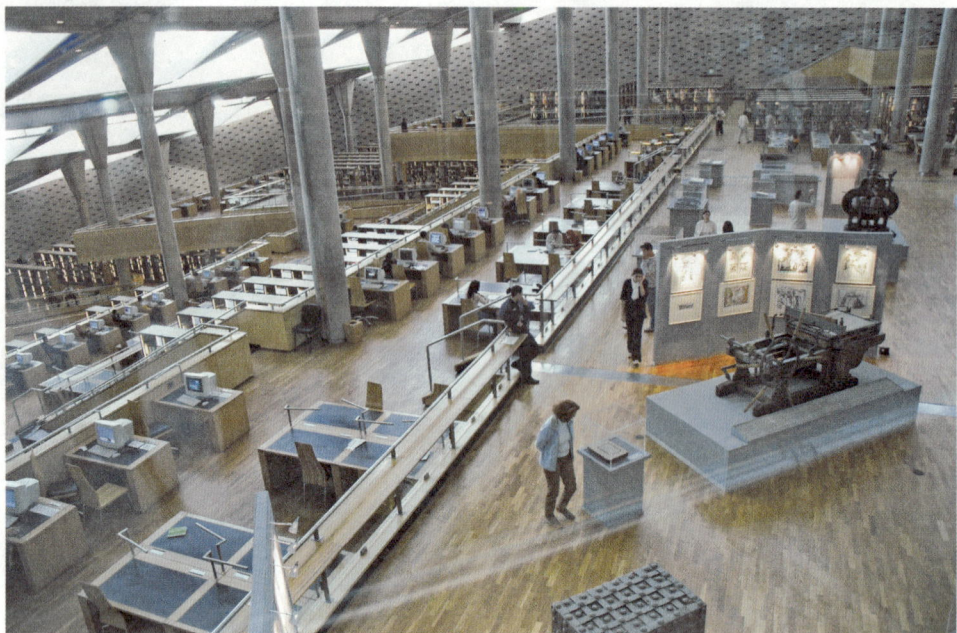

展。约旦佩特拉城（Petra）在红海和死海之间，处于阿拉伯、埃及、叙利亚腓尼基之间的交通要塞。公元前古纳巴泰（Nabataean）部落，其居民也称闪米特（Semitic）人，开始在此地建立城市，使之持续 500 年的繁荣，罗马人 2 世纪到此。4 世纪中期和 6 世纪的两次地震，摧毁了佩特拉的大部分建筑。遗址列入《世界遗产名录》的评语写道："这是世界最著名的考古遗址之一，古希腊建筑与东方传统在这里交汇相融。"在巨大的岩石上凿出古希腊和古罗马的建筑型制。由于此地是中国丝绸之路和印度香料之路交汇点，也是从近东通往地中海必经之路，所以在古代贸易发达，闪米特人的沙漠商队在此建立了聚居点。公元 106 年，图拉真皇帝征服了纳巴泰王国，成立佩特拉阿拉伯（Arabia Petraea）行省，佩特拉在古罗马帝国版图中成为帝国的一座城市。佩特拉王宫和墓地在红砂岩峭壁上采用半开凿的建造方式建造，良好的排水系统科学地安排在石壁上。626 年，阿拉伯人占领了城市，十字军又在 12 世纪占领此地。

7 世纪后，这一遗址基本为世人所遗忘，直到 1812 年，约翰·布尔克哈特（Johann Burckhardt）作为一名瑞士考古学家途经此地，遗址才重新引起世人关注。1929 年考古工作开始并一直延续至今，过程中发现了巨大的蓄水池、"飞狮神殿"、6 世纪的教堂、室内精美的壁画和有希腊文的莎草纸卷等。

佩特拉古城。

4. 贸易体系对后罗马帝国城市兴衰的影响

19 世纪后半叶，中世纪欧洲城市的起源研究成为史学界讨论的热点，涉及对城市管理制度和法权产生的探讨，这类研究成为制度史学术研究的重要内容。

2 世纪末，古罗马帝国开始衰落，但城市的大规模建设并未止步，里昂在罗马时期称为卢格杜努姆，公元前 1 世纪末建立了 200 公里长的引水渠，现在这些古罗马文明的遗迹依然留下部分残体，在卢瓦尔省和罗纳省等开阔的田野、山谷中，可以看到称为"吉尔引水渠"的工程遗产。公元 330 年，君士坦丁移都，以自己名字命名新都为君士坦丁堡，仿效罗马城的 7 个山丘将城市划分为 7 个区。帝国后来又分离为东西罗马，公元 6 世纪帝国彻底瓦解，延续了1050 年的制度就此烟消云散。罗马帝国后来开始撤离军队，停止行政管理，部分城市的公共管理机构被废弃，道路和城市缺乏维护和修缮而凋落，欧洲城市衰落由此开始。

在古罗马时期建立起来的兵营后

来逐步发展为聚集地再继而发展为城市，有些至今还保持活力。今天的马赛、乌得勒支、马尔默、尼斯、里昂、亚历山大港、那不勒斯等城市均是希腊殖民化进行海上贸易设立贸易站和罗马军事扩张的军事要塞的产物，城市文化和经济繁荣依然。它们仍为重要的城市，很大的原因是这一系列城市拥有港口或者在近代有铁路等交通设施引领城市所以仍处于贸易体系之中。

梅里达、布鲁诺、索菲亚（保加利亚首都，第二高海拔的城市）、普罗夫迪夫（Plovdiv）等尽管有辉煌的历史，但在后期偏离了贸易路路线，面临不景气的现状而需要振兴。许多由罗马帝国建立起来的城镇，随着罗马帝国的衰落或者因宗教战争、贸易路线的偏离而逐渐变为废墟，如处于红海和死海之间的约旦佩特拉城、叙利亚沙漠上的帕尔米拉（Palmyra）等。帕尔米拉在公元1世纪成为古罗马帝国版图中的城市，处于大马士革的东北方，随着古丝路贸易的繁荣而得到发展，公元1至3世纪，多种文化在此交汇，产生了丰富的建筑艺术，但建筑在公元1400年完全被毁。1980年遗址发掘的残存建筑物体现了古罗马与波斯文明的结合，纪念性建筑被列入《世界遗产名录》。

在意大利新的行政体系中形成的纹章，有着古罗马帝国产生的元老院等制度元素，浓缩在S.P.Q.S这一数千年不变的简写中，也留存于行政机构的纹章中，罗马城市纹章盾面上最为古老的标记S.P.Q.R，来自Senatus，Populus，Que，Romanus四个词的首字母，意味着权力来自人民，反映了古罗马社会的公共政治理念，最早出现在公元前80年。"元老院以及罗马市民"的理想在1000多年后依然刻印在罗马的城市纹章上。

在拉齐奥（Lazio）大区、列蒂省（Rieti）的纹章中均可以看到S.P.Q.S的印记。由古罗马帝国建立的行省制度，建立了众多的城镇，为中世纪欧洲城市化埋下种子。城市纹章是因城市而生，意大利本土的城市纹章也充满着对古罗马历史的敬意，在拉齐奥大区纹章中也出现了S.P.Q.S四个字母，曼托瓦（Mantua）是在北部文化重镇伊特鲁里亚最早出现的居住地之一，城市纹章盾面是红色十字架，其中左上分区有着古罗马时期服装的人物半身像，这是纪念在城市旁边的村庄维尔吉廖（Virgilio）出生的古罗马诗人维吉尔（Virgil，公元前70—前19），《牧歌集》是这位古罗马时期公认最伟大诗人的代表作，维尔吉廖的城市纹章也是以维吉尔的形象为盾面寓意物。

拉齐奥大区（左）和曼托瓦城市纹章（右）。

德国巴登-符腾堡州魏尔德尔斯塔特在13世纪就成为神圣罗马帝国的自

由城市，城市纹章三分区，其中一分区包含着 S.P.Q.R 的古罗马的精神象征字母，另两分区是圣彼得交叉钥匙的基督教图形和黑鹰的帝国标志。

德国魏尔德尔斯塔特的城市纹章（左）和西班牙埃斯特雷马杜拉自治区的巴达霍斯省梅里达市城市纹章（右）。

古罗马军队在伊比利亚半岛修建了大量道路，基本形成交通网络，其西面一直抵达现在的葡萄牙波尔图。西班牙西部的埃斯特雷马杜拉自治区（Extremadurea）的巴达霍斯省梅里达（Merida），在古罗马时期已经是卢西坦尼亚（Lusitania）行省的省会城市（Augusta Emerita），在古罗马时以这座城市为中心形成了放射状道路系统，可见其战略中心地位，行省的范围包括现埃斯特雷马杜拉自治区巴达霍斯省（Badajoz）和卡塞雷斯省（Cáceres）以及葡萄牙现在的大部分地区，城市建立于公元前25年，行省起于公元前27年，至891年结束。现城区中有多处古罗马遗址，并以"梅里达考古群"之名列入《世界遗产名录》。古罗马引水渠经过梅里达市，该市是西班牙拥有古罗马遗迹最多的城市，有5万多居民。梅里达市城市纹章将古罗马建筑遗产反映在盾面上，现在纹章的中心图形是城堡城门，古罗马时期拱门（Roman Provincial

Forum）的残存构件结合在城门之中，这一建筑遗址实际上是存在的，是被列入保护名录的遗址之一。有关评语写道："今天位于埃斯特雷马杜拉的梅里达是公元前西班牙战役结束后建立的，当时是罗马皇帝奥古斯都的殖民地，也是卢西塔尼亚的首府。梅里达城是古罗马帝国时期及后来很长一段时间内外省首府建设的杰出典范。"卢西塔尼亚是古罗马时期对这一历史地区的称呼，该地不仅在这一历史时期创造了欧洲城市体系的基本框架，为希腊和罗马留下了视觉图形范式，也留下艺术和制度的图像依据，在现在使用的城市纹章中凝聚着文明的成果。

从埃斯特雷马杜拉自治区的纹章到梅里达市的城市纹章中，可以看出对古罗马所创造的文明成果的敬重之意。自治区的纹章盾面是巴达霍斯省另一座省会城市巴达霍斯市（Badajoz）城市纹章上的海格力斯柱图形，这是古希腊、古罗马神话中的英雄海格力斯（Heracles）的图形象征。卡塞雷斯省的省会城市是卡塞雷斯市（Cáceres），城市人口为9万多，建立于公元前25年，城市由于建筑具有古罗马、摩尔

西班牙卡塞雷斯市（左）、巴达霍斯市（中）和埃斯特雷马杜拉自治区的纹章（右）。

人、北哥特人和文艺复兴时期的特色，在1986年被列入《世界遗产名录》。

———————————

① ［美］C.沃伦·霍利斯特，盖伊·迈克林·罗杰斯著，杨扬译：《西方文明之根》，上海锦绣文章出版社2013年版，第189页。

② ［英］杰弗里·帕克著，石衡潭译：《城邦：从古希腊到当代》，山东画报出版社2007年版，第36页。

③ 何平著：《西方历史编纂学史》，商务印书馆2010年版，第20页。

④ ［日］盐野七生著，计丽屏译：《罗马人的故事：罗马不是一天建成的》，中信出版社2011年版，第30页。

⑤ ［美］詹姆斯·奥唐奈著，夏洞奇等译：《新罗马帝国衰亡史》，中信出版社2013年版，第22页。

⑥ ［德］阿尔布雷希特·迪勒：《城市与帝国》，收录于《构想帝国：古代中国与古罗马比较研究》，［德］穆启乐主编，上海：复旦大学出版社，2013年，第19页。

⑦ ［英］彼得·克拉克著，宋一然等译：《欧洲城镇史400—2000年》，商务印书馆2015年版，第16页。

⑧ ［德］罗伯特·科尔著，欧阳林等译：《周末读完德国史》上海交通大学出版社2012年版，第8页。

⑨ ［美］玛丽莲·斯托克斯塔德著，林盛译：《中世纪的城堡》，上海社会科学院出版社2013年版，第135页。

⑩ 约翰·里德著，郝笑丛译：《城市》清华大学出版社2010年版，第77页。

⑪ ［日］盐野七生著，徐越译：《罗马人的故事：罗马统治下的和平》，中信出版社2012年版，第44页。

⑫ 土耳其的塔尔苏斯（Tarsus）是一座20多万人口的城市，传说这里是圣保罗（Paul the Apostle）出生地。

⑬ ［德］埃米尔·路德维希著，马莎等译：《地中海》，希望出版社2007年版，第67页。

⑭ ［英］西蒙·加菲尔德著，段铁铮等译：《地图之上：追溯世界原貌》，电子工业出版社2017年版，第7页。

三、神圣罗马帝国的城市

君士坦丁大帝（Constantine the Great，274-337）将基督教确定为罗马帝国国教，法兰克与罗马建立同盟，罗马人成功地在日耳曼人中传播基督教，这一系列因素成为神圣罗马帝国建立的基础。历史学家罗伯特·科尔描绘了这幕场景："公元800年的圣诞节，查理身着罗马贵族服饰在罗马圣彼得大教堂做弥撒。教皇利奥三世端坐在主教宝座上，在众人朗诵福音书的声音中，查理在高台上跪地祈祷。利奥走到他跟前，将恺撒的王冠戴在查理头上，并向他深深地鞠躬。"[①] 这一历史场景象征着神圣罗马帝国（Holy Roman Empire）的统治将延续千年之久。在9世纪成书的《法兰克王室年代记》是这样记载的："在圣诞节这一最为神圣的日子里，国王来到使徒圣彼得的灵位前祈祷，然后起身准备参加弥撒仪式。就在这个时候，利奥教皇将一顶皇冠戴到国王的头上，在场的所有罗马人向国王群起欢呼：'庄重威严的查理，您的皇冠乃上帝所赐，您是伟大的罗马人皇帝。祝您万寿无疆，永胜无敌！'，教皇仿效古代皇帝之仪式向他致辞。"[②] 从官方记载中，似乎查理国王没有准备就任，实际上法兰克王国向帝国转变靠的是强大的武力，此皇位就是血战的目标，到罗马只是为了加上了宗教的面纱。

依靠宗教力量建立起来的神圣罗马帝国不断强大，但是教皇和帝王的权力在后期各历史发展阶段中不断地角力，教廷需要强大的帝国支持以强调教廷自己被认可的权威。13世纪中叶，确定了7位选帝侯，分别为美因茨、科隆和特里尔主教，巴拉丁奈特（Palatinate）、萨克森、勃兰登堡和波希米亚的世俗统治者，1623年是巴伐利亚，1692年是汉诺威、巴登、黑森-卡塞尔（Hesse-Kassel）、符腾堡（Württemburg），最后是1803年萨尔茨堡加入了这一方阵中，采取的是选举君主制，范围涉及现在的意大利、德国、卢森堡、荷兰、列支敦士登、摩洛哥、奥地利、克罗地亚、比利时等国家。中世纪的德国城市就是在领主、边疆爵、公爵、伯爵、主教和修道院院长统治的领地中产生，形成了城市体系的雏形。皇帝的居住地在不同历史时期是不断变化的，在15世纪，罗马帝国皇帝选择的居住城市主要是维也纳、布拉格和因斯布鲁克等。

城市纹章：欧洲城市制度的徽记

1. 从古罗马兵营到帝王之城

长期以来罗马帝国将莱茵河和多瑙河作为古罗马帝国的天然防御屏障，奥古斯都时期将防线从莱茵河推至易北河。处于多瑙河的雷根斯堡是那个时期建造最早的沿河防御工事之一，公元80年在该地的山上建立了一个小哨所，后来建成了兵营式的城堡。公元179年罗马帝国建立的"靠近河边的兵营"，就是雷根斯堡城市名字的起源。有的罗马士兵离开军队后留在本地成家立业，他们成为罗马自由公民，于是在城堡周边开始有了作坊、店铺。神圣罗马帝国崩溃后，法兰克人于6世纪开始统治雷根斯堡，现在城市保持着各历史时期的历史建筑，印证了城市历史，目前城市还保留着部分古罗马城墙。

德国巴伐利亚州的雷根斯堡（Regensburg）被列入《世界遗产名录》，雷根斯堡市在古罗马时期的城墙是遗产的重要组成部分。公元前15年，古罗马军队征服了这一地区，这是一座从古罗马帝国的边境军事要塞演变而成的城市。雷根斯堡于739年产生第一位主教，920年巴伐利亚公爵扩大城墙范围，发展至今的城市仍保持着传统典型的城市样式。神圣罗马帝国的帝国议会（Imperial assemblies）是重要的议政会议，1663年后长期在雷根斯堡举行。由于靠近帝国的边界，城市地位相对独立，而且离皇帝常居住的城市维也纳、布拉格距离较近，皇帝与各领主在讨论征伐的军费分摊时，讨价还价有地

理之优势[③]。帝国议会（Perpetual Diet of Regensburg）在市政厅举行，从1663年开始，各王国派大使参会，一直将此作为举办地，1806年罗马帝国的最后一次会议在此举行，成为宣布帝国终结的地方。但这一议会模式在今天被认为是欧盟的先驱而具有特殊的历史价值。

德国的雷根斯堡也被称为帝王城市，在中世纪，第一个巴伐利亚公爵加里巴尔德一世（Garibald I of Bavaria）于555年统治了这个地区[④]。在7世纪，法兰克（Frankish）王国在欧洲是强大且稳定的，它的领土范围包括了德国大部分地区和法国少部分地区。该国在加洛林王朝的查理大帝（Charlemagne）统治时期达到巅峰，791年查理国王在雷根斯堡集结军队，沿多瑙河对阿瓦尔人发起进攻，军势直逼拉布河（Rába）及匈牙利边境并大获全胜。查理国王凯旋雷根斯堡，庆祝圣诞节[⑤]。此后数年，多个王国臣服法兰克王国，800年8月，查理国王远征意大利，在罗马被教皇利奥加冕为"罗马人的皇帝"，814年1月28日，查理在亚琛过冬时去世。路易在法兰克人的支持下，继承父亲的皇位，将两位王子罗退尔（Lothair）和丕平（Pepin）派往巴伐利亚和亚奎丹主政一方[⑥]。

后来东法兰克国王亨利之子奥托一世（Otto I，936–973年在位）继承王位并被封为"罗马皇帝"，奥托一世去世后，市民集资制作雕像纪念这位皇帝，雕塑突破了传统雕塑大多采用教堂为装饰构件的做法，独立成为完整的纪

念雕塑。帝国当时没有首都，雷根斯堡成为神圣罗马帝国举足轻重的城市，从1594年开始，又成为帝国议会举行的所在地和巴伐利亚的首府。这里也是古老的天主教教区，是巴伐利亚四个最古老的主教区之一，东法兰克福多位主教葬于此。

德国雷根斯堡城市纹章。

1147年和1189年的两次十字军东征均在雷根斯堡出发，它处于十字军东征的贸易路线上，城市在中欧和东欧之间扮演重要的纽带作用，与意大利北部城市特别是威尼斯保持紧密联系。1207年雷根斯堡成为帝国自由城市，1245年被赋予城市自治权，在13世纪中期建立了市政厅，有了为代表市民而选举出来的市议会的城市自治制度。雷根斯堡城徽中心图形是圣保罗的圣物钥匙，因为城市的守护神是圣保罗，所以这一图形在13世纪出现在纹章上。

城市的政治权力结构产生变化：以商人为代表的市议会需要巧妙地与公爵、主教和皇帝等各阶层的权力抗衡。最初，城市的两大类型建筑是城堡和教堂，随着市政厅的出现，城市形成由三类中心空间主宰的城市形态。神圣罗马帝国随着日耳曼东进的战略，逐渐形成了中世纪后期的城市化，市政厅制度的建立促进了城市纹章的广泛运用。

德国雷根斯堡1663—1806年的市政厅，1644年制作，左上角是城市的纹章⑦。

城市纹章：欧洲城市制度的徽记

德国雷根斯堡圣彼得教堂外景。

雷根斯堡城门上巴伐利亚公爵的纹章装饰。

　　城市中各种政治力量在过去的几百年间相互利用和角力。1514年，雷根斯堡城市宪章有所修改，分为内外市议会并保持到19世纪。雷根斯堡从15世纪开始，落后于纽伦堡、奥根斯堡和乌尔姆几个城市。16—18世纪在城市中出现了新教与传统天主教之间的争斗，最后还是天主教占上风，争斗导致人口从8万锐减到1.8万。19世纪，城市逐步恢复生机，1878年为满足城市扩张，中世纪建立的城墙开始被拆除，城市人口从1871年的2.9万增加到1914年时的5.3万，第二次世界大战结束后，人口为14.7万。

　　《世界遗产名录》的推介词写道："这座中世纪城市里有许多杰出建筑，见证了雷根斯堡作为贸易中心的历史，也见证了这座城市9世纪时对这一地区所产生的影响。"城市最具有历史价值的建筑是11—13世纪的历史建筑，如圣彼得教堂。圣彼得天主教堂建于1273年，高105米，是德国南部哥特式的代表性宗教建筑。教堂中可以看到各类的纹章装饰，包括立面、教堂内的

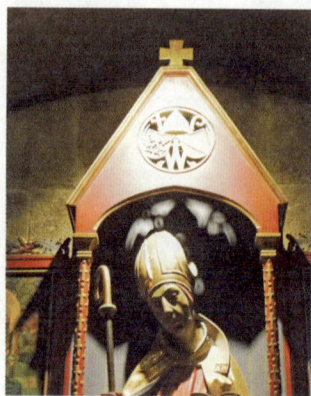

城市纹章：欧洲城市制度的徽记

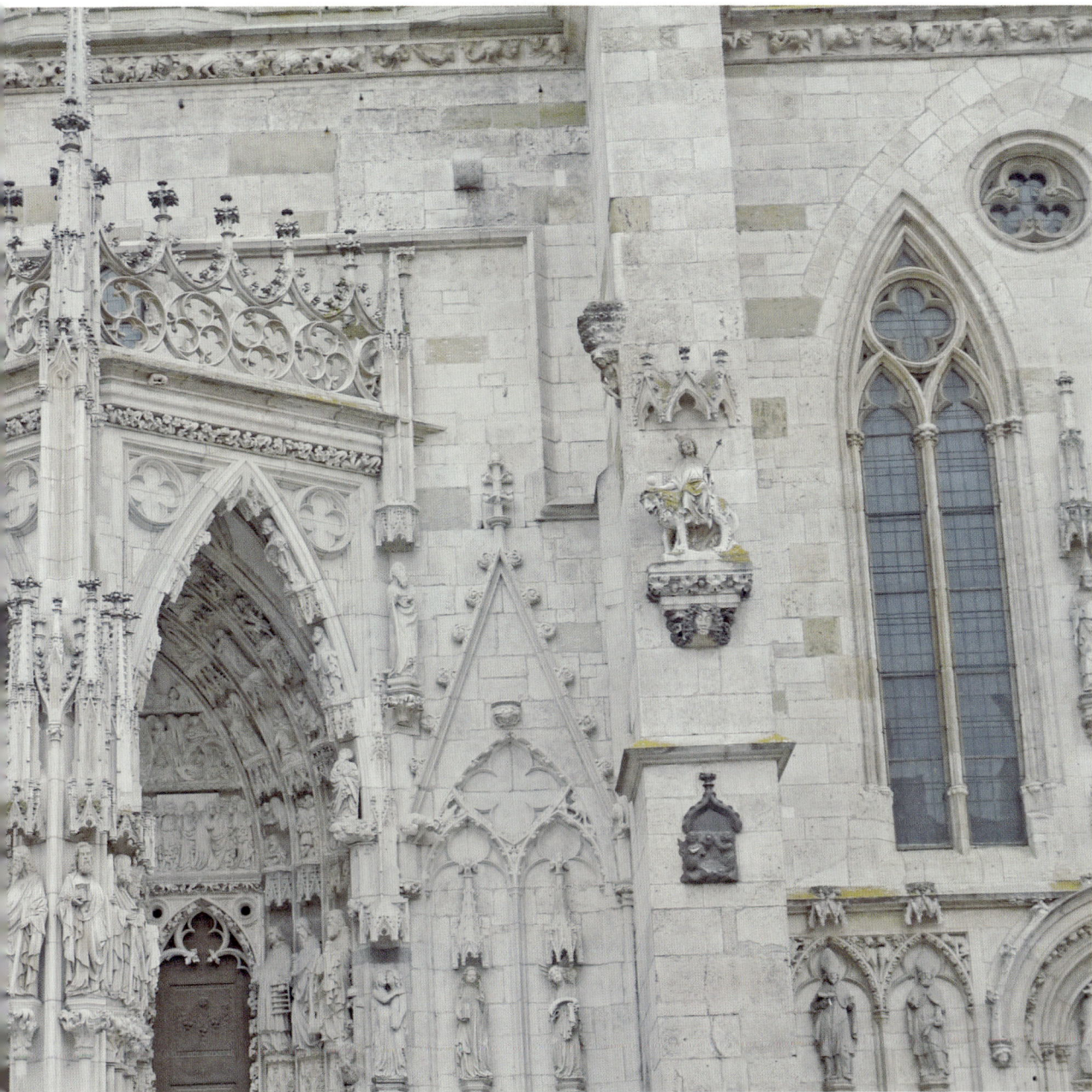

雷根斯堡圣彼得大教堂，充分展示立体和透视效果的教堂入口和室内带有城市纹章和主教纹章的神龛。

墓碑、各种圣器等。

1730 年绘制的雷根斯堡全景图，其中的石桥是 12 世纪建造的，现在仍然是城市的观光点之一。

2. 帝国自由城市

1353 年，来自波希米亚的神圣罗马皇帝查理四世（1316—1378）在纽伦堡帝国会议结束后颁布了金玺诏书，确定了神圣罗马帝国的若干具有划时代意义的事项，选举地为法兰克福，亚琛为举行加冕礼之地，明确了 7 个选帝侯，美因茨、特里尔、科隆三大主教，波希米亚国王，莱茵河的巴丁奈特伯爵、萨克森公爵和勃兰登堡的边地伯爵。教皇无权支持和反对选举结果，这一规定巩固了各亲王的统治力，"城市也因此而权力尽丧。公会被解散，城市同盟被禁止，在城市内无固定居所的农村人也不受城市法的保护。"⑨

在神圣罗马帝国中，13 世纪至 14 世纪出现了比较普遍的"帝国自由城市"（Imperiral Free city）概念，这是现代行政区划概念的起源。帝国自由城市可以不受领地内贵族管辖，因其直辖于神圣罗马帝国皇帝而拥有最高司法权。一般主教所在的城市，可以派代表参加罗马帝国的会议，包括纽伦堡、拉芬斯堡、雷根斯堡、汉堡、吕贝克等城市，这类城市从主教的管理或者贵族领主中摆脱出来，拥有相对的自主性，但领地的名义基本不变。自由城市的权利是能够在神圣罗马帝国议会获得席位和投票权，但纳税和派兵是必须履行的义务。

在 16 世纪，欧洲的主要大城市还是在罗马帝国统治时期发展和建设起来的。在莱茵河和多瑙河流域古罗马帝国版图内，在欧洲超过 1 万人的所有城市中，有 70% 的城市是处于古罗马帝国统治的范围，其中还有 4 个达到 10 万人的城市⑩。在这些城市中，神圣罗马帝国的帝国自由城市占据了大部分。

在 12 世纪至 13 世纪这一阶段，自由城市人口快速增加，经济发展集中在意大利北部、德意志、弗兰德和相邻的法兰西北部重要地区，它们是欧洲贸易往来和产品聚散的载体。13 世纪是欧洲获得城市特权的城市产生最多的年代，许多与神圣罗马帝国有关联的城市得到发展，神圣罗马皇帝赋予各类城市市场和征税特权。奥格斯堡在 1276 年为帝国自由城市，低地国家的乃梅尔在 1247 年成为帝国自由城市，诺伊马克特在 1268 年成为帝国自由城市，凯泽斯韦尔特在 1273 年成为帝国自由城市，杜伊斯堡在 1170 年成为帝国自由城市，

波兹南在 1253 年获得城市的权利。苏黎世于 1218 年成为帝国自由城市，柏林 1237 年建城，1415 年成为勃兰登堡选帝侯首府；日内瓦于 9 世纪成为勃艮第首府。帝国是由各王国拼凑起来的，各领地的国王在管理上是虚弱的，需要税收和贸易支撑，这说明商人需要得到保护，这就产生了城市自治性质的市议会来管理城市。13 世纪的城市化成为欧洲城市网络的雏形。

至 1521 年，共形成 85 个帝国自由城市，在这段发展期间有增有减，1792 年则形成了 51 个，包括奥格斯堡、阿伦、不来梅、多特蒙德、汉堡、科隆、纽伦堡、奥芬堡、乌尔姆、凯泽斯韦

帝国自由城市代表参加罗马帝国的会议，创作于 1750 年。此版画再现了在韦茨拉尔举办会议的场景，也展示了各王国、主教和自由城市的纹章，上方中间是神圣罗马帝国皇帝的双头鹰纹章，下半部分为韦茨拉尔的城市鸟瞰图[11]。

尔特等。神圣罗马帝国内部矛盾重重，1803年后逐步瓦解，最后剩下吕贝克、汉堡、法兰克福和不来梅。现在保持神圣罗马帝国时期称谓的是德国汉堡、不来梅。黑森州的韦茨拉尔（Wetzlar）是神圣罗马帝国时期的自由帝国城市，是神圣罗马帝国在1689年后将最高法庭从施佩尔移至此后常驻的所在地，也是经常召开帝国会议的城市，具有政治职能。

美国学者弗里斯分析一系列数据后得到这么一个结论："1500年前后，在欧洲被赋予各种城市权利或以另外的方式被承认的约3000到4000个城市中，只有154个城市有1万或以上人口，只有4个城市有多至10万人口。这些城市不是平均分布在欧洲版图上，而是在地理上非常集中地分布。仅意大利就占了154个城市中的44个，法国和比利时有另外44个。"[12]在这一阶段的城市数量中，神圣罗马帝国的城市占了相当大的比例，按154个超过1万人的城市推论，只有法国和比利时是神圣罗马帝国主要统治的帝国自由城市，其他的城市主要分布在德意志和神圣罗马帝国控制范围的其他王国内，但必须指出的是，帝国自由城市在城市规模上没有非常严格的规定。皇帝、主教、公爵、领主都认识到城市经济的重要性，他们之间相互角力，无形中促进了中世纪城市化的加速和城市体系的重构。弗赖堡、慕尼黑等城市就是在这段时间建立并繁荣起来的。贸易需要规则，维护交易公平需要行政组织，这进一步完善了市政

厅的制度。城市纹章数量之多印证了高密度的城市化，也揭示城市产生制度的本质，这是欧洲城市体系形成的一次高潮。"在欧洲，随着商人、金融家和制造业者的荷包日益充盈，权力也跟着水涨船高，就是拜这种半独立的地位之赐——依赖自治城市和它们的财富（借由征税或者借贷取得）。"[13]

神圣罗马帝国王位是各公国、王国君王竞夺的目标，在不同皇帝统治下，帝国疆域内的公国、王国地位变化很大。在16世纪神圣罗马帝国的版图中，西班牙统治范围广阔，法国被包围在中间。现在奥地利、比利时、克罗地亚、捷克、德国、意大利、卢森堡、列支敦士登、摩纳哥、荷兰、波兰、斯洛文尼亚和瑞士均是当时传统神圣罗马帝国的版图范围。

低地国家的城市是神圣罗马的重要组成部分，16世纪开始，有些城市已经成为欧洲具有高度影响力的城市，低地国家城市化的发展是欧洲城市史中特殊的篇章。17世纪70年代，荷兰的城市化水平达到42%，文化、各城市具有特色的专业化能力和海上贸易保证了城市发展动力。1500年，欧洲约有5000到6000座城镇，低地国家、莱茵河地区、德国中部和意大利北部城镇密度相对较高，制造业和商业活动的繁荣起到重要的拉动作用。

1806年，拿破仑废除了神圣罗马帝国，将相当数量的莱茵河领地和日耳曼民族公国从罗马神圣帝国划给法国。汉诺威在1814年成为王国，巴伐利亚

1805 年成为王国，维也纳议会在 1814 年召开，一个包含 39 个独立国的"德意志联盟"替代神圣罗马帝国，但以军队、教会、行政官僚组成的社会政治结构无法再现⑭。现代意义的德国国家模式在此时产生了。

3. 神圣罗马帝国时期的纹章特征

"双头鹰"是神圣罗马帝国的象征，奥托四世在成为皇帝之前是普瓦图公爵，他就是以黑鹰为寓意物。纹章中间的狮子也为象征物，因为奥托家族是德国的王族韦尔夫的成员，家族的族徽就是以狮子为寓意物。

1138—1254 年，这一历史时期神圣罗马帝国由霍亨斯陶芬王朝统治。表现在双头鹰的庇护下的帝国自由城市和王国，是神圣罗马帝国纹章最乐意传递的信息。神圣罗马帝国是一个政治联合体，所表现的神圣罗马帝国皇帝的纹章盾面总是复杂的，盾面被分割成若干小盾面，显示其统治的范围。在 1438 年

神圣罗马帝国马克西米利安二世（1564—1576）的纹章。

之前，皇帝和帝国的纹章是分开的，后来合二为一。1510 年德国画家汉斯·布格曼（Hans Burgkmair）制作的神圣罗马帝国纹章之上共有 56 个小的盾徽，代表不同的王国和领地。17 世纪初，神圣罗马帝国版图内人口最多时达到 2500 万，人口向重点政治经济地区聚集，产生更多五花八门的城市纹章，也意味着城市的数量在快速增加。

大部分德国城市在这一历史阶段产生了自己的城市纹章。神圣罗马帝国城市纹章有几方面的明显特征，一是多以鹰为寓意物；二是城门的形象作为城市纹章寓意物出现频繁；三是以盾面组合表现城市纹章与传统领主的关系；四是瑞士、与法兰西交界地区的城市纹章和低地国家的城市纹章，与德意志城市纹章比较，有不同的纹章文化艺术风格；五是双关语的表达方式流行。作为帝国象征的黑鹰图形延续到神圣罗马帝国的城市城徽中，许多城市的城徽以鹰为象征物，多数是单头鹰，翅膀、尾巴、舌头均是可以求变的部位，由此产

德国画家汉斯·布格曼 1510 年制作的神圣罗马帝国纹章。

生了多姿多彩的黑鹰的形象。德国莫斯巴赫（Mosbach）、戈斯拉尔（Goslar）、德国普罗伦多夫（Pfullendorf）、德国奥彭海姆（Oppenheim）的城市纹章寓意物均保持了这一德意志的象征图形符号。

现在欧洲城市特别是德意志的城市纹章，有许多与神圣罗马帝国的君王、伯爵和皇帝的纹章相关，神圣罗马皇帝奥托四世（1198—1218）等皇帝的纹章和德国城市纹章存在历史的关联性，象征帝国形象的黑鹰，在城市纹章的寓意物、护盾兽中显示出来，体现了文化图形所传承、留存的历史信息。

在神圣罗马帝国庇护下的领主传统印记继承、基督教传播和武力展示，均是神圣罗马帝国城市城徽表现的主题内容。神圣罗马帝国的城市体系是建立在基督教、贸易、封地制度为动力的基础上，神圣罗马帝国范围内的自治城市不少就是在12—13世纪左右获得自治权利，这是神圣罗马帝国贸易繁荣的历史时期。13世纪，原主教管辖范围内的不少城市市民发起抗争，逼使主教赋予城市特许权而成为自由城市，如斯特拉斯堡、巴塞尔、奥格斯堡等，但基督教的色彩或主教的纹章象征图像仍保留在纹章的寓意物上。

4.《韦尔尼格罗德纹章集》和《西伯马尔切纹章集》

神圣罗马帝国的城市普遍注重城市纹章的权威性和正统性，形成了纹章文化历史发展的高潮，在这段时间出版了多版本的纹章集，它们是神圣罗马帝国的公国和城市具有时代意义和历史文献价值的纹章集成。德国巴伐利亚图书馆保存的《韦尔尼格罗德纹章集》（Wernigerode Armorial），制作于1486—1492年之间。韦尔尼格罗德是德国中部一座小镇，纹章集以早期收藏其的小镇的图书馆而命名，1949年巴伐利亚图书馆收购保存了此纹章集。纹章集在257页至262页中收集了神圣罗马帝国大部分城市的城市纹章，每页大约有30个城市纹章。尽管没有1605年出版的《西伯马尔切纹章集》（Siebmachers Wappenbuch）那样全面，但该纹章集收集的城市纹章数量众多，包括使用盾徽形式、去除其他装饰性的纹章图形，还有绘制了贵族、王国或者神圣罗马帝国皇帝等纹章冠饰的装饰元素。此纹章集最难得的是收录了教皇的纹章，大约在1420年，教皇才开始使用交叉的圣彼得的钥匙为纹章图形的核心图形之一。《西伯马尔切纹章集》中的纹章来源，大部分应该可以追溯到此纹章集，从中可以看到100年后城市纹章的核心内容基本保持不变。

纹章集收录的城市纹章包括特里尔、美因茨、因斯堡、班贝格、因戈尔施塔特、斯图加特、慕尼黑、兰茨

《韦尔尼格罗德纹章集》中的神圣罗马帝国城市纹章⑯。

1605年出版的《西伯马尔切纹章集》第219页收录了纽伦堡、科隆、雷根斯堡、奥根斯堡、金根、科尔马（现在法国境内）、罗森海姆、林道等城市纹章⑰。

斯特、梅茨、韦因斯贝格、施万多夫（Schwandorf）、雷根斯堡、罗森海姆、林道、菲拉赫（现奥地利境内）、科尔马（现在法国境内）、巴塞尔（现瑞士境内）等众多城市的城市纹章。

1605 年出版的《西伯马尔切纹章集》是纹章图画的汇编集，理所当然在书本的装潢设计上运用纹章装饰，《西伯马尔切纹章集》封面和内页的城市纹章表现形式多样，以出版商西伯尔马切（Johann Siebmachers）命名，专门设置城市纹章专篇，记录了自由帝国城市的城徽历史和城市纹章稳定成熟期的图形。这是十分珍贵的欧洲城市纹章集，使后人能够立体地了解 400 年前，德国

和部分欧洲城市纹章中留存的神圣罗马帝国的历史图像记忆。

《西伯马尔切纹章集》的第 219 页收录了拉芬斯堡（Ravensburg）城市纹章，排在第四排第一个的位置，该城市于 1276 年至 1803 年长期为帝国自由城市，之后并入符腾堡，现在属于蒂宾根行政区，城市人口约五万人。城市公共印章以城堡为基本图形的表现形式出现在 13 世纪，城市在 1400 年左右有了城市纹章，银色盾面上有蓝色的城堡入口，蓝色盾面上有着银色十字架的小盾徽。该城数百年来坚持使用蓝色为城市纹章色彩基调颇为特别，现在城市旗帜也是采用蓝白色彩等分的横条，政府官

《西伯马尔切纹章集》第 220 页自由帝国城市的城徽：包括了美因茨、慕尼黑、维也纳、因戈尔施塔特等[18]。

城市纹章：欧洲城市制度的徽记

方网站的主色调也为蓝色。

阿伦市（Ahlen）城市纹章位于第 220 页第一排最末位，以头戴皇冠的鳗鱼为寓意物，阿伦市在 13 世纪快速发展，但在 14 世纪黑死病大流行之后开始衰落，现在是一座 5 万人左右的城市。腓特烈港（Friedrichshafen）是由纹章集中的 Buchhom 纹章沿变而来，在第 219 页最后一排第 2 位。

德国巴伐利亚州的城市大小不一，是神圣罗马帝国城市的缩影。巴伐利亚的城市纹章各具历史地区特色，大部分是在 1400 年前后产生的。纽伦堡在中世纪是多位德国皇帝居住的城市，在 1219 年获得城市权利，包括贸易、造币、海关等权利，16 世纪成为德国文艺复兴的中心。纽伦堡城市纹章分大徽和小徽，大徽是 1253 年出现的，以国王头像、鹰身的图形为印章；小徽一半是帝国的象征鹰，一半是红色和白色相间的斜杠，纹章集第 219 页第一排第五个纹章收录的是这一小徽样式。

奥地利克赖恩州的菲拉赫市（Villach）是古罗马大道沿途的城镇，在 1240 年城市纹章出现在印章上，是一只黑色的鹅腿站立于岩石上，盾面为金色，在纹章集中位于第 220 页的第四排第 7 位。该城市现在仍然是奥地利重要交通枢纽之一，人口将近 6 万。

基督教的象征图像、城市主保圣人和对君王臣服等图像是纹章基本的主题，通用的手法是采用图像合并的形式，城市纹章的一半展示鹰，以示帝国的城市，一半为领主的传统图形。德国奥斯纳布吕克（Osnabrück）是神圣罗马帝国重要的城市，城市纹章来自 13 世纪的图形，首先是在硬币上出现这一图案，后来用于统治者的印章上。城徽中心图案曾经是红色六条辐的轮子，后来改为黑色，该纹章在纹章集中第 220 页第三排末位。奥斯纳布吕克在 1225—1803 年是神圣罗马帝国重要的主教亲王国（Prince-Bishopric of Osnabück），772 年开始建立主教区，是萨克森地区最古老的主教区，1803 年神圣罗马帝国解散后教区并入汉诺威教区。现在城市保留了这一传统的宗教符号图案。梅明根（Memmingen）城市纹章在第 220 页的第一排第 3 位，这是巴伐利亚一座约 4 万人的城镇，在罗马时期已经是一座军事要塞，于 1286 年获得帝国自由城市权利。

法国阿尔萨斯大区上莱茵省的首府城市科尔马（Colmar）城市纹章寓意

物也是以兵器为寓意物。科尔马建立于9世纪，城市于1226年获得自由帝国城市地位，后来在不同历史时期处于德国和法国相互交叉征服统治之中，二战后由法国统治。科尔马现是阿尔萨斯－香槟－洛林大区上莱茵省的首府中心城市，人口7万，在获得帝国自由城市的地位后，于1354年加入阿尔萨斯地区由10座城市组成的帝国自由城市联盟（Decapole city league），这10座帝国自由城市包括海格纳、维森堡、曼斯泰等，他们通过结盟来保护自己的权利，联盟于1679年解散。

德国梅明根城市纹章。

法国上莱茵省科尔马城市纹章。

在《新西伯马尔切纹章集》（The New Siebmacher）中补充了大量城市纹章，收录了汉堡、马格德堡、根特、威廉港（Wilhelmshaven）、科堡（Coburg）、图柏林、松特拉（Sontra）、格雷本斯泰因、沃尔夫哈根、施万多夫（Schwandorf）、尼达（Nidda）、马格堡（Marburg）、卡塞尔（Kassel）等城市纹章。

德国黑森州松特拉城徽，为玫瑰图案中包含黑森州红条的狮子，茨温根

贝格（Zwingenberg）在神圣罗马皇帝赋予皇家洛尔斯修道院（Lorsch Abbey）狩猎权利时开始有了有关城市的文件记载，1095年至1479年，卡策内恩博根伯国使用的纹章就是红色的狮子。

德国黑森州松特拉城市纹章（左）和德国黑森州茨温根贝格城市纹章（右）。

《新西伯马尔切纹章集》收集了瑞士城市纹章，包括苏黎世、伯尔尼、比尔（Biel）、巴塞尔、班弗尔、波尔查尔、圣加伦等，意大利、法国部分城市的城市纹章也收录其中，如意大利波尔查诺（Bolzano）、法国班弗尔（Benfeld）等。

瑞士城市比尔建于5世纪，于1252年成为自由帝国城市。城徽是有瑞士区域特色的斜交的双斧图形，纹章在《新西伯马尔切纹章集》中的第222页第三排第2位。法国城市班弗尔（Benfeld）

瑞士比尔（左）和法国班弗尔城市纹章（右）。

城市纹章：欧洲城市制度的徽记

的纹章是在蓝色的斜带上点缀了三个六角星，排在 222 页的最末位。

《新西伯马切纹章集》突出的仍是双头鹰形象，封面和内页的城市纹章体现了版画发展到具有相当高表现力的历史阶段。纹章集收集了各类纹章，帝国的自由城市仍然是重要内容之一。在扉页的版画中，象征着帝国理想的双头鹰体现了对古罗马帝国怀念的情怀。新纹章集覆盖面更广，包括了非神圣罗马帝国的城市。

各王国的纹章也是《西伯马尔切纹章集》的收录重点，如匈牙利王国、波希米亚王国、克罗地亚王国、那波里王国、葡萄牙王国的纹章。达尔马提亚王国的纹章来自 14 世纪的纹章集，主题为三只金色狮子头，这原是匈牙利路易斯一世（Louis I，1326–1382）纹章的一部分，也出现在神圣罗马帝国皇帝西吉斯蒙德（Sigismund，1368–1437）的印章中。神圣罗马帝国鼎盛时期的王国数量达到 300 多个，德意志成立时的 18 世纪上半叶，多以自由帝国城市或皇帝认可的教区主教堂为中心。列支敦士登（Liechtenstein）国家纹章是源于大公国时期的纹章，沿用至今，仍然是国家的国徽。现在的匈牙利科马达（Komádi）城市纹章和斯洛伐克奥委会的会徽中，可以找到与之关联的纹章图形的影子，1992 年成立的斯洛伐克奥委会的会徽使用的宗教符号是史蒂芬十字架。

在历史上的神圣罗马帝国范围内的公国，现多为瑞士、波兰、奥地利等

匈牙利科马达城市纹章（左）和 1992 年成立的斯洛伐克奥委会会徽（右）。

国家的城市，城市纹章继承传统纹章寓意物，与日耳曼纹章风格有所区别。现在的城市纹章使用遵循本国的纹章规则，盾徽造型和色彩各呈自身特色，但不变的是寓意物，将纹章集中找到图形的原型与现在的城市纹章进行对比就会发现这一普遍规律。

现在使用的城徽对比 300 年前的纹章图形，可以发现在图像中的形态变化不大，但表现手段发生不少变化，欧洲许多国家的纹章风格趋向统一，盾徽的形式、色彩的运用具有本国的规则。神圣罗马帝国城市盾徽形式分为三至四类，帝国城市的分布范围虽分属不同民族国家，但象征物的选择基本具有共同的价值观和审美观。在新时代可以看到部分城市将民族的文化元素重新注入，但基本核心图形和寓意物没有变化。

虽然在中世纪向文艺复兴过渡阶段，神圣罗马帝国城市不能包括欧洲的整体，但帝国的自由城市形成了欧洲城市体系的主骨架，城市和领地的分离聚合形成了丰富的纹章图像世界。风格和地域性是城徽延续发展到一定阶段的新追求，城徽的差异性要求推动了个性化，在近代欧洲国家稳定并固化后，从国家层面统一了纹章的风格和形象。

《新西伯马切纹章集》中的城徽，引用了前纹章集中的城徽，也增加了许多城市的城市纹章，还非常完整地展示了神圣罗马帝国城市的城徽。大部分德国城市的城徽就是传承了这一历史阶段的图形，黑鹰和黄色盾面是多座城市纹章的基本元素。

5. 神圣罗马帝国内公国的版图

德国历史区域地图的绘制是系统和完整的，既有德国历史上存在神圣罗马帝国这一政治实体的原因，也有各公国自治独立的因素。16 至 17 世纪，德国出现了若干优秀的制图师，他们和低地国家比利时、荷兰的制图师关系密切，得益于当时印刷业的快速发展，所绘制出版的地图工艺水准在现在看来也是很高的。

完整表现全欧洲版图的精美地图出现在 1520 年，由地图制图师瓦尔德泽米勒（Martin Waldeemüller，1470–1520）制作，地图献给了当时的神圣罗马皇帝查理五世。瓦尔德泽米勒出生于弗赖堡附近的沃尔夫韦勒村，就读于弗赖堡大学，是 15 世纪末至 16 世纪初著名的德国制图师。他被认为是第一个使用"亚美利加"（America）并将其标注在世界地图上的欧洲人。瓦尔德泽米勒在 1507 年绘制出版的世界地图，结合托勒密的制图传统与亚美利哥·韦斯普奇（Amerigo Vespucci，1454–1512）等

1520 年制作的欧洲地图[19]。

城市纹章：欧洲城市制度的徽记

地图上详尽地绘制了神圣罗马帝国的各城市和王国的盾徽。包括教皇纹章、斯洛伐克王国、卡斯蒂亚王国、葡萄牙王国、西里西亚公国、丹麦王国、挪威王国、奥地利公国等的纹章。

探险家的发现，在地图上标注了"亚美利加"的名称，并准确列出经度和纬度，该地图被称为"美洲的出生证"。亚美利哥·韦斯普奇是佛罗伦萨商人和航海家，在地图的说明中写到"亚美利哥·韦斯普奇是船队中的一位航海家和军官；特别是地图上还有许多地方至今为止无人知晓。我们将所有这些仔细描绘在地图上，以提供真实确切的地理知识。"在15世纪90年代末，瓦尔德泽米勒来到了巴赛尔，开始与约翰尼斯—阿默巴赫等印刷商合作，1506年他来到当时的洛林公国圣迪亚镇这座印刷术发达的中心。除了上述提及的成就，他将活字印刷技术与制图结合，首次将人文知识运用到地图上，极大地推动了地图的应用。

在1520年出版的欧洲地图，采用各王国和神圣罗马帝国的城市纹章和城徽作为地图边框的装饰，这张地图的装饰表达方式将纹章的象征作用发挥到了极致。

地图中纹章的排列也颇费心思：中间是梵蒂冈教皇的纹章，阿拉贡王国、卡斯蒂亚王国的纹章放在重要的位置，查理五世就是这两个王国的后代。在地图中用红色的圆点标明城镇，山体用写意的景观式绘制。该图是以上南下北的方位进行绘制的。地图的测量范围从中世纪开始已经从城市扩大到王国和欧洲全境，显示了神圣罗马帝国的团结和强大。地图周边详尽地绘制了各城市和王国的盾徽，边框上部包括教皇纹章、斯洛伐克王国、卡斯蒂亚王国、葡萄牙王国、西里西亚公国、丹麦王国、挪威王国等纹章。在地图底部，绘制了包括乌姆尔、不来梅、米兰、维尔茨、班贝格、纽伦堡、维也纳、苏黎世等城市纹章。

神圣罗马帝国统治下的公国、王国城市纹章反映了欧洲16世纪城市的空间分布，在1500年左右，欧洲有5000到6000个城镇，但仅有101座城市超过两万人，它们密集分布在莱茵

神圣罗马帝国的城市的城徽或有关公国的纹章安排在地图底部。

河地区、德国中部、低地国家和意大利北部。

神圣罗马帝国内各公国的地图与公国的纹章密不可分，但组合成为更大范围的区域性地图，需要合理安排主次关系。中世纪后期才出现了这类地区性的地图，对统治者而言，占有土地的渴望是永恒的主题，纹章正好在中世纪后期开始流行，在地图中运用纹章来表达拥有权正好适应需要，各公国独立强大的愿望以领土范围和纹章象征得到体现。从皇帝到领主，对地图的兴趣更多地从权力象征的政治意义上考虑，他们是最重要的主顾，优秀的制图师在后来大多成为君王的御用制图师。13世纪法兰西国王路易九世（Louis IX）要求制图师对其领地进行测绘，从而可以知道"王国土地从哪里开始至哪里结束"。

于是象征领主土地拥有权的纹章出现在历史地图上，城市历史地图和区域地图均出现了地区和城市统治者或者城市纹章的符号。历史地图一般存在两种表现纹章方式，一是标注在具体地理范围内；另一种绘制方式是独立表现纹章。"地理学的区域概念在逻辑上与历史学的事情概念具有联系。确定每一个时期的特性与划定每一个时期的时间界限，已经成为历史学的一般惯例。"[19]

1539年整个冬天，神圣罗马帝国皇帝查理五世在当时的首都托莱多的城堡中度假，要求当时西班牙的最优秀的制图师、历史学家阿隆索（Alonso de Santa Cruz，1506–1567）教授其天文学中地球、星球和地图学中的海图、托勒密地方志等知识。美国学者理查德·卡根（Richard L.Kagan）敏锐地指出，"皇帝似乎对制图学感兴趣，事后一想，

德国施佩尔大教堂室内的神圣罗马帝国的皇冠。

城市纹章：欧洲城市制度的徽记

德国施佩尔大教堂
背面。

其动机是帝国的边界和拓展的领地的形态。"

成为神圣罗马帝国选帝侯是一种特殊的地位和权力象征，查理五世在1519年当上了神圣罗马帝国皇帝，虽然疆域辽阔，但面临苏莱曼大帝带领的土耳其军队入侵的威胁，再加上新教改革运动开始进行以及各豪族的不和，使这段历史表现出了帝国弱势而公国强大的不对等关系，1648年《威斯特伐利亚和约》的签署，更体现这一政治关系。在查理五世统治神圣罗马帝国时，帝国接受了"多个王国"（multiple kingdoms）多民族共同体这样的角色。德国施佩尔大教堂悬挂着神圣罗马帝国的皇冠，成为教堂空间的视觉中心，大教堂入口拱形门中间是神圣罗马帝国的象征——双头鹰雕塑装饰，象征着施佩尔这座城市在神圣罗马帝国时期的重要地位。

---

① ［德］罗伯特·科尔著，欧阳林等译：《周末读完德国史》，上海交通大学出版社2012年版，第28页。

② 陈文海译注：《法兰克王室年代记》，人民出版社2019年版，第160页。

③ Ann Hiley. Regensburg: *A Short History*, *Verlag Friedrich Pustet* 2013, p.24.

④ Ann Hiley. Regensburg: *A Short History*, *Verlag Friedrich Pustet* 2013, p.70.

⑤ 陈文海译注：《法兰克王室年代记》，人民出版社2019年版，第144页。

⑥ 陈文海译注：《法兰克王室年代记》，人民出版社2019年版，第188页。

⑦ 引自 Ann Hiley，（2013），Regensburg——*A Short History*，*Verlag Friedrich Pustet*一书，1644年由 Matthaus Merian 所绘制。

⑧ 引自 Ann Hiley，（2013，）Regensburg——*A Short History*，*Verlag Friedrich Pustet*一书，Friedrich Bermhard Werner and Jeremias Wolff. c.1730. 所绘制.

⑨ ［德］罗伯特·科尔著，欧阳林等译：《周末读完德国史》，上海交通大学出版社2012年版，第59页。

⑩ ［美］简·德·弗里斯著，朱明译：《欧洲的城市化：1500—1800年》，商务印书馆2015年版，第29页。

⑪ 图片引自：http://upload.wikimedia.org/commons/8/84/Audienz_Reichskammergericht.jpg

⑫ ［美］简·德·弗里斯著，朱明译：《欧洲的城市化：1500—1800年》，商务印书馆2015年版，第29页。

⑬ ［澳］约翰·赫斯特著，席玉苹译：《极简欧洲史》，广西师范大学出版社2014年版，第134页。

［德］罗伯特·科尔著，欧阳林等译：《周末读完德国史》，上海交通大学出版社2012年版，第143页。

⑭ http://daten.digitale-sammlungen.de/~db/004/bsb00043104/···00431048&groesser=&fip=193.174.98.30&no=&seite=512

⑮ 引自http://Siebmachers wappenbuch（1605），Blatt219.

⑯ 引自http://Siebmachers wappenbuch（1605），Blatt220.

⑰ 《十二幅地图中的世界史》，第115页，美国国会图书馆在2003年收购了这幅地图，历史价值可以与《独立宣言》相提并论，成交价是1000万美元。

⑱ 图片引自：Tiroler Landesmuseum Ferdinandeum.Innsbruck，Austria

⑲ ［澳］约翰·里德著，郝笑丛译：《城市》，清华大学出版社2010年版，第104页。

城市纹章：欧洲城市制度的徽记

德国施佩尔大教堂入口，拱形门中间是神圣罗马帝国的象征双头鹰。

四、地理大发现时代的海上帝国

神圣罗马帝国在中世纪对欧洲城市体系的形成具有重要作用，以陆域的城市发展为主，海滨港口城市为辅。在中世纪后期，海上帝国的竞争带来欧洲城市体系的另一次重整，尤其反映在对海上贸易权的争夺。建立固定的军事和贸易城市是海上帝国在地理大发现时期及之后若干世纪的重点，以至一系列港口城市建立起来并逐步走向繁荣。15世纪下半叶，欧洲多个国家改变了9世纪封建骑士制度的模式，建立了常备军，君主制的国家需要担负支撑军队的费用，加大征税和向外扩张成为拓宽财源的重要渠道。地理大发现提供了新契机，欧洲城市向外扩张形成新的城市化阶段，海上帝国沿岸成为城市发展快速的地区。研究1500—1800年期间欧洲城市化的美国学者弗里斯指出：在每一个时期，首府和港口城市都推动了欧洲的城市发展，而在1600—1750年期间，它们是非常卓越的。38个快速发展的城市中要么是首府城市，要么是港口，要么既是港口又是首府。在港口中，活跃于洲际贸易的大西洋港口在1600—1750年最引人注目[①]。

1. 列入《世界记忆名录》的《托尔德西里亚条约》

葡萄牙拥有943公里长的大陆岸线，667公里长的岛屿岸线，在欧洲各国以军事争夺领地的厮杀中，葡萄牙另辟蹊径，面向海洋开启通往非洲、亚洲之旅。葡萄牙在15世纪的航海时代成果最丰，发现了好望角。1483年8月，在安哥拉海岸的一处海岬，葡萄牙水手竖起了一根5.5英尺的石柱，柱头装饰着盾型葡萄牙王国纹章，柱身刻有葡萄牙铭文，写着"最高贵、卓越和强大的君主，葡萄牙国王若昂二世派遣他的宫廷绅士迪奥戈·康，发现这片土地并竖立这些柱子。"这是葡萄牙海上王国的标志。西班牙在16至17世纪处于黄金时代，1496年教皇授予国王"天主教徒君主"的头衔。西班牙、葡萄牙同属于天主教国家，双方在海上纷争不断时，教皇发挥了调停的作用。在1481年，两国在教皇的见证下签订了划定海上势力范围的《和平条约》，并颁发了教皇诏书。历史学家常将西班牙帝国结束的时间认定为1898年，这是美国取代了原西班牙殖民地古巴、波多黎各和

城市纹章：欧洲城市制度的徽记

菲律宾的时候。欧洲强权通过地图和地球仪划出势力范围，就是始于葡萄牙和西班牙卡斯蒂利亚这种对数千公里外土地拥有权的宣示的作法，欧洲新帝国对全球殖民地长达500年的控制开启了。

西班牙国王资助哥伦布探险活动，开始了西班牙海外的拓展，西班牙帝国的神话建立在对新大陆资源和财富掠取的现实基础之上。葡萄牙和西班牙将哥伦布作为重要人物争取，1488年3月若昂二世向哥伦布颁发了安全通行证，在此之前，哥伦布在葡萄牙负有债务不敢回里斯本。西班牙强盛时期，与葡萄牙航海强国多次发生纠纷，1493年教皇颁发诏书[2]，西班牙国王与葡萄牙国王签署《托尔德西里亚条约》(Treaty of Tordesillas)，划分了葡萄牙与西班牙殖民地区界线。

葡萄牙在若昂登基后启动国家资助的五年探险计划，葡萄牙地图制图师迪亚哥 (Diogo Ribeiro) 曾经作为海员参与东方的探险活动，高超的制图技术和航海经验帮助他绘制了多幅准确的地图，最具影响的是1529年绘制出版的《世界地图》，这在当时是最准确的世界地图，将美洲的东海岸、非洲的南岸线和太平洋都绘制出来。教宗介入葡萄牙和西班牙领地争端，调解方式因不同教宗而变化，在巴伦西亚出生的教宗亚历山大六世，伊莎贝拉一世和斐迪南尔五世请求教宗支持他们对新发现土地的统治权，教宗1493年同意他们的要求[3]。实际上，1485年葡萄牙国王若昂二世已经告知教皇英诺森二世扩张印度洋的野心。此图也成为教宗调解葡萄牙和西班牙航海路线冲突的协调文件——《托尔德西里亚条约》上的底图。

《坎迪诺平面球形图》(Cantino planisphere)的命名来自一名仆人的名字，是费拉拉公爵埃尔科莱在1502年派仆人阿尔贝托·坎迪诺 (Cantino) 到里斯本，让他重金聘请葡萄牙制图师制作的世界地图。现在地图收藏于埃斯特家族摩德娜故居[4]。

《坎迪诺平面球形图》，制作于1502年，收藏在意大利埃斯特博物馆[5]。

教宗儒略二世（Pope Julius II, 1443–1513）出生于当时热那亚共和国的城市萨沃纳（Savona），在位时间从 1503 年至 1513 年，在此之前为皮埃蒙特地区的韦尔切利（Vercelli）主教，

此地图上教宗的个人纹章成为重要的地图图例，纹章处于地图底部中间，以蓝色为盾面，金色树为寓意物，两边是卡斯蒂利亚王国和葡萄牙王国的纹章。在皮埃蒙特的都灵主座教堂入口处的上方，也镶嵌着这一教宗纹章。

《托尔德西里亚条约》已列入《世界记忆名录》，在提名评估报告中写道，"该条约在经过两国的大使和律师反复和复杂的外交谈判后签署确认。势力分界线的修改直接导致巴西的诞生并纳入葡萄牙的管辖区域。这份文件对于我们了解美国历史和欧美之间的经济和文化关系必不可少。因此，该条约不仅成为世人了解大西洋历史的重要参考，同时

儒略二世教宗的纹章。

城市纹章：欧洲城市制度的徽记

也使人们更多地了解这个被知名或不知名的海洋分割为大洲，而各种文化又互相融合的世界。"⑦

《托尔德西里亚条约》的样式（左）和西班牙托尔德西里亚的城市纹章（右）。

《托尔德西里亚条约》是阿拉贡国王斐迪南二世、卡斯蒂利亚女王伊莎贝拉二世和葡萄牙国王约翰二世之间在1494年签订的。在15至16世纪，伊比利亚半岛上的海上霸权国家划分了世界航线和势力范围，该条约导致西班牙和葡萄牙对美洲大陆以及印度等亚洲部分地区管辖权的重新划分，包括对澳门和东帝汶的管辖。巴西的诞生与此条约确定葡萄牙的管辖权相关。1502年制作的《坎迪诺平面球形图》将海洋权益提高到史无前例的地位，在图上出现了许多具有指南针意义的风玫瑰，在风玫瑰图上有多道航线，巴西的区域画有葡萄牙的旗帜。这一地图最早明确表现了《托尔德西里亚条约》规则，意大利人阿尔贝托·坎迪诺并不是制图师，但他收买了葡萄牙制图高手制作了此图，故以其名字命名该图。19世纪，一位意

大利地图收藏家在意大利东北部摩德纳的一家肉店内偶然发现了这幅珍贵的地图⑧。这份地图现收藏于意大利埃斯特博物馆，地图的关键特征是在加勒比群岛有着以东贯穿南北的垂直线将巴西一分为二。

根据《阿尔卡索瓦斯条约》（Alcá-çovas，1479–1480），卡斯蒂利亚保留对加那利群岛的控制权，但同意葡萄牙控制非洲海岸。新大陆的发现使卡斯蒂利亚人不断向西部扩张，导致了与葡萄牙的冲突。国王费迪南德和王后伊莎贝拉从教皇亚历山大六世手中获得诏书，更值得一提的是在1493年5月4日宣布的第二次诏书，确立了亚速尔群岛和佛得角以西100里为势力分界线：国王费迪南德和王后伊莎贝拉可以朝印度方向向西航行，而约翰二世可以朝印度方向向南航行。

1492年哥伦布发现新大陆，起航的港口城市是帕洛斯德拉夫龙特拉（Palos de la Frontera），现在城市使用的城市纹章表现了这一重大历史事件：蓝色盾面，左右两半地球，中间是白色风帆的帆船在海洋上前行，外框为黄色，黑色的铁锚寓意着港口城市的地理特征。城市所属的韦尔瓦省（Huelva）的纹章也以此为傲地将这一历史事件置于纹章之上，使用双纹章的形式，在底座部分用"丰饶之角"和商杖表现航海贸易的繁荣。哥伦布的这一重大发现又使双方产生了纷争。1493年，卡斯蒂利亚和葡萄牙王国展开一系列协商，最终签订《托尔德西里亚斯条约》，在教

西班牙帕洛斯德夫农特拉城市纹章。

西班牙韦尔瓦省的纹章。

葡萄牙探险者发现新大陆。

葡萄牙航海家卡尔拉尔家族纹章。

皇亚历山大六世的调停下，确定佛得角群岛以西 370 里格的子午线为新的势力分界线。实际上这次协调是建立在不同的或者不确定的地理学知识之上（见附件二《世界记忆名录》西班牙与葡萄牙《托尔德西里亚斯条约》），粗略地规定在此线向东 180 度发现的地区为葡萄牙占有，向西 180 度的地区为西班牙所有。

1500 年 4 月，葡萄牙航海家佩德罗·阿尔瓦雷斯·卡尔拉尔（Pedro Alvares Cabral，1470–1520）率 13 艘船只抵达巴西，发现这里盛产的红木是红色染料取之不尽的来源，称此为"巴西之地"（Terra de Brasil），1511 年，巴西的名字出现在地图上。意大利佛罗伦萨的航海家亚美利哥·韦斯普奇在第三次远洋探险时服务于葡萄牙王国，他准确地绘制了南十字星座，发现美洲并否定了哥伦布的提法，第四次航行时又到达巴西，1508 年，他被西班牙王国任命为首席航海家，成为历史上最早到达四大洲的人。卡尔拉尔家族的纹章寓意物是两只紫色公羊，盾面为银色。卡尔拉尔（Cabral）在英语中与公羊有关，而紫色象征忠贞。

西方的史学家一般将 1415 年葡萄牙占领休达（Ceuta）作为殖民时代的开始，西班牙的休达现在使用的城徽还保留葡萄牙殖民地的印记，而摩洛哥时至今日仍在努力争取休达的回归。葡萄牙成为独立国家是在 12 世纪，它经历

城市纹章：欧洲城市制度的徽记

了罗马帝国、西哥特王国、阿拉伯人的统治。9世纪，阿斯图利亚斯在阿方索三世领导下扩张成为莱昂王国，在阿方索六世统治时强大起来。阿方索六世的孩子恩里克斯统治了60年，使葡萄牙成为独立的王国。15世纪葡萄牙进入黄金历史发展时期。

葡萄牙和西班牙运用先进的航海技术，在15世纪进行大西洋探险，现在是西班牙两个海外自治省之一的休达，原来是北非的伊斯兰海港，葡萄牙于1415年征服此地并于1668年割让给西班牙。休达现在使用的城徽依然是葡萄牙纹章图像，红盾框与葡萄牙皇徽有区别，没有了上部三座城堡的图形，转而采用男爵的王冠。征服休达的葡萄牙恩里克王子（Infante D. Henrigue de Avis，1394–1460）也称为维塞乌公爵

（Duke of Viseu），他热衷航海，在15世纪葡萄牙帝国时期建立了航海学校，他在当时聘用了杰出的海图制作师，使航线和地理状况的绘制更加准确。每次海上探险发现的地理特征，会在返回里斯本后秘密地添加或者修正在同一张航海图上，海图成为了葡萄牙的国家机密。在这些技术基础之外，更为重要的是有一批冒险家，名曰航海家或骑士，更准确地说是掠夺者，他们不少是武力传教的骑士团成员，而恩里克王子就是骑士团的成员。

曼努埃尔一世（Manuel I，king of Portugal）统治时期，达·伽马为海洋帝国的缔造立下汗马功劳，人们为纪念葡萄牙航海家达·伽马而建造了贝伦塔，与热罗姆修道院（Monastery of the Hieronymites and Tower of Belém in

葡萄牙国家海事博物馆入口处的恩里克王子塑像。

Lisbon）一起被列入《世界遗产名录》。

1497 年 7 月，达·伽马受葡萄牙国王曼努埃尔一世派遣前往印度进行香料贸易，就是从塔霍河口出发的，舰队用一年的时间航行 2.4 万英里，损失了三分之二的船员，但印度洋航线的商业价值终于被发现。葡萄牙航海博物馆列举了一批具有突出代表性的航海家，达·伽马是其中的佼佼者。在达·伽马雕像的衣服上用宽边十字架的装饰来表现葡萄牙的国家符号。弗朗西斯科·德·阿尔梅达是第一位带领船队远征的贵族，也是葡萄牙航海史中重要的航海家，他在 1505 年的远征中，建立了许多要塞，基本完成了国王的战略意图。他在基尔瓦建立了印度洋第一座石质的要塞，控制了印度的科钦，但还是

无法抵达中国。

弗朗西斯科·德·阿尔梅达的肖像，藏于葡萄牙航海博物馆。

1500 年，一支由探险家卡拉布拉率领的船队开启前往印度的"香料之旅"，但不幸成为漫长战争的开端，在沿途演变为"血腥之旅"，船队在航程中不断与阿拉伯人和印度人交战。"1500 年 3 月 9 日，船队从贝伦出发前，按照惯例举行了隆重庆典，人们举行悔罪弥撒，对王旗（上有五个圆圈，象征着基督身上的伤）祝圣。这一次，曼努埃尔一世驾临现场，将王旗交给卡拉布拉。"⑩ 1501 年返航时，十三艘船的船队仅有七艘回家。卡拉布拉之后无心再往印度，所以在 1502 年又一次远征东印度时，由达·伽马再次担任总司令。

里斯本葡萄牙国家古代艺术博物馆馆藏的公共艺术雕塑"双头喷泉柱"（Two-headed Funtain），是两个戴着皇冠的头像，分别象征着海上帝国的创造者葡萄牙国王曼努埃尔一世（Dom Manuel I, 1495–1521）和朵娜（Dona Leonor, 1481–1495），他们是姐弟关系。

航海家达·伽马的雕像，衣服上用宽边十字架的装饰表现葡萄牙的国家符号，藏于葡萄牙航海博物馆。

城市纹章：欧洲城市制度的徽记

雕像一侧的盾面是浑天仪，绶带上刻着 E.M.P.R.P，象征曼努埃尔一世；另一侧盾面是网状的帆船造型，象征着朵娜，此雕塑作品是曼努埃尔风格，制作于曼努埃尔时期。

2. 岛屿战略：始于亚速尔群岛

葡萄牙、西班牙的殖民地扩张在16 世纪取得成功，得益于航海技术的发达，也依靠岛屿争夺获得补给基地和军事防御。葡萄牙若昂二世的目的地更加遥远，由国家出资启动长达五年的大规模探险计划，着眼于东印度所在的远方。1497 年，具有历史意义的达·伽马寻找东印度的"香料之旅"在里斯本起航。

在寻找远方的非洲、东印度之前，葡萄牙着眼于近海岛屿的勘察。亚速尔群岛（Azores）现在是葡萄牙的一个自治区，是葡萄牙在航海霸权时代进行地理大发现时较早的征服成果，成为探索东方海路过程中最早建立的居民点之一。早期的成果还包括征服了休达和马德拉群岛（Madeira）。马德拉群岛距离欧洲大陆 1000 公里，距离非洲摩洛哥海岸线 500 公里。1418 年，葡萄牙探险家在非洲的航海线路上迷路了，经过多天的海上漂流后意外发现了波尔图岛（Porto Seguro，意为安全的港口）。第二年发现了马德拉群岛，有"木材"之意，岛上原材料丰富，成为重要的控制性港口，甘蔗的引进种植使首府丰沙尔（Funchal）经济开始繁荣，17—18 世纪酒业的兴起促进了地区发展，马德拉酒是欧洲风靡一时的餐前开胃酒，是葡萄酒的特别种类。马德拉岛的纹章充满了葡萄牙航海时代的特征：冠饰是浑天仪；盾面的寓意物为葡萄牙骑士团的宽边十字架，这一葡萄牙天主教和骑士团特征的十字架随着葡萄牙的帆船传遍其新殖民地。

亚速尔群岛首府蓬塔德尔加达的城市纹章。

马德拉岛的纹章（左）和葡萄牙骑士团十字架（右）。

1427 年，葡萄牙的大西洋探险家迪奥戈·德锡尔维什（Diogo de Silve）发现亚速尔群岛，群岛由大西洋上的 9 个小岛组成，1432 年葡萄牙人开始在此建立居民点，但在 1580—1640 年这里曾经被西班牙统治。法国、西班牙和英国在不同历史时期都曾参与对此岛的争夺。

亚速尔群岛首府是蓬塔德尔加达（Ponta Delgada），从纹章中可以看到葡萄牙图形和本土图形的混合使用：亚速尔群岛由九颗金星环绕在盾徽的红色外框上，象征着九个岛屿，黑公牛成为护盾兽，所持的旗帜分别是葡萄牙的骑士团十字架（Portugal order of Christ）和圣灵（Holy spirit）的徽记。蓬塔德尔加达城徽是 1946 年开始使用的，盾面

中的苍鹰站立在葡萄牙王国的盾徽上，体现与葡萄牙的关系。但这是历史误会的延续，葡萄牙人在登陆时看到一只鹰，将其误判为苍鹰（Goshawk），但实际上海岛上从没有出现过苍鹰，后来学者研究认为当时登陆者看到的是普通鵟（Common buzzard）。因此岛的名字与葡萄牙语鹰的词根相关联，19 世纪的印章和 1976 年成立的亚速尔群岛大学校徽还是以鹰为象征物。

亚速尔群岛大学校徽（左）和 19 世纪亚速尔群岛的印章（右）。

亚速尔群岛的英雄港（Angra do Heroísm）被列入《世界遗产名录》，1595 年制作的英雄港历史规划图十分珍贵，该图对山、城、田、海的地理绘制准确，港口和防御城堡清楚地反映在

城市纹章：欧洲城市制度的徽记

画面上。城市道路规划的路网是正交的模式，靠近山体的道路依山就势，小城的道路和建筑也充分考虑了海岛上的气候条件。这一港口城市成为 15 世纪杰出的城市规划模式，成为葡萄牙最早被列入《世界遗产名录》之一的重要文化遗址。《世界遗产名录》上的描述是：从公元 15 世纪开始，一直到公元 19 世纪汽船问世，来往船只都会在这里停靠。在航海时代成为欧洲联系东西印度、美洲和非洲的重要节点，这一港口城市的显赫地位维持了三世纪。城市在 1534 年获得城市资格，同年成为主教驻地。英雄港的中心城区城市模式是航海家和制图师共同努力的结果，创造了独特的城市样式[11]。现在群岛的火山湖和独特的葡萄园景观，吸引着世界各地游客的到访。

历史地图的制作者是让·哈伊林根·范林斯霍滕（Jan Huyghen van Linschoter，1563–1611），规划图表现了特塞拉岛（Terceira Island）上古老的英雄港的景观，是作者在亚速尔群岛生活了两年观察所得。从 1595 年制作的亚速尔群岛的规划图上的纹章中，可以看到右边的纹章是以鹰的形象反映了葡萄牙纹章的影响，但又强调了地方特

荷兰探险家让·哈伊林根·范林斯霍滕的肖像。

1595 年制作的亚速尔群岛的规划图[12]。

色，以荷兰式的硬边纹章盾边装饰。画面中的大帆船飘扬着蓝色和红色的十字架旗帜，是葡萄牙船队的象征。500多年前的规划图中，岛上大片的耕地保留至今。让·哈伊林根·范林斯霍滕的肖像画中绘制了主人的纹章，纹章采用了四分区的盾面。

葡萄牙特塞拉岛上最古老的城市英雄港城市纹章。

英雄港村庄的纹章。

葡萄牙海外殖民地亚速尔群岛英雄港村庄的城市纹章修改于2013年，符合标准后获得通过。

3. 进入亚洲

葡萄牙国王曼努埃尔一世统治时期，国王派出的舰队第一次成功抵达东印度，被视为葡萄牙帝国形成的标志，"葡萄牙纹章的五个点，形似基督的五处伤；葡萄牙人以净化国家为理由强迫犹太人改宗或将其驱逐出境。这表示了一种狂热的信念：葡萄牙人现在是新的上帝的选民，肩负着上帝赋予的伟大使命。船队每一次从东印度满载而归，葡

萄牙的目标就变得更恢宏。"⑬葡萄牙开创了海外殖民地时代，创造了以海权为基础的帝国并维持约一个多世纪。

1506年，马六甲成为葡萄牙的一个主要战略目标，这里是海洋贸易的枢纽、中国南海的钥匙。葡萄牙人连续作战，终于在1511年征服了马六甲并建立工事，之前阿尔布开克（Afonso de Albuquerue）成为第二任葡属印度总督，在印度洋建立了一系列军事城堡，如在1503年建立的科钦，建立于1510年的果阿。阿尔布开克利用15艘拥有火炮的船只和约3000人左右的兵力，以武力征服当地商人⑭。1511年，阿尔布开克留下300多人和八艘船驻守马六甲，"阿尔布开克利用新开辟的桥头堡马六甲，去寻找和探索这片海域。他派遣使团到勃固（缅甸）、泰国和苏门答腊岛；他的探险队于1512年拜访了香料群岛，并绘制了地图；接着，葡萄牙船只向更东方航行，于1513年和1515年在中国的广东登陆，寻求与明朝通商。"⑮葡萄牙人、西班牙人所到达的广东应该是指上下川岛。

上川岛距大陆仅为9公里，离澳门58海里，面积137平方公里。这里在1965年发现"花碗坪"，挖掘出明代瓷碎片。2016年，广东考古所配合中国海上申遗活动进一步考古挖掘，在瓷片中发现了典型的葡萄牙宽边十字架，从中判断定制瓷器贸易活动从那时已经开始。尽管对葡萄牙的首个登陆点有不同看法，但上川岛的重要意义是无法否定的。1551年11月，方济各乘坐伽马

葡萄牙古代艺术博物馆展出的方济各到达果阿的场景，绘制于1730年。

的商船从日本登上该岛⑯。

里斯本商人组织的船队，每年2月至4月间从里斯本出发，开始全程约4万公里的漫长旅程。船队需要在夏季赶上来自南美海岸的赤道季风和洋流，绕过好望角，努力到达非洲东海岸，停靠莫桑比克的葡萄牙贸易港。稍事休整后，从莫桑比克再出发，船队经过索马里北端的海岸，然后穿越印度洋，经过果阿和科钦后，葡萄牙船队最后抵达马六甲。1505年至1506年，里斯本建立了印度事务部（India Office）。这次旅程至少有16%的船没有平安回家，三分之一的船员丧命不是什么稀罕的事⑰。返程需要在次年年初启程，借助海风和洋流抵达亚速尔群岛，回家就胜利在望了。

葡萄牙人和西班牙人早期的殖民者对海外的扩张，所伴随的意识形态传播拓展了基督教在世界影响范围。为巩固东印度的领地的经济利益，也为了天主教的传播，先行一步到达印度的葡萄牙王国国王向教皇要求派出传教士赴果阿，方济各被选中，从罗马回到葡萄牙的里斯本。天主教在中华帝国的传播，是西班牙纳瓦拉王国的方济各·沙勿略传教士（Francis Xavier, 1506–1552）最早做出的尝试，他在生命最后三年（1549—1552）登陆上川岛，此处也被葡萄牙商人称为圣约翰岛。

葡萄牙人在航海时代黄金时期尽管没有进入中国大陆，但已经踏上广东的上川岛，部分葡萄牙商人私下进入福建和浙江私营市场。上川岛最著名的欧洲人也是传教士方济各·沙勿略，在此经商多年的一位葡萄牙商人专门为方济各写了一本题为《中国贸易》的笔记，述及他在1533年"广州旧港"的贸易[18]。方济各在寄回欧洲的信中写道："日本对面是中国，一个无边无际的帝国，一直享受着和平，正如葡萄牙商人告诉我们的，在正义和公平的习惯做法上，中国比所有基督教国家都要优越，我在日本和其他地方看到和我所知道的中国人，肤色白皙，和日本人一样很机敏，并渴望学习。在智力上他们甚至优于日本人。从中国人身上，我发现在他们中可以看到许多不同国家和宗教的许多人民，就我能从他们所说的话中收集到的，我猜想在他们中有犹太教徒和伊斯兰教徒。但却没有什么能让我假定那里有基督教。"[19]

西班牙潘普洛纳（Pamplona）是历史上纳瓦拉王国（Kingdom of Navarra）的首都，从古罗马至拿破仑时代都是兵家必争之地，西班牙阿拉贡国王在1512年进攻并占领了纳瓦拉王国。纳瓦拉王国13世纪产生的纹章图像——八根放射性链条与四周链条链接，融合进了西班牙王国的纹章中，保持在西班牙国徽盾面四分之一的位置。纳瓦拉王国的盾徽在9世纪时是鹰的图

形，15世纪改为红色盾面，金色链子网。现在这些特点鲜明的符号在西班牙的国徽和相关城市的纹章中延续下来，如今西班牙纳瓦拉自治区的纹章是13世纪的纳瓦拉王国纹章的延续。

纳瓦拉地区将方济各和佛明（Ferin，272-303）作为双主保圣人，佛明是出生在潘普洛纳的基督徒。现在西班牙北部纳瓦拉省的潘普洛纳城市使用的城市纹章四周是纳瓦拉王国纹章的链条装饰，盾面有一顶皇冠，盾徽冠饰上还保持着纹章的皇冠。16世纪首位试图进入中国大陆传教的传教士方济各，就出生于此地区一贵族家族。

西班牙城市潘普洛纳的城徽。

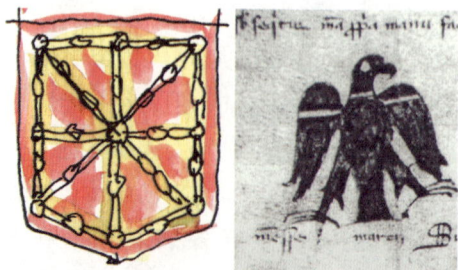

纳瓦拉王国13世纪的的盾徽成为现在的西班牙纳瓦拉自治区的纹章（左），9世纪纳瓦拉王国盾徽的标志（右）。

方济各出生于西班牙的小镇哈维耶尔（Javier），当时是属于纳瓦拉王国，距离王国的首都潘普洛纳52公里。沙勿略家族为巴斯克望族，建于10世纪的沙勿略城堡是家族的居所，方济各的父亲是沙勿略领地的领主（the Lords of Xavier），当时任纳瓦拉国王的财政部长，在方济各9岁时去世。哈维耶尔的沙勿略城堡始建于10世纪，16世纪进行扩建和加固，现在为耶稣会拥有，现

在哈维耶尔城市纹章就是沙勿略家族的族徽。

　　1525 年，方济各赴巴黎学习，进入了巴黎最重要的神学和人文学研究中心圣巴贝学院学习（Collège of Sainte-Barbe）并获得学位。方济各是耶稣会的奠基者之一，1534 年，他与 6 位同伴包括同乡伊纳爵·德·罗耀拉（Ignatius de Loyola）开始讨论成立耶稣会。1537 年，他们到达罗马后得到教皇的支持，成立了耶稣会。1540年，葡萄牙王国请求罗马教廷派遣传教士到新殖民地，即在印度传教，教皇将此任务交给了刚成立耶稣会，葡萄牙国王也考察了这批年轻的传教士。1540 年，方济各回到里斯本担负起传教使命，1541 年 4 月出发前往亚洲。

　　在里斯本葡萄牙古代艺术博物馆瓷器厅入口有两幅巨型油画，分别表现了里斯本港口千帆竞发的繁忙场面和印度果阿的海岸线防御体系。里斯本港口画面是 18 世纪地震前的真实场景，全图上方为方济各在 1541 年向葡萄牙王若昂三世告别的场景，画面背景反映了 16 世纪至 18 世纪里斯本中心港口的城市历史空间形态。

　　1540 年方济各暂时生活在里斯本以等待海船起航，在出发前，葡萄牙

葡萄牙殖民地果阿殖民地时期的城市纹章。

航海时代的里斯本城市风景画。

画中的果阿。

国王会见了方济各并提供一切证明。1541 年 4 月，由五艘船组成的船队从里斯本出发，经历 13 个月的海上航行，于 1542 年 5 月到达印度果阿。大帆船的旅程是困难的，在船上有数百名乘客，这印证了 16 世纪海上贸易已经形成规模，方济各抵达后写下了特殊的感受："旅程相对而言是短暂的，因为未来有漫长的孤独岁月在等待自己。"[20] 此后他到达过马六甲、日本、斯里兰卡和中国的上川岛，建设教堂近 40 座，1553 年有 70 名葡萄牙传教士在亚洲传教[21]。其航行路线和时间大体如此：1541 年方济各从里斯本出发，1541—1542 年在莫桑比克，1542—1545 年在印度和锡兰（Ceylon），1545 年到达马

六甲，在马六甲和印度间往返，中间从马六甲至摩鹿加岛之间往返，1548 年回到印度，1549—1552 年在印度和日本间往返，经过珠江口，在 1552 年从印度到达上川岛。

在 16 世纪，由于地理大发现，广东珠三角地区成为欧洲人通过海路进入中国大陆的最佳选择，1511 年，葡萄牙占领马六甲后开始与中国沿海有了初步的贸易往来。1551 年 8 月，方济各到达广东上川岛，此时这里已经是葡萄牙人与中国民间贸易据点。方济各在 1552 年 10 月给马六甲主教的信中写道："我们乘坐 Diogo Pereira 大帆船安全到达上川岛，岛上已经有许多商人与葡萄牙做生意，拥有自己的帆

上川岛教堂后山上的方济各雕像。

船。"[22] 1552 年 11 月 13 日，他写了最后一封信给果阿主教，于 1552 年 12 月 3 日星期六上午病逝于上川岛，终年 46 岁，初葬于岛上，于 1552 年 12 月 4 日星期天下葬，在场有四人，包括最后陪伴着他的安东尼传教士，同时有一名葡萄牙人和两名仆人，下葬时在墓地周边垒了一些石头做记号，便于来日将其遗体运回印度。1553 年 2 月 17 日有船抵达上川岛，3 月 22 日将遗体运回到马六甲，暂时先安葬在圣母教堂，停留了 9 个月，安东尼向教廷报告了方济各埋葬的情况。[23] 1554 年其遗体运回印度果阿并长眠于果阿的仁慈耶稣大教堂（Basilica of Bom Jesus），1615 年，教堂将手臂骨送至罗马梵蒂

中国广东上川岛上的方济各教堂（左）和清朝康熙年间所立的碑石（右）。

帝国梦想下城市变迁与城市纹章的演变

碑石正面，有 1639 年的字样。

冈作为圣物。

现在方济各墓地所在的教堂是经过多次重建的，现在的墓地教堂是1869年所建。分析保存下来的"1700年建于上川岛沙勿略·方济各墓地图纸"，最早的墓地是经过设计的，宽为40英尺（12米），长约100英尺（约30米）；分大小祭台，小祭台为方济各墓地，设立墓碑，上七级台阶在墓地北方是祭坛，墓地前面下五级台阶处设立十字架；两端墙体高差为三英尺，北面墙体为8英尺高，南面为5英尺；进深约100英尺，分东西两入口，教堂为图尔科蒂所建造。从19世纪的照片中可以看到教堂已经毁坏，但可以看到断墙和石碑。1864年澳门130名天主教徒到达上川岛的历史照片可以

看到教堂内部，刻有1639年字样的墓碑石与地面基本在同一平面，原来澳门传教士制作的墓石周围是木质围栏，山上的十字架在1884年被毁。

在利玛窦《中国札记》一书中，我们可以了解到这样的史实：一是方济各因为发现日本人对中国智慧的崇拜，坚定了他进入中国传教的决心，希望以此影响日本在内的亚洲国家；二是在方济各进入上川岛前，上川岛已经聚集不少葡萄牙商人和中国商人，其中有他认识的葡萄牙商人、航海家迪埃各·皮来拉（Diego Pereira）。上川岛上出土的瓷片可以证明当时这里的瓷器贸易活动是非常活跃的，成为中国海上申遗的重要遗址。

许多探险家、传教士从亚洲回国

1700 年建造的方济各墓地平面。

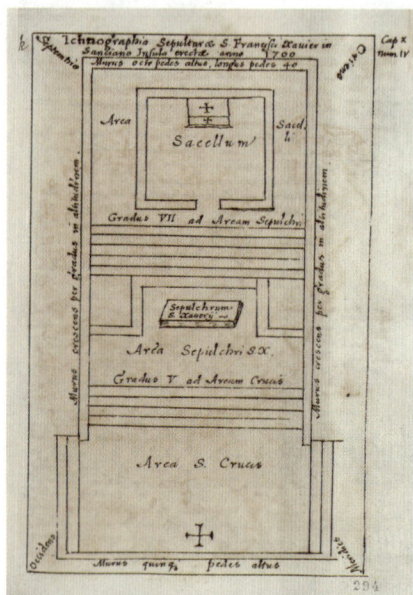

1864 年澳门天主教徒在墓石边留影。

城市纹章：欧洲城市制度的徽记

17世纪末葡萄牙传教士所绘上川岛历史地图。

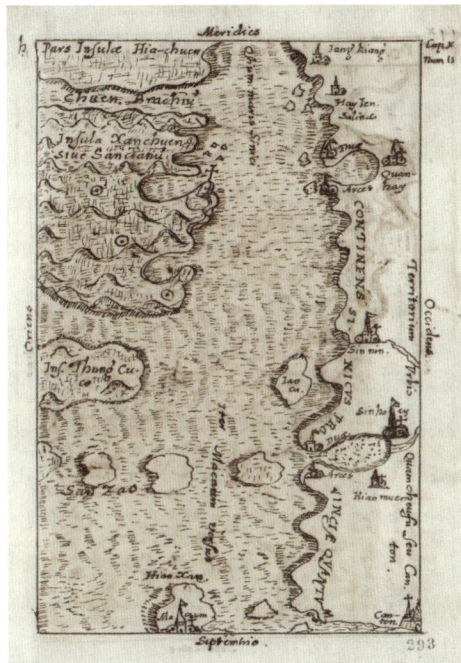

上川岛和台山海岸历史地图。

19世纪上川岛历史照片。

2016年，中国广东上川岛上出土的宽边十字架瓷片。

后著书对亚洲进行介绍，这些游记成为欧洲人了解亚洲的最初渠道。让·哈伊林根·范林斯霍滕在 1598 年出版了引起广泛兴趣的《印度游记》，或译为《东洋航海日记》（*Inhn Huighen van Linschoten his Discours of voyages into ye East & West Indies*），引起社会高度关注。他的经历颇为传奇，由于其兄被指派到印度果阿任主教，范林斯霍滕于 1583 年来到印度，因为有长时间的亚洲生活经验，又保持了写日记的习惯，他在回国后出版了有关远东文化历史的书籍。他的书籍中记录了欧洲如何从海上进入印度、中国的东方航海路线以及各类海图，介绍了远东的风情和文化，包括一些风景插图。书中对葡萄牙在印度的管理和先进的航海技术都有记载，并自信地谈到自己通过 9 年时间的生活，拥有了对远东充分和准确的了

解。这些信息后来成为帮助英国和荷兰参与远东海上贸易和殖民地的掠夺的重要资料。其中有一张后来英国和荷兰人经常使用的海图，具体反映了南中国海和印度洋的地理特征，海图下方写着"葡萄牙领航员所使用的最正确的海图"，这幅海图是收买了葡萄牙人复制得来的㉔。

书本封面上部分是英国皇家纹章，左右是两个类似印度或者马来的人，构成护盾者式的布局，其中右面的护盾者手里牵着的是欧洲的纹章，而书名就在盾徽形状的盾面上。

葡萄牙另一位传教士奥伐罗·塞默多（Alvaro Semedo，1585–1658）于 1613 年后在中国生活 22 年，他在《大中国志》中记述："上川岛是中国边境的许多岛屿之一。它是一座覆盖森林的高山，虽很舒适，仍缺人居住。当葡萄

《印度游记》中的海图（左）和该书的封面（右）。

城市纹章：欧洲城市制度的徽记

牙人首次开始与中国贸易时，这个岛屿被当做港口。他们在那里修盖像棚子一样的茅舍，以供他们在交易和等候货物时之用，但货物一到，他们就抛弃茅舍，马上起航扬帆回印度。离那里54英里处，有另一个叫香山（Gan Xan）的岛，葡萄牙人称之为 Macao（澳门），它很小，而且布满岩石，有利于海盗和海贼藏身；在那时有很多海盗集中在该地，骚扰附近的海岛。"[25] 奥伐罗·塞默多取汉名为曾德昭，1637年开始用葡萄牙语撰写《大中国志》，完成于果阿，1640年将书稿带回葡萄牙。

20世纪60年代，果阿才摆脱葡萄牙殖民地的身份，现在果阿历史街区被列入《世界文化遗产》，其宗教文化特别是葡萄牙文化遗产成为重要的旅游资源，1605年建成的仁慈耶稣大教堂是方济各的长眠处，是果阿最重要的天主教堂。果阿地区已经发展成为超百万居民的城市，旅游业是重要的产业。

4. 联姻式的统一：西班牙王国海上称霸

西班牙王室一直努力从中央与地方找到平衡，这样才能从城市获得利益。市政官的设立起源于中世纪后期，作为地方官员保持与王权的联系。18世纪初为加强中央集权又设置了行省监督官（provincial intendant），拥有更广泛的权力。

西班牙在中世纪被认为是伊比利亚半岛地区国家，1492年随着卡斯蒂利亚和阿拉贡王位的合二为一，形成了渴望统治欧洲的新力量。在16—17世纪期间，当国王制定法律时，特指"这些地区"是专指卡斯蒂利亚和莱昂而非西班牙全部[26]。西班牙国徽演变的过程极为复杂，可以折射出联姻、武力等多种形式的疆土拓展历史。国徽盾面图形和内容的多次变化，反映了西班牙各历史阶段统一合并的历史。"12世纪至13世纪，西班牙北部的城镇化已经发达，卡斯蒂利亚国王兴建了不少新城。与此同时，中部越来越多的伊斯兰城市被天主教派占领。穆斯林人口大多留了下来，但基督教徒被优惠政策和自治权利所吸引，心甘情愿迁往边远地区。"[27] 除了边远地区城市的建立，在接下来的两世纪中，西班牙海上力量逐步壮大，贸易迅速扩张，16—17世纪是西班牙帝国扩张范围最广的历史阶段。

西班牙国徽现在采用的盾徽盾面共有六组图形：中心三朵百合花象征国家民族团结，实际从历史的角度而言，这是波旁王朝统治的象征；左上角红色与金黄色底色，在历史上是卡斯蒂利亚王国的符号；右上角戴王冠的狮子是莱昂王国的象征，在13世纪出现在印章中；右下角的金色链网是纳瓦拉王国的象征，左下角红黄相间的竖条是阿拉贡的王国纹章图形；底部白底红石榴绿色叶子为格拉纳达（Granada）的纹章寓意物，西班牙语中格拉纳达就是石榴的意思，格拉纳达是最后被天主教国王收复的伊斯兰国家。

在1162年建立起来的阿拉贡王

西班牙格拉纳达市现
在使用的纹章。

国后来发展成为阿拉贡联合王国，在
1716 年结束。黄色盾面上红色竖条的
阿拉贡王国象征符号遍布欧洲，包括法
国、希腊、马耳他和安道尔等地的城市
和王国的纹章。安道尔（Andorra）在
1409 年开始被西西里王国和西班牙阿
拉贡王国统治，至 1700 年。现的安道
尔在是法国总统和西班牙加泰罗尼亚乌
格尔教区主教为共同元首，仍然称为
"安道尔公国"，设立 7 个堂区为行政
区。在安道尔国徽的左下方与右上方分
区的黄底色四道竖条纹代表着加泰罗尼
亚，左上方是主教帽的造型，突显宗教
的统治权。

　　收复格拉纳达是西班牙帝国开
始形成强大王国的起点，西班牙人在

安道尔公国的纹章。

1492 年收复格拉纳达时，自豪地称：
"最受神祝福的一天。"

纳瓦拉王国国王桑乔的儿子费迪南与阿拉
贡国王女儿莎查。

　　这张肖像创作于 16 世纪，描绘的
是纳瓦拉王国国王桑乔的儿子费迪南与
阿拉贡国王女儿莎查，作为 11 世纪强
强联合的象征，欧洲各公国通过政治联
姻扩大疆土和管治权力。纳瓦拉王国国
王桑乔的儿子费迪南与阿拉贡国王女
儿莎查结婚，并于 1035 年取得莱昂和
卡斯蒂亚国王的称号。1137 年阿拉贡
国王拉米罗二世（Petronilla of Aragon，
1136—1173 年在位）的女儿彼得罗尼
利亚与加泰罗尼亚国王的儿子拉蒙·贝
伦格尔四世（Ramon Berenguer，1131—
1162 年在位）伯爵结婚，1137 年阿拉
贡王国与加泰罗尼亚王国合并。詹姆斯
一世（James I）统治阿拉贡王国时期，
在与伊斯兰战争中占了上风，王国的领

地迅速扩大。

在 1469 年，卡斯蒂亚国王的女儿伊莎贝拉一世（Isabella I of Castile）与阿拉贡国王的儿子斐迪南二世（Ferdinand II）结婚，两个王国合并，成为共主联盟，两国的国书由他们两人共同签署，虽然两国政治上相对独立，但象征着独立的西班牙王国产生。女王成为女性十字军英雄，"伊莎贝拉的人格不仅支配了西班牙，而且她的风格也代表着骑士时代的遗风"[28]。

伊莎贝拉一世和斐迪南二世结婚后统一了大部分西班牙领地，格拉纳达从摩尔人手中收复为西班牙领土。其纹章盾面上包括卡斯蒂利亚王国、莱昂（León）王国等。"第一个渴望统治欧洲的巨大力量是西班牙，这个国家是随着卡斯蒂亚和阿拉贡王位合一才开始存在的。"[29] 哥伦布在伊莎贝拉的资助下成功地发现新大陆。

在他们的天主教双王的纹章中，铭文牌的左右有两个红色的象征物：一个"轭"（yoke）和一束"箭"（facese）。束箭就是束棍，原来含有团结之意，轭是两只牛一起耕作时套在脖子上的一件木件，也是合力的含义，这是针对西班牙双王富于象征性的设计。可惜的是束棍在 20 世纪成为法西斯的图形象征，轭和箭后来成为佛朗哥（Francisco Franco，1892–1975）20 世纪建立的法西斯政权的象征物。

伊莎贝拉一世和斐迪南二世的最年轻的女儿阿拉贡·凯瑟琳（Catherine of Aragon，1465–1536），在 1509 年与英格兰国王亨利八世联姻，成为英格兰王后，英国王室与西班牙王室形成亲缘关系。1516 年斐迪南去世，孙子查理五世登上西班牙王位，也继承了中南美洲的新西班牙领地。尽管斐迪南与女婿亨

伊莎贝拉的女儿，阿拉贡·凯瑟琳画像[30]。

西班牙 15 世纪的国王为天主教双王的"束箭"象征图形（左），西班牙双王卡斯蒂利亚王国、莱昂王国纹章（中），阿拉贡王国的纹章（右）。

利关系恶劣，但凯瑟琳努力促成英国王室支持外甥查理的神圣罗马帝国并与之保持良好关系，英格兰的主要战争对象是法兰西王权。

直布罗陀（Gibraltar）现在为英国的海外领地，历史上是多方争夺的地理要道，曾经在中世纪被阿拉伯人控制着，8世纪因直布罗陀的战略位置，西班牙人称直布罗陀为通往地中海的"金钥匙"。格拉纳达重回卡斯蒂利亚王国领地后，一直为西班牙人所控制的海上战略要地，从直布罗陀的城市纹章中，可以反映出其历史和现在的地理战略意义。直布罗陀纹章盾面上有着三座塔楼的红色城堡，在城堡的门口挂着用金色链条所系的金色钥匙，因为在西班牙称直布罗陀是进入西班牙的"西班牙钥匙"。纹章是1502年西班牙国王伊莎贝拉一世批准使用的。直布罗陀于1713年为大不列颠所占有，在保持传统纹章的基础上增加了铭文"直布罗陀石头的徽章"（Insignia of Mountain of Calpe），在腓尼基人控制的时期形容海峡石山为希腊神话中的海格力斯大力神柱。1836年英国纹章院授权直布罗陀使用传统的城市纹章，现在城市人口3万多。大不列颠将进入地中海的钥匙掌握在手中，直布罗陀被英国人建成海军基地。在2015年建立的西班牙加的斯省直布罗陀郡（Campo de Gibraltar）的名字和纹章，仍然使用这一具有海洋地理要塞象征意义的传统名字，盾面上7颗绿色六角星代表重新组合的7座城市，冠饰为西班牙传统的皇冠纹章图形。西班

牙直布罗陀郡的圣罗克市（San Roque, Cádiz）的城市纹章也使用这一图形，区别在于红色城堡的门窗为蓝色。

西班牙直布罗陀郡纹章（左）和圣罗克市的城市纹章（右）。

西班牙海岸带的港口城市是在西班牙作为海上霸主的时期得到繁荣发展的，西班牙安达卢西亚（Andalusia）是西班牙17个自治区之一，著名的城市有格拉纳达、科尔多瓦、塞维利亚和加的斯等，哥伦布的几次远航都是从这一地区的数个港口出发。塞维利亚通过航海跃升为国际贸易港口，城市人口从1534年的5.5万发展为1600年的13.5万。

西班牙人荷南·科尔蒂斯（Hernán Cortés，1486–1547）成为西班牙征服墨西哥的先锋，1518—1521年，他在墨西哥发动战争，是拓展西班牙美洲大陆殖民地的第一人。1519年西班牙人抵达阿兹特克人的首都特诺提兰，此时城市人口约20万。西班牙人利用族群间的矛盾，科尔蒂斯在1521年8月带领几十名西班牙士兵控制了阿兹特克帝国，首都名字也改为墨西哥城。1529年神圣罗马皇帝查理五世授

城市纹章：欧洲城市制度的徽记

予科尔蒂斯纹章以表彰其功绩，他还被任命为殖民地的总督。为表彰其征战墨西哥有功，还册封其为"瓦哈尔谷侯爵"（Marquisate of Oaxaca Valley of Mexico）。记录荷南·科尔蒂斯的三份手抄本（codices）现存于墨西哥国家档案馆（Codices from the Oaxaca），是当地的原住民用土著的书写方式在龙舌草纸上绘制的，《瓦哈尔谷地古抄本》被列入《世界记忆名录》。

荷南·科尔蒂斯家族继续西班牙帝国的扩张，充当哈布斯堡王朝的急先锋，其孙辈与哈布斯堡家族通婚，保持着在新大陆的统治。在开垦新大陆的 120 年中，他们建造了 7 万座教堂、500 座修道院和 30 万座教会赞助的学校和医院[32]。他们为西班牙帝国拓展疆土、取得财富，但也摧毁了无法复制的欧洲之外的古代文明。在墨西哥城现在还有以荷南·科尔蒂斯命名的学校，学校还将这位殖民者的个人纹章作为瓷砖装饰。

Gabriel Lasso de la Vega, Cortés Valeroso. (Madrid, 1588)

荷南·科尔蒂斯的纹章，此纹章为神圣罗马皇帝查理五世授予的章。

在这一地区（包括埃斯特雷马杜拉自治区）也造就了多位地理大发现时的冒险家，如出生于巴达霍斯市的埃尔南多·德·索托（Hernando de Soto, 1500–1542）首次进入美国的佛罗里达、密西西比河；同样出生于巴达霍斯市的瓦斯科·怒涅斯·德·巴尔沃亚（Vasco Nunez de Balbo, 1475–1519），

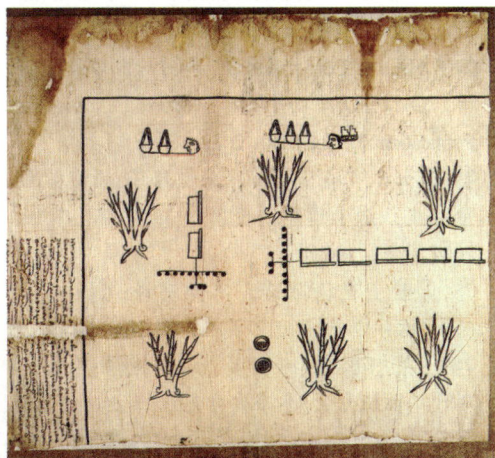

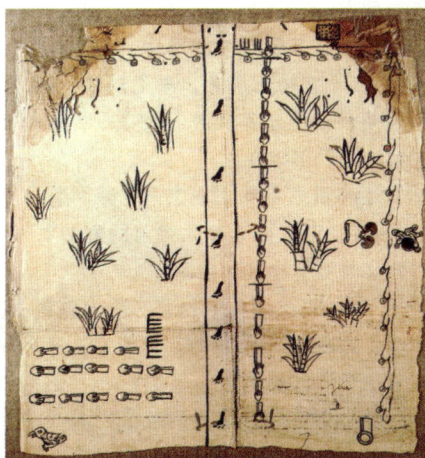

用土著的书写方式在龙舌草纸上绘制的的文件，《瓦哈尔谷地古抄本》列入《世界记忆名录》[31]。

是第一位跨越巴拿马海峡进入太平洋的巴拿马建立者；出生于此地区的西班牙探险家还有中南美洲的西班牙殖民者荷南·科尔蒂斯（Hernan Cortes，1485–1547），征服秘鲁的弗朗西斯科·皮萨罗（Rrancisco Pizarro，1471—1541）等。

① ［美］简·德·弗里斯著，朱明译：《欧洲的城市化：1500—1800年》，商务印书馆2015年版，第142页。

② ［英］罗杰·克劳利著，陆大鹏译：《征服者：葡萄牙帝国的崛起》，社会科学文献出版社2016年版，第38页。

③ ［英］杰里·布罗顿著，林盛译：《十二幅地图中的世界史》，浙江人民出版社2016年版，第143页。

④ ［英］杰里·布罗顿著，林盛译：《十二幅地图中的世界史》，浙江人民出版社2016年版，第147页。

⑤ 同上。

⑥ 同上。

⑦ 译自UNESCO官方网站。

⑧ ［日］宫崎正胜著，朱悦玮译：《海图的世界史：海上道路改变历史》，中信出版社2014年版，第130页。

⑨ 图片引自［英］罗杰·克劳利著，陆大鹏译：《征服者：葡萄牙帝国的崛起》，社会科学文献出版社2016年版。

⑩ ［英］罗杰·克劳利著，陆大鹏译：《征服者：葡萄牙帝国的崛起》，北京：社会科学文献出版社2016年版，第117页。

⑪ 译自UNESCO官方网站。

⑫ 图片引自 https:www.raremaps.com/gallery/detail/36343/linsch0…Linschoten_Haerlemensis_1596/van%20linschoten.html

⑬ ［英］罗杰·克劳利著，陆大鹏译：《征服者：葡萄牙帝国的崛起》，社会科学文献出版社2016年版，第194页。

⑭ ［英］马克·格林格拉斯著，李书瑞译：《基督教欧洲的巨变》，中信出版社2018年版，第297页。

⑮ ［英］罗杰·克劳利著，陆大鹏译：《征服者：葡萄牙帝国的崛起》，社会科学文献出版社2016年版，第340页。

⑯ 广东文物考古研究所：《广东台山上川岛大洲湾遗址2016年发掘简报》，第37页。

⑰ ［英］马克·格林格拉斯著，李书瑞译：《基督教欧洲的巨变》，中信出版社2018年版，第206页。

⑱ ［英］桑贾伊·苏拉马尼亚姆著，巫怀宇译：《葡萄牙帝国在亚洲》，广西师范出版社2018年版，第149页。

⑲ ［美］唐纳德·F·拉赫著，唐宁、胡锦山译：《欧洲形成中的亚洲》，人民出版社2013年版，第348页。

⑳ Delio Mendonca. *Saint Francis Xavier*.Goa: New age Printers, 2013.19p.

㉑ ［美］唐纳德·F·拉赫著，周凝译：《欧洲形成中的亚洲》，人民出版社2015年版，第320页。

㉒ P. Rayanna. SJ, Saint. *Francis Xavier and his Shrine*, Goa: Basilica of Bom, 2010, P. 163.

㉓ Hilario Fernandes. *Francis Xavier and the Spirituality of Dialogue*. Goa: Xavierian Publication Society. P. 30, 2012.

㉔ ［日］宫崎正胜著，朱悦玮译：《海图的世界史：海上道路改变历史》，中信出版社2014年版，196页。

㉕ ［葡］曾德昭著，何高济译：《大中国志》，商务印书馆2012年版，第243页。

㉖ ［英］亨利·卡门著，吕浩俊译：《黄金时代的西班牙》，北京大学出版社2016年版，第6页。

城市纹章：欧洲城市制度的徽记

㉗ ［英］彼得·克拉克著，宋一然等译：《欧洲城镇史 400—2000 年》，商务印书馆 2015 年版，第 30 页。

㉘ ［英］J.F.C 富勒著，钮先钟译：《西洋世界军事史》，广西师范大学出版社 2003 年版，第 464 页。

㉙ ［英］杰弗里·帕克著，石衡潭译：《城邦：从古希腊到当代》，山东画报出版社 2007 年版，第 129 页。

㉚ 图片引自［美］克斯汀·唐尼著，陆大鹏译：《伊莎贝拉：武士女王》，社会科学文献出版社 2016 年版。

㉛ 图片引自联合国教育、科学及文化组织编著，金琦、万洁译：《世界的记忆》，时代出版传媒股份有限公司、安徽科学技术出版社 2015 年版。

㉜ ［美］克斯汀·唐尼著，陆大鹏译：《伊莎贝拉：武士女王》，社会科学文献出版社 2016 年版，第 529 页。

墨西哥荷南·科尔蒂斯
学校的纹章装饰。

城市纹章：欧洲城市制度的徽记

五、更广的帝国版图

从航海时代开始称霸世界的帝国更迭频繁，继葡萄牙、西班牙和荷兰之后，英国、俄罗斯和后来的奥匈帝国，军事力量不断壮大，突破欧洲版图，将全球各大洲列入欧洲殖民地的范围，形成更广的帝国版图。16世纪海上强国西班牙"无敌舰队"的神话被伊丽莎白女王击破后，海上霸主大不列颠帝国横空出世。

1. 大英帝国的米字旗插遍全球

在20世纪初期，大英帝国（British Empire）达到发展的顶峰，大英帝国和其殖民地拥有世界三分之一的人口，世界四分之一的领土。大英帝国的兴起要溯源到他们的祖先金雀花王朝（House of Plantagenet），如狮子王理查的纹章中三只举右足向前行走的狮子一样，英格兰磕磕碰碰走过了100多年。1340年爱德华三世改变英格兰，这时英格兰纹章发生变化，"现在王室的纹章发生巨大变化。如今，三只狮子不是骄傲地横跨整个纹章，而且变成了这种样式：纹章分成为四个部分，狮子只占右上和左下部分，其他部分则是蓝色底纹上的

金色百合花，这是古老的法兰西王室纹章。"[①]1340年英格兰爱德华自称对法兰西王位享有权利，而法兰西王室腓力六世地位稳定而且扩张野心膨胀，金雀花王朝的阿基坦不承认法兰西国王的统治，英法两国开始了军事上的对决。1361年爱德华三世的三个儿子分别获得嘉德勋章，反映了对法兰西战争的胜利。英格兰-勃艮第联盟控制着法兰西近半的土地，新铸造的钱币上出现了法兰西和英格兰两国的纹章。

在1496年左右，英王亨利七世开始了海上探险活动和贸易，在1588年，英国在格瑞福兰海战中击败西班牙的无敌舰队，成为其作为欧洲强国崛起的象征。英国在亚洲殖民地拓展的第一站是印度的苏拉特（Surat），于1608年在此建立了贸易站。

玫瑰是在欧洲中世纪受到喜爱的符号，最晚在13世纪亨利三世时期，英格兰的贵族就将玫瑰作为家族纹章的寓意物。英格兰的王室象征之一是玫瑰，白玫瑰代表约克家族，红玫瑰是兰开斯特家族的徽记，亨利七世获得王位后成为王室的徽记。1485年，亨利七世迎娶了爱德华四世的女儿——约

城市纹章：欧洲城市制度的徽记

克的伊丽莎白，创造了红白玫瑰的混合体，称为都铎玫瑰[②]。实际上红白玫瑰意味着竞争两方，成为英格兰内战争夺王位的"玫瑰战争"。

19世纪的工业革命使英国在欧洲的地位更为牢固，18世纪末至19世纪初，英国进入城市化的快速发展阶段。在18世纪初，英国的社区或城镇规模多数是2000人左右，但到了19世纪初，城镇规模迅速扩大。"据保守统计，到1801年约有275万，约占总人口的30%的居民，长期生活在这些社区中。在一世纪时间里，人口数大于等于5000人的社区所占的比例从13%上升到25%。与此同时，伦敦这一最大的中心城市，约从57.5万增至95万。"[③]英国从农业经济加快进入工业革命，随之发挥金融中心的作用，成为世界最大的商业与工业并重的大国，近代的城市体系由工业化推动和金融活动聚集催生而成。布里斯托尔（Bristol）建立于古罗马时期，于1155年获得"皇家宪章"，得到城市的权利。地理大发现年代该地是重要的出海口，是探索新大陆起航的港口，13世纪至18世纪一直是英格兰前三位的城市，前面是伦敦、诺里奇或者是约克。在布里斯托尔城市纹章中表现了城市港口的特征，城堡有两座塔楼，大帆船从城堡的塔楼下出发。在工业革命时期，布里斯托尔被利物浦、曼彻斯特、伯明翰所超越。

英国的国旗在1801年之前也是变动的，从英格兰与苏格兰的联合，到爱尔兰的加入，在1801年才形成米字旗。旗帜上分别是圣乔治、圣安德鲁、圣帕特里克的十字架的象征图形。

大不列颠米字旗的形成（左）和苏格兰旗帜（右）。

英国布里斯托尔市政厅城市纹章。

对美洲的殖民统治，扩大了大英帝国的势力范围，美国现在许多州和城市保存了英国殖民地纹章的痕迹。

世界遍布英国殖民地，1602年，英国在弗吉尼亚（Virginia）的詹姆斯敦（Jamestown）镇建立聚居地，1776年弗吉尼亚宣布独立于大英帝国。美国在1783年争取独立成功后，英国便将关注的目光投向亚洲、非洲和太平洋地区。非洲上万个部落王国被欧洲殖民者瓜分为40多个城邦，大帝英国占了三

产生于 1861 年弗吉尼亚州的旗帜（上）和 1878 年绘制的弗吉尼亚的州徽（下），为希腊神话中亚马逊女战士脚踩暴君的形象。

分之一。1843 年，米字旗作为一种征服的象征符号出现在中华帝国的香港土地上。

近期有美国学者约瑟夫·麦克米兰（Joseph Mcmillan）分析族徽与美国各州纹章的关系，2016 年"国际族谱和纹章大会"论文中有一篇题目为《从个人到省的纹章：在大不列颠北美洲纹章与殖民地身份象征》（*From Personal to Provincial Arms:Heraldry and colonial identity in British North Americ*）的文章，文章分析了美国 13 个州的纹章包括马里兰州、特拉华州、宾夕法尼亚州等与大不列颠王族纹章的联系④。

北美的城市系统的建立，与英国的殖民地统治和贸易、移民关系紧密，从纹章中反映了这段历史。巴尔

的摩男爵是爱尔兰的贵族头衔，产生于 1625—1771 年。爱尔兰贵族卡尔弗特（Calvert）家族的成员乔治·卡尔弗特（George Calvert，1580-1632）是大不列颠的议员，狂热的殖民主义者，也是第一位获得巴尔的摩男爵头衔的英国贵族，他在 1623 年购买了大量北美洲的土地，其儿子受封成为英国殖民地美国马里兰的总督，也是第二位巴尔的摩男爵。卡尔弗特家族是在约克产生的贵族家族，在吉普林市（Kiplin）还保存着家族 1622—1625 年建造的吉普林大厅（Kiplin hall），这一历史建筑被列为英国一级历史建筑。现在马里兰州的州纹章和旗帜是对乔治的家族族徽的传承，盾面四分区，两分区重复，分别来自乔治父亲和母亲的家族族徽，护盾者分别为农夫和渔夫。在 1692—1715 年没有使用这一纹章，1874 年重新使用这一家族的纹章为州的印章，1904 年议会正式通过授权使用以传统纹章图案为基础的州旗。1969 年又立法通过该州的印章为双面印章，背面是骑士骑马挥剑的造型。

英国卡尔弗特家族族徽（左）和美国马里兰州的纹章（右）。

城市纹章：欧洲城市制度的徽记

斯里兰卡国徽和国旗。

"近来，一位知名的历史学家在英国广播公司电视节目中提出一个问题，可以说浓缩了当前人们对英国历史的传统思考和认识。他问道：'一个自认为自由的民族何以奴役了世界上如此广大的疆域……一个自由之国何以变成了一个奴役之国？'为什么'出自善意'的英国人却因'市场崇拜'而牺牲了'共同人性'？"⑤

大英帝国十分注重象征意义，米字旗帜的图形是占有、臣服的象征。所有大英帝国的殖民地的旗帜四分之一为米字旗所占有。斯里兰卡在1815年至1948年是英国的殖民地，其旗帜四分之一为米字旗。米字旗是由圣乔治十字架和圣帕特里克的斜纹十字架构成，米

在1886年制作的标志大不列颠全球贸易范围的世界地图，英国艺术家瓦尔特制作⑥。

字旗的符号曾经是"日不落帝国"的象征，至今还有 50 多个国度依然有此标记。亚洲斯里兰卡在英国殖民地时期被称为锡兰，现在的名字是斯里兰卡（Sri Lanka），至今国旗还有四分之一的空间留给米字旗。

英国艺术家瓦尔特（Walter Crane，1845-1915）制作的大不列颠全球贸易范围的世界地图，反映了英国的殖民地扩张是全方位的，在画面底部以象征英格兰的女神为中心，一手扶着米字旗造型图案的轮盘，一手握着象征贸易的三叉戟。地图上涂上红色的领地是大英帝国殖民地，大不列颠帝国不仅盯着亚洲，霸着美洲，还"用上了"大洋洲。"英国人为了贸易被吸引到亚洲，也曾为了土地被吸引到美洲。虽然遥远的路途是一大障碍，但如果遇到顺风的天气，这个障碍还是可以克服的。可是这个世界还有一个大陆也吸引着他们，这次是出于一个截然不同的原因，因为这里荒凉贫瘠，遥远偏僻，这里是天然的监狱。"⑦ 不过澳大利亚和新西兰最终还是进入大英帝国的版图。

在 1949 年，在殖民地独立运动浪潮中，大英帝国发表了《伦敦宣言》，成立英联邦，范围包括原殖民地共 53 个国家（包括领地），并延续至今。而海外领地（British Overseas Territories）共有 14 个。

牙买加（Jamaica）的国徽是 1661 年由坎特伯雷大主教设计的，盾徽中间为十字架，上面有 5 个凤梨，盾徽上有头盔和鳄鱼，护盾者是泰诺印第安男女青年。坎特伯雷大主教为全英格兰主教长（The Primate of All England），由他设计的国徽自然带有英国色彩。

牙买加的国徽。

英国人在设计旗帜和纹章时总忘不了大不列颠的米字旗和圣佐治十字架，牙买加的国旗和国徽也不例外。1962 年牙买加宣布独立并同时加入英联邦，所以米字旗还是牙买加国旗的一部分。

作为英国的殖民地，新西兰的国旗按照英联邦规则，将米字旗作为国旗的组成部分。新西兰在 2015 年决定对国旗重新设计，以体现国家的共同价值。从上万个参选设计方案中选出五个候选方案，在 11 月 20 日至 12 月 11 日由新西兰人民公选出新西兰新国旗，12 月 15 日公布⑧。南十字星座（southern cross）、蕨（fern）、波浪等地理特征是大部分方案选择的图形表现主题。

2016 年的公投中，56.6% 的选票选择保持现有国旗，公投共花了 2600 万新西兰元。

2. 俄罗斯帝国东张西望的双头鹰

俄罗斯帝国（Imperial Russia）是

近代对世界产生巨大影响的国家，城市化的发展在俄罗斯帝国历史发展过程中发生质的变化，大诺夫哥罗德市（Veliky Novgorod）、圣彼得堡、基辅和莫斯科四座城市基本上可以体现俄罗斯帝国的历史。俄罗斯帝国皇帝后来称为沙皇，是恺撒的俄语发音，它在16世纪初成为俄罗斯沙皇帝国的称谓而双头鹰纹章成为图像象征。

俄罗斯与拜占庭统治者之间有着一段历史姻缘，989年基辅的统治者弗拉基米尔（Vladimir）娶了拜占庭皇帝巴西尔二世的妹妹安妮，并选择了希腊正教从而巩固了君士坦丁同基辅的关系。

俄罗斯最为古老的城市大诺夫哥罗德市，在公元862年被瓦良格人（维京人）在首领留里克（Rurik）的带领下建立起来，俄罗斯、白俄罗斯和乌克兰都推其为"建国之父"。维京人在8世纪中叶已经来到这片土地，他们开始被称为罗齐（Ruotsi），后来改称"罗斯"（Rus）[9]。在882年，其后人又占领基辅。留里克的继任者海尔克（Prince Oleg，879–912）迁都基辅，是这一地区最早的统治者，瓦良格人将斯拉夫土地称为基辅罗斯（Kiev Rus）。初期基辅和拜占庭和平相处，但从海尔克后的继任者英格瓦（Iger）开始，就与拜占庭帝国在历史上恩怨不断。

蒙古人通过1224年卡拉（Kalka）会战、1228年奥卡河（Oka）会战和西特（Sit）会战三次战役征服了俄罗斯骑士所统治的领地。随后弗拉基米尔家

族借助投靠鞑靼人而发挥余威成为统治者，迅速控制和征服政敌，将莫斯科立为首都，接着逐步摆脱鞑靼人控制，此后与拜占庭的关系由于联姻得到加强。莫斯科大公到沙皇的变化是在伊凡三世（Ivan III，1462–1505）统治俄罗斯时开始的，双头鹰成为这一帝国象征。他自认为是拜占庭帝国的继承者，1473年伊凡三世同拜占庭公主索菲娅联姻，公主是君士坦丁的王族继承人。伊凡三世的印章采用双头鹰的图像。伊凡三世产生的沙皇与双头鹰图像逐步成为俄罗斯王国的象征。

1862年，为纪念瓦良格人留里克家族到达此地而建立了大诺夫哥罗德"俄罗斯千年纪念碑"的雕像，处于圣索菲亚教堂前。纪念碑上出现众多俄罗斯统治者的形象。伊凡三世在1478年征服了大诺夫哥罗德，伊凡三世的雕塑身旁靠着双头鹰盾牌，手里拿着权杖和金球。人物雕塑中的盾徽成为说明人物身份的特殊道具。大诺夫哥罗德"俄罗斯千年纪念碑"上伊凡大帝和瓦良格人的领袖都用盾牌上的纹章表达人物的身份，伊凡大帝与君士坦丁公主联姻，用其双头鹰纹章装饰其盾牌。诺夫哥罗德是1727年才从圣彼得堡管理区分离开而独立成为管理区。

大诺夫哥罗德城市纹章产生于1781年，诺夫哥罗德省在苏联解体后又重新使用传统纹章。

从1263年存在的莫斯科公国是以莫斯科为中心的附近地区为领地。在留里克王朝（House of Rurikovich）伊凡统

诺夫哥罗德州的纹章。

大诺夫哥罗德市的城市纹章。

治期间，1547 年伊凡四世（Ivan IV the Terrible，1530–1584）加冕，称伊凡雷帝，在他统治下的俄罗斯领土大为扩张，伊凡四世是第一个被称为"沙皇"的莫斯科公国的国王，也称伊凡大帝，是中央集权统治的代表人物。从 1547年开始，留里克王室开始将莫斯科公国改称为俄罗斯沙皇国，俄罗斯成为欧洲强国。

1580 年伊凡四世用权杖击毙自己的长子一事足以说明其性格，1584 年伊凡去世后次子狄奥尔多（Theodore）成为皇位继承人。俄罗斯巡回展览画派代表性画家列宾（Ilya Repin，1844–1930）的画作《伊凡雷帝杀子》生动地表现了这一历史画面。

关于伊凡大帝的统治，西方学者和俄罗斯学者持有不同观点，"不过他们在一个问题上没有分歧，那就是伊凡极大地增强了沙皇的专制权力，并且摧毁了莫斯科大公国仅存的那些代议制机构。"[⑩]

在罗曼诺夫（House of Romanov）王朝统治俄罗斯前，戈东诺夫王朝（House of Godunov）、叔伊斯基王朝（House of Shuysky）、瓦萨王朝（House of Vasa）的成员成为沙皇。如 1606—1610 年在位的是来自达诺夫哥罗德的叔伊斯基的瓦

俄罗斯著名画作《伊凡雷帝杀子》，列宾创作。

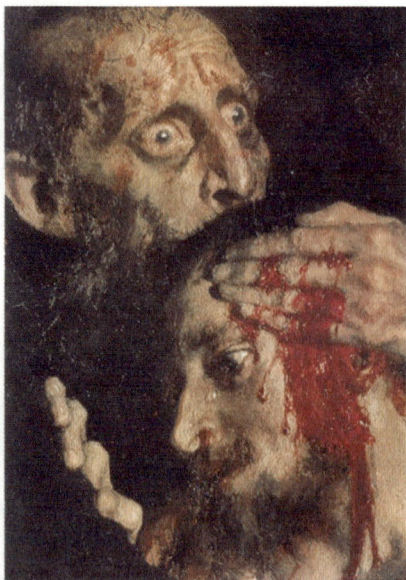

城市纹章：欧洲城市制度的徽记

西里四世（Vasili IV）。在 1610 年后的一段时间，瓦萨王朝的瓦迪斯瓦夫四世（Wladyslaw IV Vasa，1596–1648）成为新沙皇，他同时是波兰国王和立陶宛大公。

罗曼诺夫王朝第一代沙皇是米哈伊尔一世（Michael of Russia，1596–1645），为大主教菲拉特（Metropolitan Philaret）的儿子，在 1613 年至 1645 年被选举为沙皇。强大的俄罗斯帝国在此之后建立起来，经历了 1721 至 1917 年约 200 年左右的辉煌时光。

1721 年，罗曼诺夫王朝的彼得大帝加冕成为俄罗斯帝国的皇帝，选择了圣彼得堡为首都。在其统治期间，俄罗斯成为欧洲的重要力量。17 世纪，波罗的海完全为瑞典所控制，俄罗斯海军力量的崛起形成与瑞典相抗衡的局面，俄罗斯与瑞典的"大北方战争"迫使瑞典王国将利沃尼亚、爱沙尼亚、英格利亚，部分卡累利阿（Karelia）、维堡（Vyborg）、奥赛尔（Osel）和达戈割让给俄罗斯。

俄罗斯帝国的发展造就了若干新城市的形成，彼得大帝重新统治了卡累利阿和英格利亚。历史上在 12 世纪至 16 世纪，该地区分别为诺夫哥罗得共和国和瑞典王国统治，18 世纪彼得大帝通过战争从瑞典王国手中夺回了这片领土，开始在圣彼得堡这一战略要塞建立军事工事，形成芬兰湾的防御链条系统，1703 年开始建设圣彼得堡。圣彼得堡是在建立了彼得和保罗城堡后逐步发展起来的城市，俄罗斯在以圣彼得堡为核心的向外扩张过程中，俄罗斯人口向利奥尼亚这一历史上德国东拓的地区迁移，引起东欧城市体系新的秩序重整。

在彼得大帝使俄罗斯进入欧洲强国之列后，叶卡捷琳娜二世进一步强化俄罗斯的地位。她在位 34 年，从 1762 年至 1796 年，建立了面积世界第

俄罗斯圣彼得堡冬宫彼得大帝的宝座。

文织字母是俄罗斯帝国高度重视的专用权标志，皇室成员均有自己独特的文织字母标志。（叶卡捷琳娜二世的纹章文织字母图案和叶卡捷琳娜二世肖像，俄罗斯画家 Fyodor Rokotov 绘制。）

一、横跨欧、美、亚三大洲的帝国。叶卡捷琳娜二世出生在普鲁士的斯特丁（Stettin），是德国公爵的女儿。1744年，年仅15岁的安哈尔特－采尔布斯特公主索菲亚离开德国，一年后嫁给彼得三世，成为叶卡捷琳娜大公夫人，并改信东正教，学会俄语。彼得三世对妻子的粗暴和野蛮，激发她联合近卫军军官格利高里·奥尔洛夫（Grigory Orlov）发动政变成为女皇，俄罗斯在她超凡的才智和治国方略统治下处于最为强大的黄金年代。

于1750年在广州订制的叶卡捷琳娜父母纹章瓷。

在广州博物馆收藏着一件1750年制作的俄罗斯女皇叶卡捷琳娜（Catherine the Great）父母的纹章瓷，两个纹章并排，护盾兽、皇冠、披幔、豪华冠饰等传统皇家纹章元素丰富，从两个纹章可以窥见这位俄罗斯女皇的身世。

叶卡捷琳娜出生于德国一个贵族家庭，1762年成为俄罗斯女皇。父亲奥古斯特（Christian August，1690–1747）是阿舍尔斯家族（House of Ascania）也称为安哈尔特家族（House of Anhalt）的成员。最早有文献记载的家族先祖（Progenitor）是1036年巴伦斯特（Ballenstedt）公国的统治者伊斯科（Esico of Ballenstedt），在12世纪的相关编年史中出现，成为这一豪族的创建者。家族成员获得的头衔包括萨克森公爵、萨克森选帝侯、安哈尔伯爵、勃兰登边疆伯爵、俄罗斯女皇等。

女皇的父亲奥古斯特出生于德国戈梅尔恩，在采尔布斯特（Zerbst）去世，是萨克森－安哈尔特（Saxony-Anhalt）公国的亲王。家族纹章盾面的图案包括1296—1803年萨克森公国（Saxony）的冠状绿色芸香条带（Green Crancelin）或者弯曲的芸香条带（Rue-crown bendwise）寓意物、965–1423年迈森（Meissen）伯爵黑色狮子、1170年奥托一世边疆勃兰登堡边疆伯爵（Otto I of Brandenborg）开始使用的红色的鹰、12世纪出现的黄色盾面蓝色竖条的兰茨贝格（Landsberg）伯爵纹章、布雷纳（Brehna）伯爵的红色水莲寓意物。家族的主要领地是安哈尔特，1918年才结束了对安哈尔特的统治。

女皇的母亲伊丽莎白（Johanna Elisabeth of Holstein-Gottorp，1712–1760）

来自荷尔斯泰因－戈托尔夫（House of Holstein-Gottorp）家族，这一家族重要的分支是奥尔登堡家族，曾经获得的头衔包括丹麦国王、挪威国王、瑞典国王、希腊国王、冰岛国王、俄罗斯国王、奥尔登堡大公、石勒苏益格－荷尔斯泰因公爵、荷尔斯泰因－戈托尔夫公爵，奥尔登堡家族（House of Oldenburg）最重要的居住地是戈托尔夫堡，现在处于德国石勒苏益格－荷尔斯泰因州的石勒苏益格市，20世纪初成为州的博物馆。伊丽莎白出生于戈托尔夫家族城堡中，该家族在中世纪开始统治着德国历史上的萨克森－劳恩堡、荷尔斯泰因等多个公国。家族纹章盾面上的图形留下了这一系列公国的纹章印记，包括1058年至1866年石勒苏益格公国（Schleswig）的金色盾面双蓝色狮子，1811年至1866年荷尔斯泰因公国的蘇叶形图案（Nettle leaf），1180—1810年奥尔登公国金色盾面两道红色横条。家族中最早具有国王显赫地位的是克里斯蒂安一世，他在15世纪成为丹麦、挪威和瑞典国王。第一个荷尔斯泰因－戈托尔夫公爵是阿道夫（Adolf, Duke of Holstein-Gottorp, 1526-1586），他的妻子来自另一豪族黑森家族（House of Hesse），岳父是菲利普一世（PhilipI, Landgrave of Hesse, 1504-1567），是德国新教的领袖人物。

女皇父亲家族的基础纹章产生于中世纪，拥有的纹章分别有黑白相间的盾徽和黄色盾面上的10条金色和黑色相间横带的盾徽；女皇母亲家族的基础

纹章是对分的盾面，盾面右区为金色盾面两道红色横带，也是奥尔登堡家族的纹章寓意物，左面为蓝盾面上金色十字架。

与这两大家族有关的城市的城徽现在仍保留有关历史纹章图案，包括采尔布斯特、巴伦斯特、阿舍尔斯莱本、劳恩堡、贝尔恩布尔格等城镇和城市的城徽。

三大家族的基础盾徽：阿舍尔斯家族纹章（左）、巴伦斯特伯爵（中）和荷尔斯泰因－戈托尔夫家族的纹章（右）。

俄罗斯帝国的城市化方向往波罗的海方向移动，圣彼得堡成为东欧文化艺术中心，叶卡捷琳娜二世对艺术的品位和爱好促进了城市建筑、文学、绘画进入黄金发展时代。冬宫作为皇宫，成为俄国强大的象征，皇室对艺术品的收藏爱好造就了今天具有国际地位的美术馆。双头鹰的造型遍布皇宫，从铁门到凳子，从法国生产的天鹅绒墙布上的金色双头鹰刺绣到大厅的金碧辉煌的灯具，双头鹰的形象无处不在。

以列宾、苏里科夫为代表的巡回展览画派在这里形成。圣彼得堡大都市区内的列宾诺（Repino）城镇的旗帜是以调色板为象征图形，伟大的俄罗斯巡

在这里，许多伟大的巨作就产生于此。列宾离开人世后，根据其遗嘱葬于树林中。1940年这一遗产开辟为博物馆，所在的城镇于1948年命名为列宾小镇。这一遗产与圣彼得堡历史中心共同列入了《世界遗产名录》。

对于女沙皇对帝国土地扩张的渴望，与奥地利、普鲁士联盟瓜分波兰的野蛮行径，马克思嘲讽式地将之形容为"波兰的一块土地是女皇抛给普鲁士的一根骨头，使在100年间驯顺地拴在俄国的锁链上"[11]。

沙俄另一重大收获是获得高加索地区，北高加索的奥塞梯地区在1774年归属俄罗斯，1806年奥塞梯整个区域均为沙俄统治。在十月革命后，奥塞梯一分为二，北奥塞梯归入俄罗斯苏维埃联邦共和国，南奥塞梯归入格鲁吉亚苏维埃共和国。南奥塞梯与格鲁吉亚在

回展览画派代表画家列宾生活在这个小镇，1898年他买下了一处土地并自己设计建造了一栋房子，其后长期生活

城市纹章：欧洲城市制度的徽记

南奥塞梯共和国国徽。

20世纪90年代发生冲突，后来宣布独立成立南奥塞梯共和国。

从女沙皇开始，冬宫大量收藏世界艺术品，1917年10月，布尔什维克攻进皇宫，末代沙皇尼古拉被处决，沙俄帝国结束。第二次世界大战期间，一百万件艺术品用火车及时运走，得以保存，希特勒两年多的围城行动没有攻下圣彼得堡（当时称列宁格勒）。

3. 影响欧洲800年的家族历史

1804年在神圣罗马帝国解散后，末代的神圣罗马帝国皇帝、哈布斯堡－洛林家族的弗郎茨二世（Francis II, 1768–1835）在哈布斯堡王朝统治的领地上建立了奥地利帝国。1867年奥匈帝国（Austria–Hungary）形成，这是匈牙利贵族和奥地利哈布斯堡王朝之间和解的结果，奥地利的德意志民族和匈牙利的马扎尔民族合作创造了新帝国，也是近代欧洲王国对帝国渴望的表现。从征兵、地方投票等日常社会活动，在帝国内步调一致。

帝国内有 12 个主要的民族，天主教、新教、东正教、犹太教和伊斯兰教共存。在内务方面，匈牙利王国有相对独立的管理权，除了维也纳，布达佩斯也是帝国的首都，帝国在外交、军事上保持一致性。在奥匈帝国时期形成了城市等级，奥地利王国中城市规模排名是维也纳、布拉格、的里雅斯特、利沃夫、克拉科夫、格拉茨、布鲁诺、切尔诺夫策（Chernivtsi）、比尔森、林茨，在匈牙利王国中城市规模排名是布达佩斯、塞格德（Szeged）、苏博蒂察（Subotica）、德布勒斯（Debrecen）、扎格勒布。现在这些城市分属不同国家，城市体系网络重新整合。的里雅斯特属于意大利，苏博蒂察属于塞尔维亚，扎格勒布成为克罗地亚首都。1918 年在各种独立运动的强大影响压力下，第一次世界大战后，奥匈帝国分裂为 11 个国家，分别是奥地利、匈牙利、捷克斯洛伐克、南斯拉夫、波兰、罗马尼亚、意大利等。

弗郎茨·约瑟夫一世（Franz Joseph I，1830–1916）是奥匈帝国的第一任皇帝，为哈布斯–洛林家族成员，他还有多个称谓：伦巴第和威尼斯国王、萨尔茨堡公爵、帕尔玛公爵等。约瑟夫皇帝纹章继承奥地利帝国的纹章，有着双头

奥匈帝国皇帝弗郎茨·约瑟夫一世的纹章（小盾徽）。

鹰头顶皇冠，核心的小盾徽是由哈布斯堡家族、卡洛林家族（Lorraine）和巴奔堡家族（Babenberg）族徽组合而成，充分体现了统治者家族之间的历史关系，在底部为金羊毛骑士团勋章。在奥匈帝国的纹章中，出现了多种样式，包括大中小三种类型。中型规格的盾徽是将多个王国的纹章结合在一起，显示了帝国疆域的辽阔，包括了匈牙利王国、克罗地亚–斯拉沃夫王国、萨尔茨堡王国、达尔马提亚王国、施蒂利亚公国、摩拉维亚侯国、加利西亚和洛多梅里亚王国（Kingdom of Galicia and Lodomeria）等。经历了第一次世界大战后，各种公国、侯国、伯国王国消失了，但城市纹章和州纹章均保留了相应的王国纹章图形。

奥匈帝国纹章[12]。

进入哈布斯堡王族的"茜茜公主"伊丽莎白·亚美莉·欧根妮（Elisabeth Amalie Eugenie，1837–1898）至今为世人缅怀，她出生于慕尼黑，来自巴伐利亚王室维特尔斯巴赫家族（Wittelsbach），

匈牙利国家美术馆藏的
茜茜公主雕塑。

家族历史可以追溯到 12 世纪，是欧洲最重要的王族之一。1853 年茜茜公主嫁给表亲奥地利皇帝弗郎茨·约瑟夫一世，她担任了 44 年的奥地利王后，对匈牙利感情深厚，并熟练掌握匈牙利语，在哈布斯堡王朝中是匈牙利民族情感的代言人。

皇帝弗兰茨·约瑟夫一世通过自己的婚姻改善了哈布斯堡王朝业已败坏的名望，皇帝的年轻妻子创造了许多广受民众喜爱的故事。通过出访帝国各地，特别是对匈牙利的两次访问，缓和了大众对约瑟夫皇帝的反感情绪。

欧盟现在确定的其中一条文化旅游线路就是"哈布斯堡之旅"（The trail of the Habsburgs），这一文化旅游

奥地利州瓦豪地区的旅游展览放映电影《茜茜公主》作为吸引游客的主题。

巴伐利亚王室维特尔斯巴赫家族纹章。

线路是将欧洲最强大的家族——哈布斯堡家族历史统治的地区联系起来，跨越 5 个地区、包括 4 个国家有关的艺术、文化遗产，统计共 70 个城镇和地方，串联起一种体验式的旅

行。从 996 年至 1815 年，哈布斯堡王朝影响欧洲历史 800 多年，哈布斯堡的艺术和文化之旅，重申了欧洲团结的意义。文化之旅分成四大主题路线（Themed trails），第一主题是有关哈布斯堡权力中心的线路，有关城市包括瑞士巴塞尔（Basel），法国昂西桑（Ensisheim），德国莱茵河畔布莱萨赫（Breisach）、弗莱堡（Freiburg）、费尔德基兴（Feldkrich），奥地利因斯布鲁克（Innsbruck）、蒂罗尔（Tirol），斯洛伐克的布拉迪斯拉发（Bratislava），线路总长 724 公里；第二主题是哈布斯的城堡和庄园线路，包括菲林根–施文宁根（Villingen–Schwenningen）、弗莱堡（Freiburg）、布莱萨赫（Breiscach）、兰茨堡（Burg Hohlandsbourg）、昂西桑（Ensisheim）、费雷特（Ferrette）、巴塞尔、哈布斯堡（Burg Habsburg）、伦茨堡（Burg Lernzburg）、德国康斯坦茨（Konstanz）、费尔德基兴（Feldkirch）、因斯布鲁克（Innsbruck）、斯洛文尼亚的德文斯卡新村（Devinska Nova Ves），线路总长 752 公里；第三主题包括与哈布斯堡王朝有关的教堂、修道院等宗教建筑，从巴塞尔到施塔姆斯（Stift Stams）；第四主题是有关前奥地利（Futher Austria）自然风光，从博登湖畔的布雷根茨（Bregenz）、巴特塞京根（Bad Säckingen）到巴特瓦尔德塞（Bad Waldsee）[⑬]。这里的前奥地利是指 13 世纪至 19 世纪期间奥地利哈布斯堡王朝的领地。

哈布斯堡家族是源自于法国和瑞士交界的阿尔萨斯地区，属于瑞士阿尔高州。其家族修建的城堡，成为瑞士哈布斯堡镇的城徽寓意物。哈布斯堡公爵鲁道夫一世于 1273 年成为神圣罗马皇帝，之后家族成员腓特烈三世（Frederich III，1415–1493）、马克西米利安一世（Maximilian I，1415–1495）也成为皇帝。通过世袭传位和精心策划的联姻安排，家族不断累积财富并扩大统治的领地。家族最为强大时的皇帝是西班牙和神圣罗马皇帝查理五世（Charles V，1500–1558），他几乎统治了欧洲半个版图，创造了一个全球化的帝国。

以哈布斯堡家族城堡为寓意物的哈布斯堡镇城市纹章。

哈布斯堡家族在欧洲是权势最为显赫而且延续时间最长的王族，其成员曾经是神圣罗马皇帝、匈牙利国王、波希米亚国王、奥地利国王等。在其族徽的黄色盾面上，是一头戴蓝色皇冠、有着蓝色舌头和爪子、站立行走的红色狮子。在后来又继承使用巴奔堡家族红白相间的纹章，12 世纪巴奔堡家族开始将之使用于战旗上并在后来成为盾徽，为哈布斯堡王朝统治的前奥地利纹章，这两个纹章共同存在。

布拉迪斯拉发城市纹章的寓意物就是布拉迪斯拉发城堡的建筑，为哈布斯王朝统治时期的王宫，11世纪匈牙利国王建造了城堡的基础部分。

哈布斯王朝的成员曾经拥有神圣罗马皇帝、奥地利公爵、西班牙国王、葡萄牙国王、波希米亚国王等显赫权位。家族统治奥地利600多年，1278年家族成员征服了奥地利，阿伯特被封为奥地利公爵，维也纳是哈布斯堡家族

的采邑。鲁道夫二世的皇冠是家庭中最重要的皇冠，在与家族有关的纹章中出现，原型于1602年在布拉格制作，在皇冠上用了8颗钻石，数字"8"是天主教中神圣的数字。该皇冠现藏于维也纳霍夫堡哈布斯堡。1703年，哈布斯堡家族成员利奥波德一世（Leopold I，1640–1705）制定颁布了《国书诏书》，将哈布斯堡王朝统治的广阔区域包括波希米亚和匈牙利王国，构成复合君主制国家，认同为"不可分割整体"，同时改变继承人必须为男性的传统继承模式，在缺乏男性继承人的时候，女性可以成为家族核心领导地位的统治者[14]。

哈布斯堡盾徽（左）和大徽（右），均以狮子为寓意物。

哈布斯堡王朝统治的象征，鲁道夫皇冠（左）和领主王冠（右）纹章图形。

奥地利维也纳的霍夫堡鲁道夫皇冠博物馆指引牌。

奥地利维也纳霍夫堡哈布斯堡家族城堡入口天花纹章装饰样式。

"哈布斯堡之旅"文化线路沿途城市的城市纹章与哈布斯堡家族及其家族纹章有千丝万缕的关系，具有高度关联性。法国城市昂西桑在13世纪哈布斯堡家族统治时期建造了城堡，现在的城市纹章是红白相间的盾徽，与哈布斯堡后来的纹章一致。奥地利布雷根茨在1451年至1523年间卖给哈布斯堡家族，该地靠近博登湖的东边，原来是存在于12世纪的伯国。1451年后，哈

布斯堡家族拥有布雷根茨伯爵头衔和纹章，伯国并入奥地利公国，1529年，哈布斯堡家族成员神圣罗马皇帝斐迪南一世将原来授予伯国的纹章给予城市。纹章盾面为蓝色水纹，中间为白色竖带上三只蝌蚪，梅利安1650年绘制的全景图记录了这一纹章图形。德国巴特瓦尔德塞等5个多瑙河城镇在13世纪时为哈布斯堡家族购得，包括巴特绍尔高（Bad Saulgau）、蒙德尔金登（Munderkingen）。1298年巴特瓦尔德塞（Waldsee）获得城市权利，1386年哈布斯堡家族将城镇赠予巴特瓦尔德塞家族，城市纹章盾徽为黑白相间的图案，与巴特瓦尔德塞家族后期使用的纹章一样，纹章两边是鱼和桨，冠饰为星星，是圣母玛丽亚的象征。

德国蒙德尔金登市现在人口约5000，城市纹章保持了哈布斯堡家族的行走的红狮纹章形象；巴特绍尔高市人口约1.7万，城市纹章也与哈布斯堡的红狮有关联。

德国蒙德尔金登市城市纹章（左）和巴特绍尔高市城市纹章（右）。

法国的城市昂西桑城市纹章（左上）和奥地利布雷根茨城市纹章（右上）以及德国巴特瓦尔德塞城市纹章（下）。

神圣罗马帝国皇帝的纹章之一（哈布斯堡家族马克西米利安一世于1512年开始使用）。

哈布斯堡王朝处于巅峰时期的家族成员是马克西米利安一世，他同时被

城市纹章：欧洲城市制度的徽记

封为神圣罗马皇帝、奥地利大公和德国国王。马克西米利安一世出生于奥地利的新维也纳，通过政治联姻，用三次结婚来获得广大的土地，为哈布斯堡王朝的辉煌奠定了雄厚的基础。在奥地利的

因斯布鲁克市中心有一座象征性的建筑"金屋"（Gold Roof），这是在1500年为庆祝马克西米利安与米兰斯福尔扎公爵的女儿比安卡·玛丽亚·斯福尔扎（Bianca-Maria Sforea，1472–1510）政治

奥地利因斯布鲁克市政厅和"金屋"建筑。因斯布鲁克"金顶屋"纹章饰带的装饰，分别为马克西米利安一世神圣罗马帝国各公国领地的纹章。

RESTAVROR POSTHORRENDOS CONTINVO ANO
ETVLTRA PERPESSOS TERRÆ MOTVS

城市纹章：欧洲城市制度的徽记

Bibliogr. Institut Hildburghausen

INNSBRUCK · GOLDENES DACHL UM 1855

于 1855 年绘制的马克西米利安一世居住皇宫风景画 ⑮。

联姻而建的，屋顶由 2657 片包金铜瓦覆盖。因斯布鲁克被称为阿尔卑斯山之都，欧洲文化历史发展重要阶段的

意大利文艺复兴时期画家安布罗焦（Ambrogio，1455−1508）在 1494 年绘制的比安卡·玛丽亚·斯福尔扎的画像。

建筑风格在城市的建筑中留下了印记，"金屋"和西格蒙特公爵于 1460 年建造的霍夫堡皇宫就是范例，它们为城市添上皇家风范，哈布斯堡王朝历任的蒂罗尔公爵都将霍夫宫作为官邸。

这场联姻目的在于联合教皇亚历山大六世（Alexander VI，1431−1503）、西班牙和威尼斯以对抗法国的入侵。马克西米利安一世在继承德国王国 15 年之后，在 1508 年于特伦特加冕成为神圣罗马皇帝，比安卡·玛丽亚·斯福尔扎于 1510 年在因斯布鲁克去世。

马克西米利安一世是文艺复兴的推动者，他也被称为"最后的骑士"。皇帝的周围有着一批杰出的艺术家，丢勒、阿尔布雷希特·阿尔特多费（1480—1538）等著名艺术家围绕在

他的身边，创作了大量传世之作。丢勒创作的《凯旋门》(*Triumphal Arch*)模仿了古罗马的凯旋门，将一系列纹章（192 件）装饰于建筑上。作品高 3 米，宽 3.5 米，于 1517 年装饰在市政厅及皇宫，建筑形式专门请建筑师蒂罗尔（Tyrolean）设计，凯旋门的三个拱门并分别命名为：Honour and Might, Praise, Nobility。内容包括马克西米利安哈布斯堡的家族树、12 个历史故事的画面等。

文艺复兴时期在德国有一批画家，礼赞。皇帝自己对地图制作和版画制作情有独钟，在因斯布鲁克的住处还有版画制作的车床⑯。这部木刻作品分 139 件组合而成，参与这件浩大工程有一系列艺术家，由阿尔布雷希特·阿尔特多费、丢勒、汉斯（Hans Burgkmair, 1473–1531）、沃尔夫·胡伯（Wolf Huber, 1485–1558）合作创作。汉斯负责将近一半的工作，而丢勒和他的学生完成了《大型凯旋战车》(*Large Triumphal Carriage*)和《凯旋门》两部较为独立的作品。

1517 年制作的版画《凯旋门》全图。

将纹章的形式融入版画的创作中，最有影响的是一套长 54 米的木刻作品《马克西米利安凯旋巡游》(*the Triumphal of Maximilian*)，画家将之献给马克西米利安，是对这位德国文艺复兴的重要支持和赞助者、人文主义保护者的

德国著名画家丢勒作品《马克西米利安凯旋战车》中有许多纹章元素成为装饰图形，也包括古希腊、古罗马的月桂花环和神话中的神兽。

城市纹章：欧洲城市制度的徽记

著名德国版画家汉斯1508年创作的《骑在马上的马克西米利安一世》。

汉斯于1508年创作的《骑在马上的马克西米利安一世》，采用金色和黑色套色的木刻。画中头戴高高的孔雀羽毛头盔的神圣的罗马皇帝在展示马术技能，马的披袍上前后都有盾徽。汉斯运用透视画法表现拱门的空间视觉效果，里面有神圣罗马皇帝的双头鹰的纹章，中间是一个小盾徽，盾面上分为两部分：一是红色白色横向相间的条纹，二是蓝色和黄色相间的斜杠。在1508年开始到1519年马克西米利亚国王去世，其间汉斯创作了大量有关国王的版画。

"胜利凯旋巡游"是古罗马时期的一种庆祝胜利的仪式。在马克西米利安一世时代从没有举办这样的仪式。1507年神圣罗马皇帝决定创作以巡游为题材的版画巨作。在古罗马以及后来的一些

神圣罗马皇帝在位时，"凯旋巡游"是最具荣耀的仪式，是为欢迎打赢战争凯旋而归的将军举行的庆祝仪式。巡游的序列一般有相关规矩：元老院的元老、号手、车载战利品、献祭的白色公牛、被征服者的武器和纹章、战俘和家属、站在四轮马车上的凯旋者和其成年儿子、副官、骑兵队长、军事保民官、扛着标语牌的士兵，还包括乐师、异域的动物等。

《凯旋巡游》基本反映了这类场面，但它是艺术作品，创作者可以发挥想象力，如在画面里就出现神兽、皇帝结婚仪式、王子结婚仪式、休闲生活等场面。"巡游是罗马战胜敌方凯旋的一种仪式。文艺复兴时期，这一题材成为绘画和文学的创作内容。1507年皇帝决定创作这一题材的绘画，尽管这种巡游在这历史时期从没有发生过，但以古论今，彰显神圣罗马皇帝在各种事务中的重要作用，也为下一代留下榜样。"[17]这一巨作记录了神圣罗马帝国在皇帝统治下取得战争胜利的荣耀、帝国欢快的社会生活等内容。马克西米利安一世一直关注这一巨作的进展，甚至对不少细节提出具体建议，如关于他儿子结婚的画面要增加一枚盾徽。

《凯旋巡游》于1512年开始制作，但只有《凯旋门》在1517年印刷了一套献给皇帝，可惜皇帝在1519年去世，没能欣赏到伟大作品的全貌。丢勒负责部分作品的创作，包括《大型的凯旋战车》《凯旋门》。这两件作品在后来经常单独印制，分别在1559年、1799

奥地利维也纳的申布伦宫。

城市纹章：欧洲城市制度的徽记

年、1928 年进行重印。这些作品的画面充满了纹章盾徽的图形语言。前一作品中，车轮采用单头鹰的纹章装饰，车首采用双头鹰纹章的装饰，车轮中间绘制了鹰的纹章图形，而月桂花冠、鹰头狮身的神兽充满着古罗马的气息。

"查理五世皇帝欧洲之旅"（The European routes of emperor Charles V）也是欧洲文化之旅的线路之一，查理五世（Charles V，Holy Roman emperor，1500–1558），是伊莎贝拉一世和费迪南二世的外孙，于 1506 年继承王位，1556 年退位。他也是哈布斯堡家族的成员，是哈布斯堡家族在西班牙的另一分支。他是欧洲争霸世界的主角，1519 年获神圣罗马帝国皇帝称号。在其任上，西班牙征服了美洲大陆大片土地。其在位时西班牙的王徽和神圣罗马帝国的纹章反映其统治范围，通过盾徽的图案可以解读到其势力范围之广，阿拉贡、西西里、卡斯利亚和莱安、低地国家（荷兰、比利时、卢森堡以及法国北部和德国西部）和那不勒斯等都属于其管辖区域。因为占领的领地广大，头衔众多，导致其纹章系统非常复杂。1561 年，查理五世的儿子菲利普二世在成为西班牙国王后的第五年，将西班牙的首都搬离托雷多，在马德里建造了新的王宫，此后马德里成为西班牙新首都。

作为哈布斯堡王族的成员，查理五世成为神圣罗马皇帝时，是 16 世纪哈布斯堡王朝领地最为广阔的辉煌时期。他在欧洲生活和统治过的众多城市中，包括德国、奥地利、比利时、荷兰、卢森堡，甚至葡萄牙、西班牙、意大利等南欧地区，留下了许多艺术和文化遗产，是历史上欧洲统一的象征。

哈布斯堡家族的辉煌，得益于1462年匈牙利国王马提亚·科尔维努斯（Matthias Corvinus，1443–1490）。他从波希米亚国王手中获得摩拉维亚、西里西亚、卢萨蒂亚的统治权，又从土耳其人手中获得波斯尼亚、瓦拉几亚和摩尔达维亚。腓特烈三世被马提亚打败后，他和哈布斯堡家族的神圣罗马皇帝腓特烈三世（1415—1493）签署了协议，如果马提亚无后人继承，匈牙利波希米亚和奥地利都成为哈布斯堡家族的财产，这种情形延续至1919年[18]。所以在哈布斯王朝时期，神圣罗马帝国的版图在16世纪之后十分广阔。

被列入《世界遗产名录》的维也纳申布伦宫（Schönbrunn Palace），也称为美泉宫，是哈布斯堡家族的马克西米利安二世在1596年买下来的物业，1683年土耳其军队摧毁了狩猎小屋和王室夏天度假的宫殿。美泉宫重建时采用的是巴洛克风格的庭园样式和建筑装饰，还在1752年建造了世界第一个动物园。数百年间的建设令申布伦宫成为哈布斯堡王朝的宫殿，也是哈布斯堡家族王位代代相传的地方，从18世纪始到1918年，这里一直是哈布斯堡王朝国君的居所。在1740年，申布伦宫新主人是哈布斯堡王朝的成员玛丽亚·特蕾莎（Maria Thersa，1717–1780），她在23岁时继承王位，丈夫是出身于洛

哈布斯堡王朝收藏的历史风景画中皇家马车的局部，1834年绘制。藏于维也纳美泉宫皇家御马车博物馆[20]。

城市纹章：欧洲城市制度的徽记

林家族的弗朗西斯·斯蒂芬（Francis Stephen of Lorraine），是共济会成员、神圣罗马帝国皇帝。1974年斯蒂芬去世，神圣罗马帝国的特蕾莎皇后继位。"美泉宫"繁荣时期是在欧洲的巴洛克时代，这时期的欧洲正好与中国贸易处于高潮，许多宫殿从巴洛克风格异国情调的角度建造"中国厅"，在宫里专门建立了一间"瓷厅"，除了有中国瓷器，装饰均是中国式样的图案和人物，这些装潢由特雷莎的女儿们在宫廷老师指导下完成[19]。

申布伦宫中有一座特殊的皇家御马车博物馆，收藏着特蕾莎女王的马车、拿破仑的马车等皇家纹章与马车结合的特殊交通艺术品。1735年、1764年开始使用的巴洛克艺术风格的御马车

尤为珍贵，展品大部分是19世纪至近代的王室御马车，它们见证着哈布斯堡王朝的皇家豪华生活场面。

哈布斯堡王朝保留的60多部皇家马车在此展出，皇室的豪华马车中，引人注目的是家族的纹章，鎏金装饰的

维也纳美泉宫（申布伦宫）皇家御马车博物馆门口的标识。

王室纹章成为马车最经典、最权威的符号。

哈布斯堡的皇家马车在最重要场合才使用，包括皇帝出巡、接待外国国家君主等国事活动。

1857 年制作的皇家马车，鎏金装饰的王室纹章成为马车最经典权威的符号。

御用马车随着时代变化开始使用更新的材料和机械配件，转变为适应长距离的旅程的交通工具。例如 1857 年制作的御马车，奥地利皇帝用此车进行超过上百次的长距离旅行[21]。1850 年开始，哈布斯堡王朝开始更新皇家仪式，笼络人心以凝聚对帝国的认同，这些御驾发挥了无可替代的作用。弗朗次·约瑟夫一世出巡游历全国，其范围要比自约瑟夫二世以来的任何君王踏足过的国土都广[22]。

女性能够获得继承权得益于利奥波德一世对《国本诏书》及时的修改，保证以奥地利为核心的领地不会离开哈布斯堡王族的控制。在特蕾莎以及她的儿子约瑟夫二世和利奥波德二世领导下，奥地利进行教育司法改革，由此奠定了奥地利现代国家形态形成的基础，这也是奥匈帝国能够形成的内在动力，这一历史时期形成了中央集权化的国家。

在特蕾莎任上的收藏品成为后来 1872 年所建的自然历史博物馆的主要馆藏品，现在该馆仍然是世界上最重要的自然历史博物馆之一。艺术史馆建于 1871 年，由弗兰茨·约瑟夫皇帝命人修建，馆藏作品也多来自哈布斯堡王朝的收藏品，其中有一幅特殊的楼梯间壁画是古斯塔夫·克里姆夫和其他人共同创作的。

19 世纪的哈布斯堡王朝雄心勃勃，甚至控制了乌克兰广阔的土地。奥地利首相梅特涅（Klemens von Metternich，1773–1859）毫不掩饰地说："把通向维也纳东门外的公路视作通向亚洲的开始。"[23]1814 年 9 月至 1815 年 6 月，他主持了维也纳会议，周转于欧洲列强的利益分配中。梅特涅出生于德国贵族家族，从 1809 年至 1848 年，长期担任奥地利帝国外长，是奥地利帝国外交事务的操盘手。

城市体系的成熟度是帝国兴衰的重要影响因素，在帝国的行政界线范围内，需要在军事、经济、交通等方面系统性地考虑城市的发展序列。一旦帝国崩溃，新的国家形成，原来帝国中心城市、边境城市、港口城市会面临新的布局。奥地利帝国在 19 世纪拿破仑战争结束后，迎来新一轮的城市扩张，铁路、航运的发展势不可挡，欧洲城市格局再一次重组。1854 年，奥地利公布了《铁路特许法》，私人公司资本被允许参与国家铁路建设，19 世纪 50 年

奥地利维也纳艺术史博物馆玛丽亚·特蕾莎广场上玛丽亚的铜雕，广场建于 1889 年。

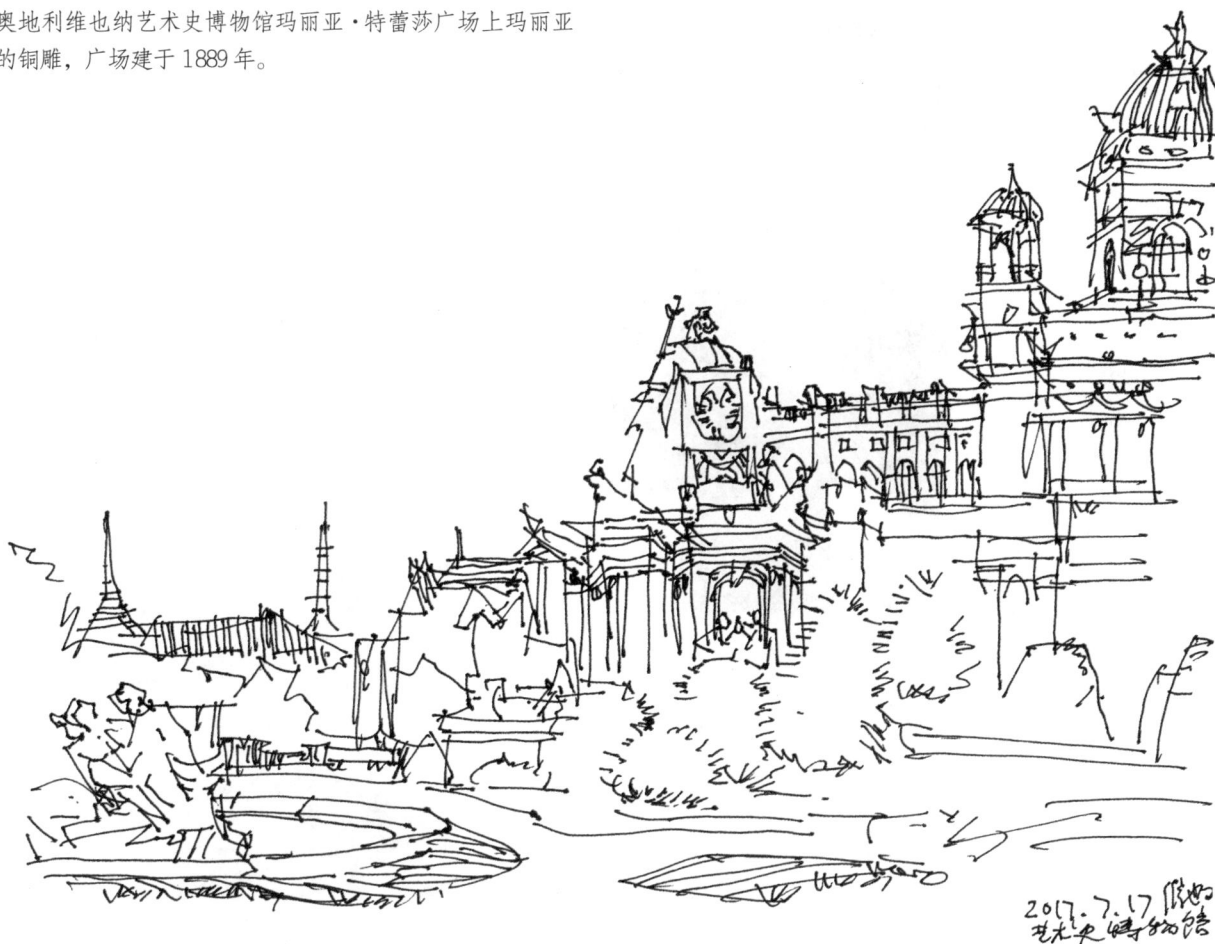

2017.7.17 随手
艺术史博物馆

代后的 10 年间，奥地利铁路总里程已经达到 2000 英里。奥地利维也纳的人口在 19 世纪末达到 200 万，是继伦敦、巴黎和柏林之后的欧洲第四大城市，成为欧洲重要的艺术中心。1869 年，在哈布斯王朝统治下的奥地利与中国清朝政府缔结了外交关系。

1816 年哈布斯堡帝国的象征弗兰茨皇帝去世。而同一时期，奥地利维也纳文化史上却迎来一批艺术巨匠，包括古斯塔夫·克里姆夫（Gustav Klimt）、埃贡·席勒（Egon Schiele）、建筑师奥托·瓦格纳（Otto Wagner）、艺术家科洛曼·莫泽（Koloman Moser）等。奥地利画家古斯塔夫·克里姆夫、埃贡·席勒的画作价格现在在全球范围内居高不下。维也纳的美泉宫、利奥波德博物馆收藏的画作数量最多。2018 年奥地利维也纳为这一批活跃在 1900 年左右的艺术家举行各种类型的纪念活动，特别是因为克里姆夫的四位巨匠均是在 1918 年去世，维也纳有 8 家美术馆以"美丽的深渊"为主题举行百年系列展览，这算是对帝国旧梦的慰藉吧。

2018 年奥地利维也纳街道上以席勒自画像为主题的广告。

① ［英］丹·琼斯著，陆大鹏译：《金雀花王朝：缔造英格兰的武士国王与王后们》，社会科学文献出版社 2015 年版，第 471 页。

② ［英］丹·琼斯著，陆大鹏译：《空王冠：玫瑰战争与都铎王朝的崛起》，社会科学文献出版社 2018 年版，第 7 页。

③ ［英］H.T. 狄金森著，陈晓律等译：《十八世纪英国的大众政治》，商务印书馆 2015 年版，第 94 页。

④ Http//:www.congress.scot

⑤ ［英］尼尔·弗格森著，雨珂译，《帝国》中信出版集团有限公司 2012 年版，第 IX 页。

城市纹章：欧洲城市制度的徽记

TERTIO
82

RESTAVROR POST HORRENDOS CONTINVO ANO
ET VLTRA PERPESSOS TERRÆ MOTVS

⑥　图片引自 http://www.flickr.com/photos/boston_public_library/4404528478

⑦　［英］尼尔·弗格森著，雨珂译：《帝国》，中信出版集团有限公司 2012 年版，第 87 页。

⑧　新西兰政府官网：www.govt.nz

⑨　［美］拉尔斯·布郎沃恩著，豆岩、陈丽译：《维京传奇：来自海上的战狼》，中信出版社，第 158 页。

⑩　［英］奈维尔著，旭阳林岚译：《周末度完俄罗斯史》，上海交通大学出版社 2013 年版，第 46 页。

⑪　中共中央马克思、恩格斯、列宁、斯大林著作编译局：《马克思恩格斯文选》第 4 卷，北京：人民出版社 2009 年版，第 363 页。

⑫　图片引自：Katrin Unterreiner. *The Habsburgs*: *A portrait of an European dynasty*. Vienna: Pichler Verlag, 2011.

⑬　https://coe.int/en/web/cultural-route/via-habsburg

⑭　［荷］彼得·贾德森著，杨乐言译：《哈布斯堡王朝》，中信出版社 2017 年版，第 9 页。

⑮　图片引自：Wolfram zu Mondfeld. *Historische Schiffsmodelle*. Munnchen: Mosail Verlag GmbH, 1990.

⑯　Eva Michel and Maria and Luise Sternath. *Emperor Maximilan I and the Age of Durer*. New York: Prestel Publishing Ltd., 2012, p.38.

⑰　Eva Michel and Maria and Luise Sternath. *Emperor Maximilan I and the Age of Durer*. New York: Prestel Publishing Ltd., 2012, p.83.

⑱　［德］罗伯特·科尔著，欧阳林等译：《周末读完德国史》，上海交通大学出版社 2012 年版，第 62 页。

⑲　Gerd Kaminski. *Österreich und China im Bild 1624 bis 2016*. Wien: BACOPA VERLAG, 2016 p.46.

⑳　图片来源：Kunsthistorisches Museum. *Vehicles of the Imperial Court in Vienna*. Wien: Kaiserliche-Wagenburg, 2015.

㉑　Kunsthistorisches Museum. *Vehicles of the Imperial Court in Vienna*. Wien: Kaiserliche-Wagenburg, 2015, p.33.

㉒　［荷］彼得·贾德森著，杨乐言译：《哈布斯堡王朝》，中信出版社 2017 年版，第 224 页。

㉓　［美］托尼·朱特著，王晨译：《论欧洲》，中信出版社 2014 年版，第 51 页。

III

历史地图演变中被忽略的纹章记录

城市历史地图是记录城市荣耀的文档，也记录了当时城市纹章的模样。

历史地图有政治、技术和艺术等诸多方面的遗产价值，关注制图技术的进步是地图学家在研究中所涉及的主要领域，欧美不少论著对历史地图表达的权力范围、地理知识传播和战争的关系多有论述，而对地图艺术装饰领域中的纹章标志图形，经常是一笔带过，对政治象征作用外的艺术印记没有引起他们足够的重视。在欧洲中世纪地图绘制中，城市历史地图中的城市纹章是地图制作表现对应城市的"特指"符号，于区域地图而言是特定时期领地统治者"拥有权"的标记，这种特殊的细节表达方式从中世纪海图制作年代就开始在地图上保持并延续到近现代。今天借用历史地图可以了解中世纪及后期纹章的历史原貌和艺术风格，理解欧洲城市化和聚居体系的演变。

地图是地理信息的汇总，文字说明是重要内容，地图上的纹章作为符号语言，是文字说明的特殊表现方式，它具有实用功能，能够表达有别于其他城市符号的含义，具有可识别、独一性的意义。地图中的纹章同时拥有美学功能，符合纹章规则的图形，为使用者带来观赏

上的愉悦。城市扩展到一定程度，天际线丰富起来，在 16 世纪开始绘制的城市鸟瞰图中，城市纹章是必备的图形元素。近现代的地图学，通过分析纹章的细节的意义，表现出历史人文学科的意义。

地图学与政治和制度史密不可分，从这些历史地图和城市纹章中，可以回顾并了解欧洲城市化历程，探求城市的起源与兴衰原因，理解城市的空间形态留下的历史变化轨迹。无论从军事要塞、宗教城市，还是以商业移民为动力的世俗城市，城市纹章的象征属性自然折射出城市的起源或管治者更迭的历史过程。欧洲城市的诞生关系到自然地理区位的意义、军事防御功能、王权意志的表现、宗教精神的体现以至世俗和商业经济需求，它们都可能是城市的起源因素，导致城市空间形态千差万别，但城市的共同之处就是历史中心始终存在或可寻，城市纹章从中世纪产生后得以保持并使用至今，寓意大都基本保持不变。通过对历史地图和城市纹章这两类历史图档和图像的阅读，可以加深对欧洲城市形态演变过程的理解。本章讨论的历史地图包含海图、城市地图、区域地图和城市鸟瞰图等与城市地理文化形态有关的图画。

一、海图上的纹章

直到晚清，因为受到西洋的影响，中国地图学才完全脱离视觉与文学学科的传统，成为一门展示的学科，但这也误导了一种观点：中国地图的发展就是量度和数学方法不断改良的历史[①]。富有特点的欧洲马略卡海图具有经典的视觉与文学学科的传统，表现为运用纹章的特殊文字语言展示在地图上。

1. 马略卡风格的波特兰型海图

研究航海历史最早的参考依据是航海日记，上面记录了潮汐、海岸线和港口等信息，在古希腊时期已经出现了这类航海日记。地理大发现时代，罗盘、天文仪器的广泛运用，让越来越多的航海实践经验得到有效总结，地图测量、海图测量技术水平在葡萄牙、意大利、西班牙和荷兰得到快速提升，海图的作用是为了标示航线，航线的开拓就是为了新大陆的发现，从而占有更多地球上的资源。新大陆的占有权需要符号标记，对于在地图上表明地理版图所有权来说，使用纹章标记是最直接的方式。

海图（sea-charts）中有一种特殊的类型，称为波特兰型海图（Portolan chart），Portlan 在意大利语中表示"与港口和海湾有关"（pertaining to ports and harbors），在文字上表达了航海的实用性。波特兰型海图产生于 13 世纪，西班牙、意大利和葡萄牙首先开始制作此类海图，波特兰海图成为贵族财富的象征。海图中标明了港口的位置，为了船只在风暴到来时能够寻找到避风港。当今保存下来最早的波特兰海图是在比萨发现的，故称为"比萨海图"（Carta Pisana），此图绘制于 1275 年至 1300 年间。中国传入欧洲的指南针也表现于海图上，指南针在 1300 年左右开始在这些海图上使用，采用风玫瑰图作为波特兰海图的独特样式，用风玫瑰延伸出来的航线（windrose）代替经纬线。意大利城邦威尼斯悠久的贸易历史，固定了商船航线的贸易，他们广泛使用波特兰海图。在航线所到之处的海港如巴塞罗那、马略卡岛等地，波特兰海图得到推广应用。

加泰罗尼亚地区从 14 世纪就开始采用这种新型地图，而且在马略卡岛（Majorca）上得到发扬光大。马略卡岛是加泰罗尼亚的一座小岛，是地中海海

城市纹章：欧洲城市制度的徽记

上贸易的重要岛屿，成为当时地中海海上贸易的中心之一，航海的需要促进了海图绘制技术的进步，在欧洲许多制图师聚集此岛，形成了特定的绘图风格，这种地图绘制风格的差异是相对意大利热那亚务实制图风格而言的。马略卡风格的海图，不仅准确地表现和提供航运需要的指南，还将各类信息汇集在图中一起展示，也让人们了解沿岸的资源。传统地图学学派分类时以岛屿的名字命名，称马略卡制图风格学派（Majorcan cartographic school），这也是纹章作为信息载体与地图或者海图结合起来的开端。纹章是跨文化的共同语言，可以为不同语系的人读解，而且它具有美学上的装饰作用，14世纪开始出现将纹章艺术与地图制作联系在一起的做法。欧洲历史地图与纹章结合的历史最早体现在马略卡风格的海图上，符号在海图上显示出来，标记和纹章在地图和海图上被赋予实质性的意义，例如制作于1375年的《加泰罗尼亚地图》中，右下角出现了帕尔玛城市纹章。

"马略卡风格"的特点是细致地绘制港口和海岸线，用象征性的植物、动物表现当地的地理特点，对陆地的景色用色彩描绘。马略卡与意大利风格相似但存在不同，马略卡风格地图一般绘制范围比意大利风格地图要广，非洲、中东、远东和北欧均在海图的表现范围内；意大利风格地图表达的陆域多数是与海岸线、港口有关，而马卡略风格地图经常包罗万象。在西方的瓷器中有一种称为锡釉彩陶（maiolica）的瓷器，

就是以这处地中海贸易重镇的名字命名的，但实际生产制作是在意大利。

13世纪的意大利在航海方面的发展领先于欧洲其他国家，出现了不少优秀的海图制作师，也形成了意大利风格的海图表达方式。相对于马略卡海图的绘制风格，意大利的海图仅表示岸线，没有陆地的景观，但也有意大利制图师采用马略卡的绘制方法。意大利热那亚地图制作的代表人物是皮特罗·维斯康迪（Pietro Vesconte，1310–1330），他后来移民至当时阿拉贡王国统治下的马略卡岛，成为波特兰海图马略卡制作风格的先驱之一，他对意大利热那亚制图风格和马略卡制图风格均产生重大的影响。马略卡制图风格学派的另一位代表性人物是14世纪的制图师安吉利诺（Angelino Dulcert），他虽然是意大利制图师，但也是马略卡学派的奠基者之一。安吉利诺在热那亚受教育后移居马略卡岛，他在1325年和1339年制作的两幅海图就有纹章和旗帜出现，1325年的海图标注了巴西，1339年制作的海图被认为是马略卡地图制图风格的代表作之一，上面标注出兰萨罗特岛（Lanzarote）的位置。他制作的海图大多为佛罗伦萨的科西尼王子（Corsini）收藏，现在藏于法国巴黎国立图书馆。

马略卡岛海图制作中最具有代表性作品是在1375年制作的《加泰罗尼亚地图》，地图表现的马略卡岛地理和所有权关系非常明显，纹章成为海图象征势力范围地图的标记。《加泰罗尼亚地图》是地图使用符号象征法的大

全，通过抽象和具象的图像表示海上和陆上的地理信息。日本符号学家松田行正指出"西班牙的《加泰罗尼亚图》上记录了王侯、苏丹、建筑物、帆船、旗子的记号，这应该是最早在地图写下的记号吧。"② 这里所说到的《加泰罗尼亚图》就是指用马略卡风格绘制的这张具有时代里程碑意义的海图。两位著名的地图绘制者，犹太人亚伯拉罕·柯斯开（Abraham Cresques，1325–1387）、杰费达·柯斯开（Jehuda Cresques，1360–1410），他们两父子是阿拉贡国王御用的海图制作师，他们生活在阿拉贡王国马略卡岛上的帕尔玛城镇（Palma，Majorea），是地图学马略卡制图风格的代表性人物，亚伯拉罕被称为"地图与指南针大师"。对阿拉伯文化的了解增加了他们对地理学知识的掌握，提高了海图制作的水平。1375 年他们绘制的《加泰罗尼亚地图》（Catalan Atlas）是阿拉贡国王的王子作为礼物赠送给当时还是法兰西王子的查理六世（1380—1422 年在位）。"16 世纪之前绘制的地图中，没有哪幅能够像 1375 年为法国国王查理五世（King Charles V）制作的著名的《加泰罗尼亚地图集》那样，全面呈现亚洲图景。该地图集是由马略卡岛的犹太人亚伯拉罕在船上绘制的，后来保存在巴黎图书馆。"③ 地图包括了地中海、黑海、北非、大西洋沿岸地区，人物、纹章、植物、景色、动物等，地理风景名胜使地图充满知识性，现在地图被巴黎国家图书馆收藏。

在这幅地图上，绘制了以地中海为中心的海岸线，陆地上有许多不同图案和颜色的旗帜，表示不同的联盟，基督教城市用十字架表示，也绘制了包括大象、骆驼等动物，地图的底部还绘制了两个手拿纹章盾牌的人物。地图用纹章和旗帜作为海岸线标记，也用建筑和动物、人物绘制标记。边注"一名叫做乔姆·费雷尔的船员，在 1346 年寻找'黄金之河'的过程中遇难。"⑤ 这展现了马略卡商人对非洲传说中"黄金之河"的寻找过程。

1375 年制作的《加泰罗尼亚地图》，现被巴黎国家图书馆收藏④。

城市纹章：欧洲城市制度的徽记

制作于 1375 年《加泰罗尼亚地图集》海图上的纹章标记。

西班牙阿拉贡王国纹章（左）和帕尔玛的城市纹章（右）。

2. 殖民地拓展的指引

欧洲传统中有"先来先得"的占有和支配海权制度，体现在海图上则是需运用特殊意义的符号标记。海图出现了观察到的景色绘制，抽象的测绘线条中出现了一些旗帜的标记或者纹章，这是统治者势力范围的象征性符号。"地图记号的出现不过是为了标记自己的势力范围的吧，让人不禁产生这种猜想的地图也随之出现。1490 年葡萄牙制作的非洲沿岸地图上，有些地方画着十字架，标示这些土地是葡萄牙发现的，也就是侵略地图。"⑥纹章功能至 15 世纪

和 16 世纪在海图中发挥得更加普遍，海图上陆地部分绘制王国或者公国的纹章或旗帜，象征领主对土地主权的拥有，纹章在这里有实质的意义而非仅为地图装饰而已。

为了殖民地拓张的需要，16 世纪的葡萄牙涌现出许多优秀的专业海图制图师，这一历史阶段正是处于葡萄牙航海高度发达的历史时期，海图和地图的准确性相当高，他们用葡萄牙语标注海图，海图为葡萄牙海上帝国的形成起到技术支撑作用。若昂二世（1481—1495 年在位）加强了海图的管理，设立了管理海图的吉乃工厂，还专门设置了航海总督的职位，要求船长出海后回航必须立刻归还海图，若有泄密者将被处以极刑。

费尔南·瓦斯·多拉多（Fernão Vaz Dourado，1520–1580）是这一时期公认的最好的海图、地图制图师之一，大量的东方海岸线被正确地在海图上描绘出来。他所绘制的海图的陆地上标有不同的纹章，显示出土地拥有者的身份，特别是葡萄牙王国的纹章、葡萄牙的宽边十字架、卡斯蒂亚王国和莱昂王国的纹章被非常准确地表现在海图上。海图尺寸较大，而且制作水平和质量相当高。

另一位著名的葡萄牙海图制图师是迪亚哥（Diogo Ribeiro），主要为西班牙王国制图，1518 年至 1532 年为西班牙国王查里五世工作，并成为西班牙公民，为西班牙设立于港口城市塞维利亚（Seville）的通商馆（西班牙文：Casa de

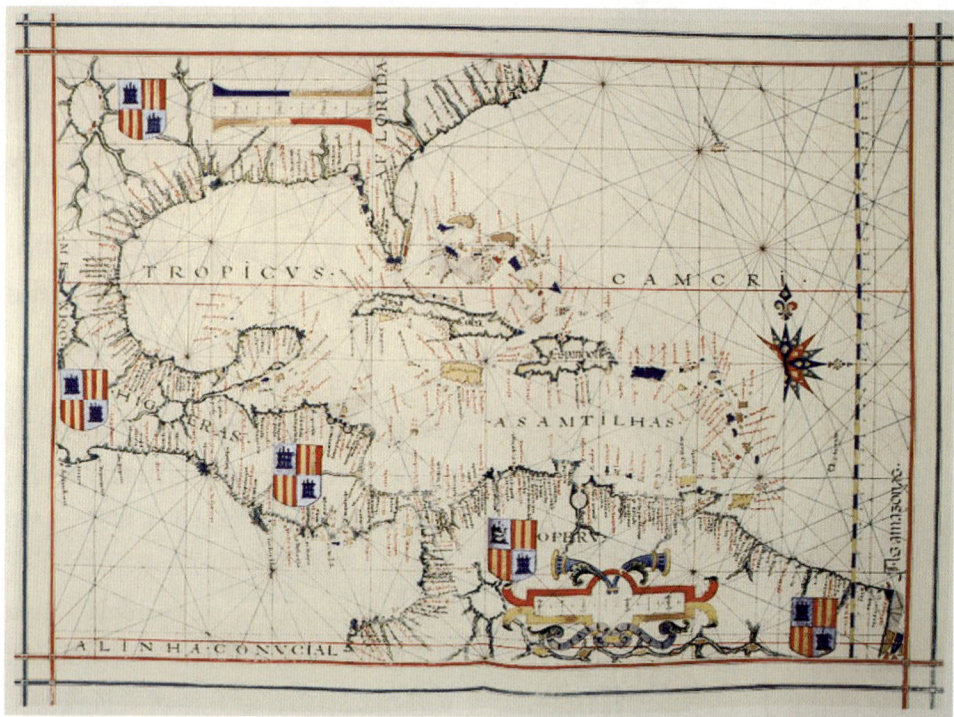

费尔南多于1570年左右制作的有纹章标记的地图⑦。

Contratación，英文：House of trade）服务。此机构存在于16—18世纪，地图制作是主要的工作之一，目的是服务于西班牙王国的海外殖民地贸易拓展。

低地国家成为制图中心的主要原因也是殖民地拓展的业务需求，荷兰东印度公司专门高薪聘请专业的制图师制作地图和海图，著名地图制图师布劳就是其中一位。随着荷兰东印度公司殖民地拓展至巴达维亚（雅加达），布劳的制图范围也大大扩大。当时荷兰共和国拥有2000艘商船，3万名左右的商船船员，有超过97.3万人到过亚洲，其中约17万人在途中丧生⑧。

英国东印度公司在内部设立水文测量部，专门制作海图，英国政府早期向东印度公司购买海图，17世纪末之后，海军军官开始将航海日记与海岸线的记录结合起来。随着殖民地范围扩大，1798年英国政府在海军设水文处，专门管理航海图，为皇家海军和其他航行活动提供指南。在海军水文处的领导下，英国代替西班牙成为在世界航海图制作上具有统治地位国家，为大英帝国成为海上殖民地大国提供强大的技术基础。

1736年伦敦出版了《世界贸易风新地图》（*A new map of whole world with the trade winds*），为配合大英帝国的全球贸易，由伦敦地图制图师摩

城市纹章：欧洲城市制度的徽记

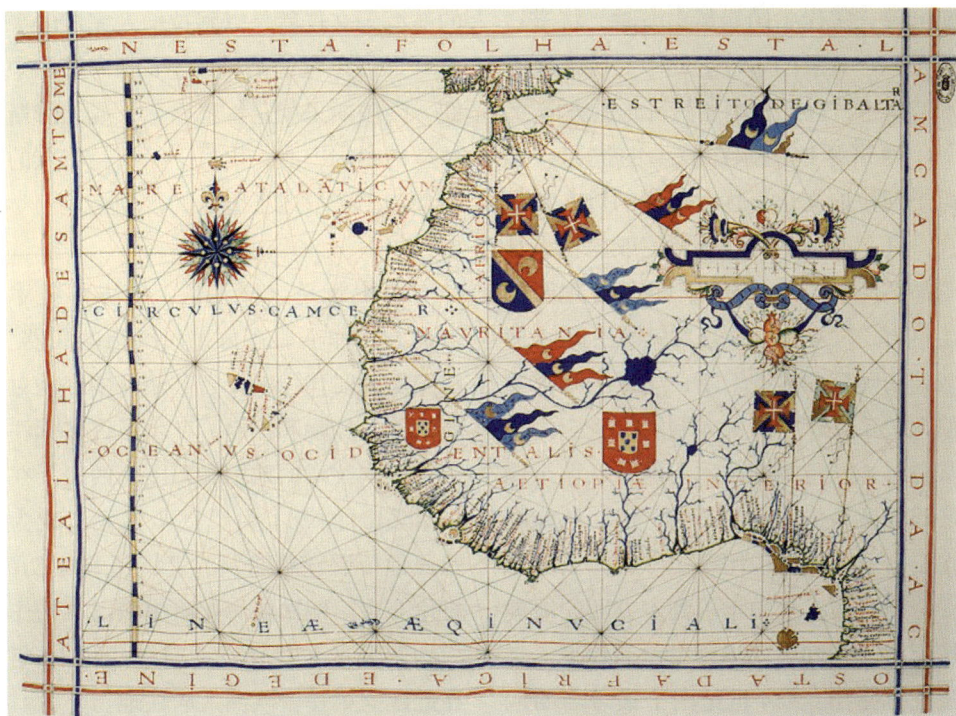

尔（Herman Moll，1654–1732）绘制，地图出版时作者已经逝世。摩尔于1678年移居伦敦，后来拥有自己的作坊和商店，1701年开始成为独立出版商并出版了《地理学系统》（*System of Geography*），他的许多独立地图制作大多体现了大英帝国的殖民理念。

3. 东西文化互鉴

中国的活字印刷技术在15世纪后半叶传入欧洲，"活字印刷1450年前后在德国得到发展，比中国发明印刷术晚大约400年。然而，这可能是欧洲文艺复兴时期最重要的科技创新。一般认为，第一台印刷机出自15世纪50年代，由约翰内斯·古登堡、约翰·福斯特和彼得·斯科霍福三人在美因茨合作制成。"⑨约翰·古登堡（Johannes Gutenberg，1400–1468）后来对印刷机做了进一步的改良，使欧洲出版业成为当时独领风骚的行业。日本历史学家宫崎正胜总结了东方对西方航海技术进步的几大贡献："一是阿拉伯帆船的三角帆技术得到普及；二是中国指南针传入欧洲得到改良；三是伊斯兰世界的测天仪被引入地中海；四是中国火药的应用提高了火炮和火枪的实用性；五是中国的造纸和活字印刷术使地图和书籍可以大量印刷。"⑩指南针在中国的战国末期出现，宋代中国船员出海时，将磁石放在一个鱼形的木片上，木片漂浮在有水的盆中，以此检测船只行走的方向⑪。

西班牙地图制作技术的进步，得益于阿拉伯文化、犹太文化的传入和融合，处于西地中海加泰罗尼亚的犹太制图师在此历史时期很好地掌握了地图的绘制技术。902 年至 1229 年，这一地区处于阿拉伯人统治下，犹太人和阿拉伯人关系良好，犹太人制图师较全面地掌握了地图制图的技术。随着 9 世纪地区间的贸易往来日趋繁荣，伊斯兰族群将丰富的地理知识用于引导航海以保障安全，犹太人从中学习到多方面的地理知识，法国知名的地理学学者保罗·克拉瓦尔指出："14 世纪两个最著名的地图绘制者，犹太人阿伯拉罕·柯斯开及其儿子杰费达就是熟悉阿拉伯文化的犹太人。他们住在靠近巴塞罗那东方的巴里阿里群岛的马略卡，是西方世界最知名的罗盘、地图制作人，并将此科学知识和秘诀传授给基督教徒。"⑫ 不仅是地图制作，日常生活的食品也体现历史上的融合，在西班牙的安达卢西亚地区，人们现在仍然享受着犹太文化和阿拉伯文化结合制作出来的多种甜美糕点，如安特克拉的奶油糖酥饼、杏仁胡桃蛋糕、蜜蜂小土豆、龙达杏仁汤等。

13 世纪至 14 世纪海图的发展建立在伊斯兰地理知识的基础上。"由于在他们的故乡，生而受制于地理环境之严格条件，必然有着一种最强的地理学的本能。对于这种本能的最新奇的说明，可以在西班牙寻找到。"⑬15 世纪

的航海天文仪就是以阿拉伯人完成的平面球形观象仪为基础改造的。8 世纪中期，阿拔斯王朝定都巴格达，成为伊斯兰教的帝国中心，出现了伊斯兰特点的实务制图，形成了著名的巴勒希地理学派⑭。

历史就是这样无情，东方的技术被西方用作征服东方殖民统治的武器。在殖民地时代，殖民者利用海图推动对新大陆的探险和控制，产生了许多标注了宗主国纹章的地图和海图。西班牙在 16 世纪时的海上力量逐步强大，成为殖民地征服竞赛的领跑者，16 世纪初，哥伦布在第四次航海探险中将巴拿马作为西班牙的殖民地，西班牙于 1510 年在此建立第一个欧洲人居住地。

① ［美］余定国著，姜道章译：《中国地图学史》，北京大学出版社 2006 年版。

② ［日］松田行正著，黄碧君译：《零：世界符号大全》，中央编译出版社 2013 年版，第 92 页。

③ ［美］唐纳德·F. 拉赫著，周宁总校译：《欧洲形成的亚洲》，第一卷，人民出版社 2013 年版，第 85 页。

④ 图片引自：［日］宫崎正胜著，朱悦玮译：《海图的世界史：海上道路改变历史》，中信出版社 2014 年版。

⑤ ［日］宫崎正胜著，朱悦玮译：《海图的世界史：海上道路改变历史》，中信出版社 2014 年版，第 229 页。

⑥　［日］松田行正著，黄碧君译：《零：世界符号大全》，中央编译出版社 2013 年版，第 92 页。

⑦　图片来源 http://daten.digitale-sammlungen.de/~zend-bsb/wasserz…0003364&bibl=bsb&kennziffer=2144221422604044214

⑧　［英］杰里·布罗顿著，林盛译：《十二幅地图中的世界史》，浙江人民出版社 2016 年版，第 222 页。

⑨　［英］杰里·布罗顿著，林盛译：《十二幅地图中的世界史》，浙江人民出版社 2016 年版，第 118 页。

⑩　［日］宫崎正胜著，朱悦玮译：《海图的世界史：海上道路改变历史》，中信出版社 2014 年版，第 60 页。

⑪　［日］宫崎正胜著，朱悦玮译：《海图的世界史：海上道路改变历史》，中信出版社 2014 年版，第 61 页。

⑫　［法］保罗·克拉瓦尔著，郑胜华等译：《地理学思想史》，北京大学出版社 2007 年版，第 35 页。

⑬　［英］迪金斯·霍华士著，楚图南译：《地理学发达史》，安徽人民出版社 2013 年版，第 37 页。

⑭　［英］杰里·布罗顿著，林盛译：《十二幅地图中的世界史》，浙江人民出版社 2016 年版，第 41 页。

二、在历史地图中解读城市历史

决定地图制作技术进步的因素是多方面的，天文学、地理学的知识很重要，制图的测量技术和印刷术是关键，主顾是谁也是动力之一。12—14世纪，天文学知识在世界地图上的应用取得突破，但宗教的权威受到挑战，宗教势力对制图的技术进步产生了人为障碍。这一阶段的地图多为单一的手绘作品，留存于世的不多，影响了后人对这一阶段地图学的研究。从14世纪末开始，地图的制作更加准确，更接近现代地图的基本要求，依靠的是低地国家发明的投影法和宇宙学研究的进展。数学融入制图学中和版画技术的进步，也保证了地图的准确性和可重复使用。

1. 更精准的地图

在中世纪后期，城市模式开始趋向成熟，城市具有多功能的分区，又具有防御功能。城市形象是领主、主教和市民们共同的荣耀，这种荣誉感可以通过城市地图、全景图得到展示。意大利从1290年左右制作出精准的地方性地图，包括威尼斯、米兰、费拉拉、曼图瓦等城市，在大公及地方领主主导下，

地图成为表现政权、军事防御、深奥智慧和艺术价值的挂图[①]。精确的城市历史地图在15—16世纪才在低地国家有了全面的发展，目前认为最早具有地形图特点的地图出现在1307年的荷兰，它标明了地名及建筑物间的距离。意大利、德国和低地国家等地区不断进行大量的研究实践，比例、数据的准确测量和表达也引起研究者的重视，使地图制作进入新发展阶段。留存下来的1441年德国斯特斯堡的北面莱茵河边的一张物业地产地形图中，用波浪线示意河流、三角形表示农地，反映了这一时期的制图特点。

"测量"起源于对土地丈量后的不动产登记，荷兰伯爵在1300—1330年设置了"测量官"的职位，地理学家、建筑师、僧人和军事工程师参与测量以及地图的绘制，但他们不是官方认可的测量官。最早有测量登记的文档是1282年的，有关文献属于乌得勒支教区，测量地图成为法庭上判案的证据。在低地国家，土地买卖活跃，对地图的精确度要求逐步提高[②]。阿姆斯特丹就是在世俗统治下通过填海造地迅速成长起来的城市，填海造地需要精确的

城市纹章：欧洲城市制度的徽记

阿姆斯特丹·运河 5/8 2012

荷兰阿姆斯特丹的辛格运河，可开启的桥闸景观速写。

地图，市场需求是地图制作水平的重要动力。

为填海的土地进行地块划分而出售的图纸是土地合理分区的结果，合理分区保证了公共道路的规范化，从经济效益考虑，细分长条形的地块增加了土地的收益，因为税收是根据铺面宽度计算的，经济因素也是现在阿姆斯特丹城市独特的连排建筑的形成诱因。阿姆斯特丹的辛格（Singels）运河连排建筑形成了特殊的城市景观，辛格运河形成于1585年之前，是城市的护城河，开通后沿岸土地的商业价值提升，阿姆斯特丹大学、铸币塔和花卉市场均处于运河两岸。

地图绘制技术传入弗莱芒地区，在16世纪该地成为荷兰地图制作成就突出的地区，小区域测量较为准确，三角测量法得到应用，商业性制图业可以通过地图集、地图和浑天仪的销售获利，这对城市的建造和航海技术的进步提供了基础技术支撑。

欧洲低地地区在1600年之前是以安特卫普为地图制作中心，城墙内集聚了大量的制图作坊。安特卫普靠近法兰克福，有利于出版商和制图师通过书籍集市进行地图的交易活动，而鲁汶大学（University of Leuven）提供了人才技术培养平台。1425年建立的鲁汶大学起到重要的学术影响作用。勃艮第统治尼德兰时期，鲁汶是属于荷兰低地地区，布拉班特公爵高度重视市政建设和管理，向教皇申请开办大学并在1425年得到批准，鲁汶大学成为集聚众多著名

Amsterdam 2012.8.

荷兰阿姆斯特丹的辛格运河边的桥与连排建筑景观速写。

学者的重要学术研究场所，数学、天文学等知识得到传播，为制图学培养了大量人才。

荷兰地图学派的兴起与特定历史时期的经济活动有关。欧洲对世界的探索需要更为准确的地图、更先进的技术和理论的进步，因数学方法引入了城镇空间的表达方式中，地图的准确度和质量大幅提高。此外填海造地扩大城市规模的活动使低地国家地理状况发生变化，地区土地交易和填海造地活动成为地图制作的内在需求。

1421—1422 年，维也纳和布拉迪斯发平面图上（Plan of Vienna and Brati-slava）出现了有比例尺的城市地图。地图中，两座城分开，比例尺在底部右边，被称为 Albertinischer plan，这是在意大利绘制的③。布拉迪斯发在 1291 年由匈牙利国王授予城市权利，城市与奥地利和匈牙利边界接壤，1403 神圣罗马皇帝授予其"帝国自由城市"的权利。意大利地图制作师罗西里（Francesco Rosselli，1445–1513）在佛罗伦萨开设作坊制作"托勒密世界地

城市纹章：欧洲城市制度的徽记

图"，成为专门以销售和制作地图为生的制图师。

意大利博洛尼亚在 13 世纪已经拥有近 6 万的居民，1286—1294 年，市政厅调查测量的一系列公共空间的距离数据保留至今④。建筑物的准确表现也是绘图师需要掌握的科学测量定位技法，尤其是在文艺复兴时期倡导科学精神的情况下绘制城市地图更要如此。画家、建筑师也参与到地图的制作中来。在 1502 年，达·芬奇（Leonardo da Vinci）运用科学的测量定位方法绘制了城市地图，他设计了伊莫拉（Imola）城市地图绘制法，利用经纬仪测定的地形数据相当准确，从城市地图可以清楚准确地表现街道和土地的划分。

达·芬奇 1503 年绘制的意大利城市伊莫拉的城市平面图⑤，藏于英国皇家图书馆。

出生于佛罗伦萨意大利的建筑师、军事工程师奎里安诺（Giuliano da Sangallo，1445–1516），从建筑建造需要准确、科学的角度出发，于 15 世纪末和 16 世纪初制作的地图强调了数据的准确性。达·芬奇、奎里安诺这类军事工程师制作的地图强调准确性和科学性，将装饰性置之于次要的位置。1537 年德国物理学家、数学家和制图师赫马·弗里修斯（Gemma Frisius，1508–1555）利用地球仪和三角测量的方法进行定位和测绘并将研究成果公开发表，他改良了许多观测仪器，对提高文艺复兴时期地图制作的准确性做出重要贡献。

地图的准确性保证了历史地理信息的原真性，欧洲的地图制作在 15 世纪末至 16 世初取得较大的进步，无论是表达的准确性，还是各类天文学、地理学知识在地图制作上的应用，在 15—16 世纪的历史地图中都得到充分地表现。通过实地旅游、数学和天文学研究，数学家、天文学家、地理学家、旅行家是最早的一批地图制作者。这时期，蚀版画技术趋于成熟，地图制作有了强有力的技术支撑，重复印刷和准确性的问题得到解决。1550 年，73% 的地图通过木刻版画印刷，1580 年后大部分采用了铜版印刷（Copper print），版画技术的发展使重复印制成为容易完成的工作，地图、城市鸟瞰图和城徽的制作准确性大大增强。

地图学在意大利、荷兰和德国进一步发展，各国的地理学者对地图学的基础知识贡献良多，如"阿美利加图"出自迭哥·古蒂埃雷斯（1485—1554）之手，作为西班牙通商院的海图制作人和领航员，他非常准确地描绘了南美洲的地理信息；出生于威尼斯的地图制图师贝尼蒂托（Benedetto Bordone，1460–1531）、出生于纽伦堡的天文学家、地理学家马丁·贝海姆（Martin Behaim，1436–1507）对于地图投影法和世界地图的准确绘制（1492年第一幅）；杰拉杜斯·麦卡托（Gerardus Mercator，1512–1594）对宇宙学和投影法作出杰出贡献，还有阿伯拉罕·奥提柳斯（Abraham Ortelius，1527–1598）、威廉·布劳（Willem Janszoon Blaeu）和约翰·布劳（Joan Blaeu）父子等一批制图师制作出流芳百世的地图佳作。

"随着主要城市规模的扩大，有着详细街道规划的地图市场兴起，这些地图通常作为游人的指南。王朝复辟时期的伦敦见证了地图泛滥：1660—1690间共出版了31种地图；巴黎人在1700年之后有40种印制的地图可供选择。"⑥18世纪，法国制图技术快速超越其他国家，法国科学院在法国政府支持下，高度介入地图制作中，得到政府资助的探险家、科学家将最新的地理发现制作成为精美的地图，制作水平超越了荷兰，畅销欧洲，这令巴黎成为世界的新制图中心。

2. 城市的骄傲：全景图制作

全景图属于广义范畴的一种历史地图，通过选择一定视角将城市全景纳入画中，具有描绘、表达城市物质空间的特征，全景图一般采用正常视角或者鸟瞰（Bird eye）视角。在全景图中有一种特殊的类型，英文为"Panorama view"，是采用更广的视角甚至是360度视角描绘城市全景的描绘方法。文艺复兴时期绘画透视法取得长足进步，城市景观图、鸟瞰图、全景图的制作水平得到巨大提升，更加准确的三维关系能使地图表现得更真实，运用透视法的准

意大利画家雅各布·德巴尔巴里1500年绘制的威尼斯鸟瞰图⑫。

城市纹章：欧洲城市制度的徽记

出版于 1493 年《纽伦堡编年史》中的科隆全景图[14]。

确描绘来表现城市景观，使之更符合真实现状。鸟瞰图的装饰主要是人物和纹章，使整个画面更加生动。这些装饰有双重目的，除了满足绘图习惯外，欧洲人还相信画上的人物能让土耳其人不敢使用这些地图，因为伊斯兰教禁止他们研究人物画像[7]。

版画、木刻技术在此时期的进步，为地图的制作提供了更方便、可复制的技术，许多画家参与到鸟瞰图或全景图的制作中，版画的技艺运用到地图制作中，黑白的版画通过人工上色使画面更加丰富。荷兰艺术史家马里特·威斯特曼在《荷兰共和国艺术（1558—1718）》一书中指出："这类地图以世态场景的形式画成，像画一样挂在墙上，这实际上表明了 17 世纪的欣赏者没有像现代人一样把作为'艺术'的绘画与作为'知识'的地图区分开来。艺术家们选择那些值得了解的知识并以速记的形式将其表现出来，对于某一特定的文化来说，

这种表现形式是合乎习俗的，考虑这些因素，因此可以说地图也并不是一种客观的、毫无倾向性的知识。劳伦斯·凡·德·赫姆毫不迟疑地把地图、主题版画和'艺术的'绘画三者融合在他那庞大的地图集中。"[8]

印刷术的进步使地图和全景图的制作成本降低，它们成为普通人家中日常的艺术品。活字印刷于 15 世纪中叶在德国得以运用，由约翰·古登堡、约翰·福斯特和彼得·斯科霍克在美因茨合作制成[9]。斯特拉斯堡成为印刷产业中心，"在 16 世纪，廉价版画激增，使得包括景观、风景、肖像画以及地图在内的所有这些城镇景象可以展现在更多人面前，有时这些版画甚至会悬挂在酒店的墙上。"[10] 地图的使用由于印刷术的进步得以更加普及和具有实用价值，1600 年，欧洲已经有 130 万份地图。

运用精确透视法制作鸟瞰图的先驱代表性人物是雕刻家、画家、意大利人雅各布·德巴尔巴里（Jacopo de

Barbari，1460-1516），他是文艺复兴时期杰出的版画代表人物之一，曾经任宫廷画家，在绘画领域之外，他还采用木刻画技术绘制地图，后来从威尼斯到德国发展。在德国，巴里与丢勒（Albrecht Dürer，1471-1528），这位16世纪伟大的欧洲北部文艺复兴的代表人物成为好朋友，1495年两人相会，1504年与丢勒一起为神圣罗马帝国皇帝马克西米利安一世创作凯旋门、巡游等庆典木刻画[11]。许多制图师本身就是画家，在绘制全景图时更强调城市风光的宏大场面，赋予城市某种超越现实的象征性空间形态，例如德巴尔巴里制作于1500年、由六块木头组成的威尼斯鸟瞰图（Venetie MD），其表现手法就具

有里程碑意义。画面表现了威尼斯大体量的港口城市形象，围绕着里亚尔托岛（Rialto）市场，威尼斯建立起来的许多教区相互连接，场面宏大；在海面和天空中，出现了希腊神话中的大力神形象，前景的大帆船云集，突出了海上贸易的繁荣。

城市鸟瞰图或者是全景图通常与介绍城市的文字结合，从11世纪开始到15世纪，欧洲兴起的《城市编年史》就是这类读物。意大利、德国都有类似的书籍出版，《威尼斯编年史》是在1250年出版，在德国1493年出版的哈特曼·谢得尔（Hartmann Schedel，1440-1514）的《纽伦堡编年史》（Nuremberg Chronicle）具有划时代意义，

1700年绘制的捷克布鲁诺全景图[15]。

捷克布鲁诺圣雅各教堂和旅游火车[16]。

城市纹章：欧洲城市制度的徽记

《纽伦堡编年史》是较早出版的欧洲城市景观图集，包括了布拉格、罗马、维也纳等多座城市鸟瞰图。德国纽伦堡在 15 至 16 世纪成为地图、插图和版画制作印刷的中心城市。哈特曼·谢得尔是《纽伦堡编年史》文字作者，协助他完成插图的有迈克尔·奥尔格穆特（Michael Wolgemut）和威廉·普莱登伍尔夫（Wihelm Pleydenwurff），该书图文并茂，采用了木刻套色制作各类地图和主要城市全景图，全书共有 1800 张木刻插图，在 1493 年首先使用拉丁文出版，同年 12 月使用德文出版。图说、编年史和各种手抄本成为地图的载体，但纯粹的地图以及地图集数量相对少，大部分地图为书中的插图。意大利、德国和低地国家出版木刻的独立地图相对其他国家而言是最多的，这三个地区印刷出版的地图占 1472—1600 年欧洲所出版地图的 80%[⑬]。

1493 年出版的《纽伦堡编年史》是重要的文献，在书中有 97 座城市的鸟瞰图和全景图（View of cities），但仅有 37 座是现实存在的城市，其余是构想的、象征性的城市。正因为《纽伦堡编年史》的出版，1493 年代鸟瞰图和全景图的数量在这一年代多于地图的出版量。在书中的科隆全景图表现了城门、哨塔、城墙和城市教堂等主要建筑，河流上行驶着帆船，虽然地图没有纹章标记，但在背景的塔楼上挂着三个纹章。

从 1572 年开始，佐治·布朗和霍恩伯格陆续编辑出版了 6 卷本的《文艺复兴时代的城市》（Civiates orbis Terrarium）地图集，成为 1600 年前全景图绘制出版的高峰。城市地图满足了商人、学生等读者在世界各地旅行中日益增长的需要。

全景图可以充分地表现城市天际线的起伏，也表现了地理的实际情况。在 1700 年绘制的捷克《布鲁诺全景图》的天空上，天使扶着两个盾徽，一是格子鹰，另一个是双头鹰，充满宗教色彩。许多鸟瞰图将纹章与天空的表现结合在一起，《布鲁诺全景图》充分表现了这一时期的鸟瞰图绘制风格。图中的山顶上是斯皮尔博城堡，始建于 13 世纪上半叶，14 世纪开始作为摩拉维亚（Moravia）边疆爵的居住地，14 世纪上半叶建造的城墙具有防御功能。1641 年布鲁诺成为摩拉维亚王国的首都，山上的城堡为城市最高点。布鲁诺圣雅各教堂（Church of St.James）在图的右边，这是 13 世纪开始建造的教堂，为德国居民所建，后来不断加建和重修，今天在市中心仍然可以清楚地感受到这座建筑的独特风貌。布鲁诺是捷克的宗教中心之一，圣彼得·圣保罗教堂也在山脚下。现在布鲁诺是捷克第二大城市，城市还保留着的马车轨道吸引了大量游客。

巴洛克建筑风格的代表性建筑师巴尔塔扎·诺伊曼（Balthasar Neumann，1687-1753）出生于波希米亚一贵族家庭。在 1720 年开始建设的维尔茨堡官邸（Wüzburg Residence），现在列入了《世界遗产名录》，展示了巴洛克充满想

象力的设计技巧，在诺伊曼绘制的家族
海报中将巴洛克艺术与纹章象征语言融
合一起，"我们从这张 1723 年由家族建
筑师巴尔塔扎·诺伊曼所绘海报中可以
看到这一点。舞台边框状的装饰有着充
满动感的顶部，悬挂两侧的纪念章分
别描绘新的宫殿和教堂，这一切进一
步强调了这座城市和统治家族之间的

纪念巴尔塔扎·诺伊曼的德国 50 马
克纸币。

联系。"⑰

城市风景图是人文主义者介绍给
读者的旅行艺术之一，佛罗伦萨人文主
义者安东·弗朗切斯科·多尼（Anton
Francessco Doni）就持这一观点⑱。从
15 世纪至 17 世纪，为了表现城市的繁
荣和荣耀，不少欧洲城市开始制作城市
的全景图，采用鸟瞰和平视的不同视角
描绘城市。它的需求者开始是君王，为
了宣传自己拥有城市的宏大，后来是为
了学生、商人的旅游需要，再进一步发
展是军事作战的需要。"对于城镇景观
的描述，人们采取了多种形式——全
景图、鸟瞰、地图以及详细的街道和房
屋的景象。由于急于提升自己的形象，
城镇被委托为其社区进行表面装饰。

城市纹章：欧洲城市制度的徽记

德国巴伐利亚慕尼黑宁芬宫。

像布朗和霍恩伯格不朽的六卷本《文艺复兴时代的城市》（*Civitaties Orbis Terranrum*，1572–1617）这样的系列出版物，有些作品深深印上了城市的痕迹，有些则是从早期作品中剽窃而来，无论怎样，领先的欧洲城市的形象第一次可以相互比较、对照。"[19] 在《文艺复兴时代的城市》的城市全景图中，城市纹章成为重要的符号，书中西班牙城市毕尔巴鄂的全景图上方是城市纹章，盾面表现了两匹狼和古桥的形象。

西班牙毕尔巴鄂是比斯开（Biscay）省会，靠近比斯开湾，是西班牙巴斯克自治区（Basque Autonomous Community）最大的城市，属于组成自治区的三个省之一的比斯开省。历史上巴斯克的独立意识相当强，拥有自己的巴斯克语（Euskara），在文化、历史、军事等方面均有自己辉煌的历史，舞蹈、乡村体育，如劈柴和拖石头等具有劳作性质的竞技活动具有独特的民族特色，西班

布朗和霍恩伯格的六卷本《文艺复兴时代的城市》中1554年西班牙城市毕尔巴鄂全景图[20]。

牙足球联赛的比尔巴鄂竞技队的队员必须是巴斯克人。巴斯克人还分布在西班牙的纳瓦拉自治区和法国西南部比利牛斯-大西洋省，西班牙和法国现在的巴斯克人数约有250万。

对纹章文化的保护利用不仅在实体上，也表现在图形设计上。比斯开省是建立在1076至1876年的独立比斯卡领地（Lordship of Biscay）基础上，统治者为西班牙贵族哈罗家族（House of Haro）的成员，他们在战争中支持阿方索六世而得到国王的表彰，获得了封地。由于他支持阿方索六世，国王赠与其"Lord of Biscay"的头衔，并获得开发毕尔巴鄂的权利。哈罗家族的成员罗皮兹五世（Diego López V de Haro，1250–1310）于1300年开始在毕尔巴鄂建立居住地，领地的哈罗家族的纹章寓意物为两匹黑色的狼，狼嘴叼着白色的小猪。贝尔梅奥（Bermeo）是靠近毕尔巴鄂的传统渔港，城市纹章体现了传统，寓意物也为两匹狼。

在墨西哥海拔1800米的杜兰戈州（Durango），1552年西班牙人发现了世界最大的铁矿床，1563年出生于巴斯克地区吉普斯夸的西班牙探险家弗朗西斯科（Francisco de Lbarra，1539–1575）在此建立了城市并按照西班牙巴斯克地区的比斯开的杜兰戈命名此处，现在杜兰戈首府依然称为杜兰戈市，无论是州纹章还是城市纹章也保持传统比斯开领主的纹章图形，为两匹叼着猪的狼。随之而来的西班牙传教士建立了教区，1767年建立了西班牙人统治的行政框架，意味着西班牙比斯开的这两匹"狼"成为跑得最远的狼。

墨西哥杜兰戈州的纹章（左）和比斯开领主的纹章图（右）。

比斯开省贝尔梅奥市的城市纹章。

毕尔巴鄂的城市纹章中采用桥为城市代表性符号，此桥称为圣安东桥，城徽上还有圣安东教堂，该教堂建于15世纪末。16世纪用比斯开领地领主（Lord of Biscay）两匹狼的纹章寓意物，结合城市标志桥梁和教堂组合成为城市纹章。

西班牙毕尔巴鄂市的城市纹章（左）和原领主的纹章（右）。

城市纹章：欧洲城市制度的徽记

毕尔巴鄂全景图上的城市纹章。

1554 年由弗兰兹（Fanz Hohenberg）绘制的毕尔巴鄂全景图表现了城市的主要建筑物和构筑物，包括圣安东桥、圣安东教堂等。顺流而下，在最远方隐隐约约可见到帆船，表现了城市的港口特征，城市纹章已经在 16 世纪的地图中出现。

城市的桥是重要的城市地标，纳入城市纹章的寓意物中并结合成为城市象征，与桥同时建设的还有堡垒，是城市的防御入口。建筑立面上刻有城市纹章，是哥特式的建筑[20]。教堂建设是城市繁荣、人口聚集的结果，城市港口海上贸易的转运功能促进经济发展，毕尔

1878 年的明信片（左）和 19 世纪 J. E. Delmas 制作的版画（右），刻画了毕尔巴鄂教堂和附属物及圣安东桥的景色。

历史地图演变中被忽略的纹章记录

圣安东教堂成为城市纹章中的标志建筑。

城开始时人口很少，14世纪时城市人口少于两千。穿过城市中心的河流，左岸住着矿工和家属，右岸是领主住地和一些渔民居所。后来由于矿产开发和航运产业的发展，城市人口迅速增加。

在反映城市16世纪的全景图中，可以看到当时的城市规模很小，城徽与今天所见的不完全一致，没有教堂。在16至17世纪港口与矿产经济繁荣，在18世纪的全景图上，可以在图中看到城市地标圣安东教堂和桥梁，以及排列整齐的房屋，城徽也与今天的核心图形一样在全景图中起到装饰作用。

1857年毕尔巴鄂开始建造铁路，由于港口和铁路的交通优势，在19世纪经过工业革命的推动，城市得到快速发展而成为这一地区的经济文化中心。1876年，毕尔巴鄂制定了新的扩展规划，利用公共绿地将工业区与金融居住区分开，是典型的中心加放射线道路模式。

巴鄂在17世纪时城市人口大增。

毕尔巴鄂是一座中世纪西班牙城市，在7世纪时已经有了城市记录。该

西班牙毕尔巴鄂城市纹章展示于圣尼古拉（San Nicolas）教堂。

城市纹章：欧洲城市制度的徽记

Museo Guggenheim, BILBAO
2013.7.27

在 20 世纪 70 年代开始，工业生产面临危机逐步衰落。城市迅速转型，开始发展服务业并建设区域性基础设施，并在近十多年采取了一系列振兴城市经济的措施，旧的城市历史风貌得以延续而新的建设又发挥了重要的牵引作用。与此同时，传统的纹章艺术得到保护，城徽在新时代的运用熠熠生辉。

在 20 世纪，毕尔巴鄂借助古根汉姆博物馆的时尚形象成为城市的"新城徽"，1997 年开始谋划博物馆建设。在一片废弃的工业用地和江边残破的码头上，"建筑大师弗兰克·盖里在毕尔巴鄂建造了他一生中最伟大的作品。时光流转间，当初的挑战已经变成城市的徽章，引用纽约《时代》杂志的形容，盖里的作品成就了毕尔巴鄂奇迹。"[21] 现在，慕名来访古根汉姆博物馆的游客络绎不绝。

制图师绘制全景图时，城徽的表现风格随时代的变化也会产生审美趣味的改变。通过分析读解一系列的历史规划图纸，可以真实地了解城徽在不同时代的绘制方法。这些图纸包括城市风景画性质的全景图或鸟瞰图，尽管按现代城市规划的规范，在中世纪所绘制的全景图缺乏严谨的比例和工程科学属性，但它是指导军事设施、城市公共建筑建设和展示城市风光的一种重要图纸工具。

西班牙毕尔巴鄂古根汉姆博物馆。

历史地图演变中被忽略的纹章记录

捷克布拉格的城门㉒。

比利时布鲁塞尔市政厅，1855 年的城市风景画㉓。

3. 从历史地图看城市城堡的去与留

现代地图学认为历史地图是数学的产物，不受价值观的影响。事实上，历史地图往往是特定价值观的产物，反映了政治和军事的需求。

哈勒姆城堡战争（Siege of Haarlem）发生在 1572 年至 1573 年之间，战争中西班牙军队血洗哈勒姆。这一情景反映在 1628 年出版的历史书籍《画家之书》（Schilder-boeck）的插图版画中，作者是出生于荷兰默莱贝克的画家和历史学家凡·曼达（Karel van Mander，1548–1606），他是荷兰早期城市风景代表性画家之一。哈勒姆战争画中描写了河流、城堡和军队的关系，画面视角是从哈勒姆北面向下鸟瞰，右面的城堡称为疯人院（Het Dolhuys），是一座城墙外专门收诊精神病、麻风病等传染病病人的医院，这座历史建筑现在是荷兰精神病研究和展览中心，博物馆中展览着被世人认为是"不正常"的著名艺术家、科学家和画家的作品和故事，如梵·高的绘画作品和生平。

在另一幅反映 1573 年阿尔克马尔战斗场面的历史地图中，城市市民在抗击西班牙军队的入侵，画面表现了在古代战场上攻城的可移动木质塔楼。城市布局与军队的军事行动同时在图上得到表现。

低地南荷兰和北荷兰各省在与西班牙王朝统治的抗争中，制作了许多具有军事意义的地图和鸟瞰图。荷兰奈梅亨（Nijmegen）是靠近德国边境的

城市纹章：欧洲城市制度的徽记

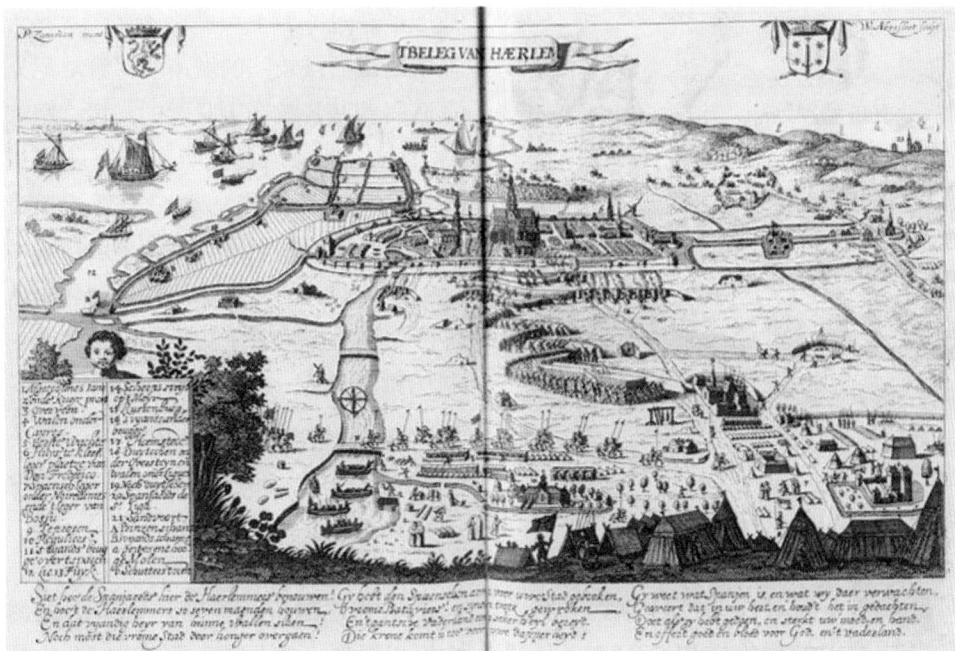

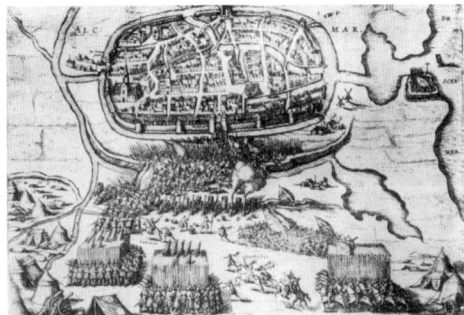

1573 年阿尔克马尔战斗场面，城市市民抗击西班牙军队的入侵。

绘制于 1591 年的荷兰奈梅亨历史地图。

三个最古老城市之一，古罗马帝国时就开始在此建造军事工事，沿河发展的城市水运交通方便，城市在中世纪贸易繁荣。1591 年绘制的表现战争的历史地图，作者是弗兰斯（Frans Hogenberg，1535–1590），在这一幅反映城市历史事件的历史地图中，可以看到河流两岸防御系统的作用。河的一面是具有军事防御功能的星堡，对岸是被棱堡防卫城墙包围的城区。

瑞典瓦萨王朝国王征服奥格斯堡，是瓦萨王朝重要的历史时刻。具有宣传画报风格的城市鸟瞰图，画面中绘制的奥根斯堡鸟瞰图成为瓦萨国王的背景。画面上出现两个纹章：一是奥格斯堡城市纹章，另一是瓦萨王朝的纹章。该鸟

瑞典瓦萨王朝国王征服奥格斯堡。

瞰图充分表现了征服者的自豪感。

　　塞浦路斯的法马古斯塔（Famagusta）是塞浦路斯岛最深的港口，威尼斯人和奥斯曼人的战争发生在 1570—1573 年间，也称为"塞浦路斯之战"（War of Cyprus）。原本是威尼斯控制了该岛，在 1517 年，奥斯曼帝国出动 300 多艘战船，超过 6 万士兵进攻该岛，法马古斯塔是最后被攻陷的城市。尽管威尼斯军队得到基督教军事联盟的支援，坚守 11 个月，但最后还是奥斯曼军队获得胜利。1573 年制作的地图表现了在爱琴海进行海战的场面，画面上展示着城堡、军队驻扎的营寨和步兵、骑兵军队方阵。制作者为善于测绘海岛的意大利制图师乔瓦尼·弗朗西斯科（Giovanni Francesco Camocio），其地图作品从 1566 年至 1574 年出版，内容包括棱堡的城堡、城市全景图和战争历史，地图展示的内容跨越的时间很长。

　　从描述战争场面的这些军事地图中可以看到，画面展现了进攻和防御的特定历史空间，城墙、塔楼构成的棱堡防御体系清楚地表现在图上。在和平年代，棱堡城墙防御体系下的城市鸟瞰

描绘 1573 年塞浦路斯法马古斯塔战争场面[24]。

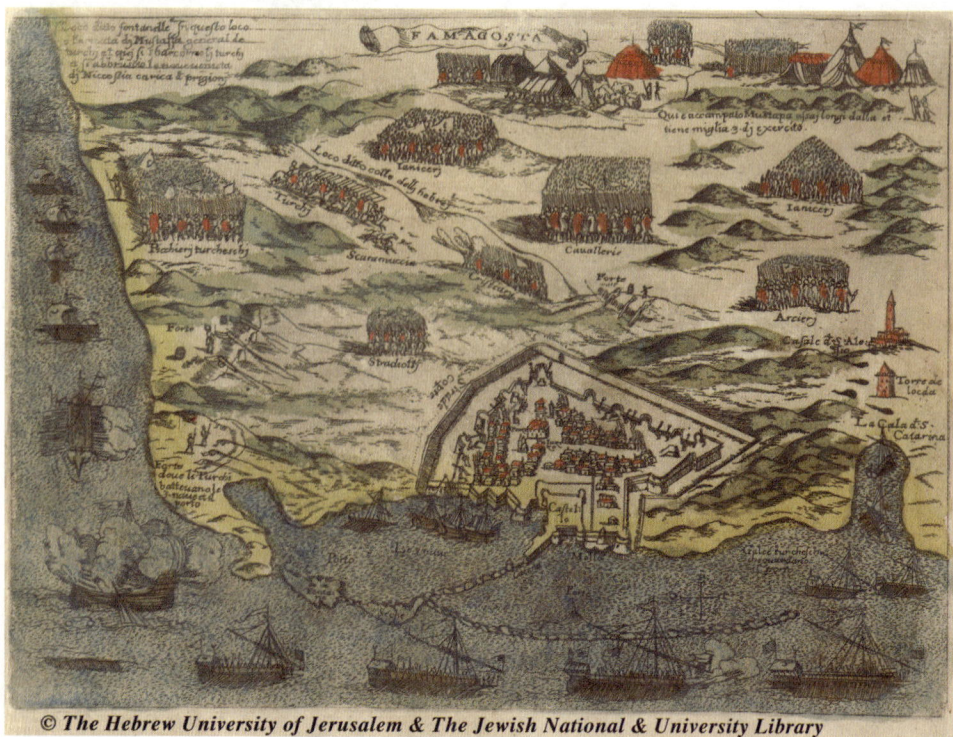

图，表现了城市防御能力和真实城市空间。西西里岛的卡塔尼亚市，是古代欧洲文化和阿拉伯文化交融的城市，该地在831年到1073年处于伊斯兰西西里王国（Emirate of Sicily）的统治下，岛上东西方文化的印迹得以留存。西西里岛在地中海的战略地位显赫，无论阿拉伯人还是希腊、罗马、法国、奥地利等强大王国都曾占领过这一重要岛国，也在此留存了多元文化的印记。城市在1073年之前由伊斯兰西西里岛帝国统治，后为基督教所征服，阿拉贡王国、安茹王族和卡斯蒂利亚王朝轮番成为统治者。卡塔尼亚市的市政厅和城市大部分建筑在17世纪遭火山摧毁，城市后来得以重建。卡塔尼亚历史地图表现了棱堡城墙的双重防御功能，可以抵御来自海上敌人的进攻和背后的埃特纳火山（Mount Etna），1169年火山爆发流下的岩浆被左侧的城墙挡住。左下角是最重要的方形城堡（Castello Ursino），建于1239年至1250年，为西西里岛王国的统治者也是神圣罗马皇帝菲特烈二世（Frederick II，1194–1250）所建，是1693年地震后城市幸存的少数建筑之一。地图左上角是阿拉贡王国纹章，右上角是卡塔尼亚的城市纹章，两种纹章使用至今。

梅里安于1628年出版法兰克福历史地图，右上角画有神圣罗马帝国的纹章和法兰克福城市纹章，这是一座帝国自由城市，城市政府拥有派出代表参加帝国议会的资格，地图提供给法兰克福市议会专用。地图中可以看到法兰克福

1575年制作的意大利西西里岛卡塔尼亚历史地图[25]。

梅里安1628年出版的法兰克福历史地图[26]。

历史地图演变中被忽略的纹章记录

跨河组合的棱堡城墙防御体系。

1652 年格罗林根（Groningen）的城市历史地图是完整的典型棱堡城市形态，地图装饰风格特殊，重要人物的肖像、城外的堡垒、城市景观图结合在一起成为地图的边框装饰。格罗林根的城市防御体系反映了低地国家的基本特点，城市城墙采用均匀分配设置的棱堡形式，在城墙外有护城河。图上有两个纹章，其中地图上左边纹章的图形表达形式非常特别，这一纹章盾面四等划分，这是 1595 年格罗林根和城市周边地区合并使用的组合纹章，现在还是格罗宁若省的纹章。格罗宁若市传统的城徽是黑色的双头鹰，中间是绿色横杠的小盾；另一纹章是 11 个红色的心型。格罗林根在 13 世纪成为加入汉萨城市联盟。

制作于 1652 年的格罗林根的历史地图（右）和格罗林根市城市纹章（左）。

城门成为城市防御范围扩大、城市形态演变的地标，美国学者科斯托夫在分析城市形态演变过程后指出："大约在 1600 年左右，棱堡式城墙的工艺在经历了数十年的发展之后得到广泛采用，这就意味着城市无论新旧，都一律被包裹在一圈通常呈星形的带有低矮的尖突状棱堡中，棱堡具有抗击的防护系统。"[27] 封闭的城市拥有许多城门，扼守住入城通道。19 世纪欧洲的拆城墙运动如火如荼，幸好在欧洲若干具有古老历史的城市中，尽管部分城门不适应现代交通的需要，但有识之士却极力创造条件予以保护，让城市的文脉可以从这些城门中呈现，为后人理解城市布局提供想象空间。在这些城门上，城市纹章是必不可少的标志，城门成为理解城市保护的地理坐标。人口规模扩大和现代交通工具的出现是改变城市围闭形态的主要动力，火炮的威力增强是棱堡军事工事衰落的诱因。16 世纪，当武器威力逐步增强时，已经出现了棱堡与街区保持距离的规划方法，到了 19 世纪，棱堡已经形同虚设。

无限的格状路网、消失的棱堡成为 19 世纪城市扩展的主旋律。"星堡"限定了城市形态形成的初期空间形状，但在近代城市化加速时期，人口的增加和交通的变革，令非规则的空间形态包围了"星堡"。德国柏林 1737 年的历史地图表现了"星堡"和开放性城市空间布局共存的历史，1760 年新建的郊区城墙开始松动，显示轴线关系的道路出现在郊区，圆形的荣代尔广场、新发展的郊区，通过林荫大道将宫殿和蒂尔加藤皇家公园联系起来。

从 17 世纪开始，不少城市开始拆除城墙，突破中世纪的空间限制，满足

城市纹章：欧洲城市制度的徽记

人口膨胀的需要。迫于人口增长、城区空间的局限以及城市与郊区的社会矛盾，苏黎世在 17 世纪拆除了城墙。"欧洲城市进入新文化时代的显著标志就是对老城墙和城门缓慢而无情的破坏。但城墙、城门自中世纪早期就同城市形象密不可分。如今废弃掉这种用来抵御外来入侵的传统防御工事，面对城墙外城镇的无计划扩展，面对国际文化中日益增强的城镇自治意识，原来的环状城墙已不再是一种保护，而是成为城市发展的障碍。因此，巴黎和其他地方，率先拆毁城防工事，改造成林荫大道。"[29]

传统城市城墙不断地扩张以适应防御和人口增长的双重压力，1359 年绘制的巴塞罗那规划图表现的是城市建造第三道城墙。

19 世纪由于工业的发展，铁路的建设，比较稳定的历史城区被新的城市

德国柏林 1737 年的历史地图[28]。

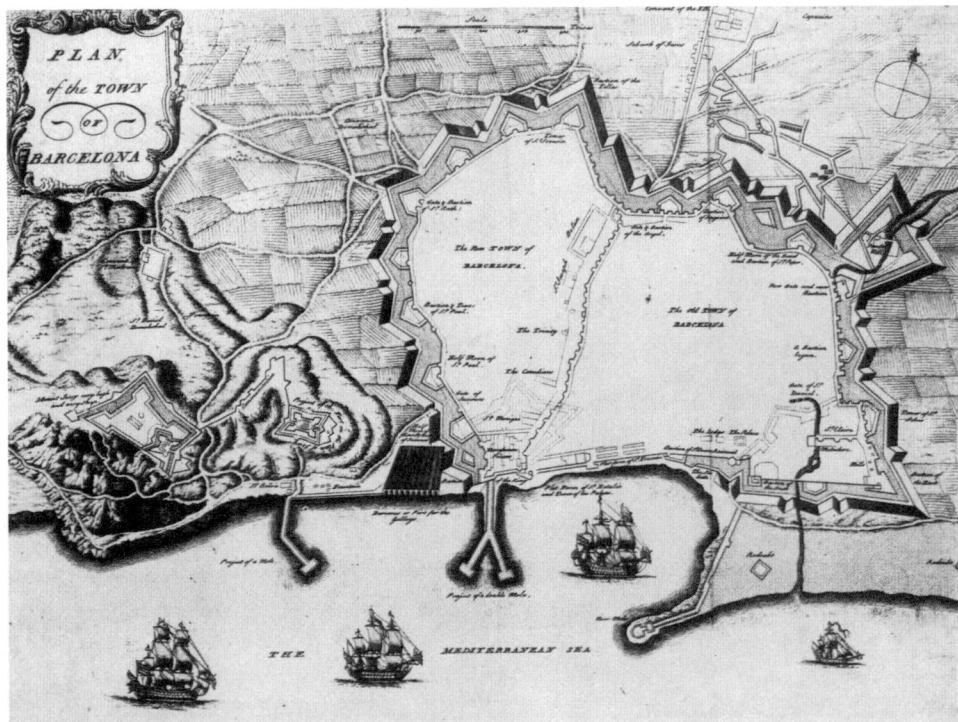

于 1359 年绘制的巴塞罗那地图，规划建造了第三道城墙[30]。

巴塞罗那历史地图和规划街区细部[31]。

中心代替，网格与新中心产生的辐射状道路系统是这一历史时期比较常用的规划模式。巴塞罗那的城市扩建（The Ensanche of Barcelona）就是一个典型案例。

在巴塞罗那1856年和1859年的历史地图上，棱形的城堡被近代格状路网打破。完整的棱堡呈多边形的形态，以中心商贸功能为主的城区改变了原独立的城堡空间关系。从1859年的规划图中可以了解到网格路网结构的状况：可以看到网格状的城市形态在近代迅猛的发展。1858年，巴塞罗那的城墙拆除，伊尔德丰索·塞尔达（Idefonso Cerdu，1815–1876）作为负责项目的规划师将棱堡内高度集中的商业、文化和

制作于1859年的巴塞罗那规划图[33]。

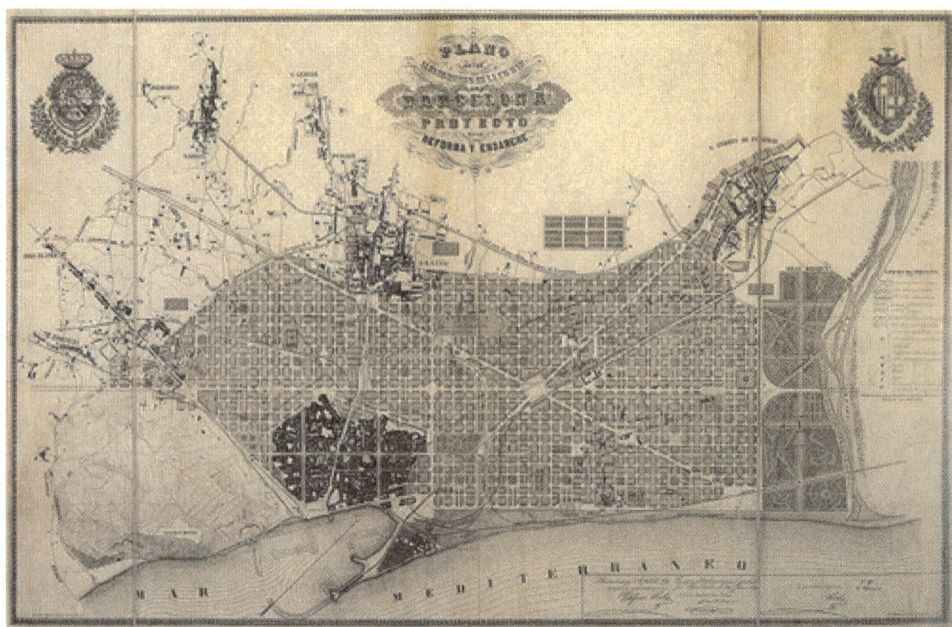

城市纹章：欧洲城市制度的徽记

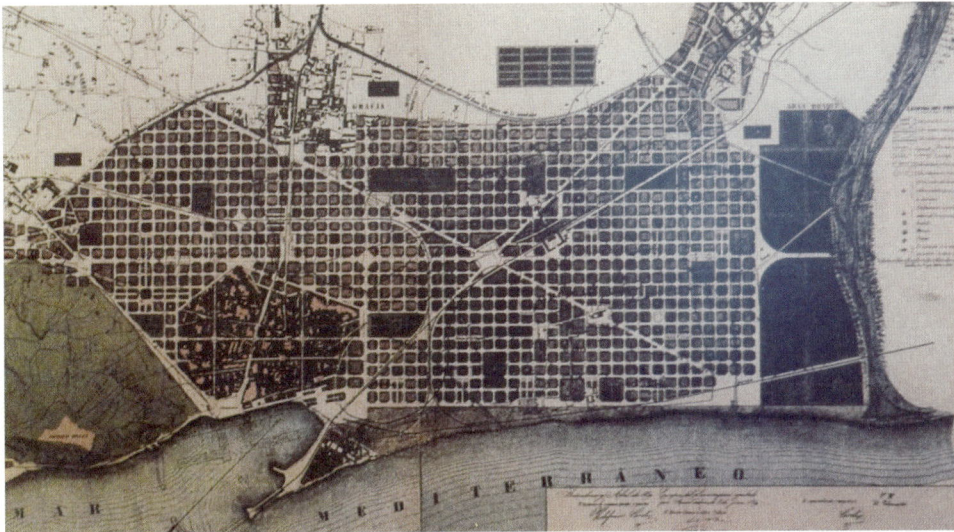

制作于 1860 年巴塞罗那规划图，由塞尔达规划[34]。

制作于 1905 年巴塞罗那规划图[35]。

保存完好的德国纽伦堡
城门。

的城门拱石现在保存在城市的"罗马—日耳曼博物馆"中。

科隆在中世纪已形成完整的防卫墙系统，1180 年至 1220 年建造了半环状的城墙。1880 年开始拆除城墙和城门，现在仅剩下三个城门（Eigelsteintor, Severibstor, Hahnentor at Rudolfplatz），都属于中世纪城堡的 12 个城门。科隆旧城的鲁道夫广场（Rudolfplatz）保存的西城门（Hahnentor at Rudolfplatz）的正面和背面都嵌入了鹰图案的纹章，其型制是有防御装置的城门（Fortified gateway）。

中世纪德国科隆市区 12 个城门现在仅剩下三个城门。

人口聚集功能完全打散，创造出新的城市模式，目的也是为西班牙城市提供城市扩建的范本。"1854 年 7 月爆发的起义，提供了最终的动力来说服城市的长老们，他们命令拆除城墙，同意组织一次竞赛，来征集扩建和美化城市的计划。"㊲塞尔达通过方格网道路系统向外扩展，形而上学地将数学的平均等同于社会的平等，但加上了对角交叉的轴线，力求改变方格网布局机械、呆板的印象。

德国第四大城市科隆建立于罗马帝国时期，科隆是古罗马帝国时期行省的省会，公元 70 年就已经建造了 8 米高、2.5 米宽的城墙，有关古罗马时期

科隆靠近莱茵河，在中世纪开始建设的棱堡城墙考虑了对河面的防守，在对岸设置了军事棱堡。1288 年科隆从主教手中获得城市权利，防御体系也是跨河发展起来的。大部分城墙在 1880 年左右被拆除，现在城市仅保存

城市纹章：欧洲城市制度的徽记

12 座城门中的三座，从中可以感受到当年的城墙历史痕迹。1646 年科隆的历史地图反映了严谨的棱堡城墙，城市纹章在上方，表现了盾面简约而冠饰华丽的纹章风格，另一纹章是弗兰肯公爵的纹章。

18 世纪前后，欧洲呈现了乡镇工业活动活跃的局面。"长期来看，技术的变迁以三种方式重组了经济区划：彻底转型、渐进式变迁、去工业化。"[36]19 世纪，随着工业化的加速，城市发展迅猛并得以扩展，移民浪潮出现高潮。城市也因为人口的增多而经济繁荣，伦敦、巴黎、马德里、巴塞罗那、布拉格、罗马等城市就是靠人口的聚集而刺激了经济的快速发展。但人口剧增引发了城市的社会问题，拆除棱堡城墙成为解放城市社会问题的第一步，因为城墙在中世纪保护的是少量的财产拥有者，在近代已失去了它的功能。

4. 新旧的包容

被列入《世界遗产名录》的维也纳历史城区得到如此评价："维也纳是从早期哥特人和罗马人聚落发展起来的，后来成了一个中世纪巴洛克风格的城市——奥匈帝国的首都。从伟大的维也纳古典乐派时代开始一直到 20 世纪初，维也纳一直作为欧洲音乐中心并发挥着重要的作用。维也纳历史中心汇集了大量建筑艺术，包括巴洛克风格的城堡和花园，还有建于 19 世纪晚期的环城大道，两旁是宏伟的楼群，也有古

迹和官防建筑。"[37] 这座城市的许多历史建筑与莫扎特、贝多芬和舒伯特等伟大音乐家联系在一起，音乐之都名副其实。城市在 12 世纪初突破古罗马时期的防御城墙向外扩张。中世纪建立的城墙在与奥斯曼的军事冲突中发挥了重要作用，但在 19 世纪中叶开始了拆墙建大道计划。维也纳环城大道设计（The Vienna Ringstrasse）与巴塞罗那的改造规划几乎同时进行，弗兰茨·约瑟夫（Franz Joseph）皇帝下令拆除环形防御工事系统，并在此之上建设新的环城大道。1873 年由魏斯所画的维也纳鸟瞰图中，可以看到维也纳堡垒式的城墙拆除后新开拓的环路，两边树木成荫，布置了一系列公共建筑和住宅。16 世纪末期，在欧洲城市的城墙上，特别是土质城墙上种植树木，以加强防御能力，在加强隐蔽性和固化墙体方面上均有重要意义，部分城市的城墙虽然丧失防御能力，但仍然保留绿树成荫的城墙，可以为后来人提供休闲逗留之地。1670 年巴黎开始拆掉中世纪城墙后，有的城墙成为高于地面的人行道，并种上双排树木。拿破仑时代，将城墙改为步行林荫大道成为时尚[38]。维也纳的环城大道更进一步，扩大路面，成为行车道路。1897 年维也纳建成环城大道，56 米宽、4 公里长的双重林荫道，连接着宫殿、大学、议会广场、公园音乐厅等重要公共建筑。

欧洲的城市模式成为 20 世纪初中国广州学习的榜样。广州在全面学习西方的市政制度的潮流中，学习制度和

19世纪的奥地利维也纳鸟瞰图^⑲。

　　　　　　城市纹章：欧洲城市制度的徽记

模仿城市建设模式同时进行，但有失败的教训，如城垣的拆除，多少有学习维也纳拆围墙建大道的痕迹。追溯思想根源，第一任广州市长孙科在其早期"都市规划之进境"的论文中，不乏对奥地利维也纳城市改造之赞美，从中可以找到广州拆城墙建马路城市规划理论的影子。

在中世纪的后半期，欧洲开始建立了许多新城，将城市经济发展放在较为重要的位置，形成了新土地财富——城市土地。在中世纪城市的发展中呈现几种城市扩展模式，一是主要城堡为贵族的居住生活的空间，为了防御的需要建立城墙并形成以市政广场为中心的新城区，两者分开是领主为保证自己的安全；二是农民从土地中解放出来，领主为发展贸易或者对某一政体的尊崇需要，在城堡附近建立新城；三是有机增长，突破城堡的城墙的空间约束，在老城堡原土地基础上继续扩展空间。简单分类表述即是附属于城堡和独立于城堡。在中世纪后期，这些地区用德文称为"Gau"的区划，英国称为

1884 年的爱丁堡的规划图。

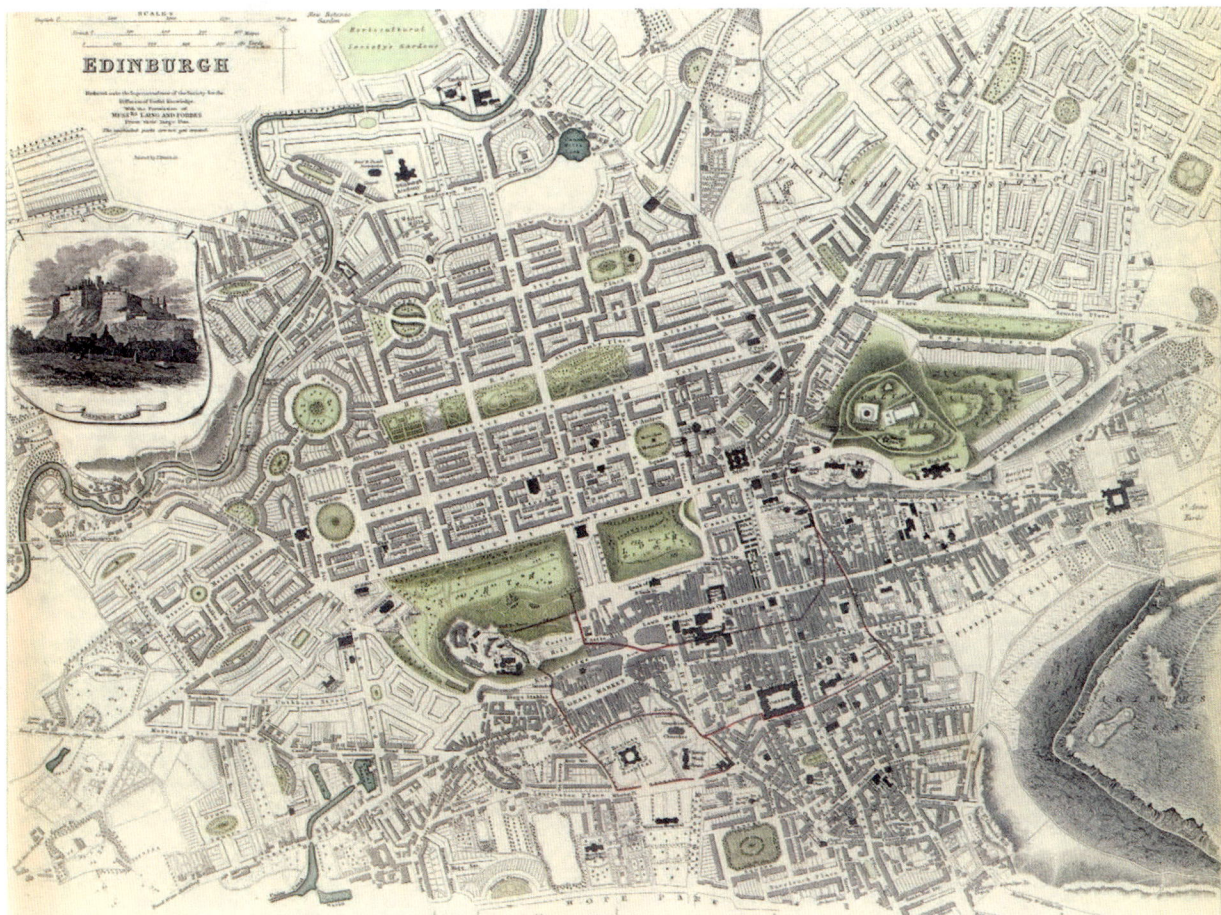

苏格兰首都爱丁堡的旧城堡入口。

城市纹章：欧洲城市制度的徽记

"shire"，即非都会郡，均是国家下一等级的区划。

首都的发展分传统首都和新统一国家的首都，前者有伦敦、巴黎等，后者有意大利统一后的罗马和德意志统一后的柏林。

首都的建设在18世纪至19世纪成为欧洲城市发展的重点，领主向往城市生活，在大城市购置房地产；贫困的农民来到制造业发达的大城市寻找工作机会；金融等经济业态的出现使首都强化了经济中心的地位而增强了其吸引力。制造业的大规模生产模式，彻底改变了以手工业生产业态为主的传统城市模式。1782年曼彻斯特以蒸汽机为动力的工厂开业，在伯明翰聚集了新的工业区。从英格兰再到尼德兰南部、德意志，随后席卷西欧的城市制造业变革彻底改变了欧洲城市的布局和模式。

爱丁堡自15世纪以来，就是苏格兰的首都，其新旧城均被列入《世界遗产目录》。旧城建于中世纪，新城建于18世纪，两种城市模式和建筑风格各异却和谐相融，新城成为欧洲现代城市规划具有示范意义的典例。"1766年，一位26岁的当地建筑师姆斯·克雷格赢得了新城区设计比赛。根据他的设计，要形成一个形状规则的格状街道。人们认为该设计的结构和新古典主义样式反映了苏格兰启蒙运动的理性观点。"[40] 这是一种跨世纪的扩张模式，需要对旧城和历史建筑有深刻理解的设计思路才能达到统一和协调。

① ［英］彼得·哈珀、汤姆·哈珀著，田甜等译：《华丽的地图：权力、宣传和艺术》，中国地图出版社 2018 年版，第 9 页。

② Cornelis Koeman and Marco van Egmond. "State Contexts of Renassance Maooing Surveying and official Mapping in Low Countries, 1500-1670." *The History of Cartography*, Volume 3, Part 2, Chapter43 Edited by David Woodward, Chicago: the University of Chicago Press, 2007, p.1253.

③ P. D. A. Harrey. "Local and Regional Cartography in Medieval Europe." *The History of Cartography*, Volume 1, Edited by David Woodward, Chicago: the University of Chicago Press, 2007, p.474.

④ Hilary Ballon and David Friedman. "Portraying the City in Early Modern Europe: Measurement Representation and Planning." *The History of Cartography*, Volume 3, Edited by David Woodward, Chicago: the University of Chicago Press, 2007, p.680.

⑤ 图片引自：Michael Dennis. *Temples and Towns: The Form, Elements, and Principles of Planned Towns.* Cambridge MA, 2015.

⑥ ［英］彼得·克拉克著，宋一然等译：《欧洲城镇史 400—2000 年》，商务印书馆 2015 年版，第 185 页。

⑦ ［英］马克·格林格拉斯著，李书瑞译：《基督教欧洲的巨变》，中信出版社 2018 年版，第 86 页。

⑧ ［荷］马里特·威斯特曼著，张永俊、金菊译：《荷兰共和国艺术》，中国建筑工业出版社 2008 年版，第 77 页。

⑨ ［英］杰里·布罗顿著，林盛译：《十二幅地图中的世界史》，浙江人民出版社 2016 年版，第 118 页。

⑩ ［英］彼得·克拉克著，宋一然等译：《欧洲城镇史 400—2000 年》，商务印书馆 2015 年版，第 185 页。

⑪ ［英］彼得·哈珀、汤姆·哈珀著，田甜等译：《华丽的地图：权力、宣传和艺术》，中国地图出版社 2018 年版，第 33 页。

⑫ 图片引自：Spiro Kostof. *The City Shaped, Urban Patterns and Meanings Through History*, London: Bulfinch Press, 2003.

⑬ Robert Karrow. "Centers of Mao Publishing in Europe, 1472-1600." *The History of Cartography*, Volume 3, Edited by David Woodward, Chicago: the University of Chicago Press, 2007, p.680.

⑭ http://historic-cities.huji.ac.il/germany/cologne/maps/schedel-1493_XCI_b.jpg

⑮ 图片引自：Brno City Guide

⑯ ［美］斯皮罗·科斯托夫著，单皓译：《城市的形成：历史进程中的城市模式和城市意义》，中国建筑工业出版社 2005 年版。

⑰ ［英］马克·格林格拉斯著，李书瑞译：《基督教欧洲的巨变》，中信出版社 2018 年版，第 85 页。

⑱ ［英］彼得·克拉克著，宋一然等译：《欧洲城镇史 400—2000 年》，商务印书馆 2015 年版，第 185 页。

⑲ http://historic-cities.huji.ac.il/spain/bibaomaps/braun_hogenberg_11_8_b.jbg

⑳ Braun and Hogenberg. Civi-tates orbis terrarvm, 1572, p.7.

㉑ Bilbao International city hall Bilbao be basque, 2000, p.70.

㉒ Wolfram zu Mondfeld. *Historische Schiffsmodelle.* Munnchen: Mosail Verlag GmbH, 1990.

㉓ Wolfram zu Mondfeld. *Historische Schiffsmodelle.* Munnchen: Mosail Verlag GmbH, 1990.

㉔ 图片引自：http://historyc-cities.huji.ac.il/Cyprus/Famagusta/map/pinargenti_1573-famagusta.html

㉕ 图片引自：http://historic-cities.huji.ac.il/

ital.y/Catania.html

㉖ 图片引自：［英］罗斯·米切尔，安得鲁·简斯著，廖平译：《地图：它们不为人所知的故事》，中国地图出版社2018年版。

㉗ ［美］斯皮罗·科斯托夫著，单皓译：《城市的形成：历史进程中的城市模式和城市意义》，中国建筑工业出版社2005年版，第111页。

㉘ 图片引自：Spiro Kostof. *The City Shaped, Urban Patterns and Meanings Through History*, London: Bulfinch Press, 2003.

㉙ ［英］彼得·克拉克著，宋一然等译：《欧洲城镇史400—2000年》，商务印书馆2015年版，第195页。

㉚ 图片引自：Michael Dennis. *Temples & Towns 8.0 Compressed*. Cambridge MA, 2015.

㉛ 同上

㉜ ［美］巴里·伯格多尔著，周玉鹏译：《1750—1890年的欧洲建筑》，清华大学出版社2012年版，第351页。

㉝ 图片引自：Michael Dennis. *Temples and Towns: The Form，Elements，and Principles*

of Planned Towns. Cambridge MA, 2015.

㉞ 同上

㉟ 同上

㊱ ［美］保罗·M.霍恩伯格、林恩·霍伦·利斯著，阮岳湘译：《都市欧洲的形成1000—1994年》，商务印书馆2009年版，第174页。

㊲ http://whc.unesco.org/en/list/1033

㊳ ［美］斯皮罗·科斯托夫著，单皓译：《城市的形成：历史进程中的城市模式和城市意义》，中国建筑工业出版社2005年版，第249页。

㊴ 图片引自：Spiro Kostof. *The City Shaped, Urban Patterns and Meanings Through History*, London: Bulfinch Press, 2003.

㊵ 联合国教育、科学及文化组织编著，陈培等译：《世界遗产大全》，安徽科学技术出版社2011年版，第470页。

㊶ 图片引自：Michael Dennis. *Temples and Towns: The Form，Elements，and Principles of Planned Towns*. Cambridge MA, 2015.

三、区域地图与领地的交易

如果说海图的制作的目的是为了发现新大陆而航海，那么地图制作更多地是为了表现对土地的所有权和占有权，纹章成为海图和地图上表示所有权的符号，在地区地图和城市地图制作中发挥了重要的作用。地图的制作开始关注领地的边界，对拥有者的范围进行明确界定。欧洲其他王国在 15 世纪末至 17 世纪，通过绘制地图强调了空间上对土地的拥有权，可以用"版图"来形容此类表明权力所及的空间，这产生了地区性（Regional）的地图或者近代"国家（公国）地图"（early modern State）的官方地图类型（Official Cartography），界线分明，领地拥有者的纹章成为重要的表达内容。

1. 区域地图和 1528 年绘制的《匈牙利地图》

区域地图在 16 世纪得到全面重视，1505 年德文特（Deventer）利用三角仪绘制了荷兰以省域为整体的省域地图，1530 年受委托对低地 5 省进行测量调查后绘制了 1∶18 万的区域地图，但没有保存下来；1524 年乌得勒支教区选主教，绘制了有教堂标记的区域地图，用于主教选举；1548 年在威尼斯出版的《托勒密地理学》的书籍中出现了完整的低地国家地图，在 1579 年荷兰七省联治后，低地国家开始将七省的地图绘制在一起。大多数 16 世纪的区域地图，是适应政治、宗教等需求而产生的。

1528 年绘制的《匈牙利王国地图》在 2007 年被列入《世界记忆名录》，是由贵族古斯皮里安德尼赞助出版并献给匈牙利国王。地图重要的历史价值集中体现在于地图上的 1400 多个地名，为当代的地方历史研究提供了重要的线索。为了提高地图的清晰效果，地图运用了铅铸版地图印刷术，在底部用德文和拉丁文描述了王国领地的概念，说明了匈牙利王国的领地范围，包括现代的匈牙利、部分地区现在属于奥地利、乌克兰、克罗地亚、罗马尼亚、斯洛文尼亚和塞尔维亚等国家，证明王国在 16 世纪后的战争中逐步缩小。地图具有军事作战的工具功能，《匈牙利王国地图》的南面地区标注着奥斯曼帝国统治地区，制作此图时，正值与奥斯曼帝国作战时期。"许多领地在 16 世纪与土耳其的战争中消失了，更显示此地图的重要性。"①同时，这也是喀尔巴阡盆地的第一张地图，此地图充分展示了制图的准确性及优美的绘制风格，在左下方，绘制了巨大的匈牙利王国的纹章；右下角是用花环和果实作为装饰的圆形图案，在花环内有文字的说明。匈牙利王国的纹章对于当时匈牙利王国的地理格局与领地范围是最好的佐证，这一地图对研究 16 世纪地图制图中纹章的绘制风格、装饰形式、纹章的象征意义、铅铸版印刷术以及木刻技艺均是很好的题材。

匈牙利王国的版图已成为记忆，地图上标注了多瑙河畔的诺威萨（Novi Sad）所处河两侧的居住地，塞尔维亚语称为"Bistritz"，诺威萨现在是塞尔维亚第二大城市，人口约 30 万。公元前在此地建立了第一个城堡，公元 1 世纪由罗马帝国统治。在各历史阶段，匈牙利、奥斯曼帝国、哈布斯堡王朝、奥地利、德国和南斯拉夫都曾经成为该地区的统治者。11—12 世纪，匈牙利王国征服此地，1526 年为奥斯曼帝国征服，1678 年哈布斯堡王朝又取得统治权，加强要塞建设是为了抵抗土耳其的入侵。1692 年"彼德罗瓦拉丁"（Petrovaradin）城堡开始建设，在 19 世纪初是奥地利帝国最大最坚固的堡垒。1748 年诺威萨在玛丽亚统治神圣罗马帝国时获得"皇家自由城市权利"，后

1528 年制作的《匈牙利王国地图》（Tabula Hungariae），藏于匈牙利布达佩斯塞切尼博物馆②。

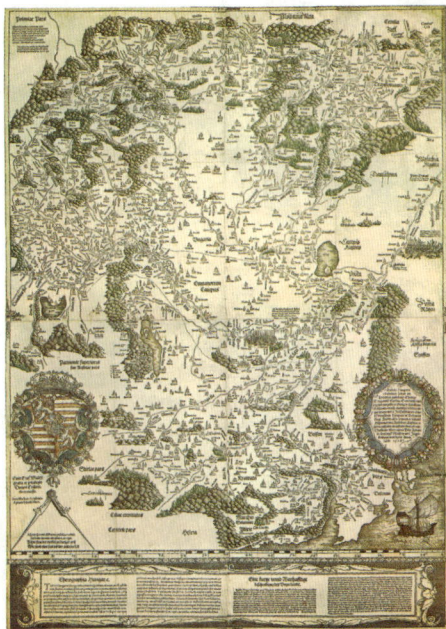

塞尔维亚诺威萨市长办公室牌匾上的城市纹章，使用四种语言写着城市名字。

历史地图演变中被忽略的纹章记录

来又成为奥匈帝国一部分。诺威萨的城市纹章用波浪条纹表现多瑙河，在此之上是三座塔楼，在中间的塔楼顶上是一只衔着绿色橄榄枝的白鸽。1894 年建成的历史建筑——塞尔维亚诺威萨市长办公室，其入口牌匾上雕刻着城市纹章，在纹章下面写着四种城市使用的官方语言，分别是塞尔维亚语、匈牙利语、斯洛文尼亚语和卢森尼亚语，足见城市地区历史演变的复杂性。

1880 年该历史地图被一位收藏家，即桑德尔·阿波尼（Sándor Apponyi）收藏，1924 年又交给匈牙利国家图书馆。匈牙利和克罗地亚两个国家共同为地图申请了《世界记忆名录》。绘制者和测绘者形成团体来共同完成此地图的创作，包括匈牙利人拉扎勒（Lazarus Secretarius）、巴伐利亚的人文学者雅各布·齐格勒（Jacob Zieger，1470–1549）、巴伐利亚天文学家、数学家彼得鲁斯·阿皮亚努斯（Petrus Apianus，1495–1552）、巴伐利亚制图师坦斯特提特（Tanstette）、彼特·埃费恩（Peter Apian）和儿子菲利普（Pilipp Apian，

1531–1589）等。

2006 年黑山宣告独立，但现在塞尔维亚仍然设立 29 个州，189 个区，纹章文化在塞尔维亚依然盛行，在塞尔维亚首都贝尔格莱德的路牌等指示物上，城市纹章随处可见。

塞尔维亚首都贝尔格莱德路牌上的城市纹章。

塞尔维亚抽纱工艺品中的匈牙利风格图案。

塞尔维亚苏博蒂察城市纹章的招贴画（左）和皇家瓷器（右）。

城市纹章：欧洲城市制度的徽记

匈牙利和塞尔维亚的文化关系从历史地图中可以体现出来，在塞尔维亚苏博蒂察工艺品制作中，纹章题材的使用非常普遍，而且与匈牙利纹章风格基本一致。

2. 历史地图上传统公国纹章的标记

制图师对区域地图的绘制，需要皇帝和公国公爵们的赞助。著名的制图师麦卡托有两位重要的赞助商，分别是神圣罗马帝国皇帝查理五世和于利希-克莱沃-伯格公国的威廉（William, Duke Julich-Cleves-Berg, 1516—1592）公爵，1539年威廉继承公国后，接管了低地东北部的格尔德尔恩公国（Guelders）。查理五世一直对这一地区虎视眈眈，随后在1542年出兵，1543年威廉投降并签订和平协议（Treaty of Venlo），格尔德尔恩公国融入哈布斯堡统治的低地国家，这就是共同成立的尼德罗③。首府格尔德尔恩（Geldern）市原来在普鲁士时期独立设置，1965年确定范围，1975年部分地区划入克来韦县，现在城市的城徽是保持历史传统的格尔德尔恩公国纹章，寓意物是戴红色皇冠的金色狮子和三朵花。

伯格（Berg）作为伯国、公国存在于12世纪初至19世纪，杜塞尔多夫是其首府，这里是威廉的出生地。于利希伯国（Julich）在1348年与贝尔格联合成为于利希-伯格公国，1521年于利希和贝格尔公国无人继承，家族的女性玛丽亚（Maria of Jülich-Berg, 1491—1543）已经成为克莱沃公爵夫人，所以丈夫克莱沃公爵继承了这份丰厚遗产而成为新主人，之后将其传给儿子威廉。

德国格尔德尔恩市纹章（左）和于利希-克莱沃-伯格联合公国纹章（右）。

德国克莱沃公爵的纹章。

和约签订后，威廉进一步加强于利希、克莱沃和伯格三者的防御关系。特殊图形"八枝百合花"（eightfold fleur-de-lys）是克莱沃公爵的纹章寓意物，出现在1521年至1614年于利希-克莱沃-贝克尔联合公国纹章的盾面上，"八枝百合花"纹章是造型特殊、历史悠久的纹章图形，于利希-克莱沃公国纹章体现了这一历史图形的融合过程。在1645年，布劳编辑出版的克莱沃公国的地图和全景图中，克莱沃公国的纹章以"八枝百合花"为寓意物，纹章绘制在地图的左上角，其图案就是欧洲纹章历史上特殊的图记"八枝百合花"。通过地图可以了解传统方式绘制的图形。

还有一种特殊图形的纹章，是建立于1092—1795年神圣罗马帝国中的克莱沃公国（Duchy of Cleves）的象征

CLIVIAM, Ducatus Cliuensis elegans opp:
Arx Illustriss. Ducis. Et collegiata. Canonicor,
societas, famosum, et commendabile reddit.

布劳于 1645 年编辑出版的克莱沃城堡全景图④。

图形，红色的盾面内又有一个白色小盾徽。于利西-克莱沃公国是以杜塞尔多夫为中心的强大国家，处于科隆的北边。麦卡托从 1552 年起离开鲁汶，开始在当时还不算强大的城市教学和研究，渡过了人生最后的 42 年。1596 年他使用投影方法制作的世界地图具有里程碑意义。

荷兰著名制图师布劳在 1645 年编辑的《各地新地图集》（*Theater of the world*）绘制了于利希公国和伯格公国地图，上有法兰德斯公爵的金色盾面黑色狮子和贝尔格大公国的纹章——白色盾面上红色的狮子。地图上绘制的两个纹章利用天使联系组合起来。地图上使用绿色、黄色和粉红色线条作为公国之间的边界线。

布劳绘制的比利时阿尔斯霍特公国（Duchy of Aarschot）历史地图，在右上方有两个纹章，右边是这一历史地区中世纪后期统治家族克鲁伊（Croy）的家族纹章，阿尔斯霍特公爵是低地国家的贵族头衔，在 15 世纪至 17 世纪，克鲁伊家族成员拥有阿尔斯霍特公爵头衔并成为统治者，阿尔斯霍特现在是比利时的一座两万多人的城市；另一纹章是梅赫伦（Mechelen）的城市纹章。地图将主要城市的平面基本形态都绘制在图上，如安特卫普、梅赫伦等城市在地图上有明显棱堡型城墙的城市形态展示出来，许多居住地也有标记。梅赫伦在 1303 获得城市权利，16 世纪上半叶成

城市纹章：欧洲城市制度的徽记

布劳1645年于利希－贝格尔公国地图和法兰德斯公爵领地地图上绘制的纹章。

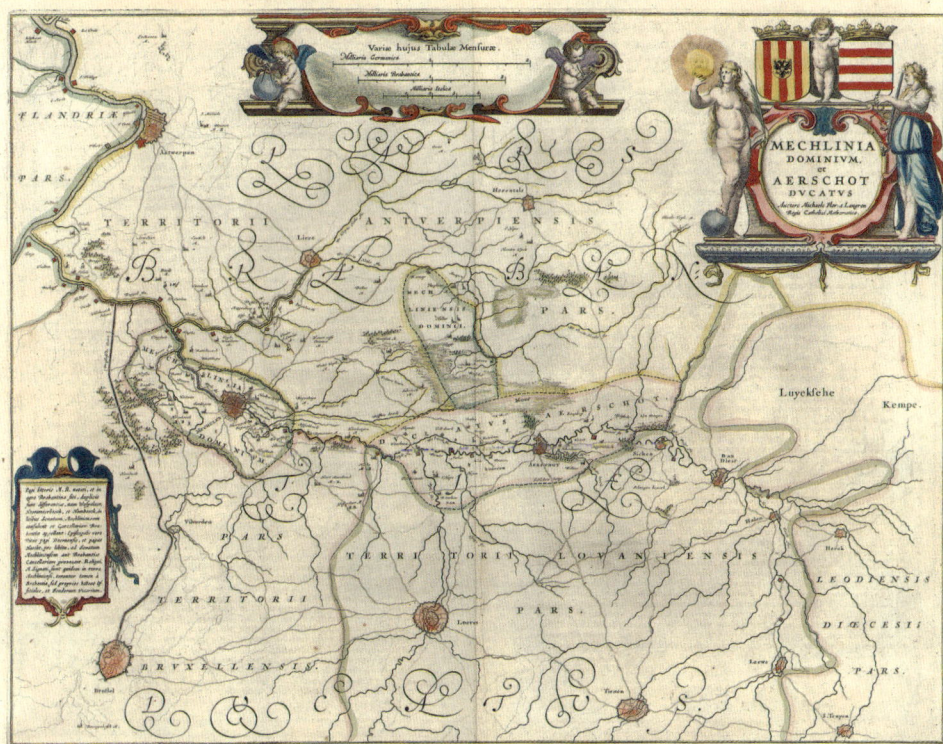

比利时阿尔斯霍特公国历史地图，包括比利时安特卫普省梅赫伦历史地区和比利时安特卫普省梅赫伦市的城市纹章。

历史地图演变中被忽略的纹章记录

为低地国家的政治、文化中心城市，后半叶由于布鲁塞尔城市崛起而重要性下降，城市现在有八万多人口。

绘制于 1645 年的《德国韦尔夫比特（Wolfenbüttel）历史地图》，在地图上划出领主领地的界线，包括韦尔夫比特公国的界线、主要地理地貌和周边邻国的纹章，并在各领地上标上君王、公爵和领主的纹章。韦尔夫比特领地统治者为不伦瑞克–韦尔夫比特选帝侯（Principality of Brunswick–Wolfenbüttel），这一公国从 1296 年延续到 1815 年。地图上绘制的是不伦瑞克–韦尔夫比特选侯国纹章：红色盾面上有两头行走的金色狮子，冠饰为亲王冠饰。纹章王冠图形是独特的红白搭配的帽子，完整的大徽是不伦瑞克–韦尔夫比特公爵金色双狮盾徽加上亲王冠饰。

韦尔夫比特周边地区用相应的公国的纹章显示相邻关系，包括西部奥地利公国、南部图林根公国，共有图林根公国、希尔德斯海姆（Bishopric of Hildesheim）主教纹章、里纳堡公国纹章等 6 个纹章来表示不同领主和领地。

地图上标注的哈尔兹山（Harz）是重要的地理资源，哈尔兹山脉由于拥有丰富的矿藏而成为近代世界最重要的工业中心之一。在这一历史地区的布兰肯堡（Blankenburg）在 12 世纪建立于哈尔兹山边。以红黑色鹿角为寓意物的城市纹章是来自 12 世纪的雷根斯汀家族（House of Regenstein），该家族是由家

于 1645 年制作的《德国韦尔夫比特地区历史地图》。

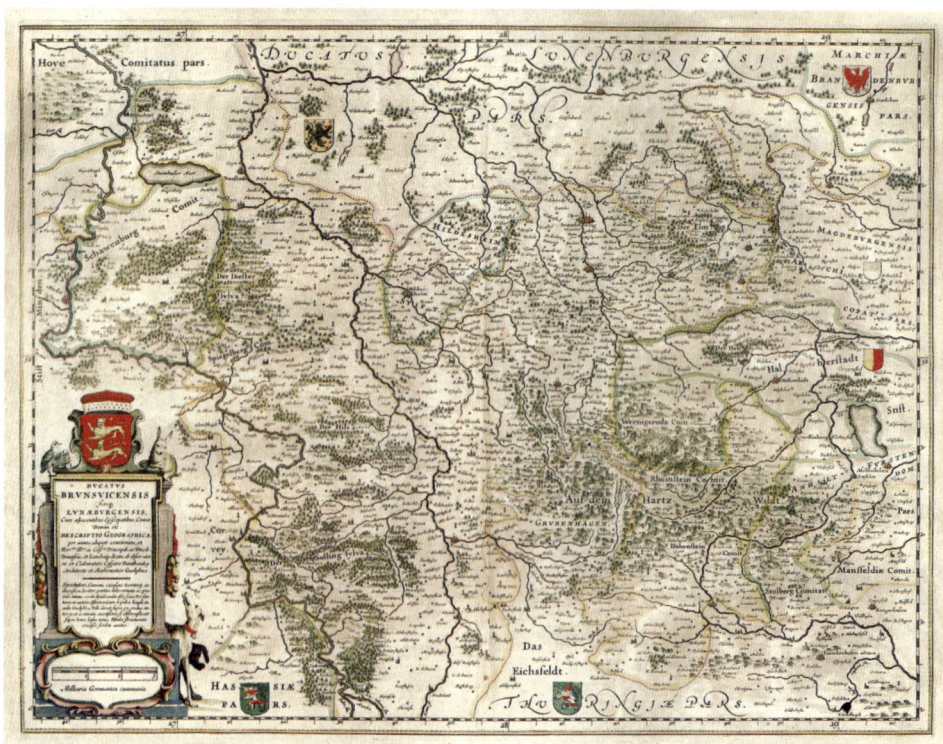

城市纹章：欧洲城市制度的徽记

族成员布兰肯在哈尔兹山边建立领地而发展起来，1599 年被不伦瑞克－里纳堡公爵所吞并，开始为不伦瑞克公爵的领地，首府是哈尔兹市。在这一地区的卡伦堡（Calenberg）是在 1494 年成为不伦瑞克的领地。

1432 年韦尔夫家族的成员中的不伦瑞克分支选择了德国下萨克森州的韦尔夫比特尔宫为长期居住地，韦尔夫比特尔城市也因此得到发展。不伦瑞克地区的城镇在中世纪后期发展成为四座最重要的城市。在中世纪后期韦尔夫比特尔成为地区首府，城市成为艺术和文化中心，1572 年韦尔夫比特尔市由于利希－不伦瑞克－里纳堡公爵（Julius，Duke of Brunswick–Lüneburg，1528–1589）建立了当时欧洲最大的图书馆（Herzog August Library），到 1666 年，该图书馆的藏书超过 10 万册⑤。

不伦瑞克－里纳堡选帝侯也是汉诺威选帝侯，在纹章的盾面上可以看到一系列领地原来使用的历史传统纹章寓意物。以鹿角为寓意物的纹章作为布兰肯堡公国（County of Blankenburg）的纹章延续下来，出现在不伦瑞克－里纳堡选帝侯纹章盾面的最底部。汉诺威历史地

区一直为韦尔夫家族成员担当不伦瑞克公爵的角色，公爵的纹章寓意物是金色的双狮子，盾面为红色。汉诺威王国或不伦瑞克－里纳堡选帝侯成为神圣罗马皇帝亲王，1432 年沃尔夫特成为不伦瑞克公爵的居住地，1753 年不伦瑞克公爵才回到不伦瑞克居住。

不伦瑞克－里纳堡公爵在 1692 年成为第九位选帝侯，在不伦瑞克－里纳堡公爵乔治（Georg，Duke of Brunswick–Lüneburg，1582–1641）之后，其孙子乔治·路易（George I Louis，1660–1727）于 1714 年成为大不列颠和爱尔兰的国王。汉诺威家族在 18 世纪日趋强大，从汉诺威王国或不伦瑞克－里纳堡选帝侯（Electorate of Brunswich–Lüneburg）十分复杂的盾面图案中反映了这一历史事实，这些纹章中有历史上曾经存在数百年的纹章，如本特海因的纹章中红黄相间的图案就超过 700 年，随着神圣罗马帝国的瓦解，汉诺威王国成立，这一图案瞬间成为汉诺威王国纹章的一部分。1806 年汉诺威王国有关领地并入普鲁士王国。

1814 年，不伦瑞克公国成立，1833年不伦瑞克公国开始使用现代的行政区

布兰肯堡家族（左）和布兰肯堡公国（中）的纹章，1708 年不伦瑞克－里纳堡选帝侯（汉诺威选帝侯）纹章（右）。

划，划分成为 6 个行政区（Landkreis），韦尔夫比特尔（Wolfenbuttcl）县、黑尔姆斯特泰（Heemstedt）县、布兰科堡县、不伦瑞克县、甘德斯海姆县（Gandersheim）和霍尔茨明登县，（Holzminden）均是在这一时期产生并在 1871 年加入德意志帝国。行政区在近代多次合并，最近的一次变化是在1974 年，将不伦瑞克县的部分地方合并到韦尔夫比特尔县，设置了不伦瑞克城市区，原布兰肯堡县并入哈尔兹县。

现在的布兰肯堡的城市纹章的寓意物保持"鹿角"的图形。

不伦瑞克市城徽寓意物来自历史上的统治者韦尔夫家族的纹章寓意物"红色狮子"；布兰肯堡市的纹章寓意物是"鹿角"；韦尔夫比特尔县的纹章上半盾面部分是不伦瑞克的狮子寓意物，下半部分是麦穗，首府韦尔夫比特尔市的城徽是白马和柱式，城市曾经是不伦瑞克的居住地；黑尔姆斯特泰县的纹章上的白马象征下萨克森，下半部分为麦穗和铁锤，寓意该地区的农业和采矿产业。不同地区的纹章均能与地区的资源、历史、文化和统治者找到对应关系。

韦尔夫比特尔历史地区是德国封建封地制度的缩影，现在这一历史地区主要属于下萨克森州和萨克森－安哈尔特州。现在德国相应历史地区的州和下一层级的行政区所用的新纹章、城市纹章，反映了历史融合与分离的沿革轨迹，也保存了历史图形记忆，成为地区历史文化的重要组成部分。

公国是封建制度的产物，欧洲著名的传统公国有布特班特公国、利沃尼亚公国、勃艮第公国、洛林公国、克莱沃公国等。这些公国的空间形态与界线，从历史地区地图可以找到答案。

于利希－克莱沃公国历史地区现分成德国和荷兰两部分，这一历史地区领地大致范围是德国北部的克莱沃县和现在荷兰林堡省、海尔德兰省的范围。这些地区的城市、县、州的纹章留存着传统公国纹章的部分图形。现在德国克莱沃县的纹章寓意物由左右两部分组成，代表了克莱沃公爵"八枝百合花"的传统图形和格尔德尔恩公爵的金色狮子寓意物。德国迪伦县（Düren）城市于利希的城市纹章中的一半保持于利希公国金色盾面上的黑色狮子。1983 年在克来沃县新纹章中将原来两县传统纹章寓意物"八枝百合花"和狮子对半安排于盾面上。克来沃县的纹章将代表克来沃

德国里纳堡市的城市纹章、里纳堡县的纹章、韦尔夫比特尔市和布兰肯堡市的城市纹章（从左至右）。

城市纹章：欧洲城市制度的徽记

公国的"八枝百合花"的纹章寓意物和代表的金色狮子结合起来,"八枝百合花"的纹章得以保持下来。

现在德国城市于利希城市纹章(左)和克莱沃县纹章(右)。

不伦瑞克—韦尔夫比特尔选侯国、图林根公国、汉诺威王国、阿尔斯霍特公国等均是已经消失的王国、公国,但保存下来的珍贵历史地图反映了公国的纹章和历史领地范围,宝贵的纹章图形得以传承至今,在这些历史地区的城市或者行政区可以找到留存的传统图形。

3. 标准化的近代行政区划地图

16世纪的欧洲,人们意识到无论是作为版图应用还是显示城市的全景,地图的意义是多么重要。以英格兰为例,1350年至1500年,仅有十幅左右有关地区或者城市的地图(包括草图),而在1500—1550年,大概留存200多张。

英国从16世纪开始进行对英格兰和威尔士进行地图测量,这时候出现的地区地图强调了领地和界线的概念,为表达拥有者的控制权,纹章成为地区所有者的象征语言。英国的制图师萨克斯顿(Christopher Saxton,1540–1610)在1574年得到英女王伊丽莎白的支持,女王身边的贵族托马斯(Thomas Seckford)给予资金的支持并令其开始测绘工作。1579年出版了地图集(Atlas of the Counties of England and Wales),这些地图强调的是边界,如"南安普敦的地区地图"(现在的汉普郡),图上封闭的边界线清楚地表现在图上,伊丽莎白的纹章位于地图左上角,四分盾面,上面分别是三只行走的狮子和三朵百合花。地图集共绘制了35幅图,包括了英格兰和威尔士的大部分郡。萨克斯顿获得十年期限的销售地图的许可证,以此得到工作回报。类似的地图还包括水利工程的测量图,捐助工程的贵族会将其纹章印在地图上以示褒扬。

18世纪80—90年代,里士满公爵担任英国军械委员会总管,委员会下设地形测量局,英国的全国性测绘工作开始。这些地图为行政区划所用,也为国家战争提供更广阔、更准确的参考依据。汉普郡是英格兰最为重要的历史地区之一,在此地区内形成的城市温彻斯特、南安普敦、朴茨矛斯都是这一历史

汉普郡议会首府城市温彻斯特市的城市纹章。

地区对大不列颠具有重要影响的城市，这些城市现在使用的城徽、纹章均有历史的图像遗产，如双狮、红玫瑰等。

科雷斯（Claes Jansz Visscher，1587–1652）于1610年制作了北汉普敦地区地图并绘制了11个城市的纹章，图上附有两幅城市街道图。英格兰国王对地图表现的权力合法性尤为重视，纹章成为对权力的权威解释。

区域地图的制作成为调解领土纠纷的工具，1552年由制图师亨利·布洛克（Henry Bullock）制作了一张边界争议协调地图，苏格兰、英格兰及和事佬法国各推出磋商的边界线，地点是在坎伯兰郡和邓弗里斯郡之间的争议地带，最后形成的界线称为"苏格兰堤"（Scots' Dike），现在从地图中仍然可以将其辨认出来[⑦]。

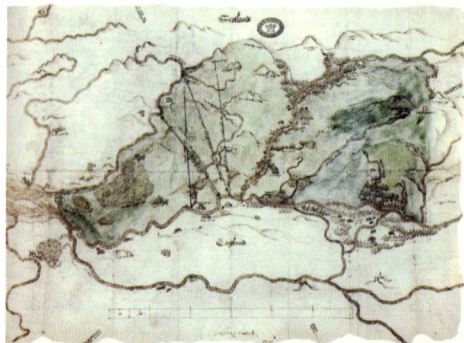

英格兰与苏格兰之间争议领土地图，制作于1552年[⑧]。

于1610年绘制的北汉普敦地图和纹章，图上附有两幅街道图，并附有11个城徽[⑥]。

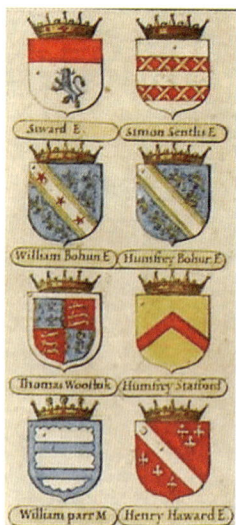

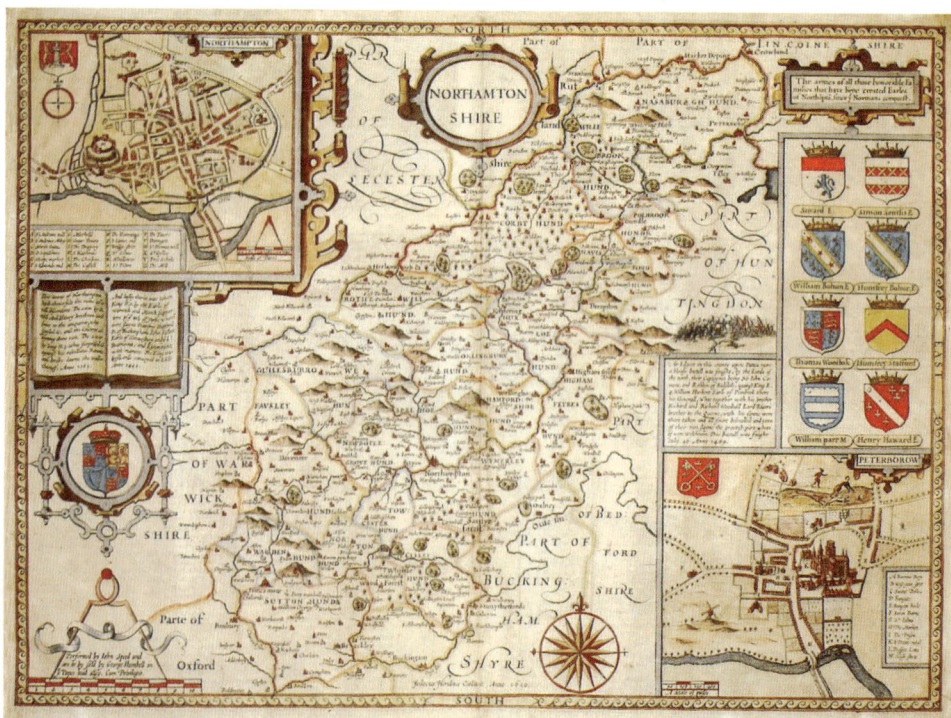

城市纹章：欧洲城市制度的徽记

荷兰制图业在大航海时代得到充分的发展，由于经济中心从意大利向低地国家转移，弗兰德地区的海图和地图制作得到前所未有的繁荣发展。阿姆斯特丹的制图师利用仪器和数学方法提高了制图技术，吸引欧洲各地顾客的光顾，"瑞典、英国和葡萄牙等国家委托他们绘制地图，以确定其领土，特别是在领土被其他国家所质疑时。"⑨ 在一系列留存下来的 16 世纪至 17 世纪的标有领主纹章和边界的区域地图中，低地国家、英国和神圣罗马帝国的历史地图制作最为精致。

通俗化的城市纹章和地区纹章象征行政区划，为不同管理者提供直观标注。1603 年詹姆士一世（1566—1626）继承英格兰皇位，同时又成为苏格兰国王，是首位身兼双职的国王。一些贵族对王位的合法性有争议，所以在制作英格兰和苏格兰地图时，特别注重历史的表达和领地的合法性标注，许多在此时期制作的英格兰郡地图上，纹章成为了重要的标注。

18 世纪 20 年代，在萨塞克郡（Sussex）历史地图制作中，出现了许多个人纹章，这是因为制作大型的郡区域地图耗资巨大，出版商为了募集到足够的资金，承诺将贵族阶层的族徽画在地图上，以此为条件向潜在的购买者筹集资金。

洛林公爵（Duchy of Lorraine）是历史久远的法国贵族头衔，其领地在历史各阶段发生的变动很大。现在原洛林王国的首都仍是洛林大区默尔特–摩泽尔（Meurthe–et–Moselle）最大的城市，在城徽复杂的盾面图案上可以看出领地的

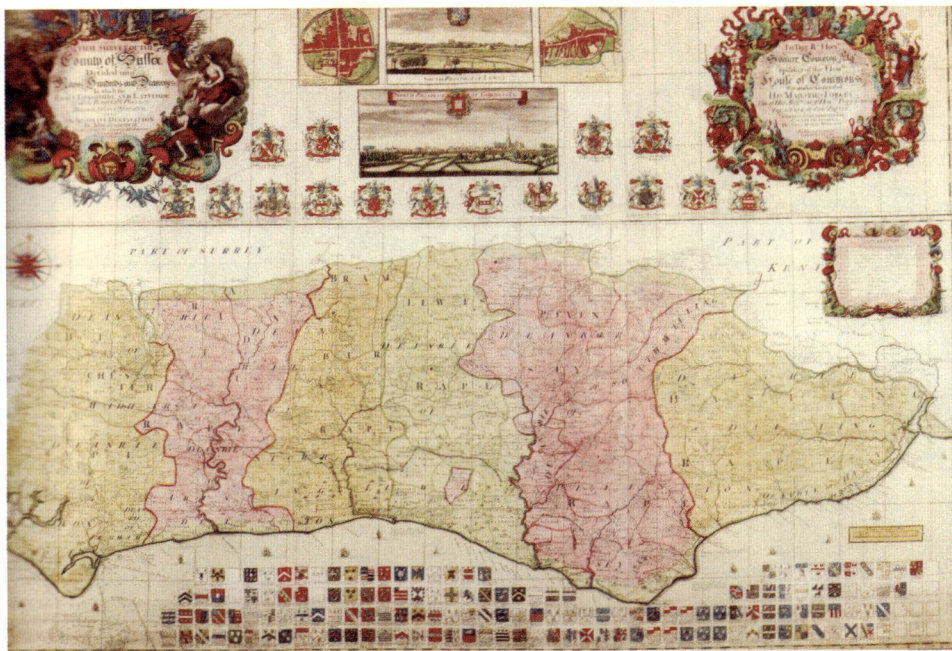

18 世纪 20 年代制作的萨塞克郡历史地图⑩。

复杂性。11 世纪由第一位洛林公爵纳沙托（Neufchâteau）建立了城堡，他通过征战征服了包括南锡城在内的洛林地区大片领地，从 959 年至 1766 年，此地区均采用封建领主统治制度。法国现在的阿尔萨斯-香槟-阿登-洛林大区包括了默尔特-摩泽尔省、默兹省（Meuse）、摩泽尔省（Moselle）、孚日省（Vosges）四个省。

城市纹章与城市地图的装饰风格巧妙结合在一起，在地图四周将有关行政区划内的纹章组合形成装饰框。地图表现的主要城市的城市纹章常占据主要视角中心位置。比利时根特是神圣罗马皇帝查理五世的出生地，1524 年制作的地图基本反映了这位欧洲君王出生的历史场景，该图由建筑师、制图师彼特（Pieter de Keyser）绘制，根特的城市纹章在地图中心下方，夸张地表现为一幅圣母画像，周边是一系列领地领主的纹章。

比利时根特河畔圣尼古拉教堂钟

洛林公爵的纹章。

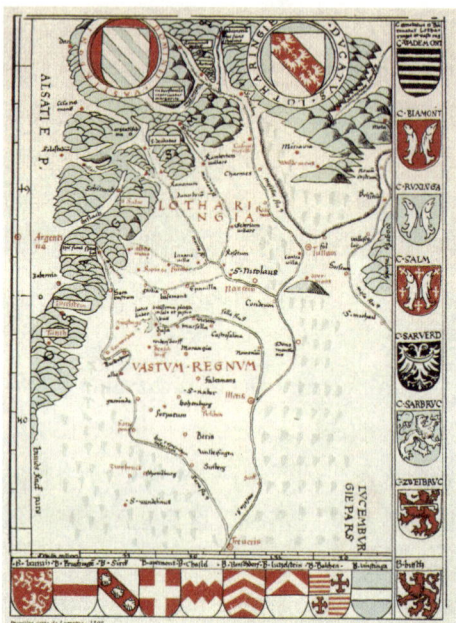

制作于1508年的洛林历史地区历史地图。

比利时根特 1524 年地图，由彼特绘制[11]。

城市纹章：欧洲城市制度的徽记

比利时根特河畔的钟楼景观。

楼的景观引人入胜，钟楼始建于1313年，后来陆续扩建、改建，是被列入《世界遗产名录》的低地地区钟楼群建筑之一。

　　启蒙运动时期子午线的出现以及后期印刷术的运用，令地图制作更加科学和规范。经纬线和标准长度单位的运用确保了地图的精密性，17世纪后半叶至18世纪，城市地图制作进入新的阶段。法国是最先进行地图科学测量的国家，1666年法国财长坎贝尔（1619—1682）以法国皇帝赐给的钱作为基金，为展示法国对开拓新航线、强化商业贸易的重视，他在1669年让科学院天文学家简·皮卡尔（1620—1682）测量经

线的弧长以及地球的周长。1791年，法国国民议会规定从极点到赤道的距离的千万分之一为一米⑫。法国《卡西尼地图》是四代卡西尼家族测量的法国全境地图，在1793年国民议会公告中第一次将私人制图计划收为国有，从此《卡西尼地图》成为国家财产，它也成为法国各区边界和国家边界的基本地图⑬。卡西尼家族制作的图纸，规范使用标准的图例，华丽装饰性的元素较少，成为现代地图的典范。

　　再回眸根特的地图制作，18世纪启蒙运动精神在各方面都对其产生影响，使得历史地图制作的地理信息含量更高。出生于乌得勒支的提立恩（Isaak

根特的城市内运河，画面远处是圣尼古拉教堂。

城市纹章：欧洲城市制度的徽记

Tirion，1705-1765）成为荷兰著名地图出版家之一，出版了《现代历史》一书，书中有许多精确的历史地图，均出自阿姆斯特丹最杰出的一批制图师之手。1738年制作的根特历史地图为彩色绘制，在城市中的地块分别用红色、黄色、绿色表示，这也表明了土地功能的划分在地图中的重要性。在根特1825年历史地图的绘制中已经使用现代地图的绘制方法，图例、比例、指北针都得到运用，强调地理信息的准确性。对比1825年柯南（J. J. Konen）和鲁塔斯（A. Roothaese）绘制的历史地图和1878年索勒尔（Saurel）绘制的历史地图，可以看到这一历史阶段棱堡防卫城墙的彻底瓦解。从柯南和鲁塔斯绘制的历史地图中还可以看到部分棱堡防卫城墙存在，伯爵城堡轮廓清楚，但部分城墙内外都有其他建筑建设，意味着完整的城墙系统开始松动。19世纪中后期的历史地图中出现了铁路线，城墙已成为现代交通模式障碍，所以许多城市开始了拆城墙的运动。

1913年，根特举行了世博会，主题是"和平、工业和艺术"，900多万游客访问了这座城市。城市形态彻底改变，火车站是当时迫切完工的建筑，火车开通进入城市。1913年的根特世博会地图表达了近代的城市变化，城市纹章依然在地图上作为标记和装饰功能出现，纹章直接使用的狮子盾徽比较朴素，简洁。

1913年根特世博会海报使用的是城市纹章的题材，圣母玛丽亚成为戴壁

中世纪延续下来的根特历史建筑，背景为圣尼古拉教堂。

冠的希腊女神，手捧着城市纹章，背景是现代化的根特城市天际线。

尽管纹章图案在现代地图中的分量减少，所占位置也不是重点位置，但它依然在一些通俗性地图和国家区划图中占据一定地位。19 世纪铁路时代图画地图（Pictorial Maps）是大众化、通俗化的地图表现形式，麦克唐纳德·吉尔（MacDonald Gill，1884–1947）是英国著名的插图家、艺术家，他于 1905年绘制的伦敦地铁地图使用了图画地图的表现形式，具有新卡通画风格的特征，是伦敦地铁地图的宣传材料。《梦幻境地之伦敦地图》制作于 1914 年。这些伦敦城市地图均使用伦敦城市纹章

作为装饰边框的视觉中心，具有特色的纹章语言已经告诉读者，这里就是伦敦。对于地图过于工业化、标准化的情况，在 20 世纪初也有反对的声音。

德国于 1937 年印制的《德国及其邻近地区地图》由鲁道夫·科勒（Rudolf Koch，1847–1934）等人绘制，制作于 1925—1933 年期间，依靠的是官方黑森土地登记局的信息，地图由制图师用锌版雕刻制作而成，具有文艺复兴的复古风格。地图用红线标清了德国国境线，将数十个德国主要城市手绘于地图上。纹章结合区域地图的制图表现手法延续至今，纹章和地图结合成为通俗地图，使得今天的人们可以从这些平

城市纹章：欧洲城市制度的徽记

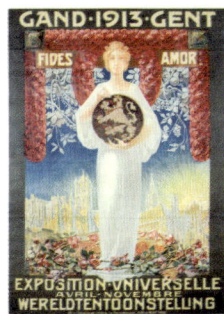

1913年根特世博会地图（左）[14]、1913年根特世博会海报（右）[15]。

英国麦克唐纳德绘制的《梦幻境地之伦敦地图》，制作于1914年[16]。

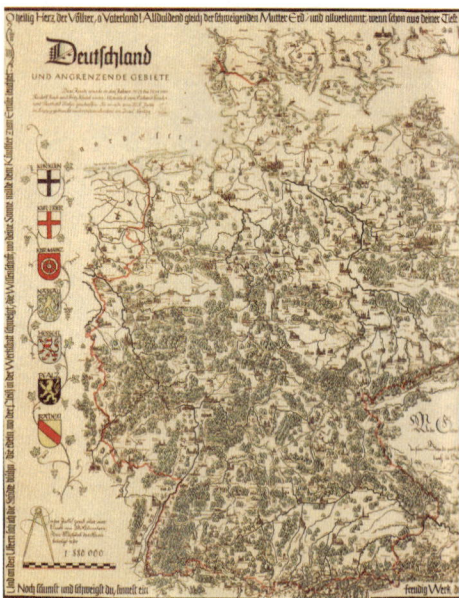

1937年印制的《德国及其邻近地区地图》之一，鲁道夫·科勒等人制作[17]。

面的地图中了解立体的区域历史和权属特征。

① UNESCO. *Memory of the World*. London: HaperCollins, 2012, p.164.

② 图片引自：UNESCO. *Memory of the World*，London: HarperCoollins, 2012.

③ ［英］杰里·布罗顿著，林盛译：《十二幅地图中的世界史》，浙江人民出版社2016年版，第189页。

④ http://historic-cities.huji.ac.il/germany/kleve/maps/braun_hogenberberg_1_14_b.jpg

城市纹章：欧洲城市制度的徽记

⑤ ［德］罗伯特·科尔著，欧阳林等译：《周末读完德国史》，上海交通大学出版社2012年版，第82页。

⑥ 图片引自：［英］彼得·哈珀，汤姆·哈珀著，田甜等译：《华丽的地图：权力、宣传和艺术》，中国地图出版社2018年版。

⑦ ［英］罗斯·米切尔，安得鲁·简斯著，廖平译：《地图：它们不为人所知的故事》，中国地图出版社2018年版，第14页。

⑧ 图片引自：［英］罗斯·米切尔，安得鲁·简斯著，廖平译：《地图：它们不为人所知的故事》，中国地图出版社2018年版。

⑨ ［英］彼得·克拉克著，宋一然等译：《欧洲城镇史400—2000年》，商务印书馆2015年版，第185页。

⑩ 图片引自：［英］彼得·哈珀，汤姆·哈珀著，田甜等译：《华丽的地图：权力、宣传和艺术》，中国地图出版社2018年版。

⑪ Http:ww.gent.be/docs/Departement%20Cultuur/Stadsarchief%20-%20De%20Zwarte%20Doos/Panoramisch_gezicht_op_Gent_1534.pdf

⑫ ［日］宫崎正胜著，朱悦玮译：《海图的世界史：海上道路改变历史》，中信出版社2014年出版，第103页。

⑬ ［英］杰里·布罗顿著，林盛译：《十二幅地图中的世界史》，浙江人民出版社2016年版，第239页。

⑭ Http://adore.ugent.be/view/archive.ugent.be:E3CB9308-3F6A-11E1-8F5A-BC553B7C91

⑮ http://www.bie-paris.org/site/en/1913-ghent

⑯ 图片引自：［英］彼得·哈珀，汤姆·哈珀著，田甜等译：《华丽的地图：权力、宣传和艺术》，中国地图出版社2018年版。

⑰ 图片引自：［英］彼得·哈珀，汤姆·哈珀著，田甜等译：《华丽的地图：权力、宣传和艺术》，中国地图出版社2018年版。

四、地图上的纹章艺术装饰风格

城市纹章与城市地图是紧密联系在一起的，城市纹章绘制在地图上，可以象征地图中城市的公共属性，是城市地图的可识别标志，同时起到美化图纸的作用。城市纹章、说明、比例尺构成了中世纪城市制图的基本语言。16 至 17 世纪英才辈出，诞生了一批地图制图家（mapmaker，cartographer），也出现了一批能够准确描绘城市景观的画家，他们是纹章和城市纹章的绘制者和传播者。

1. 纹章绘制的艺术风格

16 世纪后，地图制作成为一门具有专业性的行业，它融科学、技术和美学于一体。世俗化的城市生活使城市地图成为实用性的指南，同时也是可以在客厅悬挂的艺术品。市场需求造就了一批优秀的地图学学者和地图制作者，城市纹章也成为地图的装饰设计内容，纹章的设计一般由画家尤其是工艺装饰设计师担任，他们在初始阶段运用纹章的设计规则进行创作，但制图师还会在绘制地图时进行二次创作。纹章需要重复制作，除了遵守原纹章的设计规则之

外，在绘制过程中，更依赖绘图师的发挥。设计纹章时，核心盾徽的图案往往需要保持稳定，但护盾物和其他附加物给了绘图者创造的空间。在欧洲的许多规划、城市全景图和历史地图上，经常可以看到这一表现公共和权威的装饰图案。我们通常可以在图纸的左右上角看到城徽的标志，以示权威之意。城市纹章不仅出现在证明文件上，还经常绘制在城市的地图上，体现公共特性和权威性而成为地图制作的一部分，兼备了纹章的装饰功能和公共象征意义。

不同历史阶段的城市纹章在历史地图上的装饰形式各异。可以想象，在中世纪及以后的较长时间内，城市纹章的制作是以手工绘制，在 15 世纪，木刻版画的广泛应用保持了城市纹章图形的稳定性，制图师是传递这一特殊图形的重要使者。设计纹章本身是绘画艺术的一种形式，有许多专业人士和艺术家承担起这一任务。地理学家、画家、建筑师、地图制作师、平面设计师和历史学家从中世纪开始至近现代都是纹章主要的设计力量。

从中世纪过渡到文艺复兴时期，地图的真实度、准确度明显提升。科学

的测量方法、地理学知识的完善、数学的运用、视觉艺术的审美观均体现到地图上，旅行者的旅游笔记、宗教改革都对制作地图产生影响。统治者从经济和政治目的出发，更为重视地图的使用。在城市地图的制作方面，荷兰在17世纪制作出大量准确、装饰精美的城市地图，装饰性和准确性完美结合的特点使低地国家（如荷兰）成为最强大的制图中心。地图制作师围绕着地图使用者的需求发生了新的变化。城市历史地图是一种承载知识的形式，读者广泛，可以是商人也可以是学生，公共意义更为突出。在艺术风格方面，地图制作强调的是写实，追求荷兰当时所崇尚的观察、记录和描绘真实性的风格。

文艺复兴运动的影响是全方位的，16世纪初始是地图逐步繁荣发展的起点。制图师的绘图技术和艺术表现形式体现了这一历史阶段特征，尤其是荷兰的安特卫普和阿姆斯特丹、德国的纽伦堡，这些城市是文艺复兴的艺术中心城市，又是地图的制作中心。制图师们在这些城市制作了大量地图集，使它们成为欧洲地图制作和出版的中心。

纹章与区域地图的边界结合起来，成为区域地理与文化在历史地图上的地区特征。中世纪后期至近代，欧洲强调单一民族国家的概念，封地制度向王国与国家转变，纹章与地图为地理学家和历史学家提供了确切的地理依据。

梅里安在纽伦堡地图中运用的纹

波兰格但斯克和比利时安特卫普的城徽在地图上的绘制方式。

瑞士伯尔尼的城徽表现形式。

挪威卑尔根全景图上的纹章，BERGEN左右两边分别为丹麦盾徽和挪威盾徽。

历史地图演变中被忽略的纹章记录

章表现方式采用组合的形式，纽伦堡有两个城徽，在图中的两个城徽与神圣罗马帝国的纹章结合起来，用橄榄枝作为护盾物并形成新的图形。1612年，梅里安绘制的法兰克福全景图中将天使和云朵作为城徽的配景。

德国奥根斯堡的城徽表现形式（左）；著名地图制作家梅里安在纽伦堡地图中的城徽表现（右）。

约翰内斯·扬松纽斯（Johannes Janssonius，1588–1664）出生于德国，曾经在法国、意大利开业，后来在阿姆斯特丹同制图师洪第乌斯二世合作制作了大量地图。在1657年绘制的巴黎历史地图右上角，巴黎城徽采用夸张的表现方法，护盾者是写实的神话人物和古罗马装束的士兵，但是士兵却是女人的身躯；冠饰采用写实的三枝带叶的百合花，法国王室纹章象征物被夸张表现为现实的百合花。约翰内斯·扬松纽斯还是发行口袋型地图集最多的出版商。

梅里安（Matthaus Merian，1593–1650）于1615年绘制的巴黎鸟瞰图分为彩色和黑白两种形式，地图左上方有法兰西、纳瓦拉和巴黎的纹章。

从中世纪后期至今，纹章一直在各类形式的城市规划图或鸟瞰图中出现，它体现了权威，起到了美化地图的作用。而当城市纹章出现在地图上，意味着城市地图或者全景图就是公共的物品了。

施托尔曼县（Stormarn）与传统的施托尔曼历史地区版图差别很大，德国著名的地图制图师梅泽（Johannes Majer，1606–1674）绘制了1650年德国石勒苏益格–荷尔斯泰因州施托尔曼地区的历史地图，这一地区包括了现在的汉堡部分地区、斯坦堡县（Steinburg）、平纳贝格县（Pinneberg）、塞格贝格县（Segeberg）部分地区和施托尔曼县。11世纪开始有了施托尔曼的称谓，12世纪荷尔斯泰因将之纳入版图中。地图上将中世纪产生的"白天鹅"的纹章，巧妙结合到题目装饰框中。

现在属于石勒苏益格–荷尔斯泰因州的施托尔曼县还是使用来自中世纪的颈部套着皇冠的"白天鹅"纹章。汉堡市万德斯贝克区（Wandsbek）的纹章也在盾面上出现这一戴皇冠"白天鹅"的寓意物，万德斯贝在19世纪末并入普鲁士时为施托尔曼县的首府城市，1937年并入汉堡市，现为汉堡市九大分区中的第二大区。

制作于1657年巴黎历史地图中的城市纹章表现方式。

城市纹章：欧洲城市制度的徽记

施托尔曼县现在使用的纹章（左）、汉堡市万德斯贝克区的纹章（右）。

阿姆斯特丹的城市纹章盾徽（左）和大徽的两种形式（右）。

历史地图中的纹章局部。

阿姆斯特丹的城徽在红色盾面的中间有一道黑色条纹，在其之上是竖向排列的三个银色的安德鲁十字架，黑色竖条纹是阿姆斯特尔河流（Amstel）的象征，反映了阿姆斯特丹城市依靠河流发展的特点。这一寓意物来自13世纪的领主和骑士的纹章，在其原领地均可以看到这一纹章图形。1489年，神圣罗马皇帝马克西米利安授予城市使用帝国皇冠的权利，于是在纹章大徽上的冠饰开始采用皇冠的图形。在后来的历史演变过程中，因皇帝的更替，纹章上的皇冠形式经常变化，1804年皇冠为奥地利皇帝的皇冠样式，原属于鲁道夫二世，也称鲁道夫皇冠，这一样式保持至今。金色狮子为护盾兽，是16世纪加上的。在留存的阿姆斯特丹的历史地图上，可以看到各种各样的城徽表现形式。

在拿破仑统治时期，采用了拿破仑时代的纹章形式，在盾面上增加3只蜜蜂。第二次世界大战结束，应荷兰女皇的要求，为吸取第二次世界大战的教训，在城徽的底座增加了铭文："Valiant Steadfast Compassionate"。

阿姆斯特丹城市旗帜也将3个安德鲁十字架的黑色横带作为旗帜的标志，阿姆斯特丹大学的校徽使用与城徽一致的寓意物，在中间加上大学的象征字母"U"字。北荷兰省阿姆斯特尔芬

于1662年绘制的阿姆斯特丹全景图。

历史地图演变中被忽略的纹章记录

市（Amstelveen）的城徽也与阿姆斯特丹城徽类似，这里在中世纪归属同一个领主。

纹章的绘制风格随艺术潮流而变化，呈现出各种方式的表现手法，如巴洛克艺术风格的阿姆斯特丹全景图将城徽和拱形的画框结合起来，中间是光芒四射的耶稣全身像，前景为帆船，体现港口特征。另一张彩色的全景图将天使和古代士兵作为装饰内容，前景还有神话人物等装饰图案。

这一张 1662 年的全景图左下角绘制的是阿姆斯特丹城徽，是典型巴洛克的纹章表现形式，城徽表现出软绵绵的质感和可扭曲的造型。天使和女神围绕着城徽形成相对独立的画面。

1544 年的阿姆斯特丹历史地图上的城市纹章绘制方式。

1662 年阿姆斯特丹全景图上带有洛可可风格的城市纹章表达方式。

1662 年（左）和 1902 年阿姆斯特丹的城徽表现方式（右）。

在阿姆斯特丹历史地图上的城徽如同荷兰绘画一样，表达方式丰富多彩。从 15 至 17 世纪编制的阿姆斯特丹的规划图上截取的城徽上有一顶王冠，这是鲁道夫二世的王冠，盾面的形状比较接近法式的盾面外形，周边的纹饰采用立体的表达手法，还采用各种人物使画面栩栩如生，甚至海神的形象也加入

其中；另一个是引用 1902 出版的书籍插图，护盾兽的狮子是正面的形象。

1688 年弗劳德利克（Frederik de Wit）绘制的阿姆斯特丹地图中，城徽的艺术表现形式将天使、地球仪等作为烘托城徽的配景。

荷兰制图师布劳在 1645 年出版的地图集中，记录了神圣罗马帝国各地区的地形图，地图上的纹章让读者了解到领地和领主的关系。通过运用多个不同纹章在同一地图上配合领地界线的标

城市纹章：欧洲城市制度的徽记

注，17世纪的地图制作采用这类手法使区域性的地图归属关系一目了然，从中可以了解各公国的广阔领地，对后人了解城市纹章的历史变迁提供了可靠的图形依据。记录神圣罗马帝国城徽的欧洲地图反映了王国和重要城市的纹章，欧洲城市体系在神圣罗马帝国后期基本稳定，公国独立性增强，纹章的认知度也逐步提升。在16—17世纪的历史地图上反映了这种局面，读者可以全面理解神圣罗马帝国的统治范围。

布劳绘制的地图纹章表现手法丰富，形态准确，富有创造性。波美拉尼亚公国地图是在其最强盛时期绘制的，边界分明。在地图上绘制的波美拉尼亚公国的纹章是多个纹章的组合，从中可以了解到这一王族统治范围之大。

弗劳德利克于1688年绘制的阿姆斯特丹地图，采用城市纹章与配景组合的艺术表现形式①。

波美拉尼亚公国的统治范围在历史地图上划定，在图的上方是公国的纹章。

布劳在历史地图中绘制
的比例尺、标题装饰
形式。

波美拉尼亚公国地图中
制图师工作场景。

2. 历史地图中具象的风景和人物

地图和全景图的装饰和配景在文
艺复兴时期是历史地图重要的表现内
容，从中世纪过渡到文艺复兴时期，配
景的表现方式更为时尚和丰富。许多地

在地图中围绕克沃兹科（Kłodzko）
公爵的纹章周边站着人物和动物，制图
师利用插图表现了波希米亚的人物和地
区的动物和植物特色，增加了地图的可
读性、趣味性。

在 16 至 17 世纪，地图的绘制无

图是航海家探索新大陆、新岛屿和开辟
东方贸易旅行航线的产物，异国情调的
配景与地图相映成趣。制图师还不忘在
地图上加上自己的形象，例如弗拉芒地
图制图师布劳在波美拉尼亚公国地图中
就绘制了制图师工作的场面。

形中形成了一定的范式，呈现丰富的
画面是绘图师追求的风格，城徽成了
地图必不可少的符号，还利用彩带、
纹饰加以发挥美化。在历史城市地图
中，一系列非地理学元素（decorative
nongeographcal aspects）的装饰内容成

布劳在 1645 年绘制的
波兰克沃兹科历史地图
中的装饰插图。

城市纹章：欧洲城市制度的徽记

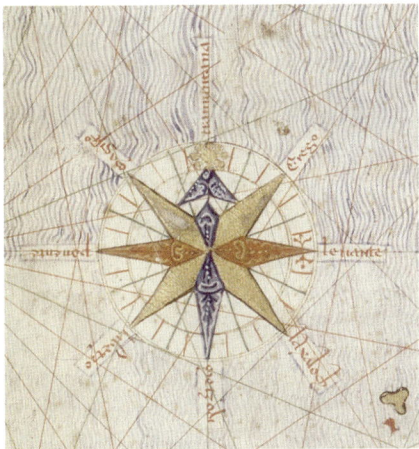

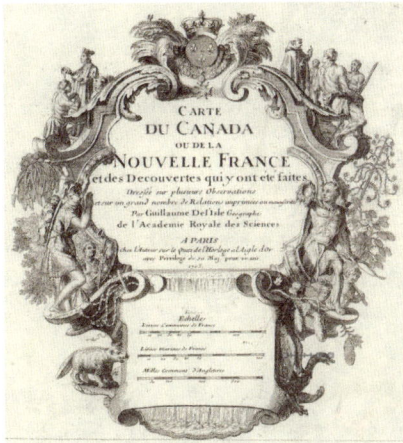

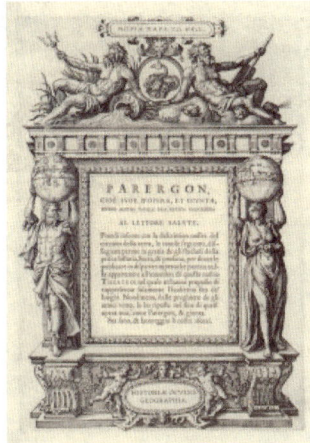

文艺复兴时期地图的指北针和标题装饰表现手法。

创作于1572年安特卫普鸟瞰图中的前景人物，从中可以了解到当时的服饰。

时，经常采用的是盾面上写文字的方式，同时盾边饰为花卉、树叶、树枝以及神话人物包括天使等。飘饰原型一般是骑士、贵族的形象，或者是船桅杆上的纹章旗、横条旗。

为了活跃画面，改变地图的呆板形象，许多地图增加了人物、景物作为前景，比如17世纪安特卫普地图上就安排了前景人物，颇具历史研究价值，尤其是人物的服饰风格，反映了当时城市

为基本制图规则，包括：各类纹章（the heraldic device）、标题装饰（title cartouches）、飘饰（Banderole）、象征意义的具象风景（figureative scenes）和画框（coordinate frame of the map）。色彩是重要的表现手段，纹章从采用黑白到三色以及后来的丰富多彩的颜色，经历了15—17世纪漫长时间，在17世纪出现了《地图绘制手册》来规范地图的制作。

标题装饰和飘饰均与纹章学的图形有关，在历史地图中表达标题装饰

17世纪德国制图师梅泽绘制的比例尺和图例。

社会真实的生活情况。

17 世纪德国制图师梅泽绘制的比例尺和图例旁边采用纹章形式的护盾者，人物手持画有比例尺和城堡图例的图纸，他们是从事捕捞业的，所以手里和头顶上都是各种海产品，突出了海岸的地理特征，增添了地图的趣味性。

船是重要的表现素材，许多地图或全景图中出现了精致帆船的画面而成为城市的背景。城市周边的环境描绘成为城市全景图的重要内容。

城市全景图的前景。

3. 三百年来马德里地图上的纹章变化

马德里自治大区现在有 550 万人口，住在首都的约有 350 万人。曼萨纳雷斯河是城市成长的源泉，9 世纪时穆斯林曾经统治这座城市，科尔多瓦的欧梅亚王朝第五任皇帝穆罕默德一世征服了这里。公元 11 世纪，卡斯蒂利亚王国君主阿方索六世攻占马德里，也使这里成为基督教王国的重要城市。1202 年阿方索八世制定并颁布了《马德里市政法》，马德里获得城市权利。马德里历史地图保存的历史信息除了反映城市空间形态的变迁外，在各阶段历史地图中的城市纹章也直观地表现了地图装饰艺术风格的变迁。城市地图、海图和区域地形图经历了装饰艺术风格的变迁，其轨迹与欧洲艺术史的发展阶段相吻合。中世纪、文艺复兴、启蒙运动和巴洛克风格都在历史地图的表现方式中留下深刻印迹。

将中世纪和近代西班牙马德里城

城市纹章：欧洲城市制度的徽记

市规划图上的纹章进行纵向比较，可以发现西班牙马德里地图中城市纹章300年来的变迁，可以反映城市纹章表达手法与风格的演变过程。以下马德里市的城市纹章和西班牙的纹章是从历史的地图和规划图中截取。

1561年由腓力二世颁布法令，宣布马德里为西班牙的首都，1630年马德里城市人口达到17万，随之而来的是城市运输和供给的问题。因为处于不利的地形区位条件，马德里在各时期的城市规划中都将运输和导水系统作为重要的建设内容。

1656年，葡萄牙制图师佩德罗（Pedro Teixeira Albernaz，1595-1666）制作的马德里城市地图是高质量的地图。

图为1656年马德里全景鸟瞰图上的马德里城市纹章，盾徽上的树与熊刻画得十分写实，对附加物的描绘相当细致，明暗立体关系清晰。马德里在当时已经是首都，在地图的艺术装饰上，制图师通过纹章和地图的构图体现王室的权威，地图原图是一幅尺幅巨大的地

图。市长广场、皇宫和皇家花园为重点表现的城市空间。

图为1668年马德里的引水规划图中所绘制的西班牙国徽，当时西班牙刚

1656年绘制的地图上，马德里城徽和西班牙王国的纹章。

1656年马德里地图纸上的马德里城市纹章。

1668 年马德里的引水规划图中的西班牙纹章[2]。

于 1942 制作的马德里规划图上的马德里城徽。

1901 年规划图上的马德里省徽章[3]。

统一不久,所以盾面上是莱昂和卡斯蒂利亚的象征:戴皇冠的狮子和城堡,这是古老西班牙的标志。该纹章同现代西班牙国徽相比少了四组图案,但各种装饰要素都使用在图面上。

1901 年规划图(Provincia de Madrid)上的马德里省徽章,开始使用彩色绘制。盾面周边的缘饰趋于简化,但仍采用了明暗素描绘画手法来表达光影关系以达到美化的作用。

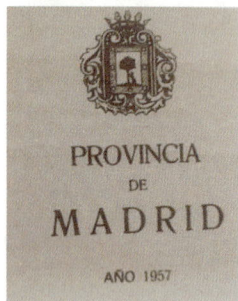

1942 年规划图(Plan General de Ordenación de Madrid)上的马德里城徽相当简单,1957 年马德里省的区域规划图中采用的马德里城徽也是非常简约,附加物也减少了。但可以理解到,到了20 世纪中叶,城徽还是在规划图上使用,显示出公共、地方、权威的属性。

研究规划图中的城市纹章,可以真实地解读 300 多年来纹章的绘制风格的演变,这是一个从繁琐到简单的过程:在图纸上所占的比例由大到小,风格上从绘画艺术向工程图纸语言转化。传统手工绘制的城徽的边饰,一般有两种表现形式:一是自然绘画或白描的绘制方式,二是采用具象的立体图形,给人以坚硬感和厚重感。

从地理学的角度看,地图或者海图是为了探求世界的产物和工具,从纹章学角度来看,历史地图成为功利主义最好的注解。绘制地图的历史过程中,纹章图像与之相伴相依,它与"领土边界"共同绘制出人类对于拥有物的私欲。照相机的出现,使真实、

城市纹章:欧洲城市制度的徽记

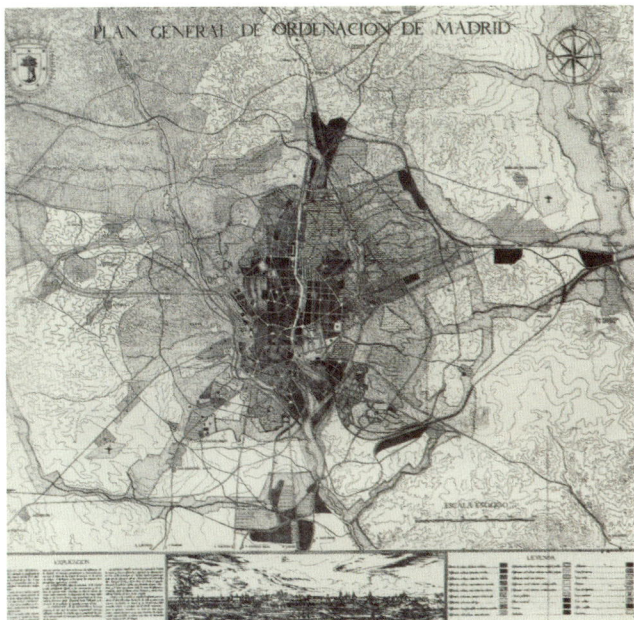

1957 制作的马德里省规划图，图左上为马德里城市纹章 ④。

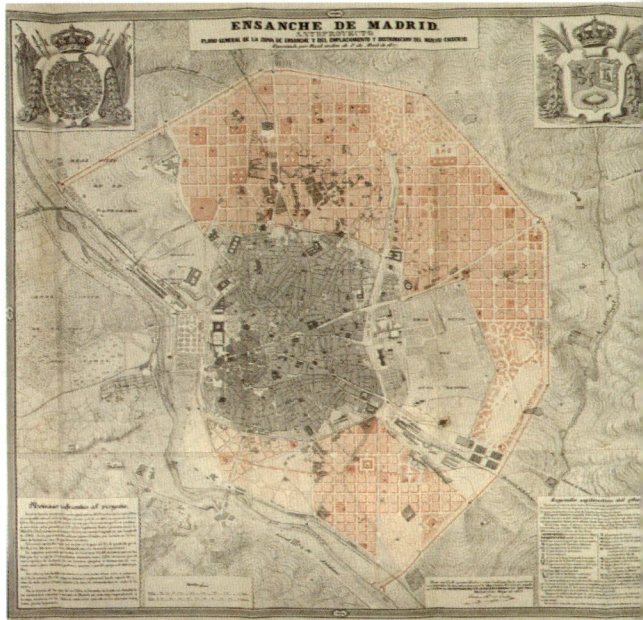

马德里近代城市规划图 ⑤。

广角度地反映城市的照片更具感染力，中世纪以来，这一类全景画慢慢淡出历史舞台。但这些专业画师精心制作的城市全景图，随着时光流逝而愈加珍贵。这些全景图不仅对不同历史阶段的城市进行全景式地精确地表达，而且表现了周边的地理环境，甚至人物服饰也成为表现的内容，对我们理解特定历史年代的城市与自然的关系，提供较为准确的研究依据，同时更有助于我们对纹章与城徽在不同历史阶段的表达方式加深理解。

① 图片引自：http://resolverkb.nl/resolve?urn=urn:gvn:konBol:1049 Bll_091&size=largeresolve?urn=urn:gvn:konBol:1049 Bll_091&size=large

② Fernando de Teran Troyano. *En Torno A Madrid*. Madrid: Lunwerg, 2006.

③ 图片引自：Fernando de Teran Troyano. *En Torno A Madrid*. Madrid: Lunwerg, 2006.

④ 同上

⑤ 图片引自：Michael Dennis. *Temples and Towns: The Form, Elements, and Principles of Planned Towns*. Cambridge MA, 2015.

五、地理学家和制图师

地区与城市地图集成为各个历史时代重要的文献，在这些历史地图制作中，涌现出如荷兰布劳父子、马修·墨林（Matthaus Merian，1593–1650）、约翰·斯皮得（John Speed，1552–1629）、佐治·布朗（GeorgBraun，1541–1622）、迈克·文宁（Michael Wening，1645–1718）等一批活跃在16世纪、17世纪的地理学家和制图师，他们出版了一系列地图集，是当今极具历史信息价值的重要文献。在18世纪出版的地图集中，制图师将绘制的历史地图收集在一起，同时列出历史上主要地图制作师的名录。

航海时代引起的贸易全球化引领了地图学的发展，多方面的因素造就了文艺复兴时期众多著名的地图制作师。地图制图师的社会地位在文艺复兴时期

文艺复兴时期拉菲尔描绘古希腊的画作《雅典学院》中的地图制图师西那克西曼形象。

城市纹章：欧洲城市制度的徽记

得到较大提高，这与社会重视地图的知识和作用，以及地图成为大众可以接触到的文献、书籍有关。文艺复兴时期拉斐尔描绘古希腊的画作《雅典学院》中专门描绘了古希腊天文学家、哲学家和地图制图师西那克西曼（Anaximander，公元前611—前546）的形象。

1. 制图师和地图集

　　欧洲城市地图集的制作开始于15世纪，最早在介绍世界历史的图书和编年史中出现，文艺复兴的人文思想使地方历史研究得以复苏，在托勒密地方志（Ptolemaic choreography）中，城市地图成为重要的内容。地图集的起源之一是介绍海岛的"海岛图说"（Plural solari），意大利的传教士和旅行家克里斯托弗劳（Cristoforo Buondelmonti，1386–1430），于1418—1420年左右出版了两本分别介绍爱琴海诸岛（Aegean Island）和克里特岛（Crete）的海岛图说，是出现较早的城市地图，包括君士坦丁城市。"图说"这一形式一直延续至18世纪。

　　地图集的另一个起源是地方志编年史，这是中世纪出现的一种记录历史的文体，有图解和手绘图画，也称为手绘插图编年史或者称泥金装饰手抄本（illuminated manuscript chronicle）。"地方史本身具有漫长的历史，它根植于16世纪以来被撰述的地形学、根植于大量的地方文献与区域文献出版物以及18世纪和19世纪的科学协会。"[①]

著名的英国编年史学家、本笃会修士马修·佩里斯（Matthew Paris，1200–1259）从1213年开始用拉丁文编制编年史——《世界大事录》（Chronica Majora），这一工作持续到其去世。编年史内容包括1188年开始的一些历史题材，吸纳了罗格（Roger of Wendover，1236年去世）的编年史（Flores Historiarum）的内容。在手抄本中有四张不列颠的地图，是属于地区性的地图。同时，他还使用表格化的形式表达地理地图的概念（Diagrammatic map），如城市间路途的时间。编年史地图是欧洲中世纪的地图表现形式和载体之一。在有关编年史中，他还描绘了英国骑士威廉（William Marshal, 1st Earl of Pembroke, 1146–1219）的纹章。

　　出生于安特卫普的奥提柳斯（Abr-

马修在13世纪手抄本中所绘的骑士威廉（Earl of Pembroke）的纹章。

英国人马修1250年绘制的不列颠岛地图。

aham Ortelius，1527–1598）于 1570 年在家乡出版了地图集《寰宇概貌》(*Theatrum Orbis Terrarum*)，或译为《环宇大观》和《世界剧院》，全书共有 53 张地图，包括了亚洲地图。在 1584 年重新出版的地图集里，出现了单独的中国地图。1570 年版的地图集对"托勒密的世界地图"进行革新，这一地图集被定义为第一本现代地图集，因为奥提柳斯在编辑过程中，采用地图分幅（Parergon）的方法处理独立的地图，这一方法深刻影响着后世地图集的编辑。亚伯拉罕·奥提柳斯的家族当时在奥格斯堡是有影响的贵族，奥提柳斯初期从商，富裕的家庭条件让他有机会在欧洲各地旅行。他从 1547 年开始学习地图制作，于 1564 年出版了第一张地图《世

亚伯拉罕·奥提柳斯肖像，鲁本斯创作于 1633 年。

亚伯拉罕·奥提柳斯于 1570 年在比利时安特卫普出版了《寰宇概貌》，此为卷首插图②。

亚伯拉罕·奥提柳斯绘制于 1589 年的太平洋地图③。

城市纹章：欧洲城市制度的徽记

界概貌》，将矿藏、水果产地标记于地图之上，一些评论性的文字也附录在地图中。亚伯拉罕·奥提柳斯在 1570 年出版了《寰宇概貌》后，其地图学成就开始被社会广泛认可。

比利时制图师、数学家杰拉杜斯·麦卡托（Gerardus Mercator, 1512–1594）去世后，他的地图集在 1594 年出版，名字称为《地图集：对世界构造及其构造形状的宇宙学沉思》，他是第一个用 "Atlas" 形容 "地图集" 的制图师，该地图集包含了 107 张世界各区域的新地图。麦卡托在地图集中写道："包括全部历史的精彩之处，无论是教会史还是政治史，悠闲的观众不必像旅行家那样付出麻烦、昂贵的辛劳就能从中学到更多的东西。"④ 我们从中可以看到地图集的实际意义，如果从纹章学角度进一步延伸，地图集可以让读者同时了解代表不同城市和区域文化的纹章图形。

杰拉杜斯·麦卡托是弗拉芒地区地图制图业的奠基人之一，他于 1530 年从鲁汶大学毕业，1534 年移居安特卫普。麦卡托将数学和制图学、版画技术与现实运用结合起来，使用铜版制作代替木版技术，带领了地图制作的革命。麦卡托发明了麦卡托投影法并使用到地图的绘制中，大大地提高地图绘制的准确性。麦卡托通过地图的表达，将《宇宙学》推向高峰，令其代替了 1000 多年来指导地图绘制的托勒密的《地理学指南》。麦卡托去世后出版的《地图集》中的画像，杰拉杜斯·麦卡托和约道库斯·洪第乌斯成为主角，这已经是麦卡

麦卡托去世后出版的《地图集》中的画像，杰拉杜斯·麦卡托和约道库斯·洪第乌斯⑤。

托离世 20 年后的图像。

麦卡托绘制了世界地图、欧洲地图、弗拉芒区域地图等多种尺度的地图。1540 年完成的佛兰德斯地图成为当时的第一幅区域地图，出版后的 60 年中，共重印 15 次。1544 年，麦卡托被列为宗教的 "异端" 而入狱，1552 年出狱后得到于利希—达利夫斯—伯格公国威廉公爵的邀请而定居于杜伊斯堡，在此后的 40 年中，他陆续出版了十分丰富的地图和地理学著作，1569 年制作了 "麦卡托世界地图"，以他的名字命名的 "地图投影法" 影响着现代地图的制作。

在 1642—1660 年间，出生于巴赛尔的地图制图师马修斯·梅里安与德国地理学家、作家杰勒（Martin Zeiller, 1589–1661）合作出版 *Topographia Germaniae* 德国地图集，该地图集分成多卷本陆续出版。

1662 年至 1672 年，约翰·布劳继承父亲威廉·布劳的成果，出版了 *Atlas Maior* 地图集，分为拉丁文 11 卷，共 594 幅地图，3000 多页，这是欧洲

17 世纪最为昂贵的大部头工具书。在 1696 年，德国制图师文宁开始制作四卷本的《巴伐利亚王国全景图地图集》。

17 世纪，随着地图集出版量的增加，历史地图的收藏成为贵族们的爱好，甚至买卖、交易稀缺历史地图的市场一度生意火爆。对历史地理考古的热衷，王国的边界的变迁，以及对历史地图错误的纠正，这些需求推动了地图市场，更为重要的是公共管理和军事防御的需要促进了地区与城市地图集的出版，因为海外殖民地拓展的利益驱动需要更加全面准确的地图。

地图集又出现两种类型，一是将历史留传下来的历史地图汇集，二是出版同一地区内各城市、地区的地图。进入 18 世纪，地图集随着海上帝国殖民地文化的引领作用而成为占领者的"宣传画"。地图集的编辑具有意识形态的主观性，它或者是以宗教传播为目的，或者为了宣传帝国的"仁慈"，无论如何，地图集反映了编辑者的价值观和历史观。

2. 德国和英国著名的制图师

德国地图制图师塞巴斯丁·缪斯特（Sebastian Münster，1488–1552）出生于德国美茵兹附近的英格尔海姆（Ingelheim），是德国最早制作地图的世界地图制作师之一。他受过良好的教育，早期在修道院受教育，1518 年在图林根大学完成学业，在宗教方面是路德新教的坚定推动者。缪斯特在

地图制作方面成绩斐然，他在 1536 年制作了欧洲地图，又于 1540 年出版了介绍托密勒地理学的著作并加上多幅插图。他于 1544 年出版的《宇宙志》（Cosmographia），是用德文全面介绍世界的地理学著作，在 1550 年再版时又加入了许多城市地图、地方风情介绍。这是一本地方志式的地图集，对后来的地图制作师产生重大影响，在出版后的 100 年内就有拉丁文、法文等不同文字的 24 个版本问世，最后的德文版本出版于 1628 年。在德国统一前的西德 100 元纸币上就有这位历史人物的头像。塞巴斯丁在介绍自己家乡英格尔海姆的版画地图中使用的是历史上的

塞巴斯丁·缪斯特绘制的英格尔海姆鸟瞰图[6]。

德国统一前的西德 100 元纸币上的塞巴斯丁·缪斯特头像。

城徽，盾面上半区为黑鹰，下半区为城墙。这是留存的 16 世纪城市鸟瞰图中最早将城徽与城市景观结合的范例之一。英格尔海姆在 1939 年产生新的城徽。

塞巴斯丁·缪斯特的制图风格影响到另一位德国地图制图师佐治·布朗（Georg Braun，1541–1622）。从 1572 年至 1617 年，布朗开始制作编辑欧洲城市地图集《文艺复兴时代的城市》（*Civitates orbis terraum*），该地图集共有 546 张城市鸟瞰图、城市地图和透视图，欧洲城镇的景观可以在书里的多幅全景图中得以展现。之后阿伯拉罕·奥提留斯、弗兰斯、霍恩伯格陆续编辑出版了 6 卷，都收录了布朗绘制的城市全景图或者地图。佐治·布朗是利用透视法准确绘制城市地形和自然环境的杰出制图师，他还是一位天主教神职人员，在科隆的圣玛丽教堂生活了 37 年。苏黎世鸟瞰图的制作也使用城市纹章来表达苏黎世地图的专一性。此图与缪尔的苏黎世鸟瞰图比较，可以发现佐治·布劳明显在城徽的表现方面模仿了缪尔的画法。

德国巴伐利亚的地图制作师迈克·文宁（Michael Wening，1645–1718）在其职业生涯中，从 1701 年开始至 1726 年共绘制出版了 846 幅城市和城堡全景图，在全景图中对各种纹章作了详尽的描绘，而且其制作的地图透视准确、刻画细致。迈克·文宁是德国巴

德国制图师迈克·文宁肖像。

© Historic Cities Research Project. Courtesy of Ozgur Tufekci.

佐治·布朗制作的苏黎世 1581 年的鸟瞰图[⑦]。

鸟瞰图中的纹章细节。

在1649年文宁绘制的加尔斯修道院鸟瞰图。

伐利亚的一位版画家，出生于纽伦堡，最初在纽伦堡一家版画作坊学习，后来到慕尼黑进入印刷出版工作坊工作，自己又开了一家印刷出版公司，后来在1675年成为伯爵的专聘画家（Court engraver）。

文宁的作品包括城市景观，对城堡、修道院有细致的刻画，对今天的人们了解中世纪后期的建筑而言具有有非常珍贵的历史价值。同时他描绘的神圣罗马帝国与奥斯曼帝国的战争场面亦具有珍贵的历史价值。他于1696年开始制作四卷本的巴伐利亚王国全景图，刻画了巴伐利亚主要城市的景观。1701

年在慕尼黑出版了第一卷。后来尽管经济困难，但他还是坚持完成了有关制作，完成了总共有846幅巴伐利亚城镇的全景图。

文宁对城市的刻画表达准确，对建筑风格有深入的理解。1627年绘制的列日城市鸟瞰图中，可以看到在上方有列日城市纹章，也有巴伐利亚王国纹章，因为这一时期列日是巴伐利亚的领地，而现在是比利时的城市。

德国慕尼黑的宁芬堡（Nymphenburg Palace）建于1664年，完工于1675年，是巴伐利亚公爵斐迪南·马里亚（Ferdinand Maria）为庆祝其儿子的出生

1627年绘制的列日城市鸟瞰图，现在是比利时的城市。

多瑙河畔菲尔斯霍芬（Vilshofen an der Donau）全景图。

城市纹章：欧洲城市制度的徽记

而邀请意大利建筑师进行设计的宫殿建筑。巴伐利亚公爵是维特尔斯巴赫家族（House of Wittelsbach）的世袭爵位，其家族的族徽从1240年就是采用蓝白相间的菱形和狮子作为盾徽的核心图形。鸟瞰图为出生于纽伦堡的德国著名制图师文宁于1701年所制作。

宁芬宫体现的是这段历史时期特有的巴洛克风格，尤其是在室内装饰和建筑的细节上。统治巴伐利亚的豪族维特尔斯巴赫家族的族徽就镶嵌在入口处，成为装饰的主题。夸张的狮子护着白色的盾徽，没有受传统盾徽外形的限制，采用较为柔美的椭圆外形，和雄壮的狮头和爪子形成强烈对比。

汉萨家族控制了城市政治经济的命脉，家族经常通过联姻的方式扩大城市的统治领域。汉堡"布雷伯格银行"（Berenberg Bank）总部设立在这里已经超过400多年，现在银行使用的纹章源于16世纪，是来自弗拉芒地区的布雷伯格家族，纹章以熊为寓意物，18世纪增加的"鹅腿"是Gossler家族的纹章，两个家族联姻，创造了强强联合的家族银行王国（Berenberg Gossler Seyler Banking Dynasty）。

文宁制作的城堡鸟瞰图包括富格尔家族（Fugger）的一系列城堡，领主的纹章自然而然是画面不可或缺的标志。

菲尔斯河畔的陶夫基兴城堡有600年历史，富格尔家族在16世纪拥有这一物业，文宁在全景图上绘制了这一豪族的族徽。富格尔家族在16世纪拥有大量物业，这一家族在13世纪定居于奥根斯堡，在15世纪已经非常富有，汉斯·富格尔（Hans Fugger, 1345–1408）建立了纺织王国，15世纪的神圣罗马皇帝菲特烈皇帝授予富格尔家族的纹章为蓝色盾面的金鹿，家族的另一分

慕尼黑宁芬宫建筑与庭院鸟瞰，1730年制作（左）；中殿和广场的鸟瞰图，1710制作（右）⑧。

汉堡"布雷伯格银行"纹章，为两大家族联姻后男爵纹章（the Barons of Berenberg-Gossler）的复制。

历史地图演变中被忽略的纹章记录

德国慕尼黑宁芬宫一侧的景观。

巴伐利亚公爵盾徽以巴洛克的表现形式呈现，成为入口标志。

城市纹章：欧洲城市制度的徽记

1700 年巴伐利亚菲尔斯河畔陶夫基兴城堡
图（上），地图上的富格尔家族纹章（下）。

1610 年约翰·斯皮德绘制的卡地夫城市
地图（右）和地图上的城市纹章（左）。

支使用的百合花纹章是在 1473 年获得的。1518 年丢勒为家族成员雅各布·富格尔（Jakob Fugger，1459–1525）绘制的肖像成为丢勒的肖像代表作之一。雅各布是富格尔家族顶峰时期的人物，该家族对神圣罗马帝国哈布斯堡皇室以及教廷给予了财政上的支持。其成员与贵族联姻，家族被委托生产皇家制服所需的所有布料，还垄断了匈牙利矿产的开发权。家族成为德国最富有的从事银行业、制造业的豪族，对欧洲当时的经济和政治产生重大影响。家族还出版了《富格尔商业通讯》，建立"富格尔之

富格尔家族最早的族徽（左）和巴伐利亚
陶夫基兴城堡所在地的城市纹章（右）。

家"（Fuggerei）作为工人出租住房，被称为"奥根斯堡的奇葩"。

约翰·斯皮德（John Speed，1552–1629），英格兰著名的地图制作师，曾与弗拉芒地图制图师布劳合作出版了《英格兰地图集》。作为英国的制图师，他与弗拉芒制图师长期保持着友谊和合作关系。

约翰·斯皮德创作的地图经常包括"街道图"。在 1610 年的爱尔兰卡地夫的地图上，本城市的城市纹章占较大的图幅；1603—1604 年，斯皮德受委托制作了《英格兰、威尔士和爱尔兰地图》，为历史上第一位身兼苏格兰国王和英格兰国王的詹姆士一世（1566—1625）所使用，具有宣传君王正统性的作用。他在地图右上角画了家族树状宗谱图，国王画像下面有一众世俗贵族和主教们的纹章，代表国王的权威通过宗教、世俗权力机构来实现。

同时，斯皮德在地图中高度重视

1603—1604年，斯皮德受委托制作了《英格兰、威尔士和爱尔兰地图》。

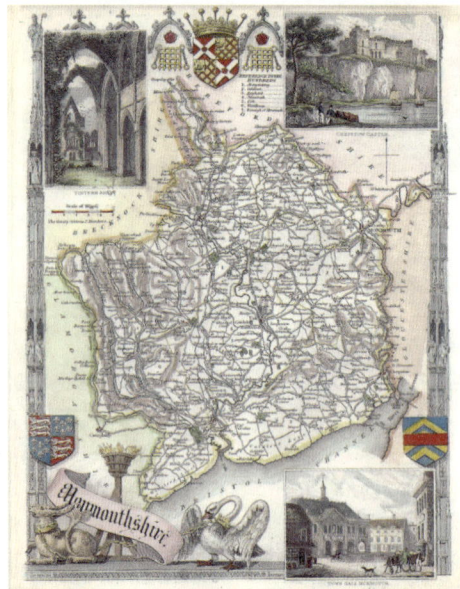

约翰·斯皮德设计的萨克塞斯历史纹章。

约翰·斯皮德在1610年出版的地图集封面。

英国19世纪著名的英国考古学家、地图制作师托马斯·穆勒绘制的1831年威尔士蒙茅斯郡历史地区的地图。

Famous Part of the World。约翰·斯皮德长眠于伦敦圣吉尔斯（St Giles-without-Cripplegate）教堂中，墓地有他的塑像。

19世纪著名的英国考古学家、地图制作师托马斯·穆勒（Thomas Moule，1784-1851），同时也是一位纹章学学者，在大不列颠出版了不少地理学著作。在他制作的地图中，由于具备丰富的纹章学知识，使纹章在地图中的人文功能得到充分体现。

今天的蒙茅斯郡（Monmouthshire）约占蒙茅斯历史地区的60%土地。在穆勒绘制的威尔士蒙茅斯郡历史地图上，左边是英格兰传统的纹章，右边是蒙茅斯（Monmouth）的历史城徽。2012

纹章的象征作用，甚至为一些城市专门设计了城市纹章，如英格兰东南部的萨克塞斯（Sussex）以六只雨燕为寓意物的纹章就出自他之手，并留存使用到今天。斯皮德不仅制作地图，而且编写了地图制作的论著——*Prospect of Most*

卡地夫城市纹章（左）、蒙茅斯郡历史城市纹章（右）。

年蒙茅斯成为第一个"维基小镇"，底部的白天鹅是在中世纪开始使用的 de Bohun 贵族的纹章符号，在 13 世纪由王室的先人汉弗莱（Humphrey de Bohun, 4th of Hereford, 1276—1322）开始在印章上使用。英格兰国王亨利四世（1366—1413）正式将该符号作为王室的象征物。在 1831 年制作的蒙茅斯历史地区地图中标注了格温内斯王国（Kingdom of Gwent），和更早期的王国（Kingdom of Glywysing）的领地，卡地夫（Cardiff）是首都。

3. 瑞士制图师

皮特曼（Petermann Etterlin）1507 年绘制的卢塞根城市鸟瞰图展示了卢塞堡 15 世纪的城市空间状态。皮特曼的父亲在 1427—1453 年是卢塞根的议员。皮特曼出生于卢塞根，1509 在卢塞根去世，他是瑞士重要历史文献《瑞士联邦编年史》的作者。

皮特曼绘制的卢塞根城市鸟瞰图已经将卡贝尔桥（Kapellbrücke）作为重点在地图上反映出来，但当时的桥尚未连接到对岸。卡贝尔桥建立于 1333 年，长 170 米，是连接城市左右岸的通道，成为城市防御体系的组成部分，因其设计独特而成为卢塞根城市的标志性景观。桥中的塔楼为八角形，后来因战火被毁而重建，曾经作为市政厅的档案馆、监狱。值得一提的是，完整的城市防御系统在图上得到表现，四周的山脉建有塔楼，建于 1400 年的城墙和九座塔楼作为瞭望塔，称为穆塞格城墙

皮特曼于 1507 年绘制的卢塞根城市鸟瞰图（左）和《瑞士联邦编年史》中皮特曼绘制的联邦各城市城徽（右）。

历史地图演变中被忽略的纹章记录

缪尔和他所绘制地图上
的苏黎世城徽。

（Museggmauer），城徽在地图中处于上方。作为瑞士重要历史文献《瑞士联邦编年史》的作者，皮特曼绘制了瑞士联邦各地区的纹章，卢塞根的城徽在左上角，联邦各城市的城市纹章均是由数量不多的色块组合，是城市旗帜上独特性颜色的再现。

缪尔（Jos Murer，1530–1580）在1576年绘制的苏黎世鸟瞰图，刻画得特别精细，是中世纪后期所绘制的鸟瞰图中的杰出代表作。缪尔出生于苏黎世，是一位地图制图师，同时也是一位玻璃画制作者。苏黎世鸟瞰图至今已经翻制了第八版，最后一次印制是在1996年，原件现藏于苏黎世国家档案馆。

此图也称"缪尔规划"（Murerplan），苏黎世在1218年成为罗马帝国自由城

瑞士地图制图师大卫的肖像。

市的同时开始修建城墙，城市采用了典型的跨河防御体系，塔楼和城墙高耸。通过这一历史图画，可以理解中世纪苏黎世的跨河防御体系，苏黎世在利用河流防御方面采取许多方法，包括水车和移动的木桥。由于跨河，城墙至河边在开口处的防御需要使用河流江面上

瑞士苏黎世1576年城
市全景图。

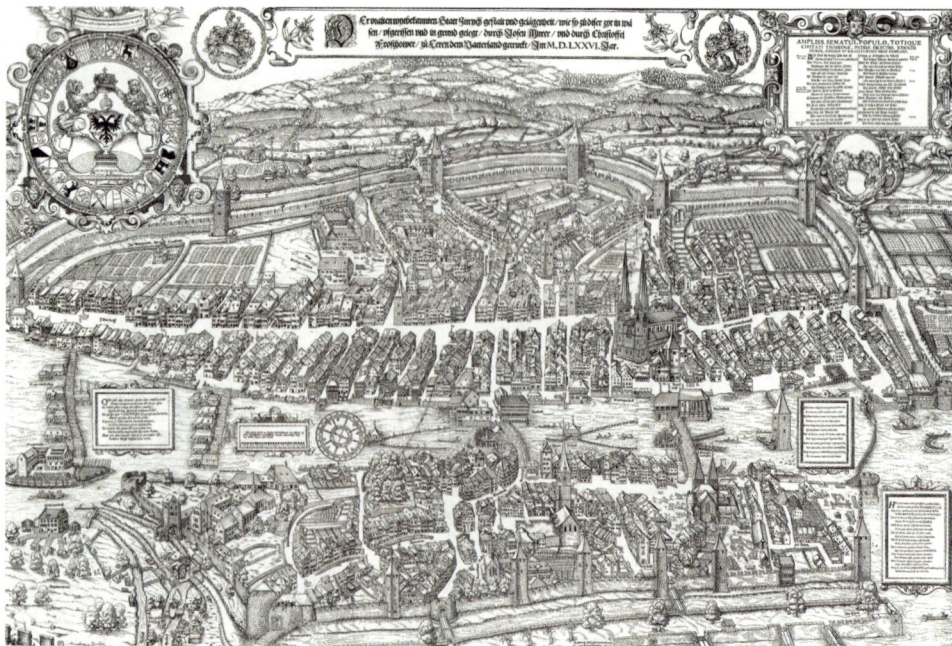

城市纹章：欧洲城市制度的徽记

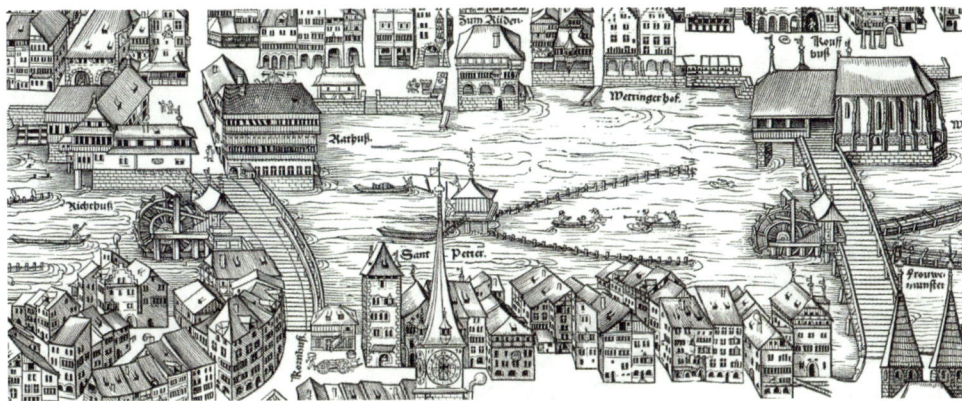

瑞士苏黎世 1576 年城市全景图局部：跨河的桥梁。

的设施共同协防。规划图所描绘的建筑极为详细，有些建筑还标注了名字。在画面的左边是从苏黎世湖流出的利马河（Limmat）。

1758 年瑞士地图制图师大卫（David Herrliberg，1697–1777）绘制的卢塞根鸟瞰图中，城市的卡贝尔桥不是城市地图的表现焦点，地图的视野已经扩大到城市的河流和周边的高山，卢塞根湖与城市的关系得到关注。城市纹章处于地图底部并保持画面的完整性，而且城市纹章的护盾物与说明文字构成了具有信息意义的图示。

马修斯·梅里安（Matthaus Merian，1593–1650）出生于瑞士巴塞尔贵族家，少年时期在苏黎世、巴黎、尼斯等地学习雕刻版画，后来到了法兰克福，在出版家、制图师约翰内斯·特奥多尔·德·布里（Johann Theodor de Bry，1561–1623）的工作坊工作，并与出版家的女儿玛丽亚·玛格达勒娜·德·布里（Maria Magdalena de Bry）结婚。法兰克福的德·布里家族奠基人特奥雷·德·布里（Theodor de Bry，1528–

马修斯·梅里安的肖像。

1705 年玛丽亚·西比拉·梅里安绘制的植物图画。

历史地图演变中被忽略的纹章记录

1758 年瑞士制图师大卫绘制的鸟瞰图。

1598）出生于比利时的列日，是 16 世纪著名的旅行家、制图师和出版商，他绘制了大量的版画作品，出版了许多带插图的版画、地图和反映人文风情的图画。梅里安是 16 世纪最早出版介绍美洲书籍的出版商。

在布里去世后，女婿梅里安在 1623 年继承了其家业，定居法兰克福，并绘制出版了多册地图集，包括多幅德国的规划图、地图和鸟瞰图，也包括其他国家的城市地图和世界地图。他制作的巴黎、法兰克福、斯特拉斯堡等地图作品达到相当高的水准并形成了自己的风格。地图集最后编至 21 卷，并多次再版，它包含了世界各地多座城市的地图、鸟瞰图，是广受欢迎的地图集。梅里安的女儿玛丽亚·西比拉·梅里安（Maria Sibylla Merian，1647–1717）后

来成为德国著名的自然科学家、自然界昆虫和植物插图师，打破了世俗社会对女性从事科学研究的约束。德国为缅怀这位对自然界有众多发现的科学家、插图家，在 1987 年发行了她的肖像纪念邮票。

4. 群星璀璨的弗拉芒地图绘制师

16 世纪末，欧洲制图中心开始转移至阿姆斯特丹，更多的学者、制图师和版画家加入到地图制作的队伍中。17 世纪阿姆斯特丹迎来了移民高潮，大量的历史学者和制图师移民至此，欧洲的制图历史迎来高峰时期。

荷兰出现了像布劳父子这样杰出的地图制图师，同时期杰出的地图制作者还包括出生于多克姆（Dokkum）的赫

城市纹章：欧洲城市制度的徽记

马·弗里修斯（Gemma Frisius，1508–1555）；三角测量理论的发明者，出生于安特卫普的阿伯拉罕·奥提柳斯（Abraham Ortelius，1527–1598）；出生于梅赫伦（Mechelen）的弗兰斯（Frans Hogenberg，1535–1590）；出生于荷兰登特海姆（Dentergem）的洪第乌斯（Jodocus Hondius，1563–1612）、雅各布（Jacob van Deventer，1500–1575）等。1675年，低地国家的制图地位因法国控制了地图的贸易而动摇，但在后来的日子中，地图制作的素材还是需要低地国家的专业人士提供。

1599年，德国科隆出版了《地理手册》（Geographisches Handbuch），由马修斯（Matthias Quad，1557–1613）绘制，马修斯出生于荷兰并学习木刻和石刻而成为地图制图师，后来在1592年与科隆的出版商、地图制图师布塞马赫（Johann Bussenmacher，1580–1613）合作出版了《欧洲地图集》（Atlas of Europe），后来该地图集增加文字修订扩充成为1959年的版本。

1641年出版的弗拉芒制图师安东·桑迪（Antoon Sanders，1586–1664）的著作《佛德兰斯图说》，是有关佛兰德斯地区的城市和乡村的记述并附有地图。桑迪是出生在弗拉芒地区的制图师，同时也是一位神职人员。

因绘制伦敦大火前的伦敦城市鸟瞰图而知名的制图师科雷斯（Claes Jansz Visscher，1587–1652），是处于荷兰黄金时代的地图制图师。他子承父业，从他的父亲开始，家庭四代都从事地图的制作出版，包括尼科拉斯一世（Nicolaes Visscher I，1618–1679）和尼科拉斯二世（Nicolaes Visscher II，1649–1702），家族式的地图制图业具有强盛的生命力，这是因为阿姆斯特丹的经济贸易中心位置的确立，同时由于新教的发展需要制作《圣经》读本。

---

① ［英］阿兰·R. H. 贝克著，阚维民译：《地理学与历史学：跨越楚河汉界》，商务印书馆2008年版，第195页。

② 图片引自：［英］杰里·布罗顿著，林盛译：《十二幅地图中的世界史》，浙江人民出版社2016年版。

③ http://sites.oxy.edu/horowitz/Ortelius/vi/ortelius.html

④ ［英］杰里·布罗顿著，林盛译：《十二幅地图中的世界史》，浙江人民出版社2016年版。

⑤ ［英］杰里·布罗顿著，林盛译：《十二幅地图中的世界史》，浙江人民出版社2016年版。。

⑥ 图片来源：https://commons.m.wikimedia.org/wiki/File_Saai-ingelheim-Cosmographia-1628.jpg#mw-jump-to-license

⑦ 图片引自：http://historic-cities.huji.ac.il/switzerland.zurich/maps/braun_hogenberg_111_44_b.jpg

⑧ 图片引自：https:www.bavarikon.de/object/bav:LVG-HTD-000000Weningl117

六、低地国家地图制作的历史贡献

低地国家的重要历史转折点是威廉带领各省反抗西班牙统治的"八十年战争"（Eighty Year's War）。现在的法兰德斯（Flanders）主要是指比利时使用荷兰语的地区，也称弗拉芒大区（Flemish Region），为比利时三个大区之一。低地国家制造的艺术品向外输出，像荷兰的阿姆斯特丹就成为地图制作的中心，满足了低地国家加快城镇建设的地图需求。17世纪低地国家制作的城市地图、全景图和以纹章为核心的装饰等绘制艺术达到新的高峰，英国学者彼得·克拉克指出："如果说16世纪的城镇地图依旧停留在中世纪的写意风格上，在由阿姆斯特丹的制图师所领导下成长的新一代制图师将用数学方法计算的、清晰的、准确的表达引入城镇空间之中。"①

1307年，在低地国家出现测量地产的地图（Official Mapping）；1515年制作了2米长的安特卫普城市地图；1572年安特卫普出版了第一部城市地图集；1577年出版了第一部口袋型地图集；1579年安特卫普出版了第一部地区地图集（Regional map）；1662年至1672年布劳在阿姆斯丹出版了 *Atlas Maior*，该地图集有3000页，594张地图，标志着低地国家制图水平达到最高峰②。这一阶段的地图制作是以宇宙学概念为出发点，地图成为旅游作家、知识分子旅行的必备资料，地图制作从古希腊托勒密地理学开始进入转折期。

1. 荷兰黄金时期

在16世纪后，荷兰和比利时的部分地区出现了共和制度，这些地区在1568年签订了七省联盟协议，1579年又成立了"乌得勒支联盟"。在威廉一世带领下，荷兰开始抵抗神圣罗马帝国皇帝西班牙国王的统治，经历了八十年的独立战争。在1581年至1795年，产生的七省联治的共和制度，大大地促进城市的自由和世俗化的发展，贸易的发展极大地促进城市的繁荣。荷兰共和国采取泛中心化的管理模式，加大了城市自治的权力，这促使各城市经济和文化得到空前的发展。同时，海上的贸易，殖民地的拓展更是增加这一地区的实力并令其足以与神圣罗马帝国抗衡。

16世纪荷兰的黄金时期就是七省联治时期，艺术、文化、科学和军事发

城市纹章：欧洲城市制度的徽记

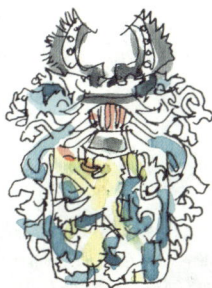

威廉一世肖像和纹章。

展迅猛。荷兰省和泽兰省总督威廉一世的纹章反映了这种联合的结果。他在荷兰共和国海牙大国会中得到推举而成为大总督，被称为"荷兰之父"。17 世纪，他的儿子莫里斯在海牙建立了由总督执政的政府。

阿姆斯特丹《明斯特和约》，是《威斯特伐利亚和约》的一部分。1648 年西班牙正式承认北部七省联合独立成为荷兰，并签署了《威斯特伐利亚和约》。

1648 年为庆祝阿姆斯特丹和西班牙签订和约而特制了金银奖牌，金牌发给市政会成员，银牌是礼物。奖牌上用拉丁文打制的铭文写道："一个和平胜过无数个胜利。"金币上制作了具有城市识别意义的装饰物，而在周边装饰的花纹以城徽为中心展开。《明斯特和约》是在德国境内的明斯特签订的，是荷兰

历史上里程碑式的事件。《明斯特和约》迫使西班牙承认荷兰七省共和国，这些省包括荷兰省、乌得勒支省、泽兰省、海尔德、上艾瑟尔、弗里西亚和格罗林根，这使荷兰获得独立并在 17 世纪成为贸易和航海的强国。

1648 年，《威斯特伐利亚和约》在神圣罗马帝国威斯特伐利亚区的明斯特和奥斯纳克签订，结束了三十年战争。这是荷兰民族国家形成的开端，各种宗教包括加尔各答教、路德教均得到承认，而巴伐利亚、萨克森和勃兰登等公国的自治权利得到确定。

17 世纪著名画作"阿姆斯特丹民团庆祝《明斯特条约》签订"于 1648 年由赫尔斯特（Bartholomeus van der Helst，1613–1670）创作，表现的就是这一欢快的场景。

阿姆斯特丹庆祝《明斯特和约》奖牌。

著名画作《阿姆斯特丹民团庆祝〈明斯特条约〉签订》，现藏于阿姆斯特丹国家美术馆。

17 世纪的荷兰正处于"黄金时期"，1614—1667 年在北美建立了比现在的纽约更广阔的地区并称为新荷兰（New Netherland）。新荷兰作为领地，包括特拉华州、新泽西州、康涅狄格州、宾夕法尼亚州、罗德岛等地区，均是荷兰共和国的殖民地。1653 年"新阿姆斯特丹"获得城市权利，范围包括了布鲁克林、曼哈顿岛等城镇。但因荷兰西印度公司的管理问题而致人口聚集速度缓慢，新移民与土著印第安人之间多次发生冲突。新英格兰利用各种机会拓展领地，英国与荷兰殖民者之间多次发生战争冲突。"在充沛的社会化和文化动力驱使下，荷兰的城镇成为 17 世纪欧洲城镇的领跑者，其城镇化率在 17 世纪 70 年代达到不可思议的 42%，可能是欧洲城镇化水平最高的地区。"[③]

1550 年左右，安特卫普成为欧洲地图印制的中心城市，出版了大量独立的地图以及地图集。世俗化的商业动力提高了地图测量的准确度。16 世纪荷兰共和时期的发展使阿姆斯特丹在这时期超越了安特卫普和乌得勒支，荷兰的阿姆斯特丹在 12 世纪因贸易发展，由一个小村庄迅速崛起为大城市。"1275 年，阿姆斯特丹被荷兰伯爵准予自治管理，从此其商业稳定发展，1306 年阿姆斯特丹另一个确认和增加权利的宪政被批准，城市广场和第一个市政厅建立起来了"[④]。从安特卫普到荷兰阿姆斯特丹崛起，阿姆斯特丹继续延续着安特卫普在地图制图领域的辉煌，不仅阿姆斯特丹城市本身和低地国家城市的地图绘制在阿姆斯特丹完成，而且包括巴黎等欧洲其他城市的地图也是在阿姆斯特丹制作的。许多知名的制图师移居阿姆斯特丹，如威廉·布劳、洪德尤斯、皮尔特（Pieter van den Keere，1571–1646）等。随着西班牙、荷兰成为海上强国和殖民地的不断拓展，许多殖民地的地图也交由这里的地图制图师进行制作。

2. 布劳父子和列入《世界记忆名录》的"地图集"

1649 年出版的《荷兰城市地图集》和 1662—1678 年出版的《布劳·范德汉姆地图集》（*The Atlas Blaeu-Van der Herm*）是荷兰黄金时代地图制作的代表性作品。法兰克福施泰德艺术馆（Städelsches Kunstinstitut, Frankfurt am

维美尔创作于 1657 年的作品《官员与笑着的女孩》。藏于纽约弗里克收藏博物馆⑤。

Main）收藏着荷兰黄金时代代表性画家维美尔（Johannes Vermeer，1632-1675）于1668—1669年间创作的《地理学家》，表现了特定历史时期的艺术审美时尚。

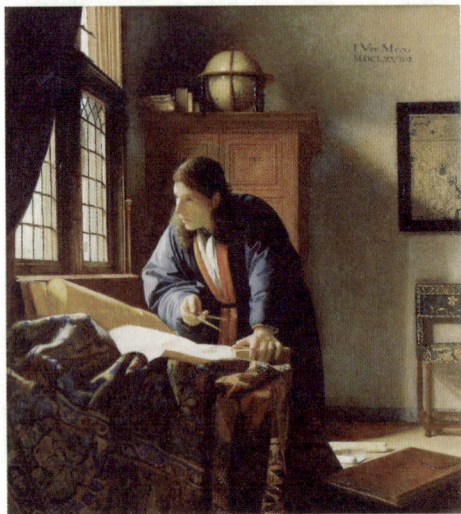

荷兰黄金时代代表性画家维美尔1668—1669年间创作的《地理学家》，藏于法兰克福施泰德艺术馆。

荷兰黄金时代代表性画家乔纳斯·维美尔留存于世的作品不多，他创作的作品中以地图制图师和地理学家为主题的占一定比例，这有力地旁证了荷兰黄金时代地图制作的影响力。维美尔创作于1657年的作品《官员与笑着的女孩》（Officer and laughing Girl），画面背景就是他的好友威廉·布劳绘制的地图。虽然是背景，但维美尔将地图与实际存在的布劳地图再现得非常真实、细致，包括地图上以红色狮子为寓意物的纹章也描绘得惟妙惟肖。这一地图表现的是荷兰与西弗里斯兰地区，实际是1620年巴尔塔萨·弗洛里歇·范·博肯罗斯获授权绘制的，又于1621年卖给布劳，之后布劳在地图上签名。维美尔此画现收藏于纽约弗里克收藏博物馆（Frick Collection Museum）。

在维美尔留存不多的作品中，共发现有九幅作品以地图作为墙面的装饰。前面提到维美尔在1668—1669年创作的《地理学家》再一次表达了画家对地理学家的敬意，暗寓荷兰新独立共和国在政治和地理独立中的愉快气氛。画中地理学家正在绘制的是摊铺在案头上的海图，背后书柜上的地球仪、手中的圆规和墙上的地图都作为象征物表明了主角的身份，地理学家身披蓝色的长袍，凝视窗外。这是艺术家创作的绘画作品中，难得一见的地理学家和地图制作师的形象，墙上挂着的地图是1605年威廉·布劳绘制的"欧洲海图"。

在荷兰等低地国家，地图的日常使用十分普及，地图和全景图是荷兰人家居的装饰挂物。乔纳斯·维美尔的作品《读信》中，墙面上巨幅的地图成为画面上丰富光影效果的要素，地图和空椅子似乎与写信人存在某种关联。维美尔于1662年创作的《拿着水罐的女人》和1668创作的《油画寓言》，背景同样也是地图，与《读信》墙面挂着的巨幅地图一样，地图是用卷轴形式装饰保持下垂状态。

1649年出版的《荷兰城市地图集》（View of Cities）以及在1662—1672年出版的Atlas Novus地图册，共有593

《油画寓言》，藏于维也纳艺术史博物馆。

维米尔的作品《读信》和局部，创作于1663年，藏于阿姆斯特丹国家美术馆⑥。

幅地图，均是威廉·布劳（Willem Janszoon Blaeu）和约翰·布劳（Joan Blaeu）两父子制作的。17世纪阿姆斯特丹的律师范德汉姆（Laurens van der Hem，1622–1678）出版了更为完整的地图集，在布劳父子的地图集基础上，印制了50卷共2400张的历史地图集，于2003年被列入《世界记忆名录》，称为《布劳–范德汉姆地图集》（*The Atlas Blaeu-Van der Herm of Austrian National Library*），其中约翰·布劳和父亲制作的地图就有593张。这一系列的地图完成于1662—1678年，代表着荷兰黄金时期的最高制图水平，不仅有在当时历史时期印制精美的印刷品，还有大量手绘地图，而后来补充的4卷是布劳和范德汉姆（Van der Hem，1621–1678）专

城市纹章：欧洲城市制度的徽记

威廉·布劳（左）和在乌得勒支地图上绘
制的纹章（右）。

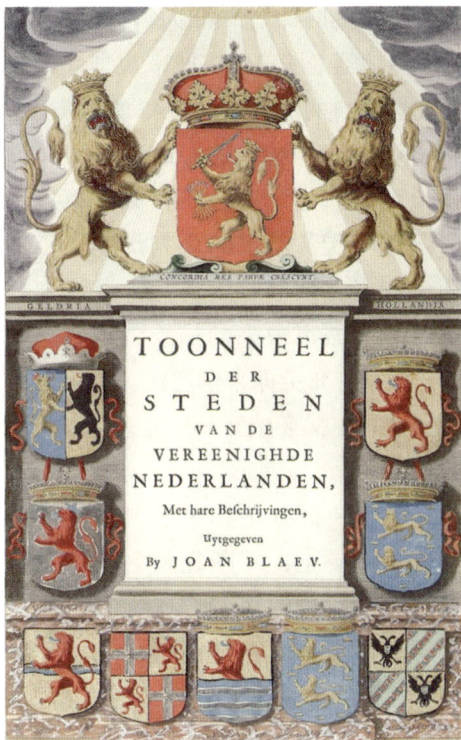

在 1651 年地图集封面上各领主、公爵的
纹章⑦。

门为荷兰东印度公司（VOC）制作，包
括亚洲的地图，这些地图影响到德国、
荷兰等欧洲国家在世界范围内的贸易活
动。荷兰在这一时期使用这些历史地图
对外进行扩张，使其成为世界的重要经
济中心。有些地图是专门为荷兰东印度
公司制作的，东印度公司将这些地图作
为商业秘密严加保管，称为《荷兰东印
度公司机密地图集》。《世界记忆》的评
语写道："这些地图不仅让我们了解地
理和地域知识，而且让我们了解到人类
学、考古学、风俗学、航海学以及纹章
学等方面的历史信息。"地图还包含了
城堡的模式、名人的肖像、生活的场
景等信息，反映了 17 世纪历史和文化。
该地图集现藏于奥地利国家图书馆地
图部。

威廉·布劳是荷兰地理学家与绘
图师中商业运作最为成功的代表性人
物。布劳从小酷爱数学和天文学，在
位于丹麦和瑞典之间的一座岛屿——
文岛，他从 1596 年开始师从丹麦著名
天文学家第谷·布拉赫（Tycho Brahe,
1546–1601）学习天文学知识⑧，布

拉赫是一位颇受尊敬的天文学家，在
岛上建立了研究所和天文站。布劳在
1599 年回到尼德兰，制作了第一件科
学仪器——天球仪。布劳在 1605 年定
居于荷兰阿姆斯特丹，开始在阿姆斯
特丹开办工作坊制作和销售地图、地
球仪和有关制图工具，成为这座城市里
的 250 多家书商和印刷商之一⑨。1635
年，布劳出版了第一本地图集并在这一
时期被东印度公司聘为绘图师。国际贸
易需要更多准确的海图和地图进行海外
扩张，而布劳制图师的身份可以让他获
得更多的航海贸易档案，这有助于提高
地图制作的可靠性。接着布劳开始了制

作大地图集的计划，陆续出版了多种版本的《大地图集》。在城市规划尚未成为完整学科的历史时期，类似布劳、墨林（Mernian）这些具有地理知识又懂得绘图的人物，还扮演着城市规划师的角色。在各城市的规划编制中，地图绘制者、画家、建筑师、设计师等职业成为城市未来的描绘者。威廉的儿子约翰·布劳原来学习法律，后来子承父业，与父亲威廉·布劳一起以制图为业。

约翰·布劳在其父亲老布劳的地图制作基础上，不断完善各类欧洲地图的绘制，绘制了德国、比利时、荷兰、苏格兰等大量地区性的图纸，对历史地区的边界作了明确划分，并用纹章表示领主对领地的拥有权。约翰·布劳在1635年分别用德文、拉丁文、荷兰文出版了四种地图集，完整的地图集

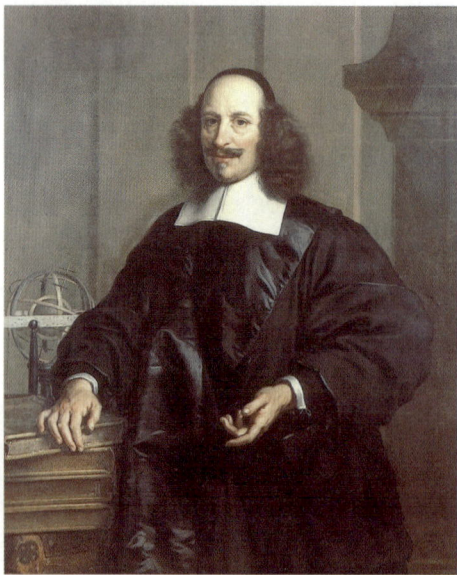

约翰·布劳肖像。

从1662年开始出版，于1672年完成最后一卷的出版工作，地图集为现代读者了解中世纪后期欧洲地区的历史变迁提供了宝贵的历史地图资料。《布劳－范德汉姆大地图集》被列入《世界记忆名录》，地图集共50卷，总计2400张的地图、鸟瞰图等，具有无可替代的价值，代表了17世纪制图学、地理学的最高水平，反映了荷兰黄金时代全球贸易文化交流的状况，成为人们了解世界地理人文的重要文献。

约翰·布劳比父亲更为活跃，具有更广泛的社交圈，他与欧洲各地的学者保持着紧密的联系。他将地图制作与荷兰东印度公司商业活动联系起来，于1633年同父亲一样被任命为公司官方制图师，为东印度公司制作了大量的航海图。在1661年左右，约翰·布劳得到托斯卡纳大公和萨伏依公爵的赞助，其作坊雇用了超过40名制图师，经常有外国的访问者到作坊参观，不幸的是，1672年作坊曾经遭遇火灾，烧毁了许多重要文件，包括原料和印刷机。但值得庆幸的是，当时在佛罗伦萨保存了布劳绘制的一些地图文档，现保存在佛罗伦萨档案馆。1673年约翰·布劳去世，享年75岁。

3. 低地国家的"比利时狮子造型地图"

"狮子地图"或"比利时狮子造型地图"（Leo Belgicus），直译为"里欧·比利库斯"。该地图显示出低地国

家比利时、荷兰当时是西班牙帝国的一部分。荷兰大部分省份的纹章寓意物是狮子，"里欧·比利库斯"是将纹章与地图通俗设计结合，用狮子造型来绘制低地国家地图，将低地国家的 17 个省绘制成狮子形象的图案。在图上还绘制了风景、城市景观以及重要人物，还有文字对城市进行介绍，使地图具有知识信息和阅读功能。"比利时"在这里指的是 17 世纪低地国家的历史地区，而非现代的比利时国家概念。

以纹章的寓意物狮子为夸张造型绘制地图的表达方法，由奥地利地图制作师夏埃尔·艾辛格（Michaël Eytzinger，1530–1598）在 1583 年首先采用。他出身于奥地利贵族，是一名历史学家、出版商，在 1583 年出版的 *Novus de Leone Belgica* 的历史书中，他在折页中第一次用狮子的造型将低地国家的地形图形象化，这也是纹章文化转换的结果。

受他的影响，"比利时狮子造型地图"制作延续多个世纪，是 16 世纪到 19 世纪表现低地国家地图的特殊形式。狮子作为纹章的寓意物，现在仍是荷兰、比利时等国家、省和城市在纹章上使用最多的动物。

大部分弗拉芒的地图制作师都画过"比利时狮子造型地图"这类形式的地图，如彼特（Pieter van den Kaerius，1571–1646）、约道库斯·洪第乌斯（Jodocus Hondius，1563–1612），1611 年在低地国家狮子象征性地图上绘制了阿姆斯特丹城徽，城徽表现得非常优美，左右有女神作为护盾者。这种象征性地图的手法来自意大利文艺复兴所使用的鸟瞰图表现手法。出生于阿姆斯特丹的维斯切尔家族的克莱伊斯·简兹·乌斯切尔（Claes Jansz. Visscher，1587–1652）留下来的这一类型地图最多。他从父亲那里学习地图制作，家族中的多位成员都是地图制作者和出版商，家庭制图史跨越了百多年的历史。1602 年乌斯切尔家族就开始绘制此类地图，数十年后还继续绘制不同版本的"狮子地图"。"克莱伊斯·简兹·乌斯切尔所作的《比利时狮》地图，不仅仅因为它的知识性而使人铭记，更让人兴奋的是它的城市简介以及图画式的设计，这种设计巧妙地将 17 个省绘成狮子图案。"[⑩] 维斯切尔家族的克莱伊斯科在 1609 年制作的"比利时狮子造型地图"，周边是低地国家的主要城市全景图，上部边框是各公国的纹章，包括布拉班公国、格尔德恩公国、林堡公国和乌得勒支等 17 个公国和安特卫普、阿姆斯特丹的城市纹章。1648 年，他出版的"比利时狮子地图"，周边的景观表现方式发生了变化，但标题装饰（title cartouches）外形仍使用纹章造型。

"比利时狮子"，也就是指历史上的荷兰南部地区和部分比利时地区，在 16 世纪荷兰划分南北荷兰前，统称为低地国家。"低地国家"在 16 世纪包括现在的荷兰、卢森堡、比利时和法国南部部分地区，在 16 世纪后，现荷兰和比利时部分地区出现了共和制度，于 1568 年签订了七省联盟协议，1579 年又成立了"乌得勒支联盟"。在威廉一世带领下，低地国家人民抵抗神圣罗马帝国皇帝、西班牙国王的统治，经历了"八十年的战争"。1581年至1795年，产生了七省联治的共和制度，大大地促进城市的自由和世俗化的发展，贸易的发展极大地促进了城市的繁荣。威廉一世的纹章寓意物是狮子，采用这种狮子形象的地图被称为"比利时狮子造型地图"，也是对君王的歌颂。

由于低地国家制图技术先进，留下了许多低地国家历史地图，这些不同历史时期的地图为后人研究地区的历史变化提供了难得的素材。弗拉芒地图制图师在绘制地图时注重地图装饰，多姿多彩的地图装潢绘制艺术影响到欧洲其他地区的地图制作。不少纹章产生于16世纪并使用至今，让我们对500年的纹章历史有了确切的历史考证依据。在15世纪，除了意大利北部地区之外，低地国家地区是欧洲城市化程度最高和人口密度最高的地区，低地国家代表着欧洲西北地区文化和艺术的水平，可以发现荷兰地区、法国北部等靠近佛兰德斯的地区，人们的识字水平明显高于其他地区，这得益于中世纪晚期教育供给的增加[12]。在城市统治制度方面，发达的贸易使行会的力量逐步变得强大，有

维斯切尔家族的克莱伊斯科1609年制作的地图"比利时狮子造型地图"，周边是低地国家主要城市全景图，上部边框是各公国或者城市的纹章[11]。

城市纹章：欧洲城市制度的徽记

别于其他欧洲世袭统治传统，商人在城市管理中发挥了重要作用。

低地国家地图绘制技术的发展动力来自于商业利益的需要，包括大航海时代为发现新大陆的航海需求和及时补充信息的需要，战争军事行动需要战略布局的科学根据，其中还有移民增加及土地扩张的实用意义。低地国家的海岸线漫长而多样，历史上的不同时期描绘了现在荷兰格罗林根省须德海（Zuiderzee）、弗里斯兰（Frisian）地区的海岸图，弗里斯兰在7世纪至8世纪是独立的王国。这里战争不断，地区的归属和主人不断变化。这一海岸线由若干岛屿组成岛链，形成景观独特的弗里斯兰群岛（Frisian Islands），现在分别属于荷兰、德国和丹麦。在荷兰领地上的为特塞尔（Texel）、弗利兰岛（Vlieland）、泰尔斯海灵岛（Torsohelling）等岛屿，德国领土上有博尔库姆（Borkum）、尤伊斯特（Juist）、诺德奈（Norderney）等。

岛屿历史上的统治者各不相同，有文献记录斯希蒙尼克岛（Schiermonnikoog）的拥有者是一位僧人，在今天使用的城徽上，就是以教徒的形象为寓意，岛的名字在德文中是"灰色僧人的岛屿"之意。其他岛的城徽的寓意物都与海的主题有关。特塞尔的城徽是灯塔和双鱼，尤伊斯特的城徽是星星、山和海洋的波浪，诺德奈是海洋和岛屿上的灯塔。

在19世纪末，荷兰开始筹划修建大坝，岛链的第一个岛瓦赫宁恩岛（Wageningen）成为大坝的起点，并形成与大陆相连的土地，历史地图的意义在于不间断地记录了新土地的生成过程。

弗莱福兰省（Flevoland）的纹章保持了本地区的特点，这是1986年才建立的省，首府城市莱利斯塔德（Lelystad）于1967年建立，纹章上的百合花是纪念市政工程师、国会议员雷里（Cornelis Lely，1854–1929）的象征物。他于1891年提出了须德海大坝工程计划（Zuiderzee works），之后建设的大坝，形成了16.5万公顷的用地。在坝的合拢处建有观光塔，下面设纪念墙并建有雷利的纪念雕塑。

荷兰尤伊斯特、特塞尔、诺德奈城市纹章（从左至右）。

历史地图演变中被忽略的纹章记录

地图上的荷兰岛链大坝和新形成的土地。

城市纹章：欧洲城市制度的徽记

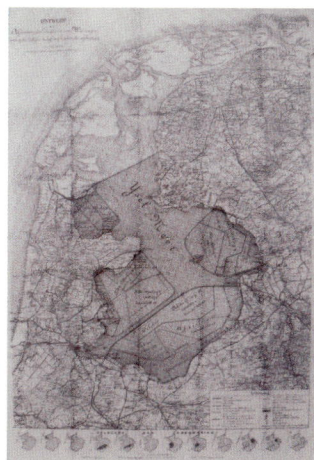

"须德海大坝工程"纪念墙上的
地图和大坝上的观景塔。

荷兰弗莱福兰省的纹章（左），首府城市莱利斯塔德城徽（右）。

① ［英］彼得·克拉克著，宋一然等译：《欧洲城镇史400—2000年》，商务印书馆2015年版，第185页。

② Cornelis Koeman, Gunter Schilder, Marco van Egmond, and Peer van der Krogt. "Commercial Cartography and Map Production in the Low Countries, 1500-ca.1672." In *the History of Cartoygraphy* Vol. 3 Part 2, edited by David Woodward, 1296-1383. Chicago: University of Chicago Press, 2007.

③ ［英］彼得·克拉克著，宋一然等译：《欧洲城镇史400—2000年》，商务印书馆2015年版，第111页。

④ ［英］杰弗里·帕克著，石衡潭译：《城邦：从古希腊到当代》，山东画报出版社2007年版，第149页。

⑤ Http://www.khm.at/objektdb/detail/2574/

⑥ 图片引自：达尼埃拉·塔拉布拉编著，孙迎辉译：《阿姆斯特丹国家博物馆》，译林出版社2016年版。

⑦ Http://www.geheugenvannederland.nl

⑧ 第谷·布拉赫（Tycho Brale，1546-1601）为丹麦贵族，是历史上著名的天文学家，也是占星术学家，开普勒是他的助手。对天文学有重大贡献，第谷新星就是他发现的，后人以他的名字命名，中国明朝使用的"时宪历"得益于第谷的观察结果。1599年他移居布拉格，继续天文学研究，其遗体葬于布拉格广场的圣母教堂。

⑨ ［英］杰里·布罗顿著，林盛译：《十二幅地图中的世界史》，浙江人民出版社2016年版，第213页。

⑩ ［荷］马里特·威斯特曼著，张永俊、金菊译：《荷兰共和国艺术》，中国建筑工业出版社2008年版，第77页。

⑪ 图片引自：http://s3amazonaws.com/sanderusmap.9000.be/165616-8391.jpg

⑫ ［荷］扬·卢腾·范赞登著，隋福民译：《通往工业革命的漫长道路——全球视野下的欧洲经济，1000—1800年》，浙江大学出版社2009年版，第105页。

城市纹章：欧洲城市制度的徽记

IV

从罗马帝国走向国家
概念的形成

欧洲政治制度的建立以古希腊、古罗马文明的社会管治为基础，从城邦、国家概念到城市自治制度。在如今的现代制度中，我们依然可以找到数千年前社会制治制度的影子。夸张一点说，意大利的历史通过欧洲历史基本可以了解大半。希腊神话和公共宗教，由公元前146年建立的强大古罗马帝国延续下来，这种延续在宗教主神的对应中反映出来，古希腊神话中奥林匹斯神系的众神都能在古罗马神话中一一找到对应。如古希腊神话中的天神宙斯（Zeus）在古罗马神话中为米庇特（Jupiter），海神波塞冬（Poseidon）对应古罗马神话中的尼普顿（Neptune），战神阿瑞斯（Ares）对应玛尔斯（Mars），爱神阿佛洛狄忒（Aphrodite）对应维纳斯（Venus），智慧女神雅典娜（Athena）对应密涅瓦（Minerva），等等。

当罗马帝国分离溃散后，意大利分成多个部分，北部融入查理大帝的领地，中部地区由多个大公所瓜分，而部分城市成为独立的城邦。贸易的力量还是强大的，若干港口城市因贸易而兴起并成为海洋共和国，例如威尼斯共和国就维持了1200年的历史。意大利城市化的历程建立在传统的城邦制度基础上，沿海的贸易和北部制造业高速发展并保持城市发展的活力。"英格兰在16世纪初有四个城市人口超过一万，荷兰有十二个，法国有十三个，而在意大利，当时有不下二十九个这样的大城市，而且到了18世纪初，数量增加到四十五个。与此同时，荷兰、英格兰和法国的数量加在一起减到了二十二个。因此，尽管当时的伦敦、巴黎和阿姆斯特丹已经发展成为非常大的城市，但是在欧洲，到目前为止，意大利是城市化最广泛的国家——拥有无可比拟的最大、最富有和最辉煌壮丽的城市。"[1]意大利15世纪至16世纪已经高度城市化，为文艺复兴奠定了社会基础。

从最早的强大古罗马帝国，到最后走向统一共和，意大利的纹章隐藏着历史轨迹，成为意大利城市与国家制度形成过程的图形记忆"图库"。

FILM FESTIVAL 2018

FILM FESTIVAL 2018

FILM FESTIVAL 2018

一、大希腊地区、海洋共和国及伦巴第文明

意大利在西罗马帝国崩溃至中世纪间开始期间建立了若干城市国家，政治独立自治政府形式有别于君主制传位（Descending）的模式。那不勒斯、阿马尔菲、比萨、热那亚、威尼斯等城市国家（city states）和海洋共和国在贸易、文化的交流中对城市化地区乃至乡村产生深远的影响，城市体系也因海洋贸易的动力基本形成。西罗马帝国后期在意大利南部产生一个精英统治阶层，他们是富有的城市精英贵族（Patrician），在城市政治生活中发挥着重要作用。但他们的活动是在共和国的制度框架内进行的，拜占庭帝国继续延续此做法并利用他们加强统治。从地理分布看，西罗马在四至五世纪转向更富足的地中海东部。罗马的各种制度及传统存活若干世纪。

1. 伦巴第王国

至 600 年，亚平宁半岛分成两部分，南面由拜占庭东罗马帝国控制着；北边是日耳曼蛮族的伦巴第人（Lombards）统治地区，568—774 年之间该地为伦巴第王国，首都是帕维亚，现在这一地区还保持伦巴第大区的名称。伦巴第统治意大利北部是古罗马帝国的余音，也是日耳曼基督化的先声。

伦巴第王国是 569 年由阿尔博因（Alboin，530–572）建立起来的王国，起源于斯堪的纳维亚的日耳曼蛮族，经过 4 个世纪的迁移，在阿尔博因的带领下翻过阿尔卑斯山并定都维罗纳（Verona），569 年攻占了米兰。774 年，法兰克国王与教皇联手出兵，一直攻至帕维亚，最后征服伦巴第控制地区。伦巴第国王德西德里乌斯被俘，所有伦巴第人从意大利各城来到帕维亚，对查理国王表示臣服 [1]。

伦巴第人在 7 世纪初开始信奉基督教，伦巴第早期的许多艺术品与基督教相关，根据圣经和相关宗教事件派生出各种形式的十字架，如用金银、珠宝装饰制作的十字架，成为早期的基督教装饰艺术珍品。如制作于公元 7 世纪初，用纯金压制、有鹿造型装饰的十字架，现藏于意大利奇维达莱国立考古博

物馆，774 年伦巴第被教皇联合法兰克王国所灭，意大利重要城市帕维亚为法兰克人征服，从此查理国王以此为象征控制着意大利。在此之前，伦巴第国王德西德里乌斯主动要求与教皇结盟，共同应对法兰克王国。可见，此时基督教的宗教砝码显得十分重要，教皇与一方联合形成特殊的制度优势，十字架作为符号象征，双方都给予了足够的重视。

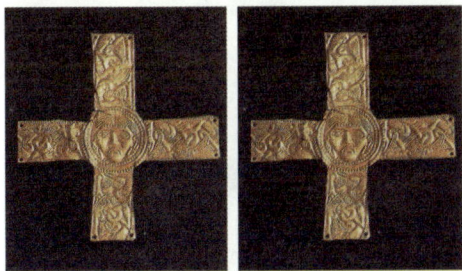

公元 7 世纪初，用纯金压制的鹿十字架和祈祷十字架，现藏于意大利奇维达莱国立考古博物馆②。

1075 年左右，在意大利北部有众多城镇寻求独立，争取更大的自治权，他们联合起来共同对抗神圣罗马帝国统治，形成伦巴第联盟（Lombard League）并最终击败腓特烈大帝③。伦巴第联盟的前身是维罗纳联盟，1164 年伦巴第同盟成立，"这一同盟最初包括维罗纳、维琴察、帕多瓦和威尼斯共和体，后来布雷西亚、贝加莫、曼图亚和克里莫纳也加入进来。这一同盟得到了独立地位无可争辩的威尼斯的支持，以及希望确保减少阿尔卑斯山南面帝国的权力和对教皇的支持。"④ 意大利的西西里、威

尼斯、米兰等在这个联盟中起到重要的作用，共同抵抗来自神圣罗马帝国的军事入侵。在 12—13 世纪该地区经济繁荣，形成许多城市，城市间为保证自身利益并一致对外，联盟内的政权和司法权相对独立，并主张地方有自由选举执政官的权利，联盟得到教皇的支持。在 12—13 世纪，联盟与神圣罗马帝国战争不断，随着神圣罗马帝国皇帝腓特烈二世去世，联盟完成使命并于 1250 年瓦解。联盟的纹章是圣佐治十字架，现在的米兰城市纹章依然是采用这一图形象征。

现在伦巴第大区是意大利 20 个行政大区中影响力最大的大区之一，意大利五分之一的 GDP 来自该区。伦巴弟大区的城市瓦雷泽的城市纹章以手持战旗的士兵为冠饰，战旗旗面上是红色十字架，反映了中世纪领地战争的激烈状况。

意大利伦巴第大区城市瓦雷泽的城市纹章。

意大利坎帕尼亚大区（Campania）是优秀文化遗产和优美自然风光兼备的地区，承载着公国和城市星罗棋布的典型意大利南部城市文化，首府为那不勒斯。它属于大希腊文化区（Magna Graecia），希腊殖民化延伸到此地区，让那不勒斯成为多元文化集聚的城市。公元前300年，在古罗马时期此处已经有多个聚居点。古希腊、古罗马、伊特鲁里亚、伦巴第、基督教、拜占庭和日耳曼多种文化在此沉淀并在不同时期发挥着不同的影响力。

意大利著名设计师皮诺（Pino Tov-aglia，1923–1977）于1975年设计了大区标记，灵感来自伦巴第东部的峡谷（Val Camonica）中巨石上凿刻的原始符号，在峡谷中的27块石头上刻有84处这类图形，判断是青铜时代刻下的印记，因形状如花而被称为"rosa camuna"。

伦巴第大区旗帜（左）和坎帕尼亚大区纹章（右）。

阿尔马菲教堂。

城市纹章：欧洲城市制度的徽记

阿尔马菲教堂充满君士坦丁风格的入口装饰。

阿尔马菲天主教堂 987 年成为地区主座教堂，后来经过不断地改建、扩建，现在是一座于 1891 年重修外立面的罗曼式与君士坦丁风格混合的著名建筑，室内为洛可可、巴洛克装饰风格，宽阔的 62 级室外楼梯直逼教堂入口，阿尔马菲教堂见证了中世纪欧洲与伊斯兰文化相互渗透的城市发展史。

阿尔马菲现在属于行政省萨莱诺省，该省共有 158 个城镇，省府所在地萨莱诺（Salerno）建立于公元前 197 年，目前人口 13 万左右。城市的主保圣人为马太（St.Matthew），在城市纹章的盾面上半部就是主保圣人马太的半身像。萨莱诺在伦巴第统治时期成立了世界第一所医学院——色蓝诺医学院（Schola Medica Salernitana）。

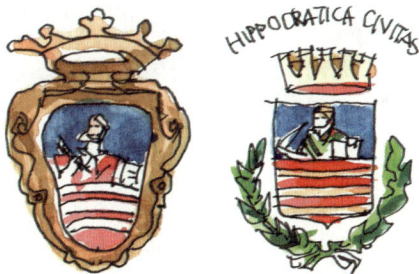

历史（左）和现在（右）萨莱诺市城市纹章的不同表现方式。

贝拉文托（Benevento）、弗留利（Friuli）、布雷西亚（Brescia）等七座意大利城市留存的伦巴第时代的建筑以"伦巴第时代的建筑"［Longobards in Italy, Place of the power（568-774）］之名被列入《世界遗产名录》，有关评语写道："伦巴第人最初由北欧移居到意大利，公元 6 世纪至 8 世纪，他们统治过意大

从罗马帝国走向国家概念的形成

329

利大片领土，并发展出自己独特的文化。伦巴第建筑结合多种风格，受到古罗马、基督教、拜占庭及北欧日耳曼等元素和影响，标志着古代欧洲向中世纪的过渡。这一系列遗址见证了在中世纪欧洲基督教精神与文化发展中，伦巴第所起到的重要作用，特别是对修道运动给予的推进作用。"贝内文托市的圣索菲亚教堂（Saint Sofia Church）、雷托里城堡（Rocca dei Rettori）等都是难得的伦巴第风格建筑遗产。

坎帕尼亚大区内的贝内文托省同样拥有一系列丰富多彩的文化遗产。首府也称贝内文托，是古罗马时期建立起来的城市，现在人口仅有两万多，在6世纪至7世纪时由贝内文托公爵所统治，法兰克王国后来征服了贝内文托，814年法兰克国王查理去世，其子路易继位，贝内文托公爵路里莫阿尔德与新皇帝路易签订条约，内容与其父亲查理时期一致：贝内文托每年必须交纳贡金7000索里达。这是在《法兰克王家年代记》中可以查到的一件"大事"⑤。

坎帕尼亚大区的贝内文托省（左）和首府贝内文托市的纹章（右）。

2. 最后的城市城邦——威尼斯

意大利城市城邦模式保持到最后的是威尼斯，近千年来避免了拜占庭和神圣罗马帝国的直接控制，但在1792年，法军的入侵宣告欧洲最后一座城邦城市结束，1797年拿破仑将威尼斯转移给奥地利管辖，奥地利军队撤退后，1886年威尼斯并入新的意大利王国。

威尼斯最早的守护者是各岛的护民官，他们由一年一度选举产生，为了更有效管理，697年，在赫拉克利亚岛举行的大会选举中产生首任总督保罗齐奥·阿纳法斯托（Paoluccio Anafesto）⑥。10世纪时威尼斯已经是一个城市特征明显和公共服务功能完备的城市，以威尼斯共和国为代表的共和国体制延续了城邦制度，这是古希腊城邦制度的重生。威尼斯以共和体的形式出现，许多制度的设计是走在意大利其他共和国之前，如政府向在战争中献身的市民家人发放抚恤金。威尼斯市民命运共同体意识、国民意识也由日常的劳作中培养起来。威尼斯道奇（Doge of Venice）是威尼斯共和国最高执政官，有些类似欧洲其他国家的公爵，但不能世袭。在1172年执政官由40人组成的委员会选举产生，后来由120人至200人不等的元老院成员作为共和国国会议员投票选举产生，参与管治的家族只能拥有一个元老院席位。文艺复兴时期的艺术辉煌为共和制度提供了制度保障，在特定的制度下，人文思想有了孕育成长的土壤。威尼斯文艺复兴时期的艺术家专注

城市纹章：欧洲城市制度的徽记

的仅是绘画，在雕塑方面创作不多，提香是威尼斯画派的佼佼者。

实际上统治威尼斯这座城市的是富有贵族家族，无论是大议会的组成人员还是总督均产生于名门望族。萨格雷多家族、巴巴里戈家族均是威尼斯著名的产生过总督的贵族家族。巴巴里戈家族的马可·巴巴里戈（Marco Barbarigo，1413–1486）和阿葛斯提诺·巴巴里戈（Agostino Barbarigo，1419–1501）兄弟是前后任的威尼斯总督，萨格雷多家族的尼古拉·萨格雷多（Nicolò Sagredo，1604–1676）在1675年出任总督。

列奥纳尔多和安德烈·吉利提两位元首任职期间是威尼斯辉煌的时期，他们推动了威尼斯文艺复兴艺术运动的发展。

威尼斯是银行业的诞生地，当时采用一种可以进行国际交易的货币——达克特，使商业国际化的程度提高，经济的发展使银行家和金融家有大量的资金购买各类绘画作品，从而推动了艺术的繁荣。乔瓦尼·贝利尼（Giovanni Bellini，1430–1516）是出生在威尼斯的文艺复兴代表性画家，15世纪80年代开始为威尼斯元老院议会的会场制作装饰画，乔瓦尼的作品精彩地表现了1501开始任职威尼斯执政官列奥纳尔多·罗雪丹总督的威严和权威。这幅文艺复兴时期为在位执政官绘制的肖像具有里程碑意义。公爵帽（the ducal hat）是威尼斯统治者的官方象征，这一特殊的帽子造型成为威尼斯纹章独特的城市象征图形并被用于冠饰上。

飞狮（winged lion）是一种充满力量的神兽，出现在古代文明中，在近东文明的神话中多以牛的身躯呈现。在中世纪纹章文化中，基督教中的圣徒圣马可的象征动物是有翼的狮子，它的形

《奥纳尔多·罗雪丹》,乔瓦尼·贝利尼创作,藏于伦敦国家美术馆。

威尼斯城市纹章。

象来自约翰的《若望默示录》图像的表现,飞狮后来成为圣马可(St. Mark)的代表符号。威尼斯的主保圣人是圣马可,从威尼斯共和国开始至今,圣马可的飞狮一直是威尼斯的象征,故称为圣马可飞狮。剑、圣经书本和有翼的狮子共同成为智慧与和平的象征,同时也是权力的标记。传说中圣马可的遗体被运回威尼斯圣马可教堂安葬,原来城市

威尼斯飞狮造型。

城市纹章:欧洲城市制度的徽记

的守护神是圣西奥多，后来被圣马可替代，随之代表着圣马可的飞狮成为城市最常见的符号。

圣马可广场（St. Mark's Square）是威尼斯标志性的城市公共空间，它是城市社会、政治和宗教的中心。对广场空间的分析研究成果已经多不胜数，但对圣马可飞狮纹章图形的作用和象征意义的讨论并不多。

圣马可广场是威尼斯唯一真正的广场。飞狮造型在广场中均处于空间的视觉焦点位置，圣马可教堂、独立高耸的柱子、钟楼和道其宫（Doge's Palace）均使用飞狮图形。为强调钟楼的标志性，在广场的建设发展过程中，将南墙拆掉，让钟楼独立形成自下而上完整的建筑个体。钟楼也被命名为"工人钟"，因为威尼斯是一座木头之城，城市早期的建筑如木桥、木造教堂、木制房屋等，都是由木匠劳作而成，故大钟以工人命名来纪念这一特殊群体。

圣马可教堂、圣马可塔楼（St. Mark's Campanile）在广场空间中具有空间统治的作用，建筑中的飞狮图形一般均处于焦点位置。圣马可塔楼原于9世纪修建，是作为码头上的灯塔和观察塔使用的。塔多次受损，1513年修复完毕。在塔的拱廊四面的墙体上分别有飞狮和主持公平的女神雕像（La Giustizia）。1902年7月14日，圣马可广场塔楼突然倒塌，经多方论证，最后采取原址复建的方式重建，1912年4月重建工作完成。另一个广场钟楼（St. Mark's Clocktower）完成于1499年。

广场另一重要的建筑是威尼斯道其宫或公爵宫，12世纪时定址于广场开始修建，后来随着议会制度的变化而逐步增建，15世纪时基本成型。建筑充满着纹章装饰，以飞狮为寓意物的雕刻与高度装饰的门廊结合，成为展示威尼斯繁荣富有的历史印记。

威尼斯广场纪念柱上的飞狮和圣佐治屠龙的雕塑分别代表威尼斯前后两位主保圣人圣马可和圣西奥多（Theodore of Amasea）。

威尼斯广场东方花岗岩纪念柱上的飞狮和圣佐治屠龙的雕塑创作于不同时期，大部分物件可以追溯到12世纪晚期，圣佐治刺龙图的头像实际是圣西奥多，躯干是哈德良大帝时期的古罗马雕刻，圣佐治脚下的鳄鱼是15世纪上半叶的作品[⑦]。

飞狮这一特别的城市象征符号，在威尼斯随处可见，甚至在独立的柱顶上。圣佐治屠龙的雕塑与飞狮的形象增添了宗教的象征意义。著名的历史作家盐野七生在《文艺复兴是什么》中写道："就是在这样的威尼斯，意大利文艺复兴开出了最后的一朵鲜花，结果就像现在我们看到的那样，威尼斯全城成了大美术馆。"18世纪来到威尼斯的德国文人歌德曾写下过这样一句话："仅靠肉眼去看威尼斯远远不够，必须用心去看。"[⑧]

意大利威尼斯大区（也译为威尼托大区，Veneto）的城市罗维戈（Rovigo）是威尼斯共和国的一座城市，城市纹章使用对分的盾面，一边是在蓝色盾面的

圣马可塔楼和圣马可教
堂上的飞狮以及主持公
平的女神雕像。

圣马可广场的钟楼和教
堂的圣马可飞狮图形。

城市纹章：欧洲城市制度的徽记

从罗马帝国走向国家概念的形成

威尼斯道奇宫中随处可见的飞狮造型。

意大利威尼斯大区的罗维戈城徽。

金色城堡上，站着威尼斯的象征"飞狮"，另一边是上下银色和绿色对分。罗维戈城市纹章象征着历史上城市与威尼斯的关系。伊斯特（Este）家族曾经是城市的统治者，1482 年威尼斯共和国征服了此城市，随着伦巴第威尼斯王国的衰落，1866 年罗维戈地区合并统一到意大利王国版图中。

威尼斯是海港城市，稳定的政体带来稳定的贸易，但不可忽略的是，威尼斯北面 100 公里的加尔达湖和多洛米蒂山脉是天然的屏障和独特的地理资源，也是抵御外敌侵入的重要地理屏障。威尼斯收购周边地区的土地，包括特雷维索、巴萨诺谷物种植区，保证了城市的粮食供应。在威尼斯大区，宜居的环境成就了许多城镇而保证了城邦的活力。现在保留的众多古罗马帝国发展

威尼斯道奇宫内的"狮口"邮箱。

城市纹章：欧洲城市制度的徽记

威尼斯广场纪念柱上的
飞狮（上）和圣佐治屠
龙的雕塑（下）。

从罗马帝国走向国家概念的形成

至今的城镇，如东面的耶索洛，处于海滨，有欧洲最长的步行购物街，12 公里长的长街林立着各式各样的时尚店，乘船可达威尼斯的中心岛屿。北面的特雷维索（Treviso）是传统威尼斯贵族的度假地，著名建筑师帕拉迪奥为他们设计的古老的花园和别墅，被列入《世界遗产名录》。意大利著名的起泡酒 Prosecco，就出产于此，1879 年成立的葡萄酒酿造学院是意大利最早的酿酒学院。帕多瓦（Padova）在威尼斯以西 30 公里，现在仍然可以通过运河与威尼斯通行，12 世纪的城门和城墙得到保护。伽利略于 1592 年至 1618 年在帕多瓦大学任教，这所大学保留着世界最古老的解剖教室。维琴察（Vicenza）处于威尼斯西北角，传统产业是金饰业，人工锻造的金饰和每年三个世界级的黄金展会，保持着城市传统产业的活力。最具有世界文化价值的是帕拉迪奥设计的世界最古老的室内剧场"奥林匹克剧场"且仍然在使用中。

乌迪内（Udine）在古罗马时期已经是重要的要塞，是处于边境地区战略要道、军事要塞的高山小镇，在西罗马帝国后期成为重要的城市。军事要塞的地位吸引着手工业、商业等服务人群聚居此地。中世纪时乌迪内处于威尼斯共和国的重要城市位置，后来为神圣罗马帝国皇帝奥托二世赠给主教。乌迪内在 1223 年就被赋予贸易的权利，1420 年被威尼斯共和国征服而成为威尼斯共和国的一部分，尽管有费留利公爵的统治，1797 年前还是一直处于教皇和威

尼斯共和国的间接控制中。从 18 世纪至 19 世纪，统治者轮换不停，城市在 1866 年成为意大利王国的一部分。城市在近代因为有铁路和金属制造业得以保持一定活力，但已经脱离了海上贸易体系，只是具有内陆商业中心作用的一座城市，人口仅为 10 万人。

乌迪内市为费留利（Friuli）历史地区的首府，有相对独立的文化，这里是文艺复兴时期的文化重镇，"文艺复兴三杰"之一的拉斐尔在这座城市中度过了 13 年的时光，文艺复兴的代表性画家之一提香也为教皇亚历山大六世的女儿、公爵夫人绘制了许多壁画。城市现在属于意大利费留利–威尼斯朱利亚大区（Friuli-Venezia）。

乌迪内市的城市纹章。

在乌迪内城市自由广场的钟楼上出现了"飞狮"这一威尼斯代表性的符号，记录了费留利与威尼斯的历史渊源。自由广场是文艺复兴时期的产物，钟楼成为广场的制高点建筑物，具有象征意义的浮雕"飞狮"是城市历史与威

尼斯共和国关系的印记。

除了意大利纹章以飞狮为寓意物外，欧洲也有些城市也乐于在纹章上选择飞狮为象征装饰，如德国马尔斯第尔（Marxzell）和法国圣马尔克若默加尔德（Saint-Marc-Jaumegarde）的城徽，以有翼的狮子为寓意物。德国马尔斯第尔是巴登－符腾堡州靠近黑森林的一座小城镇，城市纹章盾面是红色，金色的飞狮举起右爪。法国圣马尔克若默加尔德位于法国南部，城市纹章为蓝色盾面，金色的飞狮端坐在灰色的地面上。

德国马尔斯第尔（左）和法国圣马尔克若默加尔德的城市纹章（右）。

格鲁吉亚最古老的城市之一卡斯皮（Kaspi）建立于4世纪，8世纪被阿拉伯军队摧毁后重建。城市纹章盾面为红色，盾面下部分是优雅的金色飞狮的形象，上方为十字架，冠饰是银色的壁冠，有门栅的城堡入口，这是格鲁吉亚统一的壁冠形式。西班牙圣马丁－德拉韦加（San Martín de la Vega）的城市纹章是黑色盾面，分上下半区，上半区为黑色的公羊，下半区为飞狮坐在一本书上。

格鲁吉亚城市卡斯皮的城市纹章（左），西班牙城市圣马丁－德拉韦加的城市纹章（右）。

① 陈文海译注：《法兰克王室年代记》，人民出版社2019年版，第115页。

② 图片引自：廖旸编著：《蛮族艺术》，河北教育出版社2003年版。

③ ［荷］扬·卢滕·范登贤著，隋福民译：《通往工业革命的漫长道路：全球视野下的欧洲经济，1000—1800年》，浙江大学出版社2016年版，第63页。

④ ［英］杰弗里·帕克著，石衡潭译：《城邦：从古希腊到当代》，山东画报出版社2007年版，第80页。

⑤ 陈文海译注：《法兰克王室年代记》，人民出版社2019年版，第188页。

⑥ ［英］彼得·阿克罗伊德著，朱天宁译：《威尼斯：晨昏岛屿的集市》，上海文艺出版社2018年版，第146页。

⑦ ［英］彼得·阿克罗伊德著，朱天宁译：《威尼斯：晨昏岛屿的集市》，上海文艺出版社2018年版，第209页。

⑧ ［日］盐野七生著，计丽屏译：《文艺复兴是什么》，中信出版集团2016年版，第204页。

从罗马帝国走向国家概念的形成

343

二、罗马城的特殊主人

毫无疑问，罗马城市中地位最高的人是教皇，但教皇的地位是各种政治势力平衡的结果。历史上谁是罗马城的统治者，确实比较复杂，或许是教皇，也许是教皇背后有权势和地位显赫的豪族，但本质上是各种派系联盟和分化的结果。

1. "波吉亚家族"

罗马的教皇以意大利人居多，但从历史到今天，不少"外来者"成为意大利重要的宗教和政治力量，参与意大利政治版图的争夺。"波吉亚家族"在文艺复兴时期影响深远，15 世纪至 16 世纪对欧洲政治和文化产生重要影响。波吉亚家族（House of Borgia）的领地是瓦伦西亚，家族活跃在西班牙、意大利和法国等国并出现两位教皇。西班牙瓦伦西亚哈蒂瓦（Xativa）这座城市因为两位教皇的诞生，所以在哈蒂瓦市城市纹章的冠饰上出现两个三重冠，教皇的纹章最主要象征就是这一图形，盾面为蓝色，波吉亚家族城堡和阿拉贡棱形红黄相间的图案成为纹章寓意物。相邻

的卡纳尔斯市的城市纹章盾面划分四个区域，其中四分之一的区域以三重冠为寓意物，也因为是教皇的出生地而加入这个特殊符号。

哈蒂瓦市城市纹章（左）和卡纳尔斯市的城市纹章（右）。

波吉亚家族起源于现在西班牙瓦伦西亚的哈蒂瓦市，家族出现的第一位教皇是加利斯都三世（Callixtus III, 1378–1458），本名为阿方索·德·波吉亚，出生于卡纳尔斯市（Canals）。阿方索的父亲是一名西班牙贵族，在与卡纳尔斯市相邻的哈蒂瓦市拥有庄园。阿方索学生时代学习法律，学成后教授法律，他与阿拉贡国王有深厚的政治关系，长年作为私人秘书为阿拉贡国王服

城市纹章：欧洲城市制度的徽记

务，得到的回报是获得哈蒂瓦一带的封地并获得瓦伦西亚红衣大主教的职位。1455年在年近80岁时，他因各方妥协被选为教皇，教皇加利斯都三世的纹章，就是以波吉亚家族族徽盾徽上象征性符号"草地上的牛"为基础再加上教皇的纹章要素而形成。

1455年是波吉亚家族腾飞的一年，加利斯都三世教皇任命侄子罗德里戈·德·波吉亚（Rodrigo de Borja，1431–1503）为副大法官并授予其枢机主教职位。从此罗德里戈跟随叔叔加利

波吉亚家族族徽（左）和教皇加利斯都三世纹章（右）。

斯都三世一直服务于教廷，包括加利斯都三世在内共为五任教皇服务，长期担任具有实权的教廷副大法官。罗德里戈具有高超的行政管理能力和人脉，是一位充满文艺复兴气息的人 ①。他作为西班牙人长期担任枢机主教中最重要的职位，更重要的是得到了当时才37岁、但拥有强大米兰公国的斯福尔扎支持。1492年至1503年罗德里戈成为教皇，被称为亚历山大六世（Pope Alexander VI）。亚历山大六世的纹章盾徽盾面为

对半划分盾面，一半保持"草地上的牛"家族族徽的寓意物，另一半为黑色和黄色相间的横条。

在文艺复兴历史时期，佛罗伦萨的政治架构在联邦制、君主制以及共和制度之间摇摆，一个历史性的人物马基雅维利（Niccolò Machiavelli，1469–1527）出现，他对时局忧心忡忡，被称为第一位政治理论家。其著作《君主论》（The Prince）是一部尖锐而激进的政治学著作，指导统治者如何运用权术。在马基雅维里的《君主论》中，对亚历山大教皇和儿子恺撒统治罗马涅进行了颂扬，华丽的辞藻不绝于耳。波吉亚家族成员非富即贵。"外来者"身份促使家族更充分注意发展自己的关系网络，亚历山大六世在1503年提拔九位枢机主教，其中五名是西班牙人，三名意大利人又是来自波吉亚家族②。家庭成员两次获得教皇头衔对一家族而言是千载难逢的机遇，亚历山大的儿子、孙子都成为甘地亚公爵（Duke of Gandía），此头衔出现在1323年。甘地亚（Gandía）现在是一座旅游和文化特色鲜明的城市，现在有近20万人口。如今在甘地亚还保存着的甘地亚公爵宫（Ducal Palace of Gandía）是1485年开始建设的，波吉亚家族成员成为甘地亚公爵后长期居住于此，该建筑的墙面上保存着石刻的波吉亚家族纹章。

亚历山大六世在28岁时，遇到了瓦诺莎（Vannozza dei Cattanei，1442–1518），此后有了四个儿女。其中大儿子恺撒（Cesare Borgia，1475–1507），意大利读

为"切萨罗"，因教皇的权威获得担任瓦伦西亚大主教职位，但后来为了政治联姻需要，制造各种借口脱下大主教帽回到世俗生活。恺撒通过法国国王路易十二推荐成为一名法国皇家圣米歇尔骑士团的骑士，并与一名法国贵族圭亚那公爵的女儿夏洛特·阿尔布雷联姻，获得瓦朗斯公爵（Duke of Valentinois）头衔和领地，恺撒的纹章除了传统波吉亚家族族徽图形外，增加了法兰西的百合花纹章图形，这是教皇亚历山大六世与法国国王路易十二形成联盟的图案象征，为了共同的利益对抗意大利一系列贵族势力，重振教廷威信。《恺撒·波吉亚的玻璃酒杯》（*A Glass of Wine with Caesar Borgia*），为英国前拉斐尔艺术风格代表性画家约翰·科利尔（John Collier，1850–1934）创作于 1893 年时作品，画面墙壁上是教皇亚历山大六世以三重冠为冠饰的纹章装饰画，盾徽外形使用意大利式的造型，可以看到交叉的圣彼德象征物——"钥匙"。

瓦朗斯公爵凯撒的纹章。

亚历山大六世特别热衷城市的巡游，在获得教皇加冕后，有关记载写道："他们经过了许多为这场盛典刻意修建的巨大凯旋门，门上装饰着黑色公牛放牧在金色田野里的图案，这是典型的波吉亚家族徽章，它们同样出现在挂旗、三角旗以及欢腾的人群手中挥舞的小旗帜上。"新任副大法官上任、替代亚历山大六世的艾斯卡尼诺·斯福尔扎巡游也有历史记载："每个都穿着牙兰缎的紧身衣，身披紫色披肩，携带着仪仗和他家的纹章旗。"[③] 艾斯卡尼诺·斯福尔扎是米兰公爵的兄弟，他原来也是教皇宝座的有力挑战者，通过赋予具有掌握重要权力的副大法官任职，作为交易，亚历山大六世排除了竞争者而当选。但最后亚历山大六世还是通过儿子恺撒与路易二世联手征服了包括米兰在内的意大利境内若干公国。当恺撒征服了斯福尔扎家族的卡特琳娜－斯福尔扎管辖的伊莫拉和佛尔利，凯旋回归罗马时有文献记载道："大约有一千名步兵、瑞士人和加斯科涅人，排成五人一排的队列，按照他们自己的方式，带着恺撒公爵的纹章，散乱无章地进行着，全然不顾任何安排。"[④] 在 25 岁时，恺撒的财力和军事实力达到顶峰，并与父亲一起通过战争征服多座城市并扩大了领地。

波吉亚家族还有一位在文艺复兴时期具有影响力的人物，教宗亚历山大六世的私生女卢克雷齐娅·波吉尔（Lucrezia Borgia，1480–1519），她从少年开始就成为政治联姻的工具。首先是与佩萨罗伯爵乔凡尼·斯福尔扎结婚，加强了米兰与教皇的关系；后又与阿拉

城市纹章：欧洲城市制度的徽记

贡王室比谢列公爵结婚，巩固与阿拉贡王室关系，但比谢列公爵被谋杀。1502年又被父亲和哥哥谋划出嫁到费拉拉公国，与埃尔科莱公爵的儿子、未来的费拉拉公爵阿方索成婚。公爵夫人爱好艺术，对多位文艺复兴时期的艺术家给予了支持。

2. 名门望族的教皇对罗马城市艺术的影响

在梵蒂冈宗座档案馆（Vatican Apostolic Archives）中留下的纹章文献记录有1290年科隆诺家族（Stefano Colonna）的纹章。历史上的科隆诺家族是在罗马城中最有权势的家族之一，是典型的"本地人"。家族产生过教皇马丁五世（Pope Martin V，1369–1431），任期为1417—1431年。目前能够见到的最早的家族文献是家族纹章，科隆诺家族使用一语双关的纹章设计，在法式的盾面上是一根柱子（column、colonna），柱头上有王冠，另一种冠饰的表现形式为皇冠。该家族起源于罗马郊区一个被称为科隆诺的地方，是在意大利中世纪至文艺复兴时期影响力非常大的贵族

⑤。家族成员担任包括一名教皇和多位枢机主教。在罗马城内，科隆诺、奥尔西尼（Orsini）和萨韦尔（Savelli）是最为重要的贵族，他们相互之间对抗和博弈，对教皇的选择影响作用相当大，而科隆诺和奥尔西尼两大家族的矛盾直接影响到罗马政局，直到1511年教皇颁布训令，平息了世代的争斗⑥。

家族创建者为彼埃特罗（Peter，1099–1151），他建立科隆诺领地和城堡，以科隆诺为姓氏。家族成员乔凡·科隆诺·迪·卡尔博尼亚诺（Giovanni Colonna di Carbognano）1206年成为家族第一位枢机主教；另一位科隆诺（Stefano Colonna，1265–1348）拥有意大利历史地区罗马涅（Romagna）伯爵的头衔。多名成员获得扎加罗洛公爵、松尼诺亲王等头衔以及担任罗马元老院议员、枢机和教皇，现在罗马中心区的科隆诺宫（Palazzo Colonna）为家族物业，是现在罗马最大的私人美术馆之一。家族衍生20多代，前欧盟执委、北约副秘书长帕利亚诺（Guido Colonna di Paliano，1908–1982）就来自该家族。罗马科隆诺宫是科隆诺家族重要的王宫，宫内采用以家族纹章为母题的巨幅彩绘壁画

1290年产生的科隆诺纹章的多种表现形式。

装饰。现在科隆诺市城市纹章依然保持科隆诺族徽的形式，在盾徽上加上灰色壁冠。

儒略二世（Julius II，1443–1513）任教皇的时间是 1503—1513 年。在 9 年的时间中，他对艺术的推动作用影响甚大，西斯廷教堂壁画是他邀请米开朗基罗创作完成的。而且科隆诺和奥尔西尼两大家族矛盾的调解人就是儒略二世。

美第奇家族成员庇护四世教宗的纹章和儒略二世教宗的纹章，藏于纽约大都会博物馆。

美迪奇家族与教会联系紧密，还产生过三位教皇，这是意大利贵族的基本做法——想方设法将家族成员培养为枢机主教以至教皇。第一个美迪奇教皇是利奥十世（Pope Leo X，1513–1521），他最欣赏的画家是拉菲尔。利奥十世在任时任命的 30 名红衣主教，全是美第奇家族的支持者⑦。这是教皇们的特性，美第奇家族的教皇身在罗马，心系佛罗伦萨家族的利益和控制权。利奥十世任上最大的挑战是路德学说的兴起，

1521 年，利奥十世颁布将路德逐出教会的教皇诏书。美第奇家族产生的第二个教皇是克雷芒七世（Clement VII），任期是 1523—1534 年，他是历史上任期最长的教皇之一，从小在美第奇宫殿长大，接受了良好的艺术和历史教育，对文艺复兴时出现的米开朗基罗、切里尼等艺术家给予支持。1527 年神圣罗马帝国查理五世的军队攻陷罗马，罗马城被洗劫一空，1529 年教皇与查理五世签订了《巴塞罗那条约》，同意为查理五世加冕。第三个教皇是庇护四世（Pope Pius IV），任期是 1559—1565 年，他早期在博罗尼亚学习法律，1527 年来到罗马，1549 年成为红衣主教。三位教皇使用同样的纹章，家族的盾徽戴上了象征教宗三重冠，美第奇家族还产生过几位红衣主教。

教皇的艺术取向对罗马城市艺术风貌产生直接影响，在 17 世纪巴洛克艺术时期，希腊神话和基督教题材融合在一起，仍是艺术重要表达内容。这一时期代表性艺术家贝尼尼对巴洛克的绘画和雕塑艺术产生广泛的影响。"丰饶之角"是贝尼尼表现纹章常用的元素，与用巴洛克艺术手法表现的"丰饶之角"和纹章造型相比有新的变化。1651 年，贝尼尼应教皇依诺增爵十世（Innocent X，1574–1655）之邀创作《四河喷泉》（Fontana dei Quattro Fiumi），在创作方尖碑的底座时，使用了护盾物为"丰饶之角"的盾徽，上部雕刻了圣雅各象征物"贝壳"，下部为面具的造型，盾面呈略为扭曲的盾徽形态。如同

城市纹章：欧洲城市制度的徽记

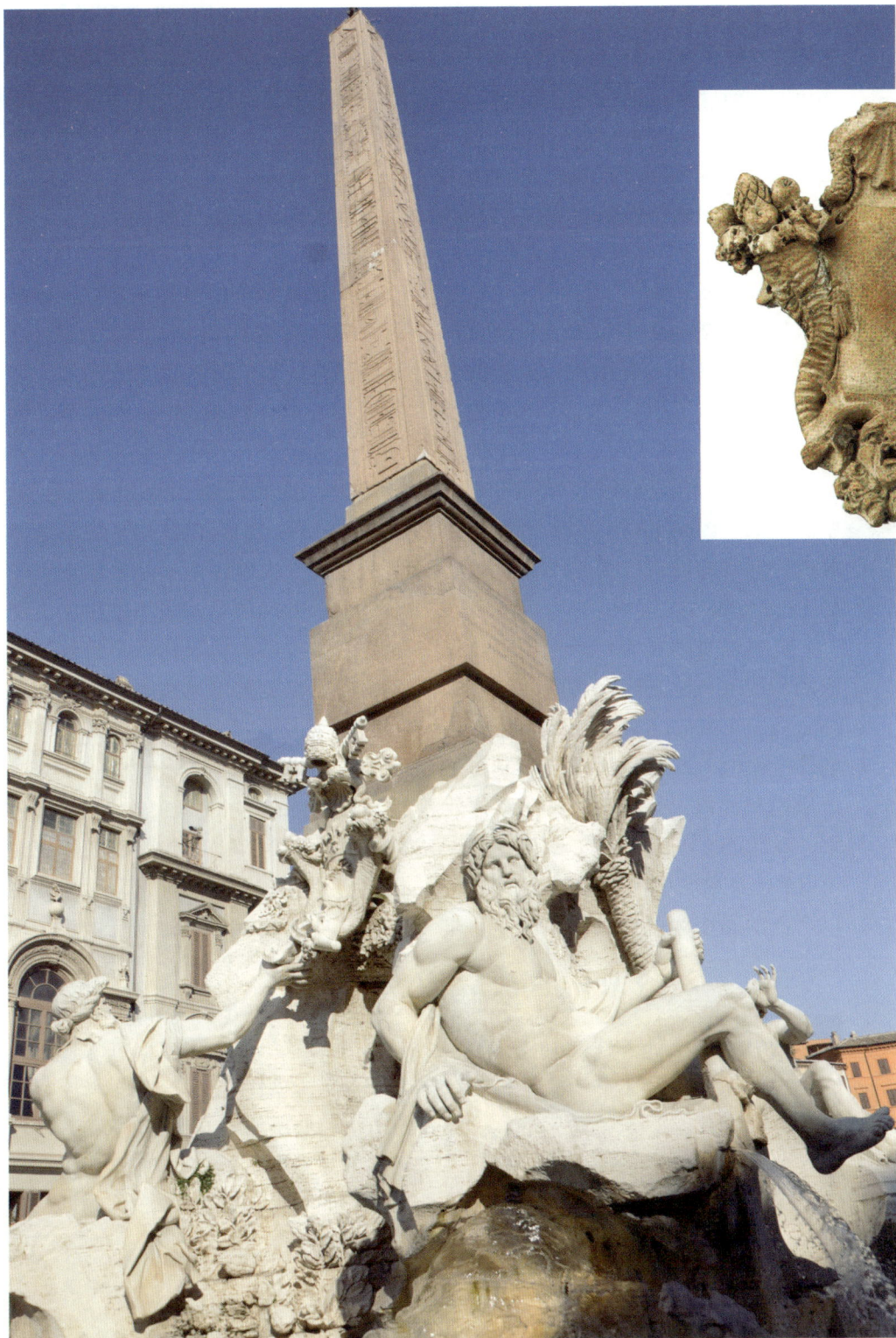

贝尼尼创作于1650年的《四河喷泉》雕塑，其中丰饶之角的纹章样稿（陶质雕塑），制作于1650年前后。藏于罗马威尼斯宫国家博物馆[8]。

贝尼尼平时的创作一样，他先制作了样稿进行分析比较，这一盾徽的样稿与完成后的作品一致。1650年《四河喷泉》完成，贝尼尼将原制作好的构件在现场进行组装，完成了作品最后的一道工序。贝尼尼的创作程序是草图、模型、构件再组合，所以现在部分模型能够保存下来与公众见面。

教皇依诺增爵十世的纹章寓意物是三朵百合花和一只衔着橄榄枝的白鸽。贝尼尼在方尖碑上增添了一只白鸽作为象征物，显示了纪念碑与教皇的关系。纪念碑处于其家族的府邸潘菲利宫中（Palazzo Pamphili），后来此空间开放成为罗马的城市广场——纳沃纳广场（Pazza Navona）。

贝尼尼受委托为纪念出生于热那亚的玛丽亚·拉齐修女病逝的纪念碑（Memorial to Maria Raggi）设计浮雕。在创作过程中，贝尼尼在1647年制作了纸质模型样稿，并在现场试验整体效果，观察光线对造型的影响，从这一点可以看出贝尼尼在飘逸风格的创作中是以严谨的态度为基础的。1653年，作

贝尼尼创作的玛丽亚·拉齐修女雕像（左）和模型（右）⑨。

品完成，宗教的激情与世俗的欢悦融合一体，凝固在修女的脸庞上。此纪念墓碑现安置在罗马神庙圣母堂（Santa Maria sopra）内，两旁伴有小天使，嵌在黑色大理石上。

方尖碑是古罗马将埃及的方尖碑作为战利品运回来后，将其作为权威象征而延续下来的纪念碑形式，碑身的底座也多用纹章装饰艺术表达象征意义。罗马方尖碑基座是教皇的纹章。万圣殿前广场（Piazza della Rotonda）的方尖碑是在1575年教皇修建的喷水池基础上，于1711年由克雷蒙十一世（Clement XI, 1649–1721）下令增加修建的。在方尖碑底座上是教皇克雷蒙十一世个人的纹章，采用巴洛克后期的艺术表现手法，雕塑者是为教廷服务的后巴洛克艺术风格雕塑家菲利普（Filippo Barigioni，1690–1753年）。

"大象方尖碑"处于罗马万圣殿前，另一侧的广场是规模较小的城市公共广场，方尖碑和底座依然是巴洛克时代的艺术风格。纪念碑底座以大象为主题是在文艺复兴后期的流行做法。在1655年罗马考古发现了大象方尖碑后，教皇将它作为纪念碑并加上底座雕塑，1667年受教皇亚历山大七世委托，贝尼尼和助手创作了方尖碑大象底座，同样在大象底座使用了教皇的纹章。方尖碑、大象基座和教皇的纹章成为了这一宗教空间中具有象征意义的实物形象和活力要素。

城市纹章：欧洲城市制度的徽记

罗马方尖碑基座上的教皇纹章。

贝尼尼和助手创作的
大象底座（Elephant and
Obelisk）。罗马旧中心区
的方尖碑、大象基座和
教皇的纹章成为了这一
宗教空间具有象征意
义的实物形象和活力
要素。

SAPIENTIS AEGYPTI
INSCVLPTAS OBELISCO FIGVR
AB ELEPHANTO
BELIVARVM FORTISSIMA
GESTARI QVISQVIS HIC VI
DOCVMENTVM INTELLIG
ROBVSTAE MENTIS ESS

城市纹章：欧洲城市制度的徽记

3. "教廷派"和"帝国派"

意大利北部城市也因这一联盟的产生被划分为"教廷派"和"帝国派"。中世纪意大利城市国家划分了两大阵营，分别是归尔莆派（Guelphs）和吉伯林派（Ghibellines）。在12—13世纪的战争中，"教廷派"使用的是红色十字架和白色盾面的盾徽和战旗，"帝国派"使用的纹章是白色十字架和红色盾面的盾徽和战旗。在13世纪后期称为"教廷派"（church party）和"帝国派"（imperial party），狮子是"教廷派"的象征，而"帝国派"理所当然地以双头鹰或鹰为象征物。

意大利境内有的城市支持罗马教皇，有的支持神圣罗马帝国，从11世纪至15世纪末的几百年间纷争不断。如科莫、比萨、帕维亚（Pavia）等这类城市支持神圣罗马帝国；佩鲁贾、佛罗伦萨、米兰和韦尔切利（Vercelli）这些城市支持教廷，也有的是因不同时期的统治领主而异，如卢卡、帕尔玛等城市。现在意大利的帕维亚市的城市纹章还是红色盾面和白色十字架，而意大利的米兰市、韦尔切利市的城市纹章是红色十字架和白色盾面。

意大利伦巴第大区的克雷莫纳省（Cremona）使用的是传统城市纹章。克雷莫纳省的纹章是由卡萨尔马焦雷（Casalmaggiore）的城市纹章、克雷马（Crema）城市纹章和克雷莫纳的城市纹章组合而成，于1938年批准使用。克雷马为米兰的保皇派联盟，而克雷莫纳是教廷派，1159年发生战争，1167年克雷马又转变了方向加入伦巴第联盟。

在意大利中世纪诗人但丁（Dante Alighieri，1265–1321）佛罗伦萨故居里陈列着三个纹章，中间是但丁家族的纹章，两边均是佛罗伦萨的百合花，但在色彩表达上存在不同的象征意义，分别代表为归尔莆派和吉伯林派，他们分别支持教皇和神圣罗马帝国。12世纪至13世纪，分裂的两派对意大利政治产生巨大的影响。正如许多佛罗伦萨市民一样，但丁必须作出政治上的选择。但丁家族属于支持教皇的归尔莆派，但是

意大利弗利市城市纹章（左）和斯波莱托城市纹章（右）。

意大利克雷莫纳省纹章、克雷莫纳城市纹章、卡萨尔马焦雷的城市纹章（从左至右）。

佛罗伦萨但丁故居内部陈列。

佛罗伦萨但丁故居陈列的代表归尔莆派和吉伯林派盾徽。

意大利 AC 米兰俱乐部红酒酒标。

但丁政治上追求自由，成为反对教皇的中坚而从此被放逐，再也无法回到自己的家乡，1321 年在意大利东北部拉韦纳（Ravenna）去世。归尔莆派纹章的佛罗伦萨百合花为红色，吉伯林派纹章的佛罗伦萨百合花为白色。

米兰以红色十字架为城市纹章的图形象征，这一象征影响了各种团体和机构的徽记，例如城市足球俱乐部的标记就与城市价值取向保持一致。2018 年 6 月 1 日意大利国庆日，任职四年即将离任的意大利广州总领事艾古丽在临别饯行会上，介绍了贴有 AC 米兰队标的意大利红酒。朋友们为了客气，表示意大利没有进入世界杯，让中国球迷特别失望，她赶紧说"别提它了"，似

乎"痛不欲生"。米兰球队的专用红酒酒标上写的是"l'Amarone 2014"，这是意大利特殊的干红葡萄酒，下面的意大利文简称为 DOCG，这是意大利红酒品牌控制系统中表明原产地的标志，相当于中国的地理商标注册，意大利是在 1960 年开始使用这套红酒质量保证体系。酒瓶上俱乐部队徽写着的 1899 年字样特别醒目，这是俱乐部成立的时间。俱乐部的创建人是英国人，现在队名为保持对英国创建者的尊重，使用英文的拼写方式而不是意大利文。红黑相间的颜色是传统的俱乐部色彩，队徽另一半为白色盾面红色十字架，这是米兰

的城市纹章，红色十字架是支持神圣罗马帝国的象征。

———————

① ［日］盐野七生著，李艳丽译:《文艺复兴的女人们》，中信出版社 2017 年版，第 85 页。

② ［英］克里斯托弗·希伯特著，曾珏钦译:《教皇往事——波吉亚家族》，重庆大学出版社 2014 年版，第 214 页。

③ ［英］克里斯托弗·希伯特著，曾珏钦译:《教皇往事——波吉亚家族》，重庆大学出版社 2014 年版，第 34 页。

④ ［英］克里斯托弗·希伯特著，曾珏钦译:《教皇往事——波吉亚家族》，重庆大学出版社 2014 年版，第 131 页。

⑤ John A. Goodall. "Heraldry in Italy during the Middle Ages and Renaissance," *Coat of Arms*, no. 37（1959）.

⑥ ［日］盐野七生著，李艳丽译:《文艺复兴的女人们》，中信出版社 2017 年版，第 80 页。

⑦ ［美］保罗·斯特拉森著，林凌等译:《美第奇家族》，机械工业出版社 2016 年版，第 229 页。

⑧ 图片引自:吕章申主编:《罗马与巴洛克艺术》，北京时代华文书局 2013 年版。

⑨ 图片引自:吕章申主编:《罗马与巴洛克艺术》，北京时代华文书局 2013 年版。

三、文艺复兴时期的纹章影像

在马基雅维里的《君主论》中，君主国被分成两类，一是世袭的，二是新生的①。他的思想和著作对意大利历史、艺术文化产生了重大影响。除了罗马、威尼斯等发达的城邦，在北面的托斯卡纳地区、米兰公国、都灵公国等城市地区，所经历的共和时期是城市艺术文化繁荣的黄金阶段，从某种意义讲，"历史上存在的城邦基本是非意识形态的，它的目的是让它的人民生活得更好"②。摆脱中世纪高度宗教化的影响，相对宽松的城市文化环境结合希腊审美观的回归和人文思想萌芽，文艺复兴运动在以佛罗伦萨为中心的地区迅速兴起。

1. 行会的主导作用

佛罗伦萨共和国是在 1115 年建立的，15 世纪成为欧洲最大的城市国家。在 12 至 16 世纪，城市政府、行会、家族式的王朝或公国形成的地方性的国家，尽管面积不大，但其文化和艺术却辐射并波及全欧洲。

行会千姿百态，尽管各行各业有的会员不多、规模不大，但社会影响作用明显，随着时代发展，技术和生活方式改变，又不断有新的行会产生。"随着商贸范围的扩大，行会相继产生，这在欧洲各城市中相当普遍，并且这种对劳动的细分也创造了更多有相同目的的小团体，个体成员都渴望保护自身生计的完整性和排他性。威尼斯 17 世纪有一百三十个同业公会，罗马至少有七十五个。"行会的存在是从业人员生存的需要，通过互助的形式维持作为一名手工业者的尊严，发展起来之后又进一步参与城市商务，维护市民的权利。"只有通过行会，人们才有希望赚钱或者参与城市的管理。事实上，要成为一个公民，就必须属于某一个行会。"③

佛罗伦萨在中世纪成为欧洲最富有的城市之一，行会的活动能力和影响力在 13 世纪时与日俱增。行会在政治和产品的质量控制两方面发挥作用。第一个有记载的行会是布匹行会，建立于 1150 年，1193 年建立了 7 个类似的行会，这些行会有行规，对产品的质量有控制标准，同时保护会员的利益免受外来者的侵害。每个行会都选出代表加入城市的议会（Consoli），成为城市事务中行会利益的代言人。1266 年，在佛罗伦萨已经发展起来了 21 个规模不一的行会。行会有自己的行会标记。行会在城市事务管理中发挥着主导作用。布匹行会（Arte di Calimala）是 1182 年就有记载的对外布匹贸易的商会，在佛罗伦萨是最大的行会之一。12 世纪开始发达的羊毛纺织业，为佛罗伦萨这座城市积累了财富。1282 年，意大利的佛罗伦萨形成了由行会主导的城市政府，1293 年的《正义法规》进一步限制了贵族的参政。"城市政府和七大行会已掌握文化领导权，教会对文化的控制大为削弱，在城市环境中成长起来的新的知识阶层热衷于世俗文化和市民文化的建设，尤其注重用古典文化来排斥、改造封建的教会神学文化。"④

13 世纪佛罗伦萨鞋匠行会（左）、律师行会的纹章（右）。

羊毛贸易行会纹章以"上帝的羔羊"为象征图形，是 1487 年安德烈亚·德拉·罗比亚（Andrea della Robbia，1435–1525）创作的纹章艺术品，现在收藏于佛罗伦萨主座教堂博物馆。布匹行会的纹章为脚踏布匹的鹰。

意大利北部地区采取了共和体的方式摆脱了大主教的约束，形成有利于商业和文化艺术活动的城市管治模式。"11 世纪末，意大利城市贵族和富有的市民联合起来，从大主教和子爵手中夺取了地方政权。"佛罗伦萨中世纪政府的管理形式为 9 个议员组成名为 Signoria 的管理机构，其中 6 名为主要行会的代表，2 名为小行会的代表，1 名法官。

这一时期的城市发展，有了城邦的特征，如佛罗伦萨、米兰等意大利城市，社会阶层利益相对平衡。在一些城市有了市民全体会议（arengo）和以行会为主导的议会（parlementum），执政官由选举产生，他们拥有行政、财政、审判和调查等权力。

佛罗伦萨市政厅（Palazzo Vecchio of the Republic of Florence）是于 1299 年建造的，它和锡耶纳市政厅成为中世纪市政厅的典范，建筑师是阿诺尔迪·卡姆比奥（Arnolfo di Cambio，1240–1310）。市政厅是在佛罗伦萨贵族 Uberti 家族城堡的基础上改建而成，佛罗伦萨的市民需要有一栋既能保护城市安全、体现城市的重要性，又能显示城市财富的市政厅。

佛罗伦萨市政厅塔楼下的纹章装饰。

市政厅处于领主广场，这里是城市生活的政治中心，其中的佣兵凉廊（Loggia Dei Lanzi）建于1376—1386年，最具佛罗伦萨广场特色，成为欧洲许多市政广场的模仿对象。行会的成员乔万尼·维拉尼（Giovanni Villani）在《新编年史》（Nuova Cronica）中记录并参与了这一建设过程，他也是以行会代表身份成为市政会的成员。根据他的记录，建筑师要求协调业主增加一个塔楼以增强眺望报警功能，所以市政厅是城堡的附属建筑，市政厅顶部的拱券内有佛罗伦萨各领主的纹章。塔楼后来在1435年和1498年两次加高。时钟是于1667年加上的。建筑具有防御性，在女儿墙上按照防御射击的要求设计了垛口，塔楼顶部悬挑形成更大视角的瞭望空间。这是一座具有罗马风和防御

城市纹章：欧洲城市制度的徽记

作用的市政厅，原来的设计没有塔楼，如今的设计满足了市民对城市富裕和安全的展示两方面的要求。1528 年对入口处门饰（Frontispice）进行改造，呈现更鲜明的特色，主要是利用城市纹章的百合花为背景对入口进行装饰，铭文写着"耶稣基督，王中之王，主中之主"。在 15—16 世纪意大利文艺复兴顶峰时期，增加了不少装饰，包括在塔楼左右两侧使用了佛罗伦萨城市纹章的百合花。

在城市宪章明确城市自治权利后，法人团体需要有城市的公共空间为市民提供服务，从开始的租借和购买民宅到逐步有了独立的市政厅建筑空间。城市在中世纪后开始建设独立的市政厅。市政厅的位置多选址城市中心的市场、广场，便于为市民提供服务。

REX REGVM ET
DOMINVS
DOMINANTIVM

佛罗伦萨市政厅入口大理石门饰，这些装饰是1528年至1851年添加的。

如果说中世纪市政厅的产生是市民自治、商业繁荣和行会力量的主导作用强化的结果，那么19世纪市政厅的再一次建设高潮的动力则是工业革命对城市事务的新要求，要求公共管理机构适应时代发展的新需求。早期的市政厅具有防御功能，后来逐步增加市民活动空间，功能包括展览、演出、图书馆、餐厅等，在19世纪后期增加了投票选举的场地空间以及专设的市民旁听席。

18世纪的意大利仍然是欧洲人对古罗马和文艺复兴的循古之地，许多古迹得到修复，法国大革命及拿破仑战争带来了民主、国家和主权的思想，但也影响城市自治的良好传统。在贵族寡头政治和外族的统治下，传统城邦的活力

佛罗伦萨市政厅内的城市纹章。

城市纹章：欧洲城市制度的徽记

遭到削弱。意大利的城市在分分合合中走到19世纪，北部的工业发展胜于南部，导致南部数百万农民奔向北部。对于意大利的统一运动与意大利文化遗产的关系，有历史学家这样评论："这一新国家的建立，是基于域外人所发现的意大利的特殊性以及获得他人尊重的基础。因此，就是这个新民族国家中的空想家所求助的古罗马（无论是共和的罗马还是帝国罗马）以及某些文艺复兴时期的景观典范（以佛罗伦萨与托斯卡纳区的景观典范最著名）。两种景观典范都仅以目前意大利的形式而不是罗马或文艺复兴的形式，表现了强势的景观意象，他们希望这种景观意象不仅能作为后盾调动新国家内全然不同的人口，而且给域外人以复兴辉煌往日的印象。"⑤

都灵省的塞雷索莱里亚莱城镇城徽。

2. 象征权力和财富的彩色釉陶纹章

贵族阶层重新回到城市的控制地位，城市自治的力量被大大地削弱，城邦的优势开始丧失。"意大利城邦没有能够保持其实际上已经在各个领域得到巩固的统治地位。它们随后变得更加容易受到新势力的攻击。到16世纪初，它们的作用已经大大减少，这反映在它们在面对业以出现的新势力结构时的虚弱上。"⑥ 在这一阶段，财富和权力回到贵族们的手中，他们的宫殿成为新的权力象征，文艺复兴阶段豪族们装饰家族物业的纹章，经常是以精美的瓷质釉陶浮雕艺术品点缀。这是文艺复兴艺术家通过借鉴东方陶瓷工艺，利用蓝、白、绿和黄几种简单的颜色搭配，上釉后成为特殊的釉陶而形成的特殊艺术门类。

意大利文艺复兴时期，佛罗伦萨最著名的釉瓷艺术品制作者是乔万尼·德拉·罗比亚（Giovanni della Robbia，1469–1529），年轻时为父亲的助手，后继承父亲工坊遗产继续进行彩釉瓷的艺术品制作，包括美第奇的许多豪族瓷质纹章、工艺品也由他制作。1510年他制作了佛罗伦萨著名的米尔内贝蒂（Minerbetti）家族的瓷质釉陶浮雕式纹章，该家族一直承续至18世纪末，在18世纪曾有成员任托斯卡纳大公，该纹章艺术品现在藏于纽约大都会博物馆。在托斯卡纳地区，不少重要的教堂彩釉人物也出自罗比亚之手。

在布里奥尼作坊制作的美第奇家族徽记上，三根羽毛和两只海豚构成圆形，绶带上写着"SEMPER"（永恒）的格言。于1490—1500年制作、现藏于乌菲齐美术馆的"美第奇花冠题铭圆雕"，表现的就是这一美第奇家族徽章

制作于1510年的米尔内贝蒂（Minerbetti）家族的瓷质釉陶浮雕式纹章。

符号，属于洛伦佐统治时期的艺术品。

美第奇族徽中颇为华丽的是带有骑士勋章的美第奇家族科西莫一世（Cosimo I de' Medici，1519–1574）的盾徽，于1500—1555年制作。

科西莫一世是美第奇家族的旁系，1537年继承爵位，在1545年被神圣罗马帝国皇帝授予骑士勋章，科西莫的盾

带有骑士勋章的美第奇家族科西莫一世的盾徽，雕刻、镀金和彩绘木板，1500—1555年制作。

徽应该是在此后制作的，因为盾徽的周边装饰有勋章链。科西莫一世在任上统治了锡耶纳，继而获得托斯卡纳大公的头衔。在美第奇宫建成之前，科西莫结婚时居住在巴迪宫。在科西莫装饰巴迪

美第奇花冠题铭圆雕，也是美第奇家族徽章符号之一，属于洛伦佐的艺术品，1490—1500年制作，藏于乌菲齐美术馆[⑦]。

城市纹章：欧洲城市制度的徽记

宫时，用家族族徽装饰外立面，之前族徽上的圆球数量经常变化，科西莫开始规范为 6 个球，但后来还出现 5 个球和 8 个球的盾徽。

《君主论》这本从文艺复兴至今仍旧被人争议不休的政治著作，是马基雅维里献给洛伦佐·德·美第奇的。美第奇家族是文艺复兴最大的推动力量，在佛罗伦萨的城市建筑中到处可看到美第奇家族的族徽。

美第奇家族族徽。

有关美第奇家族的族徽有着不同版本的传说，一种说法是美第奇家族的先祖为药剂师，纹章中以球体为寓意物有药丸的象征意义，而"美第奇"（Medici）在意大利语中也与"医生"（Medico）相近，纹章上方的球体有法兰西的象征物百合花。另一种提法是美第奇家族的族徽出现一段时间后药丸才普遍使用，球体可能起源于中世纪银币贸易商挂在商店外用于描述钱币的标志，而钱币兑换是美第奇家族最初的生意⑧。14 世纪初的佛罗伦萨银行业发达，美第奇家族的多个成员组成公司参与银

行业，家族在此时财富迅速增长并成为佛罗伦萨几大核心贵族家族。在 15 世纪贵族阶层开始直接参与政府管理，美第奇家族的科西莫（Cosimo de' Medici，1389–1464）重组了佛罗伦萨共和国。他善于经商，创造了美第奇家族的财富权力王国并在幕后控制着佛罗伦萨。尽管没有职务，但他在佛罗伦萨被认可为"国父"。科西莫最宠爱的孙子洛伦佐（Lorenzo de' Medici，1449–1492）后来任佛罗伦萨总督，1469—1492 年成为了佛罗伦萨辉煌时期。从科西莫开始，美第奇家族等贵族促进一系列划时代艺术作品的诞生，佛罗伦萨文艺复兴的辉煌和艺术成就不胜枚举，与美第奇家族的支持密不可分。在洛伦佐当政后，在政治上强调的是均衡势力政策。由于自身的艺术修养，洛伦佐时期，美第奇对艺术的资助达到前所未有的规模⑨。

在佛罗伦萨的美第奇家族于 15—17 世纪对文艺复兴的推动居功至伟，这一家族统治这座城市 300 年，而乌菲齐非博物馆体现了该家族对艺术赞助的成果，展出的家族纹章仿佛在不断地提醒人们该家族的世俗权威。

从科西莫到儿子佩耶罗，再到孙子洛伦佐，美第奇控制着佛罗伦萨的一切，虽然有地方市长，但统治权还是掌握在美第奇家族的手中。美第奇家族成为文艺复兴艺术运动的赞助者，洛伦佐从 20 岁开始执掌家族的指挥权后的岁月中，无论是对银行业金融的运用、对采矿权的争夺，还是对艺术品的占有，洛伦佐在那个年代，都是技高一

美第奇族徽的工艺装饰品，嵌在佛罗伦萨的美第奇家族的里卡迪廷院。另一纹章工艺品是西西里岛上美第奇家族的铸铜纹章。

佛罗伦萨市政厅内的美第奇家族纹章。

筹。米开朗基罗、达·芬奇（Leonardo da Vinci，1452–1519）都为洛伦佐建造的宫殿留下许多不朽之作。佛罗伦萨迎来城市化的春天，无论是教堂的建造，还是贵族们宫殿的建设，都为后人留下了丰富的文化遗产。

3. 维斯孔蒂族徽"蛇"的延伸

意大利北部米兰地区的统治贵族为维斯孔蒂家族（House of Visconti），从12世纪至15世纪成为米兰主要统治者。在1035年，米兰行会组织逼迫主教交出权力并成立"公民自由公社"，行会成为主导城市政府的重要力量，确保了利益的平衡。

维斯孔蒂家族统治米兰之前的发迹领地是马西诺维斯孔蒂（Massino visconti）、贝斯纳泰（Besnate）和阿尔比扎泰（Albizzate），现在的城市纹章均保留了维斯孔蒂家族族徽的印记。

维斯孔蒂家族中的奥通·维斯孔蒂（Ottone Visconti，1207–1295）于1262年成为米兰大公和主教，在1266成为米兰大主教，家族开始获得米兰的控制权。接着维斯孔蒂家族强大起来，随着家族成员成为教皇格里高利十世（Gregorius X，1210–1276），1276年通过战争彻底取代原统治贵族德拉托雷家族（della Torre）的拿波里而成为城市统治者一直到1295年[⑩]。1395年吉安·加莱亚佐·维斯孔蒂（Gian Galeazzo Visconti，）再次被认可为米兰公爵。

城市纹章：欧洲城市制度的徽记

在欧洲文化的图形语言中，蛇常被用作土壤肥沃的象征，也具有重生的意义。蛇在《圣经》中被赋予智慧的意义。11 世纪维斯孔蒂族徽选择"蛇"为寓意物，1341 年的家族印章上就采用此图形[11]，表现为草蛇嘴中含着一个男人。王冠的使用有多种形式，最常见的是王冠在寓意物的顶部，另一种表现方式是将王冠置于草蛇的颈部[12]。

维斯孔蒂族徽的不同表达手法。

14 世纪初，维斯孔蒂家族的泰奥·维斯孔蒂（Matteo Visconti）成为米兰公爵而成为米兰的实际统治者。米兰领地的领主维斯孔蒂在 14 世纪建立米兰公国，米兰公国存在于 1359 至 1797 年。1447 年维斯孔蒂家族的菲力波（Filippo Maria Visconti。1392–1447）去世后没有男性继承人，女婿弗朗西斯科·斯福尔扎（Francesco Sforza）继承其统治权。斯福尔扎获得继承权后，在 1450 年被封为公爵并掌权。维斯孔蒂家族的族徽在斯福尔扎家族的族徽中继续保持下来。斯福尔扎家族出于寒门，家族发源于意大利艾米利亚 – 罗马涅大区科蒂尼奥拉（Cotignola）小镇，斯福尔扎家族的奠基者是穆佐，他以农夫身份从军，之后成为雇佣兵队长。1441 年他的儿子弗朗西斯科·斯福尔扎与比安卡·玛丽亚结婚，成为米兰大公维斯孔蒂家族女婿，1450 年继承强大的米兰公国统治权。从弗朗西斯科这一代人开始，创造了新生君主国的奇迹。

维斯孔蒂家族的族徽（House of Visconti）成为米兰城市的符号象征。这一时期的米兰城市商业经济高度发展，贵族的势力非常强大，维斯孔蒂的族徽纹章也成为城市多处的装饰物。

制作于 16 世纪米兰城市平面图上的维斯孔蒂族徽的不同表达手法。

从罗马帝国走向国家概念的形成

从 16 世纪米兰规划图上，可以看到维斯孔蒂家族族徽在地图的绘制方式。从 16 世纪米兰城市规划图中截取的米兰公国的纹章，也是米兰最为显赫的维斯孔蒂家族的族徽，分为黑白和水彩绘制方式，寓意物草蛇嘴中的人物动作各异。

维斯孔蒂的族徽和米兰公国的城市纹章在中世纪的不同表现方式，例如雕刻的形象和黑白的绘画形象差异很大，但是它在不同历史时期都是城市的管治象征。

意大利伦巴第大区特拉达泰、卡龙诺佩尔图塞拉和卡萨诺马尼亚戈的城市纹章（从左至右）。

维斯孔蒂家族族徽的纹章瓷。

意大利伦巴第大区大部分领地为米兰大公的领地，该大区瓦雷泽省（Varese）的若干城镇纹章在盾面上保持这一传统图形，如安杰拉（Angera）、卡萨诺马尼亚戈（Cassano Magnago）、特拉达泰（Tradate）等城镇的城市纹章。

维斯孔蒂家族的另一分支通过联姻曾经在 12—14 世纪控制了撒丁岛的加声拉（Gallura），纹章使用的寓意物是公鸡，Gallura 有"公鸡的土地"的含义。现在撒丁岛上的城镇坦皮奥袍沙尼亚（Tempio Pausania）、圣泰奥多罗（San Teodoro）的城市纹章传承了公鸡传统图形。

维斯孔蒂家族撒丁岛分支的历史纹章（左）和意大利圣泰奥多罗城市纹章（右）。

随着政治上的联姻，家族的族徽图形也体现在其他王国和城市的纹章中，斯福尔扎家族成员波娜·斯福尔扎（Bona Sforza）1518 年成为波兰国王

城市纹章：欧洲城市制度的徽记

和立陶宛大公的第二任妻子，她成为王后之后生活在维尔纽斯的立陶宛大公宫殿。一般在欧洲，女人出嫁后会带着父亲的纹章与丈夫的纹章融合。波兰和白俄罗斯一些城市还保持这一家族的图形"蛇"，如波兰的萨诺克（Sanok）和白俄罗斯的普鲁扎内（Pruzhauy）城市纹章。

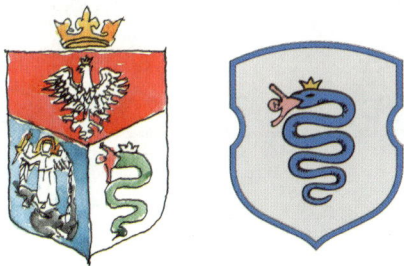

波兰的萨诺克（左）和白俄罗斯的普鲁扎内的城市纹章（右）都有维斯孔蒂和斯福尔扎家族的"蛇"的图形。

维斯孔蒂家族和斯福尔扎家族纹章在米兰城市公共空间保存下来。杜莫广场在1330年开始形成，约1.7万平方米，是米兰大教堂所在的广场，文艺复兴时期进行了一系列建设，一直到19世纪末还在建设中。米兰伊曼纽尔二世步廊（Galleria V Emanuele II）的拱廊街是于1877年建成，而伊曼纽尔二世玻璃廊购物街依旧保持活力，在现代米兰生活中仍然是城市中心。杜莫广场旁的主教住地的维斯孔蒂族徽浮雕，是保存完好的文艺复兴时期的作品。米兰主教住地（Archbishops' Palace in Milan），是维斯孔蒂家族成员乔瓦尼

（Giovanni Visconti）1342—1354年任主教时的住地，在建筑外墙上还保存着浮雕的盾徽。

于1386年建造的米兰大教堂旁，是米兰的统治中心——米兰王宫（Royal Palace of Milan），维斯孔蒂家族和斯福尔扎家族都曾经以此作为住所和统治管理中心。吉安维斯孔蒂（Gian Gal-eazzo Visconti，1351–1402）从1395年开始为米兰大公，其父亲在1329年开始已经成为米兰的领主，到1447年，家族成员已有三任米兰大公。住所是数世纪的米兰城市管治和政治中心，16世纪初，斯福尔扎宫的政治功能减弱了。现在的王宫已成为博物馆，城堡中象征维斯孔蒂的族徽一直保留下来。

另一个与米兰大教堂和维斯孔蒂家族有关的建筑是"米兰教堂监督工程处"（Venerable Factory of Duomo of Milan），于1378年由维斯孔蒂的米兰大公创建，董事会成员包括米兰大公、主教和城市贵族。"工程处"是负责对大教堂施工进行监工的权威机构。建筑因战争而损伤，经过不断地翻新、修缮而保存至今。现在该机构的工作范围涵盖米兰许多历史建筑的保护、修缮，这一拥有600多年历史的机构还在正常运转中。艺术雕塑和建筑融为一体，这是文艺复兴时期的重要建筑特征，在办公楼的建筑本身，屋顶的时钟装饰与雕塑完美结合，也是文艺复兴重要的建筑标志。

斯福尔扎宫始建于14世纪，在15世纪进行规模较大的建设，历史上不断

意大利米兰杜莫广场旁主教住地，保护下来的维斯孔蒂族徽浮雕是文艺复兴时期的作品。

扩建。二战结束后，1954—1956 年经过一次大规模的维修，2010 年进行全面的修缮，纹章壁画是修缮的重要内容之一，2013 年全面完工。1360—1370 年维斯孔蒂成为米兰的领主，在城墙边上建造了一座城堡。最辉煌的时期是斯福尔扎成为米兰大公后，宫殿式城堡具有了完善防御功能，成为集居住、议事和军事作战为一体的城堡建筑，室内外大量运用纹章进行装饰，充分体现了文艺复兴建筑风格。弗朗西斯科 1450 年成为米兰大公后继续修建，是米兰文艺复兴时期最具代表性的城堡，包括达·芬奇等文艺复兴时期的高水平艺术家都参与了建设。1549 年西班牙占领了城堡，在城堡中留存着菲利普国王委

派的管理者（Gómez Suárez de Figueroa y Córdoba）的纹章,1600 年制作的斯福尔扎城堡全景图反映了城堡的军事属性,棱堡突出的防卫城墙高耸,壕沟设施完整。奥地利征服者在 1706 年成为城堡的主人并一直持续到 1859 年,1893 年才开始进入米兰人自己做主的维修、复建工程建设阶段。工程主要是减少军事用途的构筑物,恢复文艺复兴时期米兰大公居所的风格成为修缮的目标。

斯福尔扎宫最具标志性的塔楼是以建筑师的名字命名的,称为费拉雷特塔（The Filarete Tower）,1521 年建成,塔楼在 20 世纪初得到修缮。从 14 世纪开始,维斯孔蒂家族和斯福尔扎家族成员不断地对城堡建筑进行改造,改造丰富内容,包括主立面的装饰。费拉雷特塔正立面中间是四世纪圣徒米兰主教圣安波罗修（Saint Ambrose）的雕像,斯福尔扎（Sforza）、弗朗西斯科（Fancesco）、马里尔（Galeazzo Maria）和弗朗西斯二世（Fancesco II）[14] 等斯福尔扎家族和维斯孔蒂家族中成为米兰大公的成员纹章绘制于在塔的正面两边。塔楼后来成为存储火药的地方,1905 年,塔的正面增加了意大利被暗杀的国王乌本托一世（1844—1900）骑马的雕像。

斯福尔扎宫中室内装潢采用各种质材表现斯福尔扎家族和维斯孔蒂家族的纹章。1468 年当斯福尔扎（Galeazzo

米兰斯福尔扎宫塔楼和入口。

城市纹章：欧洲城市制度的徽记

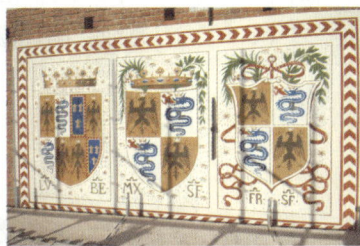

修缮后的斯福尔扎
宫入口纹章⑬。

Maria Sforza）将城堡作为居住场所时，彩色壁画和纹章成为主要的室内装饰方式。

1489—1491 年建造的珍宝室（Treasure room）将斯福尔扎大公的形象绘制于壁画中，站立在古典柱式和柱础门洞的中间，两边的柱础绘制着意大利文艺复兴典型的"马头型"盾徽外形，利用阴影效果创造出立体的空间错觉。这一表现形式也是文艺复兴创造的室内装饰艺术表现风格。

公爵内庭院连接首层的斯福尔扎居住房间，现在是古代艺术博物馆。其中编号为第七的斯福尔扎的房间（Room Ducal Heraldry），纹章装饰最为丰富。蓝色的天花绘制了若干斯福尔扎的纹章，中心是太阳放射状的纹章，内含小盾徽，在蓝色背景中有大公的名字缩写"DZ MA"和米兰公爵的缩写"DVX MLI"字样。斯福尔扎是纹章的热衷者，但在 1473 年建造的小教堂中，将耶稣像置于天花中央，四周环绕着天使，这是唯一没有斯福尔扎纹章的室内空间。

米兰斯福尔扎官的内部入口纹章。

编号为第八的房间（The sala delle Asse）称为"木板房"，留下了莱奥纳多·达·芬奇绘制的壁画和纹章，这是在1896年发现的。达·芬奇在壁画的创作中充分运用了拱券结构并将其巧妙结合到壁画中，形成树干和茂密的树叶，天花中间是斯福尔扎米兰大公的纹章。在米兰，斯福尔扎维持了近50年（1450—1499）统治，达·芬奇在米兰大公的邀请下来到米兰，参加城市的各类建筑设计，佛罗伦萨大公洛伦佐写信向米兰大公推荐达·芬奇，达·芬奇担任了建设总监的职务并在此生活了16年。

达·芬奇1482年来到米兰，正值而立之年，他精力充沛，满怀激情地参与到城市与文化的建设中，对米兰从军事化城市转变为文艺复兴的文化艺术城市贡献良多。

米兰的城市防御系统在罗马时期已经形成了，古老的城墙边长700米，呈正方形。这是在罗马时期建立的城镇防御设施，在各年代不断加强和修缮，在米兰16世纪的规划地图中，城市的防御功能十分突出。米兰最早的城墙建于公元前49年，12世纪又修建了范围更大的城墙，城墙上有7个主要的城门，形成典型的中世纪城市布局。斯福尔扎官的城堡相对独立，而城的外围有带棱型城堡的城墙。1525年，西班牙查理五世击败法国的弗郎索瓦一世（Francois I）而成为米兰的统治者。西

内廷 Santo Spirito 塔。

城市纹章：欧洲城市制度的徽记

班牙城墙指的是西班牙人成为米兰统治者后，于1546—1569年在原来中世纪的城墙基础建造的，城墙围绕城区范围的直径有11公里。地图右上角画着米兰大公维斯孔蒂的族徽，左上角是西班牙王国、神圣罗马帝国纹章。

米兰 Saint Ambrose postern 城门建于1162年，为两个拱门，上部是三位圣人的雕像。16世纪在西班牙的统治下，米兰又建了第二道城墙，原城门的塔楼变更为监狱，城市现在保留的城门成为中世纪城市建设成就的历史见证。

有米兰城市纹章装饰的城堡前庭（上）和公爵内庭院（下）。

16 世纪的米兰规划历史地图（左）和现在博物馆展示的城堡与米兰防御城墙的关系（右）。

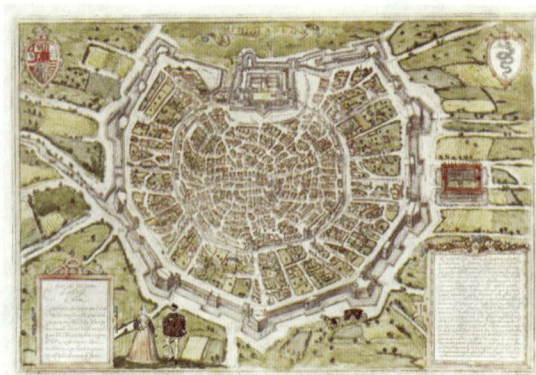

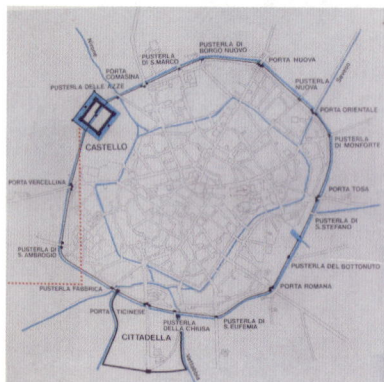

米兰修道院维斯孔蒂族徽。

4. "最后的晚餐" 最后的归属

米兰另一处体现两个家族纹章的建筑是圣玛丽亚感恩修道院及教堂（Holy Mary of Grace），这座建筑是文艺复兴时期具有代表性的精美宗教建筑，靠近弗朗切斯科·斯福尔扎的家族住处，东端半圆形后殿（Apse）的建筑师为布拉曼特（Donato Bramante，1444–1514）。1460 年米兰公爵弗朗切斯科·斯福尔扎一世捐赠了土地并开始动工，后殿于 1490 年建成。其外立面裙脚由典型的文艺复兴或意大利式的盾徽装饰，

包括教堂建设的赞助者斯福尔扎家族成员和维斯孔蒂家族的个人盾徽。

老斯福尔扎（Muzio Attendolo Sforza，1369–1424）的盾徽出现在修道院裙墙

维斯孔蒂家族的纹章和斯福尔扎的家族纹章（左）、圣玛丽亚感恩修道院墙裙上老斯福尔扎的盾徽装饰（右）。

意大利米兰圣玛丽亚感恩修道院。

处，他是弗朗切斯科·斯福尔扎的父亲，统治米兰16年⑯。

1495年，圣玛丽亚感恩修道院和教堂被委托给了正在米兰协助米兰大公卢多维科·斯福尔扎（Ludovico Sforza，1452–1508）工作的达·芬奇，他在修道院中的餐厅北面制作壁画《最后的晚餐》，这幅画成为文艺复兴的标志性作品。作品从准备到完成经历了6年时间。在此之后，64岁的达·芬奇受法国国王弗朗索瓦一世的邀请来到法国，

在法国南部的昂布瓦兹生活了三年后离开人世，在法国，他留下的最重要文化遗产是《蒙娜丽莎》。

在达·芬奇谋划《最后的晚餐》开始阶段的构思草稿和习作上，人物和教堂建筑构件常画在同一张草图上，可以推测画家思考的方向超越了绘画画面范围，或者在寻找物理空间的相互关系。两张草图分别为雅各（St. James the Elder）和犹大（Judas）头像的构思，在其中一张雅各头像草图下方，达·芬

奇认真勾勒的教堂建筑鸟瞰草图，传神地呈现了教堂的外部形象。

作品《最后的晚餐》耐久性甚差，从16世纪就开始有所损坏。这同环境的潮湿和壁画材料的选择有关，1726年第一次修缮，后来又经过多次修复。第二次世界大战时壁画严重受损，从1978年开始进行了为期21年的修缮。壁画现在对外开放。

当分析《最后的晚餐》这幅巨作时，运用一点透视的强烈中心感、突出耶稣的形象的部分最为评论家津津乐道，但壁画周边的室内环境似乎未被重视。修道院食堂（refectory）的屋顶天花结构形成了三角形拱券空间（triple arched ceiling），画面中密肋的天花与上部的壁画表现的壁龛式建筑浑然一体，在壁龛中有三个纹章，橄榄枝编织的花环围绕着纹章，中间的纹章应该是斯福尔扎家族的纹章，它成为壁画外的空间延展，延伸了画面的空间深度，这是文艺复兴时期室内壁画装饰形成的表现手法。

《最后的晚餐》构思草稿[17]。

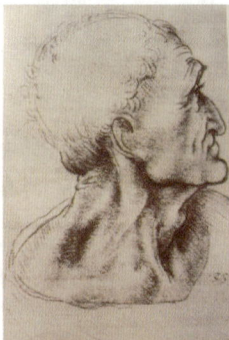

达·芬奇手稿中雅各（左）和犹大的头像构思草稿[18]。

达·芬奇《最后的晚餐》局部（从左至右为托马斯、雅各和菲力普）。

城市纹章：欧洲城市制度的徽记

与室内纹章构成整体效果的《最后的晚餐》墙面。

① ［意］马基雅维里著，阎克文译：《君主论》，译林出版社 2012 年版，第 3 页。

② ［英］杰弗里·帕克著，石衡潭译：《城邦：从古希腊到当代》，山东画报出版社 2007年版，第 8 页。

③ ［英］约翰·里德著，郝笑丛译：《城市》，清华大学出版社 2010 年版，第 137 页。

④ 中华世纪坛世界艺术馆、意大利佛罗伦萨地区博物馆中心局、意大利乌斐济美术馆、意大利佛罗伦萨学院美术院编著：《意大利文艺复兴艺术》，文物出版社 2006 年版，第 31 页。

⑤ ［英］阿兰·R. H. 贝克著，阙维民译：《地理学与历史学：跨越楚河汉界》，商务印书馆 2008 年版，第 155 页。

⑥ ［英］杰弗里·帕克著，石衡潭译：《城邦：从古希腊到当代》，山东画报出版社 2007年版，第 93 页。

⑦ 吕章申主编：《佛罗伦萨与文艺复兴名家名作》，安徽美术出版社 2012 年版。

⑧ ［美］保罗·斯特拉森著，林凌等译：《美第奇家族：欧洲最强大家族缔造权力与财富的故事》，机械工业出版社 2016 年版，第 13 页。

⑨ ［美］保罗·斯特拉森著，林凌等译：《美第奇家族：欧洲最强大家族缔造权力与财富的故事》，机械工业出版社 2016 年版，第 183 页。

⑩ fondazionedellatorre.com

⑪ John A. Goodall, "Heraldry in Italy during the Middle Ages and Renaissance," *coat of Arms*, no. 37（1959）.

⑫ 同上。

⑬ 图片引自：www.milanocatello.it/content/

most-recent-restorations

⑭　www.milanocastllo.it

⑮　图片引自：www.milanocatello.it/content/

most-recent-restorations

⑯　图片引自：P. Angelo Maria Caccin O.P.,

Santa Maria delle Grazie and Leonardo's Last

Supper. Milan: Nicolini Editore, 1994.

⑰　同上。

⑱　同上。

四、来自都灵的力量

都灵是萨伏依家族在此经营多年的城市，城市建立初时是罗马的军营。1045年，萨伏依王室开始将都灵纳入统治的领地范围内，1563年萨伏依家族的萨伏依公爵将公国的政治、经济中心的大本营移至都灵，都灵在1563年成为萨伏依公国（Savoy Duchy）、萨丁尼亚王国的首都。都灵的王宫以及许多城市建设具有法国建筑风格，17世纪至18世纪建造了王宫、夫人宫（Palazzo Madama）、瓦伦蒂诺城堡（Castle of Va-lentino）等优美的王室建筑，萨伏依王室住所（Residences of Royal House of Savoy）被列入《世界遗产名录》，评语中写道："当萨伏依公爵埃马努埃尔·菲利斯特（Emmanuel-Philibert）在1562年把他的首都移往都灵时，他便开始实行了一系列的建筑规划并由他的继承人不断付诸实施，以此来显示家族的权力。由当时水平最高的建筑师和艺术家设计和装饰的高质量综合建筑群，从统治中心都灵向乡村地

城市纹章：欧洲城市制度的徽记

都灵的城市中心皇家广场，远处为萨伏依家族的王宫，王宫建筑立面仍保持 1640 年左右的样子。

区拓展，囊括了许多住宅和打猎用的小屋。"都灵的卡斯特罗广场（Piazza Castello）夫人宫原址是古罗马时期的城门，14 世纪加固扩建成为萨伏依家族的城堡。"夫人"是指萨伏依女公爵玛丽（Marie Jeanne Baptiste of Savoy-Nemours，1644-1724），"夫人宫"是她的私人住所，萨伏依王室住所的艺术装饰是在她的主持下完成的。

都灵原来的城市规模较小，基本停留在文艺复兴发展的城墙的范围之内。都灵后来由于成为首都而进行大规模扩建，包括市政设施和王室的建筑，形成了一批高质量的综合建筑群。建设计划一直延续至 18 世纪，而且从都灵王宫向周边郊区拓展，产生了不少富丽堂皇的巴洛克风格的法式建筑。

1824 年，由萨伏依家族的萨伏

都灵萨伏依王宫的纹章装饰。

从罗马帝国走向国家概念的形成

都灵埃及博物馆入口的
法老铜像。

依公爵卡洛·费利切（Charles Felix of Sardinia，1765–1831）下令建立的"都灵埃及博物馆"，是除了开罗国家博物馆之外，世界上收藏埃及文物最多的博物馆。在建立博物馆之前，1630年，萨伏依家族已经拥有第一件古埃及文物，家族其后不惜成本地收藏古埃及文物，萨伏依公爵卡洛·埃曼努埃莱三世（Charles Emmanuel III of Sardinia，1701–1773）于1753年派遣考古学家到埃及收罗古埃及文物并运回都灵，他们是世界上专门研究古埃及文明的博物馆奠基者。

都灵理工大学的瓦伦蒂诺城堡（Castello del Valentino）在欧洲建筑史

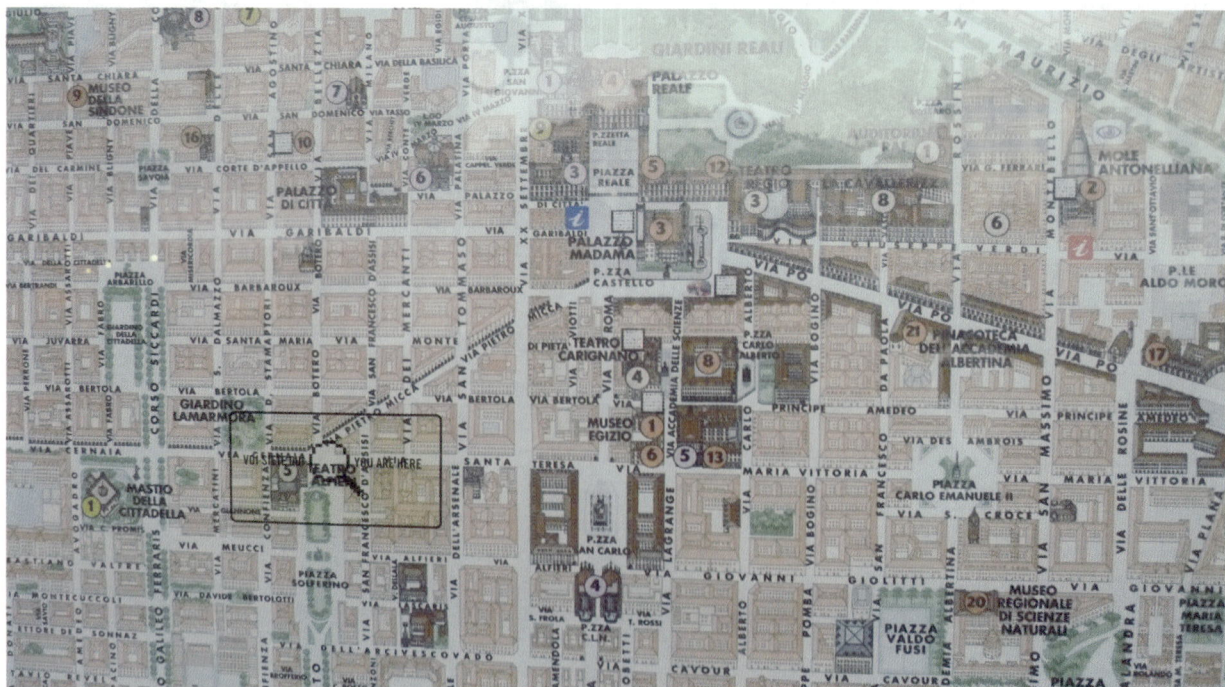

在都灵旅游指南地图上，都灵埃及博物馆编号为1，位于城市最中心的位置。

城市纹章：欧洲城市制度的徽记

都灵理工大学建筑系17世纪建造的瓦伦蒂诺城堡，入口是巨大的萨伏依家族的纹章。

上是具有影响力的法式建筑，1633年成为王室贵族的住所并被再次修建为法国建筑风格的建筑，1858年还增加了展览功能。城堡现在完全改变了功能，成为都灵理工大学（Politecnico di Torino）建筑系的中心建筑。

萨伏依家族起源于法国，控制着尼斯海岸线地区，现在法国萨瓦省（Savoie）保持着这一称呼。经过多年经营，其势力范围逐步扩展到阿尔卑斯山西部，从法国推进到意大利皮埃蒙特和瑞士日内瓦地区，1416年至1860年成为萨伏依公国，是欧洲存在最久的皇族之一。哈姆伯特一世（Humbert I，980–1048）是家族的第一位伯爵和创建者，是法国贝莱（Belly）地区的领主。家族领地扩张的重要时机是萨伏依伯爵奥托一世（Otto I，1015–1057）

与都灵伯爵的女儿弗莎（Adelaide of Fusa，1014–1091）联姻，继承了都灵伯爵的领地控制权，统治范围扩大至意大利北部。萨伏依族徽图形源于其后代阿梅迪奥三世（Amadeus III，1095–1148）参加十字军东征时使用的战旗。从托马斯·萨伏依伯爵（Tomas，count of Savoy，1178–1233）一直延续到阿梅迪奥六世（Amedeo VI di Savoia，1343–1383），为宗族最强盛的时代，统治领地从法国的南部拓展至意大利北部，包括皮埃蒙特地区。1295年阿梅迪奥五世（Amadeus V，1249–1323）开始从早期的领地中的艾格贝勒（Aiguebelle）、蒙梅利扬（Montmélian）移至尚贝里（Chambery）建立萨伏依伯国的首都至1563年，而214公里之外的都灵是其家族后期统治的政治、文化和经济中心。阿梅迪奥八世（Amadeus VIII, 1383–1451）1416 年建立了萨伏依公国，得到神圣罗马帝国皇帝的支持，统治范围包括皮埃蒙特、瓦莱达奥斯塔（Aosta Valley）和现代法国奥弗涅-罗纳-阿尔卑斯山大区（Auvergne-Rhone-Alpes）的部分地区。阿梅迪奥八世继承了家族的纹章，萨伏依家族纹章加上蓝色齿耙型标记。因为 1424 年阿梅迪奥八世拥有皮埃蒙特亲王头衔，皮埃蒙特成为公国是萨伏依家族发展的重要转折点。

19 世纪意大利王朝的纹章，冠顶是五角星装饰和萨伏依王朝的纹章（左）、1563 年萨伏依公爵的纹章（右）。

萨伏依王朝在 1713 年成为西西里王国新主人，在 1723 年又成为撒拉丁尼亚王国的国王。在其纹章中可以看到盾面的变化，增加了耶路撒冷、塞浦路斯、科西嘉（Corsica）等地区的纹章。耶路撒冷、塞浦路斯当时处于奥斯曼帝国统治下，萨伏依王朝仍认为这两个王国是属于自己的领地。在纹章中可以看到撒拉丁王国的四个摩尔人像。现法国科西嘉岛是地中海第四大岛，曾经属于撒拉丁王国的一部分，如今的大区纹章也是摩尔人的头像，这反映了两岛

的历史渊源。历史上伦巴第、比萨均曾拥有此岛，热那亚共和国 1284 年开始统治该岛，1768 年又将此岛卖给法国。1770 年科西嘉成为法国一个省，现在是法国 27 个大区之一。现在的科西嘉纹章仍保持摩尔人头像（Moor's head）的寓意物，现在的旗帜和盾徽上的摩尔人蒙眼的头巾（Bandana）是系在额头上，而 1755 年之前，蒙眼布巾是蒙上眼睛的。这一图像在 14 世纪阿拉贡王国统治时期已经出现，1755—1769 年科嘉西建立共和国时采用此图像作为旗帜的图案，但将眼睛露出来意味人民的解放。法国人占领时曾经禁止使用，经过长期争论，这一形象 1980 年重新成为地区的象征。

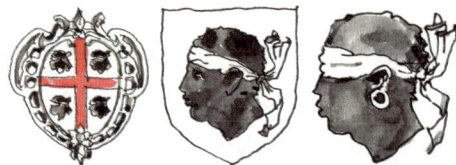

意大利撒丁岛大区的纹章，法国科西嘉岛大区的纹章和科西嘉岛纹章中摩尔人的形象（从左至右）。

现在科西嘉著名的奥西尼葡萄酒庄园（Domaine Orsini）酒标上印着的标志是传统纹章图像。

在法国的萨伏依家族起源地萨瓦省的几座城镇，城市纹章留存了萨伏依家族传统纹章红色盾面白色十字架的图形，如萨瓦省的艾格贝勒、尚贝里等。

法国科西嘉著名的葡萄酒酒标上的传统纹章图像。

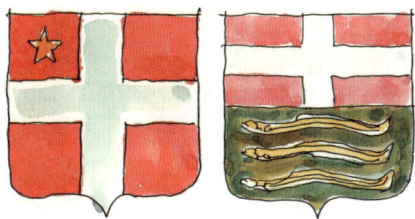

法国萨瓦省艾格贝勒（左）和尚贝里的城市纹章（右）。

意大利皮埃蒙特大区都灵省省徽。

1805 年至 1814 年是拿破仑在法国和意大利称王的年代，拿破仑将首都设在米兰，意大利王国纹章反映了当时的领地组合，包括米兰公国、威尼斯共和国、摩德纳和焦雷公国、曼托瓦公国、教皇领地和诺瓦拉公国的纹章图形。纹章盾面的小盾以伦巴第铁王冠为寓意物，这是中世纪意大利王国的象征。

拿破仑统治时代意大利王国纹章。

意大利皮埃蒙特大区（Piemonte）的纹章和都灵省的纹章都有"齿耙型"皮埃蒙特亲王的印记，皮埃蒙特大区纹章和都灵省的纹章来自统治者萨伏依家族的纹章，红色盾面白色（银色）十字架图形，盾面部首为蓝色的"齿耙型"图记。

都灵为意大利王国开国的首都，王国的盾徽是在原萨伏依王朝的盾徽基础上在四周加上蓝色的边框，选择中心图案为法式盾徽外形，这同萨伏依家族的法国根脉有关。

最早在此居住的部落为"Taurini"，即陶里尼，是利古里亚人和凯尔特人（Ligurian-Celto）部落，他们称此地为"Taurasia"，希腊语 Taurus 中有牛的含义，Taurus 是在占星术黄道 12 宫中与天文学对应的金牛座，符号为牛头，都灵（Torino）的名字与此有关，都灵的名字在意大利文中是"年轻的公牛"，城市的纹章寓意物与城市名字相关联，核心图形是后脚独脚站立的金牛，银牛角，这是一语双关的图形。纹章采用瑞士盾的盾徽形式，盾面为蓝色。纹章王冠是镶有 9 颗珍珠的伯爵王冠。现在都灵使用的纹章造型对冠饰进行改良，冠饰上珍珠形象的表达方式充满创意。同时，对盾徽中的寓意物——牛的形象进行艺术处理，相比传统图形，显得更有力量和张力。在 1930 年后，城徽采意大利都灵的城市纹章。

都灵在 19 世纪后半叶意大利独立和统一中起到关键作用，是意大利统一后的第一个首都，成为欧洲重要的政治中心之一。为感谢都灵做出的重大贡献，各公国和城市合赠给都灵一座纪念碑，竖立于卡斯特罗广场（Piazza Castello），以表彰其为独立和统一所做出的贡献。在纪念碑周边是各城市和王国的纹章，下方是文艺复兴式的都灵城市纹章，完全的意大利风格。

意大利统一的历程漫长而多变，以西西里岛为例，阿拉贡王国、卡斯蒂利亚王国、哈布斯堡王朝均曾为西西里岛的主人，1713—1720 年，萨伏依家族成为西西里岛统治者，但哈布斯堡王朝联合波旁王朝征服西西里岛获得统治权。1860 西西里岛加入萨拉尼亚王国，1861 年成为统一的意大利王国的一部分。意大利西西里岛的陶米尼克保存着完整的中世纪的领主城堡，可以见证复杂的西西里岛历史。城堡也称为 Palazzo Corvaia，初建于 10 世纪阿拉伯统治城市时期。14 世纪加建四层楼的建筑和中心院落。从 1538 年至 1945 年，由西西里岛著名的科尔瓦亚（Corvaia）

1898 年各城市感谢都灵为意大利统一作出贡献的纪念碑，周边是各城市和王国的纹章，下方是文艺复兴式的都灵城徽。

用瑞士盾徽的外形确定下来。城市纹章基本造型不变，但冠饰形式随时代而变化，寓意物逐步趋向简约。将都灵市政厅纪念雕像底座的城徽和记录铭文的纪念牌上城徽进行纵向比较，可以反映都灵 17 世纪至 20 世纪初期艺术审美和社会价值观的演变。

城市纹章：欧洲城市制度的徽记

都灵市政厅、城市纪念牌以及市政厅纪念雕像底座的城徽（从左至右），反映了19世纪都灵城徽形象的变化。

家族所拥有，故以其家族名字命名。这是防御型的罗马建筑形式城堡，中间是院落，城堡曾为市政建筑。1409年西西里岛成为阿拉贡王国的一部分，1410年曾经是第一个西西里岛议会（Sicilian Parliament）所在地①。现在成为博物馆和游客中心。

都灵市政厅建于1659年至1663年间，在历史的演变中，增加了许多纪念性的元素，市政厅广场上有1853年建造的纪念萨伏依14世纪战胜奥斯曼土耳其帝国的雕塑。在市政厅入口的门廊两侧，意大利统一后开国国王维托里奥·埃马努埃莱二世（Vittorio Emanuele II，1820–1878）的雕像与朱塞佩（Giuseppe Garibaldi，1807–1882）的雕像相对而立。

对意大利统一发挥重要作用的萨伏依家族成员维托里奥·埃马努埃莱二世，他和政治家加富尔伯爵（Conte

意大利西西里岛陶米尼克城堡的内部建筑入口纹章装饰。

陶米尼克城堡的纹章装饰，垛口显示了阿拉伯风格，这是10世纪前阿拉伯统治下的历史痕迹。

从罗马帝国走向国家概念的形成

387

意大利都灵市政厅上的纹章。

di Cavour，1810–1861）、将军和政治家朱塞佩·加里波第三人被称为"意大利统一之父"。意大利王国 1861 年成立，1861 年 1 月 27 日开始选举，第一个议会在 1861 年 2 月 18 日举行第一次会议，萨伏依家族的维托里奥·埃马努埃莱二世为首任国王。

现在意大利许多城市的中心广场或者街头，经常可以见到萨伏依家族的维托里奥·埃马努埃莱二世的雕塑，其中大部分是 19 世纪末的作品。那不勒斯波米克（Piazza Giovanni Bovio）街头广场在 1884 年竖立的国王骑马雕像，为意大利近代著名雕塑家索拉里（Tommaso Solari，1820–1903）的作品。索拉里广场是以意大利政治家和哲学家

索拉里的名字命名，他也是意大利王国的众议员和共和党奠基人。

朱塞佩·加里波第曾经在南美经商，运载的是秘鲁钦查群岛（Chincha）的鸟粪（Guano）。1852 年 1 月 10 日他从秘鲁带领着卡门号（Carmen）起航并在 4 月来到中国广州，回到意大利时带回了一件丝绸内衣，内衣之轻在意大利引起轰动。在 1889 年他本人出版的自传中记载了这一旅程以及对中国文化的钦佩[②]。加里波第返程回到波士顿，后来又有意大利商人邀请他出航，他便带着在美国新购买的船回到欧洲到达热那亚，他在 1854 年结束流亡生活参加了第二次意大利独立战争。

意大利在 1946 年实行共和制度，需要新象征符号以取代 1861 年提出的国家纹章设计动议，1948 年开始使用的意大利国家纹章今天依然如故。国徽中间带红边的白色五角星为"意大利之星"（Stella d'Italia），是意大利共和国的历史记忆，在古代就是意大利土地的象征，背景的大齿轮象征劳动者，同时五角星是意大利国家化身女神（Italia Turrita）的寓意图像。Turrita 在意大利语中有塔的意思，女神以头戴着壁冠的形象呈现，冠上有五角星，一手中拿着谷类或者水果编织的花环或者"丰饶之角"，象征着农业和经济，另一手拿着剑，象征着正义。国家纹章图形采用圆的外形，两边分别是橄榄枝和栎树枝，象征着和平、强盛和国家自然景观，底部绶带写着"意大利共和国"。国家纹章的设计没有受欧洲传统的纹章规则限

制，国家纹章的设计是经多轮竞赛后，由罗马美术学院教授设计的方案被采用，1948 年议会和总统批准开始使用，这是与社会主义纹章风格相似的国徽。

① Editor Tornaatore. *Taormina: New Tourist Guide*. Messina: Editor Tormatore, 2000, p.39.
② Giuseppe Gouribaldi. *Autobiography of Giuseppe Garibaldi: 1807-1849*. Walter Smith and Innes, 1889, pp.54-69.

都灵市政厅入口门廊两侧纪念"意大利统一之父"朱塞佩·加里波第的雕像（上）以及盾牌上的个人纹章（下）。

朱塞佩·加里波第肖像。

从罗马帝国走向国家概念的形成

意大利那不勒斯维托里奥·埃马努埃莱二世的雕塑。

城市纹章：欧洲城市制度的徽记

"意大利之星"和意大利国徽。

标记意大利五角星的咖啡杯。

五、国中国：大楼、城堡和城市之国

意大利是一个在"国家"概念上独树一帜的国家，在国家的版图内，在罗马这座城市中，又存在着若干特殊的"国家"，而且相安和睦，国中之国的产生来自宗教和文艺复兴力量的历史动力。

1. 大楼国家

马耳他骑士团（Sovereign Military Order of Malta）由 1050 年建立的医院骑士团（Knights Hospitaller）演变而来，全称为耶路撒冷－罗德岛及马耳他圣约翰骑士团，总部设在意大利罗马孔多蒂街（Via dei Condotti）68 号的一座三层黄色大楼中，称为"马耳他宫"（Maltese Palazzo）。国中国有国徽、国歌、国旗，甚至有自己的车牌系统，大教长是国家元首，公民 21 人，是主权独立的天主教修道会，国中国在 1999 年成为联合国观察员。医院骑士团在不同历史时期分别从耶路撒冷移至爱琴海的罗德岛（Rhodes）——马耳他岛（Maltese），最后被拿破仑驱逐出马耳他岛。早在 1050 年左右骑士团就在耶路撒冷有效运作，创始人是"被祝福的"杰拉尔德

（Blessed Gerard，1040–1120），他于第一次十字军东征时担任耶路撒冷的圣约翰医院院长[1]。

1070 年医院骑士团由一批意大利阿尔玛菲的商人组成并获得统治者认可，在耶路撒冷建立基地，在杰拉尔德领导下收容病人，后来骑士团在耶路撒冷的政治生活中发挥重要作用，在耶路撒冷旧城的历史上，圣约翰医院的位置现在仍被称为医院区。这座古城里，在第二任骑士团团长雷蒙·杜·皮伊（Raymond du Puy，1083–1160）的统筹领导下，医院骑士团从保护朝圣者的医生、慈善修士转变为骑士和军人，阿拉贡王国在 1134 年国王阿方索一世去世后，获得部分城堡物业。1191 年医院骑士团将总部移至巴勒斯坦海滨古老港口城市阿卡（Akko），在公元前 3000 年就开始有人类聚居于此，伊斯兰和十字军不断地在此争夺领地。在阿卡医院，骑士团建造了有双层城墙的骑士城堡，城堡可容纳 2000 名守军。1291 年医院骑士团战败逃至塞浦路斯，在利马索尔（Limassol）以西获得塞浦路斯国王赠予的科洛西城堡（Kolossi Castle）和周边的种植园。以此为基地，1310 年骑士

城市纹章：欧洲城市制度的徽记

团攻占并控制了爱琴海的马其顿罗德岛，后来又征服了莱罗岛（Leros）、卡斯特洛里岛（Kastellorizo）。罗德岛现在保存着一系列中世纪城堡建筑，许多是医院骑士团留下的，这些建筑的军事防御特点突出，防守能力体现在建筑物的细部和坚固形态。医院骑士团1309年占领了罗德岛等岛屿后，在原来7世纪所建的军事工事上，加建了骑士团团长的城堡并将其作为管理中心，也称大教长宫（Palace of the Grand Master of the Knight of Rhodes）。列入《世界遗产名录》的"罗德中世纪古城"（Medieval City of Rhodes）大部分建筑以骑士团的城堡为核心，包括对城墙及罗德港的防御能力进行系统改善，第一次大规模建设是在15世纪，由大教长埃利翁·德·维尔纳夫领导实施，现在城墙城门上方还保留着他的纹章。罗德岛上骑士团城堡的第40任大教长（或者称团长）皮尔（Pierre d'Aubusson，1423–

1503）也是加固修建岛上城堡的重要人物，1444年他来到罗德岛，其后接任者为第41任大教长伊米里（Emery d'Amboise，1434–1512）。在城墙和火炮上留下了骑士团大教长的纹章浮雕装饰。

15—16世纪，医院骑士团从罗德岛出发，既有参加与伊斯兰的战争，也有海盗式的掠夺，与威尼斯商船频繁发生冲突。1480年奥斯曼土耳其帝国舰队出现在罗德岛外海，开始了持续的海战。1522年骑士团在罗德岛与奥斯曼土耳其军队苦战，12月在苏莱曼一世强大攻势下，骑士团交出要塞和土地，最后达成协议撤出苦心经营两世纪的罗得岛。

罗德岛是爱琴海地区文明发祥地之一，但数千年的发展是由一部非常复杂的战争历史构成的。罗马帝国、奥斯曼土耳其帝国、医院骑士团、意大利都曾经统治该岛，罗得岛上的城

意大利罗马城市中马耳他骑士国总部（左）和国徽（右）。

堡纹章浮雕记录了罗德岛不同时期的统治者，城堡城墙上保留了 1920 年至 1922 年意大利爱琴海岛屿总督亚历山德罗（Alessandro De Bosdari, 1867–1929）的纹章装饰，这是由于意大利在第一次世界大战后占领罗德岛。二战后，新成立的意大利共和国签订条约并同意归还罗德岛给希腊，经历了漫漫的历史长河，罗德岛回到希腊领土中。

医院骑士团没有固定居所，最初的选址包括墨西拿、库迈、维泰博、尼斯等地。经历 7 年漂泊生活，在 1530 年，骑士团奉教皇克雷芒七世和神圣罗马帝国查理五世应许来到马耳他岛，建立马耳他骑士团国，SMOM 是 Sovereign Military Order of Malta 的缩写，这是在 1530 年骑士团撤到马耳他岛后的称呼。1798 年拿破仑进攻马耳他并迫使骑士团投降。从骑士团 1834 年进入意大利罗马，至今已经近两个世纪，目前的马耳他作为主权实体与超过 100 个国家建立了外交关系并互派大使。国旗采用圣·佐治拉丁十字架；国徽是椭圆形内镶嵌的十字架，用帝王布幔的形式。

马耳他骑士团的徽章。

骑士团的八角十字架也称为马耳他十字架、阿马尔菲十字架，历史上阿马尔菲共和国曾以它为标志。旗帜和披风的标记在 1099 年开始使用，初以黑色披风上的白色八角十字架为象征识别符号，但在 13 世纪，教皇亚历山大四世钦定红底白十字架为骑士团的作战披风制服标记后，旗帜便改为红底白色拉丁十字架。

2. 城堡国家

现在处于罗马城市内的梵蒂冈是世界上面积最小、人口最少的国家，拥有 40 公顷的土地版图，居民约 1000 多人。历史上的梵蒂冈实际上是一座具有防御性质的城堡，1929 年教廷与意大利签订成为独立国家的条约。梵蒂冈以所在地的山冈名字命名，现在常驻人口为 600 人左右。守卫国家的是瑞士雇佣军，关于瑞士雇佣军，恩格斯的著作《家庭、私有制和国家的起源》中的评论直指要害："一切政治的考虑全都消失：各州变成了招募事务所，为出价高的人鸣鼓招募雇佣军。"[2] 瑞士的雇佣军制度是将军事荣誉变成金钱的制度，梵蒂冈出得起这样的高价钱。在梵蒂冈被列入《世界遗产名录》中的评语中写道："梵蒂冈城是基督教世界最神圣的地方之一，证明了过去辉煌的历史以及基督教精神的发展进程。在这个小国国境内云集了大量建筑艺术的杰作。城中心坐落着圣彼得基督教堂，教堂正面拥有两条柱廊的圆形广场。这座耸立在使徒圣彼得陵墓上的长方形基督教堂，吸取了布拉曼特、拉斐尔、米开朗基罗、贝尔尼尼（Gian Lorenzo Bernini，1598—1680）和马德尔纳等大师的天才智慧，是世界上最大的宗教建筑。最原始部分是圣彼得巴西利亚教堂，4世纪君士坦丁大帝时期所建，并开始成为永久的教皇圣座。尼古拉三世在13世纪所建的建筑是现在建筑的雏形，15世纪和17世纪不断扩建。在1474年建立的梵蒂冈图书馆，是欧洲首个对外开放的图书馆。"③

在19世纪之前，梵蒂冈的前身教皇国深度参与到欧洲政治、经济和军事的纷争中，从8世纪开始，一直参与世俗的领地争夺，直至意大利开始统一的进程时才转变角色。历史上许多教皇无论是在生活还是在政治统治方面，完全是国王的"风范"。

公元500年，西罗马帝国体系瓦解时，罗马教权（papacy）渐渐稳固，成为"正统"权威的独立力量，教皇利奥一世甚至担当起保护罗马城，免受匈奴侵略的重任④。

教宗的价值观和审美观深刻影响到梵蒂冈的城市景观和文化倾向，他们来自意大利不同的城市和贵族，将地域性的文化语言转化天主教世界的语言。当来自美第奇家族的列奥十世于1513年成为梵蒂冈的新主人时，"列奥十世自然把许多尤里乌斯二世独有的象征换成其他适合自己及其家族的象征。他的图像谱系包括美第奇家族的徽章。球以及羽毛环——那是他自己的特定象

征"⑤。来自佛罗伦萨的教皇乌尔班八世（Pope Urban VIII，1568—1644），是佛罗伦萨豪门巴尔贝里尼家族的代言人，马费里·巴尔贝里尼（Maffeo Barberini）成为教皇，被封为乌尔班八世，家族的纹章是三只蜜蜂。这一纹章形象进入梵蒂冈各角落，还带动罗马的林琴科学院（Academy of Lynxes）的会员不断研究出版蜜蜂书籍。1625年出版的《蜜蜂图解》在献给教皇的序言中写道："伟大的奇迹出现了……眼睛学会怀有更深的信心。"⑥将自然发现的神力与提高教皇声望结合起来，也恳求教皇支持他们科学研究方法。意大利文艺复兴后期代表性雕塑家、画家、建筑师贝尼尼在巴洛克时代的才华得到充分展示。他在1635—1640年之间创作的乌尔班八世教皇头戴三重冕皇冠的作品，塑造手法有明显的巴洛克风格的倾向。三重冕是充分表现至高无上的符号形象。乌尔班八世出生的巴尔贝里尼家族的蜜蜂纹章图形成为那个时代代表权威的符号，贝尼尼在主祭坛上设计的"青铜华盖"上就有金色蜜蜂出现在青铜垂饰上，这是教宗纹章寓意物的符号。乌尔班教皇是贝尼尼艺术创作的重要支持者，贝尼尼为他创作了许多肖像作品。

传位到了教皇亚历山大七世（1655—1667年在位）时，著名的雕塑家贝尼尼的才华与教皇将罗马城改造为世界朝圣中心的雄心正好合拍，这时期贝尼尼在圣彼得大教堂圣彼得广场（Piazza of Saint Peter's）大柱廊（1657—

教皇乌尔班八世的纹章。

意大利雕塑家贝尼尼创作的教皇乌尔班八世雕像。

1673）、圣彼得圣座的完善（1657—1666）、天使堡的天使桥等重要工程中充分展示其艺术天赋，巴洛克艺术风格的表现达到巅峰。圣彼得广场上的柱廊对广场空间产生围合的效果，创造了"都市剧场"的氛围，在巨大的石柱上排列着圣人的塑像，类似古希腊极具仪式、秩序感的神殿建筑形式。天使堡的天使桥的十位天使安置在高座上，手举象征耶稣慈悲的标志，天使身下是用大理石雕刻成云朵的造型。

以方尖碑（Obelisk）为广场朝圣焦点和视觉中心是意大利罗马广场的规划核心，在罗马有 11 座方尖碑，来自古埃及的象征图腾，注入基督教精神的同时，也让纹章艺术为方尖碑增添了基

贝尼尼的天使雕塑作品样稿，藏于威尼斯宫国立博物馆。

贝尼尼作品：天使桥上的天使像。

城市纹章：欧洲城市制度的徽记

贝尼尼规划的意大利罗马梵蒂冈圣彼得广场

督教的权威性和艺术价值。圣彼得广场作为宗教主题的广场，贝尼尼规划的由 284 根多立克柱式柱廊组成的围合空间，加上 140 座圣徒的雕像和 6 个教皇的纹章，充满巴洛克的艺术感染力，也成为后世宗教主题和纪念性广场模仿的范例。

围绕着场地原有的方尖碑和喷水池，贝尼尼巧妙地让它们与柱廊构成完美的广场公共空间：方尖碑依然是圣彼得教堂前的视觉中心，喷水池与广场的通道及铺地自然地结合起来。教皇亚历山大七世（Alexander VII）的 6 个纹章分别安排在南北 6 个关键空间节点上，柱廊因此也增加了宗教的神圣感。此广场是教皇亚历山大七世决定建造的，他在 1655—1667 年任教皇，在广场空间中也留下了其个人的印记。

喷水池的多边柱式的柱础周边是以教宗的浅浮雕纹章作为装饰，巴洛克风格的纹章造型与柱廊遥相呼应，成为广场的聚焦中心。

柱廊中教皇的纹章。

　　现任教皇方济各（Francis）出生于阿根廷布宜诺斯艾利斯，1998 年成为城市大都市区的主教，2001 年成为红衣主教。教皇的纹章是蓝色盾面，盾面上有金色的耶稣字母 I–H–S 的徽记，红色字体，黑色的三颗钉；下部以金色的松果和星星为寓意物，铭文来自《圣经》。方济各是天主教历史上来自欧洲以外的教宗，在他 1998 年就成为阿根廷布宜诺斯艾利斯主教的主座教堂，处于城市最中心的"五月广场"（Plaza de Mayo），是城市的发祥地和政治中心，

城市纹章：欧洲城市制度的徽记

罗马梵蒂冈圣彼得广场
喷水池。

16 世纪在此建立了简单教堂，1753 年
全面建设，1791 年完成主体工程，在
19 世纪对外立面进行改造，形成新古
典主义建筑风格，但室内仍保持 18 世
纪新巴洛克室内装饰风格，充满着各种
宗教图形和符号。

　　教皇的纹章超越了国度，在世界
许多天主教教堂中都可以看到教皇的纹

章，例如意大利卡塔尼亚天主教堂入口
上方悬挂着教皇的纹章。

3. 城市国家

　　成立于 1263 年的圣马力诺共和国
（San Marino）是意大利境内的国中国，
为世界上第一个共和国。在 19 世纪末

阿根廷布宜诺斯艾利斯
主座教堂的告示牌及
内景。

城市纹章：欧洲城市制度的徽记

意大利统一时，这一"城市国家"得到"意大利统一之父"朱塞佩·加里波第的支持，保证这一地区制度维持不变并保持独立，这得益于早年加里波第在统一国家的过程中得到圣马力诺的保护。圣马力诺面积 60 平方公里，人口 3.3 万人（2016 年的统计数据），设立了 9 个自治市。1992 年圣马力诺成为联合国的成员国，国家在外交上保持中立。

尽管是"袖珍国家"，但圣马力诺完全具备完整的国家制度，不仅有首都，还有若干自治体，国家图形包括国旗和国徽，国家机构还包括奥林匹克委员会。国家纹章和同名首都城市纹章使用相同的寓意物：三座城堡塔楼，飘扬的白色鸵鸟羽毛代表亚平宁半岛，塔楼耸立在绿色草地上，绶带上写着拉丁文单词"自由"。盾徽上的王冠象征着拥有独立主权的共和国。塔楼象征蒂塔诺山上的三座城堡塔楼，城堡初建于 13 世纪，之后陆续修建形成三塔楼的城堡，现在城堡和中心历史城区被列入《世界遗产名录》。圣马力诺奥委会徽章沿用国家纹章的形式，为下坠悬吊的勋章形式，上方为圣马力诺国旗的卷幡形式，最顶端为奥林匹克五环的图形。

城市经济支柱产业为旅游业和银行业，实际上圣马力诺居民的日常工作范围没有受到"国境"的限制，白天在附近的意大利城市上班，晚上"回国"。

---

① 马千著：《医院骑士团全史》，台海出版社 2016 年版，第 11 页。
② 中共中央马克思、恩格斯、列宁、斯大林著作编译局：《马克思恩格斯文选》第 4 卷，人民出版社 2009 年版，第 223 页。
③ Http://whc.unesco.orh/en/list/286
④ ［美］朱迪斯·M.本内特，C.沃伦·霍利斯特著，杨宁，李韵译：《欧洲中世纪史》，上海社会科学院出版社 2007 年版，第 23 页。
⑤ ［荷］布拉姆·克姆佩斯著，杨震译：《绘画、权力与赞助机制：文艺复兴时期意大利职业艺术家的兴起》，北京大学出版社 2018 年版，第 237 页。
⑥ ［英］马克·格林格拉斯著，李书瑞译：《基督教欧洲的巨变》，中信出版社 2018 年版，第 235 页。

圣马力诺国家纹章（左）和圣马力诺奥委会徽章（右）。

六、重返罗马——"条条大路通罗马"

谚语"条条大路通罗马",也可以说是罗马将道路修建到他们所知世界的各个角落,是强大古罗马帝国扩张的基础条件。据不完全统计,古罗马的道路有 4 万公里,连接了各座城镇,并采用规范化的设计,具有良好的排水系统,"里程碑"(Milestone)也是在这时期的建造中产生的。

1.《世界记忆名录》的"古罗马道路图"和古罗马道路的标准

被列入《世界记忆名录》的"古罗马道路图"(Tabula Peutingeriana),大概绘制于公元五世纪上半叶,是罗马帝国道路网图。13 世纪在法国科尔马被发现,地图在德国奥尔姆斯(Worms)被一名学者(Conrad Celtes)收藏,他在 1507 年将地图转交给德国政治家、人文主义学者康德拉·波伊廷格(Konrad Peutinger,1465–1547),此地图在

古罗马道路图,公元四世纪或者五世纪制作,藏于奥地利国家图书馆 ①。

城市纹章:欧洲城市制度的徽记

1714 年前一直为波伊廷格家族收藏，故现在地图用其名字命名为"波伊廷格古地图"。地图在 1714 年后被哈布斯堡王室图书馆购买收藏。地图上有 555 座城市，3500 个地名记录，古罗马三大城市罗马、君士坦丁堡和安提亚（Antioch）在图上均有标注，安提亚城市后来被毁而不复存在。图中自上而下分别是达尔马提亚（Dalmatia）海岸、亚得里亚（Adriatic）海、意大利南部、西西里岛、非洲地中海海岸。地图分 11 个部分，全长 6.75 米。这一地图的准确度虽然不高，但它对欧洲的考古学与地理学结合起到重要的导引作用，图上的信息提供了有效的帮助。

古罗马以法律确定了道路标准和类型，道路宽度一般为 8 英尺，即 2.45 米，但在建造实践中变化很大。在公元前 450 年通过的"十二铜表法"（Twelve Tables），因为共有 12 条法律而得名，法条被刻在铜板上竖立于古罗马广场，法条规定了道路宽度。制作于公元前 7 世纪的战车，由来自波普罗尼亚（Populonia）墓葬出土的铜配件重新组装而成，高 1.4 米，宽 1.8 米，车轮直径 1 米，这是军事阅兵所用的战车，是领主的随葬品。波普罗尼亚是伊特鲁里亚人当时居住的一座城市，现在是托斯卡纳大区皮奥恩比诺（Piombino）的一个区，该市人口约 3 万。当罗马帝国衰落后，由于古罗马的经济衰败，不少道路的维护难以为继，有的被村庄占用，有的破损废弃，但欧洲现在道路系统和城镇的形成还是与此时期的道路分布与建造活动密切相关，欧洲许多国家的道路系统有不少是按照历史上的古罗马道路系统走向进行设计的，特别是几条跨越阿尔卑斯山、比利牛斯山（Pyrenees）与海洋连接的道路。克服地理门槛的天然屏障，寻找更广阔的海洋，这就是帝国道路拓展的方向。这些大道孕育了当今依然生机蓬勃的城市。

从罗马帝国走向国家概念的形成

制作于公元前 7 世纪的战车，由来自波普罗尼亚墓葬出土的铜配件重新组装而成。

2. 从阿皮亚大道到奥古斯都大道

从公元前 4 世纪开始，古罗马修建连接各行省的道路，保障罗马军队快速达到各行省，从帝国各地运回各种物资到罗马，也方便从罗马输出盐等货物至各地，罗马城的谷物供给是帝国稳定的基础。古罗马道路的建设是建立在政治和军事目的之上的，建造主要道路系统是为军事运输和粮食运输服务。从阿皮亚大道（Via Appian）开始，古罗马的道路是以建设者的名字命名，而不是以"终点"命名。公元前 312 年，阿皮亚大道是古罗马帝国最早为战略功能修建的古罗马之路，是第一条真正罗马式的道路，被称为"罗马古道之皇后"。

从罗马出发，先通达罗马人征服的加普亚，随着罗马帝国向前推进，大道修建到南部港口城市布林迪西（Brindisi）。布林迪西因为良好的海港条件，能够让城市保持与中东、希腊的商业贸易，所以在意大利半岛具有区域战略意义。古道第一段用于军事运输补给，建立于公元前 314 年，为阿皮亚·克劳狄（Appius Claudius Caecus）任古罗马帝国财务官时下令修建，故以他的名字命名。在布林迪西建立了到达终点纪念柱。罗马柱子原来是一对，其中一根被莱切（Lecce）偷走，现在竖立于该市的圣·奥轮佐广场（Piazza Sant'Oronzo）。布林迪西现在是普利亚（Apulia）大区布林迪西省的首府，城市徽章的寓意物采用的就是双希腊柱式，象征着古罗马阿皮亚（Appian）之路的终点纪念柱（terminal columns）。在城徽下半部分表现了呈"鹿角"的港口地形形状，城市的名字也含有"鹿角"之意。

意大利布林迪西的城市纹章（左），布林迪西市内的罗马之路终点纪念柱（右）。

（Municipal right），由于阿奎特蒂尼亚大道由此通往大西洋，成为意大利古罗马帝国超过十万居民的大城市阿奎莱亚（Aquileia）至潘诺尼亚（Pannonia）行省的联结点，现在城市保持将近4万的人口，而阿奎莱亚仅有不足四千人口。

古罗马时期属于诺里库姆省的斯洛文尼亚城市采列的城市纹章（左）和法国的萨韦尔恩城市纹章（右）。

公元前118年，古罗马建造的阿奎特蒂尼亚大道（Via Aquitania）通往大西洋，起点是法国现在的城市纳博讷（Narbonne），这里是古罗马帝国在高卢地区的第一条古罗马道路称为多米蒂亚大道（Via Domitia），以公元前122年的执政官名字命名，从东面跨越阿尔卑斯山，建立于公元前118年的道路约400公里，从高卢地区西南部阿奎特蒂尼亚行省经过法国原隆格多克省（Languedoc），沿途形成法国城市波尔多（Bordeaux）和图卢兹（Toulouse）。现在图卢兹大都市区是法国排名第四的大都市区，是上加龙省（Haute-Garonne）最大的城市。

古罗马时期属于诺里库姆省斯洛文尼亚城市——采列（Celje），在公元45年由罗马皇帝克劳狄授予城市权利

除了古罗马帝国边境的军事设施是城市发展的起源外，另一个城市发展的动力是古罗马的道路网络流通可行性。在古罗马建造的道路上，建立了休息驿站，人口围绕驿站聚集，而城镇开始发展起来，如德国莱茵兰——普法尔茨州的莱茵察贝恩（Rheinzabern）、法国的萨韦尔恩（Saverne）等。

德国莱茵察贝恩（Rheinzabern）市，历史上从原来古罗马道路旁的客栈（tavern）逐步演变成小镇。其城市纹章图形源自1755年领主的纹章，在1955年由市政厅获准使用。法国阿尔萨斯-香槟-阿登-洛林大区的下莱茵省萨韦尔恩市，处于德国和法国边界地区，也是古罗马道路上翻越佛日山脉（Vosges）的要道，城市纹章盾徽上盾面的图形与

德国莱茵察贝恩市的城市纹章。

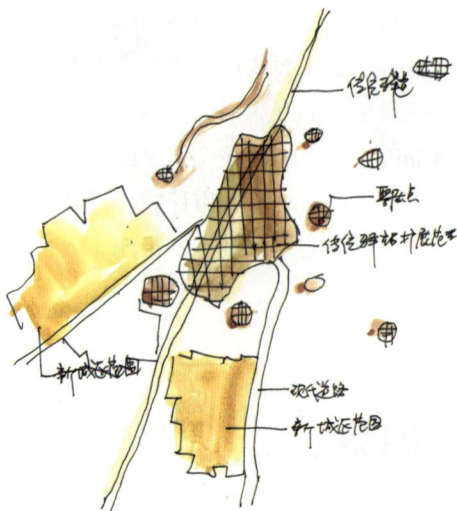

德国莱茵察贝恩市的驿站和现在城市范围的关系。

来自下莱茵省的图形基本一致，是 12 世纪此地领主的印章，纹章的寓意物是独角兽角，来自传说中在一座废弃的城堡里发现的独角兽角，这是古希腊的神兽图形。

西班牙连接意大利的古罗马奥古斯都大道（Via Augusta）也是一条跨越地理门槛的重要通道，是以加的斯（Cádiz）为起点，是通向比利牛斯山（Pyrenees）重要走廊，通道全长 1500 公里。古罗马皇帝奥古斯都为征服伊比利亚半岛，让军队修建了罗马古道。

西班牙埃斯特雷马杜拉（Extremadurea）自治区内有多处古罗马、伊斯兰的建筑遗址，古罗马道路使物流和人流聚集而形成城市，区内城市卡塞雷斯（Cáceres）也被列入《世界遗产名录》，《世界遗产名录》的评语中写道："卡塞雷斯城历史上摩尔人和基督徒的争

斗，也反映在了该城的建筑中，罗马式、伊斯兰式、北哥特式和意大利文艺复兴式的建筑风格在这里和谐地融为一体。"

3. 克劳狄—奥古斯特之路城市纹章的图像历史记忆

修建道路跨越阿尔卑斯山是古罗马通向西北欧的重要战略之举，公元前 15 年，古罗马帝国为了控制阿尔卑斯山北部地区，开始开辟另一条穿越阿尔卑斯山的道路：克劳狄—奥古斯特之路（Via Claudius Augustus）。在公元 41—54 年罗马皇帝克劳狄时期建成，修建道路总共花了 60 年的时间。道路的开通实现了军事目的，古罗马加强了对拉埃提亚省（Raetia），现在的德国、瑞典和奥地利部分地区和诺里库姆省（Noricum），以及现在奥地利和斯洛文尼亚部分地区的控制，也为贸易提供了走廊通道。

建于古罗马时期的克劳狄—奥古斯特之路促进了沿线城镇的繁荣发展，但也有不少城镇在历史潮流中逐步衰败变为废墟，像诺里库姆省首府 Virunum 完全成为废墟。公元前 15 年，古罗马帝国不同时期分属于诺里库姆行省和上潘诺尼亚（Pannonia superior）行省的多瑙河军事前沿要塞城市维也纳（古罗马称为 Vindobona）成为奥地利首都，而行省的首府斯缪姆（Sirmium），靠近现在塞尔维亚的城市斯雷姆斯卡·米特罗维察（Sremska Mitrovica），现人口 4

城市纹章：欧洲城市制度的徽记

万人，有十位古罗马皇帝出生于此，是
欧洲最古老的城市之一，曾经是古罗马
时期与特里尔、米兰和伊兹密特同等地
位的大城市，现在仅留下让后人凭吊的
历史文化遗产的断垣残壁。

德国奥格斯堡市 1785 年的旧城市纹章、
1985 年的新城市纹章和城市足球俱乐部标
志（从左至右）。

塞尔维亚的城市斯雷姆斯卡·米特罗维察
城市纹章。

古罗马的雕刻。其后在 1521 年为城徽
增添了柱头，1785 年对城徽进行修订
后沿用至 1985 年。1985 年，奥格斯堡
市政厅组织艺术家再一次运用现代的平
面设计手法对城徽传统样式进行修改，
保存了图案中松果和柱头的图形，1985
年修改后的城徽更富于装饰性。

　　沿克劳狄—奥古斯特之路建立起
来的城市，它们的城市纹章尽管是中
世纪才出现，但从城市的城徽中还是
可以窥见阿尔卑斯山地区的地理环境
特点和古罗马文化的延续。这片地区
在中世纪后长时间为神圣罗马帝国统
治，尽管形似"罗马帝国"，但已不似
"神圣"。

德国巴伐利亚州的金绍市、阿尔泰姆市和埃灵
市的城市纹章（从左至右）。

　　德国巴伐利亚州的奥格斯堡市是
这一古罗马之路沿线的重要城市，曾
经是罗马行省拉埃提亚省的首府，城
市的城徽充分体现了古罗马传统视觉文
化的延续。城徽的寓意物为松果（pine-
cone）和柱头（capital of a pillar），这组
象征符号出现在 13 世纪。松果作为符
号象征是因其为希腊神话中的圣物，和
罗马军团军杖的象征有关联，根据有关
学者的研究，奥格斯堡的城徽原型来自

　　德国巴伐利亚州的福森（Füssen）
是罗马时期已经建立的居住点，当时
是罗马建立的拉埃提亚行省的省会城
市，后来成为奥根斯堡主教的夏宫。三
只屈腿的图案是城市纹章的寓意物，在
传统上称为特里斯科勒斯（Triscle），
为古希腊语。三条腿的妖怪格尔鲁尼
（Gorgone）头部为蛇形，一些学者认为
它来自东方，是巴力神（Baal）的象征，
表示时间的永恒。此考古发现使这一特

德国福森的城市纹章。

德国奥格斯堡市政厅。

殊符号的历史能够追溯到公元前 7 世纪下半叶。

德国巴伐利亚州的城市城市纹章表现的是河流，阿尔卑斯山上奥地利的城市的城徽多用动物寓意物，意大利靠

德国巴伐利亚的城市锡格哈廷城市纹章（左）和奥地利韦尔斯城市纹章（右）。

近阿尔卑斯山地区的城市纹章基本属于奥地利纹章风格。巴伐利亚境内的城市金绍（Kinsau）的城市纹章寓意物中用贯穿盾面的斜穿横带（Fess）象征河道，奥地利阿尔泰姆（Altheim）的城市纹章也是类似形式，中间金色波浪形斜穿带象征着地理特征，纹章是 1581 年巴伐利亚公爵授予的。1721 年著名德国制图师迈宁所绘制的阿尔泰姆城市鸟瞰图记录了这一纹章，这一纹章有近 300 年的历史。

从巴伐利亚进入奥地利，罗伊特（Reutte）是奥地利较大的贸易城市，1489 年获得城市权利，在马克西米利

城市纹章：欧洲城市制度的徽记

安统治时获得更多的权利。奥地利罗伊特区境内沿着山脉可以找到现存的城镇菲尔斯（Vils），处于德国和奥地利边境，城市寓意物是黑色的野牛。罗伊特区 300 多人的小村穆绍（Musau）的纹章寓意物是狐狸。

奥地利兰德克市城市纹章（左）和诺德里奥小镇的城市纹章（右）。

奥地利境内城镇菲尔斯（左）和穆绍的城市纹章（右）。

奥地利兰德克（Landeck），处于克劳狄—奥古斯特之路上，是从意大利出征的必经之地，11 世纪蒂罗尔伯国（Tyrol County）和成为神圣罗马帝国一部分的蒂罗尔的纹章象征物均是展翅的红色鹰，也是现在奥地利蒂罗尔州（Tyrol State）使用的纹章寓意物。蒂罗尔州的州徽是白色盾面上展开翅膀的红鹰，这是源于 1205 年蒂罗尔伯爵的印章图案，作为州徽是在 1946 年正式批准使用。兰德克城市纹章上体现这一红色展翅的鹰，背后的古城墙转角成为纹章历史演变的见证。

诺德里奥（Nauders）是战略要地，处于意大利、奥地利和瑞士交界地带，虽处蒂罗尔伯国的领地，但哈布斯堡王朝、瑞士联邦和意大利王国多方在 15 世纪、16 世纪武力争夺此地。现在的

城市纹章是红白色对分的双鱼寓意物，体现了聚居地所在山谷的自然资源，红色也留下了蒂罗尔伯国传统纹章的色彩记忆。

神圣罗马帝国的历史也印记在山谷中的小镇纹章中，奥地利阿尔卑斯蒂罗尔州处于施图拜谷地（Stubaital）新施蒂夫特（Neustift im Stubaital），常住人口仅为 4510 人。新施蒂夫特城市纹章盾面为红白相间的奥地利国旗图案，寓意物为一张黑色弓和两枝斜交叉的箭，象征这里曾经是神圣罗马皇帝马克西米利安（Maximilian I，1459–1519）狩猎的森林，城市纹章成为纪念马克西米利安一世皇帝在此狩猎的图形记忆。

蒂罗尔地区多个 3000 米以上高度的山峰常年积雪，约有 15 平方公里的范围全年有雪而成为滑雪者的天堂，是

奥地利施图拜谷地新施蒂夫特城市纹章（左）和奥地利蒂罗尔州的州徽（右）。

蒂罗尔地区风景最美的风景区之一。虽然称为"新施蒂夫特"，但这一"新"的说法是从 14 世纪开始称呼的，此地在公元前 15 年开始有人居住，古罗马帝国统治时是拉埃提亚行省的一部分，当时拉埃提亚行省以现在奥地利蒂罗尔大部分地区为中心，向南至巴伐利亚南部，向东包括瑞士中部，罗马帝国皇帝奥古斯都喜欢拉埃提亚出产的酒，这里因农产品质量好而成为罗马帝国的农产品供应地，推动了罗马之路的繁荣。

新施蒂夫特小镇的圣佐治教堂是最引人注目的标志性建筑，教堂建于 1768 年。

以州徽为图案中心的出租民宿认定信息牌。

城市纹章：欧洲城市制度的徽记

在这片山谷地区，有大大小小居住规模不等的城镇，每个小城镇都有自己居住空间的共同符号：以标志性教堂建筑为寓意物的城徽。在许多人口数千人的小市镇，教堂是必须的并是唯一的标志性建筑，这也就成为城徽的主要题材。宗教寓意是沿途奥地利城市和小镇纹章的特点。奥地利阿尔卑斯山下施图拜谷地赛尔赖德（Sellrain）、施米恩（Schmin）、阿亨基希（Achenkirch）等小镇均以教堂为象征符号。

沿着古罗马帝国开辟的克劳狄—奥古斯特之路，穿越阿尔卑斯山下的奥地利蒂罗尔州、克恩赖州等城镇，沿途

奥地利施图拜谷地新施蒂夫特阿尔卑斯山风景。

奥地利蒂罗尔州托巴迪尔、莱哈绍城城市纹章、莱茵河畔魏森巴赫市的城市纹章（从左至右）。

奥地利施图拜谷地新施蒂夫特圣佐治教堂后院的墓地。

的城市城徽体现了古罗马帝国的文化

印记。

　　沿意大利古罗马大道在阿尔卑斯山形成的城镇主要在特伦蒂诺－上阿迪杰大区内，靠近意大利与奥地利边境的较大的意大利城市是博尔扎诺（Bolzano），它也是博尔扎诺省的省会。该地的城市纹章是银色盾面上中间有一红色横带，横带上点缀着一颗六角星。城市曾经在罗马帝国的统治下，也是在意大利统一

城市纹章：欧洲城市制度的徽记

之前蒂罗尔伯国的领地，是典型的阿尔卑斯山的山地城市。博尔扎诺现在是拥有约10万人口的城镇，2014年被评为意大利生活质量最好的城市。公元前15年，古罗马军队在此建立军事基地，靠近阿尔卑斯山的巴伐利亚人迁入，4世纪开始建立了基督教堂，从7世纪开始主教成为统治者，7世纪随着罗马帝国的衰落而成为日耳曼人的领地。12世纪由于成为奥根斯堡与威尼斯贸易线路的中转站，经济得以繁荣。1381年城市建立了市议会，管理官员由日耳曼人和意大利人共同担任。之后哈布斯堡王朝统治此地，当神圣罗马帝国解散后，并入统一的意大利领土。不规则的棱堡防御体系用于封闭的城市，沿河流发展的城市同样也采用这一形式，波尔扎诺现在是意大利北部中心城市之一。

奥地利施图拜谷地新施蒂夫特圣佐治教堂，建于1768年。

阿本奇F.Stubaierhof
Stubaier Gletscher
20/7

Gemeindeamt TOBADILL

奥地利蒂罗尔州托巴迪尔官方网站的标记图。

沿着克劳狄—奥古斯特之路，意大利境内较大的城市还有威尼托大区贝尔诺省费尔德雷（Feltre），此城公元前48年就获得城市权利，是意大利最早建立的城市，纹章以城堡为寓意物。意大利一侧的拉伊韦斯（Laives）的城市纹章是 V 字形的蓝白相间的造型，在纹章学中将这种盾面分割法称为 Pile，

奥地利阿尔卑山下施图拜谷地以教堂为象征物的城徽，包括赛尔赖德、施米恩、阿亨基希、皮茨河谷阿兹尔、里茨等小镇（从左至右）。

城市纹章：欧洲城市制度的徽记

代表着山谷，中间是该地区 Peterkofle 教堂的象征性造型，该教堂建于 11 世纪，分别在 13 世纪和 1756 年两次重建。

意大利拉伊韦斯城市纹章、费尔德雷城市纹章和拉贡多城市纹章（从左至右）。

不同领地的合并体现在纹章上，有行政管理和臣服的含义，体现了制度的精神基础，也反映了行政上城市规模的变化。沿古罗马之路在意大利境内的小镇拉贡多（Algund），拥有优良的葡萄栽培品种，因此城市纹章使用了一个酒桶和一串黑葡萄来象征地区产业特色。

在阿尔卑斯山上的古罗马道路有若干驿站，其作用进一步扩大而形成城镇。号角是古代欧洲邮驿的象征符号，也是打猎使用的工具之一，这一传统一直延续至今，成为象征邮政的标志符号，用于有关邮政的物件上。阿尔卑斯山区域有几个以邮政驿站为基本功能的城市，它们的城徽选择了这号角一寓意物，证明在古代高山地区邮政的重要性。沿线的意大利城镇马格尔（Margreid）、布龙佐洛、科尔塔恰（Kurtatsch）均采用这一传统的寓意

物来象征城市的邮政功能。马格尔城市纹章之所以如此是因为 1511 年居住于此的一个家族首先使用这一特殊图形，1967 年重新通过授权使用。

这条线路从古罗马发展至今，2000 多年来从多瑙河到亚得里亚海，使不同文化相互交融，线路跨越阿尔卑斯山进入威尼斯海港并连接三个国家，从欧洲冲突到欧洲统一，克劳狄—奥古斯特之路起到重要的纽带和桥梁作用，因此被称为"欧洲文化轴线"（European axis of culture）。"欧洲文化轴线"克劳狄—奥古斯特之路也成为"欧洲自行车之旅"（Bicycle Route & Tours）的重要线路。"欧洲自行车之旅"覆盖欧洲官方认可的路径，形成结合运动、文化体验和贴近自然的自行车旅行网络，途中还提供导航、住宿、导游和自行车修理等丰富的服务内容。

意大利的城镇马格尔、科尔塔恰和布龙佐洛的城市纹章（从左至右）。

这条 700 公里长的古罗马克劳狄—奥古斯特之路利用现存的古罗马道路遗迹，成为"欧洲自行车之旅"中最具文化意义的路线，从斯图加特附近的多瑙沃特（Donauworth）市一直延伸到威尼斯大区小镇夸尔托蒂诺（Quarto d'Altino），跨越三个国家，让旅游者充分体验文化的交融和从古罗马走过来的历史变迁。克劳狄—奥古斯特之路采用的路标为象征古罗马建筑最高技术水平的拱形建筑形象，与道路专用词 VIA 结合在一起。采用具有可识别的统一的路标（signpost）进行指引是这一计划的共同特点。对于广泛的乡村地区，则通过对古代遗迹的恢复利用，促进旅游观光业的发展。大约从公元前 500 年开始，古罗马人修筑了大量以罗马城为中心的放射状道路通向欧洲各地，为军事、商贸和日常运输服务。这些古罗马时期的古道在今天的欧洲大陆还有许多遗存。各国利用这些古道，协调建设横跨欧洲大陆的自行车与徒步路线，串联起众多古村落旅游点。沿途的风景和古城，吸引了大量长途徒步爱好者和骑行者，促进了各国间文化的交往融合，成为欧洲标志性的旅游线路。这些线路丰富了乡村旅游的文化内涵，使人们在接触自然、锻炼身体的同时体验文化，从而吸引人们源源不断地走向乡村，促进乡村地区的发展。

意大利博尔扎诺自治区（South Tyrol）和贝卢诺（Belluno）考古发现了两件"里程碑"文物，上面刻写着道路的名字、完成时间、谁下令修建以及方向，原件现藏于瑞士的伯申市市政博物馆。

克劳狄—奥古斯特之路的终点为意大利威尼斯大区小镇夸尔托蒂诺，古罗马时期这一小镇临近的较大城市的名字称为阿尔蒂诺（Altinum），小镇名字

统一的克劳狄—奥古斯特之路路标（左）和里程碑（右）。

夸尔托蒂诺的意思就是离阿尔蒂诺城有四分之一里距离（a quarter of a mile）。小镇的城徽也具有古罗马道路的含义，盾面有一道斜穿的横条，是石头铺砌的道路象征，也是古罗马之路的寓意。

意大利威尼斯大区的城市纹章（左）；小镇夸尔托蒂诺的城市纹章（右）。

在奥地利境内的古罗马之路的自行车道直接命名为"古罗马之路"（Romans Road Cycle Route），道路 173 公里长，起点为帕绍（Passau），终点为韦尔斯（Wels），编号为 R6，路标上奥地利州的纹章和 R6 是形象标识。

车道沿途经过的城市有奥地利和德国巴伐利亚的城市锡格哈廷（Scharding）、埃灵（Ering）、阿尔泰姆（Altheim）、韦尔斯（Wels）等城镇。锡

奥地利上奥地利州的纹章。

古罗马之路的路标。

格哈廷城市纹章盾面下半部分以号角为象征物，突出了历史上城市的邮政功能。德国巴伐利亚的埃灵在中世纪是维特尔斯巴王朝的领地。德国巴伐利亚州的城市韦尔斯是罗马帝国时期的重要城市，120年就获得城市权利，200年左右就有近2万人在此居住生活，现在此地古罗马时期的城墙遗址得到保护。

另一条罗马古道称为"儒略（Julia）之路"。从德国巴伐利亚的金茨堡（Günzburg）出发，以奥地利萨尔兹堡（Salzburg）为终点，全长328公里，采用了同样的路标图形，但用蓝色与橙色区分。金茨堡是古罗马在公元前70年建立的边境堡垒，因位于金茨河（Günz）进入多瑙河交叉处而成为战略要地，14世纪成为哈布斯堡王朝的领地，后又为巴伐利亚王国所拥有。

许多城市的前身是被古罗马作为多瑙河的防御要塞建立起来的。线路上的起点城市金茨堡，中世纪为哈布斯堡王朝所控制，1805年并入巴伐利亚王国。城市纹章的寓意物的一半就有巴伐利亚的独特图形（Bavarian fussily），古罗马古道终点城市萨尔兹堡市是萨尔兹堡州府所在地，在公元前15年，居住地已经按照古罗马的城市样式进行建设，公元45年开始，这里是罗马帝国萨尔兹堡省半自治的城市，至716年变成巴伐利亚的一部分，8世纪后由萨尔兹堡的主教统治，14世纪时为神圣罗马帝国内大主教的采邑城邦。主教的高度集权统治、巴伐利亚公爵的统治、市民自治权利的获得交替进行，所以萨尔兹堡州的纹章与主教纹章、萨尔兹堡公国的纹章具有历史关联性。城市的城墙是11世纪后期开始建设，现在留存的城市印章为1249年产生的，以印章的图形为寓意物。在城市历史中心地区，从中世纪至19世纪的包括大量巴洛克风格的建筑得到有效的保护，1756年，这座城市诞生了举世瞩目的音乐天才乌夫冈·阿马戴乌斯·莫扎特（Wolfgang Amadeus Mozart），《世界遗产名录》这样评价："也许正是这种南北欧艺术的交融才成就了萨尔兹堡最著名的天才——乌夫冈·阿马戴乌斯·莫扎特。从那时起至今，他的名字便一直和这个城市联系在一起。"这座城市也是电影《音乐之声》拍摄地。

2016年8月24日，意大利中部古城阿马特里切（Amatrice）被强大的地震摧毁，200多居民离开人世。西罗马帝国瓦解后，这里曾经被伦巴第统治，后来又成为那不勒斯王国的组成部分，红色的盾面白色十字架表达了城市属于"教皇派"的政治倾向，把齿型凹处的空间是百合花，13世纪时，城市属于当时的法国安茹王朝那不勒斯王国的一

道路旁的古罗马头盔图形的标识牌。

部分，纹章记录了这一历史。1927年
城市融合进入拉齐奥大区。

意大利阿马特里切城市纹章。

① ［英］杰里·布罗顿著，林盛译：《十二幅地图中的世界史》，杭州：浙江人民出版社2016年版。

② www.hs-augsburg.de/~harsch/Chronologia/Lsposto3

③ Arthur Charles Fox-Davies. *The Art of Heraldry.* London: T.C. & E.C. Jack 1904, p.445.

城市纹章：欧洲城市制度的徽记

V

欧洲一体化和欧洲
文化之旅

欧洲的城市体系建立在古希腊殖民化和古罗马帝国军事化布局的基础之上，通过贸易促进了城市的生存活力，保证了沿贸易线路城市的繁荣，从而加强了城市网络的连接。海外贸易的竞争产生的新帝国，帝国统治下保持帝国内城市网络的相对平衡，港口城市发挥着无可替代的作用。在工业革命时期，一些小的专业城镇迅速成长，城市网络的节点城市密度增加了。

在近代强调国家统一意志的作用下，城市的层级关系更为分明，首都的经济、文化和政治中心地位明显。时至今日，欧洲城市网络最为健全，城市体系与交通体系的紧密复合保持了城市间的产业分工和贸易发展，在世界100个GDP最高的城市中，欧洲有30席。2007年世界生活质量排名前10位中，欧洲城市有7座；前50名的排名中，超过一半城市在欧洲。

欧洲一体化是欧洲半世纪深耕努力的目标，但事与愿违，近年经济利益、民族国家情结催化了独立意识，英国脱欧正在路上。欧盟一直力图运用文化加强欧洲一体化身份认同，花巨资赞助了欧洲文化之都、欧洲文化之旅。欧洲城市的城市纹章记录了古希腊殖民化的历史轨迹，保存了古罗马的建造技术下广泛传播的历史遗产，保持着城市联盟的同一性，展示了帝国海上武力的

象征，也见证了从封建制度转化为国家共和的历程，欧洲城市体系的变迁深植于纹章文化之中。

欧洲语言多样性成为创造文化多元化的基础，但民族性国家意识强烈，在18世纪70年代，没有统一的联系紧密的中央集权共同体存在。纹章图形语言反而成为欧洲各民族国家的共同图形语言，但它带来的凝聚力作用不强，反而如同民族独立的图腾。

一、欧洲？还是残缺的欧盟

在21世纪，欧洲的纹章数量日益增多，冷不防又冒出一个以盾徽形显示的新国徽。欧洲的民族国家意识在20世纪末表现特别强烈；而同时怀旧的符号重新出现，在分离运动中，其意识形态观念表述通俗易懂。欧洲常被欧盟所代替，历史上德国和法国多次成为领头大哥，今天的势头似乎德国更强劲些。前东欧阵营的"同志们"更多地在欧盟担任联络和文书的岗位，以示欧盟机构多元文化的存在。

1. "圣母的光环"？欧洲联盟象征图像的变化

欧洲从中世纪开始建立基督教统一的帝国概念，从神圣罗马帝国到波希米亚王国一直在追求这一目标而没有停止。德国亚琛（Aachen）市在1950年设置了查理大帝奖（Charlemagne Prize），表彰为欧洲的团结和统一作出贡献的杰出人士，这是具有历史传统的世界著名奖项，神圣罗马帝国第一位皇帝查理大帝被认为是欧洲西方文化的奠基者，而亚琛在1562年之前都是神圣罗马皇帝加冕的城市，从10世纪开始共有31位神圣罗马皇帝在此加冕。

现代欧洲试图用欧洲联盟（European Union）代替欧洲统一的帝国概念。但是欧洲文化中对传统独立王国高于国家统一的概念根深蒂固，欧盟在1957年由6个欧洲经济体发起联盟，现今为27个成员国，2013年，克罗地亚是最新加入的成员国，2020年1月30日，欧盟正式批准英国脱欧。欧洲国家分裂与碎片化的现象不可避免。欧盟的旗帜是在1955年开始使用的"蓝色金星"会旗。

欧洲面积1018万平方公里，共有45个国家和地区，约7.3亿人口，超过三分之二的人口生活在城市地区，是世界上人口密度最大的洲，欧盟常用自己的联盟换取欧洲概念似乎理所当然。这在欧盟的一系列文件中不难看到。东欧的解体为欧盟提供了自言自语的契机。

欧盟成员国家传统纹章拼合图。

欧盟会旗。

城市纹章：欧洲城市制度的徽记

有研究欧洲问题的美国学者指出，在东欧做一个"欧洲人"并不容易。东欧不少国家已加入欧盟，但在欧盟经济贡献国眼中存在若干"非欧洲"的因素和现象，如果某天一旦东欧成为经济贡献国，反过来说，什么才是"欧洲的"？但必须承认的是欧盟是政治的产物，它的基础"欧洲煤钢共同体"是战后德国和法国和解的产物，欧洲共同体是同一文化意识形态欧洲国家的经济联合，而最初的欧洲议会更是强调欧洲文化和价值观主导下的人权联盟。符号是共同认知的价值观的图形象征，欧洲议会或欧共体的环型十二颗五角星的蓝色旗帜，最早于1958年出现在比利时布鲁塞尔博览会上，以显示欧洲的团结，但设计者的设计意念来自圣母玛丽亚的光环。2016年英国民意公投决定"脱欧"，欧盟领导人对此可以用恼羞成怒来形容，但严格讲是"脱离欧盟"而非"脱离欧洲"。

1948年在荷兰海牙，数百名欧洲的政治家、政府代表在此讨论成立欧洲议会（Council of Europe，CoE）的议题，1949年通过的《伦敦条约》确定了有关目标和架构。同年欧洲议会在法国的斯特拉斯堡（Strasbourg）市成立，成员有47个国家，总部也设立于此。随后进行标志征集，法国人阿尔塞纳·海茨（Arsene Heitz，1908-1989）和比利时人保罗·M. G. 列维（Paul M. G. Levg，1910-2002）联合设计的方案从101个设计方案中胜出，1955年通过该标记。作者是从基督教圣母玛丽亚的

十二星座的光环（twelve-star halo of the Vigin Mary）得到启发。1985年欧盟使用这一象征为欧盟的旗帜，为了避免混淆，欧洲议会标志在中间增加了小写字母 e。

"欧盟"的正式称呼在1991年的《马斯特里赫特条约》（Treaty of Maastricht）才出现。欧盟目前的行政主体为欧盟执委会，但欧洲部分国家在现代的联盟可以追溯到二战后欧洲煤钢共同体（European Coal and Steel Community），该机构成立于1951年，是由法国外长罗贝尔·舒曼（Robert Schuman）在1950年推出的计划。这一计划可看作德法两个欧洲轴心国的和解，煤和钢是战争中最为重要的物质，通过共同体制约战败国德国的煤和钢的生产，德国接受了多项谈判要求，包括将第三大产煤地的萨尔（Territory of Saar Basin）为法国占领，1956年才通过全民投票回到联邦德国，成为德国的萨尔州（Saarland）。

1957年根据《罗马条约》（Treaty of Rome）又建立了欧洲经济共同体（The European Economic Community），最初旗帜的6颗星代表六个创始国法国、德国、意大利、比利时、荷兰和卢森堡，也称为"六国欧洲"。根据1965年的《布鲁塞尔条约》（Treaty of Brussels），欧洲煤钢共同体为欧洲共同体下的一个机构。机构旗帜的蓝色代表钢铁，黑色代表煤炭。接着英国、丹麦和爱尔兰加入，成为"九国欧洲"，旗帜上的五角星增加9颗，于1973年

至 1980 年持续使用。希腊加入时在 1981—1985 年为 10 颗。20 世纪 80 年代，希腊、西班牙和葡萄牙加入，成为"十二国欧洲"，欧洲"十二国"欧洲经济共同体的旗帜，在原来旗帜的基础上五角星增加到 12 颗。在奥地利、瑞典和芬兰成为该机构成员时，星星没有增加并到此为止。1986 年有了新的解释：通过 12 星座的象征表达完美和团结。在 1985 年欧盟和欧洲共同体使用了欧洲议会的环型 12 颗五角星的图形为旗帜。

西欧在欧洲长期掌握了话语权，无论什么样的联盟，宗教、经济和军事是主要的力量。西欧从五十年代冷战时期就形成了军事联盟——"西欧联盟"（Western European Union），主要发挥军事防卫作用。西欧联盟成立于 1954 年，结束于 2011 年，其标记为 10 颗五角星，主要用于军事行动时的识别标记。WEU 是英文的缩写，UEO 是法文的缩写。1993 年的标记是 9 颗五角星。后来有关作用传递给了欧盟。理事会的标记是除了五角星之外，中间是英文字母 E 之上有一只象征和平的白鸽。1998 年建立的欧洲中央银行是欧盟经济团结的象征，欧元区（Eurozone）使欧盟经济一体化具有现实意义，从 11 个国家增加为现在的 19 个国家。在欧盟总部大楼前，比利时政府赠送的欧元符号纪念铜雕，成为游客的观光点。雕塑以古希腊神话人物"欧罗巴"为主题，标志性的符号是希腊文 E 字母，象征欧元，为比利时女雕塑家的作品。

"欧洲煤钢共同体"1958—1972 年旗帜。

西欧联盟理事会和联盟的标记。

比利时布鲁塞尔欧盟总部前的欧元符号纪念雕塑。

城市纹章：欧洲城市制度的徽记

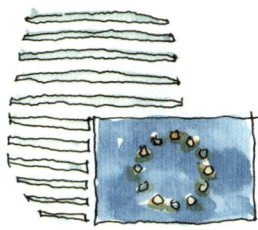

欧洲联盟委员会（左）和欧盟理事会的标记（右）。

欧盟一贯感觉良好地代表欧洲，但仅体现在理念、价值观和利益而已，而非完整地域性的政治政体，尽管欧盟努力进一步从经济转向政治的统一。2017年的《罗马条约》60周年总结报告指出，2013年至2016年间，欧盟创造了上千万个就业机会，69.7%的就业率，平均寿命年龄为79.6岁（全世界平均是71.4岁），欧元成为全球第二大储备货币。总结中强调"欧盟的故事是一个和平、团结和自由，又是繁荣、平等和可持续发展的故事"①。并重申欧盟的目标：维护和平，保障人民的良好生活条件；不因为边界隔断自由、安全和公平；可持续的发展保持经济增长和成本的可持续，竞争性的市场经济带动就业和社会进步，经济发展与环境保护取得平衡；消除恐怖行为，反对社会分裂；促进科学和技术进步；维持欧盟的团结；尊重文化的丰富特质，保持语言的多样性；统一货币体系，达到从经济到政治联盟。

欧洲联盟委员会（European Commission）、欧盟议会（下院，European Parliament）和欧盟理事会（Council of the European Union）的标记保持了图形的统一性，这种整体性意味着欧洲期待更稳固的政治秩序。

欧盟的欧洲议会（European Parliament）是根据欧盟达成的法定规则选举产生的，共有751席位。欧盟议会在1973年前使用的标记是EP字母组成的图案，用花环作为边饰，它有别于总部在法国的欧洲议会。

2. 文化复兴的欧洲文化之都

欧洲各国政府将推动社会的包容性发展作为公共政策制定的出发点，世界各地也在积极寻求推动包容性的方法。欧洲通过文化复兴和自然保育，走出了一条推动区域平衡发展的道路，"欧洲文化之都"（European Capital of Culture）活动就是维护欧盟包容团结的产物。

在促进核心地带以外的城镇发展方面，欧洲从1985年开始举办的"欧洲文化之都"活动产生了较为积极的作用。该活动每年评选出一或两座城市荣获这个称号，在享受称号的一年中，该市不仅有机会展示本市和本地区具有象征性的文化亮点、文化遗产和文化领域的发展与创新，而且吸引欧盟其他成员国的艺术家、表演家到该市表演和展出。这些城市也利用文化之都活动之际彻底改造自己的文化基地和设施。通过举办文化之都活动，扩大了这些城市的知名度，吸引了更多的游客，促进了文化旅游业的发展，同时吸引了新的投资，也提高了就业率。

"欧洲文化之都"的概念来自希腊文化部长的倡议，欧盟通过这一活动，力图通过欧洲文化的展示以达成欧盟的团结，如果说欧元是经济上的团结象征，"欧洲文化之都"则是文化上促进团结的节日，以此来丰富欧洲文化的多样性，加深对共同历史和价值的共识。

"欧洲文化之都"的目的：提升欧洲多样性文化的水平，加深对欧洲文化的共享和认知，增加欧洲市民对同属欧洲文化地区的认同感，借助文化力量促进城市发展。此外，利用这一重大活动事件，对城市更新、提升国际知名度和市民的自豪感、增加城市生活新活力、促进旅游业发展等都大有裨益。在2000年这一特殊跨世纪元年，采用了数个城市共同举办的特殊形式，共包括布拉格、圣地亚哥–德孔波斯特拉等9座城市，2015年的"欧洲文化之都"是捷克的比尔森（Plzen）和比利时的蒙斯（Mons），从1985年至今30多年来已经在欧洲超过50座城市举办了"欧洲文化之都"活动，包括雅典、佛罗伦萨、柏林、格拉斯哥、巴黎、都柏林、马德里、安特卫普、阿维尼翁、里斯本、卢森堡、哥本哈根、斯德哥尔摩、魏玛等，在30年纪念活动中，欧盟教育文化和体育委员会总结认为"欧

洲文化之都"在过去的30年已经发展成为欧洲最具雄心的文化项目，也是欧盟最被赞许和知名度最高的欧盟活动。从1985年至2016年已经有54座城市成为欧洲文化之都。在举办城市的选择上，对城市人口规模要求不高，在近十年还将前东欧国家的城市与传统欧洲城市结合配对，每座举办城市获得欧盟150万欧元的支持。

"欧洲文化之都"选择的城市现在更多的是倾向于文化历史遗产丰厚的中小城市，入选城市常选择东西欧各一，体现了东欧和西欧城市的互补性。2012年的举办城市是斯洛文尼亚北部城市马里博尔（Maribor），这是一座10万人的城镇，是传统的下施蒂利亚历史地区的中心城市，原属于施蒂利亚公国。另一城市是葡萄牙被列入《世界遗产名录》的基马拉斯（Guimaraes），一座5万人的小镇，被葡萄牙称为葡萄牙国家产生摇篮的历史小说。

斯洛文尼亚马里博尔城市纹章。

2013年，法国的马赛和斯洛伐克的第二大城市科西策（Kosice）成为"欧洲文化之都"，又是一次东西欧洲传统

城市纹章：欧洲城市制度的徽记

城市组合展示传统文化的成功范例。利用"欧洲文化之都"契机对城市环境进行改善，是被选为欧洲文化之都的城市的实际成果，科西策原来是一座重工业城市，2013 年借欧洲文化活动之机，进行城市文化设施建设而成功转型。城市的文化设施建设包括将 1970—1980 年废弃的热交换站改造为一个文化中心，还有利用城市废弃的旧工业厂区、军事设施等，将其重新改造为文化设施和公园，抓住欧洲文化之都的举办地这一机遇，推动城市更新。

原来的基础上增加了白色的鹰。它从四个领主的纹章中获得使用其中部分图形的权利并得到使用许可，是单一的护盾者纹章形式，称为第一个真正获得皇家许可（royal warrant）的欧洲城市纹章。2002 年，在城市主商业街的街心广场竖立起以城市纹章为主题的雕塑。

在底座用的三个盾徽反映了城徽

斯洛伐克的科西策城市纹章（左）；捷克的比尔森的城市纹章（右）。

斯洛伐克的科西策在 1230 年左右是匈牙利的一座村庄，1290 年获得城市的权利，匈牙利的农产品输入波兰的贸易路线需要利用这一重要枢纽城市，城市区位条件成为经济发展的驱动力。科西策现在是斯洛伐克八个行政大区之一科西策大区的首府，1996 年确定了大区的行政界线。1359 年作为城市拥有了城市纹章，1423 年的城市纹章是仅有红色和银色横带的图形，在盾面部首为蓝色的盾面上三朵金色的百合花[②]。现在的城徽是 1502 年开始使用的，在

斯洛伐克城市科西策城市中以城市纹章为主题的雕塑。

的三次变化，分别是 1369 年、1423 年和 1453 年，城徽分别体现了三个统治王朝的图形象征：阿帕达斯王朝（Arpads）的四道红色横条纹、安茹－西西里王朝（Capetian House of Anjou）的三朵金色百合花、雅盖隆王朝（Jagielion）的银色戴王冠的鹰。

马赛"欧洲文化之都"活动最后

科西策城市的城徽雕塑底座。

蒙斯市政厅的壁炉和铸铁纹章。

的经费是一亿欧元，期间举行了一系列文化艺术活动，包括音乐节、艺术展等900项活动，马赛是1950—1970年现代"粗野主义"（Brutalist architecture）建筑运动实践最多的城市，勒·柯布西耶（Le Corbusier，1887–1965）是倡导者，在马赛成为欧洲文化之都时，专门举行了勒·柯布西耶作品展览，马赛勒·柯布西耶设计的儿童活动中心是标志性建筑之一，城市新建立了包括"地中海文明博物馆"等多座博物馆。在

这一年，马赛创造了城市纪录，共有1100万游客访问马赛。

2014年的"欧洲文化之都"是里加和瑞典的一个8万人口的城市于默奥（Umea）。

2015年的举办城市为捷克的比尔森和比利时的蒙斯。正值"欧洲文化之都"活动举办30年纪念，比尔森在活动结束一年后总结："欧洲文化之都"活动是比尔森城市历史演变进程中一次引发巨变的最大动力，也是一座里程碑。

3. 读解欧洲文化之都的纹章文化

2015年的欧洲文化之都比利时小镇蒙斯是利用重大文化活动契机，提高城市知名度以促进旅游业和产业链条延伸的范例，多家高科技领域的中小企业

比利时蒙斯市政厅外部景观。

蒙斯市政厅前的广场。

蒙斯市政厅大阳台装饰和城市纹章。

因文化氛围浓厚被吸引在此落户。瓦隆大区的蒙斯市人口 10 万左右，是埃诺省（Hainaut）的省会城市，历史上发生过多次争夺领地的战争，1295 年成为埃诺伯爵的领地，后来多次易主，法国、荷兰和西班牙等的军事力量均曾入侵此地。蒙斯处于交通枢纽的重要战略位置，城市现在可以利用铁路通往欧洲蒙斯市政厅门锁的造型源于城市纹章。

蒙斯铸铁城市纹章（左）和皇家剧场镀金铸铁城市纹章（右）。

各地。蒙斯的市政厅被称为"和平宫"，原来是斯特乌特教务会的物业，用砖和石头混合的建筑材料建造而成，1390年建造了钟楼，依照哥特式建筑风格设计，1477年完工。后来在18世纪，建筑立面改变为文艺复兴建筑风格。市政厅周围由一个不规则的广场环绕着，后面的庭院对市民开放，称为"市长花园"。

蒙斯的城市纹章特点突出，城市中可读的纹章图形丰富，在市政厅内，就有城市纹章的表现形式。蒙斯市政厅门锁的造型源于城市纹章，又保持锁的功能，是一件高水平的铸铜艺术品。城市中的皇家剧场大门使用的也是铸铁镀金城市纹章，铸铁纹章的制作已经摆脱传统纹章色彩规则的约束，需要的形式感更加强烈。

蒙斯郊外是比利时重要的煤区，

矿业发达，蒙斯作为欧洲文化之都令人意想不到的成果之一，是进一步挖掘了19世纪末伟大的画家文森特·凡·高于1878年11月至1880年10月，在蒙斯为矿工传道以及决定走出艺术人生第一步等的史料和遗址，形成了一条"凡·高之旅"的游径，建立了凡·高博物馆。凡·高曾居住的蒙斯博里纳（Borinage）和奎姆（Cuesmes）两处住地离蒙斯城市中心区不远，1878年凡·高住于煤矿区旁一座小房子，他是为穷人传道而来，尽量接近矿区的穷人并与他们生活在一起，由于沟通和表达技巧的局限，凡·高放弃传道的职业，在蒙斯开始自学绘画，迈开了艺术人生的第一步。凡·高居住的房子在2015年进行修缮，成为一处小博物馆。

在蒙斯期间，凡·高与他的弟弟常到蒙斯钟楼游玩。蒙斯市钟楼是列入

城市纹章：欧洲城市制度的徽记

蒙斯市钟楼上的林堡公爵纹章（左）和蒙斯钟楼速写（右）。

《世界遗产》钟楼系列中的典型独立形式，有 87 米高，是比利时境内唯一一座巴洛克风格的钟楼建筑，外墙用砂岩建材，雕刻了各重柱式。钟楼建于 17 世纪并保持至今，钟楼上的大钟在历史上可以报时，也是城市防火和发现敌人后报信的防御设施。在 2015 年蒙斯被选为欧洲文化之都时，将钟楼改造成为

蒙斯圣瓦图学院教堂速写。

St Waltrude's
Collegiate
Church 1450
623 ft high tower
1549. St. Waltrude
Gold Coach
1780-781
Louis XVI

2019.5.30. Mons

蒙斯圣瓦图学院教堂
内部。

城市纹章：欧洲城市制度的徽记

一座历史博物馆。在钟楼的入口和窗楣上，有城市纹章和原来统治者林堡公爵（Dukes of Limburg）的纹章作为装饰。

风格简朴的蒙斯圣瓦图学院教堂建于 15 世纪，圣瓦图学院教堂就是蒙斯城市纹章上的建筑原型，教堂内悬挂着的两面巨型旗帜，分别是埃诺省的纹章和蒙斯的城市纹章。

圣瓦图学院教堂内部陈列的马车是 18 世纪制作的精品，是每年城市最重要的"嘟嘟屠龙节"活动的重要道具。在节日期间有一重要的环节，就是要将马车推上城市的高处，才能保证当年城市的平安。

蒙斯为保护旧城区，跨越铁路发展新区，利用"欧洲文化之都"的契机建设了一批会展和旅馆建筑。

"欧洲文化之都"一般会提早四年确定举办地，举办地利用四年时间进行准备，有关专业委员会给予指导并进行评估。1985 年—1996 年这一阶段是 16 个欧共体成员国轮流推荐自己国家的城市，1997 年开始实行竞选机制。

1994 年，葡萄牙首都里斯本被选为"欧洲文化之都"，2001 年葡萄牙第二大城市波尔图是竞选机制产生的"欧洲文化之都"城市，与荷兰的鹿特丹一起成为当年的欧洲文化活动中心。波尔

圣瓦图学院教堂内陈列的马车。

Town hall 1458-1477
------ 1717~1718 Key safekeeping

图在 1996 年被联合国教科文组织列入《世界遗产名录》，约 186 公顷的历史中心城区，依山而建的景观具有上千年的历史。波尔图公元前 8 世纪开始有人居住，罗马人称之为伯斯特（Portus），词义是"港口"，这就是葡萄牙国家名字的来源。波尔图是古罗马帝国在公元前 1 世纪的军事前沿防御体系中的一处重要堡垒，城市在 14 世纪形成完整的城墙。伊斯兰教和天主教在不同时期对其进行统治，海上贸易形成了多元的文化。借助 2001 年的"欧洲文化之都"契机，修缮了历史街区和历史建筑，城市历史建筑风格保持着千年来的历史印记。历史街区中有典型葡萄牙纽曼尔式（Manueline）圣克拉拉大教堂（Santa Clara），杜罗河上有 1886 年

由设计师泰奥菲尔·塞里格（Théophile Seyrig，1843–1923）设计的、以当时国王路易一世（Louis I）命名的铁桥，跨度达 391.25 米，是近代欧洲钢桥工程代表作。18 世纪上半叶建成的克莱瑞克（Torre dos Clerigos）塔楼为巴洛克建筑风格，是波图尔城市标志性地标历史建筑。航海时代时这里是船舶工业的重要港口。丰富的酿酒文化历史和坡地葡萄种植形成了杜罗河畔的独特景观。

从波尔图的城市历史建筑中可读的纹章图形很多，面对恩里克王子广场的重要建筑是新古典主义风格的证券交易所，原来是 1862—1880 年商会所建的商会建筑，三个主要入口处分别有铸铁纹章装饰，是葡萄牙的国家纹章和商会的纹章，葡萄牙国家纹章皇冠上的冠

饰是一只鹰，波尔图商会纹章盾面上是海上贸易的象征"锚"，冠饰有别于葡萄牙传统皇冠的城市公共性象征"壁冠"。在耶稣会教堂入口，分别有典型的耶稣会简写在门楣三角山墙处，门户下面是葡萄牙特征的宽边十字架。

波尔图被评为欧洲最佳短假期旅游城市，城市拥有许多旧书店，最著名的旧书店是莱罗书店，经营主体是建立于1881年的图书公司 Sociedade José Pinto Sousa Lello & Irmão。《哈利·波特》的作者 J. K. 罗琳，20世纪90年代初在这座城市担任英语教师，在此生活了近十年，小说的构思就是在这间新艺术运动风格的书店里完成的，此建筑建于1908年，也是波尔图最早的钢筋混凝土建筑，在入口处有书店名字的文织字母作为纹章装饰。

2016 年"欧洲文化之都"的举办城市是西班牙圣塞瓦斯蒂安(San Sebastian)和波兰的弗罗茨瓦夫(Wroclaw)。圣塞瓦斯蒂安市活动的口号是"为更好共处的文化",城市举行了一系列以和平为题材的艺术展览。弗罗茨瓦夫举办活动的口号是"美丽的空间",这一年共组织举办了超过 1000 场活动,联合国教科文组织的"图书之都"活动也同时在这座城市举行。作为 2016 年"欧洲文化之都"城市的波兰弗罗茨瓦夫,丰富的多元文化融合,造就了这座城市具有非常高的日耳曼东拓形成的多元城市文化,其保留的中世纪至近代具有宝贵历史价值的建筑遗产,是城市入选的重要因素。富有历史底蕴的大集市广场,源于 15 世纪城市市场权利的获得,广场长 213 米,宽 178 米,是欧洲最大的集市广场之一。围绕在广场周边的是新旧市政厅、商店和民居建筑。每栋建筑都有独特的纹章装饰,代表着不同时期的纹章文化。

每届的举办城市都会在视觉艺术上寻找新的突破,标识系统在图形和色彩上经常会从该城市纹章的色彩和图形中吸取养分,活动的标识系统尽管是现代的平面设计,但色彩与传统城市纹章具有内在的关联性。在 2012 年,马里博尔使用了传统纹章的红色;2013 年科西策使用的是红、橙黄、蓝等传统纹章颜色;2014 年欧洲文化之都于默奥的主色调深蓝和红色同样源自城市纹章主色调。

2014 年"欧洲文化之都"瑞典于默奥(左)和 2016 年的"欧洲文化之都"波兰的弗罗茨瓦夫城市纹章(右)。

弗罗茨瓦夫"欧洲文化之都"的圆形标志图形和色彩完全源自城市纹章的图形和色彩,标志中间白色的 W 大写字母与纹章都是来自城市名字的第一个字母。波兰弗罗茨瓦夫是德国移民东拓成长起来的城市,14 世纪成为波希米亚王国和神圣罗马帝国的一部分。城市纹章是 1530 年查理五世授予的。盾面用四分法,分别有波希米亚王国的狮子,城市名字的第一个字母"W",西里西亚(Silesian)皮雅斯特(Piast)王朝的象征,福音书作者(John the Evangelist）安置于倒置的王冠，中间是城市保护神施洗者约翰（John the Baptist）。此纹章在20世纪因政治而变，但在20世纪90年代恢复传统城市纹章并使用至今。

在欧洲，城市的市政厅是不断改动的，以适应时代功能的变化和建筑风格的变化，弗罗茨瓦夫市市政厅也不例外，原市政厅现在被开辟为城市博物馆，城市纹章装饰被保存下来。弗罗茨瓦夫市市政厅分为新、老市政厅，旧市政厅是一座以哥特式风格为主、混合其他元素的公共建筑，市政厅13世纪末从一层开始随着功能的需要逐步添加，

至16世纪基本完成，法庭和议会厅均设立于此。城市纹章装饰是在神圣罗马皇帝授予后，于1536年添加到市政厅建筑上，旧市政厅现在的建筑是数百年不断完善的结果。

弗罗茨瓦夫市16世纪的地图展示了方格网状的道路模式，从17世纪下半叶历史地图中可以看到这一模式在百年中的稳步推进。弗罗茨瓦夫市是波兰第四大城市，在近现代，该城市共涌现出10位诺贝尔奖获得者。罗马教廷曾在此设立教区，城市中建立男修道院，开设军事教派会所和医院。城市的德语名字是"布雷斯特"（Breslau），

波兰弗罗茨瓦夫市民手持弗罗茨瓦夫纹章旗帜游行。

弗罗茨瓦夫市市政厅。

1736 年表现弗罗茨瓦夫市政厅的城市风景图。

制作于 1562 年的弗罗茨瓦夫市历史地图。

在 1136 年城市成为西里西亚王国的中心。13 世纪又属于波兰王国，但日耳曼人的东拓使城市的德国人成为多数，1214 年城市获得城市权利，1262 年正式成立市议会。13 世纪时，不少日耳曼人来到这里定居，教堂及市政厅等公

城市纹章：欧洲城市制度的徽记

共建筑开始建设并开始形成集市和广场。城市的道路网为方整的道路，城市的教堂和市场的位置选择充分考虑了防御功能，东拓的共同特点在规划中得到体现。

2017年"欧洲文化之都"为丹麦城市奥胡斯（Aarhus）和塞浦路斯城市帕福斯（Paphos），丹麦继1996年哥本哈根成为"欧洲文化之都"之后，第二次举办此类活动。奥胡斯联合周边18座自治市共同举办和享用了这一荣誉。一年时间的活动项目安排就绪，包括农耕生活的体验、火炉烤肉等旧丹麦传统生活方式的体验；服务少年儿童的四场魔术节活动；满月活动；视觉艺术和展览；歌剧和戏剧表演；古典音乐、摇滚乐、爵士乐音乐会和水下音乐会；建筑设计比赛；户外体育运动；发明和创意产业展览；残疾人专场；丹麦历史回顾；从海岸到海岸艺术品展；城市间的协作论坛等。

2018年荷兰吕伐登（Leeuwarden）和马耳他的瓦莱诺（Valeta）入选，2019年确定的城市为保加利亚的第二大城市普罗夫迪克（Plovdiv）和意大利巴斯利卡塔大区的古城马泰拉（Matera），2020年确定的城市为克罗地亚的里耶卡（Rijeka）和爱尔兰的戈尔韦（Galway）[3]。这些城市均承载着深厚的历史文化沉淀，大多是被列入《世界遗产名录》的城市。目前的"欧洲文化之都"计划已经安排到2033年，每个国家有若干座候选城市。

_____

① www.ec.europa.eu

② www.manuscript.szm.com

③ www.ec.europa.eu

二、非欧洲、公投与政治文化象征符号

欧洲历史上到底包含了多少民族或者国家，与罗马教廷一起构成的"正宗欧洲"的中心论调依然延续着中世纪的思维惯性。"非欧洲"的欧洲城市存在于东欧和靠近中亚地区，西欧表现出"正宗欧洲"姿态而东欧国家努力表现出"纯欧洲"的腔调，努力摆脱或者忘掉"非欧洲"的元素。另一方面，目前欧洲民族认同的意识高涨，单一民族的国家渴望独立，形成千姿百态的"公投"现象。

1. 简单和繁琐

为了保护自己的领地和王国，相邻的公国、伯国、部落经常结成联盟，对抗强大的帝国以避免被蚕食。联盟的形式形成相对强大的武装和经济实力，保证了王国和领地能和平生存下来。城市同盟是重要的联盟形式，它产生于中世纪，城市发展到一定程度，市民意识到自己的权利被封建领主所束缚，反抗贵族收取通行费等苛捐杂税。瑞士联邦是从旧联邦发展起来的，公元9世纪，瑞士被瓜分为斯瓦比亚和勃艮第两个地区，1033年被神圣罗马帝国占领。为了避免被吞并，1291年创立了联邦宪章（Federal Charter），最初的外阿彭策尔州（Appenzell Ausserrhoden）、楚格（Zug）、乌里州（Uri）、施维茨州（Schwyz）被德国皇帝和亲王承认拥有特权，施维茨就是瑞士（Swizerland）名字的来源。1352—1481年形成八州联盟，沙夫豪森州（Schaffhausen）是1501年加入联邦的。在1514年马里尼亚诺战争中，瑞士败于法国军队，从此对外宣布永远保持中立，1513—1798之间形成的13个州是最传统的瑞士旧联盟，1798年法国入侵，发展出了赫尔维蒂共和国。瑞士出台联邦制的目的是为了相互保护并保持高度自治。神圣罗马帝国默许其自治权，1499年神圣罗马皇帝马克西米利安签署《巴塞尔协定》，承认帝国的失败并认可瑞士各州的独立，从而为瑞士保持政治中立奠定了基础。现在瑞士共有26个州，是世界上地方政府自治程度最高的国家之一。正因为其中立的地位，梵蒂冈现在仍雇佣瑞士伺卫兵巡逻保卫。

传统上瑞士各州高度自治，各州采取州民大会（Landsgemeinde）直接在露天广场以民主投票的方式管理州的

城市纹章：欧洲城市制度的徽记

事物，达到选举年龄的公民可以直接用举手这一古老简单的方式投票选举。19世纪末至20世纪逐步采取无记名投票方式，但现在还有格拉鲁斯州和内阿彭策尔州使用这种传统古老的选举方式。

瑞士的纹章体现了新教和旧教对城徽象征图像的不同影响，宗教改革发生在16—17世纪，制度的改革也影响到世俗社会，包括艺术、城市管理权、社会阶层分化等诸多领域。1630年瑞典国王古斯塔夫二世（1594—1632）参与新教和天主教的三十年战争（1618—1648）中，拯救了德国北部的新教国家；而荷兰北部爆发了反对旧教反抗西班牙国王统治的八十年战争。北欧转为信仰新教，而南欧仍保持信仰旧教，斯堪的纳维亚国家的城徽在宗教元素使用上比坚守旧教的国家城市少得多，以环境、工具、动物和植物为象征物比中西欧洲的国家更多。1525年瑞士苏黎世市议会废止弥撒。朴素的宗教生活也影响了城市纹章的风格，苏黎世的城市纹章是简单的蓝白斜向分割的图形，这来自战旗的形式和色彩。瑞士瓦莱州州徽产生于1582年，是从印章演变而成，最初在盾面上有七颗星，盾徽上是哈布斯堡王朝的象征双头鹰。后来成为瑞士

瑞士瓦莱州州徽。

联盟一员，双头鹰被去掉，1815年使用简单形式的纹章，盾面红白对分，后来形成13个行政区，盾面就改为13颗星星。

东欧阵营和南斯拉夫的瓦解，产生了或是还原了许多民族国家，单一民族国家的概念比历史上任何阶段都更得到强调。新的国家产生的国徽反映了这些国家的民族价值观和政治取向，大部分国徽采用的是盾徽的形式，尤其是该历史地区最为值得缅怀的王国的纹章成为新宠，如克罗地亚、塞尔维亚、保加利亚等，也有坚持保持原国徽的国家，如白俄罗斯、马其顿等国家。出生于英国的美国历史学家托尼·朱特以充满嘲讽的口吻写道："这同样解释了许多罗马尼亚和塞尔维亚知识分子热切的亲法情结，在试图跨越东西方之间冷漠误解的鸿沟，在让自己融入欧洲文化的努力这一方面，他们堪比、甚至超过了19世纪的波兰作家们。今天，布加勒斯特的许多方面也许只带有模糊和不完整的欧洲记忆，但正因如此，当地的某些知识分子（和贝尔格莱德的知识分子一样）总是将自己与西方（特别是法国）联系起来，以此表达对祖国环境中非欧洲元素的蔑视。"[①]

除了民族、欧元问题，欧洲的凝聚力在于基督教信仰，现在欧洲被分成东欧、中欧、北欧和西欧。历史上欧洲西部和北欧处于罗马帝国的边境内，无论加洛林时代还是查理曼大帝时代，与罗马教廷一起构成了"正宗欧洲"的中心，受天主教的影响深远；而东欧东正

对国家充满热爱的克罗地亚人，戴有克罗地亚纹章图案帽子的街头音乐家（左）和体育馆内手持克罗地亚纹章旗帜观看比赛的克罗地亚人（右）。

波兰重新独立一百周年纪念游行的波兰人，手持带有波兰国家纹章国旗的民众（右）和系有波兰国家纹章围巾的游行者（左）。

教、斯拉夫民族文化的独特性以及从中世纪开始就被历代罗马皇帝包括霍亨索伦王朝、哈布斯堡王朝等割裂开来。在西欧人眼中，东欧永远是充满非欧洲元素的地带。

民族国家仍然是欧洲最具影响力的一种政治形式，但也存在各种危机。"民族国家最大的弱点在于其隐含的排外性，比如法国是法国人的。从历史上

说，这种特有的缺陷是其衰弱的根源。多民族国家（如南斯拉夫和比利时）会面临分裂；同质化单一民族国家（如波兰和葡萄牙）则是历史的偶然（有时是悲剧性的"产物"），1995 年托尼·朱特教授写下这段文字时，南斯拉夫解体正在进行中。时至今日，比利时弗拉芒族群独立意识日益增强，15—19 世纪的比利时充满着战争，比利时在 1830 年才成为国家，全国分为法兰德区，瓦隆区和布鲁塞尔首都区。比利时的布鲁塞尔为欧盟所在地，欧洲团结联盟的象征性国度充满分裂的危机，颇具戏剧性。希腊债务危机（Greek debt crisis）引发欧洲存在前途的担忧，而希腊是欧洲文明之摇篮，如果希腊离开欧盟，根还在吗？经济是欧盟形成的基础，"它的签约国列出了一份时间表，计划着减

免关税和促进和谐发展，以达到最终调整货币实现自由商品、货币和劳力兑换的目标”②。欧元就是这一理念的结果，也是欧盟运行的重要象征。

欧洲国家内部也是高度强调奉行自治的文化，行政体系充分体现了这一特征。西班牙是高度强调自治的国家，全国共有 17 个自治区（包括单一省的自治区），2 个自治市，在自治区的下面再设立省和自治市，共 50 个省和 2 个自治市，全国有大小不一的 8118 个城镇。从自治区、省到自治市均有各自的纹章。从同一自治区的格林纳达省、阿的斯省和塞维利亚省三个省的纹章反映出领地的复杂性，纹章表现形式自由多样，这也是强调“自治”的结果。组合的意图比融合的意图更受地方政府的欢迎，因为从图像的完整性中更能体现历史公国的存在。

西班牙格林纳达省、阿的斯省和塞维利亚省的纹章（从左至右）。

西班牙的自治区制度是 1978 年宪法修订增加在省行政层级上的，以适应各文化和历史同一性和认同感强烈的地区所争取的自主权利，同时确保国家的统一。

2. 民族自恋

克里米亚、顿涅斯克（Donetsk）的公投是俄罗斯和乌克兰之间的伤痕。2014 年 3 月 16 日克里米亚举行公投，96% 的选民支持克里米亚并入俄罗斯。顿涅斯克和卢甘斯克 2014 年 5 月 14 日进行了公投，宣布成立共和国。

乌克兰人在历史上有多种称呼，“罗斯”和“乌克兰”是他们最为认可的，在俄罗斯帝国和奥匈帝国时期，他们用“乌克兰”和“乌克兰人”定义这片土地和族群，与其他东斯拉夫人，特别是俄罗斯人区分开来③。克里米亚问题涉及作为奥斯曼土耳其帝国臣属的克里米亚汗国的历史，港口城市卡法是奥斯曼土耳其帝国 1453 年将伊斯坦布尔作为首都之后最重要的据点，成吉思汗的一位后裔哈吉·德乌来特·格莱在 1449 年成为克里米亚汗国的统治者，1492 年“哥萨克”名字出现在克里米亚汗国国王给立陶宛大公的信函中④。哥萨克人居住于第聂伯河沿岸城镇，大部分是乌克兰人。1616 年哥萨克人攻占了法卡，解放了这一奴隶贸易的中心城市。

18 世纪乌克兰第聂伯的纹章（左）和克里米亚旧汗国时期的标记（右）。

克里米亚问题又引发了乌克兰东部的民族分裂问题，首当其冲的是顿涅斯克。顿涅斯克建立于1869年，威尔士商人约翰·休斯在此建立了一个钢厂和几个煤矿，人口迅速增加，开始了居民的聚集并逐步发展成为一个中等的工业城市。其城徽上的核心图形是一只紧握铁锤的手，上方是壁冠，写着"1869"纪念城市的诞生。这体现了工业城市的特性。

卢甘斯克是英国工业革命时期，在英国政府协助俄国发展军事装备的大背景下，1795年由英国工业家查尔斯·加斯科因（Charles Gascoigne，1738–1806）在此地区建立钢厂，逐步聚集人口而形成的城市，他在俄罗斯待了20年并成为俄国议会的议员。1882年卢甘斯克具有城市的地位，不同历史时期的城徽都展示了浓厚的钢铁工业图像要素。

希腊在2015年7月对是否接受欧盟的协议解决债务危机也是采取公投方式，这一欧洲民主的发源地、欧洲文明之根在今天成为欠债不还的"民主公投"典范。

对于俄罗斯等东欧国家，美国和欧盟采取双重标准，并不是鼓励自治或者"民族国家"的政策，格鲁吉亚的阿布哈兹（Abkhazia）并未得到欧盟大部分国家承认，欧盟的大部分国家认为它仅是俄罗斯对格鲁吉亚实行分离政策的结果。阿布哈兹的国徽是1992年启用的，中心图案是骑着一匹名为阿拉什（Arash）马的骑士向天空射箭，骑士的名字叫做萨斯雷克瓦，左右两侧的八角太阳代表着东西方的融合。作为

乌克兰顿涅斯克的城市纹章、卢甘斯克在苏联时期使用的城市纹章和现在使用的城市纹章（从左至右）。

阿布哈兹国徽（左）和首都苏呼米的城市纹章（右）。

首都的城市苏呼米（Sukhumi）在公元前6世纪就有人居住，也是希腊殖民化的城市，在公元二世纪前使用的银币上就出现了八角太阳和希腊的无边贝拉帽（Pileus），后来成为罗马自由民的弗理吉亚帽（Phrygian cap），苏呼米在城徽中选用了这一古老的传统图形。

过度自恋是欧洲许多民族国家共同的特点，在文化上、语言上自我欣赏和高度自我表扬，其重要性甚至在某些时候大于对经济和资源的考量。

在公元二世纪前使用的银币上就出现了八角太阳和希腊的无边贝拉帽。

① ［美］托尼·朱特著，王晨译：《论欧洲》，中信出版社2014年版，第85页。（图片来源：www.srpskoblago.org）
② ［美］托尼·朱特著，林骧华等译：《战后欧洲史：繁荣与革命1953—1971》，中信出版社2014年版，第64页。
③ ［美］浦洛基著，曾毅译：《欧洲之门：乌克兰2000年史》，中信出版社，2019年版，第vii页。
④ ［美］浦洛基著，曾毅译：《欧洲之门：乌克兰2000年史》，中信出版社2019年版，第109页。

三、展示欧洲文化多样性的"欧洲文化之旅"

欧洲文化之旅（cultural routes）是欧洲委员会在 1984 年提出来的概念。此项活动在 1987 年实施，并成立了欧洲文化线路委员会，目的是推进文化线路的保护和推广工作，加强欧洲一体化的文化认同。通过跨越欧洲不同国家的同一文化主题旅游线路的组织，保持欧洲国家间对共同历史的认识，尊重文化多样性以达到和平共处。从时间范畴和空间范畴上，作为旅游手段，从 1987 年第一条文化之旅圣地亚哥（法国段）开始至 2016 年止，欧洲委员会认定了 33 条不同文化主题的线路，包括圣地亚哥—德孔波斯特拉朝圣之旅、汉萨联盟之旅、欧洲莫扎特之旅、维京之路、橄榄树之旅、工业遗产之旅、罗马皇帝与多瑙河红酒之旅、哈布斯堡之旅、查里五世皇帝之旅、新艺术运动之旅等不同领域的文化体验路线。文化线路是跨国或者跨行政区域的旅游合作项目，现在文化线路列入遗产特殊项目，文化遗产和历史城镇成为线路的旅游亮点，这里不妨用城市纹章的象征性来加深对欧洲文化之旅历史文化意义的理解。

1. 欧洲文化线路的"腓尼基之旅"

地中海贸易路线开始于公元前 12 世纪，数千年过去了，地中海周边城市有的成为考古的遗址，有的继续繁荣壮大。地中海文明是欧洲发展历史中核心的文化遗产之一。欧盟将"腓尼基之旅"（The Phonenician's Route）列入欧洲文化之旅的线路之一，欧洲国家包括现在的意大利、西班牙、葡萄牙等，以及阿尔及利亚、埃及、叙利亚、土耳其、突尼斯等非欧洲国家也在其中，线路跨越三大洲 80 座城镇，线路的城市包括西西里岛最西边的马尔萨拉市周边一小岛莫提亚（Motya），是最早希腊化的城镇，大约建立于公元前 8 世纪；西西里岛圣夫拉维亚（Santa Flavia）的索伦顿（Soluntum）遗址、卡斯泰尔韦特拉诺市的塞利农特（Selinunte）遗址，是早于公元前 600 年建造的城镇；意大利在撒丁岛保留了卡利亚里（Cagliari）附近的诺拉（Nora）遗址、卡布拉斯附近的塔罗斯（Tharros）遗址；西班牙南部安达卢西卡港口城市加的斯、马拉加；希腊的罗德岛、克里特岛（Crete）、伊维斯岛（Ibiza）等；葡萄牙的塔维拉（Tavira）是公元前8世纪西伊比利亚半岛建立的聚居地；法国的佩皮里昂；马耳他姆迪纳（Mdina）、塞浦路斯扎利、马格里布历史地区（Maghreb）等。除了在各国家建立腓尼基之旅外，在法国形成汉尼拔之路（Hannibal Pathway），汉尼拔（公元前247—前181）是迦太基著名的军事家，出生于现在的突尼斯，是迦太基统治者巴卡家族成员，在一生的军事生涯中充满许多传奇故事，在地中海沿岸以及阿尔卑斯山、高卢和比牛斯山都留下其足迹，他在欧洲的乡村和城市与古罗马帝国进行的若干场战争中均获得胜利。"腓尼基之旅"在意大利形成伊特鲁里亚之旅、在葡萄牙形成大西洋之旅等拥有丰富文化遗产的多元化旅游线路。"腓尼基之旅"强化地中海不同国家的城市间的联系，通过交流活动促进旅游，繁荣经济。

迦南人（Canaan）是指在公元前两千年中叶控制叙利亚–巴勒斯坦地区的族群，它们最具有历史贡献的事件是创造了第一个字母表，并被列入《世界记忆名录》。后来他们的管制力衰落，控制范围集中在腓尼基的狭长海岸地带，但他们富有航海和贸易经验，船只穿行地中海，对希腊人和罗马人产生重大影响，如希腊的字母表就是对迦南人字母表改进后的成果，后来的迦南人被希腊人和罗马人称为腓尼基人。腓尼基的城

市西顿（Sidon）和推罗（Tyre）是重要的港口城市，欧洲最古老的城市也都因贸易关系集中于地中海沿岸。尽管从古希腊发展起来的地中海城市有的充满活力继续成为地区重要港口城市，有的成为废墟，但在历史遗址附近又有城镇产生。欧洲"腓尼基之旅"关联城市在古希腊、古罗马时期仍然得到充分发展，不少地中海和大希腊地区城市的城市纹章成为古希腊、古罗马人创造的文明象征，古希腊古罗马文化符号的传承，城徽是视觉形象留存的重要传递媒介，而借助城徽这一特殊形式，今天的地中海和希腊城市依然闪耀着古代欧洲的文明之光。

马其顿是古希腊时期的强大王国，太阳神赫利俄斯（Helios）雕像在1872年考古中发现，雕像表现了古罗马神话中的太阳神驾马的形象，在太阳神头上有16条阳光射线象征太阳。公元前6世纪至公元前2世纪，太阳射线的象征图形（Vergina sun）也称为"马其顿之星"，流行于银币、瓶画和装饰品等日常用具上。制作于公元前4世纪的马其顿国王菲利普二世（Philip II of Macedon，公元前382年—前336年）的墓室金盒（Golden Larnax），盒盖刻制了金太阳图案。这是马其顿王朝的标志。现代设计使用了这一传统图形表现太阳，近代希腊马其顿大区的旗帜和纹章均使用这一传统古希腊的符号，近代的马其顿大区包括古代马其顿帝国在希腊境内的大部分地区，也是现在的西马其顿大区、中马其顿大区以及色

雷斯和东马其顿大区的三个地区的覆盖范围。1987年区划调整，现在的中马其顿大区和西马其顿大区保留使用了这一传统旗帜。现在中马其顿大区（Central Macedonia）首府为塞萨落尼基（Thessaloniki），西马其顿大区首府为科

大都会区为105万人。

尼什（Nis）是塞尔维亚第三大城市，是欧洲巴尔干半岛最古老的大城市之一。公元前75年，古罗马帝国征服了城市，这里成为从东方进入西方的门户，城市在历史上延续发展，现在是尼什区的首府。尼什市现在使用的城徽，护盾者是古罗马人持战旗站立的形象，在盾面上是塞尔维亚的象征白鹰和建于18世纪的尼什城堡。

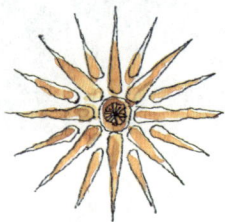

马其顿菲利普二世墓室金盒盒盖上的金太阳图案，制作于公元前4世纪，成为希腊传统马其顿大区的印章，马其顿大区和西马其顿大区的旗帜均使用了金太阳的图形。

太阳神赫利俄斯雕像，雅典神庙的浮雕，制作于公元前4世纪，藏于德国柏林佩加蒙博物馆。

扎尼（Kozani）。

中马奇顿大区首府塞萨洛尼基市的标记为古希腊时期马其顿王国硬币上的亚历山大大帝的头像，其旗帜中间为城市印象的图像。塞萨洛尼基市是古希腊时期马其顿王国（Macedon）的首府，现为希腊第二大城市，城区人口为36万，

塞尔维亚城市尼什的城市纹章。

意大利伦巴第大区曼托瓦（Mantua）市城徽，直接将古意大利的人像引用为寓意物。这座城市建立于古希腊、古罗马时期，曼托瓦是古罗马时期伊特鲁里亚人的主要村庄，是文艺复兴时期的重要城镇。曼托瓦城徽的寓意物以红色十字架划分盾面，在其中的一分区是一位古罗马人的半身像，这一形象没有固定格式，但发型和衣着均体现古罗马时代特征，托加长袍是典型的古罗马服饰。

古罗马路线中的西班牙安达卢西

希腊塞萨洛尼基市的旗帜，中间为城市印章的图像。

城市纹章：欧洲城市制度的徽记

意大利伦巴第大区曼托瓦市城徽。

西班牙安达卢西亚自治区的纹章（左）和港口城市加的斯的城市纹章。

意大利锡拉库萨市城市纹章。

亚港口城市加的斯（Cádiz），在古罗马时代其居民数仅少于罗马城，是世界最古老的城市之一。罗马帝国灭亡后，其贸易活动急剧减少而城市衰落。加的斯在地理大发现时代是哥伦布两次远征的出发地，也因是西班牙宝藏舰队（Spanish treasure fleet，1566–1790）的母港而重新繁荣。16世纪末，拥有50艘西班牙大帆船的舰队，从西班牙本土分两条线路远航加勒比海和亚洲。1790年西班牙关闭殖民地管理机构，宝藏舰队也在这一年做最后的一次航行。西班牙顺着奥根斯都之路沿路发展起来的安达卢西亚历史地区的城市，这些城市在历史潮流中依然受到基督教、伊斯兰教等多种文化影响，但不少城市纹章还是使用了古希腊、古罗马的义化图形或者神话题材。西班牙安达卢西亚自治区（Andalusia）加的斯省的加的斯是重要的海港城市，加的斯狂欢节（Carnival）闻名于世，哥伦布第二次跨越大西洋的航行就是在此港口出发。自治区的纹章源自1918年开始使用的安达卢西斯

亚民族独立运动的纹章。在西班牙女王伊莎贝尔二世统治时期，安达卢西亚1883年开始建立了推动独立的组织和政党，1918年形成宣言、旗帜和纹章。作为民族象征的纹章从意识形态意义上告别了传统的西班牙卡斯蒂利亚王国的纹章图形，由于地区与古希腊化有历史关联性，选择了表达对古希腊文明尊重的象征图像，并借此体现力量和海洋地理特征，希腊神话中宙斯和海格力斯（Heracles）成为主角。1982年获得自治区地位后被授权使用历史的纹章，纹章盾面上古希腊神话中的海格力斯站立在海格力斯之柱（Pillars of Heroules）中间，身边是降服的两只狮子，现在加的斯城市的城市纹章图形与自治区的纹章基本相似。西西里岛的锡拉库萨市城市纹章是头顶皇冠的鹰，胸前护着一座城堡，底部的绶带写着"S.P.Q.S，元老院以及罗马市民"，这是典型的古罗马铭文。

　　而这些视觉形象背后是古希腊、古罗马制度追求的精神世界，特定政治

制度、民族审美趣味以及意识形态形成了独特的文化视觉形象。欧洲文化之根来自希腊和罗马的古文明，欧洲城徽初始艺术图像元素吸取了这一时期的社会、艺术各方面丰富的养分，传承了古文明意义深远的象征符号，而且影响到北美和大洋洲。

2. 圣地亚哥—德孔波斯特拉朝圣之旅

2018年，圣雅各朝圣之旅徒步者的人数达到32万，目的出自于宗教的仅为39%，越来越多的人徒步于这一欧洲最著名的文化之旅，是由于对城市生活的回避并寻求精神上的解脱。欧美电影和书籍因为选择了圣雅各朝圣之旅特殊载体而成名，如美国著名影星马丁·辛出演的电影《朝圣之路》、巴西著名作家柯艾略《牧羊少年奇幻之旅》《朝圣》等。现在加利西亚自治区首府圣地亚哥—德孔波斯特拉是欧洲文化之旅圣雅各之路的终点，是耶路撒冷、罗马之后的天主教圣地，9世纪传说圣雅各在此显灵，阿方索三世开始在此建立天主教堂，开始有了朝拜之旅。城市纹章一半使用了自治区纹章，另一半是白色圣雅各教堂的象征，上方是金色太阳，在盾徽背后是红色的圣雅各十字架，也是圣雅各骑士团的象征符号。

基督教圣徒圣地亚哥是基督的十二门徒之一，其象征圣物是贝壳，贝壳具有实用功能，从圣地的海滩上可以带回家，可以作为野外朝圣者盛

圣地亚哥—德孔波斯特拉的城市纹章。

水的器具。在9世纪，传说中的圣雅各墓被发现，开始吸引基督教徒们前往朝圣，834年阿斯图利亚斯王国的阿方索二世带着皇室进行了一次历史性朝圣。后来这一线路沿线的内容丰富起来，不仅成为基督徒的徒步路线，也吸引着非基督教徒沿路旅行，产生了多元化的文化交融。在欧洲文化旅游线路系列线路中，最早建立的是圣地亚哥朝圣之路（Way of St.James），1987年欧洲议会宣布这条路线为"欧洲文化之旅"，成为第一条跨越欧洲文化之旅的路线，跨越了比利时、法国、德国、奥地利、意大利、卢森堡、葡萄牙、西班牙和瑞士数个国家，每年吸引上百万的观光者和朝圣者，成为宗教旅游的跨国家游览热线。圣地亚哥朝圣之路是欧洲文化观览线路中参与者增加迅速的线路。

形成线路前，在策划中首先进行统一的图形设计，沿线为圣雅各的图形象征符号贝壳串联起来。在路上以贝壳为标志的引路指引物到处可见，这是一条用符号贯穿宗教文化旅行朝拜路线成功的范例。圣地亚哥—德孔波斯特拉朝圣之旅经过的波兰小镇格涅兹顿的指示牌上，贝壳和圣雅各十字架叠加在一起。

圣地亚哥—德孔波斯特拉朝圣之旅圣地亚哥之路在法国境内与圣马丁之旅（Saint Martin of Tours）结合起来，出发地是圣马丁出生的城市松博特海伊（Szombathely），这是匈牙利最为古老的城市，建立于古罗马时期，现在人口为

城市纹章：欧洲城市制度的徽记

圣地亚哥—德孔波斯特拉朝圣之旅经过的波兰小镇格涅兹顿，指示牌上贝壳和圣雅各十字架叠加的标记。

圣地亚哥—德孔波斯特拉朝圣之旅标记是抽象的贝壳图形，奥地利克莱姆斯城中可以见到圣地亚哥—德孔波斯特拉朝圣之旅的标志。

8万人。圣马丁（Saint Martin）成长于意大利的帕维亚（Pavia），15岁的时候应征参加军队。在法国，他将披袍割成两半赠予一位受冻的穷人，后来他成为基督教徒，在法国的利居日（Liguge）建立修道院，371年成为主教，在高卢地区建立乡村教堂。397年11月8日，圣马丁去世，11月11日在图尔（Tours）下葬，所以欧洲选择11月11日为圣马丁日，欧洲多座城市以不同方式纪念这位圣徒，成为了城市的节日。圣马丁骑马割袍赠穷人是传统象征的画面，文化线路沿途的城镇与圣马丁有关的教堂、纪念广场，均是存在以这一画面为题材的雕塑、玻璃画等艺术作品。马丁主要生活在法国中央卢瓦尔山谷大区的小镇康代圣马尔坦。

法国艾格–莫尔特城徽象征图案是圣马丁用剑割让红衣战袍给挂着拐杖的穷人，这样的城市纹章图形最令人与圣马丁联想在一起。德国克罗彭斯特（Kroppenstedt）城市纹章的图像也是来自同一故事，但表现方式各异。斯洛伐克的小镇塞尼察（Senica）是具有丰富历史故事的旅游小镇，靠近捷克和奥地利边境，47%的居民是天主教徒，城市纹章圣马丁割袍形象采用的是现代简约的设计手法，只突出圣马丁的个人形象。还有许多与圣马丁故事相关的城市纹章，也是以袍和剑为寓意物。

法国艾格－莫尔特城市纹章（左）和德国克罗彭斯特城市纹章（右）。

斯洛伐克的塞尼察城市纹章（左）和奥地利文勒城市纹章（右），均是对圣马丁割袍故事的演绎。

3. 华丽的温泉城镇之旅

捷克普普大饭店有纹章匾牌装饰的入口。

欧洲历史温泉小镇之旅（European Route of Historical Thermal Towns）是欧洲文化之旅 32 条线路之一，欧洲从古至今都对温泉有特殊的钟爱，温泉成为了生活的一部分，形成了内在的政治、文化和艺术遗产。这条线路活动组织者是"欧洲历史温泉小镇联盟"（EHTTA），共有 31 座城市加入这一文化之旅线路，

城市纹章：欧洲城市制度的徽记

法国和意大利参与的城市最多。

在 18 世纪、19 世纪，欧洲建造了若干用于度假休闲的温泉小镇，具有悠久传统的捷克卡罗维发利（Karlovy Vary）就是其中之一，卡罗维发利市成为欧洲历史温泉小镇线路上一座温泉度假城市。城市纹章以红色盾面上戴皇冠的波希米亚双尾狮的造型为寓意物，下半部分为波浪条纹来体现这里的地理特征。查理四世 1358 年在此建造了哥特式城堡，1604 年的大火将城堡变为废墟，但遗址存在，每年在遗址举行温泉疗养季节的开幕式。18 世纪至 19 世纪末，温泉度假生活成为时尚，正是与时

代追求新巴洛克、新古典主义时尚建筑风格相匹配。1701 年落成的普普大饭店（Grandhotel Pupp），原来是作为萨克森大楼，后来普普家族（Pop Jan Jiri）于 1896—1907 年重修，建筑师来自维也纳建筑师事务所（Fellner & Helmer），建筑呈现的是新巴洛克风格。19 世纪由于火车连接布拉格，这里因成为了许多欧洲文化名人的度假胜地而繁荣，充满艺术气息的普普大饭店为名流首选的酒店。此栋建筑在多部影片场景中出现，这里每年举行电影节，是具有世界影响力的电影节之一，成为欧洲重要的节庆活动。

普普大饭店的阳台装饰。

卡罗维发利市的风光。

城市纹章：欧洲城市制度的徽记

普普大饭店大量用圆雕纹章的形式或者是卷边形牌匾（Cartouche）的造型在视角焦点部位，空白的牌匾纹章外形优美的曲线成为丰富立面华丽外表的最合适的构件，甚至在阳台的底部也使用这种手法。

欧洲主要的温泉度假城镇集中在中欧和西欧欠发达地区，18世纪出现了温泉度假的专业城镇，它们在19世纪末通过轨道交通与大都市连接，吸引了大都市的各阶层人士来到城镇消费。

捷克卡罗维发利市是温泉城市，拥有非常悠久的历史。具有新古典风格的建筑以及具有时代进步意义的钢结构长廊，构成了雍容华贵的时尚小镇情调。

宫堡回廊是城市重要的公共空间，优美的铸铁结构的回廊是由电机设计师弗里德赫·欧赫曼（Friedrich Ohmann）创作的。

捷克卡罗维发利市市政厅竖立的友好城市纪念牌简单而朴素，但通过友好城市的城市纹章可以了解城市间交往的历史和特征。与发利市结为友好城市的维亚雷焦（Viareggio）为意大利度假海滨城镇；卡西诺（Cassino）是拉齐奥大区以古老的修道院城堡闻名于世的城镇，529年建立修道院城堡；德国贝尔恩卡斯特尔–库埃斯（Bernkastel-Kues）、巴登巴登（Baden Baden）是神圣罗马帝国的历史城镇，也是温泉小镇之旅的一员，它们都是历史悠久又具有度假旅游功能的城市。

蕴含时代气息的钢结构长廊。

捷克卡罗维发利市市政厅友好城市纪念牌（左）和该市的城市纹章（右）。

卡罗维发利市友好城市之外的温泉小镇还有坦布里奇韦尔斯（Toubridge Well）、斯卡伯勒（Scarborough），法国的维希（Vichy）、西班牙的贝林（Verin）、克罗地亚的达鲁瓦尔（Daruvar），这类城镇均从 19 世纪 30 年代开始繁荣。欧洲是在 18 世纪出现了温泉度假的专业城镇，在英国发展起来的典范是巴斯，这座城市是英国最悠久的城市之一，靠

城市纹章：欧洲城市制度的徽记

近埃文河边，建于公元60年。在古罗马时期这里就是温泉疗养的地方，公元一世纪至五世纪是知名的城镇，名字的来源由此而生。城市供奉的"温泉之神"为苏利斯（Sulis）。巴斯在1230年获得城市权利，接着产生了城徽。城徽的盾面中间是一把剑，是圣保罗的象征，盾面的下半部分为红色的城墙，上半部分为蓝色，两条波浪形的银色横带贯穿其中，分别体现埃文河和温泉的地区地理特征。头盔上的皇冠是国王埃德加一世的皇冠象征。

英国巴斯的城市纹章，护盾兽是狮子和熊。

18世纪的英国，中产阶级渴望接近自然的疗养生活，巴斯这类城镇因为传统的温泉资源和城市规划充分发挥自然乡村景观而受到青睐。半圆形的皇家建筑群新月广场（Royal Crescent）建于1754至1768年，是城市的代表性建筑，为伍德（John Wood，1704-1754）在1725年提出，他的儿子小伍德（John Wood II，1728-1781）完成设计，这一被称为皇家新月广场的模式影响到欧洲许多城市广场的规划和设计。广场是半围合形式，连续圆形的超传统尺度的建筑形成巨大的视觉冲击力。现在这一独特的围合广场空间和建筑群，其建筑功能有所改变，部分建筑改为酒店和博物馆。巴斯市在1987年被列入《世界遗产名录》，评语是这样描述的："18世纪，巴斯城成为一个高雅时尚的温泉浴场，城中又建造了一些帕拉第奥风格的建筑物（如圆形广场，尤其是皇家新月楼）的宏伟霸气，充分展现了乔治三世在位期间的雄心抱负。"[1] 这些新潮优雅的城市空间产生的城市内部园林，利用道路的视觉通道与平缓的郊外草坪交融在一起。

温泉小镇提供的文化遗产是丰富多彩的，包括赌场和音乐厅，以及各类华丽的宾馆和博物馆。在巴斯的霍尔本艺术博物馆就是难得的文化遗产，英国霍尔本家族（Holbune of Menstrie）的纹章瓷是目前保存较多的纹章瓷，1882年在英国萨默塞特郡巴斯市（Bath，Somerset）建立的霍尔本艺术博物馆，是该市第一座对公众开放的博物馆，霍尔本家族马斯爵士（Sir Thomas William Holburne，1793-1874）喜欢收藏中国艺术品，博物馆藏品包括了来自中国的纹章瓷、外销画等东方艺术品。

此类小镇还包括法国的维希，昂吉安莱班（Enghien-les-Bains）、沙泰吉翁（Chatel-Guyon）。维希居民现在约2万多人，在古罗马帝国时期，这里的温泉已经是闻名于世，成为法国历史上皇室进行温泉疗养的地方，17世

英国巴斯的皇家新月广场，建于1754—1768年。

纪至近代一直是贵族经常汇聚的休闲之地。意大利的蒙菲拉托（Montferrat）、阿奎泰尔梅（Acqui Terme）、菲乌吉（Fiuggi）等是意大利著名的温泉旅游胜地，在14世纪，教皇阿奎泰尔梅对温泉的疗效高度赞许，更使城市吸引到更多的游客。无论是法国还是意大利的温泉小镇，大部分都是从古罗马时期就开始闻名。历史文化与温泉文化紧密相关，这些城市纹章均以传承传统领主的纹章为主，作为文化遗产的一部分有利于旅游历史品牌的传承与宣传。沙泰吉翁城市纹章传承的是中世纪以号旗为寓意物的奥弗涅伯国纹章，现代城市标志用水滴形体现了温泉城市的特色。

法国沙泰吉翁城市纹章（上）和现代城市标志（下）。

城市纹章：欧洲城市制度的徽记

4. 以艺术家生平为主题的文化之旅

2015 年批准的欧洲文化之旅线路是"罗伯特·路易斯·史蒂文森足迹"，罗伯特·路易斯·史蒂文森（Robert Louis Stevenson，1850–1894）是苏格兰小说家、旅游作家。史蒂文森原来是律师，但从年轻时代就有写作的梦想，作为作家的他在法国、瑞士、比利时和美国多个城市和乡村居住生活过。"罗伯特·路易斯·史蒂文森之旅"是将作家生活过的地方和旅游小说的场景作为节点串联起来。1876—1878 年作家曾经参与枫丹白露的艺术活动，居住在此地的村庄（Grez-sur-Loing），与巴比松（Bavos）的艺术家来往。每年 11月在法国、比利时和英国有关"罗伯特·路易斯·史蒂文森足迹"的公共组织和非营利民间机构会选择一个与这位艺术家有关的地方举行一个月的活动。史蒂文森于 1881 年开始写作《金银岛》，1882 年在达沃斯完成，1884 年在苏格兰出版。《骑驴漫游记》也是传世的重要作品，作者在经历法国塞文山脉（Cevennes）之旅后留下了旅游小说《骑驴漫游记》，小说中描写了登山露营的体验，现在据此形成了一条史蒂文森登山径。这一文化之旅的圆形标志就是驴的耳朵。在苏格兰高地的史蒂文森徒步路径是根据其小说《绑架》（Kidnapped）的场景而设立的。其设立旨在通过户外运动对年轻人培养自信、团队精神和社交技能。1878 年出版了他从比利时

安特卫普至法国的蓬图瓦卢（Pontoise）的旅行游记《内河航行记》（An Insland Voyage），现在在安特卫普与法国的蓬图瓦卢组织了沿着运河和河流的"史蒂文森之旅"。

2002 年批准了欧洲文化之旅的"莫扎特之旅"，这也是一条以艺术家生平为主题的文化旅游线路。莫扎特是欧洲文化历史中的重要人物，在他的艺术生涯中，曾居住在不同城市。2002 年在萨尔兹堡开启了"欧洲莫扎特之旅"，将不同地方与莫扎特音乐有关的音乐厅、学校、居住地、博物馆和研究机构联系起来，成立了旅游集团专门机构组织与"莫扎特音乐之旅"有关的音乐会、合唱音乐会活动，安排参与者参观与莫扎特有关的教堂、酒店、音乐厅等建筑，与这一文化线路相关的国家包括奥地利、法国、德国、比利时、捷克、意大利等 10 个国家和地区。1767 年莫扎特出生于萨尔兹堡，当时的萨尔兹堡公国还没有被奥地利所吞并，是一个独立的、充满艺术氛围的小公国，在城市历史中心地区，从中世纪至 19 世纪的城市建筑（包括大量巴洛克风格的建筑）得到有效的保护。

在莫扎特逝世之前，有三次回到萨尔兹堡故乡。莫扎特在 35 岁 10 月零 9 天的年轻生命中，有 10 年 2 月零8 天是在旅行中度过的，其一生创作了626 部音乐作品。他访问或者演出过的地方无不以莫扎特为傲，1767 年莫扎特访问捷克的卡罗维发利市后，其居住过的酒店在他曾入住房间的阳台上，用

法国枫丹白露的巴比松城市纹章。

1767 年莫扎特访问捷克卡罗维发利市时居住的酒店，在他曾入住的房间阳台上，用其头像作为装饰以示纪念。

城市纹章：欧洲城市制度的徽记

其头像作为装饰以示纪念。

现在每年的学生假期，在奥地利萨尔兹堡、维也纳和德国的奥根斯堡，各种机构会组织年轻大学生参加音乐会，根据莫扎特与家人的来往书信为素材表演戏剧，参观莫扎特居住或者演出过的历史建筑，感受"莫扎特音乐之旅"的魅力。建立于 1841 年的萨尔兹堡音乐大学管弦乐队，在 2017 年获得"莫扎特之旅大使"称号。

am Inn）出发，全长 377 公里。瓦瑟堡的城徽寓意物戴着皇冠的红色狮子。"莫扎特之旅"是以莫扎特侧面头像为标志，红色是萨尔兹堡城市纹章盾面颜色，在指示牌下方也使用红色。

奥地利萨尔兹堡城徽（左）和萨尔兹堡州纹章（右）。

奥地利"莫扎特之路"的路标。

德国巴伐利亚瓦瑟堡的城徽。

在欧洲一系列自行车游览线路中，"莫扎特之旅"是其中一条线路，从上巴伐利亚莱茵河畔瓦瑟堡（Wasserburg

① 联合国教育、科学及文化组织编著，陈培等译：《世界遗产大全》，安徽科学技术出版社 2011 年版，第 290 页。

四、近代欧洲工业革命的记忆

欧洲工业革命造就了新的城市体系，尽管它是来自封建领主的领地，原来多数是一些小村庄，17—18世纪，在这些表面平凡的旷野下面发现深藏着的煤矿，从而又发展起来钢铁厂，人口逐渐聚集形成新的城镇，这些城市的建立更多的是依靠工业家或者商人，而非传统的王族或者领主，正因如此，在城市纹章上体现了城市产业的特征，留下工业革命的象征图形烙印。2019年，欧盟文化委员会批准了"欧洲工业遗产之旅"为"欧洲文化之旅"线路之一，简称"ERIH"。将近100个重要的"锚地"，分为奥地利、德国、西班牙、波兰、英国、荷兰等若干国家分区，各国根据自己的产业特点设计各自的分线路。

1. "欧洲工业遗产之旅"的体系

历史上依靠工业革命发展起来的矿业、纺织业、制陶业，在现代城市中留存着一系列工业遗产，它们在城徽中是骄傲的工业革命图形象征。在城市转型时，产业落后致使工厂废弃，失业的产业工人剧增。为促进产业转型，结合旅游和工业文化教育，在欧盟支持下，欧洲对工业遗产进行再利用，形成了一条跨越24个国家60处重要遗址的欧洲工业遗产之旅（European rout of industrail），包括各城市有关工业博物馆、历史研究机构共有250个参加的成员，分门别类形成以不同传统产业为主题的旅游线路。为了树立品牌形象，设计使用了统一的标志、标识和印刷品，产业类型包括炼钢、纺织、造纸、水利、盐业、服务与休闲工业、建筑、机械制造14个主题线路，形成可识别的图标体系，大部分以遗址加博物馆的方式展示。

"欧洲工业遗产之旅"是为了展示西欧、北欧在工业革命历史中的先导作用，而一系列工业革命时代曾经辉煌的工厂、矿山等工业遗迹的保护，随着去工业化而成为沉重的包袱。鉴于此，欧洲若干国家改变工业遗产保护的方式，推动工业遗产保护和利用，利用工业遗产的场地建立了旅游设施，力求形成具有影响力品牌的旅游线路。这一计划首先对保护计划中各视觉系统进行设计，采用与欧洲传统图像保持一致性的方法来宣传品牌。

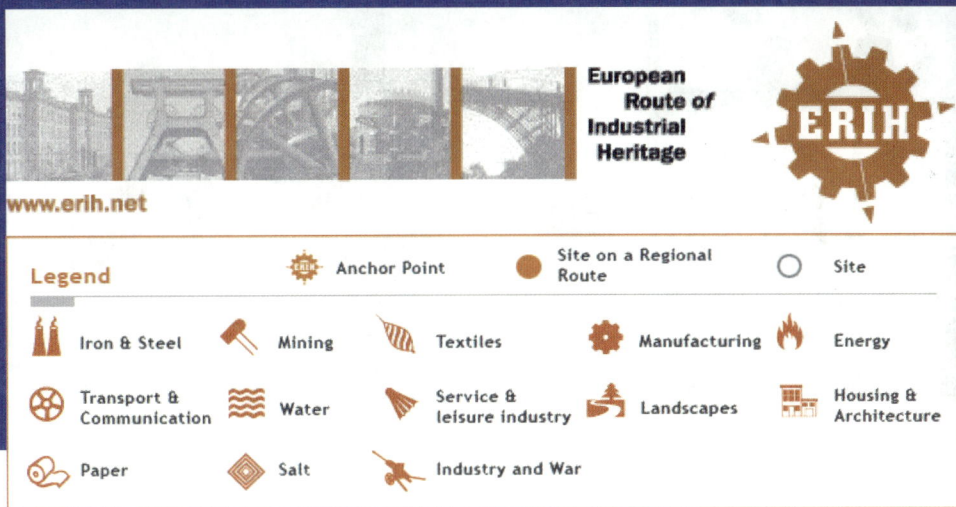

European
Route of
Industrial
Heritage

ERIH

www.erih.net

Legend

☀ Anchor Point ● Site on a Regional Route ○ Site

Iron & Steel　Mining　Textiles　Manufacturing　Energy

Transport & Communication　Water　Service & leisure industry　Landscapes　Housing & Architecture

Paper　Salt　Industry and War

"欧洲工业遗产之旅"的标记和视觉识别系统：包括传统纺织、造纸、矿业、制造等工业的象征符号。

这些线路中也包含着地区性的线路。在工业革命时期，城市发展动力取决于邻近地区资源和城镇间的相互支撑，铁路的出现更促成工业城市地区体系的形成。在欧洲工业遗产之旅中包含着若干产业聚集地区，如波兰西里西亚地区、德国鲁尔（Ruhr）地区、德国北黑森（North Hessia）地区、英格兰中部地区也称英格兰之心，跨国界的比利时、卢森堡、法国和德国交界地区称为萨尔－洛－洛（Saar-Lor-Lor）历史地区、包含了现德国、波兰部分地区的卢卡蒂亚（Lusatia）工业地区。这些地区形成近代欧洲以工业化为动力的城市体系，成为新的经济中心，小城镇得以快速发展为中等城市，新的工业区转变为小城镇。目前鲁尔地区由汉廷根（Hattingen）、维滕（Witten）、哈根（Hagen）等小城镇与多特蒙多等中等城市组合成为约1200万人口城市大区。

2. 欧洲瓷都

"英国之心"是工业革命时期最具代表性的地区，工业种类多样性的特点明显，处于英国之心的斯托克是工业革命时期由若干小镇形成的瓷都，"欧洲工业遗产之旅"形成的体系在斯托克市中有四个有关瓷器的博物馆：陶器博物馆和艺术画廊（Potteries Museum & Art Gallery），福特格林大厅（Ford Green hall），伊特鲁里亚工业博物馆（Etruria Industrial Museum），格莱斯顿瓷器博物馆（Gladstone Pottery Museum），同时也成为"欧洲工业遗产之旅"的节点之一。

特伦特河畔斯托克四个瓷器博物馆之一的格莱斯顿瓷器博物馆是在一个遗弃的窑址上建立起来的，1974年开放，后来成为"欧洲工业遗产之旅"的旅游点，工厂由格莱斯顿家族建立于1787年。1970年，工厂关闭后该家族

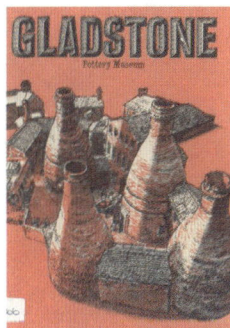

格莱斯顿瓷器博物馆是一个遗弃烧煤的窑址（Bottle Hilns），格莱斯顿瓷器博物馆广告画表现了"樽状烟囱"这一独特的工业遗产景观。

19世纪城市制陶工厂的情景（左）和Gladstone Pottery博物馆表现"樽状烟囱"这一独特的工业遗产水彩画作（右）①。

英国特伦特河畔斯托克城市纹章。

将其产权移交给市政厅。烧煤的窑址在20世纪50年代由于《清洁空气法》的实施而停用，当时此地区这种"樽状烟囱"（Bottle Hilns）约有4000座。目前城市保留193座列为历史保护建筑，其中"樽状烟囱"窑址47处。博物馆广告画表现了"樽状烟囱"这一独特的工业遗产景观。

特伦特河畔的斯托克-特伦特城（Stoke—on—Trent）也称斯托克，是1759年沿着英格兰的德比（Derby）到纽卡斯尔（Newcastle）的线路上发展起来的陶瓷工业区，利用其交通的便利，六个原城镇之一的隆顿（Longton）从此发展起来，1844年成为一座城镇，人口

达万人。在1900年左右，这一瓷器生产地区整合六个小镇形成联盟，是英国的著名瓷都。城徽是1912年6个地方机构合并设计而成并获得批准使用，图形代表了该地区的产业特点和原城镇的历史，如城市纹章中的盾面四分之一的右上格子就是瓷瓶，来自1871年伯斯勒姆（Burslem）的城徽图形，1761年建立了市政厅；右下格的鹰，代表隆顿，该城镇是1865年四大家族的族徽合成隆顿市的城市纹章，其纹章的头饰为鹰，该市1865年的原盾徽中的冠饰为市长杰姆逊（James Glover，1797–1863）的族徽象征。现在城徽的头饰上为一位古埃及制陶人利用转盘制陶的形

坦斯特尔的旧城徽、斯托克-特伦特的旧城徽、汉利的旧城徽（从左至右）③。

隆顿的旧城徽、伯斯勒姆的旧城徽、芬顿的旧城徽（从左至右）。

城市纹章：欧洲城市制度的徽记

象，反映了该市的产业特点。在盾面上有"斯塔福德结"（Stafford Knot），或称"反手结"，是最简单的结，为团结的象征，这一符号也是斯塔福德郡城镇城徽经常使用的图形。城徽的铭文是"联合更强"（United Strength is stronger），体现了合并的意义②。其他城镇为芬顿（Fenton）、坦斯特尔（Tunstall）和汉利（Hanley）。

这六个地区历史上的城徽无一例外都是使用了与陶瓷制作相关的图形作为寓意物，包括冒着炉火樽状的瓷窑（Bottle Hilns）、瓷器等，而且与主要的家族传统族徽的图形有关。而伯斯勒姆（Burslem）的旧城徽还使用了中国的青花瓷作为瓷器的象征。

伯斯勒姆的彩色旧城徽，可看到青花瓷为寓意物（左）和斯托克城足球俱乐部队徽（右），铭文写着"陶工"。

该市于1863年建立的斯托克城足球俱乐部（Stoke City Football Club）是英国的职业足球队中，历史第二长久的球队，1925年斯托克获得城市地位，球队使用了城市的名字和城徽，从

1950年到了1977年这段时期使用特伦特河畔斯托克纹章，1970年后产生简洁的队徽，在2001年进行修改，还增加了该队与瓷都有关的昵称"陶工"（The Potters）织在盾徽下的绶带上。世界上最古老的足球俱乐部是在诺丁汉成立于1862年的诺丁郡足球俱乐部（Notts County）。

斯托克市成为英国著名的瓷都并保留了许多老品牌。但还有不少瓷器公司保持良好的销售和生产状态，皇家皇冠德比（Royal Crown Derby）创建于1750年，也是营业至今的著名品牌。

英国斯托克最具有文化遗产价值的瓷器工厂和产品是威基伍德（Wedgwood，1759），威基伍德瓷器一开始是模仿中国的白骨瓷的烧制来适应当时社会的饮茶时尚，创立者为达尔文-威基伍德英国贵族的成员乔塞亚·威基伍德（Josiah Wedgwood，1730-1795），出生于英国特伦特河畔斯托克，从工匠开始做起，后来自己开厂并参与设计，他充分注重品牌的运营和对瓷器品质的控制，并利用皇室和上层社会使用其产品，集作为品牌推广重要手段，最后发展成为英国瓷器工业生产的先驱。威基伍德在生产中的模具和设计图纸得以保存和整理，1906年建立了自己的博物馆，保存了1793年—1968年的相关文献，威基伍德博物馆文献2011年被列入《世界记忆名录》。

欧洲的主要瓷都塞尔夫、迈森、特伦特河畔斯托克、代尔夫特一直骄傲地保持"瓷都"称号，而且有的瓷都城

市将这一美称用瓷器图像的形式凝固在城市纹章上。塞尔夫（Sevres）、利摩日（Limoges）、尚蒂利（Chantilly）、梅内西（Mennecy）都是法国18—19世纪繁荣的瓷都。尚蒂利瓷（Chantilly porcelain）、梅内西瓷（Mennecy porcelain）成为专有名词，瓷器风靡一时，这与贵族阶层参与和喜爱密切相关。在1730后由法国孔代亲王（Conde）路易四世亨利·德·波旁（Louis IV Henri de Bourbon-Conde，1692-1740）建立了瓷器工厂；梅内西的瓷器工厂建立于1745年；塞尔夫处于巴黎郊区，除了1750年就开始建设的瓷器厂外，在1882年建立了国家瓷器博物馆。塞尔夫的城市纹章盾面是蓝色，在河面上有两个桥墩的木桥，之上是号角，部首盾面为金色，左右是分别是有金色百合花的瓷器花瓶。利摩日是2011年"欧洲文化之旅"的城市联盟成员，是瓷器创新城市网络的总部所在城市（The Urban netwok for Innovation in Ceramics network）。塞尔夫、梅内西城市的城市纹章有一个共同特点，就是将瓷器花瓶作为纹章盾面上的寓意物之一，与法国象征图形百合花组合在一起。

18世纪是欧洲各国建立瓷器工厂最多的时期，德意志是欧洲建立瓷器工厂历史最早和建立数量最多的王国，在德国最为知名的城市是迈森（Meissen），迈森瓷器工厂建立于1710年，是最早生产瓷器的城市，为萨克森选帝侯、波兰国王和立陶宛大公奥古斯特二世（Augustus II the Strong，1670-1733）所建立，他是来自韦尔夫家族的成员。迈森瓷开始的标识是其国王名字的文织字母AR（Augustus Rex），后来使用交叉的剑为商标，从1731年延续至今，它源于萨克森选帝侯的纹章，是世界上最古老的商标之一。在巴伐利亚、图林根、黑森等历史地区，若干城市在18世纪开始瓷器生产，历史品牌保持最多的也是德国，超过10家瓷器公司产生于18世纪并运营至今，1794年德国巴伐利亚州城市特陶（Tettau）建立瓷器工厂，现在的瓷器品牌仍然存在，称为皇家特陶（Koniglich Tettau），多为餐具和艺术瓷器。

德国巴伐利亚州城市特陶城市纹章。

中东欧瓷器生产同样在18世纪开始形成规模，匈牙利是生产瓷器较早的东欧国家。匈牙利霍尔洛哈佐

法国瓷都梅内西的城市纹章（左）和法国塞尔夫市的城市纹章（右）。

城市纹章：欧洲城市制度的徽记

（Hollohaza）是一座不够一千人的村庄，瓷器工厂建于 1777 年。波兰下西里西亚州希隆斯克地区亚沃日纳（Jaworzyna Slaska）于 1860 年建立瓷器工厂，是城镇的支柱产业，现在的传统品牌为卡洛林那（Karolina）。匈牙利海伦德（Herend）于 1826 年建立瓷器工厂，是世界最大的瓷器工厂之一，其产品主要供哈布斯堡王朝以及贵族阶层使用，海伦德瓷器厂至今仍然生产运作，传统的瓷器产品传承下来。这些城市现在使用的城市纹章均使用瓷器花瓶象征传统的瓷器产业。

法国利摩日现在是欧洲文化之旅的"瓷都之旅"总部，城市持续进行瓷器和旅游、创意产业结合的活动，吸引了众多青年艺术家进行瓷器创作。参与"瓷都之旅"的欧洲城市还包括德国的塞尔布（Selb）、赫赫尔－格伦茨豪森（Hohr–Grenzhausen）、荷兰的代尔夫特、英国的特伦特河畔斯托克和意大利的法恩扎。这些城市对传统产业进行创新，与城市景观营造、徒步旅行、自行车骑行等活动结合，如赫赫尔－格伦茨豪森的城市纹章烧制成巨型瓷器，成为公共艺术品展示于城市公共空间中。塞尔布、代尔夫特也有类似的公共艺术品，瓷都传统产业成为新的旅游热点。

荷兰代尔夫特生产的蓝瓷也称为克拉克瓷器（Kraak Ware），现在也称代尔夫特器皿（Delftware），代尔夫特在 17 世纪就模仿制作中国式的青花釉陶器，17 世纪后半期，代尔夫特成为欧洲的重要瓷都，瓷器的图形也采用了许多中国的图形语言。目前代尔夫特将

匈牙利霍尔洛哈佐城市纹章。

波兰下西里西亚州希隆斯克地区亚沃日纳的城市纹章（左）和匈牙利海伦德城市纹章（右）。

赫赫尔－格伦茨豪森的城市纹章制作为公共艺术品（左）；塞尔布城市名字与巨型瓷器的结合（右）。

荷兰代尔夫特的蓝瓷旅游博物馆的标志柱。

介绍生产流程的瓷砖画。

代尔夫特模仿中国瓷的瓷器。

瓷作坊作为旅游点，介绍和销售荷兰克拉克蓝瓷。

3. 欧洲钢都

在工业革命时期，最具有时代特点的是钢铁产业。"欧洲工业遗产之旅"有多处以钢铁为主题的遗址，弗尔克林根（Volklingen）城市所在的德国萨尔兰州就是工业革命时期钢铁、采煤业聚集发展的地区。1969 年根据地区工业革命形成的产业体系建立了跨国界的比利时、卢森堡、法国和德国交界地区称为萨尔兰–洛林–卢森堡（Saar-Lor-Lux）历史地区，包括德国萨尔兰、比利时瓦隆、法国卡洛林和卢森堡等，共同关注传统的经济贸易和产业转型。最具有代表性的德国萨尔兰州的城市弗尔克林根的钢铁厂遗址占地 6 公顷，于 1873 年开始筹办，20 世纪世纪 80 年代停产。弗尔克林根钢铁厂是整个西欧地区保存最完整的综合钢铁厂而被列入《世界遗产名录》。弗尔克林根的城市纹章体现了城市产业的特点，在盾面上分别有钢铁制造的工具铁锤和铁钳，另一半是原领主的纹章图形：蓝色盾面上金色的狮子，是传统与现代结合的纹章设计风格。

德国弗尔克林根城市纹章（左）和德国索林根城市纹章（右）。

与"欧洲工业遗产之旅"有关的德国城市索林根（Solingen），在工业革命时期锻造业发达，城市高超的锻造水平和工艺可以追溯到中世纪，这里的冷兵器制作水平闻名欧洲，剑的制作技术一流。在工业革命时期，钢制品是城市主导产业，现在城市仍然是欧洲刀具、剪刀和餐具用品的制作中心城市。列入"欧洲工业遗产之旅"的是建立于1886年亨德里奇（Hendrich）家族的公司保存下来的熔炉锻造设备，1984年设立为博物馆。城市纹章蓝色盾面上有两把交叉的剑和金色的锚，反映了城市冷兵器制造历史和近现代钢制品生产的产业特色。

萨尔兰-洛林-卢森堡历史地区在工业革命时期，法国洛林领地上形成若干以钢铁和煤矿开采为主导产业的小城镇，列入"欧洲工业遗产之旅"具有代表性的城镇在摩泽尔省较为集中，如工业城镇佩蒂特洛塞尔（Petite-Rosselle）、于康格（Uckange）、阿尔兹维莱（Arzviller）。法国这些小城镇的城市纹章具有鲜明的法国纹章特色，佩蒂特洛塞尔城市纹章是在红白相间的斜带

上安放一盏黑色的矿灯，矿灯点着红色的火焰，表现了城市在1856年发现煤矿而经济繁荣的历史记忆。1989年煤矿彻底关闭，转而成为博物馆，城市目前人口约六千人。圣玛丽亚奥什迈恩（Sainte-Marie-aux-Mines）也是这一地区的采矿产业为主业的城镇，现在人口约为五千多人，城市纹章是在洛林传统纹章上加上一小盾，开矿的银色铁锤为寓意物。

法国佩蒂特洛塞尔城市纹章（左）和法国圣玛丽亚奥什迈恩城市纹章（右）。

鲁尔工业地区是"欧洲工业遗产之旅"最具代表性的地区，鲁尔成功利用原有的工业遗址和机器转换为旅游景点，"鲁尔地区工业遗产之旅"被列入《世界遗产名录》。奥伯豪森（Oberhausen）是19世纪中期钢铁、采煤产业移民城市，1874年获得城市权利，现在城市人口约20万，1929年建成的超过百米高、直径67米的巨型储气罐（Gasometer Oberhausen）用于钢铁制造，1988年随着钢铁厂的关闭而停止运行，1992年后改造成为一座以工业遗产为特色的展览馆，为"欧洲工

城市纹章：欧洲城市制度的徽记

业之旅"的重要景点，也是德国鲁尔工业遗产自行车旅游路径的节点，共有 25 个类似节点被称为"锚地"（anchor point）分布在这一地区工业遗产线路上，这条自行车路径长约 700 公里，贯穿整个鲁尔工业区。城市纹章展示的是工业革命的特征，铁锤、铁钳和齿轮有别于中世纪产生的图像而成为纹章的寓意物。

"鲁尔工业遗产之旅"的标示。

德国奥伯豪森城市纹章。

① 图片来源：www.stokemuseums.org.uk/gpm/history/
② www.thepotteries.org
www.raremap.com
③ 图片来源：www.stokemuseums.org.uk/gpm/histor

五、汉萨城市联盟

汉 萨联盟萌芽于12世纪，在14世纪趋于成熟，在欧洲的文化交流和贸易中起到重要作用，可以说是欧盟的先声，目前新的汉萨联盟机构对城市之间的贸易和文化交流起着积极的推动作用，汉萨联盟也是32条欧洲文化之旅路线之一。

1. 汉萨联盟的产生

1226年腓特烈给予吕贝克（Lebeck）帝国城市的地位，吕贝克处于北方与波罗的海城市联系的枢纽位置上，区位特殊。为了保护贸易利益，1241年吕贝克首先与汉堡达成协议，成为汉萨城市联盟的基础，控制了盐业和渔业的贸易路线，在商业往来中承认双方的《民法》和《刑法》，保护商人免受海盗的抢掠，免收对方的水路和陆路通行税。13世纪上半叶，吕贝克与汉堡城市之间达成有关协议，形成了海上贸易法律。

汉萨联盟（Hanseatic League）1358年正式成立，同时成立了波罗的海商业协会，从原来的商人同盟改变为城市同盟，开始了13世纪至15世纪，在北欧和波罗的海周边城市由商人组织的联盟的演变。建造于1560年的安特卫普汉萨联盟总部，毁于19世纪的大火。

象征贸易自由和自治的汉莎城市联盟精神历史影响至今还存在，在德国的城市中，汉堡市的全称为"自由汉萨城市汉堡"，不来梅称为"自由汉萨城市不来梅"，这是传统汉萨联盟留下的不可磨灭的印记。

在1815年维也纳会议上，德国的汉堡、不来梅和吕贝克同意在官方城市名字以"自由汉萨城市"冠之，德意志同盟也建立起来，由38个国家组成联邦，其中加入汉堡、不来梅和吕贝克等原汉萨联盟成员。1834年普鲁士同盟出现关税同盟，最先融入这一机制的是吕贝克，后来加入的汉堡、不来梅通过自治获得相对的独立权利。1937年之后，不来梅、吕贝克并入其他州，汉堡成为唯一保持这一称号和相应权力的城市。

不来梅的市政厅和罗兰骑士雕像被列入《世界遗产名录》。市政厅是加入汉萨城市联盟后建设的。罗兰为查里曼大帝时期的圣骑士（Paladin），雕像是1404年建立的，高5.5米，罗兰手持的盾牌上有神圣罗马帝国的黑鹰纹

城市纹章：欧洲城市制度的徽记

13世纪的几款汉堡城市印章，藏于德国汉堡考古博物馆。

章，代表着城市自治权利和贸易自由。

汉堡 1241 年的印章呈现的是实际存在的一座教堂和城墙，塔顶有十字架，象征主教对旧城的统治，两颗六角星象征着玛丽亚（Marian），称为"玛丽亚星"。后来 1253 年、1264 年和 1304 年印章变成 1241 年的基本图形，逐步演变为三座塔和城墙、城门。

目前在汉堡考古博物馆收藏着这些印章，以印章上城堡、塔楼和城墙、城门图像为母题，1410 年第一次颁布城市纹章，在城门中的寓意物经常变化，1605 年纹章的城门内是一片荨麻叶，"荨麻叶"这一特殊图案代表荷尔斯豪因公国，象征着荷尔斯豪因家族的统治。纹章不断修订后在 1661 年获得批准使用。汉堡市的城徽有大小两种形式。16 世纪已经有了冠饰的城市纹章，1751 年汉堡议会进一步通过法律确定配色方案，采用白色和红色，这同时也是城市的颜色。1835 年统一了印章和纹章的样式。1952 年《汉堡宪法》对城市纹章规制上进行明文规定，现在的大徽形式是建立于小盾徽的图形基础上，加上了金色狮子作为护盾兽，冠饰为正面的盔冠、三支孔雀羽毛和六支纹

章战旗，纹章有底座。同时有关法律规定，大徽只为汉堡市使用。2008 年修订《汉堡宪法》，又作了法律上的补充规定。

德国汉堡市的大徽。

汉萨城市基本是以德国为主，也就是以神圣罗马帝国统治的城市为主，部分波兰、瑞典、荷兰和俄国及东欧国家，不少城市是条顿骑士团等控制的领地，是从勃兰登堡配合武力东征殖民地发展的商业力量。联盟举行的贸易博览会是重要促进贸易交流的手段，经营的是鳕鱼、毛皮、蜜蜂、矿石等。通过商人组织的武装力量保证了城市的和平与安全，有力地强化了城市的商业和港口贸易功能，为城市自治制度的建立奠定了坚实的基础。

2. 市民和精英

从 1356 年开始，汉萨联盟在吕贝克不定期开会讨论贸易问题，但许多城市没有派出代表出席，所以该组织并不是强制性的具有约束力的机构，但其影响范畴不仅是商业活动，而是城市市民社会生活。"1358 年之后，已经使用到那时的商人（mercantore）一词被市民（civitates）一词取代，其全称汉萨同盟城市市民（Stadte von der dudeschen Hanse）也成为一般用语。"①

汉萨城市联盟是城市自治和神圣罗马帝国自由城市成熟的标志性节点。通过城市联盟，公国联盟增加实力并进行新的领地征服。它的另一重要意义在于加强城市间的贸易，建立有效稳固的贸易线路和体系，这是欧洲中世纪的传统做法。

汉萨联盟在中世纪的 13 至 15 世纪对欧洲大部分地区起到推动城市化的作用，汉萨联盟的成员基本采用《吕贝克法律》，行会在城市议会中举足轻重。参与联盟的城市多数获得神圣罗马帝国皇帝授予的城市权利，或者成为"自由帝国城市"。1641 年的吕贝克全景图展示了城市在 17 世纪的繁荣景象。公元 819 年，这里建造了第一栋教堂，1226 年成为"自由帝国城市"，1358 年成为汉萨联盟总部。旧城区由特立沃河和易北河吕贝克运河包围，形成良好的防御体系，现在还保存着的高大霍尔斯藤城门，佐证了这是一座曾经安全而又繁荣的城市。

制作于 1641 年的《吕贝克全景图》。

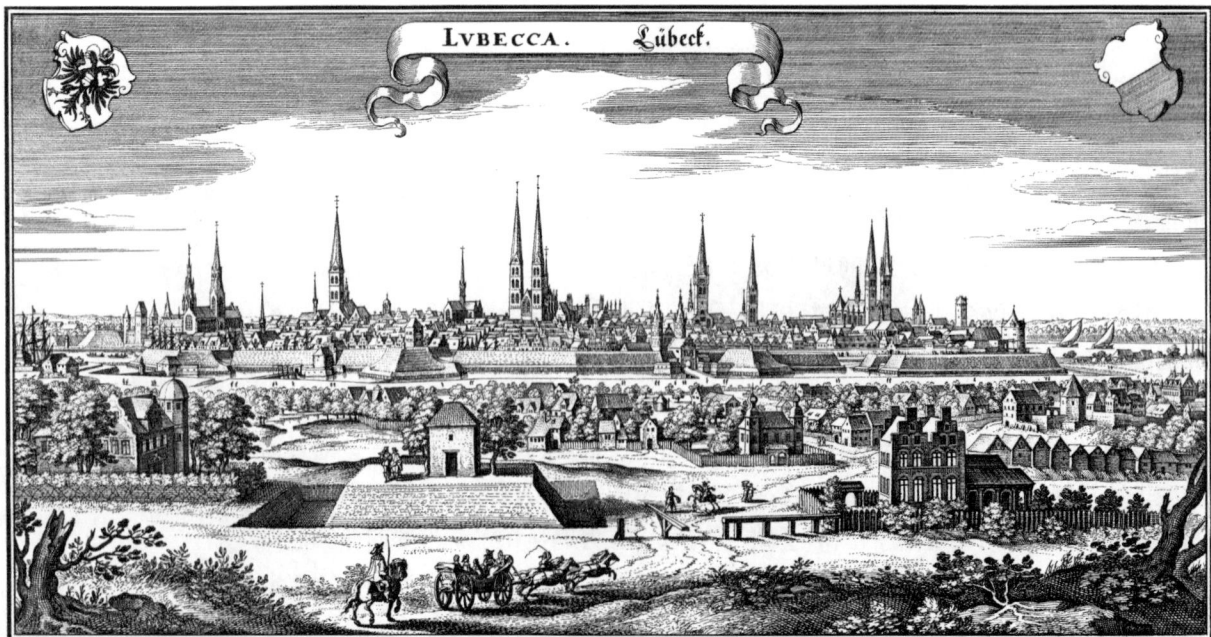

城市纹章：欧洲城市制度的徽记

在汉萨联盟年代，在汉堡、不来梅和吕贝克等城市中，出现了有影响力、对城市拥有控制权的富有家族，处于金字塔顶，称为汉萨家族（Hanseatic families），他们是城市的统治者，家庭成员中有参议院议员、市长等政治人物。1929年的诺贝尔文学奖获得者托马斯·曼（Thomas Mann，1875–1955）是来自吕贝克的曼氏豪门家族，也是属于汉萨家族这一精英阶层，1794年先祖来到这里并创办了"汉萨粮食公司"，家族的成员一步步进入了城市精英队伍，他们曾出任"卑尔根航海者协会"会长、荷兰驻吕贝克等公职，"托马斯·曼的父亲托马斯·约翰·亨利希·曼继承了父业及其领事头衔，1877年当选为市政府参议员，而且是最有实权'税务议员'"②。但托马斯·曼没有继承父业，而是持续保持对文学的热爱，出版了《布登勃洛克之家》（Buddenbrooks）等巨著，1901年出版的《布登勃洛克之家》描写的就是汉萨家族曼氏豪门的故事。布登勃洛克故居被市政厅购买下来成为了托马斯·曼研究中心。吕贝克的城市生活和家庭背景是作家源于生活的创作底色，透过这些文学作品，我们在理解文学精神追求的同时，还可以了解到19世纪末这座汉萨皇后城市的社会氛围。

3．贸易路线体系的拓展

汉萨联盟根据其作用和功能分为最重要汉萨城市、重要汉萨城市和汉萨城市，还有贸易中转站或者商站（Hanseatic Kontor）。作为远东重要的商站，俄罗斯的达诺夫哥罗德市（Novgorod），由于它的存在使汉萨联盟的贸易能够进入俄罗斯内陆，但商站在1500年左右就关闭了。

汉萨联盟基本上是沿波罗的海至伦敦的贸易线路分布。这一特殊的共同体形成强大的贸易合作伙伴关系。加入联盟的城市包括吕贝克、不来梅、安特卫普、汉堡、科隆、托伦（Torui）、里加（Riga）、卑尔根（Bergen）的布吕根（Bryggen）等。城市因贸易规模不同，有的称为商站（Kontor），加入时间和关闭的时间前后差异很大。

加入汉萨联盟的城市之间贸易活动最为踊跃的历史时期是在13世纪末至14世纪初，各城市感受到联盟对经济和社会稳定的意义。德国的格赖夫斯瓦尔德市（Greifswald）是1283年加入联盟的；德国的维斯马（Wismar）也在1283年加入联盟；德国的罗斯托克（Rostock）也在1283年加入联盟；瑞典的维斯比（Visby）1361年加入联盟；波兰的达尔沃沃1312年加入联盟；德国的埃尔福特（Erfurt）1306年加入联盟；波兰埃尔布隆格（Elblag）1358年加入联盟；拉脱维亚的里加1282年加入联盟。最高峰时期，加盟的城市有170个。

汉萨城市联盟分海上贸易和陆上贸易线路，汉萨贸易传统线路有陆地、海上和内河线路，海上的线路主要是波罗的海；海上的线路还包括了威尼斯线路、热那亚线路等。

4. 纹章色彩的象征意义

吕贝克成为汉萨城市后，不定期

汉萨城市联盟海上贸易和陆上贸易线路图：黑色实线是汉萨线路、黑色虚线是陆地和内河线路、蓝色为威尼斯线路、红色为热那亚线路。

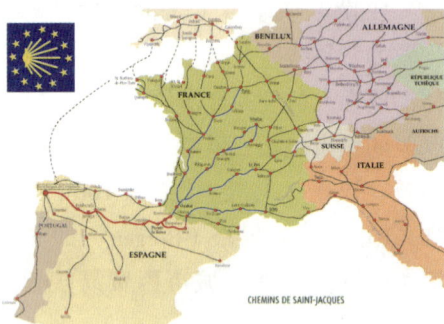

开会讨论贸易事务，现在城市中 1800 多栋历史建筑仍散发出古城的历史魅力。文学家托马斯·曼对自己生长的城市描绘道："完整保存下来的市民住房和顶楼，建筑风格上介于哥特式和文艺复兴之间的市政厅，高高屋顶上的钟楼，屋檐下的排排柱廊。"吕贝克的市政厅是德国最古老的市政厅之一，市政厅在屋檐下装饰了一系列纹章，形成了一条纹章饰带，这些纹章中包含有汉萨城市联盟各城市的城徽。

德国 1280 年吕贝克的印章、1450 年和现在使用的吕贝克城徽（从左至右）。

吕贝克的城徽中央是神圣罗马帝国的双头鹰，双头鹰胸前是下红上白的小盾徽。汉萨联盟总部设于吕贝克，也成为汉萨联盟的象征。在 1230 年城市有了公共印章，印章以商船为象征物。1450 年产生的城市纹章是两个帝国纹章的结合，主要色彩白色（银色）和红色成为日后联盟各城市通用的颜色。

德国自由汉萨城市不来梅的城徽以红色盾面上的白色钥匙为寓意物，这来自 1366 年的城市公共印章图形，后

德国不来梅市的大小城徽。

来 14 世纪时被城徽使用，同样是圣彼得的象征。圣彼得是众多城市的主保圣人，"天堂之匙"（Keys of Heaven）是其圣物象征，不来梅在各历史阶段都采用之作为城市纹章的寓意物。红白颜色是城市作为汉莎联盟城市的色彩语言寓意，大徽的护盾兽在 1568 年由狮子代替原来的天使护盾者，16 世纪后期加上皇冠。拿破仑统治时期部首横带红色盾面加上了 3 只蜜蜂，后来又恢复原型，现在的冠饰是 5 片叶子。

该联盟各城市的城市纹章色彩体系具有统一性，红色、银色和黄色是主色调。城市纹章在某种意义上反映了联盟的特点，既符合纹章规则又体现了各

城市纹章：欧洲城市制度的徽记

城市的个性。

但这些城市通常拥有联盟共同的纹章色彩体系的同时，又有自己城市通过演变而成的历史图形，这些图形或者是领主的象征，或者是基督教的圣物象征，从而保存了城市独有的可识别图形。

从波兰格但斯克市（Gdansk）的历史印章和现在的城市纹章的对比可以看出，前者强调海上贸易，以商船为核心图形；后者以宗教为寓意物。该城市曾经为骑士团拥有，纹章的色彩符合汉萨联盟的要求。

波兰格但斯克市现在的城市纹章。

手持格但斯克纹章旗游行的格但斯克市民。

大部分城市将领地的领主家族的

族徽作为城徽寓意物的来源，但色彩体系遵循汉萨城市的规则。如格赖夫斯瓦尔德市原属于波美拉尼亚家族的领地，纹章采用了该家族的纹章寓意物鹰头狮身兽（Griffin），也被称作格里芬。维斯马是梅克伦堡（Mecklenburg）家族的领地，盾徽中央采用了该家族的寓意物公牛的图像。

德国格赖夫斯瓦尔德市1315年的城市印章（左）和现在城市使用的城市纹章（右）。

罗斯托克市也是波美拉尼亚家族的领地，城徽盾面的上半部分为鹰头狮身兽图像，这与波美拉尼亚家族的寓意物有关，从舌头到爪子，在色彩以及造型上均进行特殊处理，它也是梅克伦堡-前波美拉尼亚州的最大的城市。城市的城徽经历三次变动，1257年开始使用的城市印章图案是戴着王冠的牛头（Sigillum），这是梅克伦堡的徽章图形；1307年用的是鹰头狮身兽；1367年改为现在的图案。罗斯托克的纹章盾面下半部分就是典型的白红相间的横条，这是象征汉萨城市联盟的颜色，1367年城市加入汉萨联盟后依规则而改，在印章上还专门刻上汉萨城市的名称，新城市纹章产生于1367年。与格赖夫斯瓦

德国汉萨城市罗斯托克的印章（左）和城市纹章（右）。

德国维斯玛 1250 年的印章（左）和城市纹章（右）。

梅克伦堡家族纹章。

梅克伦堡-前波美拉尼亚州的纹章。

尔德相比较，罗斯托克城徽鹰头狮身兽的形象有所不同，红色的舌头是最为明显的标志。这也是纹章规则的新要求推动了形象的创新，使欧洲城市纹章充满无穷无尽的图形创造力。

从 1214 年起，鹰头狮身兽成为波莫瑞诸公爵的纹章，后来普鲁士波莫瑞省及罗斯托克市等的纹章均以它为寓意物。梅克伦堡家族也统治这一地区，从 1219 年起梅克伦堡不同王朝以戴王冠的黑色公牛头为象征物。在两个奇特的图像中，罗斯托克选择了前者。

戴金色王冠的黑色牛头这一寓意物体现在梅克伦堡家族原领地的德国维斯玛（Wismar）1250 年的印章和城市纹章上。维斯玛 1250 年的印章是将梅克伦堡家族的公牛盾徽挂在船的桅杆上，充满着趣味性。

什未林（Schwerin）成为梅克伦堡-

什未林公爵领地的首府，在历史上曾使用过的盾牌上的纹章图形是牛头，这是梅克伦公爵的纹章③。

汉萨城市联盟盾徽的造型在各国城市纹章上的外形特点各异，如波兰式、瑞士式、烫斗式、风筝式等。但色彩体系是高度协调一致的，红色、白色和黄色是基本色，形成可识别的色彩体系。汉萨城市联盟成员波兰达尔沃沃（Darlowo）市和埃尔布隆格（Elblag）的城市纹章同样是汉萨联盟的色彩体系，埃尔布隆格在 13 世纪是条顿骑士团的

梅克伦堡-什未林公爵的纹章。

汉萨城市联盟波兰达尔沃沃市的城市纹章（左）和埃尔布隆格的城市纹章（右）。

城市纹章：欧洲城市制度的徽记

里加历史上的城市纹章（左）和里加现在使用的城市纹章（右）。

总部之一，后来在 1246 年使用吕贝克法律权利，1358 年加入汉萨联盟，与格但斯克、阿姆斯特丹等汉萨联盟城市通航贸易，从而逐步繁荣起来。

14 世纪所建的德国北莱茵-威斯特法伦州的城市汉廷根（Hattingen）城墙至今依然存在。汉廷根 1554 年成为汉萨联盟的成员，是工业革命最早建造钢铁厂的城市，在城市范围内，1752 年就有 52 个煤矿进行开采作业，1852 年钢铁厂开始生产，是鲁尔地区最早的工业城市，现在人口约 5 万。城市纹章的主题是圣佐治刺龙图，红白两色是汉萨联盟的颜色，采用的是宗教题材而不是常用的领主纹章图形，也非工业图形，这是工业城镇纹章的另一种表现形式。

德国汉廷根的城市纹章。

拉脱维亚的汉萨联盟城市里加市 1225 年的印章（左）和 15 世纪的印章（中）（右）。

里加（Riga）是拉脱维亚（Latvia）的首都，1201 年正式成为城市。中世纪时形成了维京人的贸易中心，1225 年有了城市的公共印章，1282 年加入汉萨联盟。

拉脱维亚的首都里加是中世纪汉萨同盟历史时期的主要贸易中心，行会和商会是城市的主导力量。在不同君王的统治下，盾徽上皇冠的形式有瑞典、俄国国王的皇冠。护盾兽狮子是 16 世纪增加的，在此之前曾经以鹰为护盾兽。里加于 1988 年恢复了 1925 年的城徽形式。皇冠上是金色的皇冠和金色的十字架，是主教的象征。1201 年主教阿尔伯（Alber）获得城市权利。1225 年城市的印章呈现城门（gate）和塔楼（tower）和钥匙，打开的城门有金色的狮子头像。塔楼是城市自治权利的象征（city's right of autonomy），黑色的钥匙是城市保护神教皇（Pope）的象征。

5. 新汉萨城市联盟

1815 年，维也纳会议决定三座汉萨联盟城市汉堡、不来梅和吕贝克的官方名字保持"自由汉萨城市"的前缀并保持至今。1980 年，前汉萨联盟城市又组织了新的"城市汉萨联盟"，进一步促进城市之间的贸易、文化和旅游的交往。总部设在德国的吕贝克市，新联盟有了新的标记。原红白相间的彩带在

Städtebund
DIE HANSE

标记中依然是图案的构成元素。

新"城市汉萨联盟"每年由成员城市轮流举办一届"新时代汉萨日"（Hanseatic Days of New Time）的活动，举行以城市间政治、经济和文化合作为主题的论坛。第一届在荷兰的兹沃勒（Zwolle），2014 年主办城市是吕贝克市。活动举办了 4 天，130 个城市的 1500 个代表团参加了活动[④]。

2015 年 6 月 7 日，第 35 届"新时代汉萨日"在爱沙尼亚的城镇维尔扬迪（Vijandi）举行。城市在十字军东征时，由条顿骑士团分支沃尔尼亚（Livonian order）的宝剑骑士团统治。14 世纪城市成为汉萨城市联盟成员，维尔扬迪处在西欧与俄罗斯贸易线路上，这有利于促进城市经济发展。目前城镇有 2 万居民，城市面积仅为 14.6 平方公里。本次活动的口号是"因创造而重生"（Born to be creative）。在城市的象征性地标城门广场举行了杰出爱沙尼亚海外艺术家参加的民族音乐会，包括冰岛、俄罗斯在内的汉萨城市联盟的 80 个城市代表团参加，期间举办了各种商业活动和文化论坛，包括传统音乐会、爵士音乐会、经济论坛、各城市产品博览会、飞行员青年营、历史传统生活体验等各种城市活动。

2017 年举办城市为荷兰的坎彭（Kampen），主题是"水的联系"，因为城市的艾瑟尔河，是坎彭与其他汉萨城市进行贸易活动的主要通道。2018 年举办城市是罗斯托克，城市活动计划富有创意地让一批年轻人乘仿古帆船抵达城市码头，从船上卸下按照传统装载方式装载的货物，在鱼市场进行交易，呈现历史上的海上贸易情形。城市在宣传推广活动中，无论是在海报或者标记上，均使用传统汉萨城市纹章红与白的颜色。

2018 年来自丹麦、爱沙尼亚、芬兰、爱尔兰、立陶宛、拉脱维亚、荷兰和瑞典的财长签订了新文件，强化了欧洲联盟之间经济货币联盟作用。

① ［英］杰弗里·帕克著，石衡潭译：《城邦：从古希腊到当代》，山东画报出版社 2007 年版，第 119 页。

② 《世界知识画报》第 521 期，世界知识出版社 2015 年版，第 52 页。

③ 中世纪西斯拉夫联盟称为 Obotrite，其领地在现德国北部地区。尼克拉（Niklot, 1090-1160）是斯拉夫部落的英雄，也称为斯拉夫部落的王子，后来这里就成为梅克伦堡公爵的领地。

④ www.hanse.org

VI

东方的欧洲

广州城是一座拥有两千多年历史的城市，无论是澳门，还是香港，均因为广州城才有了它们存在的理由和城市形成的动力。且不说它们曾属于广东行政区划的版图，广州城西关商业繁荣吸引了欧洲商人的到来。1513 年葡萄牙人第一次进入广州城，天主教的传播作为伴随葡萄牙人等欧洲商人在广州十三行的商业活动的"副产品"进入大陆。广州城禁止外国人居住以及严格的停留时间规定，使澳门能够成为以葡萄牙人为主的欧洲商人居住地。一口通商的黄埔港使广州成为千年来从未关闭的开放港口城市，从这里输出的茶叶、丝绸、外销画，定制瓷器进入欧洲社会，提升了欧洲人的生活品质。以至于欧洲人对于中国的认知是从物品开始，对中国的印象一直是蒙着面纱的模糊影像。

一、广州"一口通商"中的瓷器贸易

从西方学者的角度看，在地理大发现的年代，对欧洲在亚洲扩张的行为形容为探险和贸易来往，欧洲的文化对亚洲的影响很大，但对于亚洲对欧洲文明的启迪缺乏深入的自省，这是欧洲学者的观点。实际上从中国瓷器在欧洲的流行，东方和欧洲艺术的融合提升了欧洲生活品质，欧洲文化与中国传统瓷器工艺的结合产生了"广彩"。

广州对外贸易主要集中在西关的十三行附近，外销品经过加工后集中到了靖远路，靖远路直通江边的省港澳码头，广州更早时期的繁荣是依靠黄埔古港进行对外贸易活动，随后广州城的开放，粤海关的建立回到长堤一带。

广东的手工业者对外来的事物接受得快，具有广东特色的广彩瓷器，瓷器色彩丰富的表现力具有实用意义，适应了同时期西方巴洛克艺术风格的兴起和对东方情调的追求。根据1700—1800年的对外贸易记录，在此共设有超过180家不同字号的瓷器行，足见广州黄埔港之繁忙。

1. 16世纪末开始的广州"来样加工"和"来料加工"

英国伦敦维多利亚与阿尔伯特博物馆是世界上影响力最大的装饰艺术与设计博物馆，它是世界上拥有中国艺术藏品最多的博物馆之一，藏品约有1.6万件，由广州画匠绘制的外销瓷，与中国的唐三彩、佛像一样，成为重要的艺术藏品。外销瓷融入了欧洲文化元素，如为特定家族订制的纹章瓷、外销画，其制作学习了欧洲油画技巧，而欧洲从模仿硬质瓷器的材质至瓷器上中国画的表现技巧，足以证明亚洲文化与欧洲文明相互影响。东西方贸易制度的建立是表象，其背后更具有历史价值的是文化上的相互融合。

景德镇的瓷器誉满天下，外销瓷首先源于景德镇的瓷器。中国的瓷器是在7世纪至8世纪形成大规模制作的，在元代，中国生产出青花瓷器，用含钴的色料在瓷胎上画出花纹再上透明的白釉，呈现白底蓝花的特殊色彩和形态，属于釉下彩绘瓷器，景德镇的三宝村是烧造中国青花瓷器的代表性地点。

但瓷器贸易运输距离太远又成为瓷业发展的瓶颈，无形中推动了福建和广东的瓷器生产。广东在宋代已经有了成熟的瓷窑，北宋建立起来的广州西村窑、潮州的笔架山宋窑和惠州的东平窑都是出产高质量瓷器的窑址，也是原瓷胚的来源地。20世纪50年代，广州考古挖掘西村皇帝岗，出土了一批以青白瓷为主的精美瓷器。宋窑在广东大规模的存在，是外销瓷需求增加的结果。

广东、福建的瓷器外销有久远的历史，北宋时期生产的外销瓷主要销往东南亚，在这些地区的外销瓷以日用瓷为主。与中国进行贸易的先行者葡萄牙商人对中国物品的认识是通过远东香料、黄金的贸易之余逐步形成兴趣的，葡萄牙探险家和后来的葡萄牙商人在印度西南部发现中国出产的商品，他们开始将中国瓷器和丝绸样本带回里斯本，这些物品在欧洲极为珍稀①。尽管从9世纪起，瓷器已经成为出口亚洲、非洲和中东地区的主要贸易产品，但在14世纪前，欧洲人很少会收藏瓷器②。

中国瓷器的适应性是全球性的，藏于上海博物馆销往东南亚的青花串枝菊花外销瓷，制作于1206—1368年，最为突出的特点是碗底的火焰图案。

1498年葡萄牙人来到亚洲，最早记录他们到来的文献是一本阿拉伯编年史《圣武士的礼物》，歌颂穆斯林抗击葡萄牙的事迹③。

在航海时代，欧洲海上列强从葡萄牙开始探索通往东方的艰难航路，最终渴望到达的目的地是中华帝国。古希腊、古罗马时期的欧洲人就对这一东方古国充满神往之情，在公元前一世纪古希腊出现的斯托拉波撰写的《地理学》中，将中国称为赛里斯（Serice），此为丝国的意思，战国时期中国的丝绸制作已经达到很高的技术和艺术水平。17世纪的英语中开始有了"中国瓷器"的专用名称Chinaware，在口语中"器皿"（ware）被省略，"瓷器"成为象征中国的名字。丝绸、瓷器是欧洲人渴望从

销往东南亚的外销瓷，制作于1206—1368年，藏于上海博物馆。

有阿拉伯文的明代瓷器，藏于中国北京颐和园。

葡萄牙航海莫基人亨利王子在波尔多的出生地。

中华帝国获取的物品。15世纪末，葡萄牙开启登陆亚洲马六甲群岛的"香料之旅"，孜孜以求的最终目的地还是中国，16—19世纪，海上贸易中的香料、辣椒、茶叶、丝绸和瓷器贸易成为主旋律。在"1635—1700年的60年间，到广东的英国船只仅有12艘，且绝大多数仅至澳门。英国船只第二次进入广州港是在1699年，船名'马克来斯菲尔德号'，单层船，仅250吨。"④

葡萄牙里斯本是与亚洲进行海上贸易的先行者，1775年里斯本经历大地震后重建，现存大部分历史建筑是这一时代的产物。里斯本中心的庞巴尔伯爵（Pombal）广场是为了纪念里斯本重建的领导者庞巴尔伯爵。

13世纪中叶，阿方索三世将首都从科英布拉迁至里斯本，此地人口开始聚集，17世纪时超过了10万人。在里斯本与航海时代到来的领导者有关的有两类人，一是骑士团，阿方索三世的继承人唐·迪尼斯（D. Dinis）创立葡萄牙骑士团，1377年骑士团独立，以圣殿骑士团的财产为基础。学者桑贾伊·苏拉马尼亚姆称当时葡萄牙骑士团"民族化"，这是特别贴切的比喻，唐·若昂一世自封为阿维斯团长，率领船队出征的是骑士团的成员。聚居于此的第二类人是来自意大利的具有航海知识的商人、水手和航海家，他们主要来自热那亚和佛罗伦萨。1497年达伽马带领圣拉菲尔号、圣百加列号、贝里奥号和一艘补给船，在7月驶离特茹河出海口，航程316天，其中有4个月花在

葡萄牙航海发现之旅示意图，表现了从1419年开始至1500年进入印度洋的航线，藏于葡萄牙国家航海博物馆。

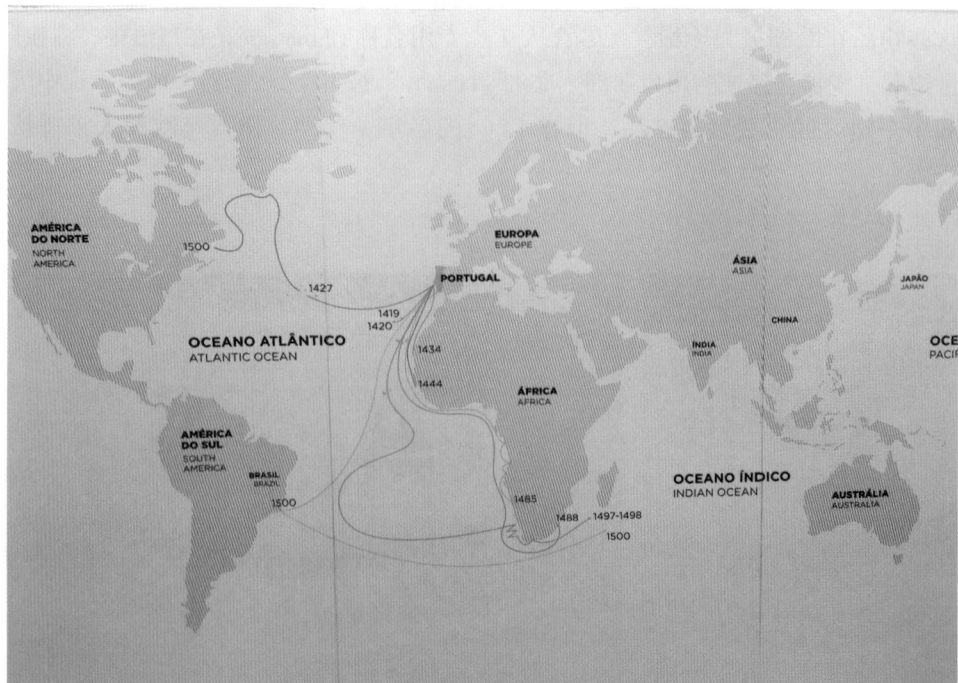

城市纹章：欧洲城市制度的徽记

非洲东海岸，到达印度卡利卡特后停留了三个月。

建立于 1884 年的里斯本葡萄牙国家古代艺术博物馆，珍藏着 12 世纪至 19 世纪葡萄牙公共收藏品，包括来自东方广州的各式各样瓷器。其中特别重要的艺术品是葡萄牙黄金时代制作的《贝林修道院》金饰，这是曼努埃尔时代艺术表现代表作。

1502 年第二次亚洲之行时，葡萄牙人在科钦设立了代理商馆，葡萄牙人开始开拓联系东方与欧洲的市场。广东珠江三角洲岛屿众多，是最早的切入点，中心城市广州手工业发达，兼具加工与贸易的功能。中国的瓷器在欧洲受到广泛喜爱，是受到欧洲上流社会在 16 世纪对东方异国情调的向往等社会时尚风气影响的结果。享用中国的丝绸、茶叶和瓷器是欧洲人高品质生活的体现，同时也因为中国独特的工艺传承保持了贸易品的质量，这也是中国产品对欧洲消费者的吸引之处。从 16 世纪开始，外销瓷中出现了特制的纹章瓷，1541 年，当方济各离开里斯本远赴东方时，中国广东上川岛已经成为中国与葡萄牙贸易的贸易点，在上川岛出土的 1500 年左右的特制瓷碎片出现了宽边十字架。葡萄牙传教士 1700 年左右所绘制的《上川岛及其村落全貌图》在大洲湾处专门用葡萄牙文注明"原葡萄牙人贸易据点"。

广州外销瓷器（Chinese export porcelain）贸易始于 16 世纪开始的"来料加工"的生产活动，从各地通过驿道、

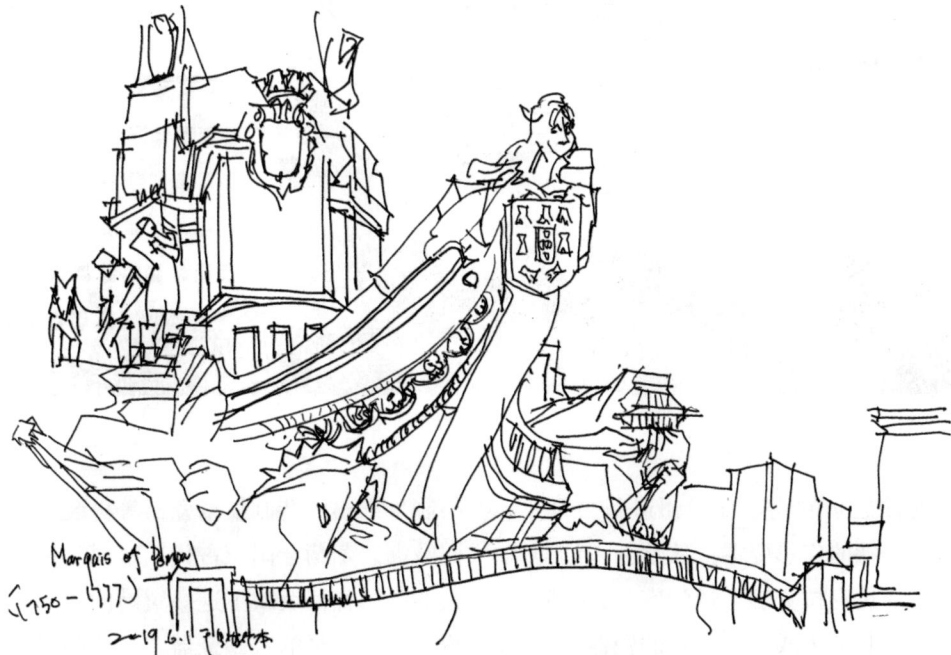

Marquis of Parba
(1750-1777)
2019.6.17 广州树本

里斯本庞巴尔伯爵广场纪念碑底部的雕塑，突出的葡萄牙国家纹章和帆船象征航海贸易。

运河输送来的瓷胚在广州进行再加工，形成独特的广彩瓷器。从欧洲来的样式要求通过克拉克船运送到广州，画匠们根据样式加工成各类形状的瓷器，依图绘制生产出的特制纹章瓷器等再装船运回欧洲。葡萄牙国家古代艺术博物馆馆藏的中国瓷器反映了这一贸易的历史过程，馆藏最早的定制瓷器，是绘制了奥

城市纹章：欧洲城市制度的徽记

古斯汀纹章的瓷壶，纹章盾面上是一颗心和两支箭，护盾者为双头鹰，并绘制了包括修道院建筑的风景画，另一件是 16 世纪有马蒂亚斯·德·阿尔伯克基（Matias de Albuquerque）纹章的蓝色瓷盘。

　　欧洲国家中的葡萄牙最早通过海上丝绸之路与广州进行贸易，16 世纪大量进口到欧洲的明朝制作瓷器，开始是青花瓷传统器皿，后来发展为特制产品，有进一步以基本宗教符号为标记的青花瓷，如宽边十字架、耶稣会缩写、之后有了订制的纹章青花瓷，再发展到后来是广彩的彩色纹章瓷，这是因为欧洲纹章需要色彩表现符号意义。瓷器订制从 16 世纪一直延续至 19 世纪，跨越超过 400 年。葡萄牙里斯本古代艺术博物馆的馆藏瓷器中，有精美的席尔瓦（Silva）家族订制的纹章瓷，瓷盘上画有 1677 的字样，保持了青花瓷的特点。

　　17 世纪和 18 世纪之间是纹章瓷、定制瓷器从青花瓷走向广彩彩色瓷器的过渡时期，定制的瓷器内容除纹章外，还包括希腊神话题材、基督教圣经题材，以及人物肖像。1720 年葡萄牙阿泰德（Ataide）家族的纹章瓷是广彩技法的彩瓷。

　　1889 年制作于广州的出口至葡萄

葡萄牙骑士团十字架。

16 世纪初期，从广东出口葡萄牙的瓷器，藏于里斯本葡萄牙国家古代艺术博物馆。

1500 年左右的有神圣罗马帝国双头鹰纹章的外销订制瓷，藏于英国阿尔伯特博物馆。

制作于 1500 年左右的青花纹章瓷盘。

1500 年绘制了葡萄牙王室纹章和天文仪的纹章瓷，葡萄牙人约在 1513 年已经在中国海岸活动，1553 年进入澳门。

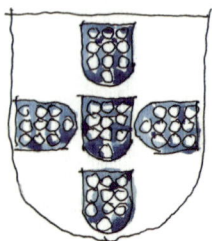

葡萄牙纹章（1139—1247 年）。

1677 年制作的葡萄牙席尔瓦家族的纹章瓷。

1889 年制作于广州、出口至葡萄牙的广彩瓷器，藏于里斯本葡萄牙国家古代博物馆。

1720 年葡萄牙阿泰德家族的纹章瓷。

城市纹章：欧洲城市制度的徽记

牙的广彩瓷器，完全是洛可可艺术华丽风格的展示。

明代德化窑文昌全身座像（左），德化窑达摩全身座像（右），均藏于福建博物馆。

从明代开始，广州商人从景德镇买回素瓷在着色加工二次烧制后出口，从景德镇运到广州的素胎瓷器，包括后来福建等地的素瓷，广州画师根据欧洲客户的要求上彩绘制图画，广彩是对素瓷二次加工的产物，包括纹章在内的

欧洲各种设计样式图案绘制在瓷器上，让广州成为清代"来样加工"的重要基地。

16世纪，由于欧洲与中国贸易关系的建立，中国瓷器开始销售到欧洲。初期在海禁没有实施之前，广州黄埔港、漳州的月港是当时进行贸易的重要港口，除了景德镇的官窑、民窑名声在外之外，广东、福建都有大量高质量的民窑，如漳州窑、潮州窑等，漳州窑在明清时期最为繁荣，在平和、漳浦、云霄等地均建有瓷窑，出现了德化瓷、广彩瓷等适应欧洲审美情趣的瓷器，为采购提供了便利条件，也促进明朝中后期漳州月港的繁荣发展，成为明帝国对外贸易的最大港口之一。

明朝在1523年因倭寇猖獗废除了福建、浙江的市舶司，仅存广州市舶司。1656年清政府颁布"禁海令"，1685年设粤、闽、浙、江四海关。1757年只有广州成为唯一的对外贸易港口，成为"粤海关"独大的局面，广州黄埔

福建漳州窑如来佛立像（1556年）；德化窑文昌座像；德化窑达摩立像；均藏于福建博物馆（从左至右）。

德化窑外销瓷和德化窑军持（梵语 knudika，意为水瓶），南宋(1127—1279)，均藏于福建博物馆。

村的黄埔古港最为繁荣的时期也就此开始。从 1749 年至 1838 年，进入黄埔港的外国商船共 5390 艘⑤。

鸦片战争后，正因为需要与洋人打交道，清政府与外国驻粤机构书札来往的衙门多起来了。在广州杨家祠旁的"两广部堂"，是第二次鸦片战争后被迫将被炸的两广官衙原址出让给法国建教堂，部堂迁建于该处。两广总督耆英 1845 年 9 月 2 日回复葡萄牙理事官关于"钮元德回澳不报税"的来函时言"不可失之轻纵，也不可失之过甚"。向皇帝奏报对"夷人"的良策时却欲言又止，张之洞 1884 年 5 月至 1889 年 8 月任职两广总督，1888 年奏请皇上"缓议广东澳门租界改归葡国永远居住立约"奏稿中写到"再查葡国贫困日甚，如法美俄德各国，皆有财力，无不垂涎澳门，翼以巨款购得其地为驻兵之所，是不让其地于他国一层，尤应于议约之先，切实声明，杜绝觊觎"⑥。张之洞在两广部堂小心翼翼向皇上献上的"良策"就是"拖"，不然列强会取而代之。1841 年 1 月 30 日，侵华英国总司令伯麦致清朝大鹏协副将赖恩爵的照会

写道："是该岛现已归属大英国王主治地方，应请贵官速将该岛各处所有贵国官兵撤回，四向洋面，不准兵役稍行阻止，难为往来商渔人民。"⑦口气好像自家门口被邻居汽车堵住似的。

"一口通商"的对外政策实施后，限制了欧洲人在景德镇订货，运往广州港口出海，使广州的外销瓷贸易地位进一步加强，广州城外的"十三行"成为重要的交易场所。在 16 世纪中期，在众多出口欧洲商品中，瓷器是欧洲市场最受欢迎且贸易获利甚高的海上贸易品。

此前许多欧洲人是通过伊朗购买到中国瓷器的，最早从中国将青花瓷器加工为适应欧洲客户需要的特制瓷器（包括纹章瓷）进口到欧洲的是 16 世纪的葡萄牙和荷兰商人，装载这些白色和蓝色瓷器的是"克拉克"号（kraak）商船，故也称为克拉克瓷器（Kraak Ware）⑨。在中国与欧洲直航贸易后，葡萄牙和荷兰成为中国瓷器的主要销售地，1604 年荷兰阿姆斯特丹舰队强夺了葡萄牙"凯瑟琳"号商船的瓷器并进行拍卖，拥有强大海上军事力量的荷兰

行商卢广衡肖像，绘制于1840年，作者赖呱（Lam Qua）。藏于美国皮博迪艾塞克斯博物馆[8]。

代替葡萄牙成为海上霸主，控制了瓷器的海上贸易，被称为"海上马车夫"。海牙档案馆存档材料显示，在17—18世纪，共有6000万件瓷器运往欧洲。16—18世纪中国销往欧洲的瓷器达3亿件。

根据有关学者的统计研究，1730—1798年从荷兰运至欧洲各地瓷器的利润高达200%左右，在船货中的货值比基本超过10%，18世纪中期利润开始下降，拐点出现在1766年左右[10]。

从海上霸主地位匹配，从葡萄牙开始，接着是荷兰，再之为英国，美国在18世纪末开始与广州进行贸易。与广州订制出口的贸易量增长和当时海上军事力量国家强弱时序一致。对1729—1793年英国、荷兰、瑞典、法

国东印度公司来广州贸易时的船只数量进行分析：1729年为英国4艘、荷兰1艘；1732年英国4艘、荷兰2艘、瑞典1艘、法国1艘；至1792年英国16艘、荷兰4艘、瑞典1艘、法国1艘。英国在18世纪末占贸易主导地位[11]。

在18世纪后半叶，贸易量开始下降，根据贸易记录，18世纪末至19世纪初广州瓷器与欧洲的海外交易量开始下降，但与美国的贸易量增加。与欧洲瓷器贸易量下降，造成这一局面的原因是多方面的。两边的关税增加、"望厦条约"的签订、欧洲已具备能够自己生产质量相近的瓷器能力等诸多因素，使广州港口外销瓷出口量锐减，黄埔港的地位逐渐失去昔日的辉煌。但广州仍有几家作坊坚持用广彩的手法进行生产。

2. 纹章瓷的产生和制作

纹章瓷是将欧洲一些家族和个人的纹章作为装饰符号绘制于瓷器上。意大利的佛罗伦萨、法恩扎（Faenza）、古比奥（Gubbio）、乌尔比诺（Urbino）、佩萨罗（Pesaro）等城市的瓷器作坊，15世纪制作了大量的装饰瓷盘，这是纹章瓷盘的原形。将几乎同一时代的意大利装饰瓷盘与中国纹章瓷盘对比，可以看出它们之间构图基本类似。早期的中国出口纹章瓷基本是青花瓷，广彩的出现使纹章瓷更为丰富多彩。

现在世界各著名博物馆大都收藏有来自广州的纹章瓷，如俄罗斯圣彼得堡冬宫博物馆将俄罗斯纹章瓷和意大利

早期的装饰瓷盘一起陈列，白俄罗斯拉齐维乌城堡展示厅的纹章瓷是其重要的收藏品之一。拉齐维乌家族是影响立陶宛、波兰和白俄罗斯的豪族。

1700年后，瓷器订单开始增加，数以千计的瓷器通过东印度公司在广州下单订制。英国和荷兰一些贵族订制瓷器经常是结婚等家族喜庆之用。在众多瓷器中有一种特殊的瓷器从广州出口到欧洲，这就是纹章瓷器（Chinese heraldic porcelain；Chinese armorial ware；Chinese armorial porcelain），多为客户委托订制，在瓷器中心位置或显要位置绘制了族徽、城徽以及个人和团体的盾

徽。十八世中国销往欧洲市场的各类纹章瓷约60万件，其中1722年运到英国的40万瓷器多为纹章瓷。

纹章瓷属于来样加工的外销品，在欧洲先绘制了纹章样式。 一般是洋商向行商出示订购瓷器的图样，行商再到窑场制作⑫。广州博物馆藏有1730年涛尔（Tower）家族绘制在牛皮纸上的纹章样式，背面有详细的制作要求并有中文翻译，上面写有"刀仔"瓷器行商的名字，委托商船带到广州订制家族的纹章瓷。该纹章的寓意物是城堡的塔楼，属于双关语的寓意物，名字与塔在英文同音。

制作于1550—1570年意大利佩萨罗－乌尔比诺省（Pesaro-Urbino）乌尔巴尼亚（Urbania）装饰瓷盘，藏于法国里尔美术馆。

1580—1600年制作的纹章瓷，藏于法国吉美国立亚洲艺术博物馆。

俄罗斯圣彼得堡冬官博物馆的纹章瓷（左）和白俄罗斯的拉齐维乌城堡的纹章瓷藏品（右）。

城市纹章：欧洲城市制度的徽记

来样加工的纹章图样（左）和纹章瓷实物（右），藏于广州博物馆。

有时为保证纹章准确性，订制方将家族的藏书票寄往广州供制作时临摹复制，一般藏书票上画的就是藏书家族的纹章。根据英国学者大卫的研究，约有 15%—20% 的纹章瓷是依据藏书票制作的[⑬]。版画的发展增加了纹章描绘的准确性，许多广彩纹章瓷就是根据版画的样式描绘模仿的。为保证瓷器上的纹章制作准确，在 1760 年至 1770 年期间，英国纹章院制定纹章、皇冠等图形的工具书，指导著名的威治伍德陶瓷公司（Wedgwood）正确地描绘纹章，这也成为英国行业公会的产品标准，有关行业公会在 1327 年建立，是手工艺品、珠宝贸易的联盟。行业公会制订了产品的标准使进口的货物包括中国瓷器保持了高质量，有关标准在 18 至 19 世纪使纹章瓷的纹章制作准确性得到保证。

总体而言，18 世纪是纹章瓷订制的高峰期，18 世纪末欧洲订单减少，北美的订单增加。顾客以英国为主，荷兰、瑞典次之，其他欧洲国家较少订制。较早的纹章瓷描绘的纹章多为葡萄牙的盾徽，大约在 16 世纪就有纹章瓷在中国订制。

17 世纪初，葡萄牙与荷兰出现了海权的争夺。在 1644 年荷兰东印度公司占领台湾并建立了城堡，赶走西班牙人，控制了海路的贸易权利，开始从中国广州、漳州进口瓷器，包括进口纹章瓷，荷兰的东印度公司的分部包括阿姆斯特丹、米德尔堡、鹿特丹、代尔夫特、霍伦和恩克赫伊伦等地。

来自荷兰的纹章瓷订单高峰出现在 1740 年左右，英国是在 1759 年左右，而瑞典的高峰期出现在 1780 年左右。

经过考证，各国纹章瓷的订制数量与该国社会经济变化密切相关，18 世纪葡萄牙、法国纹章瓷相对较少，葡萄牙订单数量的减少与国家的军事实力衰落有关，而法国在此历史阶段东印度公司的建设较慢且经营不善，1769 年倒闭。法国纹章瓷的订单较少，还与后期国内出现"消灭纹章"运动有关，因

1733年中国汤盘瓷器，藏于美国皮博迪艾塞克斯博物馆。

法国德·纽弗威尔（De Neufville）家族纹章的纹章瓷，制作于1725—1735年，藏于英国维多利亚与阿伯特博物馆。

为纹章是封建主义的象征，也因此现留存于世的法国纹章瓷较少。

藏于广东省博物馆的广彩花卉纹章盐碟，制作于1736—1795年，盐碟上的纹章是住在埃塞克萨郡（Essex）的赫内尔（Herne）家族和拉格尔斯（Ruggles）家族纹章的结合[14]。

欧洲人对咖啡、茶的爱好，使与之相关的包括杯子、茶匙、碗和盘子等配套日用瓷器具有相当大的市场需求，尤其是在英国，一套晚餐餐具（An armorial dinner service）可多达500件和1000件不等，特别是将纹章绘制在瓷器上这一高超技艺，使纹章瓷成为最为时尚流行的餐具。1858年，出现了小件日用品纹章瓷，称为Goss crested china。最早从事这种瓷器贸易的是英国瓷都斯托克（Stoke）的瓷器商人兼艺术家——高斯（Goss William Henry, 1833–1906），他于1858年建立了自己的公司，类似瓷器以他的名字命名[15]。斯托克成为英国工业革命时期欧洲的著

各种用途的纹章瓷，广彩花卉纹章盐碟，1736—1795年，藏于广东省博物馆。

广彩蓝彩描金福斯特（Foster）家族纹章的茶壶，1736—1795年，广东博物馆藏。

城市纹章：欧洲城市制度的徽记

名瓷都，现在仍以瓷器闻名于世。

广东省博物馆藏的胭脂红花草纹地开光花卉纹茶具一套共 11 件，包括了茶壶、茶叶罐、奶杯、托碟等。

成套的英国日用纹章瓷器贸易量增大，另一个重要原因是英国东印度公司对商船在瓷器贸易中强调实用、实惠，通过小件的瓷器增加密度来充当压舱石，提高了商船的货运价值和贸易利润。

3. "独特的混血艺术品"

"定制中国瓷"的美国收藏家将纹章瓷和广彩瓷形容为"独特的混血艺术品"，这是对"纹章瓷"和"广彩"非常贴切的定义。

广州积金彩瓷（Kwon-Glazed Porc-

小件日用品纹章瓷，藏于罗浮宫。

胭脂红花草纹地开光花卉纹茶具（1 套 11 件），制作于 1736—1795 年，藏于广东省博物馆。

制作于 1733 年的"广州城鸟瞰图"外销瓷。

elain）简称广彩，是中国四大名瓷之一，"目前已知时代最早的广彩瓷，是收藏于广东省博物馆的雍正广彩开光人物纹瓶，说明至迟在雍正年间已经生产制作广彩瓷了。早期广彩瓷作坊在珠江北岸西关一带，后移至珠江南岸的龙潭村和龙田村地区。"⑯ 在广州珠江南岸发展瓷器加工业是因为这里提供了较为宽松的制作环境，从运输上也便利，河对面就是十三行。广彩的特殊表现力正适合纹章的色彩表达。中国较早出现的彩瓷是"斗彩"，采用二次入窑低温再烧制的方法使色彩稳定耐久。广彩早期采用的是铜胎珐琅彩绘技术，而珐琅技术在17世纪末由传教士带到珠三角地区。

许多中国明朝著名画家是从工艺匠人起步，如戴进是金银器的工匠；再如仇英，开始是漆匠。可以推测，瓷器绘制者的广州画师应该是画家与工匠兼有。

将中国画的传统技法用于瓷器上，这是广州画师的最为得心应手的表现手法。1733 年制作的"广州城鸟瞰图"茶具，从茶杯到托盘采用的传统中国山水画，表现了广州城和黄埔港的景色。

广东的手工业者对外来的事物接受得快，广彩丰富的表现力使纹章的表达更为准确，因为纹章的色彩是具有特定意义的。广州对外的瓷器贸易主要集中在西关的十三行附近，后来集中到了靖远街，根据 1700—1800 年的对外贸易记录，在此共出现过超过 180 家不同字号的瓷器行。

在出口瓷器中，有一部分是半成品即素胎瓷抵达欧洲再加工，纹章装饰是在欧洲当地再绘制上去的，这种方式产生了不同国家的艺术风格。如德国纽伦堡的采用的是"赫墨线描"或"铅黑"（Schwarzlot）的装饰手法；法国的贴金箔技术；荷兰代尔夫特的二次烧制等。

"德国装饰工匠运用最好的技术之一，被称为'赫墨线描'，这是 17 世纪下半叶纽伦堡地区的工匠在玻璃器皿上的一种装饰绘制技法。"⑰

印有葡萄牙国徽纹章和克拉克帆船的广彩陶瓷，藏于湛江广州湾博物馆（左）；另一广彩的欧洲家族纹章瓷碗是英国收藏品（右）。

城市纹章：欧洲城市制度的徽记

伊格纳茨·普赖斯勒 1720—1725 年
绘制的瓷器。

墨彩描金的菊花纹汤盘，清乾隆年
间制。

这一技法也影响了中国的瓷器制作工艺，而欧洲工匠还用这种技法描绘中国山水，在当时的西里西亚（silesia）现波兰的弗罗茨瓦夫出现了用此装饰绘制方法的著名工匠伊格纳茨·普赖斯勒（Ignaz Preissler，1676–1741）。"普赖斯勒在瓷器（中国瓷器，特别是迈森和维也纳瓷器）和玻璃上绘画。他的绘画内容从历史、寓言和神话主题，到风景、日常生活场景，形成欧洲'中国风'。"⑱

墨彩技法是在 17 世纪受版画的影响，在 18 世纪 20 年代由耶稣会传教士传授给中国工匠的釉上黑彩（grisaille）技法，是在瓷器和珐琅器上作画的一种方法，也称"教士珐琅"。

长期的中西交流，使广州本土画家能够满足欧洲人的审美习惯。广彩和广州的本土工艺人才为纹章瓷的畅销奠定了生产基础。18 世纪广州出现了许多作坊，专门对纹章瓷进行上彩的工作，作坊主要集中在珠江南岸的河南即现今海珠区，一般的作坊就有上百人。

19 世纪末德国迈森彩绘花鸟纹瓷，上海历史博物馆藏（左）和英国 18 世纪模仿中国五彩开光山水楼阁图八方盘（右）。

东方的欧洲

从目前留存的纹章瓷上可以发现在艺术表现力方面，纹章瓷的绘制水平逐步进步。欧洲帆船、欧洲的宗教和历史事件也常成为描绘的题材，但"家族纹章"是不变的主题。彩绘的进步表现在中国传统"界画"、工笔画和欧洲的透视画法融合在一起，色彩的丰富和色相的多层次得到充分体现。对外贸易使画师容易获得欧洲的各种绘画材料和工具。

1730—1760 年，广州绘制的纹章瓷体现了洛可可的审美趣味，18 世纪是欧洲洛可可艺术风格盛行的时期，外销瓷的设计样式来自欧洲各国的设计师，不少设计风格都带有洛可可时代特点，广州的画师无形中在"来样加工"中参与了洛可可风格的再创造，但这些画师多为依葫芦画瓢，未必理睬这"可"那"可"，按时交货即可。

为了迎合客户的需要，从绘画技巧方面，明暗关系、透视关系、色彩的多样性这一系列西方近代绘画的要素也为中国的工匠、画家所掌握。广州的工匠和画家还受到活跃在澳门、香港和广州的一批欧美画家作品影响，为满足欧洲客户的审美需求，一些瓷器需要摆脱

传统中国画的影响，这也促使广州外销瓷艺术的多样性和质量得以提升。英国画家乔治·钱纳利 1825 年开始定居澳门，其绘画表现技巧为许多广州的外销画和瓷器画家所模仿[19]。在清末，岭南画家参与到广彩的制作中，广彩的绘制艺术水准明显提升。

外销瓷题材的选择也体现了中西文化的结合，个性化、东方情调的场景在许多日常用的瓷器和日常用品中出现，广州珠江十三行的景色，既有异国风情，又有自己国家的建筑，这一景观经常被刻画在这些瓷器、外销画和其他出口用品上。当时欧洲追求的东方情调，许多欧洲人对中国的认识就定格在珠江、广州城和十三行，接触的中国瓷器所描绘的景色是欧洲人对中国的最初印象。

宗教与神话故事是广彩的重要表现题材，通过外销瓷的贸易往来，在广州的商人和工匠不仅接触到欧洲的纹章文化，也接触到了欧洲的神话、宗教以及其他有别于东方的事物，广东省博物馆藏的 1810 年制作的葡萄牙波尔多（Porto）主教纹章瓷，该主教后来当了

制作于 1780 年的广州城的外销瓷器。

城市纹章：欧洲城市制度的徽记

葡萄牙波尔图主教的纹章瓷（1810）、19世纪中期广彩的圣母像 、采用鹿和野人为护盾兽的纹章瓷（1736—1795）（从左至右），均藏于广东省博物馆。

葡萄牙波尔图的市长，成为摄政团及政府成员[20]。这是非常典型的主教纹章，流苏和主教帽等细节的表达都相当准确。盘子采用绿色为主色调，与主教的纹章色彩级别相吻合，"绿广彩"（Green famille）这种后期出现的广彩特有风格完美得到表现。耶稣受难、耶稣复活、圣母像等基督教的题材在外销瓷中均有出现。

葡萄牙波尔图主教的纹章瓷制作于1810年，为广东省博物馆收藏。在里斯本国家古代艺术博物馆，我们发现了同样款式的葡萄牙波尔图主教的纹章瓷藏品。

希腊神话需要涉及人体绘画，从留存的广彩瓷可以看出广州画匠缺乏对人体的研究，常出现人体比例、结构怪异的女神，"来样加工"之余仍然需要靠画匠模仿的功夫。但对中国艺术历史意义而言，在中西交流中，广彩在18世纪已经有了人体绘画，似乎中国美术史对这一特殊历史时期的中西艺术交流未给予足够重视。1740年制作的广彩《帕里斯评判图》（the Judgement of

葡萄牙波尔图主教的纹章瓷，藏于里斯本葡萄牙国家历史艺术博物馆。

Paris）小盘就是女神人体的图画。爱神阿佛洛狄忒（Aphrodite）、智慧及战争之神雅典娜（Athena）、天后赫拉（Hera）比美，由特洛伊王子帕里斯（Paris）评判，他将胜利的"金苹果"交给了阿佛洛狄忒。这是来自荷马《伊利亚特》的故事，但估计画匠未必完全理解"金苹果"的含义。

鲁本斯于1638—1639年创作的《帕里斯的裁判》和西班牙画家恩里克·西蒙奈（Enrique Simonnet, 1866–1927）1904年创作的《帕里斯的评判》，表现人体的光影和构图基本没有变化，这是欧洲17世纪至19世纪长期流行的题材。在

耶稣会订做的广彩（左）和青花（右）两种类型的瓷器，藏于澳门历史博物馆。

城市纹章：欧洲城市制度的徽记

瓷器上表现这一场景，18 世纪 40 年代欧洲对于这一神话主题非常热衷，一直延续到 18 世纪晚期。

的瓷器，可以发现人体绘画的表现手法略有差异。

人体的表现是中西绘画艺术最重要的差异之一，对比多件以此为题材

临摹版画作品是一种较为容易的彩绘途径，反映圣经故事《牧羊人的崇拜》（"The Adoration of the Shepherds"）

鲁本斯 1638—1639 年创作的《帕里斯的裁判》。

1904 年西班牙画家恩里克·西蒙奈创作的《帕里斯的评判》。

东方的欧洲

广彩《帕里斯评判图》
小盘，制作于 1740 年，
藏于广东博物馆（左），
另二款的广彩《帕里
斯评判图》瓷盘（中）
（右）。

的瓷盘是一件不多见的耶稣瓷器，用墨彩描金的绘制方式，它可能是来源于阿姆斯特丹的版画家詹·路易肯（Jan Luyken，1649–1712）的圣经版画插图。

① ［美］唐纳德·F. 拉赫著，唐宁、胡锦山译：《欧洲形成中的亚洲》，人民出版社 2013 年版，第 295 页。

② ［英］柯玫瑰、孟露夏著，张淳淳译：《英国国立维多利亚与艾伯特博物馆：中国外销瓷》，上海书画出版社 2014 年版，第 1 页。

③ ［英］桑贾伊·苏拉马尼亚姆著，巫怀宇译：《葡萄牙帝国在亚洲》，广西师范出版社 2018 年版，第 73 页。

④ 谭元亨著：《海国商道——来自十三后裔的历史报告》，人民出版社 2014 年版，第 71 页。

⑤ 龚伯洪编著：《广府华侨华人史》，广东高等教育出版社 2003 年版，第 18 页。

⑥ 广东省档案馆编：《广东澳门档案史料选编》，中国档案出版社 1999 年版，第 64 页。

⑦ 余绳武等编著：《香港历史问题资料选评》，三联书店香港有限公司 2008 年版，第 49 页。

⑧ 图片来源：http://visualizingculture.mit.edu/opium_wars_01/owl_essy01.html

⑨ 也有不同的看法，有的认为来自荷兰语

反映圣经故事《牧羊人的崇拜》的瓷盘，制作于 1745 年。

城市纹章：欧洲城市制度的徽记

的 kraken 是容易破碎的意思，或者是一种摆瓷器的架子，荷兰语称"Kraken"。

⑩ 陈洁著：《18世纪中欧瓷器贸易相关问题研究》，收录于中国古陶瓷学会编：《釉上彩瓷器研究》，故宫出版社2014年版，第224页。

⑪ 陈洁著：《18世纪中欧瓷器贸易相关问题研究》，收录于中国古陶瓷学会编：《釉上彩瓷器研究》，故宫出版社2014年版，第220页。

⑫ 大成编著：《外销瓷器价值考成》，华龄出版社2007年版，第64页。

⑬ David Sanctuary Howard. *Chinese Armorial Porcelain Volume II*, London: Heirloom & Howard Limited, 2003, p.48.

⑭ 广东省博物馆编：《重彩华章——广彩瓷器300年精华展》，岭南美术出版社2015年版，第52页。

⑮ www.thepotteries.org/biographies/goes_william_henry.htm

⑯ 程宣著：《扒龙舟盛景》，收录于中国古陶瓷学会编：《釉上彩瓷器研究》，故宫出版社2014年版，第93页。

⑰ ［英］柯玫瑰、孟露夏著，张淳淳译：《英国国立维多利亚与艾伯特博物馆：中国外销瓷》，上海书画出版社2014年版，第142页。

⑱ ［英］柯玫瑰、孟露夏著，张淳淳译：《英国国立维多利亚与艾伯特博物馆：中国外销瓷》，上海书画出版社2014年版，143页。

⑲ 香港市政局香港艺术馆编：《香港艺术馆藏品选粹——历史绘画》，1999年版，第50页。

⑳ 广东省博物馆编：《重彩华章》，岭南美术出版社2014年版，第113页。

二、纹章瓷的客户们

纹章是家族血脉的记录，纹章瓷的背后可以说隐藏着千家万户的历史故事，而中国人对欧洲特有的纹章进行描绘和再创作，在近代，这本身就是一段特殊的、跨文化贸易交往的大故事。广州蜚声欧洲的原因就是它独特的海上丝绸之路的贸易地位，广彩瓷器以其特有的色彩斑斓风格，制作出的纹章瓷名扬欧洲。

从广州进口的纹章瓷占主要地位的是英国和荷兰，次之为瑞典。纹章瓷最早是明代时期欧洲人在景德镇订制的专用瓷器，早在16世纪初葡萄牙开始订制纹章瓷，1690年左右，纹章瓷订单较大幅度地增多，英国和荷兰成为主要客户，这与英国东印度公司和荷兰东印度公司海上霸权地位提高，代替葡萄牙控制了海上贸易权的历史有关。

几个因素促进了纹章瓷需求的增长：首先纹章瓷是个人和家族的象征；二是在18世纪上半叶，纹章瓷已成为欧洲贵族的时尚用品，用以显示地位；三是艺术品的室内摆设可以体现东方情调；四是收藏的爱好；五是家族的成员婚庆、生日等贺礼的需要。

1．纹章瓷的客户

在英国东印度公司与中国的贸易中，没有想到作为副产品的纹章瓷，成为数百年后研究社会变化和纹章文化历史变迁最可靠的依据。著名英国的纹章瓷收藏家、研究学者大卫·霍华德（David Sanctuary Howard），1954年开始接触纹章瓷，1974出版了第一本研究专著《中国纹章瓷》，成为世界中国纹章瓷研究的权威著作，2003年出版了《中国纹章瓷》第二卷，成为中国纹章瓷教科书式的著作。在著作中，他认为18世纪的中英贸易副产品纹章瓷，成为英国纹章院研究家族变迁、社会生活独一无二的可靠物品，来源于纹章瓷的信息非常丰富。

荷兰东印度公司和英国东印度公司、瑞典东印度公司的官员及其亲属，近水楼台先获得订制的机会，欧洲博物馆收藏的中国瓷器大部分与他们有各种程度的关系。此外就是为各位国王定制的纹章瓷，然后是贵族和各地主教等。

在广东省博物馆收藏的纹章瓷中，有几件华尔庚尼尔家族的纹章瓷，这与荷兰东印度公司总督阿卓尔·华尔庚尼尔（Ariaan Valckenier，1695-1751）有关，应该是总督订制的。其中一款瓷盘中心描绘华尔庚尼尔家族族徽外，英国学者柯玫瑰（Rose kerr）通过对盘边四个开光的研究，判别三幅风景图代表三处地方：分别是在克莱夫（Cleves）的威廉国王城门（King William Gate）、一个荷兰小镇和巴达维亚（即雅加达）港口仓库的景观。克莱夫现在是德国与荷兰的边界城市，在17世纪荷兰"三十年战争"后，为荷兰共和国所拥有。

出身阿卓尔的华尔庚尼尔家族是一个与荷兰东印度公司的发展有紧密关系的家族，他的父亲是东印度公司的官员，其祖辈格力斯·华尔庚尼尔（Gillis Valckenier，1623-1680）在1649年加入东印度公司，1667年成为东印度公司的高层管理者，格力斯曾任阿姆斯特丹市市长达9年之久。阿卓尔在1714年离开荷兰开始做海外贸易，1737年成为荷兰东印度公司的总督，在任上制造了"红溪惨案"（Batavia Massacre），上万名在印度尼西亚雅加达的华人惨遭杀害，阿卓尔于1741年被捕并死于监狱中。

"华尔庚尼尔订购了至少15款纹章瓷器餐具，总共3500—4000件，其中1000—1200件被保存了下来。这件餐盘的盘缘上使用墨彩技法勾画了铜版画上复制的图样。"① 目前世界多处博物馆都收藏有这一系列的纹章瓷，英国维多利亚与艾尔伯特博物馆也收藏了与广东博物馆所藏一样的纹章餐盘。

在18世纪欧洲贵族和皇室的城堡、王宫住处，主人喜欢设置专门房间展示来自东方中国的瓷器、中国画包括外销画，使用中国瓷器品尝中国茶，多称为"瓷器屋"或"中国厅"（Chinese Cabinet）。瑞典斯德哥尔摩贵族院称为"蓝厅"，瑞典斯德哥尔摩王后岛卓宁霍姆宫的庭园中国宫被称为"黄厅"。

东印度公司进口的纹章瓷器包括王室和贵族阶层专用的纹章瓷，如1715年为英国第一位首相和第一代奥福德伯爵的罗伯特·沃波尔（Sir Robert Walpole，Prime Minister，1676-1754）的纹章瓷。每件瓷器的中间都有罗伯特爵士的纹章。作为重要的收藏品收藏在其住处诺福克郡（Norfolk）的霍顿堂（Houghton Hall），目前是第七任乔蒙德利侯爵（The Marquess of Cholmondeley）的住处（该爵位是1816年产生的）；唐宁街10号是英国国王乔治二世送予他的礼物，但他坚持以第一财政大臣名义接受。订制的瓷器中纹章瓷占的比重较大，其他瓷器多采用中国化风景题材，包括以广州十三行美国商馆和美国花园为构图核心的珠江景色，黄埔港口、广州民俗风情等也出现在瓷器上。瓷器上是西式图案或人物的，价格是中式的两倍，一个普通的彩绘潘趣碗售价三钱三两，而同样口径的碗绘十三行图案的要则十倍，绘黄埔图案（港口西洋海船）则贵八倍。利益的驱动也使珠江景色、黄埔港口成为瓷器主题画面而深入欧洲人的记忆中。18世纪末制作的不少瓷器采用的是广州西关外国商馆的景观，当然，宗主国的旗帜是不能忘掉

绘有广彩华尔庚尼尔家族纹章的纹章瓷，1735—1740年，藏于广东省博物馆。

绘有风景画的华尔庚尼尔家族纹章的纹章瓷，1735—1740年，藏于广东省博物馆。

绘有珠江边外国商馆景色的瓷碗。赭墨线描，准确而精致。1785年制作。

彩色瓷碗，1788年制作。均藏于美国皮博迪艾塞克斯博物馆。

绘有卡尔·古斯塔夫·埃克贝格（Carl Gustaf Ekeberg）文织字母的纹章瓷盘，制作于1750—1770年。

的图像符号。

藏于皮博迪艾塞克斯（Peabody Essex）博物馆的18世纪末广州外销瓷碗，外侧通景式描绘了珠江边十三行外国商馆的景色，包括荷兰、法国、奥地利、瑞典、英国和丹麦等的商馆，人们可以通过不同的旗帜来辨别各国商馆。该瓷碗采用的是"赭墨线描"或"铅黑"的装饰手法。另一件1788年制作的瓷碗为广彩的装饰手法。

纹章瓷大约分四类：单一色彩的纹章瓷，单一色彩的外围装饰突出彩色纹章的纹章瓷；完整的彩色的纹章瓷；以文织字母形式表现的纹章瓷。文织字母的纹章形式在18世纪后期较为流

行。卡尔·古斯塔夫·埃克贝格（Carl Gustaf Ekeberg, 1716–1784）是瑞典东印度公司的船长，1742—1778年共经历了10次从瑞典到中国广州的贸易航

完整的彩色纹章瓷盘，制作于1739—1743年。

印有家族族徽的纹章瓷盘，是以单色绘制的景德蓝瓷器。藏于澳门历史博物馆。

以彩色纹章为重点，外围为单色的景德蓝纹章瓷盘。

城市纹章：欧洲城市制度的徽记

1795 年，罗伯特·斯特蒂斯伍德船长订制的 12 件茶具，是以名字缩写 FJJ 文织字母构成寓意物的纹章瓷茶具。

1730 年，英格兰民事诉讼法院首席法官、议会议员约翰·卫理斯（John Willes, 1685-1761）订制的纹章瓷。

英国殖民地孟加拉总督哈里·维列尔斯特（Harry Verelst, 1734-1785）订制的纹章瓷。

程。他自己订制的文织字母的纹章瓷采用了中国传统绘画的紫红色玫瑰表现手法（Famille Rose）。

以城市纹章为主题的纹章瓷存世量很小。美国著名的皮博迪艾塞克斯博物馆 1996 年购买收藏的纹章瓷盘，是荷兰聚特芬（Zutphen）城市 1720 年订制的纹章瓷，瓷盘中间是城市盾徽，寓意物为狮子，两边屏风中站着中国仕女，东西方文化图像完全融合在一起。

在纹章瓷中，少量的城徽纹章瓷多为低地国家的城市。1730 年荷兰订制的绘有赞斯塔德（Zaanstad）城徽和奥斯特赞（Oostzaan）城徽的瓷盘，画中的两个城镇的城徽是在运抵荷兰后再加工而成的②。这两座小城镇处于阿姆斯特丹的大都市圈边上，是当时荷兰东印度公司修船的基地。现在使用的城徽

1720 年制作的荷兰聚特芬城市纹章瓷，藏于美国皮博迪艾塞克斯博物馆。

绘有赞斯塔德城徽和奥斯特赞城徽的瓷盘，制作于1720—1730年，藏于英国国立维多利亚与艾伯特博物馆（左）和1720年制作的餐盘（右），饰以荷兰安可维镇政府纹章和德维尔家族纹章。

依然是瓷盘上表现的图形，瓷盘采用的是盾徽形式。缠枝莲纹与两个城徽是先后完成，但在构图上仍浑然一体。

荷兰人威廉·范·哈文（Willem Van Haven，1736-1795）订制的瓷器比较独特，咖啡杯上是自己的肖像和纹章，同时写明了自己的身份：海特比尔特市

（Het Bildt）市长，弗里斯兰（Friesland）省的议员。弗里斯兰省是荷兰北部的农业省，著名的荷斯坦黑白花牛出自此地。海特比尔特市靠近海滨，人口一万左右，由三个村庄组成。在荷兰反抗西班牙统治的七省联盟胜利后，海特比尔特市成为弗里斯兰的第29个郡。

现在使用的赞斯塔德城徽（上）和奥斯特赞城徽（下），基本图形仍然保持至今。

墨彩描金的广彩，荷兰人威廉·范·哈文（Willem Van Haven）的咖啡杯，藏于广东省博物馆。

英国萨里郡黑斯尔米尔镇镇长定制的广彩纹章瓷，制作于1736—1795年间，为广东省博物馆所收藏。

海特比尔特市城徽（上）和英国萨里郡黑斯尔米尔镇镇长订制的广彩纹章瓷（下），制作于1736—1795年间，为广东省博物馆所收藏。

---

① ［英］柯玫瑰、孟露夏著，张淳淳译：《英国国立维多利亚与艾伯特博物馆：中国外销瓷》，上海书画出版社2014年版，第7页。
② ［英］柯玫瑰、孟露夏著，张淳淳译：《英国国立维多利亚与艾伯特博物馆：中国外销瓷》，上海书画出版社2014年版，第61页。

三、欧洲模式的纹章和棱堡在东方

葡萄牙探险家进入亚洲，为了巩固控制权，在贸易点建立了军事据点，使用的建筑模式均为欧洲此时最为流行的棱堡或者是"星堡"形式。荷兰、西班牙、英国以至后来的美国，为控制海权而兴建的功能建筑也多采用棱堡形式。欧洲人进入东方，海上贸易改变了亚洲传统的城市体系，沿海岸线的许多城镇随着棱堡的建立而发展成为港口贸易城市。1588 年，葡萄牙在阿拉伯重要贸易港湾阿曼的马斯喀特港湾修建了米拉尼城堡和贾拉利城堡，马斯喀特的城市地位就显现出来，成为海上丝路的重要港口。

1. 澳门大炮台和市政厅

出生于意大利马切拉塔市（Macerata）的耶稣会传教士利玛窦（Mathew Ricci，1552–1610）于 1582 年来到澳门，与先期抵达的范礼安、罗明坚一起作为远东传播圣经福音的先驱，

澳门市政厅外立面。

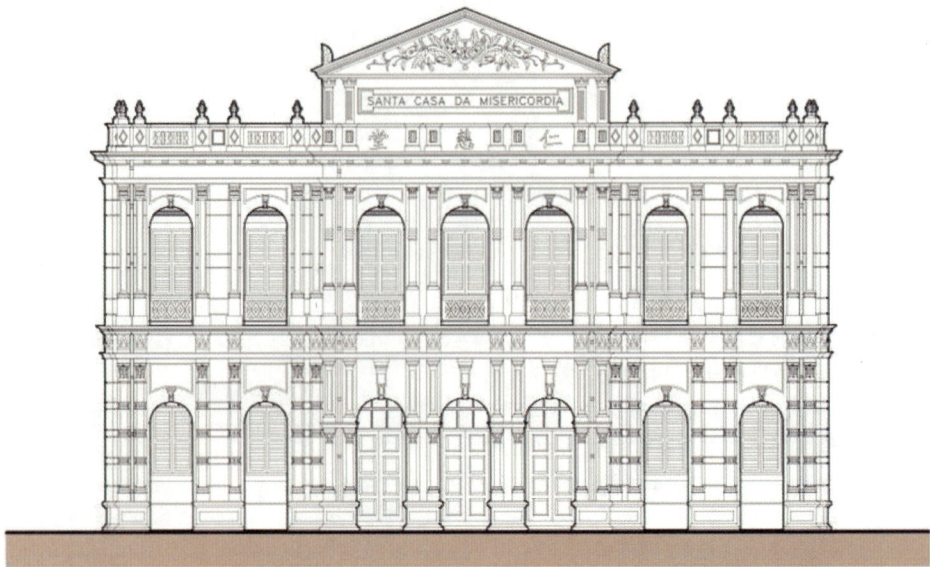

城市纹章：欧洲城市制度的徽记

1626年大炮台入口的石刻纹章细部（左）和1789年市政厅的城徽（右）。

澳门大炮台入口速写。

从此澳门多了教堂和炮台。大炮台是在中国大陆首次出现的欧洲棱堡式军事建筑。

澳门大炮台入口的石刻纹章，正式使用的准确时间难以考证。估计是在1600年前后出现的，是在澳门半岛的葡萄牙商人形成自治团体议事会后形成的城市符号，这一石刻作品是历史的见证。这个带有传统欧洲盾徽形式的城徽符号，可以说是在中国第一个欧洲传统形式的纹章，它诞生于葡人乘虚而入的自治制度建立初期，而且用于城市空间和各种物件上，建于1789的年澳门市政厅的侧面入口，门口上方嵌入的石刻城徽与之一脉相承。

澳门市政厅内留存了一件1789年的城徽石雕，与大炮台的城徽相比，这两件石雕城徽制作时间相距150年，但图形几乎完全一样，而且都采用模仿古典建筑形式的三角形山花墙和柱式形成外框加以装饰，市政厅的石刻城徽用十字架代替了之前的圣保禄的造像。不同之处在于盾徽之上的三角形山墙，大炮台中的采用的是持剑的圣保禄的半身像，市政厅中的石雕采用宽边十字架，该徽为典型的欧洲盾徽传统型制，

是完整的纹章形式，即有护盾者、王冠和绶带。大炮台纹章下方刻着1626年；市政厅的城徽增加绶带并有铭文写着"在中国的圣名之城——无比忠诚"。1586年葡萄牙承认澳门自治地位，后授予城市"在中国的圣名之城"称号，当时的葡萄牙王子即后来的国王若昂六世（Prince Regent Joao，1767-1826）同意增加"无比忠诚"的铭文："在中国的圣名之城——无比忠诚"（City of the Name of God，there is no more royal）②，这是对在1580年至1640年澳门的葡萄牙商人在葡萄牙受西班牙统治时期仍悬挂葡萄牙国旗给予的表彰。

在16、17世纪，澳门引进了欧洲葡萄牙的军事防御建造模式、城市市政制度，欧洲城市的纹章文化也进入澳门并在16世纪末开始使用城徽。

葡萄牙国王授予铭文的半弧形木制条幅。

东方的欧洲

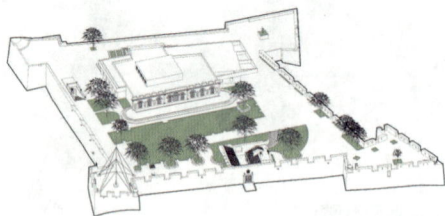

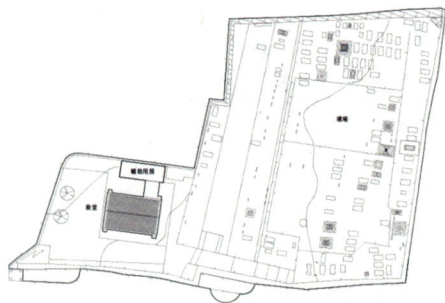

澳门大炮台入口的空间关系。

澳门大炮台平面图。

城徽作为建筑识别和装饰的要素，在类似大炮、铜钟这些器物上也装饰有。陈列于澳门历史博物馆的圣劳伦斯大炮，制作于 1717 年，在其之上也刻

制了澳门的城徽。与 1626 年大炮台入口的城徽是一致的。但盾徽的形状有所不同，采用的是法式的盾徽形状，底部较平，这与 1707 年在约翰五世（John V）

1717 年圣劳伦斯大炮上的澳门城徽和十字架拓片。

澳门大炮台的大炮上装饰了城徽。藏于澳门历史博物馆。

大炮纹章的护盾者为天使。

城市纹章：欧洲城市制度的徽记

的统治下葡萄牙皇室盾徽采用法式的盾徽形状有关，此时法国的政治和文化全面影响着欧洲；1816年在约翰六世的统治下，将地球仪作为盾徽的背景，恢复了传统的盾徽外形。澳门的城徽是以葡萄牙王国的纹章为核心图形的，盾徽的外形也随着变化。18世纪生产的圣劳伦斯大炮上的城徽更复杂了，增加了长长的铭文。

在火炮炮身上铸造特定的纹章是欧洲武器制造的常规做法，从留存的古火炮炮身上的纹章中，可以解读出隐藏在铸造时期的历史。阿根廷布宜诺斯艾利斯军人俱乐部武器博物馆馆藏的

1663年铸造的火炮，在其之上铭刻着17世纪的西班牙王室纹章。

历史学家汤开建所著的《明代澳门史论稿》中，也提到火炮与城徽："在大三巴炮台，可以看到波加劳炮厂1621年生产的西洋大炮，上面刻有澳门的城徽。"③

大炮台成为澳门的象征之一，每天都鸣炮以示其存在。20世纪初，澳门市民要求停止鸣炮以保宁静和安全。在澳门历史档案馆保存着一封信函，记载了1919年居住在大炮台下的市民致函澳门市长要求大炮台停止鸣炮的内容，具体如下：

葡萄牙女王玛丽亚一世的纹章。

澳门大炮台上的铜钟，同样铸制了城徽（复制品）。

大炮台哨所、钟架和炮位。

阿根廷布宜诺斯艾利斯军人俱乐部武器博物馆馆藏的火炮。

康，甚至构成财物损失。为此，我等恳求阁下施公平仁政于民，按各地城市之惯常做法，把鸣炮安排迁至海边进行。

素仰阁下仁德为怀，今恳请阁下解我等燃眉之急。如鸣炮持续，则我等房屋大有崩塌之虞；造成人命伤亡，是为晚也。

上情如荷俯允，不胜铭感。

敬颂 大安

1919 年 3 月 13 日，澳门

市长阁下钧鉴：

我等为居于大炮台山下的市民，今特修函恳请阁下转呈以下要求供总督大人考虑：

圣保禄炮建于数世纪前，当时屹立于本市边缘的空旷地带。时光荏苒，当日空旷之地渐渐成人居集合之处。

然而，炮台的鸣炮安排维持不变，不单对区内居民造成困扰，危害居民健

2. 印度马德拉斯的圣乔治要塞

大英帝国对亚洲殖民统治步步为营，军事干预先行。英国人在 1640 年就在马德拉斯建立了定居点，建造了圣佐治堡，这里是英国人在孟加拉湾的主要代理商馆所在地 [④]。殖民地的炮台是外销瓷上热衷于表现的一种题材，除印

绘制于 18 世纪的印度金奈圣佐治城堡风景画。

城市纹章：欧洲城市制度的徽记

印度加尔各答的威廉炮台，威廉·伍德
（William Wood）1828 年绘制。

印度威廉堡的景观瓷盘。

度金奈的圣佐治城堡外，印度加尔各
答的威廉炮台也是被描绘的对象，1772
年至 1911 年加尔各答是英属印度的首
都，该炮台建于 1696 年，是依照完整
的棱堡模式而建。

金奈的圣乔治要塞是许多外销瓷
选择的景色。瓷器中绘制的圣乔治要塞
（Fort St. George），在 1644 年英国东印
度公司所修建后，当法国占领时期又扩
大规模并进行相应的规划。

1611 年英国人首先是选择马苏
利帕坦（Masuli-patam），然后是马德
拉斯，英国东印度公司后来在加尔各
答（Calcutta）建立了威廉堡，为纪念
英国国王威廉三世（William III，1650-
1702）命名。

餐盘是为英国萨里郡克拉罕市威
廉·米尔斯家族订做的，一边是伦敦
泰晤士河普利茅斯海峡，一边是珠江
黄埔港口的景色；中间是印度马德拉
斯（Madras）现名为金奈的圣乔治要
塞，为 1644 年英国东印度公司所修建。

法国在 1746 年占领印
度金奈的圣佐治城堡后
制作的规划图（左）和
英国东印度公司总部加
尔各答的威廉堡（右）。

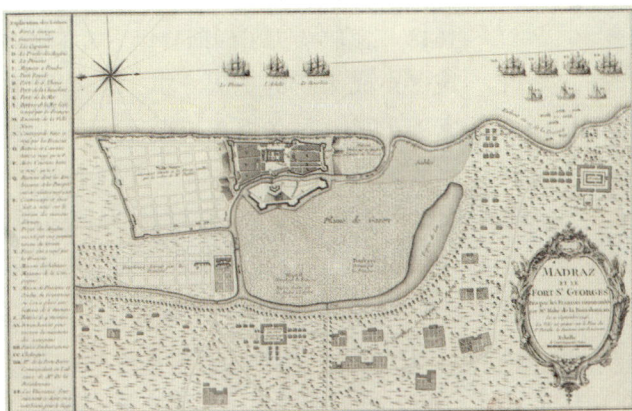

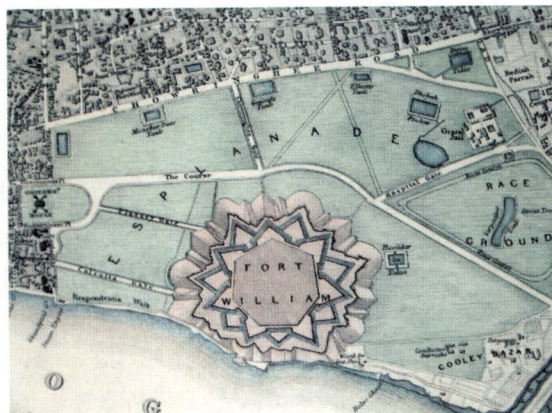

英国萨里郡克拉罕市威廉·米尔斯家族定制的餐盘。

苏格兰门斯特里的霍尔本家族和新斯科舍男爵定制的瓷器餐盘，1745年制作，藏于美国皮博迪艾塞克斯博物馆。

1638年英国东印度公司开始在金奈建立商站和工厂，1641年成为英国在南印度的首都。金奈是1996年官方改的城市名字，圣乔治堡是为了保护英国东印度公司的通商贸易而建。金奈城围绕着这一城堡发展而来，现在是印度第四大城市。1637年英国商船进入珠江，1685年在广州设立商馆。一件纹章瓷将这段历史与空间联系了起来。现在圣乔治博物馆收藏着大量广州出口欧洲的定制纹章瓷。

另一件同时期的瓷器作品，是由苏格兰门斯特里的霍尔本家族（Holbune of Menstrie）和新斯科舍男爵（Baronets of Nova Scotia）订制的瓷器餐盘，瓷器是完全一样的构图，但上下的纹章因主人而变，色彩有所调整。

英国霍尔本家族（Holbune of Menstrie）的纹章瓷是欧洲拥有纹章瓷

最多的家族之一。在1882年建立的英国萨默塞特郡巴斯市（Bath, Somerset）霍尔本艺术博物馆，其馆藏珍品是托马斯爵士（Sir Thomas William Holburne, 1793–1874）的收藏，其中包括来自中国的纹章瓷。在霍尔本家族中，詹姆斯（James Holborne of Menstire）是苏格兰军队的少将，他的儿子杰姆逊（Janes Holborne）是霍尔本家族在1706年第一位获得男爵爵位的成员，1737年去世；1648年家族购买了门斯特里（Menstrie）城堡，成为新的主人。第二位霍尔本家族男爵也是名为杰姆逊（James）的家族成员，1758年去世；第三位获得爵位的是亚历山大·霍尔本（Alexander Holburn），1772年去世；第四位男爵是法兰西斯·霍尔本（Francis Holborne, 1704–1771），也是英国海军将军；最后一位家族男爵就是建立博物馆的托马斯

城市纹章：欧洲城市制度的徽记

霍尔本家庭第一位男爵杰姆逊·霍尔本肖像。

亚历山大·霍尔本和儿子的肖像。

爵士。

3. 菲律宾马尼拉圣地亚哥城堡

菲律宾在 16 世纪成为西班牙殖民地，西班牙殖民统治者在马尼拉附近的海边建起了富有西班牙风格的圣地亚哥城堡（Fort Santiago），其入口以西班牙的国徽为装饰，19 世纪时这里成为关押政治犯的牢房。在 1898 年"美西战争"后，美国仅以 2000 万美元的代价就获得了菲律宾的统治权，1935 年菲律宾才正式独立。

菲律宾争取独立的民族英雄黎刹（Rizal）被称为"菲律宾之父"，他的祖先来自闽南，被西班牙殖民地统治者处决时才 35 岁，他曾经被关押在圣地亚哥城堡，1896 年被处决。

"菲律宾之父"黎刹。

菲律宾的国徽。

城堡广场上介绍黎刹的信息牌上方是菲律宾的国徽，是从旧纹章修改形成的。旧城市纹章以西班牙城堡和海狮为寓意物，盾徽之上的西班牙皇冠是殖民地的象征，在盾面上半部分是西班牙城堡，下半部分为持剑的狮子。菲律宾独立后，马尼拉的城徽取消了西班牙城堡的图形，保留海狮的核心图形，增加了贝壳的宗教象征圣物和波浪形的横杆菲律宾马尼拉圣地亚哥城堡的入口和入口处的西班牙国家纹章。

体现海滨地理特点，传统的盾徽外形被取消。

　　1891年至1892年，黎刹在香港行医。香港古物事务监督机构有一块不起眼的纪念牌，上面写着"黎刹为菲律宾诗人、作家、医生和爱国志士，1891至1892年在此行医"。

马尼拉圣地亚哥城堡大门岗哨铜像。

圣地亚哥城堡门口的三个纹章。

城堡广场介绍黎刹的信息牌，上方为马尼拉城市纹章。

马尼拉西班牙殖民地时期的城市纹章（左、中）和现在使用的城徽（右）。

香港设立的菲律宾诗人、作家、医生和爱国志士黎刹 1891 至 1892 年行医处纪念牌。

① 安田朴著：《中国文化西传欧洲史》，北京商务印书馆 2000 年版，第 236 页。

② Oleyniket al.. *Macao: country study guide*. International Business Publication, USA, 2013.

③ 汤开建著：《明代澳门史论稿》，黑龙江出版社 2012 年版，第 626 页。

④ ［英］桑贾伊·苏拉马尼亚姆著，巫怀宇译：《葡萄牙帝国在亚洲》，广西师范出版社 2018 年版，第 310 页。

四、澳门纹章历史

在15至16世纪，葡萄牙人以其高超的航海技术和强大军事力量，迅速征服各大洲的领地。欧洲的传教士、商人，从里斯本出发，多以已经为葡萄牙占据的印度果阿为跳板再航行抵达澳门。从1557年起，葡萄牙人使澳门成为远东地区最早的欧洲人居住地，广州黄埔港成为贸易船只锚地，溯珠江而上，在规定的时间内与广州城外的西关"十三行"进行贸易，中国物品通过古驿道和运河汇集于黄埔古港，通过黄埔港和澳门转运后，漂洋过海进入欧洲各地。

1. 澳门纹章演变

不同历史时期的葡萄牙殖民地海外省的城徽样式在随时代而变化，应宗主国葡萄牙纹章要求的变化而产生的不同的澳门城徽，澳门的城徽样式在随着宗主国的制度变化而变化。20世纪前使用的澳门城徽是两种形式：一种采用葡萄牙帝国的盾徽，周边写着铭文："在中国的圣名之城—无比忠诚"，这是十八世纪中叶至十九世纪末使用的城徽。另一种是完整的纹章形式，包括天

使护盾者和王冠、绶带。可以看到后期的护盾者天使多采用跪姿，是黑头发黄皮肤的亚洲人，但宽边十字架和浑天仪的图像不变。城徽减少王权和宗教的信息是变化调整的总体趋势。

不同历史时期因宗主国葡萄牙纹章要求的变化产生的不同的澳门城徽：19世纪前使用的盾徽（左）和澳门市历史上的大徽的表现形式（右）。

近代葡萄牙殖民统治下的澳门政府也希望城徽随着时代变化作出调整。1934年3月，澳门工务局向澳门总督提交了澳门城徽的设计方案，政务委员会筛选后由总督呈葡萄牙殖民部审批。在澳门档案馆仍保存着当时的"1934年澳门殖民地盾徽之设计稿"中的5个方案，其中设计方案之一是建筑师陈焜培与步兵中尉圣克拉拉（Antonio Santa

Clara Ferreira）合作设计的[①]。入选的方案是按纹章规则而设计，有传统的烫斗式、法式和加壁冠的形式，基本保存了葡萄牙传统盾徽的寓意物，同时用西望洋山灯塔为澳门地方象征物。澳门葡国总督同意澳门城市这一关键符号图形，这背后是控制权的象征。葡萄牙没有采纳澳门推荐的方案，而是通过殖民部将葡萄牙所占领的全球八个殖民地的城徽统一设计，在 1935 年 5 月颁布实施。

1910 年，葡萄牙发生共和革命，葡萄牙王国最后的君王曼努埃尔二世（King Manuel II of Portugal，1889–1932）流亡海外。葡萄牙国家也改旗换帜，葡萄牙国徽也发生变化，但最基本的盾徽图形和寓意物仍保留；国旗的颜色改变了，选择了绿色和红色，绿色象征着希望，红色象征着热烈、活力。

葡萄牙现行使用的国徽是 1911 年共和革命后采用的版本，中心图案是一个金色的古老航行仪器浑天仪，中央保持传统的红边白底的盾徽。这一传统纹章分小徽和大徽两种形式。

在 1935 年，葡萄牙统一了殖民地的纹章的形式。纹章三分盾面，左上角是葡萄牙的盾徽寓意物——5 个小盾徽构成的十字架，右上角为当地的图形象征，盾的下半部分为波浪形的横杠，这是海外省的图形象征。大徽的外框也与葡萄牙国徽一样，使用航行仪器浑天仪。这一系列的图形统一了葡属殖民地的纹章规则，各殖民地需遵守该宗主国的纹章规制，葡萄牙的海外省：中国的澳门、佛得角、葡属几内亚、莫桑比克等均产生新的纹章符号。葡萄牙海外殖民地在 1935—1999 年间使用了两种城徽形式：小徽和大徽。1935 年葡属澳门开始使用的两种城徽形式分为简单型和复杂型。1951 年葡萄牙取消殖民地的称谓，葡萄牙将殖民地改称为海外省，又统一了纹章的绶带的格式和内容，绶带上的文字也相应改变。名称、纹章图形虚化，也改变不了侵略者的本质。

澳门 20 世纪 30 年代的城市纹章加入了中国元素，龙的图形融入城市纹章的寓意物中。1935 年左右使用的盾葡萄牙海外省统一的纹章形式：印度果阿（左）和中国澳门的城市纹章（右），分别为小徽盾徽和大徽的形式。

徽第一次采用了中国龙的象征符号，开始用的是红色的龙的形象。印度果阿是葡萄牙在印度的第一个殖民地城市，寓意物为船上的轮盘，但始终保留着葡萄牙国家纹章核心图形——由5个小盾徽构成的十字架。城市纹章与旗帜密不可分，澳门市政厅的旗帜以其城市纹章为核心图案。

2. 澳门市政厅

在1583年，澳门葡人为保护自身的利益成立了议事会，这是初期具有自治色彩的政权机构[2]，这一机构是在主教及本地首领的建议下，模仿葡萄牙的城市机构而组织起来的政府，议事会选举了市议员、法官、城市理事官。1576年，教宗格里高利十三世发布命令，成立澳门主教区并任命了主教。

成立自治机构是从12世纪开始欧洲城市的管理机构改良的方向，保护行会的商业利益是其重要目的之一。而澳门的议事会还有多层意义，其中之一就是与中国政府对话，维护的是葡萄牙人在澳门的利益。"议事会机构于1583年4月成立，后在于南湾不远地方修建了一座议事会公署，人称'议事厅'。议事厅不仅仅是管理澳门海上事务和对澳门行使管理权的重要政府机构，还负责与中国政府的联系。"[3]在欧洲城市历史上，主教在部分城市拥有管理权利，澳门的议事会就是在主教的组织下形成的。

"1560年，居澳葡人已选出驻地首领（Capitao de Terra），法官和四位较具威望的商人，形成管理组织，处理社区内部事务。1583年在德·莱昂纳多·萨（D. Leonardo de Sa）主教的倡议和主持下，居澳葡人首次举行选举并成立议事公局。议事会一般由3位议员、2位普通法官及检察长组成。"从这一记述可以看出，议事会的成立过程分两阶段，议事会（Sendo）正式成立前，1560年首任驻地首领（Capitao de Terra）获得葡萄牙居民的支持，后来为迪奥戈·佩雷拉（Diogo Pereira）担任。但议事会运作将近30年未得到里斯本或者北京官方的认可。1586年才获得葡属印度总督的承认，将澳门正式从"居住地"转变为"城市"。现保存在市政厅的石雕，是1833年从澳门仁慈堂拆卸下来的石雕原件，石雕左侧前方为莱昂纳多·德·萨主教，中间是葡萄牙皇后唐纳·莱奥诺尔，主教就是建立自治制度的倡议者。

范礼安要求利玛窦学习中文，并向欧洲及时地报告中国的情况。耶稣会的传教士从印度果阿乘船来到澳门，并开始扎根下来，传教事业因为贸易的关系有机会进入广东多地，同时他们也带来了当时欧洲的科技和文化。16世纪

城市纹章：欧洲城市制度的徽记

保存在市政厅的石雕上的德·莱昂纳多·萨（D. Leonardo de Sa）主教立像。

现在澳门民政总署（原市政厅）侧门上方保留下来的澳门城徽。

末，西方传教士利玛窦等人以澳门为基地，通过各方努力争取进入广州城传道，但未能如愿，后来放弃了进入广州城的计划，在肇庆知府的支持下，在端州获得了一块地皮，与罗明坚一道，在广东肇庆建起第一座居所兼天主教教堂。利玛窦后北上韶州、南昌、南京和北京，并与徐光启合译了《几何原本》《测量法义》等著作。

图书印刷业的发展也是传教士传教的副产品。"1550年后，在欧洲的很多城镇和亚洲的一些传教中心，成立了耶稣会的出版机构并制作、出版了关于亚洲的书籍，使东方的信息得以广泛传播，这对欧洲商业的重新定位同样是一个有力的促进因素。"④澳门的起源

和演变，除了经济利益驱动外，天主教的传播扮演着举足轻重的角色。传播圣经福音的先驱开始扎根澳门进行传教事业，通过调整适应中国国情，借用文化和科技以达到传教目的。来自意大利的传教士龙华民（Nicol Longobardo, 1559–1654）在利玛窦去世后，1610年接替其耶稣会的位置并以澳门为基地在大陆传教，他从欧洲引入圣经和相关书本，发展至后期，传教士利用版画技术在澳门与广州印制与圣经相关的书籍。

议事会成立后逐步完善形成了澳门市政制度，议事会的会议形成纪要，后来在1850年出版了政府公报。现澳门历史档案馆保存着1630年6月12日的一份纪要，这是一份政务官历高度

（Diogo Fernandez Resgoto）建议总督施维拉（Dom Hieronimo da Silveira）亲赴日本协调贸易事宜，解决帆船被西班牙阻截扣押在泰国的纠纷，这一建议得到总督应允。会议记录写道："以此考虑，市民一致认为应恳请总督先生以天主之名、国王之命及市民、使团以及天主教区福祉为念，负此重任。"从另一份1690年6月3日的记录和决议中，可以看出议事会也是抗拒中国政府管治的自治机构。因广东香山县要求议事会统计民居、商店和仓库的华人名单，但议事会作出的决定是"一致认为强迫我国居民对中国人的情况作出说明，不利于我国居民及本市安宁。因此，为免出现此等情形，应通知所有居民把仓库内的华人驱逐，仓库此后禁止华人进内。"⑤

建立市政规则是议事会的职责，为有效进行城市管理，1872年议事会颁布的市政条例，它已经不是简单的规定，而是具有法律约束力的有关公共空间的条例，条例包括树木、人行道的保护和管理等条文。如第二节为"行人道保护规则"，第四条规定了罚款一元的四款行为，其中第一款规定："未经许可未持议事会发出准照，擅自在公共道路上挖掘、凿洞、树立物品或拆除道路的。"

澳门市政厅建筑是在中国大陆最早建设的公共建筑，1784年在议事亭前地（Senado Square）购买地皮建立起南葡萄牙风格的市政厅，后经多次改造，尤其是1876年进一步改造加入了新古典主义的元素，2002年成立的民政总署的办公建筑，保留的就是这一年代的风格。

1794年陪同英国特使马戛尔尼访问中国的副手，在其著作记述了澳门市政厅和澳门与清政府的关系："澳门政府大厦是一所二层花岗岩的建筑。花岗岩石柱上刻着中国皇帝割让澳门的文件。但这不能阻止中国势力的入侵。中国人对待澳门当局十分傲慢，尤其是严厉对待犯有杀人罪行的葡萄牙人。"⑥这是强权政治的表现，谁入侵谁的土地，颠倒黑白。从史料分析，从中大致可以知道澳门市政厅是二层石头建筑，无论如何改造，城徽永远是市政厅不可缺少的象征性因素，在澳门市政厅内有一组瓷画，描绘了市政厅的变迁过程。1789年的瓷画绘制的应该是1784年的市政厅立面，从留存的瓷画分析葡萄牙风格的建筑元素，主要体现在入口处巴洛克风格的门廊、窗楣和窗台的造型和柱式。

澳门总督与议事会的权力之争长期存在，"然而议事会的自治从一开始便受到葡萄牙王室的干预甚至挑战，议事会总督、王室、法官之间的权利斗争和矛盾无时无之，虽然议事会在近三十几年努力争取维持自治能力，但最终仍告失败。"⑦1616年葡萄牙王国开始派遣总督，但没有到任。17世纪发生荷兰进攻澳门的战争，葡萄牙意识到加强军事防御建设和防务的重要性。1620年葡萄牙王国派遣总督（也称兵头）开始管治澳门。议事会与总督的权力角力从此开始。虽然葡萄牙国王强调财政和行政权力属于议事会，兵头负责防务，但兵头由于兵权在手，议事会的作用明显被削弱。"尽管议事会脆弱不堪，然而，只有它的政策能与中国相处两个半世纪的时光，议事会同时效忠于两个国家政权。对于澳门人而言，议事会一直都是慈父般的政府，抵御了一个个海上霸主的进攻，保住了葡萄牙这块海上殖民地。"⑧

1783年葡萄牙女王玛丽亚一世（Maria I，1734–1816）发布《王室制诰》，市议事会的权力开始削弱，总督的权力逐步扩大，并成立立法会和咨询会代替市政厅自治的功能。虽然1616年开始派遣澳门总督，第一任卡洛告却没有到任，第二任为马士加路也，在1623年到任，葡萄牙共派遣了127任澳门总督。1845年葡萄牙单方面宣布澳门为自由港。

葡萄牙殖民者利用其他葡萄牙殖民地的力量对澳门进行管制，1873年第一批摩尔人来到澳门充当警察。关于摩尔兵营落成仪式，1874年的《澳门省宪报》报道："总督发表致词：今天，又一所漂亮的建筑耸立于澳门。使这个城市的内港区域变得更加美丽，我们仿照今天还可以在印度斯坦看到的同类建筑的式样，建立了这座巨大的建筑物，目的是为澳门警察中的印度士兵们提供一个更加舒适和便利的营地。"⑨ 兵营

澳门市政厅瓷片画上的城徽。

于1906年改为港务局办公楼。

1888年的瓷片画反映了澳门市政厅的新建筑风格，典型的欧洲城市市政厅的样式，重点在正立面的处理，设计了山花墙，上嵌入澳门城徽，有悬挑的阳台。二层的窗楣是三角形造型，各窗为落地窗均有阳台，中间的三个窗户的窗楣装饰为拱形。

1975年颁布了《澳门组织章程》，对总督、立法会和咨询会的职能、产生程序、人数等作出规定。由于总督的到来，议事会的权力受到削弱，总督不仅在军事上进行控制，还把握澳门的

以澳门总督旗帜为主题的勋章。

澳门市政厅内 1789 年
的瓷画，绘制了市政厅
的立面。

经济、社会等诸多领域。澳门议事会在
1940 年改称为市政厅。

在澳门有一处被遗忘的"海岛市"，
澳门的葡萄牙统治者不甘心仅限于对澳
门半岛的管控，对外围的岛屿亦有占有
的欲望。澳门曾经有两个独立市，一
为澳门市，二为海岛市。1845 年葡萄
牙单方面宣布澳门为自由港，澳门周
边的水域和岛域更不平静。1847 年葡
驻澳门海军少校下令在氹仔岛的西沙
咀筑炮台，1864 年又在路环设立军事

据点。1878 年设立两岛的市政委员会，
驻军司令兼任行政长官。1890 年澳门
葡萄牙管治当局完全蚕食了路环和氹
仔，成立海岛市。1928 年改设岛区政
务厅，设立海岛市意味着与澳门市分离
运作[10]。

海岛市 1963 年设立市政厅，开始
有了徽号，在现代社会背景下，澳门海
岛市市政厅的城徽殖民和宗教色彩淡化
了，徽号采用盾徽的纹章形式，以双鱼
象征澳门渔业的重要产业地位。

1939 年修建的喷水池
石壁顶部刻有葡萄牙
的盾徽。

城市纹章：欧洲城市制度的徽记

澳门在开埠后效仿欧洲城市的市政制度建立了自治性质的城市管理机构，同时也引入西方的文化，包括城徽文化，以军事设施和宗教设施为核心产生了与中国传统城池有别的城市模式。澳门历史中心列入《世界遗产名

海岛市政局的徽章（上）和博物馆中的原物展品（下）。

海岛市政厅旧址，现为路环历史博物馆。

录》，其中是这样描述的："澳门历史城区保留着葡萄牙和中国风格的古老街道、住宅、宗教和公共建筑，见证了东西方美学、文化、建筑和技术影响力的交融。"

① 澳门历史档案馆官方网站"馆藏精选"："1934年澳门殖民地盾徽之设计稿"（www.archives.gov.mo/gb/detail/33）。
② 金国平，吴克良著：《早期澳门史论》，广东人民出版社2007年版，第230页。
③ 汤开建著：《明代澳门史论稿》，黑龙江出版社2012年版，第369页。

④ ［美］唐纳德·F.拉赫著，周宁校译：《欧洲形成的亚洲》（第一卷），人民出版社2013年版，第12页。
⑤ 澳门历史档案馆官方网站"馆藏精选"："1690年澳门议事会会议记录及决议，广东香山县官员发函要求居于澳门城内民居、商店及仓库的华人名单"（www.archives.gov.mo/gb/detail/47）。
⑥ ［英］斯当东著，叶笃义译：《英使觐见乾隆纪实》，上海书店出版社2005年版，第507页。
⑦ 金国平，吴克良著：《早期澳门史论》，广东人民出版社2007年版，第230页。
⑧ 郑思平著：《澳门世界遗产》，生活·读书·新知三联书店有限公司2012年版，第99页。
⑨ 郑思平著：《澳门世界遗产》，生活·读书·新知三联书店有限公司2012年版，第32页。
⑩ 郑炜明著：《氹仔路环历史论集》，澳门民政总署文化康体部2007年版，第35页。

城市纹章：欧洲城市制度的徽记

海岛市政厅旧址。

五、香港纹章演变

英国在批准其殖民地采用盾徽时，乐于将其意识形态、宗教象征的米字旗和海上武力象征的海战金冠加到殖民地的盾徽上。从20世纪的后半叶到大英帝国没落的今天，在批准使用的英属领地纹章和旗帜上，米字旗和海战金冠仍是乐此不疲使用的象征图形。

1. 沉重的爱德华皇冠

1997年7月1日香港回归中国，有一张照片记录了这一珍贵时刻：代表港英政府的纹章被拆卸下来，大清帝国的贫弱，中华人民共和国的强盛，香港回归祖国统一大业进步的历史时刻凝聚在这张照片上，此照片现在展示在香港历史博物馆。但其实大多数香港市民并不了解这一纹章的象征含义。

香港早期的符号象征，不是欧洲传统意义上的纹章，而是徽章形式，是有关英军登陆香港的故事的画面或者商业贸易的情景。"阿群带路图"的情景表现为其核心内容，讲的是英军登陆时向本地名为陈群的女孩问路。上半部分为英国国徽，下半部分就是阿群带路的画面。1843年在香港殖民地的印章中开始使用，1869年的旗帜上使用了此徽章，但它仅仅是徽章标记而已，没有

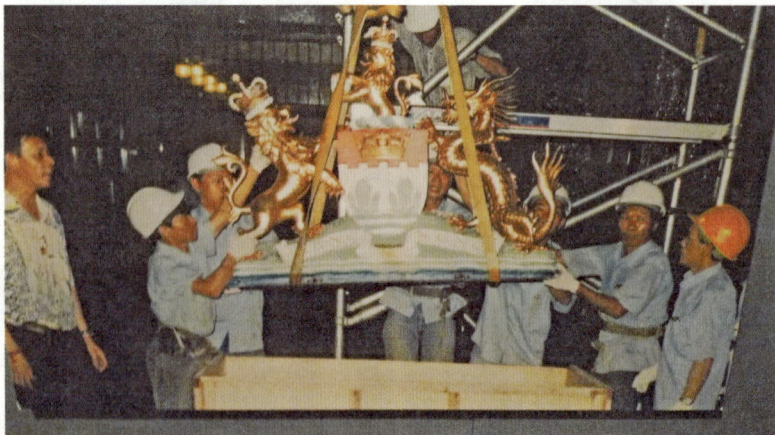

1997年7月1日前，置放在香港中区政府合署中座的香港盾徽（下图）和原香港盾徽拆卸下来的瞬间（左图）。

城市纹章：欧洲城市制度的徽记

按照欧洲传统的纹章规则设计，在画面上是旧的大英帝国的纹章。另一种以港口贸易为主题的情景作为徽记的下半部分，是1843年的印章，在画面中是三位中国和英国商人站在茶叶货物箱前，远方是克拉克船和中国帆船，画面中还出现了山丘和云彩。在1959年之前，这一徽章用于香港钞票和各类公共机构标志上，包括广九铁路局、香港汇丰银行等。19世纪中期，第六位港督麦当奴（Richard Graves MacDonnell，1814–1881）表达了对此徽章的不满："图案像是瓦平的一个油画颜料商为了区区3英镑拼凑出来的。"不幸被他言中，徽章真的是由瓦平一家体面的油漆供应商汤姆森公司设计[①]。

香港第17任港督金文泰（Cecil Clementi，1875–1947）在1926年开始正式提出修改意见，但直到1958年第23任港督柏立基（Robert Brown Black，1906–1999）才真正行动。

香港人长时间在生活中接触英国皇室的纹章。英国的王室徽章，盾面一分为四，分别代表英格兰、苏格兰、爱尔兰，但英格兰占两份。盾顶为镶珠宝的头盔、帝王王冠和头戴王冠的狮子。护盾兽分别是头戴王冠的狮子和独角兽，代表英格兰和苏格兰[②]。

无论是大不列颠的国徽，还是香港政府机构的纹章，使用的都是爱德华皇冠纹章形式。爱德华纹章皇冠是以1661年爱德华登基时的皇冠实物为样板，进行艺术创作后形成的纹章固定版式，在正视图中，冠顶的半拱是最明显

英国王室纹章。

香港的旧徽记：两种内容，一是以港口贸易为主题（左），二是陈群带路图（右）。

英治时期的香港护照。

原香港的新旧徽章和盾徽在童子军标志上的应用。

爱德华皇冠（上）和大不列颠现代设计的黑白版纹章（下）。

的图像特征，中间是 Pattee 十字架。

后来大不列颠帝国的维多利亚女王和伊丽莎白女王均嫌皇冠太重而另有选择。1969 年英女王为表彰香港警务处镇压左派人士有功，"皇恩浩荡"赐封"皇家"头衔，香港警察在 60 年代获得封号"皇家香港警务处"（Royal Hong Kong Police Force），警徽马上套用皇冠纹章冠饰，旧徽章加上皇冠，从 1969—1997 年间一直戴的就是女王都嫌"沉重"的爱德华皇冠。

在英治期间，香港公共机构更多使用英国皇徽并加以封号，如"皇家御准"等。1854 年成立的香港义勇军被封为皇家香港军团，香港天文台在 1912 年被封为皇家香港天文台，香港飞行队在 1951 年被封为"皇家香港辅助空军"（Royal Hong Kong Auxiliary Air Force），以制作于 1661 年的英皇室爱德华王冠为形象基础的纹章皇冠图形，一直使用到回归后，皇冠是殖民统治的象征。

1997 年前的香港其实有别于其他亚洲、非洲国家殖民地，只是英国人在这里实行了殖民统治，区分这一点很重要，有助于理解香港回归祖国的涵义。清朝政府之后的中国政府从不承认"割让"香港的不平等条约，从未放弃对香港的领土主权，香港的主权始终属于中国，从未假手以人。这就是"恢复行使主权"的意义所在。

香港立法会又是以大英帝国的皇徽为象征符号。建筑在 1903 年开工，1912 年完工，当时是香港最高法院建

英治时期的香港消防处（左）和香港皇家警察的纹章（中）和殖民地皇家香港天文台的标志（右）。

英治时期皇家香港军团的盾徽（左）、皇家香港辅助空军徽号（中）和皇家香港军团的盾徽铁件装饰（右）。

英治时期香港立法会山花墙上的英国皇室纹章（左）和港英时期室内的皇冠装饰（右）。

筑，现为香港立法会使用。当时委任的设计师是英联邦采办处顾问、当时颇有名气的建筑师亚士东·韦伯（Aston Webb，1849-1930）以及另一位建筑师英格里斯·贝尔，他们是白金汉宫立面的设计者[3]。他们在香港立法会建筑上采用了新古典主义的建筑风格。在三角形的山花墙处，雕刻的是英国皇室纹章。"山墙上有半圆形的洞，洞内安放着皇家兵器以及代表真理的神像。"[4]

充满殖民色彩的纹章文化在香港各类学校、研究机构中使用，英国纹章院不留余力地推动其使用至香港回归之前，部分还残留在香港各种机构的徽章、盾徽和标记中。香港大学就是典型的例子，盾徽盾面分上下两部分，上

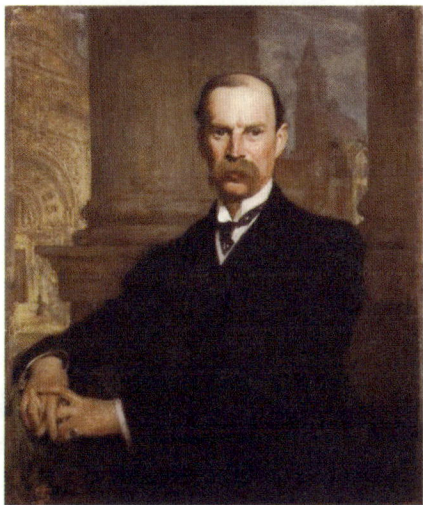

英国建筑师亚士东·韦伯，香港立法会（原最高法院）的设计者。

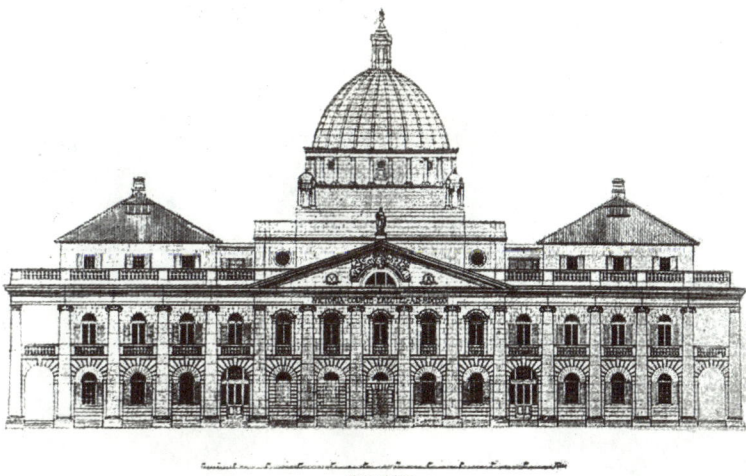

香港最高法院的立面设计图。

东方的欧洲

部分以英格兰的狮子为寓意物，也是英国皇室纹章的狮子形象，盾徽的铭文是"明德格物"，分别用拉丁文和中文写在盾徽绶带上和盾面的下半部分，盾徽是典型的英国风格。1912年10月英国纹章院建议并通过了学校的盾徽，1913年5月增加了中文和拉丁文的铭文。香港大学成立于1911年，在此之前的1887年，由伦敦传道会（London Missionary Society）建立了香港华人西医书院（Hong Kong College of Medicine for Chinese），后并入香港大学，在大学成立后两年内就获批了学校盾徽。

荒唐的是，事隔70年的1981年——此时离香港回归中国还有16年——香港大学在校庆70周年之际依旧按照殖民地的纹章规则向英国纹章院申请完整的纹章，增加护盾兽和盾徽冠饰，护盾兽为狮子和龙分别代表英国和中国，冠饰是头盔和小狮子，还是英格兰的狮子象征，1984年英国纹章院批准了此纹章。

以港英纹章为回归主题的卡通漫画。

香港大学校徽：盾徽、大徽和1961年的纪念邮票（从左至右）。

今仍保持严格的运作制度，这足以证明英国对国内外纹章管理的重视。但对于香港的纹章直到离回归剩下30多年才批准使用一事，耐人寻味。

香港纹章在1959年才正式由英国纹章院批准产生，此后也使用于香港的旗帜上。当时在任港督为柏立基（Robert Brown Black），已是第23任港督。盾徽的上部分是英国海军的皇冠（Naval Crown），对此的解释是"寓意英国皇家海军和英国商船队对香港开埠所起的重大影响"（The Naval Crown Symolies Hongkong's links with the Navy and Merchant Navy），用纹章语言描述是"on a chief embattled Gules a Naval Crown Or"。盾徽的下半部分是中式的船，代表海上贸易，头饰是戴皇冠的小

2. 海战金冠

大不列颠帝国在殖民统治过程中，高度重视符号的影响力，英国纹章院至

英治后期的纹章（左）和香港1968年发行的以香港盾徽为主题的邮票（右）。

城市纹章：欧洲城市制度的徽记

狮子拿着象征香港的珍珠对着象征英国的戴皇冠狮子的护盾兽，珍珠也是香港作为"东方明珠"的隐喻。底座绿色小岛代表香港，绶带上写着香港两字。值得注意的细节是，小狮子面向象征英国的狮子护盾兽，是意味着奉献香港这一东方明珠给了大英帝国。

英国海军的纹章。

城市的统治者强调殖民者军事力量强大的图形一直留存着。在第二次世界大战结束十几年后，1957年英国纹章院还在设计的香港盾徽上展示英国皇家海军的实力，英国海军的纹章皇冠采用的是海战金冠。香港港英时代的盾徽皇冠的形象是按照大英帝国海上霸主地位的象征——海战金冠而设计的，明显是对军事力量的炫耀。

2002年英国国会通过了《2002年

原港英政府的小型盾徽。

英国海外领土法案》，殖民地、皇家属地等侵略性的旧称有了现代化的雅称，叫做"海外领地"（British Oversea Territories），目前英国除了英联邦国家外，还有14个海外领地，占据重要的海洋军事战略地理优势。英属印度洋领地（British Indian Ocean Territory）由上千个大小岛屿组成，总土地面积约60平方公里，原为葡萄牙人发现，后又被法国人占有，1810年被英国占领至今，是英国的海外领土，其纹章中王冠的原型也来自英国海军的海战金冠，在海战金冠之上是红色的塔堡，盾面是米字旗和爱德华王冠（St. Edward's Crown）。1990年此纹章开始使用。2002年批准的英属特里斯坦-达库里亚群岛（Tristan da Cunha）纹章同样也以英国海军的海战金冠为纹章王冠的原型。该岛是全世界最偏远且有人居住的岛屿。

英属印度洋领地（British Indian Ocean Territory）的城市纹章（左）和英属特里斯坦-达库里亚群岛城徽（右）。

法国海外属地圣皮埃尔和密克隆（Saint Pierre and Miquelon），在1520年被葡萄牙探险者发现，1536年为法国征服控制，是法国目前唯一控制的海外殖民地。纹章使用的是法式的海战金冠，盾面分上下两部分，下半部分为蓝色盾面上绘金色大帆船，象征着 1536 年法国探险者的征服行动，部首分别有代表巴斯克、布列塔尼和诺曼三个历史地区的传统纹章图案。

葡萄牙国家航海博物馆建馆 150 年纪念牌匾。

法国海外属地圣皮埃尔和密克隆的纹章。

葡萄牙国家航海博物馆的纹章也以海战金冠为冠饰，表现了葡萄牙 16 世纪以来的海上力量的强大。该馆建立于 1863 年，对世界航海时代的葡萄牙黄金时期有全面的介绍。

除了欧洲海上强国殖民地使用"海战金冠"显示海上的统治力外，后来独立的国家海军或者港口城市也使用这一特殊的冠饰表现与海洋的关系，智利海军建立于 1818 年，海军军事基地建立在瓦尔帕莱索大区的首府港口城市——瓦尔帕莱索（Valparaiso），智利海军的纹章冠饰采用的是海战金冠。智利首任总统为海军将领尹卡拉达（Manuel Blanco Encalada，1790–1876），这足以证明海军在智利历史上的重要性。西班牙国王为探索更多的太平洋贸易航线和新大陆，在 1514 年与冒险

智利瓦尔帕莱索市的城徽。

智利海军的纹章（右）和在瓦尔帕莱索港口智利海军军事机构的纹章牌匾（左）。

城市纹章：欧洲城市制度的徽记

索托马约广场海战英雄
纪念碑上的纹章。

家、探险者签订利益分享的合约。1536
年西班牙征服者阿马格罗（Diego de
Almagro，1475–1538）的船队到达这一
港口，船只停泊的港口开始向城市发
展，由于商港与军港并存，城市多处
可见海战金冠、锚和五星的纹章图形。

索托马约广场（Sotomayor Square）
上的海战英雄纪念碑以智利海军纹章为
表现主题。

3. 香港旗帜和市政局的盾徽

威廉·渣甸（Dr. Wiliam Jardine，
1784–1843）所创立的怡和洋行（Jardine
Matheson Co.）1832 年在广州建立，以
贩卖鸦片获取巨大利润，1834 年，洋
行抓住东印度公司的单一经营垄断权到
期的机会，开始将茶叶输往英国。早
在 1841 年 1 月英国国旗在香港升起
时，英国怡和洋行就直接从中国人手里
买下了一些地皮，修建临时的货栈和

工棚，后来改为石筑的仓库。1842 年
皇后大道建成，英国驻华商务监督署
迁至香港，1843 年正式命名维多利亚
城，1844 年怡和洋行总部从澳门迁往
香港⑤。在画家、建筑师默多克·布鲁
斯（1815–1848）的画中可以看到 1846
年洋行、仓库和码头等香港开埠景观，
其中在岸边的是渣甸的怡和洋行仓库。
1842 年《南京条约》签订后，怡和洋
行将总部设立在上海，将贩卖鸦片的业
务拓展到金融、保险和船运等领域，成
为在中国最大的洋行。

在英军霸占香港并开始管理和建

1860 年《北京条约》中
的香港地图。

541

设时，港英政府仅使用徽章而已。从一开始，英国政府更希望香港是一个政治意义和城市管理机能结合的实体，而不是单一城市管理那么简单。一部分在港的英国人提出香港自治的要求，但英国政府一直压制自治的想法，香港是满足大英帝国全球政治地理版图战略需求的棋子。

1843 年至 1941 年，香港被英国政府称为直辖殖民地（Crown colony），这是英国从 17 世纪皇室殖民地（Royal colony）通过战争征服领地延续下来的称谓，二战结束后还是这样的形式，1981 年《英国国籍法案》颁布后，换了一个似乎好听点的名字，称为"英国属土"或"英国属地"（British Dependent Territory，1981-1997）。从 1842 年到香港回归之前，英国皇室的旗帜（Royal Standard）和狮子的象征物，一直没有离开过这一片中国土地。

英国在 1842 年为庆祝鸦片战争胜利发行了纪念金币，佩刀的英国军官举着英国的旗帜，与之形成强烈对比的是留着长辫子的清朝官员两手空空。上方是天使吹着胜利的号角，在纪念币下部写着"大不列颠军队的胜利，1842 年"（The Triumph of The British Arms，1842）。

19 世纪由女王任命港督，港督拥有自己的象征权力的旗帜。而代表处理城市事务的市政机构，在回归前的第 17 年才被批准使用机构的纹章。英国殖民地的总督旗形式是统一的，就是在米字旗中间有一环形，中间是盾徽或徽章。

1959 年前后新旧香港港督旗。

英国在 1842 年为庆祝第一次鸦片战争的胜利发行的纪念币 ⑥。

在历史上，1959 年和之前的香港旗帜主要根据城徽而变化，有三种类型。港英政府时期有多个版本，从 1870 年开始有香港旗，占旗面四分之一的米字旗置于左上，右下加上香港的徽记，由于一直没有正式的纹章，旗帜在不同时期核心图形呈现不同图像，但不变的是米字旗的图形。

第三任港督文咸（也译般含，George Banham，1803–1863）到港任总督前是海峡殖民地（Straits Settlements）第四任总督。1826年当英国成为马来半岛的统治者时，英式的海峡殖民地的纹章就产生了，在四分之一的盾面上，狮子站在城堡的塔顶，冠饰是典型的头盔形，在此之上又站着举着有三皇冠图形的方旗的狮子，盾徽反复强调大英帝国色彩。文咸来港任港督，他的个人纹章马上就被刻在香港第一座教堂的塔楼上。

港英当局更多地将香港作为英国全球战略的政治实体和领地，而非简单地将其理解为一座现代化的城市。在香港只见港督府，不见市政厅，只见港督旗，不见香港城徽，足以证明"大英帝国的政治远谋"，其重视的是政治组织形式而不是殖民地的城市功能。1843年，英国殖民地部及军事大臣在致港督璞鼎查的信件中提到："占领香港，不是为了殖民，而是为了外交、商业和军事目的。"[7] 对大不列颠而言，香港更重要的是政治机构和军事领地，而不是一座城市。另一方面英国纹章院繁琐的陈规，也是香港直到20世纪中期才有城徽的原因之一。

香港开埠后设立行政局、定例局（后改为立法局）和最高法院，但香港迟迟没有成立类似城市管理实体的市政机构。港英当局于1843年成立"公众健康及卫生委员会"（Committee of Public Health and Cleaness），1883年成立洁净局，负责环境卫生事务。一直到

1870—1876期间的香港旗。

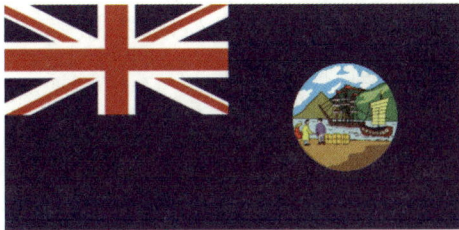

1876—1910期间的香港旗。

1910—1959期间的香港旗。

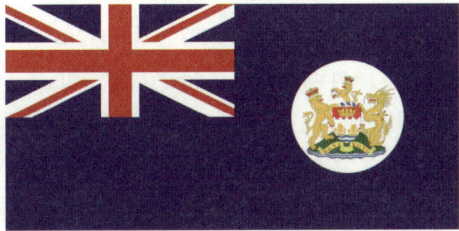

1959—1997期间的香港旗。

了 1935 年，立法局才通过了《1935 年市政局条例》，并决议于 1936 年 1 月实施，成立了市政局（Urban Council）。其间市政局的职责与选举办法多有变化，二战结束后，时任港督杨慕琦曾经提出建立市议会的方案，但更多的目的是考虑中国政府收回香港的问题，这一提议最后也没有实施。香港的司法、立法、财政等实际权力一直控制在港督的手中，他代表英女王统治香港，为宗主国掠夺更多的资源。港督的坐驾没有车牌，以英国皇家纹章代替。

1973 年，港英立法局通过了《1973 年市政局条例草案》，市政局成为一个财政与行政相对独立的法定机构。在 1973 年至 1981 年担任市政局主席的沙理士在香港回归后谈到："让本港市民分享管治权力的步伐一直都似乎来得很慢，政府到后期才给予香港居民管理本身生活需求的机会，而首先建立的是市政局，其后于香港主权回归之前，又在新界成立区域市政局。"⑧

1965 年，经过广泛讨论，将洋紫荆花作为香港市花。洋紫荆花是 1880 年伯大尼修院的神父在香港摩星岭山坡上发现的，是本地羊蹄甲（Bauhinia Purpurea）和宫粉羊蹄角（Bauhinia Variegata）两者的杂交品种。殖民地政府植林部用第 12 任总督卜力（Henry Arthur Black，1841–1918）名字中的 "Black" 加上其妻子的名字 "-ana"，将洋紫荆的英文名字命名为 Bauhinia Blakeana⑨。后来在植物公园和广州的天主教堂培植，成功地延续下来。

香港市政局最初的盾徽就是将洋紫荆花和香港港徽上爪子持珍珠的小狮形象组合而成，"是从香港政府的徽章构图中借过来的，以示权威之意。"⑩洋紫荆花作为香港的市花，是 1965 年经行政局认可后并进行舆论咨询确定的。到了 1973 年之后，市政局的身份已经改变，遂出现了第一个市政局的盾徽，这个盾徽以洋紫荆花为主题，占盾面三分之二空间，三分之一的盾面为头戴皇冠的半人狮形象。但这一盾徽又引来争论，这是徽章（emblem）还是纹章（Coat of Arms）？港英政府只能决定审批徽章，皇冠为"御用"，而且纹章的使用要经过"英国纹章院"审批，纹章院批评盾徽没有按照传统英国纹章规则进行设计。多次讨论还是回到了"殖民地道路"的程序，"由 1979 年开始，英国勋章院第一主管向香港发出了它本身的盾形纹章，以左龙右狮扶着一个盾徽为设计中心"⑪。申请费用需花费 1000 英镑，而且需为个人支付。旧香港市政局盾微设计从 1974 年启动，由英国纹章院设计，前后用了五年的时间。在 1979 年才使用的市政局盾徽还是脱离不了殖民地痕迹，尽管小狮子的

香港市政局的大徽（左）和小徽（右）。

城市纹章：欧洲城市制度的徽记

脚踏着橄榄枝。1980 年出版的《1980—1981 年市政局年报》在扉页出现了这一纹章。

1994 年，香港回归在即，其城徽又将带有殖民地色彩的狮子和龙的图像去掉，在三分之一的盾面上将持珠子的狮子改为蓝色底色并写上市政局的中英文字。1995 年 4 月启用。香港回归后，香港市政局继续采用洋紫荆花的图像，此图像更具现代平面设计特点。

重新修改后的香港市政局的旗帜。

1959 年才被港英政府认可为咨询机构而新成立的香港新界乡议局（The Heung Yee Kuk N. T）的局徽没有按照欧洲纹章的规则设计，而是完全依照印章的形式。"新界乡议局的现用局徽，是在第十八次常委会议提出讨论设计的。此前，局方曾经绘制了多个草图以供局员选择。经商讨后，初步选取外形为圆形，内由对称的稻穗及三个小连环圈分区地图，配以新界乡议局中、英文等图案组成。"⑫

三个连环圈代表三个区分别是元朗、大埔和南约区，地形图分别用屯门

公路、海洋和广九铁路来代表地区特征，采用圆形是为了表达团结的象征意义，稻穗则表达农耕特点。此局徽在第十九次常委会议（1966—1968 年）上通过。乡议局的前身是 1924 年成立的九龙租界维护民产委员会，当决定成为组织时，改称为租界农工商业研究总会，1925 获得证书。大约在 20 世纪 30 年代出现"乡议局"的名称⑬。

香港新界乡议局局徽。

4. 香港圣约翰教堂

尽管大英帝国从政治角度考量迟迟没允许香港城徽自由使用，但前期的几位港督却对自己的纹章高度重视，而且将其留在了圣约翰教堂的入口。香港最古老的教堂建筑是圣约翰教堂（St. John Cathedral）的塔楼。"圣约翰教堂是香港最古老的教会建筑。奠基石于 1847 年埋下，1849 年正式授予大教堂名称并正式使用时，由官方主持开幕典礼。为了迁就材料与技术，建筑物由原来的哥特式建筑简化为诺曼式设计，由于经费不足，钟楼在 1853 年才完成。1873 年扩建座堂时，增加了圣坛部分，使教堂能增加到 704 个座位。"⑭ 这是

香港建筑师学会对这栋历史建筑的专业介绍。诺曼式和哥特式的建筑风格就是这样的区别吗？在教堂的介绍书中介绍这一教堂是按照哥特式建造，因为当时大不列颠教堂流行这种风格[15]。香港建筑师学会似乎没有认真研究历史上的设计图纸。从保存下来的原始设计图纸中，可以看到教堂的顶部有斜坡顶，高度约为建筑的总高度的五分之一，图纸上写着"维多利亚，香港，为殖民地的教堂的设计"。建筑师是伦敦的建筑师蒲约翰（J. Pope）。另据其他有关记载是1852年正式授予大教堂地位，1850年3月，乔治·史密斯神父抵港，任第一任"圣公会"会督[16]。

1847年3月17日教堂动工时，第二任港督戴维斯（Sir John Davis, 1795–1890）参加了奠基仪式，此时英国政府出资三分之二的建设费用没有到位，大

不列颠殖民地办公室对预算不认可，认为预算是英国一般教堂建造成本的三倍，二者一直处于讨价还价和修改设计方案中。教堂在1842年开始筹建，但直到1847年才开始正式建设，香港圣公会获得土地的"永久业权"（freehold），教会不用交地税，这已经减少了大笔费用了。这是1843年英国统治初期确定的"维多利亚城"的中心位置，也是香港唯一获得此特权的土地，称为"freeholder"。实际大部分资金是从社会筹集得来，共筹集4136英镑[17]（另一说法是3272英镑）。港府支付部分工程费用，1847年英国政府才批准计划，压低造价至6900英镑，拨款4600英镑[18]。"1849年完成工程，教堂在3月11日开幕，除了塔的上半部因预算超支仍未兴建外，当时最为人诟病是代表戴维斯的徽章竟扬威式地刻于大门的入口，虽然这安排是出自急庇利。"[19] 急庇利（Chartes St. Geroge Cleverly）是政府的量地官，当时负责此教堂的建设，后来负责港督府的设计和建设。

文中提到的戴维斯是第二任港督，出生于伦敦，他1813年18岁时在英国东印度公司广州十三行任抄写员，后成为东印度公司的末代大班，英国东印度公司垄断权结束后，他被委任为英国驻华贸易代表，1844年至1848年任港督，任内通过鸦片包税等加大征税的办法增加香港的财政收入。1845年他向清政府申请英国人进入广州城，但清政府怕广州民众抗拒而采取拖延的策略。1847年4月3日他组织英国战船炮击广州，

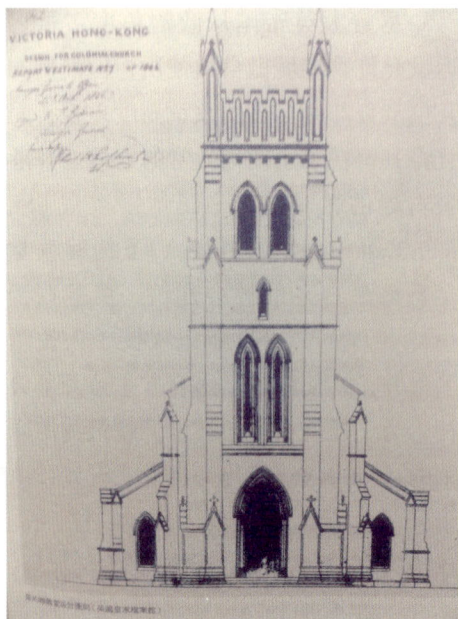

香港圣约翰教堂设计图纸，建筑师是伦敦建筑师蒲约翰。

城市纹章：欧洲城市制度的徽记

港督戴维斯的纹章。

香港第三和第四任港督戴维斯（左）和文咸（右）的个人纹章成为教堂入口的北面和南面的标志。

至今没有"完工"的圣约翰塔楼。

1848年3月离任，1854年获得巴斯勋章。另一个纹章为第三任港督文咸的纹章，他出生于英格兰根德郡法弗舍姆，也是东印度公司雇员出身，到港任总督前是海峡殖民地第三任总督。同样步戴维斯后尘，文咸率英国三艘军舰逼近虎门，再次要求进入广州，广州民众聚集珠江南岸反对英国人进城，文咸不敢前进而退回香港。1854年离任[21]。这两位均是英国侵略中国的马前卒，当路人抬头看到这两个纹章时，不知是否还记住当年的伤痛。

港英时期共有28位港督，在二战前，有时港督就职典礼在此教堂举行，在教堂塔楼上南北面刻上总督个人的纹章是不符合欧洲城市教堂建造的传统习惯，"督爷们"不知知否。

这座教堂也被称为"官方教堂"。教堂长椅（pew）有英国皇室徽章装饰，在英国皇室成员和港督来访做礼拜时专用。圣约翰教堂是为英国殖民者及其所谓精英阶层服务的，初期只是为不足3000名的英籍人士和驻港英军服务[20]，包括举办英国军人的婚礼。在一战后期才逐步向所谓部分华人精英开放。1866年香港开始使用中文布道的是斯蒂芬（St. Stephen）教堂。这是一栋具有嘲讽意义的殖民建筑，殖民统治者迫不及待地将自己的纹章作为教堂的视觉焦点和符号，这充分地表现了殖民者的占领欲望。英国人自己也称之为"一堆风格丑陋的石头教堂"。

创立于1842年的《伦敦新闻画报》，从1857—1901年共派出六位有案可查的六位画家兼记者来到中国[21]。《伦敦新闻画报》1857年8月15日报道："一个晴朗的下午就是香港岛上最美丽的场

东方的欧洲

教堂的入口

the British Crown.
The front pew was
always considered
the Sovereign's, and
is marked – even
today – with a set of
Royal Arms. In
colonial times this
pew was used by
the governor of the
day, or by visiting
members of the
Royal Family.

有英国皇室纹章装饰的
教堂长椅，是港督和英
王室成员来访时的专
座。

景。乐队欢快的曲调、晴朗的天空、殖民地居民和乐师们的白色礼服，与之形成对比的是穿深色衣服的中国保姆，她们跟英国人的孩子们聚集在一起，另外还有英国和葡萄牙的仕女们身穿盛装圈裙，这种时尚已经到达了世界上的每一个角落，下一步就连中国的姑娘们也会来赶这种时髦。中国人毫无例外，穿的都是最质朴的衣服。"来自伦敦的记者又毫不留情地写道"在你的前面是一座大教堂，一堆风格丑陋的石头的教堂，破坏了香港本地的东方情调。图的左面是英军第五十九步兵团的营房，以前我们也画过它的速写，再后面是港口，里面集中了来自世界各国的船只"[23]。

这是一栋不完美的教堂建筑，却

是所谓完美的绅士、淑女云集之处。19世纪在香港生活的欧洲人对华人的接触是抗拒的，他们多是通过报章了解到华人生活的点滴。"但当时这些报道却往往使他们避免与华人接触，例如一名驻港英军司令甚至认为'华人在视觉、听觉和嗅觉上的表现，都不适宜与欧洲人为邻。'"㉔欧洲人之间也矛盾重重，冲突不断。1862年成立商会干政，获取政策的最大利好。而港督戴维斯也说过"管治这里的2万名居民，比起管治那几百名英籍居民，来得容易得多。"㉕

香港圣公会的纹章（左）和圣约翰教堂的纹章（右）。

圣约翰教堂内部装饰。

THE PARADE AT HONG-KONG (SEE NEXT PAGE)

"香港阅兵场"速写，登于1857年《英国新闻画报》第31卷，第873号。

这里接待过英王室的不少成员，也许他们忘了"屋顶的预算"。后来圣约翰座堂有了自己纹章，此教堂属于圣公会的物业，香港圣公会拥有自己的宗教纹章。

① ［英］弗兰克·韦尔什著，王皖强等译：《香港史》，中央编译出版社2007年版，第241页。

② 《世界各国国旗国徽国歌纵览》，中国民族摄影艺术出版社2008年版，第187页。

③ 丁新著：《香港历史散步》，商务印书馆2010年版，第18页。

④ 香港建筑师学会编：《香港建筑导引》，贝思出版有限公司（香港）1998年版，第23页。

⑤ 刘诗平著：《洋行之王——怡和与它的商

城市纹章：欧洲城市制度的徽记

业帝国》，中信出版社 2010 年版，第 110 页。

⑥ 图片来源：http://visualizingculture.mit.edu/opium_wars_01/owl_essy04.html

⑦ 刘曼容著：《港英政治制度与香港社会变迁》，广东人民出版社 2009 年版，第 105 页。

⑧ 刘润和著：《香港市议会史 1883—1999 从洁净局到市政局及区域市政局》，香港历史博物馆、康乐及文化事务署 2002 年版。

⑨ 谢至恺编著：《图说香港殖民建筑》，共和媒体有限公司 2008 年版，第 16 页。

⑩ 刘润和著：《香港市议会史 1883—1999 从洁净局到市政局及区域市政局》，香港历史博物馆、康乐及文化事务署 2002 年版，第 124 页。

⑪ 刘润和著：《香港市议会史 1883—1999 从洁净局到市政局及区域市政局》，香港历史博物馆、康乐及文化事务署 2002 年版，第 125 页。

⑫ 薛凤旋，郑智文著：《新界乡议局史：由租借地到一国两制》，三联书店（香港）出版社 2011 年版，第 105 页。

⑬ 薛凤旋，郑智文著：《新界乡议局史：由租借地到一国两制》，三联书店（香港）出版社 2011 年版，第 82 页。

⑭ 香港建筑师学会编：《香港建筑导引》，贝思出版有限公司（香港）1998 年版，第 28 页。

⑮ Stephen Vines. *The Story of St.John's Cathedral*. HongKong: Form Asia Books, 2001, p.8.

⑯ 张连进著：《香港二十八总督》，三联书店（香港）有限公司 2012 年版，第 56 页。

⑰ Stephen Vines. *The Story St John's Cathedral*. HongKong: Form Asia Books, 2001, p12.

⑱ 马冠尧著：《香港工程考：十一个建筑工程故事 1841—1953》，三联书店（香港）出版社 2011 年版，第 48 页。

⑲ 马冠尧著：《香港工程考：十一个建筑工程故事 1841—1953》，三联书店（香港）出版社 2011 年版，第 57 页。

⑳ 张连进著：《香港二十八总督》，三联书店（香港）有限公司 2012 年版，第 33 页。

㉑ Stephen Vines. *The Story St John's Cathedral*. HongKong: Form Asia Books, 2001, p.5.

㉒ 沈弘编译：《遗失在西方的中国史：〈伦敦新闻画报〉记录的晚清 1842—1873》，北京时代华文书局 2014 年版，第 11 页。

㉓ 沈弘编译：《遗失在西方的中国史：〈伦敦新闻画报〉记录的晚清 1842—1873》，北京时代华文书局 2014 年版，第 249 页。

㉔ 高添强编著：《香港今昔》，三联书店（香港）有限公司 2010 年版，第 86 页。

㉕ 高添强编著，《香港今昔》，三联书店（香港）有限公司 2010 年版，第 78 页。

六、东方情调西方情怀的外销画

广州的外销画在18—19世纪成为不少欧洲人的室内装饰品，添加了几分异国情调，甚至皇宫的装饰也不例外，瑞典斯德哥尔摩的王后岛卓宁霍姆宫中国宫，就是用这些珠江景色体现东方情趣。无论是欧洲来华旅行的画家，还是广州本土以外销画谋生的画家，"黄埔帆影"和"广州商馆"是最常见的绘画景色。在外销画和现在留存的版画、油画中，题材以十三行洋行为背景的珠江景色为主，欧洲客户乐于见到自己国家的旗帜在东方古国神气地飘扬。1699年和1716年英国和法国在广州建立了商馆，其他欧洲国家随后纷纷效仿。无论是在商馆中，还是在克拉克船上，飘扬着殖民者的旗帜。

1. 珠江帆影中的旗帜

欧洲画家笔下的绘画作品多表现包括克拉克船在内的珠江帆影、海战和高挂欧洲国家旗帜的各种商馆，在近代广州、香港、澳门三地旅行的欧洲画家，虽然在欧洲名气不大，但对珠三角的认识较为全面，运用西方绘画技法所表现出来的以广州为主的风景画有独特的历史价值。这批欧洲画家包括：约翰·韦伯（John Webber，1750-1793，于1779—1780年在华活动）、托马斯·丹尼尔（Thomas Daniell，1749-1840，于1785—1793年在华活动）、威廉·丹尼尔（William Daniell，1765-1848，于1785—1793年在华活动）、乔治·钱纳利（George Chinnery，1774-1852，于1825—1852年在华活动）[①]。他们有的是专业画家，有的是军人、医生，还有的是随军的绘图员以及以水手为业的业余画家。除了风景画，不少画作是以鸦片战争为场景，表现欧洲海上力量的强大。在1850年左右，沃尔特（Walter S. Sherwill）和印度Dr. D. R. Lhzll这两位学者，他们记录了鸦片生产制作和运输的过程。

威廉·丹尼尔

《广州商馆风貌图》中的英国和法国旗帜。

城市纹章：欧洲城市制度的徽记

威廉·丹尼尔于1805—1806年绘制的广州商馆区的景色，是根据画家1786年的速写而绘，这幅作品是以中国的帆船为近景，从近到远的荷兰、英国、美国、法国等国旗成为视觉的焦点。

在旅行远东的欧洲画家中，威廉是知名度较高的画家，他在19岁时就在叔叔的带领下，到达印度等远东地区，他在旅程中创作了大量的速写和水彩画，后来成为表现英国海岸风景和远东沿海风景的水彩风景画家，他多次举行展览和出版画集，后来当选为皇家学院院士。

威廉·丹尼尔在1805至1806年之间创作的《广州商馆风貌图》，油彩布本，藏于香港艺术馆。

《澳门南湾》局部，画面上多处有葡萄牙王国的旗帜，制作于1840年左右，佚名中国画家。藏于澳门历史博物馆。

广州是一个海上贸易城市，广州港"一口通商"更显示澳门作为外港地位的重要性。澳门的风景是外销画的题材之一，中国从广州出口到欧洲的外销画内容以主顾的喜好而定，欧洲的大帆船在东方海域的航行、欧洲在广州的商馆以及海战场面，这些都是欧洲人"喜闻乐见"的绘画题材，中国外销画家在绘制澳门风景时，也需多次强调葡萄牙旗帜在画面中的作用。

因为商船只能停靠黄埔港，不能进广州城，黄埔的景色经常是代表了广州珠江的景色。1835 年威廉·哈金斯的《黄埔滩岸》原作，画面中的旗帜是

城市纹章：欧洲城市制度的徽记

英国东印度公司的旗帜，远景中可隐约
看到琶洲塔。画家曾经在 1812—1814
年随船到英国东印度公司工作，后来成

为了英国皇室的御用海景画家②。

珠江口的帆船来自中西方不同
国度，欧洲帆船是三桅克拉克大帆船

英国海军旗帜。

（three-masted caravel），荷兰、英国、瑞典、美国帆船也是以葡萄牙大帆船为基本船型，一直用到汽船时代。帆船的发明最早出现在东方，4000年前古埃及的陶罐上就有了帆船[③]。葡萄牙在大航海时代发明了三桅大帆船，开始了远征。

斯金纳绘制的画作，背景故事是1833年，在英国东印度公司对华贸易专营权结束后，中英贸易谈判不拢，为两广总督宣布中止，英国谈判代表律劳卑命令"伊莫金"号及"安德劳玛琪"号马上进入虎门水道，画面表现的是两

战船与虎门横档岛炮台交火的场景。

留存于世的类似虎门海战场面的水彩画，不少被欧洲博物馆收藏。描绘这些战争场面的画家，有的是专业的画家，有的是具有绘画技巧的医生等随队人员，他们凭记忆记录了现场的画面。

荷兰和英国造船业在17世纪得到快速发展，制造了不少大帆船加入到海上贸易的争夺中。英国东印度公司1803年开始远航的"反击"（Repulse）号三桅杆船，有53米长，船上配备74门火炮。从英国东印度公司1820年时期的"反击"号克拉克船的画作上，可

1685 年英国东印度公司的商船。

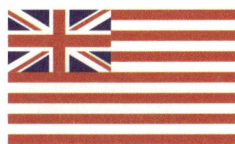

英国东印度公司的旗帜，也是武装商船的旗帜。

以看到桅杆顶上悬挂着东印度公司的旗帜。

英国伦敦东印度公司 1600 年成立，得到英女王的贸易特许状。1680年建立了公司武装力量。1708 年整合若干小公司成立新的英国东印度公司（Honourable East India Company），获得英国议会新的特许权，1700 年后英国对中国的贸易基本上由其垄断。

柯特斯家族（Coutts）是一个从事贸易、银行业的苏格兰家族，该家族

第一任英国东印度公司总督（左）和 1600 年获准的英国东印度公司的纹章（右）。

澳门船员作为礼物赠予玫瑰堂的三桅杆船的模型，藏于澳门玫瑰堂博物馆。

英国东印度公司 1820 年时期的"反击号"克拉克船，船上飘扬的是东印度公司的旗帜。

1756 年荷兰东印度公司订制的以克拉克船"弗雷堡号"为主题的广彩瓷盘。藏于英国国立维多利亚与艾伯特博物馆。

1692 年建立了以家族的姓氏命名的私人银行（Coutts & Co.），至今仍在运营，

银行保持着传统的三顶皇冠标记。家族成员托马斯（Thomas Coutts，1736–1822），是一位成功的商人和银行家。东印度公司的船只"East Indiaman Thomas Coutts"在 1817 年由他投资建造，1839 年该船曾带回林则徐写给英女王的信函。East Indiaman 是指在东印度公司名下获得贸易许可的商船，这些商船基本上都是武装商船，在各类海战中参与到正规海军的编队中。

1830 年美国改良了帆船，出现了飞剪式帆船（Clipper），船艏变窄，速度加快，如同"飞燕"。英国的商业公司大力研究更快的船只，目的在于获取更多的商业利润。类似此类快速帆船被英国渣甸的怡和公司用于在伶仃洋到宁

波一带的鸦片走私。而武装的蒸汽动力船更是大行其道，英国东印度公司的船队积极参与虎门之战，英国东印度公司1839年下水的世界上最先进的铁壳蒸汽动力平底船"复仇女神号"，1840年11月到达澳门。在横档岛之战中，为英军登陆上、下横档岛发挥了重要作用。实际上这是一艘远洋汽轮兵船，它的加入提高了英军舰队移动的速度，成为在第一次鸦片战争中击沉多艘清军的战船，也是英国画家描绘这一海战时重点刻画的对象，成为清政府的耻辱的记录。

东印度公司的船只"the East Indiaman Thomas Coutts"，1839年曾带回林则徐写给英女王的信函，James Miller Huggins 绘制[6]。

《1841年'复仇女神号'击沉中国战船》，英国画家 E. Duncan 绘制于1443年，藏于美国皮博迪艾塞克斯博物馆[7]。

英国东印度公司1839年建造的铁壳蒸汽动力平底船"复仇女神号"。此为1844年英国出版图书 Narrative of the Voyages and Service of "The Nemesis" 中的插图[8]。

1866 年建造的 *A. J. Inger-soll* 号铁壳蒸汽动力平底船。

现在的格林尼治港口上，停留着飞剪式的卡蒂萨克号（Cutty Sark）帆船，他是现存于世的最古老的帆船，建于1869 年，64.7 米长，在 1870 年至 1878年来往英国和中国之间，是 19 世纪重要的茶叶贸易远洋帆船。"Cutty Sark"的名称来自苏格兰著名诗人、苏格兰文化偶像和象征的罗伯特·伯恩斯（Robert Burns，1759–1796）创作于 1791 年的诗"Tam O' Shant"，诗中写到" Wool done. Cutty-sark! And in instant all was dark"，意为漂亮女巫的白色衬衫。

卡蒂萨克号的船尾装饰（左）和 1912 年前在海上航行的旧照片（右）。

城市纹章：欧洲城市制度的徽记

现在停泊在格林尼治港作为博物馆的卡蒂萨克号帆船。

卡蒂萨克号是汽轮出现之前建造的最快的远洋帆船，也称为"Tea Clippers"，英国将之作为国宝级的历史文物（National Historic Ship）并改装为博物馆。

1494 年生效的《托尔德西里亚斯条约》是葡萄牙和西班牙两国共同垄断欧洲之外新世界的协议，这是教皇亚历山大六世出面调停的结果。在利益面前，教廷被认为多管闲事，欧洲海上强国为自己争取利益时宗教精神就"自动消失"了。"教皇既非世俗的君主，当然也非海洋的君主。"⑨认为教皇不应该参与世俗事务。在荷兰东印度公司成立的第二年即 1603 年，荷兰与葡萄牙对通往东方的航线进行了激烈争夺。在 17 世纪后，瑞典、挪威、荷兰、英国、美国等加入了对欧洲之外的殖民地主导权的争夺。这场激烈的争战助推了《海洋法》和《国际法》的产生。

大不列颠帝国在 16 世纪就对民间武装商船采取特别鼓励的政策，保护私掠船（Privateer）制度进一步补充了其海上力量。国家对私掠船颁发许可证（Letter Marque），允许其对敌国的船只进行抢掠，抢掠货物可以拍卖，允许船长和船员得到分成回报。这为战争时期国家海军补充了武装力量，英国东印度公司在 1841 年的鸦片战争中就有 4 艘武装私掠船只参与战争。

19世纪法国政府发出的许可证。

这种国家行为的海盗制度，也就是"私掠船制度"一直延续到1856年，俄国、英国、法国、奥地利、普鲁士、土耳其和撒丁在巴黎签订《尊重海洋法巴黎宣言》（Paris Declaration Respecting Maritime Law）或称《巴黎海战宣言》才告终止。其主要原则有四项，其中三项与旗帜有关：一是永远废除私掠船制

拉丁文版的《论海洋自由》（左）和以格劳秀斯头像为图像的欧元（右）。

度；二是对装载于悬挂中立国旗帜船舶的敌国货物，除战时违禁品外，不得缴捕；三是对装载于悬挂敌国旗帜船舶的中立国货物，除战时违禁品外，不得缴捕。四是封锁须具有实效，即须由足以真正阻止船只靠近敌国海岸兵力实施的行为，否则封锁不能成立。1856—1857年共有48个国家签署加入该条约。

《论海洋自由》为"私掠船"辩解并为海权概念的产生奠定了理论基础。荷兰在马六甲扣押了葡萄牙商船"凯瑟琳"号并将货物运回阿姆斯特丹，引发了国际纠纷。荷兰东印度公司为其不光彩的举动披上合法的外衣，在1604年委托了荷兰著名的法学家雨果·格劳秀斯（Hugo Grotius）撰写辩护词。"格劳秀斯于是受东印度公司董事会之托，在1604年秋到1605年春完成起草《捕捞法》。毫无疑问，《捕捞法》主要是为维护东印度公司利益而起草的，当然，也是为维护荷兰国家利益而作。"⑩《捕捞法》中最为重要的一篇是《论海洋自由》，法律界将它称为《海洋法》的基础，而格劳秀斯被称为"国际法思想之父"。

但细读《论海洋自由》，感觉这是充满殖民地思想的海上自由，是为一国之利而已。如在文中写道："上帝自己借自然之口道出此道理，因为他无意让每个地方都产生人类生活所需的一切东西，所以他要求某些民族在另一方面胜出。……就出现了一地人民应为另一地人民提供必需品的情况。"⑪在第十三章"荷兰人必须通过和平条约或战

562　　城市纹章：欧洲城市制度的徽记

争方式维护其参与东印度贸易的自由"中写道："根据这些原则，一位正直的法官授予荷兰人贸易自由权，而且会阻止葡萄牙人及其他人使用力量来干涉那种自由，并作出荷兰人由此获得公正的补偿决定。但如果不能得到应在法庭上作出的判决时，则会要求诉诸正义战争取得。"⑫ 国家实力决定了话语权，也自然形成规则制订的优势。在《论海洋自由》中通篇提到无数次葡萄牙、荷兰和西班牙，但不见东方的"中国和印度的海洋自由"，似乎忘掉了这里讨论的航线目的地是中国和印度。实际上葡萄牙和西班牙在进行谈判的时候，不仅是荷兰，英国、法国都在进行殖民地开拓规划，教宗作为基督教领袖，在海洋利益面前的裁决权力已苍白无效。

"维护广州的贸易系统更多的是依靠独特的地理条件和行政管制，一旦'蒸汽船'和'快船'出现，帝国控制的贸易系统再也无法生存下去了。"⑬ 从某种意义而言，香港、澳门和广州是欧洲强大海上军事力量的牺牲品，而建设更快、更具杀伤力的"私掠船"为展开全球的殖民地战略奠定了技术基础。

2. 广州洋十三行的异国旗帜

在19世纪的历史地图上，将广州西关称为郊外，西关"夷馆"在十三行的设立，使欧洲各国的主权象征符号也出现在广州这座古老的城市上空，广州已经是国际性氛围浓厚的贸易城市。"在新英国馆前面有一条宽阔而有列柱支撑的屋顶。山墙上刻着一个大英帝国的徽记和用拉丁文写的格言'为了国王和英国政府的利益'，以其来代替'恬不知耻'；荷兰公司也有类似的长廊，也有国徽，格言是'我支持'。英国和荷兰这两家公司，都是从他们的创建者继承下来的，分别创建于1600年和1602年。在1825年，英国、荷兰、美国和西班牙等国的国旗在各自商馆升起，远远就可以看见。"⑭ 布兰斯通

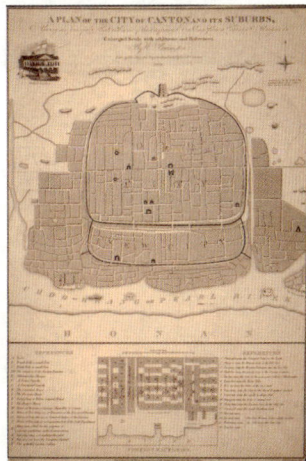

在18世纪外销画中"十三行"夷馆的英国商馆和荷兰商馆飘扬着英国和荷兰的旗帜（左）；绘制于1840年的广州历史地图，在城外已经形成了贸易的场所（右）。

《广州商馆区》局部，
树胶水彩，佚名中国
画家，绘制于 1840 年
左右。

（Bramston）绘制于 1840 年的广州历史地图，名称为"广州城和城郊地图"，反映城外已经形成了贸易的场所。在地图左上角的小图是英国商馆的景观图，地图的下方是十三行地区的布置平面图并列出名称。广州城又分旧城和新城，在最北面城墙顶端用写实的表现方式绘制了五层楼镇海楼。

1773 年英国东印度公司在孟加拉开始进行鸦片贸易并获得垄断权，"东印度公司摇身一变，在孟加拉有效行使了由印度君主拥有的一切权力。一个区区的贸易公司竟然能够对超过 1000 万臣民行使统治权，并且掌握了颇为强大的军事实力"[15]。由于中国禁止鸦片贸易，加尔各答便成为鸦片的贸易中转站，再贩卖到中国。研究中国外销瓷的英国学者柯玫瑰写道："虽然一个人过去喜欢将他们的公司称为'荣誉东印度公司'，但是 1991 年，历史学家约翰·凯特（John Keay）强调说，这个公司事实上只能被认为是一个特殊的管理服务机构，它所有的行为都是趋利的，常常是不体面的，几乎从来都不是'荣誉'的。这是中国的不幸，因为在 18—19 世纪期间，在英语国家中没有人会这样来描写这家公司。"[16]

这个时期的外销画多以澳门南湾、广州黄埔港和广州商馆区等与欧洲贸易有关的广东城市景色为主，而欧洲各国的旗帜成为画面中的象征符号，也是欧洲人乐于见到的自己国家的旗帜在东方帝国的土地上飘扬的结果。《美国花园》是一幅制作于 1844 年的钢笔淡彩画，

《美国商馆前的美国花园》（左），画家不详，1844—1845年，钢笔淡彩，藏于美国皮博迪艾塞克斯博物馆；《1822年大火后的广州》（右），水粉画，藏于美国皮博迪艾塞克斯博物馆。

细致的景色刻画，真实地反映了刚修建的美国商馆前美国花园的场景，美国国旗同样成为画面的中心，珠江上的船只则大多是本土的小艇。

1822年大火后的广州十三行的景色也成为广州画家外销画的题材，藏于英国皮博迪艾塞克斯博物馆水粉画《1822年大火后的广州十三行》，英国国旗在画中完好无缺，可以看出这是英国人要求广州画家着意描绘的商馆景色。可以理解当时的广州外销画家完全是被动的服务型劳作。

3. 被炮轰出来的国旗"黄龙旗"和中国的西洋风

黑奇（William Hickey）作为英国东印度公司军官候补生在广州生活了4个月，他在回忆录中写道："每个代理处前竖有一根旗杆，挂着商馆国家的旗帜，旗帜是这样排列的：首先是荷兰，然后是法国、英国，最后是丹麦。""有

《黄埔泊地》，纸本水彩，佚名中国画家，绘制于1840年左右，藏于澳门艺术博物馆。

东方的欧洲

《广州港和广州府城画》，创作于1760年左右，藏于大英图书馆。

《澳门圣地亚哥城堡》，马西尼诺·安东尼奥·毕士达作品。藏于澳门历史博物馆。

1882—1889年中国清朝的三角黄龙旗和国旗。

一面帝国国旗（奥地利国旗）飘扬在德国人居住的商馆前。美国人（中国人把他们形容为'二等印章英国人'）也有旗帜。"⑰

旗帜是主权或者拥有权力的标志，在澳门的风景画中，葡萄牙旗帜都是起到提示澳门是葡萄牙殖民地的作用。在此时期，澳门、香港、广州出现了大量的外销画，《澳门南湾》画面上多处有葡萄牙王国的旗帜，此画制作于

1840年左右，佚名中国画家。《澳门圣地亚哥城堡》，是出生于澳门的画家马西尼诺·安东尼奥·毕士达（Antonio Baptista，1826–1895）绘制的，画上在城堡的最高处飘扬着一面葡萄牙王国的旗帜。

国旗在中国的历史上是没有出现过的，在鸦片战争后，来来往往的欧洲商船频繁在中国海面活动，国旗是辨别敌我船舶的符号，而中国兵船和商船因没有国旗或者挂别国的旗帜，常被误炸。美国驻华公使列卫廉（William Bradford Reed）等人曾经建议清朝政府使用国徽，但没有被接纳。此类事故多次发生后，引起清政府的重视，后来曾国藩要求中国船只仿照外国竖立旗号之例，用的是黄色龙旗。中国龙旗的图形在清朝政府后期的外交场合中开始使用，国旗开始使用的是中国龙的方旗，在1888年认定"黄底蓝龙戏红珠"旗为大清国旗，后来由于方旗同八旗中的正黄旗旗帜太相似，曾国藩建议削去一

城市纹章：欧洲城市制度的徽记

清朝的八旗旗帜（左）和其中的正黄旗旗帜（右）。

角成为三角旗。

1881年，李鸿章认为国旗形状应该与欧洲的国旗一致，又建议改为长方形的黄龙旗。1889年确定了旗帜的样式。

英国、法国、美国等在中国被迫开埠的城市建立起租界，最具有影响的是上海的英租界、法租界，英国人将

之"雅称"为"居住地"（settlement）。1843年《虎门条约》签订后，居然是英国领事巴富尔（George Balfour）宣布上海开埠；1854年英国、法国和美国三国合作在租界内建立了市政委员会制度，按照英国的管理模式设立市政委员会（英文缩写为SMC）和工部局，并设计了机构的印章和旗帜，印章由多

黄龙旗的战舰模型（左）和大清战舰模型旗帜局部（右），藏于中国颐和园。

东方的欧洲

上海公租界市政警察徽章。

上海公租界旗帜上的印章。

个参与租界国家的国旗组合形成三个向心的盾徽，印章上有三种文字，中文写着"工部局"，英文写着"上海市政"（Shanghai Municipality），拉丁文写着"团结如一"（Omnia Juncta In Uno），为纹章文化中的铭文。旗帜是将印章的图形置于旗帜中间，使用安德鲁十字架斜分旗面。上海公共租界巡捕或市政警察的徽章采取同样的图形。

法租界是1848年在广州的法国商人雷米向法国驻上海的领事提出向清政府买地而引起的，8月法国领事向上海的道台提出要求[18]。1862年5月年成立公董局（French Concession），董事会由五人组成。1862年设计了徽章。该徽章是以印章的形式内含盾徽，盾面寓

19世纪后期上海法租界的城徽。

意物是海上贸易的大帆船和法国的寓意图案公鸡，采用法式盾徽外形；壁冠的建筑形式有别于西方的城门塔楼的壁冠，试图体现中国传统特色，采用中国传统屋顶的城门形式，汉字也应用在徽章上，这是一个中西交融的徽章。

中国城市产生的第一个欧洲纹章形式的城市纹章是民国时期的广州，作为南方最为繁荣的都市、革命的策源地、国民政府的首都，广州不仅在制度上对欧洲、美国市政制度学习模仿，而且在城徽这一城市文化细节上寻求潮流。广州市政厅成立之初未将城徽纳入议事范畴，1925年，当时的市政委员长伍朝枢提议通过竞赛选出城徽。"欧美著名都市，类皆定有一称市徽，以为一市之标帜。吾粤开办市政以来，尚无此项市徽之设备。""其要旨以含有历史之意味，而又有美术之结构，足资观感者为标准。"[19]最后的设计方案是从百多件作品中选出五件供市政委员会决定。中选的方案为盾徽形式，盾面中藏日光，伴以禾穗。并以青天白日徽居中以示革命丰功。城徽是以"青天白日"这一符号为中心母题，图案外围利用中国象形文字的羊组成环形图案，具有创意的创作为5个汉字"羊"的组合，充分发挥汉字的图形魅力，环形相接形成十角的多边形；外形用欧洲传统的盾徽形式，盾徽采用的是"瑞士盾型"。同时，对盾徽的用色进行相应的规定[20]。市政委员会会议决定1926年1月1日起开始实施。

在后来民国广州市政厅出版的《广

城市纹章：欧洲城市制度的徽记

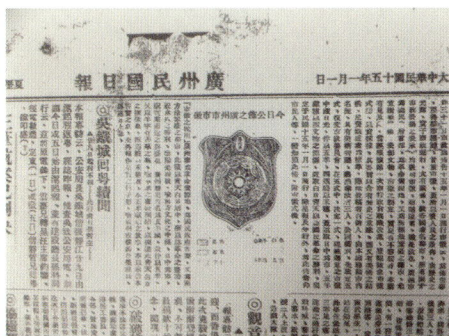

1929 年以城徽为封面的《广州市市政公报》。

广州《民国日报》公布广州城徽的竞赛结果（上）和广州城徽确定方案（下）。

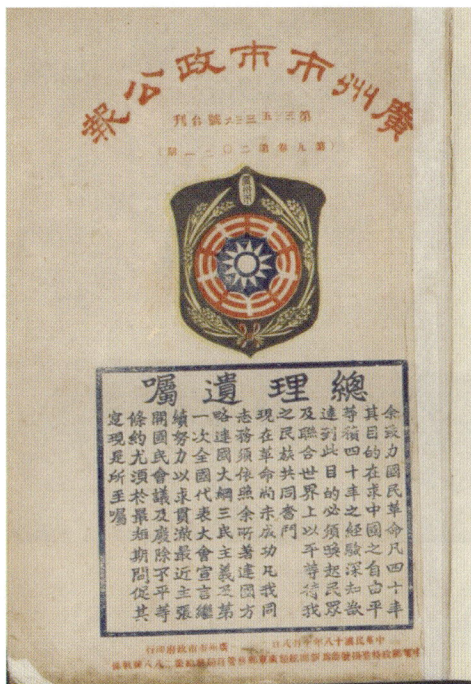

州市政公报》《广州市政府统计年鉴》等出版物中均以此城徽作为标记。民国时期成立的广州大学的校徽，也吸纳了城徽的图案象征意义，在盾徽的下半部分采用了伴以禾穗的"博学笃行"的圆形盾徽。

但在战火纷飞的年代，难得一见

《广州市市政公报》封面上的广州城徽（左）和陆皓东设计的"青天白日"徽章（右）。

有关城徽在其他方面的应用。

近代中国仿西方型制设计的建筑，欧洲纹章图形语言也出现在建筑装饰中。广州中山大学旧址建于 1906 年，拆旧贡院，建新校舍，改名两广优级师范学堂，设文学、数理化、博物科，以及体操专科，学制四年。1912 年，改为广东高等师范学校。国民党第一次代表大会在此召开，第一次国共合作正式开始，标志性主体建筑是西方折中主义建筑风格，在钟楼上的"丰饶之角"装饰可以体现这种西方古典符号。

广州十三行的潘氏家族，一直是广州重要的富商，在海珠建于 1908 年的潘氏洋楼，室内的"门脸"也引用了"破山花式窗楣"木质装饰形式。

东方的欧洲

广州中山大学旧址钟楼上的"丰饶之角"装饰。

建于1908年的广州潘氏洋楼室内的"门脸",引用了"破山花式窗楣"木质装饰形式。

4. 被忽略的广州外销品画家

外销画和外销工艺品的发展是广州对外贸易的特殊产品,不仅促进了西方人对东方的了解,也为"洋为中用"提供实践的平台。1859年4月30日,英国《伦敦新闻画报》专门介绍了香港的外销画家,在当天的画报中写道:"香港的一个画室中有三位中国画家正在奋笔作画。第一位画家的作品是直接临摹照片的袖珍肖像画,笔法细腻,堪称惟妙惟肖。第二位画家正在将这张照片临摹成一幅油画,他拿笔的手法跟欧洲人有所不同,将握笔的右手靠在一根竖着的木尺上,左手则拿着他正在放大的那张照片,跟我们一样,中国人放大照片也是采用画方格子的方法,第三位画家正在为一条商船的船长画一张香港全景图。"㉑

外销画、外销瓷等中国手工艺品均体现了近代中国贸易品的特点,中国人为满足市场需求而首次直接模仿欧洲的艺术表现手段和题材。

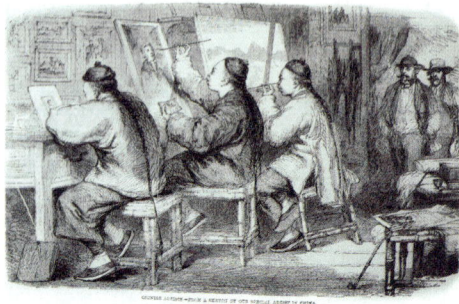

《伦敦新闻画报》1859年4月30日。

在玻璃上临摹版画的中国画师。

在1870年汽轮船出现之后,传统大帆船的优越性消失了。珠江口出现的汽轮在外销画中成为珠江风景画中动人的景观。如中国外销画画家新呱的作品中,汽轮常成为画面视觉上的焦点。

1844年法国公使的随员伊凡对珠江的景色有一番描写:"没有一个欧洲城市会像广州这样活动和生活。广州的水道能够表现出珠江上的狂热气氛。这些大宗货物来来往往、装卸,使用的快艇、划艇、舢板、大船或停泊或起航;官员们坐在富丽的船上巡游,商人们忙着进行交易。"[22]

许多外销画的艺术价值颇高,最鲜明的特征是将传统中国工笔画与欧洲绘画的透视法完美地融合在一起。可惜的是,如此难得的艺术表现力非常强的外销画,作者大多不详。广州的观音山(越秀山)、海珠炮台有效表现了广州城的地理坐标。在18世纪末,广州的画家受到西方绘画的影响,在色彩、透视、技法等方面已经突破传统中国的绘画技法,其画作适应西方市场的审美需要。

《广州港和广州府城》创作于1760年左右,是外销画代表作之一。广州城从黄沙至大沙头约9公里的珠江北岸城市景观,在广州外销画家笔下充分地展示出来。画作融会了中西绘画特点,欧洲绘画的透视法和传统中国卷轴的构图

《远眺广州城》(1800年),画家不详,藏于美国皮博迪艾塞克博物馆。

方式在画作中得到合理运用。同样是为了迎合欧洲的喜爱：欧洲风格的商馆前各国的旗帜高高飘扬，尽管它的实际地理位置是在广州城府的郊外，但在画中处于中心位置。

在18—19世纪，畅销的广州、澳门和香港的外销画成就了一批广东画家，他们以顾主的要求表现中国题材或是其他内容，但对这批画家的历史记录资料极其有限，"在广州早期画家之中，最为出色的是史贝霖（Spoilum，或 Spillem，或 Spilum）。史贝霖生卒年不详，大致活动于1775年至1810年间。有西方学者和香港学者认为，史贝霖是关作霖[23]。西方学者认为史贝霖是起到奠基者作用的中国广州画家，许多外销画可考证出自他的笔下。关作霖先在广州开设画店，1846年在香港开设新的画店，有关作品在海外展出过。"这位出身社会底层的艺人，留学欧美苦学洋画技法，回国后以此为生，获得国人和在华洋人的称许。"在清政府的封关政策下，中国人能够远渡重洋学习一门技法，而且是与中国传统文化截然不同的艺术，这得益于广州对外的开放地位，也与广东人开放务实、敢闯世界的品格有关。"广州的外销画家对西洋绘画的学习不仅局限于对舶来的西方印刷制品的临仿，还有一些人受到西方艺术魅力的感染，不顾清朝政府的限制，毅然远渡重洋，到欧美作实地考察，并且学成归来，把其经验再介绍回广州。"[24]关作霖与其他外销画家最大的不同之处是绘制了大量肖像画，这也是绘画种类中最难掌握的。

美国学者柯罗斯曼（Carl L. Crossman）研究认为，1765—1890年间，共有41名广州外销画家能够确定工作地点和主要创作题材。广州外销画家成为最早一批描绘西方图像并从事西方绘画为生的中国人[25]。目前有记录的广州外销画家主要是关联昌、关贤、斯泼节呱（Spoilum）、林呱（Lam Qua，1801–1854）、廷呱（Tingqua，1809–1873）、蒲呱（Pu Qua）、新呱（Cinqua）等人㉖。林呱可能是关作霖的儿子，他同样绘制了一系列精彩的肖像画。

中国画家从广州开始，陆续在澳门和香港开办专门的外销画的画廊，他们在广州、香港和澳门设立了工作坊进行批量制作。在广州的工作坊主要集中在洋商行附近的靖远路和同文路，香港的画坊大部分在 19 世纪中期集中在威灵顿街和皇后大道周围。

新呱是屈指可数被记录下来的广州外销画的画家之一，1857 年后他在香港开设分店。关联昌，外销画水彩画家，在广州同文路开设画店㉗。这些画家一般是同一家族的成员，如林呱是廷呱的哥哥、关贤为林呱的儿子。廷呱的

外销画描绘了广东风土人情，在美国皮博迪艾塞克斯博物馆的介绍中指出他是活跃在 1809—1870 年的中国画家，应该是根据作品的时间来推算的。

19 世纪末，中国画家甚至远赴印度开设画室。中国画家黎芳（LaiFong，1870–1910）于 19 世纪末在加尔各答设立工作室，专门绘制帆船风景画出售。

外销画的另一重要题材就是绘制广州的民俗风情，如制茶、理发、瓷器加工、挑夫等多姿多彩的市井风情。《中国茶叶贸易》这幅外销画描绘了茶叶种植、加工、运输、交易的全过程。

人物服饰画是外销画的另一种题材，常由数幅不同人物组合而成。英国大英图书馆购买的四组 39 幅的人物画像，颇有艺术价值。

在一张表现制作瓷器作坊的外销

林呱（1801—1854）绘制的布本油画肖像画
《西方商人》，绘制于1850年左右。

《清代文官夫人》，布本油画，林呱绘制于
19世纪中后期，藏于澳门历史博物馆。

画中，可以看到一批画匠正在认真地在瓷胎上作画，每位画匠右手边有一块方形的手垫，方便执笔绘画，中间墙面上挂着的长匾上写着"妍璧堂接写各样人物故事瓷器"，可见当时瓷器加工在广州相当专业并已形成规模化生产。

瓷器画家这一群体的绘画技巧高超，外销瓷因他们的艺术天赋而誉满天下。广彩是因为对欧洲的瓷器贸易而兴起，除了外销画，瓷器上优美的广州珠江风景也让欧洲人记住了这座特殊的城市。

中国画家黎芳绘制的美国飞剪式帆船。

城市纹章：欧洲城市制度的徽记

《中国茶叶贸易》（1790—1800年），油画，画家不详。画面表达了茶叶从生产、加工到贸易和海运的全过程。

《茶行的贸易》，水粉画，藏于美国皮博迪艾塞克斯博物馆。

《瓷器的制作过程》，藏于美国皮博迪艾塞克斯博物馆。

服装装饰及人物肖像外销画，绘制于19世纪中叶，藏于大英图书馆。

① 香港市政局编印：《珠江风貌，澳门、广州及香港》，香港市政局2002年版，第232页。

② 香港艺术馆编：《香江遗珍》，2007年，第58页。

③ Antonio Manul Goncalves. *Navegacao A Vela*. Lisban: CTT Correios de Portugal，2018. p.19.

④ 图片引自：Antonio Manul Goncalves. *Navegacao A Vela*. Lisban: CTT Correios de Portugal，2018.

⑤ 图片引自：Antonio Manul Goncalves. *Navegacao A Vela*，Lisban: CTT Correios de Portugal，2018.

⑥ 图片来源：http://visualizingculture.mit.edu/opium_wars_01/owl_essy03.html

⑦ 图片来源：http://visualizingculture.mit.edu/opium_wars_01/owl_essy03.html

⑧ 图片来源：http://visualizingculture.mit.edu/opium_wars_01/owl_essy03.html

⑨ ［荷］雨果·格劳秀斯著，马忠法译：《论海洋自由或荷兰参与东印度贸易的权利》，上海人民出版社2013年版，第45页。

⑩ ［荷］雨果·格劳秀斯著，马忠法译：《论海洋自由或荷兰参与东印度贸易的权利》，上海人民出版社2013年版，第9页。

⑪ ［荷］雨果·格劳秀斯著，马忠法译：《论海洋自由或荷兰参与东印度贸易的权利》，上海人民出版社2013年版，第9页。

⑫ ［荷］雨果·格劳秀斯著，马忠法译：《论海洋自由或荷兰参与东印度贸易的权利》，上海人民出版社2013年版，第74页。

⑬ Peter C. Perdue. "Rise and Fall off the Canton Trade System"，www.ocw.mit.edu.

⑭ ［美］威廉·C.亨特著，冯树铁译：《广州番鬼录：1824—1844：缔约前番鬼在广州的情形》，广东人民出版社1993年版，第17页。

⑮ ［英］弗兰克·韦尔什著，王皖强等译：《香港史》，中央编译出版社2007年版，第28页。

⑯ ［英］柯玫瑰、孟露夏著，张淳淳译：《英国国立维多利亚与艾伯特博物馆：中国外销瓷》，上海书画出版社2014年版，第3页。

⑰ 王次澄等编著：《大英图书馆特藏中国清代外销画精华》，广东人民出版社2011年版，第41页。

⑱ ［法］梅朋·傅立德著，倪静兰译：《上海法租界史》，上海社会科学出版社2007年版，第24页。

⑲ 《广州民国日报》1925年7月8日，广东省立中山图书馆藏。

⑳ 《广州民国日报》1925年12月15日，12月30日，广东省立中山图书馆藏。

《黄埔泊地》,纸本水彩,中国画家绘制于1840年。

《澳门南湾》港湾上的中国帆船,藏于澳门历史博物馆。

图片来源:David Howard and John Ayers. *Masterpieces of Chinese Export Porcelain*; London:Rizzoli, 1980;

D.S. Howard. *Chinese Armorial Porcelain*. London:Heirloom & Howard Ltd., 1974;

沈弘编译:《遗失在西方的中国史:〈伦敦新闻画报〉记录的晚清 1842—1873》,北京时代华文书局 2014 年版。(俞军先生、倪俊明先生、许翔先生提供部分照片)

㉑ 沈弘编译:《遗失在西方的中国史:〈伦敦新闻画报〉记录的晚清 1842—1873》,北京时代华文书局 2014 年版,第 390 页。

㉒ [法]伊凡著,张小贵、杨向谚译:《广州城内》,广东人民出版社 2008 年版,第 108 页。

㉓ 王镛主编:《中外美术交流史》,中国青年出版社 2013 年版,第 128 页。

㉔ 龚之允著:《图像与范式:早期中西绘画交流史》,商务印书馆 2014 年版,第 239 页。

㉕ 王次澄等编,《大英图书馆特藏中国清代外销画精华》,广东人民出版社 2011 年版,第 41 页。

㉖ 何金泉著:《历史绘画,香港艺术馆藏品选粹》,香港艺术馆 1991 年版,第 10 页。

㉗ 同上。

东方的欧洲

七、从北欧出发的东方之旅

瑞典的"哥德堡号"虽然是较晚出发到中国广州的贸易帆船之一，但它的故事却令人印象深刻。

城市基础，之后由于海上战略地位的显赫而快速成长为北欧重要的港口城市。1699 年英国商船"麦士里菲尔德号"（Macclesfield）先停澳门后抵达黄埔港，与广州商行进行贸易，而 1732 年瑞典第一首商船"腓特烈国王号"（Fredericus Rex Sueciae）才到达广州进行贸易。经过长期战争后，18 世纪初瑞典的经济基本崩溃，需要新的经济动力恢复国家

1. 哥德堡的东方情怀

哥德堡在 1667 年才成为真正意义上的城市，由瑞典国王古斯塔夫二世阿道夫（Gustaf Adolfs，1594–1634）建立

1800 年哥德堡历史地图。

城市纹章：欧洲城市制度的徽记

元气。与华贸易是获取高额利润的途径，早期建立的荷兰东印度公司已经树立了榜样。许多冒险家在中国获得财富后回到瑞典从事钢铁生产和贸易，为瑞典的现代化奠定了基础。

　　1731 年设立的瑞典东印度公司是为了发展瑞典同远东的贸易，瑞典东印度公司的象征符号是由公司名字的缩写 SOIC 组成的文织字母。瑞典议会通过了国王赋予公司与远东贸易的垄断权，公司总部建立于哥德堡市，1813 年结束，公司性质为公共公司或者股份有限公司。瑞典东印度公司选择哥德堡为母港是因为它靠近瑞典的西海岸，有利于进口贸易，城市在 18 世纪主要是靠渔业为经济支撑，建立东印度公司后，从与中国的贸易中获得高额回报，城市因国际贸易繁荣而得到迅速发展。哥德堡市借助国际贸易和工业化，在 19 世纪末已经是相当成熟的港口城市，城市人口从 1800 年的 1.3 万至 1900 年达到 13 万。

瑞典东印度公司总管、瑞典驻华代表科林的纹章瓷，藏于哥德堡城市博物馆。

科林家族的纹章。

1732 年由苏格兰商人科林·坎贝尔（Colin Campbell，1686–1757）作为总管（Supercargo）组织了第一次中国之行，他是苏格兰坎贝尔贵族（Clan Campbell of Cawdor）的成员，因投资失败，先到比利时，后从斯德哥尔摩来到哥德堡（Gothenburg），与尼古拉斯·萨尔格纪（Nicolaus Sahlgren，1701—1776）商议后，通过瑞典人亨利克·孔尼格（Henrik Konig，1686–1736）游说国会后，在 1731 年获得 15 年的与中国贸易的专营权。后来又获得以 20 年为期分为 1746—1766 年、1766—1786 年、

瑞典东印度公司的印章。

瑞典东印度公司的第一份皇家御准独家贸易的证书。

　　在哥德堡城市博物馆保存着瑞典东印度公司总管、瑞典驻华代表科林的纹章瓷，科林家族的纹章是典型的苏格兰纹章风格。

东方的欧洲

1786—1806 年等几个阶段的贸易专营权。

科林随后组建瑞典东印度公司，得到格里罗（Grill）家族的财政支持。1732 雇用了"弗雷德里克"号帆船从哥德堡出发。此次航行船长为乔治·赫尔曼·特罗勒，他出生阿姆斯特丹，服务于多国船只，包括米德尔堡（Middelburg）的私掠船。首航花了一年半的时间，船上雇用了 100 位船员。在广州与瑞典商人进行交易的行商是崇义行的陈汀官。当乔治从广州回到哥德堡时，运回的中国茶叶、瓷器和丝绸拍卖后获得了巨大的经济回报。在此历史时期，一般每次航程获得的回报率为 25—30％，最高可达 60％。瓷器占船总货值的 5％。

海盗和恶劣天气使不少人丧生于茫茫大海。商船离开广州一般是在冬天，到达瑞典时是第二年的一月。

从船上看瑞典哥德堡冬天结冰的海面。1769 年 Laes Grills 绘制。

瑞典公司船只的旗帜。

科林（左）和尼古拉斯·萨尔格纪（1701—1776）的肖像（右）。

从成立后的 100 年间，瑞典东印度公司建造了 38 艘贸易商船，在瑞典与亚洲之间共有 132 航次记录的贸易来往。每次来回航程需要 17—20 个月，经印度停留，但目的地主要是与广州的贸易①。虽然航程险恶，但高回报还是促使欧洲商人和海员甘于冒险，疾病、

2. 瑞典贵族格里罗家族的纹章瓷

瑞典贵族格里罗家族的成员与瑞典东印度公司的成长关系密切，家族一方面为瑞典东印度公司建造船舶并拥有为船队停泊的码头，另一方面家族成员在公司中任总管、船上总管、股份持有者等要职，共有五位家族成员先后任瑞典东印度公司总管。印有格里罗家族盾徽的纹章瓷记录了家族同瑞典东印度公司千丝万缕的关系，也反映了瑞典与广州在 18 世纪的贸易历史。

该家族起源于意大利热那亚，家族的纹章是 16 世纪迁移到德国奥根斯堡时，在 1571 年由神圣罗马皇帝授予的。家族的纹章与名字有关——意大利语 Grillo，是蟋蟀的意思。纹章的图形是鹤（Crane）嘴叼着蟋蟀。后来家族

城市纹章：欧洲城市制度的徽记

的成员安东尼（Anthonie Grill，1664–1727）在阿姆斯特丹从事银器制作。1696 年部分家族成员从阿姆斯特丹迁至瑞典，该家族建立了格里罗贸易总公司（The Grill Trading House），18 世纪时，该家族拥有多家遍布欧洲的公司。

1746 年格里罗家族成员阿伯雷汉姆（Abraham Grill，1701–1768）成为东印度公司的总管之一，家族成员之一克雷斯（Claes Grill，1705–1767）喜欢收集中国瓷器，在 2014 年公布的瑞典国家档案局的最新调查资料显示，该家族目前拥有的中国纹章瓷最为完整，数量众多——收藏着 6 套完整的中国纹章瓷，这是从广州进口的日用瓷器，每套 325 件。

广州博物馆收藏的格里罗家族的纹章瓷。

格里罗家族在中国和瑞典贸易中起桥梁作用的重要人物是杰姆（Jean Abraham Grill，1736–1792），由于父亲曾作为瑞典驻丹麦领事，杰姆出生于丹麦赫尔辛格（Helsingor），后来回到瑞典哥德堡生活。瑞典东印度公司获得第二份贸易特许证书时，其父成为公司总管之一。

杰姆两次来到中国，他在 17 岁时已经成为瑞典东印度公司的职员，1755 年他第一次随船到达广州，为其荷兰阿姆斯特丹的家族成员安东尼（Anthony Grill & Sons）订制了 882 件纹章瓷。有关研究表明，他带来的订单纹章瓷样式是由瑞典的洛可可风格设计师普雷希特（Christian Precht）设计的[②]。与他进行交易的是十三行的中国行商 Gyqua。杰姆在次年随着索菲娅·阿尔贝蒂娜（Sophia Albertina）号商船回到哥德堡。

1761 年他随弗雷德里克·阿道夫（Fredric Adolph）号商船第二次来到广州，在途中发生海难，庆幸活下来，后来成为广州十三行瑞典洋行的管理者。杰姆总共在广州和澳门生活近 10 年。除了参与瑞典东印度公司的业务外，他在广州拥有两家公司，其中一家通过贩卖鸦片和茶叶获得暴利。在广州期间，他利用自己拥有的公司入货，然后又将货物倒卖给瑞典商船，1766 年，总部对其私人公司进行调查，1768 年被要求回国。杰姆与中国贸易期间的笔记、财务记录、购买中国产品记录等文档材料现保存在哥德堡大学图书馆。杰姆返回瑞典后，先回到斯德哥尔摩再又重返哥德堡，其叔叔约翰·亚伯拉罕（Johan Abraham Grill，1719–1799）在东印度公司获得第三份贸易特许证书后，又成为瑞典的东印度公司的总管，在 1778 年利用在中国获得的财富投资工厂和农

瑞典东印度公司总管杰姆（Jean Abraham Grill，1736–1792 年）。

让·埃里克·雷恩为格里罗家族成员设计的纹章瓷，制作于1778年。

场，并在东约特兰省穆塔拉市建造了模仿卓宁霍姆宫的庄园，聘请了瑞典斯德哥尔摩的卓宁霍姆宫建筑师弗雷德里克·马格努斯（Fredrik Magnus Piper，1746–1824）为庄园进行设计，他为庄园设计了中国宫。

为格里罗家族设计纹章瓷的设计师让·埃里克·雷恩（Jean Eric Rehn，1717–1793），早期在军队设计军服，23岁到巴黎学建筑设计，他回到瑞典后也带来了巴洛克、洛可可的艺术风格[③]。雷恩在18世纪是一名活跃的洛可可风格的建筑师和室内设计师，他设计了斯德哥尔摩罗斯堡宫的室内装修[④]，为1762年国王弟弟卡尔公爵（Karl XIII）的王宫，也设计了中国宫的室内装修。作为一名工艺设计师和建筑师，在瑞典

艺术史上他与老师卡尔·哈勒曼（Carl Harleman）等艺术家成为洛可可和古斯塔夫风格的代表人物。在瓷器设计方面他为玛丽贝格（Marieberg）和罗斯兰（Rorstrand）提供了各类经典设计样式。

1778年安娜·乔安娜·格里罗结婚时，订制了一批纹章瓷，在瓷盘中出现的是格里罗家族的纹章寓意物鹤，而且是两只。有关研究学者认为当家族表亲联姻时，就会用两只共出族徽的寓意物象征其意义。瓷盘应为让·埃里克·雷恩设计的。

受委托设计瓷盘的艺术家在欧洲艺术史中有一定的影响。他们一般从事多种设计行业，如荷兰画家科内里斯·伯隆（Cornelis Pronl，1691–1759）、瑞典洛可可风格的银器设计师克里斯

科内里斯·伯隆（Cornelis Pronl，1691–1759）自画像。

瑞典洛可可风格的银器设计师克里斯托夫·伯雷奇为格里罗家族荷兰的成员安东尼设计的洛可可风格的纹章瓷，制作于1755年。

城市纹章：欧洲城市制度的徽记

托夫·伯雷奇（Christian Precht，1706–1767）等。科内里斯·伯隆是一位建筑景观画家，在1734年，荷兰东印度公司委托他对瓷盘进行设计，他提供了四套方案，其中"阳伞女士"一套（The Parasol）最为畅销。

3. 瑞典斯德哥尔摩贵族院的"蓝厅"

瑞典是从广州进口纹章瓷最多的国家之一，瑞典的东印度公司是1731年成立的，虽然贸易总量比不上荷兰和英国，但海上贸易的物品中瓷器货物的比例较高。瑞典是欧洲国家中少数在民间拥有贵族纹章的保存机构的国家，即瑞典贵族院。瑞典斯德哥尔摩旧中心城区盖姆拉岛上靠近水边的贵族机构建筑原为瑞典贵族院（Riddar Huset），是目前为数不多的欧洲保存和展示家族纹章的贵族机构。瑞典贵族院约建造于1641年至1674年，当时是议会和贵族阶级实施管理的中心。

四位建筑师参与了"贵族之家"的建造：西蒙·德拉瓦利负责主要的设想；海因里希·威廉和约斯特·芬伯翁创建了一个具有荷兰古典主义风格的宫殿；基恩·德瓦莱引入了瑞典所谓的"庄园屋顶"，即中间带圆形窗口的双层

瑞典贵族院入口（下）和带圆形窗口的双层屋顶（上）。

瑞典贵族院 13 号纹章（左）和室内的"蓝厅"展示收藏的中国瓷器（右）。

建立于 17 世纪的斯德哥尔摩贵族院和内前庭瑞典强盛时期国王瓦萨的铜像。

屋顶。

1668 年，瑞典贵族们第一次在这里聚集，最后一届集会是在 1865 年。其内部大厅用盾徽做装饰，共收集了 23300 个纹章并画在硬纸板上，最后的贵族纹章是 1902 年颁发的。目前在瑞典共有 700 个贵族家庭还延续使用。根据瑞典国家档案馆的资料，起源于 1280 年的昼夜花（Natt och Dag）贵族的后代依然存在。

瑞典贵族院 13 号纹章是 17 世纪阿米诺夫（Aminoff）家族的纹章，是瑞典贵族最古老的纹章之一。目前，瑞典贵族院也成为了观光的景点。

斯德哥尔摩贵族院（Riddarhuset）的二楼称为总理府（The Chancellery），专门设计了一个称为"蓝厅"的房间，展示来自中国的纹章瓷器，收藏着瑞典约有 300 多个贵族家庭在广州订制的绘有族徽的瓷器。瑞典当今取消了贵族制

城市纹章：欧洲城市制度的徽记

度，但历史上共有 47 位伯爵、136 位男爵和 506 位贵族（Aristocratic）的后裔家庭共 27000 成员生活在瑞典和世界各地[5]。贵族家庭的成员每三年被邀请到此聚会讨论各类事务，每个家庭每年交纳一定的费用保持机构和建筑的运转。瑞典科学院和文学院年度会议在此举行。共有 2330 个家族的纹章挂于大厅墙上，最新的纹章拥有者是近代瑞典无冕贵族、探险家、地理学家斯文·赫定（Sven Hedin，1865–1952），在 1902 年，国王奥斯卡二世授予其为贵族，他的纹章挂在大厅的墙上，排在 XXXC 的位置上。大厅从 18 世纪开始用于举行音乐会，如今每到夏天，依然在此举行高水准音乐会[6]。

—————————

① Gotheborg.com，Jan-EriK Nilsson.

② Gotheborg.com，Jan-EriK Nilsson.

③ Jochem Kroes. *The Grill Family from Sweden and the Netherlandsand their Chinese Armorial Sercices*. Jaarboek，2012.

④ Kungahuset.se

⑤ Riddarhuset.se

⑥ Riddarhuset.se

瑞典无冕的贵族、探险家、地理学家斯文·赫定照片。

八、始于广州的中美贸易

北美洲是英国殖民者吸引英格兰开拓者的理想之地，新英格兰地区彰显了大不列颠的存在，但也是与宗主国分离独立的地方。美国的波士顿是独立于英国的发源地，在离波士顿40分钟车程的马萨诸塞州赛勒姆市（Salem），是1630年英国建立的殖民居住地，在独立战争后获得了海外贸易的权利。

1. "离富裕的东方最远的港口"——赛勒姆港

18世纪末，美国最具有代表性的港口城市马萨诸塞州赛勒姆市，1783年其远洋贸易船到达圣彼得堡，1784年开始与广州进行贸易活动，1789年来自该港口的三艘商船"大特克号"（*Grand Turk*）、"亚特兰大号"（*Altlatic*）

18世纪建造的美国赛勒姆港海外贸易商人住房。

城市纹章：欧洲城市制度的徽记

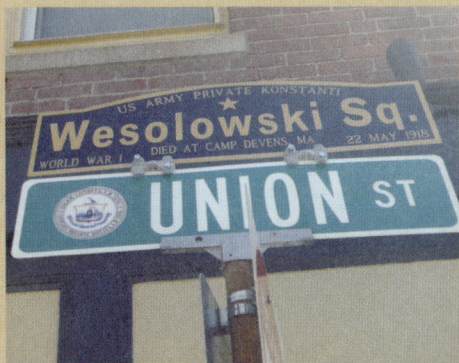

赛伦街道路牌（左）；
消防站的城市纹章
（右）。

和"白马号"（*light hores*）齐汇黄埔港，属于赛勒姆商人德比（E. H. Derby）的船队，当时共有 15 艘美国商船同时在广州进行贸易活动。

赛勒姆在 1836 年建立了适应时代要求的政府机构，设置"市长"一职并成立市议会。该市的城市印章产生于此时，这是赛伦与远东中国和苏门答腊胡椒贸易的辉煌时期，佐支（George Peabody）的城市纹章设计方案被采纳，他是一位胡椒贸易商船的拥有者。印章中间是盾徽，画面上一位头包红色头巾、着红色裤子蓝色袍子的人站在椰树下，这是作者想象中的苏门答腊西齐（Atjehnese）人，铭文为"离富裕的东方最远的港口"（To the farthest port of the rich east）①。西齐现在是印度尼西亚的特区，首府为建立于 1206 年的班达亚齐市（Banda Aceh），在 16 世纪葡萄牙人香料之旅探险贸易中，已经开始提及，现在人口约 22 万。

因为赛勒姆作为同广州通航的港口城市，是代表美国与近代中国海上贸易的象征，赛勒姆城市老区（Chestnut

保存完好的赛伦港船坞。

皮博迪艾塞克斯博物馆（左）和馆藏的反映广州珠江十三行风景的屏风（右）。

street）街区 1970 年被列入《美国文化遗产（National Historic Site）名录》，又因体现早期与广州的贸易文化而被列入《美国历史街区保护名录》。与中国广州进行贸易的是阿斯东等家族，他们在这一街区拥有多处房产物业，其中约有 400 多栋历史建筑。多名与中国广州贸易而致富的商人修建的房子被保护下来，成为美国在 18 世纪至 19 世纪居住建筑的范例，最著名的是建于 1805—1807 年的汉密尔顿大楼（Hamilton Hall），这是一座有公共活动空间的建筑，现在还有许多城市社会活动在此举办。

美国收藏亚洲艺术品最多的皮博迪艾塞克斯博物馆（the Peabody Essex Museum of Salem）坐落在美国赛勒姆市，赛勒姆为了发展与东方的贸易而成立了"东印度海事学会"（East India Marine Society），1799 年该学会建立了藏品库并在此基础上发展成为"皮博迪艾塞克斯博物馆"②。现在的博物馆建筑是 1782—1801 年建成的，1810 年进行改造成为博物馆兼保险公司办公楼。这一博物馆是美国历史最古老的博物馆之一，也是美国有关亚洲艺术的最重要的博物馆，藏品有百万件之多，馆藏品中来自中国清代广州的外销产品和艺术品成为镇馆之宝，包括瓷器、家具、外销画、玉器、银器等中国艺术品。在 20 年代博物馆继续购买各种中国外销产品以丰富馆藏。

藏于美国皮博迪艾塞克斯（Peabody Essex）博物馆的木胎漆面纹章屏风（Armorial screen），1720—1730 年制作于广州，是一件精美的中西合璧式屏风，在屏风的上部装饰有主人的纹章。家族的纹章出现在专门定制的东方风格的用品上，以示专有的价值，内容为典型的中国传统园林景观。

城市纹章：欧洲城市制度的徽记

1820 年绘制的美国马萨诸塞省的赛勒姆港口规划图（左）和美国赛勒姆市的印章和旗帜（右）。

1883 年绘制的赛勒姆港全景图。

在 20 世纪 20 年代，博物馆继续从市场购买各种中国外销产品。现在在赛勒姆港的古老码头设立了一座历史公园，2000 年还仿造了一艘 1796 年建成的商船"友谊号"古帆船，该商船曾经 16 次远航到中国、苏门答腊、爪哇、汉堡、圣彼得堡以及欧洲各重要港口。历史公园保留了 18 世纪的海关建筑和一些历史建筑，以美国与远东海上贸易史为主题成为旅游区。正如赛勒姆市标志的铭文所表达的理念一样"再创历史"。

1783 年在波士顿建造排水量为 300 吨的"安格里卡号"（*Anglica*），前往中国贸易后改名为"中国皇后号"，一般认为它是一艘私掠船，船上装备武器，随时可以参加战争。但美国学者菲利普反对此说法，"据推测'中国皇后号'可能是在刚刚建成后，被丹尼尔—帕克公司买下来的。'中国皇后

东方的欧洲

美国联邦风格的建筑草图。

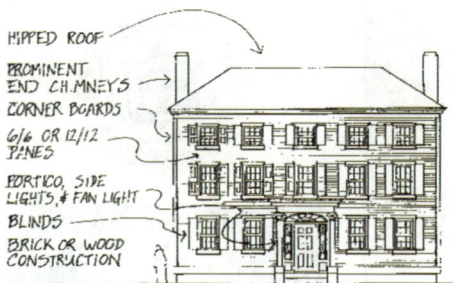

号'本来可能作为一艘载货私掠船而建造的，但由于战争接近尾声，它的主人只好赶紧把它卖掉。"④ 菲利普承认了载货私掠船的建造初衷，而雇用的船长约翰·格林在 1778 年拥有捕掠敌国商船的许可证并多次被英军抓获⑤。"中国皇后号"首航雇主是美国国会议员、银行家、美国《独立宣言》的签署者

罗伯特·莫里斯（Robert Morris，1734—1806），罗伯特和帕克公司（Robert & Parker Company）各承担一半雇用该船成本。1784 年 2 月 22 日这只吨位较小的船运载着西洋参、皮毛、棉花等货物从纽约港起航，经历了 188 天，航程 1.8 万海里，6 个月后于 8 月 28 日到达珠江口，又雇用中国船员领航到黄埔村的港口停泊，1785 年 5 月，"中国皇后号"运载着茶叶、丝绸等物品回到美国，这也宣告美国只能通过欧洲与中国贸易的时代结束。美国船员努力向中国人介绍美国，广州人第一次知道这一新生国家的存在，美国人渴望通过直接与东方贸易获得新的财源。1786 年 2 月 1 日"中国皇后号"再次出航广州，1787 年 5 月 4 日返航。后来出售并改名为

木胎漆面纹章屏风（Armorial screen），1720—1730 年制作于广州，藏于美国皮博迪艾塞克斯博物馆博物馆。

赛勒姆市的标记（左）和"友谊号"仿古帆船（右）。

城市纹章：欧洲城市制度的徽记

"埃德加号"（*Edgar*），1790 年重新注册为"克莱拉号"（*Clara*）执行近海的航行，1791 年在都柏林的一个港口沉没。随着"中国皇后号"的成功，更多的美国商船参与到与东方的贸易活动中，在 1787 年波士顿的"哥伦比亚号"（*Columbia*）来到广东进行贸易，此后陆续开启了更多的航线。

美国与广州采取的贸易方式与捷足先登的欧洲各东印度公司有别，不用通过类似的公司。广州与美国的出口贸易品包括茶叶、布匹、丝绸、日用瓷等，1830 年左右，美国成为中国最重要的贸易伙伴。与各东印度公司无别，利益驱动使美国商人也进行鸦片贸易，他们从土耳其贩卖鸦片到中国，价格翻了四倍，1805 年美国巴尔的摩的"伊顿"号开始贩卖鸦片⑥，1827 年路

森（Russell）公司是美国在广州最大的贩卖鸦片的公司（1824—1891），与英国贩卖鸦片的公司（Jardine, Matheson & Co）相互竞争，只有极少数美国公司（如 Olyphant & Co）没有参与鸦片贸易，欧美国家在与中国贸易中的商业公司大都扮演了不光彩的鸦片贩子的角色。

2. 美国外销品的类型

在 19 世纪美国在中国广州订制了大量的有美国国家象征符号的工艺品。这与欧洲订制代表贵族文化的家族纹章瓷有所区别，这是一个刚刚独立的新兴国家，拥有更多的国家自豪感，需要国家符号而不是皇室的纹章。随船的大班之一、后来成为美国第一位驻广州领事山茂召（Major Samuel Shaw, 1754–

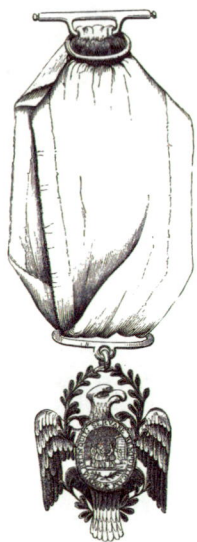

纽约辛辛那提协会
徽章。

19世纪上半叶美国订
制的以鹰为核心图形的
镂空纹章瓷。

1794）在航海日记中写道："我希望在辛辛那提协会定购的一套瓷器采用密涅瓦女神（Minerva，智慧和技术及工艺之神）风格，辛辛那提协会正是从这位女神那里得到了徽章的式样并公布于众，我们得到了两座女神雕像和一个精美的士兵画像，并向画家提供了我持有的徽章的复印件。"纽约辛辛那提协会成立于1783年，参加的成员主要是参加美国独立战争的军官[7]，现在还存在的一个慈善团体。日记里谈到了中国画匠多次修改才勉强通过买家这一关，日记对广州画匠的评价是他们仅有模仿的技能。广州人对美国人非常友好，他们大多数人是第一次知道美国的存在。美国商船订制瓷器上的纹章多与

装饰纽约州纹章的水壶，1795—1800年。

纽约州的纹章，护盾者是象征自由和平的
女神。

维吉尼亚州的纹章。

城市纹章：欧洲城市制度的徽记

澳门景色，制作于 1830—1840 年，藏于皮博迪艾塞克斯博物馆，1978 年购买收藏。

木胎漆面家具上的广州美国商馆景色，制作于 1830—1840 年。

机构或者行政团体有关。"1795—1884 年间制作的装饰有纽约州纹章的水壶，两侧的护盾者是代表自由和平的女神，分别是用象征自由的弗吉尼亚红色软帽和天平寓言之。

中国广州的外销画和壁纸受到美国民众的欢迎，从百姓的家居到总统的客厅，中国外销壁纸成为广泛采用的室内装饰用料，华盛顿曾经写信感谢银行家罗伯特·莫里斯为他新装饰的客厅提

美国从广州进口的木胎漆家具。

供中国外销壁纸"⑧。

从广州出口的刻有美国象征物鹰和盾徽的木雕工艺品，将美国的纹章作为核心图形，周边的木雕是中国传统人物和兰、梅、竹等中国文化图案，这是一件精美的木雕作品。

与广州进行贸易的美国港口主要是纽约、费城和赛勒姆，1830年左右的贸易量达到高峰。与广州港连接的美国的最重要港口是马萨诸塞州（Massachusetts）的赛勒姆港，两个街区因与中国广州的贸易而列入"美国历史海洋文化保护遗址"（Salem Maritime National Historic site）港口城镇，赛伦港在1626年开始有欧洲移民，18世纪由于与广州和印度的贸易而繁荣起来。马萨诸塞省在美国独立战争和国际远洋贸易中发挥了重要的作用。

漆器家具是美国进口的较为独特的类型。不仅在瓷器上表现珠江景色，在其他出口欧洲、美洲的用品中，反映珠江景色的为数众多，尤其喜欢采用商馆一带的风景为表现题材，如出口美国的木胎漆面桌子，家具上的台面反映了美国商馆的景色，桌角收圆，制作于1830—1840年之间。

除了美国，美洲的许多国家也通过海路与中国广州进行长期贸易，在阿根廷布宜诺斯艾利斯的港口旧城，停泊着一艘建造于1890年的海军训练舰，以第七任总统福斯蒂诺·萨米思托（Faustino Sarmiento）的名字命名为 *Puerto Faustino Sarmiento*，曾经6次环球航行并到达过珠江口。

停泊在布宜诺斯艾利斯港口的"阿根廷总统号"军舰和航线图。

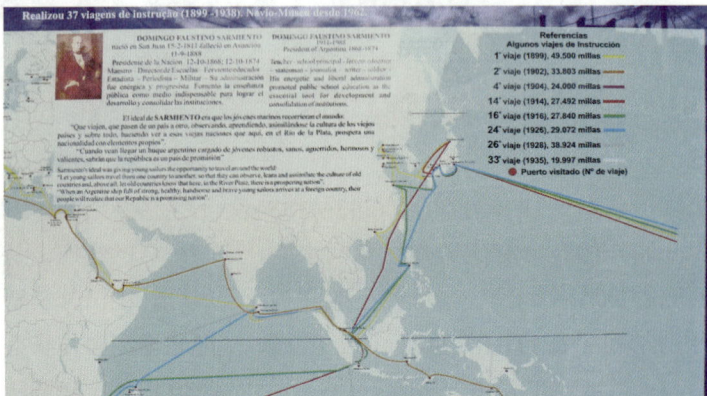

城市纹章：欧洲城市制度的徽记

① salemweb.com

②　博物馆是得到伦敦的银行家、企业家 George Peabody（1795-1869）的赞助，另在 1992 年与 Essex Indtitute 合并，该机构为建立于 1848 年的文学、历史和科学研究院，故博物馆全称为 Peabody Essex Museum。

③ salemweb.com

④　［美］菲利普·查德威克·福斯特·史密斯著，《广州日报》国际新闻部、法律室译：《中国皇后号》，广州出版社 2007 年版，第 25 页。

⑤　［美］菲利普·查德威克·福斯特·史密斯著，《广州日报》国际新闻部、法律室译：《中国皇后号》，广州出版社 2007 年版，第 53 页。

⑥ afe.easia.columbia.edu

⑦　［美］菲利普·查德威克·福斯特·史密斯著，《广州日报》国际新闻部、法律室译：《中国皇后号》，广州出版社 2007 年版，第 187 页。

⑧　龚之允著：《图像与范式：早期中西绘画交流史》，商务印书馆 2014 年版，第 259 页。

九、来自东方而发扬于西方：模仿与品牌

广州在十六世纪至十九世纪大量地生产与纹章相关的制品，但并没有影响中国固有的符号体系。据不完全统计，今天的英国市场至少有 4000 套纹章瓷保存下来，并且每年都有新的发现。因为纹章瓷的纹章价值、精美的装饰和投资潜力，纹章瓷成为国际收藏家乐于收藏的艺术品。① 英国纹章专家大卫（David Sanctuary Howard，1925–2005），他是出版商、生意人以及古文物的经纪人，更重要的是他长期研究中国纹章瓷与进出口贸易的关系，1974 年出版《中国纹章瓷》（*Chinese Armorial Porcelain*）一书，花了其六年的工夫，在 2003 年又出版了第二卷。书中对英国目前所存的约 4000 套纹章瓷均有详细记录。现在广东省博物馆、广州博物馆所藏的精美纹章瓷，不少是从大卫及其后裔手中高价购得，令人感慨。

1. 西方绘画艺术中的中国瓷器

中国瓷器的优美造型和色彩，成为文艺复兴后期欧洲绘画的道具和题材。在荷兰绘画黄金时期，克拉克瓷也成为画家的静物作品描绘对象。荷兰画家钟情于静物画，画风以精美、细腻见长。在荷兰黄金时代的画家威廉·卡尔夫（Willem Kalf，1619–1693）1690 年绘制的静物作品《静物：晚明姜罐》

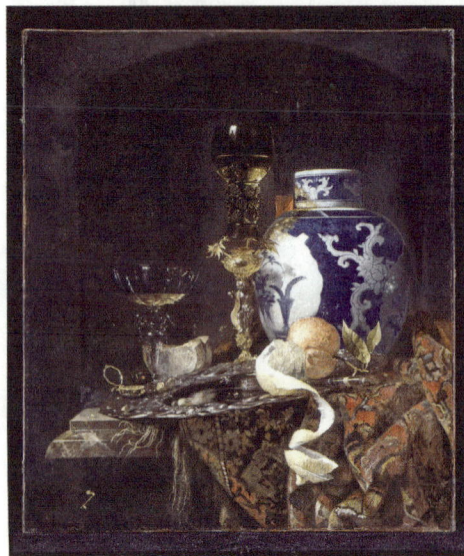

荷兰黄金时代的画家威廉·卡尔夫 1690 年绘制的静物作品《静物：晚明姜罐》（*Still life with Chinese*），藏于印第安纳州艺术博物馆。

城市纹章：欧洲城市制度的徽记

1624年荷兰画家杨·戴维茨·德·希姆笔下的克拉克瓷器。

（*Still life with Chinese*）中，"泡姜的器皿"——明朝晚期青花瓷占据重要的位置和空间，利用器物的质感对比营造出宛如敲打瓷器和银器的声音。画中静物包括威尼斯玻璃器皿、印度花毯和地中海的桃子等物品，展示了殖民地宗主国在全球经济贸易中的自豪感。安特卫普在17世纪艺术繁荣的时代出现了许多静物画家，像杨·戴维茨·德·希姆（Jan Davidsz. De Heem，1606–1684）就是杰出的静物画家，在其作品中也时不时出现中国瓷器。

意大利文艺复兴时期杰出的画家乔瓦尼·贝利尼（Givanni Bellini，1430–1516）被认为是具有革命性作用的威尼斯画派画家，他的父亲和兄弟都是画家，其作品《诸神之宴》（*The Feast of Gods*）中出现了青花瓷，画中信使之神默丘利（Mercury）端着的中国瓷碗被认为是欧洲绘画作品中最早使用的中国瓷器道具。

17世纪法国画家雅克·利纳德

1514年乔瓦尼·贝利尼（Givanni Bellini）作品《诸神之宴》（*The Feast of Gods*）局部，藏于华盛顿国家艺术馆。

东方的欧洲

法国画家雅克·利纳德
的静物画。

城市纹章：欧洲城市制度的徽记

（Jacques Linard，1597-1645）在 1627 年创作的静物画中对中国瓷器有更为详细的刻画，中国瓷器的细节包括碗上的中国画和文字都被传神地描绘出来。德国画家扬·扬斯·特雷克（Jan Jansz. Treck，1606-1652）也是德国绘画黄金时代的静物画家，在静物画中多次将中国瓷器作为主要描绘的对象。

2. 欧洲对中国瓷器的模仿和发展

14 世纪中国制作的蓝白色调青花瓷通过中东地区开始进入欧洲社会，在 16 世纪，葡萄牙直接从中国进口大量的青花瓷器，欧洲许多城市开始模仿中国瓷器的烧制，15 世纪意大利出现了一种称为"仿白釉陶器"（maiolica）的装饰陶器，这一名词与中世纪西班牙瓦伦西亚与意大利瓷器贸易航线的中转岛屿马略卡岛（Majorca）相关。"佛罗伦萨的作坊制造出一种被称为'仿白釉的锡釉陶器，它结合了中国的纹饰和西方的卷叶图案，采用了单一的蓝色调。"②

意大利的美迪奇瓷器属于最早模仿中国瓷器的产物，16 世纪末，在托斯卡纳大公法兰西斯美迪奇（Francesco I de' Medici，1541-1587）的支持下烧制成功，绘制美迪奇家族纹章的"美迪奇瓷"（Medicci Porcelain）经常作为美迪奇家族的礼物赠送给来往的国王和贵族。但烧制成功的瓷器数量有限，质量也达不到完美，目前仅存 57 件此类陶瓷。它采用的是 11 世纪中东的制陶方式，在 15 世纪传入土耳其再到意大利。荷兰的代尔夫克拉克瓷在 17 世纪学习中国青花瓷的烧制方法，开始是从中国进口白瓷胎再着色，成为欧洲本土的来料加工瓷器，这一类型的瓷器得到快速发展进入市场并成为产业。法国也在 17 世纪出现了模仿中国瓷器制作的纹章瓷作坊。

德国自由萨克森州的迈森瓷器工厂是第一个通过实验掌握中硬瓷（hard-

1575—1587 年烧制的美迪奇瓷。

法国 1695—1700 年在圣克卢市（Saint-Cloud）烧制的瓷器。

德国瓷器制作发明者波特格（左）和德国数学家、物理学家和哲学家契恩豪斯（右）。

paste porcelain）制造方法的。萨克森国王奥古斯特二世（Augustas II, 1670-1733）热爱中国瓷器，邀请了当时的德国数学家、物理学家和哲学家埃伦弗里德·瓦尔特·冯·契恩豪斯（Ehrenfried Walther von Tschirnhaus, 1651—1708）和约翰·费里德里希·波特格（Johann Fiedrich Bottger）进行研究，1708 年已经成功研究出配方，同年契恩豪斯去世，后人多将发明归功于波特格。在 1710 年于阿尔布希特城（Albrechtsburg）堡建立了皇家瓷器厂，开始应用制瓷的生产，迈森瓷器被称为迈森中国瓷（Meissen China）。接着在欧洲试验发明了在硬瓷上着色烧制瓷器，波特格继续其研究并应用生产，欧洲原硬质瓷的生产由此开始逐步走向成熟。迈森公司应用了波特格的研究成果，称为"白色金子配方"。由于在这一历史时期，东方风情在欧洲是一种艺术时尚，迈森

瓷器厂的瓷器上绘制的图像多是模仿东方的景物和中国画的风格，这种绘制方法既有功利性目的，也有艺术市场的需要。数百件珍贵的瓷器生产模具保存至今。

奥古斯特二世（Augustus II Strong, 1670-1733）是萨克森王国的选帝侯，也是波兰－立陶宛王国的大公，他酷爱瓷器，1701 年开始赞助瓷器的研制。

德国迈森瓷器公司从 1710 年至今，

德国迈森市的城徽。

法国神父段弘绪介绍了他在中国景德镇观察了解的中国瓷器烧制方法，1735 年将之公开发表在耶稣会的年度报告中。

迈森城堡模型。

迈森生产的波兰-立陶宛联盟和萨克森公国纹章的纹章瓷。

瓷器手工场的生产从未中断，交叉的蓝剑这个商标驰名世界。迈森瓷器刚开始的标记是采用奥古斯特二世名字的文织字母"AR"，1720年开始使用萨克森国王纹章的双剑作为识别符号并延续使用至今。

几乎是在同一时间，在华的法国传教士殷弘绪（Framcois Xavier d' Ent-recolles，1664–1741）在1712年写了一封2万字的长信给法国奥利神父，介绍

迈森瓷器的"蓝剑"商标（左）和展示厅中关于商标的变化历程展示。

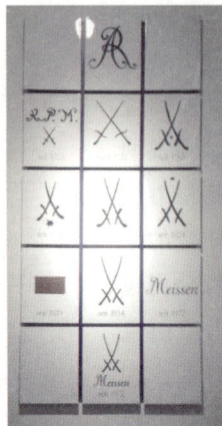

城市纹章：欧洲城市制度的徽记

迈森博物馆广场上的瓷器人物。

迈森瓷器博物馆的入口。

东方的欧洲

18世纪模仿中国风格的迈森瓷器。

1817年的法国塞尔夫（The Sevres）瓷器公司产品。

了他在中国景德镇观察了解的中国瓷器烧制方法，殷弘绪经常访问景德镇的瓷窑，踏访了高岭村并获得高岭土，这是中国瓷器制胚的关键。同时他进一步研究了瓷土材料的配比、窑温等工艺流程，1735年将之公开发表在耶稣会的年度报告中，这一报告后来从法语翻译成为英语，推动了欧洲硬质瓷器的

城市纹章：欧洲城市制度的徽记

生产。

18世纪上半叶，大部分德国瓷器厂、英国瓷器厂是模仿生产中国瓷器样式的瓷器，中国样式包含了中国的山水画的绘制方式。制作于1710年左右的迈森咖啡壶，黑瓷加上红彩，核心图形完全是中国风格的传统民居，树的画法是中国画的表现手法，中国特征的梅花装饰更添东方韵味，而咖啡壶的造型又是体现欧洲时尚的巴洛克风格。

欧洲的图形、纹饰反过来也影响了中国广州外销瓷的绘制风格。明顿家族在1793年于特伦特河畔斯托克建立了瓷器厂，其后代延续其祖业并热心公益事业，曾在1840年担任合并后的特伦特河畔斯托克市市长。"1858年，当明顿家族（Herbert Minton）的一位成员将一个瓷盘捐赠给博物馆时，它被认为'旧沃切斯特（Worcester）瓷'。它中间装饰以十分普遍的风景画，周围环绕蓝色宽边。这种边饰后来被称为'菲姿休边饰'（Fitzhugh border），因为这种装饰最初是菲姿休家族使用在订制餐具上的，这个家族中的成员多是东印度公司的官员。"③菲姿休男爵是英国贵族头衔，菲姿休家族在1358年就被封为男爵，第三代男爵亨利·菲姿休（Henry FitzHugh，1363-1425）是英王重臣，其女儿嫁给了丹麦、挪威和瑞典三国共主的爱立克皇帝（Eric of Pomerania）。该家族还出现过担任过伦敦主教、国会议员等要职的成员。

英国安兹丽（Aynsley China）瓷器公司创建于1775年，创建人约翰·安兹丽（John Aynsley）用自己的姓加上"China"形成英国瓷器品牌名称。开始他主要对瓷器进行装饰，从中国式的茶杯绘制装饰发展到早餐瓷器，后来才真正从事制造瓷器。安兹丽品牌名称近300年没有变化，一直运作到现在。

欧洲瓷器在18—19世纪对中国瓷器的模仿源于市场的需要，中国瓷器是高品位的象征，从瓷器的烧制到山水画的彩绘，都是中国风格。由于生产的本地化降低了运输成本，纹章瓷等中国外销瓷在19世纪慢慢式微。

欧洲特制纹章瓷的制作也影响了美国，带有城市纹章的纪念盘成为城市

英国的安兹丽瓷器公司2012年的产品。

间来往时的互赠礼物，印有城徽的纹章瓷常成为当地政府代表城市赠送给客人的礼品。如 1980 年中国省长代表团首次访问美国洛杉矶等城市时，获赠带有洛杉矶城徽的纪念瓷盘。

洛杉矶的印章也是与盾徽结合在一起，洛杉矶市是 1789 年批准通过使用盾徽形式的城徽，城徽采用外形为印章内含盾徽的形式。1905 年再次修改后使用。在圆形与盾徽的空百处是葡萄、橙子和橄榄三种加州果实。左上角是美国当时的美国国旗，十三个星星代表十三个州。右上角是以加州灰熊或棕熊（Grizzly bear）为寓意物的加州旗帜，左下角为叼着蛇的雄鹰，这是墨西哥的象征，体现了洛杉矶由墨西哥统治的历史，右下角是城堡和狮子，反映了西班牙殖民地的历史。底部（Torse）写着洛杉矶建立的时间：1781 年。

广州外销品的输出，为欧洲社会生活增添了东方的异国情调，来自广州的纹章瓷既是日常生活用品，又是身份展示的陈设艺术品，是欧洲上层社会品位的标志。海上丝绸之路日益繁华，18 世纪后期欧洲的瓷器制作技术取得巨大进步而减少了对外的依赖。进入 20 世纪，来自广州的东方外销品转变了身份和功能，成为收藏家、博物馆收藏的珍贵藏品。来自广州珠江南岸不知名的某位工匠，可能不会想到自己绘制的纹章瓷可以同毕加索比肩，出现在美国大都会博物馆或者大不列颠的维多利亚和阿尔伯特博物馆的展厅中。

加利福尼亚共和国旗帜，以加州灰熊或棕熊为寓意物。

美国洛杉矶城市的城徽。

---

① Hugh Macpherson. "An introduction to Heraldic Porcelain," *Coat of Arms*, 2010.
② ［美］唐纳德·F. 拉赫著，周宁总校译：《欧洲形成中的亚洲》，人民出版社 2013 年版，第 103 页。
③ www.Kungahuset.se
④ www.ncuscr.org

南粤古驿道新纹章瓷设计图样。

城市纹章：欧洲城市制度的徽记

附件：世界记忆名录——西班牙与葡萄牙《托尔德西里亚斯条约》

A 部分：重要信息

1. 总结

托尔德西里亚斯条约于 1494 年 6 月 7 日由阿拉贡国王斐迪南二世与卡斯蒂利亚女王伊莎贝拉一世和葡萄牙国王约翰二世签订。协议确立了两个王国间的新分界线，将位于佛得角群岛以西 370 里格的子午线确定为两国的势力分界线。该条约在经过两国的大使和律师反复和复杂的外交谈判后签署确认。势力分界线的修改直接导致巴西的诞生并纳入葡萄牙的管辖区域。这份文件对于我们了解美国历史和欧美之间的经济和文化关系必不可少。因此，该条约不仅成为世人了解大西洋历史的重要参考，同时也使人们更多地了解这个被知名或不知名的海洋分割为大洲，而各种文化又互相融合的世界。

2. 提名人信息

2.1 姓名（个人或组织）

西班牙文化部，书籍，档案和图书总局；

葡萄牙文化部 – 档案馆总局。

2.2 与被提名文献遗产的关系

西班牙图书，档案和图书馆总局是负责保存文献遗产及在国内和国际社会的推广和传播（根据 2014 年 7 月 2 日的皇家法令第 1601 条，发展文化部门的基本组织结构）

葡萄牙档案总局负责在国家层面上制定相关档案政策（根据 2007 年 3 月 29 日政府令 93 条），拥有该文档的所有权和保管权。

2.3 联络人

西班牙：罗赫略·布兰科·马丁内斯。西班牙书籍、档案及图书馆总局总干事；

葡萄牙：西尔夫德阿尔梅达拉塞尔达，档案局总干事

3. 文献遗产的身份和描述

3.1 被提名项目的名称和细节

托尔德西里亚斯条约。1494 年，6 月 7 日，托尔德西里亚。

3.2 描述

托尔德西里亚斯条约（葡萄牙语

版）：阿拉贡国王斐迪南二世与卡斯蒂利亚女王伊莎贝拉二世和葡萄牙国王约翰二世之间于1494年6月7日签订，确定了位于佛得角群岛以西370里格子午线为两王国新的势力分界线。1494年9月5日，葡萄牙国王批准该协议。协议原件为羊皮纸手稿，共4层（8片：330×2504毫米），由葡萄牙的约翰二世签名。铅封挂于丝线上。

托德西利亚斯条约（卡斯蒂利亚版本）：阿拉贡国王斐迪南二世与卡斯蒂利亚女王伊莎贝拉二世和葡萄牙国王约翰二世之间于1494年6月7日签订，确定了位于佛得角群岛以西370里格为两王国新的势力分界线。1494年7月2日在阿雷瓦洛，该协议获得阿拉贡国王斐迪南二世与卡斯蒂利亚女王伊莎贝拉二世批准。羊皮纸手稿。4层（8张：340x250毫米）。由阿拉贡的斐迪南二世和卡斯蒂利亚的伊莎贝拉二世签名。密封失踪。参考代码：葡萄牙，Torre do Tombo, Gaveta 17, mç.2, doc. 24（PT-TT-GAV/17/2/24）。

概要：

作为葡萄牙国家文件，托尔德西里亚斯条约一直保存在葡萄牙国家档案馆东波塔（Torre do Tomb）内。

现状：

托尔德西里亚斯条约是一份需要得以保护的文件。它被视为民族瑰宝保存在档案保管库，保管库的温度和相对湿度稳定。为了防止光降解，这些文件已被密封保护。我们认为已为此文献遗产、羊皮纸和墨水，创造了合理的保护条件。

仅能通过只能通过缩微胶片或数字格式文件查阅。

4. 载入/评估依据标准

4.1 真实性

葡萄牙语版本的条约由皇家卡斯蒂利亚大法官保存。卡斯蒂利亚版本保存于里斯本国家档案局。

由阿拉贡国王斐迪南二世与卡斯蒂利亚女王伊莎贝拉二世签名确定的该条约卡斯蒂利亚版本是由葡萄牙里斯本东波塔国家档案馆（Torre do Tombo）保存。

4.2 世界的意义，独特性和不可替代性

根据《阿尔卡格瓦斯（Alcáçovas）条约》（1479年至1480年），卡斯蒂利亚保留对加那利群岛的控制权，但同意葡萄牙垄断非洲海岸，南部平行群岛。新大陆的发现使卡斯蒂利亚人不断向西部扩张，导致了与葡萄牙的冲突。国王费迪南德和王后伊莎贝拉从教皇亚历山大六世获得诏书，更值得一提的是在1493年5月4日的第二次诏书，确立了亚速尔群岛和佛得角以西100里格为势力分界线：国王费迪南德和王后伊莎贝拉可以朝印度方向向西航行，而约翰二世可以朝印度方向向南航行。1493年，卡斯蒂利亚和葡萄牙王国展开一系列协商，最终签订《托尔德西里亚斯条约》，确定佛得角群岛以西370里格的子午线为新的势力分界线。

该一条约对于葡萄牙来说是具有突破性，因为在子午线以东区域确立了葡萄牙与卡斯蒂利亚之间分界线。这一条约也使巴西划分为葡萄牙统治领域的一部分。这一条约所带来的影响一直延续到18世纪。

继这一条约，葡萄牙和西班牙的地理大发现导致伊比利亚半岛称霸于世界大部分区域。大西洋的所有权导致了新航线发现，新航线延伸到诸如印度等陆地。也有人提出费尔南德马加良斯在世界各地航行所引起的Molucas问题（1512年至1529年），是该条约不可预见的后果。

在16世纪大多数时期，欧洲以极大的兴趣跟随两个伊比利亚国家在世界各地创造开创性成就。在16世纪后期，伊比利亚垄断统治受到了部分欧洲国家的质疑。17世纪，欧洲其他国家在非洲大部分地区及印度洋摧毁了伊比利亚的霸权统治。

这一重要条约的影响一直延续到18世纪。之后葡萄牙和西班牙的殖民地在南美边界划分问题导致了托尔德西里亚斯分界线的修改。这一变化标志着巴西的诞生以及该条约的撤销。

谈判本身说明了条约的独特性和普遍性，及其在国际关系史上的重要性：大西洋，不仅被视为航海区域同时也是促进经济，社会和文化关系的区域。总之，该条约人类文明的丰富遗产。

4.3（a）时间（b）地点（c）人物（d）主题（e）形式和风格

时间：从时间上来看，该条约标志着在西班牙和葡萄牙在美洲大陆的存在和发展。在签署时，明确了卡斯蒂利亚和葡萄牙的管辖区域。托尔德西里亚斯条约导致了西班牙和葡萄牙对美洲大陆的管辖以及对印度亚洲部分区域，澳门和东帝汶的管辖。除了政治策略，该条约成就显著影响为促进了航海技术的提高，并在一定程度上促进了天文，数字，地方志地图和制图知识的发展。

地点：出于同样的原因，该条约对美洲后来的发展带来影响。它允许全球的开放。新的海洋得以通行并使未知的文明得以发现：巴西和南非外，东部的区域如东非，印度，锡兰，阿拉伯，波斯，马来西亚，中国和日本为世人所了解。

人物：伊莎贝拉一世，女王卡斯蒂利亚，费迪南德V，阿拉贡国王约翰二世，葡萄牙国王是该条约的原创者。

主题：葡萄牙和卡斯蒂利亚统治的影响力。

4.4 稀有性，完整性，风险和管理

西班牙：状态良好，保存完整。
葡萄牙：保存妥当。封印遗失。

5. 法律信息

5.1 所有者（名字和联系方式）
西班牙（文化部）
葡萄牙（文化部）

5.2 文献遗产的监护人（姓名，联系方式）

文化部的档案局

5.3　法律状态

（a）所有权类型

西班牙国有

葡萄牙国有

（b）可获取性

免费

（c）版权

西班牙和葡萄牙享有在公众范围内的传播权和媒体的所有权

（d）管理机构

西班牙，文化部

葡萄牙，文化部档案总局

（e）其他因素

是，根据葡萄牙政府 2007 年 3 月 9 日颁布的政府令第 93 条。

6.　管理计划

6.1　是否对该文献遗产的管理计划？是或否

否。尽管如此，葡萄牙里斯本东波塔国家档案馆（Arquivo Nacional da Torre do Tombo）的保存环境良好（包括适宜的空气质量，温度，湿度，货架和安全保障）及防灾策略。

7.　总结

7.1　提供有关此提名遗产（a）所有人（b）托管人（c）您的国家或地区世界记忆名录委员会

有关表格是在负责管理档案的档案局及联合国教科文组织驻西班牙代表的全力支持下完成的。

有关表格时在文化部咨询全国文

化关系委员会与教科文组织常驻葡萄牙代表的支持下完成的。

译文依据联合国教科文组织官方网站《世界记忆》工程部分介绍，以及出版物：UNESCO. *Memory of the World.* Glasgow: Collins Bartholomew Ltd, 2012.

（中文翻译：陆露，校对：许瑞生。）

城市纹章：欧洲城市制度的徽记

参考文献

一、中文资料

1. 著作

［澳］约翰·赫斯特：《你一定爱读的极简欧洲史》，席玉苹译，桂林：广西师范大学出版社，2011年。

［德］奥古斯特·毛乌：《庞贝的生活与艺术》，杨军译，上海：上海三联书店，2014年。

［德］弗里德里希·迈内克：《德国的浩劫》，何兆武译，天津：天津人民出版社，2014年。

［德］华尔德·格罗比斯：《新建筑与包豪斯》，张似赞译，北京：中国建筑工业出版社，1979年。

［德］罗伯特·科尔：《周末读完德国史》，欧阳林等译，上海：上海交通大学出版社，2012年。

［德］罗尔夫·托曼编著：《哥特艺术》，李珮宁等译，北京：北京出版集团公司、北京美术摄影出版社，2014年。

［德］罗尔夫·托曼编著：《神圣艺术》，林瑞堂、黎茂全、杜文田译，北京：北京出版集团公司、北京美术摄影出版社，2016年。

［德］罗尔夫·托曼编著：《巴洛克艺术》，李建群、赵晖译，北京：北京出版集团公司、北京美术摄影出版社，2014年。

［德］马克思、恩格斯：《共产党宣言》，中共中央马克思、恩格斯、列宁、斯大林著作编译局编译，北京：人民出版社，2018年。

［德］塞巴斯提安·哈夫纳：《不含传说的普鲁士》，周全译，北京：北京大学出版社，2016年。

［俄］O. N. 普鲁金：《建筑与历史环境》，韩林飞译，北京：社会科学文献出版社，2011年。

［法］巴斯图鲁：《纹章学：一种象征标志的文化》，谢军瑞译，上海：上海书店出版社，2002年。

［法］布尔努娃：《丝绸之路：神祇、军士和商贾》，耿昇译，昆明：云南人民出版社，2015年。

［法］弗雷德里克·鲁维洛瓦：《伪雅史》，李圣云译，上海：上海文艺出版社，2011年。

［法］皮埃尔·拉迈松主编：《西

方文明史欧洲谱系》，方友忠译，北京：中国人民大学出版社，2012年。

［法］雅克·阿塔利：《卡尔·马克思》，刘成富译，上海：上海人民出版社，2010年。

［法］约翰·怀特海：《18世纪法国室内艺术》，杨俊蕾译，桂林：广西师范大学出版社，2003年。

［古罗马］维特鲁威：《建筑十书》，陈平译，北京：北京大学出版社，2012年。

［荷］彼得·贾德森：《哈布斯堡王朝》，杨乐言译，北京：中信出版社，2017年。

［荷］布拉姆·克姆佩斯：《绘画、权力与赞助机制：文艺复兴时期意大利职业艺术家的兴起》，杨震译，北京：北京大学出版社，2018年。

［荷］马里特·威斯特曼：《荷兰共和国艺术》，张永俊、金菊译，北京：中国建筑工业出版社，2008年。

［荷］雨果·格劳秀斯：《论海洋自由或荷兰参与东印度贸易的权利》，马忠法译，上海：上海人民出版社，2013年。

［美］C.沃伦·霍利斯特，盖伊·迈克林·罗杰斯：《西方文明之根》，杨扬译，上海：上海锦绣文章出版社，2013年。

［美］巴里·伯格多尔：《1750—1890年的欧洲建筑》，周玉鹏译，北京：清华大学出版社，2012年。

［美］保罗·M.霍恩伯格，林恩·霍伦·利斯：《都市欧洲的形成1000—1994年》，北京：商务印书馆，2009年。

［美］保罗·M.霍恩伯格，林恩·霍伦·利斯：《都市欧洲的形成：1000—1994》，阮岳湘译，北京：商务印书馆，2009年。

［美］保罗·斯特拉森：《美第奇家族：欧洲最强大家族缔造权力与财富的故事》，林凌等译，北京：机械工业出版社，2016年。

［美］简·德·弗里斯：《欧洲的城市化：1500—1800年》，朱明译，北京：商务印书馆，2015年。

［美］克莱格·哈贝森：《艺术家之境：历史背景下的北部欧洲文艺复兴》，陈颖译，北京：中国建筑工业出版社，2010年。

［美］克斯汀·唐尼：《伊莎贝拉：武士女王》，陆大鹏译，北京：社会科学文献出版社，2016年。

［美］拉尔斯·布郎沃恩：《维京传奇：来自海上的战狼》，豆岩、陈丽译，北京：中信出版社，2016年。

［美］玛丽·普拉特·帕米利：《你一定爱读的极简法国史》，孙骞骞译，北京：民主与建设出版社，2016年。

［美］玛丽莲·斯托克斯塔德：《中世纪的城堡》，林盛译，上海：上海社会科学院出版社，2013年。

［美］欧内斯特·伯登：《世界典型建筑细部设计》，张国忠译，北京：中国建筑工业出版社，1997年。

［美］浦洛基：《欧洲之门：乌克兰2000年史》，曾毅译，北京：中信出版社，2019年。

城市纹章：欧洲城市制度的徽记

〔美〕乔尔·科特金:《全球城市史》,王旭等译,北京:社会科学文献出版社,2006年。

〔美〕乔纳泰·德瓦尔德:《欧洲贵族1400—1800》,北京:商务印书馆,2008年。

〔美〕斯皮罗·科斯托夫:《城市的形成:历史进程中的城市模式和城市意义》,单皓译,北京:中国建筑工业出版社,2005年。

〔美〕史蒂芬·贝莱尔:《奥地利史》,黄艳红译,北京:中国大百科全书出版社,2009年。

〔美〕托马斯·F.斯坎伦:《爱欲与古希腊竞技》,肖洒译,上海:华东师范大学出版社,2016年。

〔美〕托尼·朱特:《论欧洲》,王晨译,北京:中信出版社,2014年。

〔美〕托尼·朱特:《战后欧洲史:繁荣与革命1953—1971》,林骧华等译,北京:中信出版社,2014年。

〔美〕詹姆斯·奥唐奈:《新罗马帝国衰亡史》,夏洞奇等译,北京:中信出版社,2013年。

〔美〕朱迪斯·M.本内特,C.沃伦·霍利斯特:《欧洲中世纪史》,杨宁、李韵译,上海:上海社会科学院出版社,2007年。

〔日〕宫崎正胜:《海图的世界史:海上道路改变历史》,朱悦玮译,北京:中信出版社,2014年。

〔日〕松田行正:《零:世界符号大全》,黄碧君译,中央编译出版社,2013年。

〔日〕盐野七生:《罗马人的故事:罗马不是一天建成的》,计丽屏译,北京:中信出版社,2011年。

〔日〕盐野七生:《罗马人的故事:罗马统治下的和平》,徐越译,北京:中信出版社,2012年。

〔日〕盐野七生:《文艺复兴是什么》,计丽屏译,北京:中信出版集团,2016年。

〔瑞典〕克里斯蒂娜·J.罗宾诺维兹,〔美〕丽萨·W.卡尔:《当代维京文化》,肖琼译,北京:中国社会科学出版社,2015年。

〔意〕L.本奈沃洛:《西方现代建筑史》,邹德侬等译,天津:天津科学技术出版社,1996年。

〔意〕达尼埃拉·塔拉布拉编著:《阿姆斯特丹国家博物馆》,孙迎辉译,南京:译林出版社,2016年。

〔意〕马基雅维里:《君主论》,阎克文译,南京:译林出版社,2012年。

〔意〕卢卡·莫扎蒂编著:《雅典考古博物馆》,陆元昶译,南京:译林出版社,2015年。

〔英〕L.D.雷诺兹,N.G.威尔逊:《抄工与学者:希腊、拉丁文献传播史》,苏杰译,北京:北京大学出版社,2015年。

〔英〕S.斯莱特:《纹章插图百科》,王心洁、马仲文、孙骞骞等译,汕头:汕头大学出版社,2009年。

〔英〕阿兰·R.H.贝克:《地理学与历史学:跨越楚河汉界》,阚维民译,北京:商务印书馆,2008年。

〔英〕安德烈亚·彼佐得：《罗马风艺术》，贾旻苉、郭睿、朱映华译，北京：中国建筑工业出版社，2004 年。

〔英〕保罗·卡特里奇主编：《剑桥插图古希腊史》，郭小凌、张俊、叶梅斌等译，济南：山东画报出版社，2005 年。

〔英〕保罗·科布利：《劳特利奇符号学指南》，周劲松等译，南京：南京大学出版社，2013 年。

〔英〕彼得·哈珀，汤姆·哈珀：《华丽的地图：权力、宣传和艺术》，田甜等译，北京：中国地图出版社，2018 年。

〔英〕彼得·克拉克：《欧洲城镇史 400—2000 年》，宋一然等译，北京：商务印书馆，2015 年。

〔英〕丹·琼斯：《金雀花王朝：缔造英格兰的武士国王与王后们》，陆大鹏译，北京：社会科学文献出版社，2015 年。

〔英〕丹·琼斯：《空王冠：玫瑰战争与都铎王朝的崛起》，陆大鹏译，北京：社会科学文献出版社，2018 年。

〔英〕迪金斯，霍华士：《地理学发达史》，楚图南译，合肥：安徽人民出版社，2013 年。

〔英〕菲奥娜·斯沃比：《骑士之爱与游吟诗人》，王晨译，上海：上海社会科学出版社，2013 年。

〔英〕弗兰克·韦尔什：《香港史》，王皖强等译，北京：中央编译出版社，2007 年。

〔英〕戈登·柴尔德：《欧洲文明的曙光》，陈淳等译，上海：上海三联书店，2008 年。

〔英〕亨利·卡门：《黄金时代的西班牙》，吕浩俊译，北京：北京大学出版社，2016 年。

〔英〕杰弗里·帕克：《城邦：从古希腊到当代》，石衡潭译，济南：山东画报出版社，2007 年。

〔英〕柯玫瑰，孟露夏：《英国国立维多利亚与艾伯特博物馆：中国外销瓷》，张淳淳译，上海：上海书画出版社，2014 年。

〔英〕克里斯托弗·希伯特：《教皇往事：波吉亚家族》，曾珏钦译，重庆：重庆大学出版社，2014 年。

〔英〕罗伯特·比尔：《藏传佛教象征符号与器物图解》，向红笳译，北京：中国藏学出版社，2007 年。

〔英〕罗伯特·欧文：《伊斯兰世界的艺术》，刘运同译，桂林：广西师范大学出版社，2005 年。

〔英〕罗杰·克劳利：《征服者：葡萄牙帝国的崛起》，陆大鹏译，北京：社会科学文献出版社，2016 年。

〔英〕罗斯·米切尔，安得鲁·简斯：《地图：它们不为人所知的故事》，廖平译，北京：中国地图出版社，2018 年。

〔英〕马克·格林格拉斯：《基督教欧洲的巨变》，李书瑞译，北京：中信出版社，2018 年。

〔英〕马克·马佐尔：《巴尔干五百年：从拜占庭帝国灭亡到 21 世纪》，刘会梁译，北京：中信出版社，2017 年。

城市纹章：欧洲城市制度的徽记

［英］迈克尔·列维：《西方艺术史》，孙津等译，南京：江苏美术出版社，1987年。

［英］尼尔·弗格森：《帝国》，雨珂译，北京：中信出版集团，2012年。

［英］尼古拉·克莱伯：《罗马尼亚史》，李腾译，上海：东方出版中心，2010年。

［英］桑贾伊·苏拉马尼亚姆：《葡萄牙帝国在亚洲》，巫怀宇译，桂林：广西师范出版社，2018年。

［英］西蒙·蒙蒂菲奥里：《耶路撒冷三千年》，张倩红、马丹静译，北京：民主与建设出版社，2015年。

［英］朱利安·D.理查兹：《揭秘北欧海盗》，徐松岩译，北京：外语教学与研究出版社，2015年。

［清］印光伍，张汝霖，祝淮：《澳门记略·澳门志略》，北京：国家图书馆出版社，2010年。

安田朴：《中国文化西传欧洲史》，北京：商务印书馆，2000年。

大成编著：《外销瓷器价值考成》，北京：华龄出版社，2007年。

《法兰克王室年代记》，陈文海译，北京：人民出版社，2019年。

龚之允：《图像与范式：早期中西绘画交流史》，北京：商务印书馆，2014年。

国家图书馆典藏阅览部编：《寸纸留香：国家图书馆西文藏书票集萃》，北京：国家图书馆出版社，2011年。

洪霞：《欧洲的灵魂：欧洲认同与民族国家的重新整合》，北京：中国大百科全书出版社，2010年。

湖北省博物馆编：《曙光时代：意大利的伊特鲁里亚文明》，北京：文物出版社，2013年。

解光云：《多维视域下古典雅典城乡关系》，合肥：安徽人民出版社，2007年。

金国平，吴克良：《早期澳门史论》，广州：广东人民出版社，2007年。

李济著：《中国文明的开始》，北京：外语教学与研究出版社，2011年。

联合国教育、科学及文化组织编著：《世界的记忆》，金琦、万洁译，合肥：时代出版传媒股份有限公司、安徽科学技术出版社，2015年。

廖旸编著：《蛮族艺术》，石家庄：河北教育出版社，2003年。

林纯洁：《德意志之鹰：纹章中的德国史》，杭州：浙江大学出版社，2016年。

吕章申主编：《道法自然：大都会艺术博物馆精品》，合肥：安徽美术出版社，2013年。

吕章申主编：《地中海文明：法国卢浮宫博物馆藏文物精品》，北京：北京时代华文书局，2013年。

吕章申主编：《佛罗伦萨与文艺复兴名家名作》，合肥：安徽美术出版社，2012年。

吕章申主编：《鲁本斯、凡·戴克与佛兰德斯画派：列支敦士登王室珍藏》，北京：北京时代华文书局，2013年。

吕章申主编：《罗马与巴洛克艺术》，

北京：北京时代华文书局，2014 年。

吕章申主编：《名馆·名家·名作：纪念中法建交五十周年》，北京：北京时代华文书局，2014 年。

马冠尧：《香港工程考：十一个建筑工程故事 1841—1953》，香港：三联书店（香港）出版社，2011 年。

马千：《医院骑士团全史》，北京：台海出版社，2016 年。

全山石主编：《意大利画家阿尔戈尼》，济南：山东美术出版社，2001 年。

任继愈主编：《宗教词典》，上海：上海辞书出版社，1985 年版。

任进：《中欧地方制度比较研究》，北京：国家行政学院出版社，2007 年。

《世界各国国旗国徽国歌纵览》，北京：中国民族摄影艺术出版社，2008 年。

汤开建：《明代澳门史论稿》，哈尔滨：黑龙江出版社，2012 年。

王次澄等编著：《大英图书馆特藏中国清代外销画精华》，广州：广东人民出版社，2011 年。

亚力编：《席勒油画·水彩》，长春：吉林美术出版社，2003 年。

意大利西西里自治区，中国国家图书馆：《西西里五千年的灿烂文明》，2006 年。

中国－奥地利艺术学会、中华世纪坛世界艺术馆编著：《奥地利百年绘画展 1860—1960》，北京：北京时代华文书局，2015 年。

中国社会科学院语言研究所词典编辑室编：《现代汉语词典》，北京：商务印书馆，1996 年。

中华世纪坛世界艺术馆、意大利佛罗伦萨地区博物馆中心局、意大利乌斐济美术馆、意大利佛罗伦萨学院美术院：《意大利文艺复兴艺术》，北京：文物出版社，2006 年。

周定国主编：《世界地名翻译大辞典》，北京：中国对外翻译出版公司，2008 年。

2. 报告、论文、报纸等文献

〔德〕阿尔布雷希特·迪勒：《城市与帝国》，收录于《构想帝国：古代中国与古罗马比较研究》，〔德〕穆启乐主编，上海：复旦大学出版社，2013 年。

〔德〕彼得·克劳斯·舒斯特：《光亮与阴影：论艺术中的启蒙和辩证》，收录于《启蒙的艺术》，吕章申主编，北京：中国社会科学出版社，2011 年。

〔意〕玛丽亚·安娜·马力诺：《手持丰饶之角的天使》，收录于《罗马与巴洛克艺术》，吕章申主编，北京：北京时代华文书局，2014 年。

《广州民国日报》1925 年 7 月 8 日、12 月 15 日、12 月 30 日，广东国立中山图书馆藏。

刘润和：《香港市议会史 1883—1999 从洁净局到市政局及区域市政局》，香港历史博物馆、康乐及文化事务署出版，2002 年。

欧盟委员会：《明日之城：挑战、愿景、开拓前进》，布鲁塞尔，2011 年。

二、英文资料

1. 著作

Ann Hiley. *Regensburg: A Short History*. Regensburg: Verlag Friedrich Pustet, 2013.

Charles Boutrll. *English Heraldry*. London: Cassell, Petter, and Galpin, 1867.

Christine Freise-Wonka, Peter Eberts and Kenneth Wynne. *Bamberg World Heritage*. Bamberg: Bayerische Verlagsanstalt Bamberg, 2006.

Cesar Guillen Nunez. *Macao's Church of Saint Paul: A Glimmer of the Baroque in China*. Hongkong: Hongkong University Press, 2009.

Comune di Roma. *The Capitoline Museums*. Roma: Mondadori Electa, 2000.

Christopher White. *Rembrandt*. New York: Thames &Hudson , 2008.

David Sanctuary Howard.*Chinese Armorial Porcelain, Volume II*. Chippenham: Heirloom &Howard Limited, 2003.

Delio Mendonca. *Saint Francis Xavier*. Goa: New age Printers, 2013.

Enviro Foto. *Canada's Wild Lands*. Quebec: Éditions GID, 2004.

Edizioni Kina and Italia L.E.G.O.. *Lake Garda: Civilisation, Art and History*. Rome: Kina Italia, 1999.

Eva Michel and Maria Luise Sternath. *Emperor Maximilian I And The Age of Durer*. New York: Prestel Publishing Ltd., 2012.

Fernando de Teran Troyano. *En Torno A Madrid*. Madrid: Lunwerg, 2006.

Fred Feddes. *A Millennium of Amsterdam*. Bussun: Thoth, 2012.

Giancarlo Gasponi. *Tuscany: A Marvel of Man and Nature*. Trento: Euroedit, 1991.

Hilario Fernardes Sfx. *Francis Xauier and the Spirtuality of Dialogue*. Goa: Xavieriam Publication Society, 2012.

Joel Levy. *The Atlas of Lost Treasures: Rediscover Ancient Wonders from around the World*. London: Godsfield, 2008.

Jan Muller. *Cesky Krumlov: Castle and Chateau*. Prague: OSWALD, 1996.

Katrin Unterreiner. *The Habsburgs: A Portrait of an European Dynasty*. Vienna: Pichier Verlag, 2011.

Laimonas Briedis. *Vilnius: City of Strangers*.Vilnius: Baltoslankos leidykla, 2018.

Michael Siebler. *Roman Art*. Cologne: Taschen, 2007.

Mariana Pascaru. *Romania tourist guide*. AD LIBRI, 2006.

Oleyniket al.. *Macao: country study guide*. International Business Publication, USA, 2013.

P. Angelo Maria Caccin O. P.. *Santa Maria delle Grazie and Leonardo's Last Supper*. Milan: Nicolini , 1994.

Panaghiotis Christou and Katharini Papastamatis. *Greek Mythology*. Florence: Bonechi, 2009.

Rikard Larsson. *Secrets of the Walls: A guide to Stockholm City Hall*. Stockholm : Bokforlaget Langenskiold, 2011.

Romantische Ansichten Von Stadten and Schlossern der guton alten zeit. *Malerisches Altes Europa*. Hamburg: Verlages Rolf Muller, 1970.

Selahattin Erdemgil. *Ephesus: Ruins and Museum*. Istanbul: NET Turistik Yayinlar, 2003.

Salvatore Gristina. *La Cattedrale Di Catania*. Catania: Edizioni Arcidiocesi Catania, 2009.

State Museum of the History of St. Petersburg and The Peter and Paul Fortress Foundation for Culture and Education. *The Peter and Paul Fortress*. St. Petersburg: State Muscum of the History of St. Petersburg, 2012.

Spiro Kostof. *The City Shaped: Urban Patterns and Meanings Through History*. London: Bulfinch Press, 2003.

The Muscum of Macau. *A Museum in an Historic: Site The Monte Fortress of St.Paul*. Macau: the Muscum of Macau, 1999.

UNESCO. *Memory of the World*. London: HaperCollins, 2012.

William Craft Brumfield. *A History of Russian Architecture*. Washington: University of Washington Press, 1993.

William R.Sargent. *Treasures of Chinese Export Ceramics: from the Peabody Esses Museum*. New Haven: Yale University Press, 2012.

Wolfram Eberhard. *A Dictionaryof Chinese Symbols: Hidden Symbols in Chinese Life and Thought*. London and New York: Routledge&Kegan Paul, 1986.

Wolfram zu Mondfeld. *Historische Schiffsmodelle*. Munnchen: Mosail Verlag GmbH, 1990.

2. 论文

Cornelis Koeman and Marco van Egmond. "Surveying and Official Mapping in 1500-ca.1670 Low Countries." In *The*

History of Cartography Vol. 3 Part 2, edited by David Woodward, 1246-1296. Chicago: University of Chicago Press, 2007.

Cornelis Koeman, Gunter Schilder, Marco van Egmond and Peer van der Krogt. "Commercial Cartography and Map Production in the Low Countries, 1500-ca.1672." In *The History of Cartography* Vol. 3 Part 2, edited by David Woodward, 1296-1383. Chicago: University of Chicago Press, 2007.

Edward M. Kandel. "The Language of Blazon, " *Coat of Arms*, no. 146(1989).

Hilary Ballon and David Friedman. "Portraying the City in Early Modern Europe: Measurement, Representa-tion and Planning." In *The History of Cartography* Vol. 3 Part 1, edited by David Woodward, 680-705. Chicago: University of Chicago Press, 2007.

John P. Brooke-Little. "The Arms of Oxford University and its Colleges, " *Coat of Arms*, no. 5, 6&7(1951).

John A. Goodall. "Heraldry in Italy during the Middle Ages and Renaissance," *Coat of Arms*, no. 37(1959).

R. J. Parsons. "The Herald Painter, " *Coat of Arms*, no. 146 (1989).

Richard L. Kagan and Beniamin Schmidt. "Maps and the Early Modern State: Offical Cartography." In *The History of Cartography* Vol. 3 Part 1, edited by David Woodward, 661-681. Chicago: University of Chicago Press, 2007.

Robert Karrow. "Centers of Map Publishing in Europe, 1472-1600." In *The History of Cartography* Vol. 3 Part 1, edited by David Woodward, 661-680. Chicago: University of Chicago Press, 2007.

W. T. Collins. "Spanish Armorials, " *Coat of Arms*, no.161(1993).

3. 有关重要网站

www.citylondon.gov.uk
www.visitleiden.nl
www.unibo.it
www.heraldica.com
www.heraldica.org/batolo.htm
www.theheraldrysociety.com
www.congress.no/
www.mestonachodcz./en/
www.british-history.ac.uk
www.fondazionedellatorre.com
www.citylondon.gov.uk
www.LiveryCompanies.com
www.artfound.org/supporting-museums/
art-weve-helped-buy/art work
www.vasamuseet.se

www.govt.nz
www.lecercleguimard.fr
www.comune.voltra.pi.it
www.milanocastllo.it
www.manuscript.szm.com
www.Perugiaonline.com
www.seeker.com.

部分历史纹章、历史地图来自网站：

daten.digitale-sammlunger.de
gallica.bnf.fr

www.BarryLawrenceRudermanAntique
Maps.Inc
www.historic-cities.huji.ac.il.
www.erfgoedle-iden.nl
www.bavarikon.de

（书中手绘纹章及速写为作者本人所绘，照片大部分为作者所拍或朋友提供，书中有若干图片来源于维基百科网站（www.wikipedia.com），因有些图片无法确定作者，在此表示歉意并致谢。）

城市纹章：欧洲城市制度的徽记